THE WEALTH AND POVERTY OF NATIONS:
WHY SOME ARE SO RICH AND SOME SO POOR

国富国穷

[美] 戴维·S·兰德斯 著
DAVID S. LANDES
门洪华 安增才 董素华 孙春霞 译
程克雄 译校

新华出版社

图书在版编目（CIP）数据

国富国穷/（美）兰德斯（Landes, D. S.）著；门洪华等译. —3版
北京：新华出版社，2010.1
ISBN 978-7-5011-9037-9

Ⅰ.①国… Ⅱ.①兰… ②门… Ⅲ.①世界经济—研究 Ⅳ.①F11

中国版本图书馆CIP数据核字（2009）第212424号

著作权合同登记号：01-2019-7375

The Wealth and Poverty of Nations: Why Some Are So Rich and Some So Poor
by David S. Landes
Copyright © 1999 by David S. Landes
Published by arrangement with W. W. Norton & Company, Inc.
Simplified Chinese translation copyright © 2005 by Xinhua Publishing House
博达著作权代理有限公司
ALL RIGHTS RESERVED
中文简体版专有出版权归新华出版社

国富国穷

作　　者：[美]戴维·S.兰德斯	译　　者：门洪华 安增才 董素华 孙春霞
译　　校：程克雄	装帧设计：李尘工作室
责任编辑：刘　飞	

出版发行：新华出版社
地　　址：北京石景山区京原路8号　　邮　　编：100040
网　　址：http://www.xinhuapub.com
经　　销：新华书店、新华出版社天猫旗舰店、京东旗舰店及各大网店
购书热线：010-63077122　　中国新闻书店购书热线：010-63072012

照　　排：新华出版社照排中心
印　　刷：河北鑫兆源印刷有限公司
成品尺寸：710mm×1000mm　1/16
印　　张：37　　字　　数：540千字
版　　次：2010年1月第三版　　印　　次：2023年10月第十四次印刷
书　　号：ISBN 978-7-5011-9037-9
定　　价：62.00元

版权专有，侵权必究。如有质量问题，请与出版社联系调换：010-63077124

再版说明

人类历史自诞生国家以来，就伴随着大国崛起和衰落的交互更替，就存在着国家富裕和贫穷的巨大鸿沟，为破解这一重要历史现象和历史事实的内在原因，许多专家学者、智者精英都进行过深入的思考和研究，试图寻找出深蕴其中的历史规律和发展逻辑。

这无疑是一个历史性和世界性的课题，令人着迷而又困惑，正如美国著名经济学家保罗·萨缪尔森所言："世界上为什么有些国家富，有些国家穷，至今还没有令人满意的解释。"

美国哈佛大学的戴维·兰德斯先生横跨历史学和经济学两大学科（他身兼历史学和经济学教授），著述完成的《国富国穷》一书对上述问题的研究称得上卓有成效。他从经济、文化、制度、自然资源、历史传统等方面对国家的兴衰贫富演变作了精湛而深刻的分析，旁征博引，见解精辟，甫经问世就被西方学界称誉为划时代的《新国富论》，堪与亚当·斯密的经典名著《国富论》相媲美。

美国麻省理工学院经济学教授、诺贝尔经济学奖获得者罗伯特·索罗认为："戴维·兰德斯针对世界经济史上成功和失败的重大事例写出了一部精湛的通鉴。他饱含激情、视野开阔、坦陈己见、笔锋犀利。有人以为一个社会的经济兴衰与精神文化因素无关，读此书后显然会再思一番。"

美国著名经济学家、诺贝尔经济学奖获得者肯尼思·阿罗说："戴维·兰德斯对现今世界各国贫富分布的由来，作出了新的历史性的研究，展示出一幅辽阔画卷，（该书）充满真知灼见。历史事件固然有其偶然性，但此书会让读者通过各国种种际遇反复体会到一个主题思想，看出欧洲为何在经济上领先。难以置信的渊博学问体现在一种轻快有力的散文式叙述之中，它将使读者手不释卷。"

美国著名经济学家约翰·肯尼思·加尔布雷斯称赞说："真精彩。此书无疑将证明戴维·兰德斯在他的领域和时代是杰出的。"

尤其令中国读者感兴趣的是，兰德斯教授十分关注中国在世界历史发展当中的位置，用相当多的篇幅探讨了曾经作为世界经济中心的中国为什么在清朝后期迅速从繁荣坠入困顿，从虚无的"天朝幻想"到被西方列强的坚船利炮打破而陷于欺侮掠夺之中。

该书由我社翻译出版后，很快多次重印，历史学界、经济学界和社会学界有关专家学者及读者对该书宏大的主题、深邃的思想予以了充分的肯定，《读书》、《参考消息》等多家报刊发表了多篇书评以及对原作者的访谈文章。此次再版，我社请校译者对译文的字句做了更为准确的修订，并重新设计了封面和版式。

中国目前正处在一个重大的历史转型时期，和平崛起不可逆转并牵动着世人的目光。虽然国际上对中国的快速发展有不同声音的解读，但对于每一个致力于实现伟大民族复兴的中国人来说，应该以更宽阔的胸怀来面对世界，用世界性的目光来面对历史。相信本书总结出的国家兴衰更替的内在规律、国家富裕贫困的深层原因，会带给我们有益的借鉴和深刻启迪。

新华出版社

目录

1/再版说明

1/引 言

第1章
1/大自然的不平等

第2章
17/对地理的回应：欧洲与中国

第3章
29/欧洲例外论：独特的发展道路

第4章
47/发明的发明

第5章
63/地理大发现

目录

第6章
东进喽！/83

第7章
从地理大发现到帝国的建立/97

第8章
又苦又甜的岛屿/113

第9章
东方的帝国/127

第10章
为了爱财之心/139

第11章
大财源/153

第12章
胜利者与失败者：帝国之资产负债表/175

第13章
工业革命的性质/197

第14章
为什么是欧洲？为什么在那时？/213

第15章
英国和别的国家/229

目录

第16章
249/追赶英格兰

第17章
277/要有钱才能赚钱

第18章
297/知识的财富

第19章
315/边远地区

第20章
337/南美洲的道路

第21章
365/天朝帝国：停滞与倒退

第22章
381/日本：后来者应居上

第23章
403/明治维新

第24章
425/历史出错了？

第25章
459/帝国与帝国之后

目录

第 26 章
失去领先地位 /483

第 27 章
赢家和…… /511

第 28 章
输家 /537

第 29 章
我们是怎样来到这里？我们正走向何方？ /559

译后记 /574

引　　言

> 穷国为何如此贫穷？富国为何如此富足？对这个问题尚未有新的解释。
>
> ——保罗·萨缪尔森 1976①

1836年6月，内森·罗斯柴尔德*从伦敦动身，到法兰克福去参加他的儿子莱昂内尔与其表妹夏洛特的婚礼，并与罗氏兄弟讨论自己的子女进入家族企业的事情。内森差不多是世界上最富有的人了，至少在流动资产上是如此。不消说，只要愿意，他付得起任何钱。

是年内森59岁，略显肥胖，身体健康，精力充沛，工作起来风风火火，性格不屈不挠。然而，在离开伦敦时，他正遭受着背部（靠近脊柱底端）炎症的折磨（一位德国医生诊断为疖子，但或许是脓疮）。②尽管经过了医治，痛处仍然化了脓，并越发疼痛。然而，内森坚持从病床上爬起来参加了教堂里的婚礼。如果他卧病在床，那么婚礼只好在旅馆举行了。内森还忍着疼痛，继续处理商业事务，他的妻子做着记录。同时，著名的特拉弗斯医生被从伦敦请来，当特拉弗斯表示无法医治时，一位大名鼎鼎的德国外科医生被请来，或许准备开刀清洗创口。一切都是徒劳，病毒的扩散无法抑制。1836年7月28日，内森与世长辞。罗斯希尔德家的信鸽将一个不幸消息带回伦敦：内森去世了。

内森·罗斯柴尔德或许死于葡萄球菌或链球菌感染引起的败血症——习惯称之为血毒症。由于缺乏更详尽的资料，我们不能确知他是死于疖（脓肿）还是死

---

* 罗斯柴尔德，亦译罗思希尔德，该家族是欧洲著名银行世家，自19世纪初至今，其势力遍布英、德、法、意、奥等国。内森·罗斯柴尔德（1777—1836）是该家族第二代的一员。——译注

于医生手术刀引起的继发感染。此时，细菌理论尚未问世，人们对消毒的重要性一无所知。没有杀菌剂，更别说抗生素了。这位买得起任何物什的富翁就这样死于一种普普通通的感染。而在今天，随便到哪一个医院，找哪一个医生，甚至到任何一家药店买药，都可以轻松治愈它。

自从内森·罗斯柴尔德的时代以来，医学取得了巨大的发展。然而，更好、更有效的药物——治愈疾病与创伤——只是整个发展进程的一部分而已，更主要的则是由于疾病预防和生活清洁，人们的寿命延长了。水质清洁，污物的迅速处理，加上个人卫生的提高，使一切得以改观了。过去很长一段时间，肠胃感染是最大的杀手，它的传染渠道是：污物→手→食物→消化道。只要这种看不见的致命敌人出现，就会时不时地为霍乱弧菌等传染性病菌所推动，致人于死命。公共厕所是最主要的传染途径。由于缺少清洁用纸和可洗内衣，在那里接触污物是极容易的。穿着脏兮兮的毛织品——毛织品难以洗干净——人们不由得搔痒。手上并不洁净，但人们犯的一个大错误是饭前不洗手。而讲卫生正是那些规定沐浴的宗教群体——如犹太人、穆斯林等——发病率和死亡率低的原因。当然，这并不仅仅是他们的优势因素。人们极易被说服相信，如果犹太人死得太少，那是因为他们向基督徒水井里投了毒。

问题的答案并不在人们的宗教信仰或教旨有所改变，而是在于工业上的发明创新。工业革命时期，新技术的主要代表产品是廉价的可洗棉布，随之，从植物油提炼出来的肥皂得以大批量生产。普通民众第一次买得起内衣裤——它由可洗纤维做成，富人常贴身而穿，故又称为"贴身衣裤"。人们可以用肥皂洗衣，甚至洗澡。当然，洗澡太多则意味着身体太脏。为什么爱清洁的人沐浴如此之勤？其实，这无伤大雅。人们的卫生观念发生了重大变化，所以，19世纪末20世纪初的普通民众常常比一个世纪前的国王、王后的生活更清洁卫生。

发病率与死亡率降低的第三个因素是人们的营养更好。这源于食品供应的增加，更源于交通的便捷，迅速。地方供应匮乏引起的饥饿现象变得少见，饮食趋于多样化，食物中所含的动物蛋白质越加丰富。这些变化与其他因素一起，使人类体格更高大强壮。当然，与以上因素所导致的医疗和卫生受益不同，营养是一个缓慢的过程，它很大程度上取决于人们的习惯、口味和收入状况。迄至第一次世界大战，在加利波利遭遇英国远征军的土耳其人惊奇地发现，吃牛排、羊肉长大的澳大利亚和新西兰军人与英国磨坊、城镇里长大的矮小青年身材之高下迥然不同。任何关注从穷国迁往富国的移民状况的人都会发现，移民的后代比他们的父母高大、健壮了。

由于以上进步，人的寿命大大延长，而且贫富之间差别缩小了。成人死亡的主要原因不再是感染（特别是胃肠感染），而是老年人的各种消蚀性疾病。富有的工业国家向全民提供医疗保障，因而收效最为显著，甚至某些较贫穷的国家也取得了重大进步。

医疗卫生的进步说明了一个更为普遍的现象：将科学和知识应用于技术，会取得回报。它使我们有理由对当前和未来一些问题的解决抱有希望，并鼓励我们追求幻想中的生命的永恒，甚或永远年轻。

然而，从科学基础的现实来看，这些幻想不过是富人和幸运儿的梦想。知识收益的分布未达均衡，即使富国内部也是如此。我们生活在一个充满不平等和多样性的世界里。这个世界上的国家粗略地分为三种类型：有些国家的国民不惜花费巨资来减肥；有些国家的国民仅能维持生计；有些国家的居民则食不果腹，吃了上顿没有下顿。与这些差别相关的是这些国家在发病率和寿命长短方面的巨大差异。富国居民的平均寿命越来越长，往往为年老神衰而发愁，他们健身以保持体型，与胆固醇作斗争，通过电视、电话和游戏消磨时光，用诸如"金色年华"或"人生第三黄金年代"的隽语安慰着自己。"年轻"是美好的，而"年老"成为不受欢迎和成问题的字眼。与此同时，穷国的居民却在挣扎中求生。他们无需为胆固醇或肥胖担忧，部分由于衣食无着，部分由于早年夭亡。他们力求安度晚年，如果他们活得到老年之际，子孙们会孝敬老人。

过去，世界分为两大权力集团："东方"和"西方"。现在，这种划分已不复存在。人类现在面临的巨大挑战与威胁是因贫富不均而导致的财富和健康方面的差距。它们常被称为"北方"和"南方"，这种划分主要是地理上的。但一个更精确的划分是"西方国家"与"其他国家"，因为这一划分标准也是历史性的。这正是在第三个千年的世界我们所面临的最大课题和危险。与之相关的唯一迫在眉睫的忧虑是环境的恶化。这两个问题有着内在的必然的联系，其实是一个问题。因为财富不仅带动消费，也带来污染；不仅促进生产，也引起破坏。随着产出和收入的增长，污染和破坏也急剧增加，正是它们威胁着人类的生存空间。

贫富之间的差距有多大？其间存在着什么问题呢？概言之，最富有的工业化国家（如瑞士）和最贫穷的非工业国（如莫桑比克）相比，人均收入之比是400∶1，而在250年之前，最富和最穷国家的人均收入之比大约是5∶1；欧洲与东亚或南亚（中国或印度）的人均收入之比约为1.5∶1或2∶1。[③]

今天，这一差距仍在增大吗？就贫富两极而言，确然如此。有的国家不仅是"不增长"，而是相对甚或绝对地更贫穷了；有的国家不过仅能维持现状；有的则奋起直追。为了我们和他国的利益，我们富国的任务是帮助穷国人民变得富有和健康。如果我们做不到，他们仍会企求得到他们制造不了的东西，而如果不能通过出口商品获益，他们就会输出人口。简言之，财富的吸引力是不可抗拒的，而贫穷则是有引爆危险的潜在污染源。既然不能与世隔绝，那么，从长远看，我们的和平与繁荣则依赖于他国的富足。

贫穷者应如何着手？我们如何提供帮助？这正是本书力图为答案作出贡献的问题。我着重于"贡献"一词。没有人能提供一个简单的答案，而所有包治百病的建议不过等同于千年之梦想。

我计划从历史角度研究这些问题。这是因为，我从专业和气质上来说是一个历史学者。而研究这样的难题，从自己确知、自己能做得最好的角度出发，是最明智之举。同时，理解这一问题的最佳途径是探讨现状是如何形成的？为什么？为什么富国如此富有？为什么穷国如此贫弱？为什么欧洲（西方）在世界的变化中一路领先。

历史的研究方法并不能确保提供一种答案。另一些人思考过这些问题，并提出了多种解释。他们大多分属两个学派。一派把西方的富有和支配地位看做是善对恶的胜利，他们认为欧洲人举止优雅，组织良好，勤苦劳作，而别的人则疏忽大意，夜郎自大，懒怠成性，愚昧落后，迷信不智。另一派的观点则恰恰相反：他们认为欧洲人侵略成性，冷酷无情，贪婪，寡廉鲜耻，伪善；别的人则快乐无邪、天真而虚弱；他们无奈地面对侵略，终成牺牲品。我们认为，这两种善恶绝对分明的看法都含有真理的因子，但都有意识形态上的虚妄。真实情形往往远比我们想象的复杂。

第三种流派则认为，"西方—其他"的二分法是根本错误的。在世界历史的洪流中，其他国家早期曾取得重大成就，欧洲不过是一位后来者和免费搭车者罢了。这种说法显然有违历史事实。历史记载表明，近千年来，欧洲（西方）一直是发展和现代化的首要推动者。

还有一个道德问题。有些人认为，欧洲中心论对我们来说是不好的，对世界来说更是不好，应予避免。这些人是该这样做。但对我来说，相对于善心而言，我更钟爱事实。我对自己的观点深信不疑。

注释

1. "Illogic of Neo—Marxian Doctrine"一文，第107页。

2. Wilson，*Rothschild*一书，第102页。

3. 此处主要参阅 Paul Bairoch, "Ecarts internationaux des niveaux de vie avant la Revolution industrielle"一文，载于 *Annales：économies，sociétés，Civilisations*，34，1（Jan.—Feb. 1979），145—171，并略作删改。如按实际标准（"人均购买力平价"）计算，两者之间的"国民生产总值"之比为80∶1。参见 Ram，"Tropics and Human Development"，P. 1. *Human Development Report*，1996。

国 富 国 穷

第 1 章

THE WEALTH AND POVERTY OF NATIONS

大自然的不平等

像生活一样,大自然是不平等的,有自己的偏好;进一步说,大自然的不平等是难以消除的。从产值和人均收入来看,富国位于温带,特别是北半球的温带;穷国则位于热带和亚热带。

Why Some Are So Rich and Some So Poor

David S. Landes

地理学处境艰难。在小学读书时，我就要阅读和观察地图，甚至凭借记忆把它们描绘出来。早在"多元文化主义"一词被创造出来以前，我们就通过学习了解到了陌生的地方、未曾接触过的民族和奇特的风俗习惯。同时，在更高得多的层次上，经济地理和文化地理学派林立。在法国，任何人在研究地区历史以前，必须首先弄明白生活和社会活动的物质条件，以备研究之用①。在美国，埃尔斯沃思·亨廷顿及其门徒研究了地理特别是气候影响人类发展的途径。

　　尽管亨廷顿的研究有独到之处，而且非常有用，但他却使地理学得到了坏名声。②他走得太远了。自然环境与人类活动的联系给他留下的印象如此之深刻，以至于他把自然影响乃至文化影响都归因于地理。最终，他按照气候的差别划分文明的高下，并且将最佳文明——即他认为是最好的文明——归因于有利的气候。亨廷顿在耶鲁大学任教，所以他认为康涅狄格州纽黑文市*的气候是世界上最清爽宜人的，这并非巧合。真是幸运儿。他认为，自此以下，境况逐渐下降，而有色人种所在地区则接近于最底层或处于最底层。

　　然而，在表述这些观点时，亨廷顿不过是在回应着伦理地理学的传统。哲学家很容易把自然环境与人类气质联系起来（以及冷热之间、冷静沉思和

---

*　耶鲁大学所在地。——译注

热情洋溢之间的明显对比）。19世纪人类学的初期研究假定，地理影响着美德与智慧的分布，而提出这种观点的学者本人所在的群体则是美德与智慧的最富集之处。③今天看来，事情有时却是另一番情景，非洲裔美国人的神话制造者认为"太阳人"是快乐的和富有创造力的，而"冰人"则是冷酷和没有人性。

在喜欢用人种学的观点确定行为与性格的知识界，这种自得的分析或许是可以接受的。但是，当人们越来越理智、并反对令人讨厌的群体对比时，这种分析方法失去了信誉，不再被人们接受。地理学也跟着倒了霉。所以，第二次世界大战后，当哈佛大学撤销地理系时，除因之而被解雇者之外，几乎没有任何反对的声音。④随之，一系列名校——密歇根大学、西北大学、芝加哥大学、哥伦比亚大学——也取消了地理系，同样也未遭遇严重抗议。

以上做法在美国高等教育中是史无前例的，确实反映了地理学领域的学术弱点：缺乏理论根基，包罗万象的机会主义（婉转而言是普遍的开放主义），人文地理学特有的"轻易"。然而，这些批评背后，隐含着对某些结果的不满。地理学沾上了种族主义的痕迹，人们惟恐避之不及。

然而，如果"种族主义"意味着个人行为举止与群体——特别是某个生物学意义上的群体——成员身份的好坏联系，那么，没有任何学科或课题比地理学更少有种族主义特色。因为，我们关注的这一学科是研究环境的影响，并不探讨群体引起的特征。气温、降水量及其时间分布或者地形，这些都是自然现象，不应有人因之而受到赞扬或谴责。

尽管如此，地理学仍然散发着异端邪说的气味。这是为什么？其他学科也曾经传播胡言蜚语，或夸大其词，但并未受到如此的藐视和毁谤，也许那仅仅源于疏忽！我个人以为，地理学虽然不该声誉受损，却也丧失了声誉，这是由其本身的性质所决定的。它告诉我们一个令人不愉快的真理，即：像生活一样，大自然是不平等的，有自己的偏好；进一步说，大自然的不平等是难以消除的。像我们这样的文明有着追求优胜的动力，并不希望自己的愿望被挫败，不赞成令人气馁的言辞。然而，在地理学中，这种字眼俯拾皆是。⑤

简言之，地理学带给人们的是坏消息，而人人都知道，报坏消息者会有什么遭遇。正如一位从事实践工作的人所言："与其他学科不同……研究者要为结果负责。就像有人希望在阳光普照的时候到海滩上去，天气预报员若没有准确预报太阳是否出现，即应负责一样。"⑥

然而，我们并非否定一切的智者。从关于产值和人均收入的世界地图上可以看出，富国位于温带，特别是北半球的温带；穷国则位于热带和亚热带。正如约翰·肯尼思·加尔布雷思研究农业经济时所说，"（如果）把赤道南北两三千英里宽的地带隔开，就会发现，这一地带内没有一个发达国家……这里生活水平低，人们的寿命短暂。"⑦保罗·斯特里滕简略提到人们直觉地反对坏消息的态度：

> 或许最突出的一个事实是，不发达国家大都位于热带和亚热带，在北回归线和南回归线之间。新近的著书立说者多半粉饰这一事实，他们认为这多是偶然因素所致。它反映了我们在研究发展问题时持有的一种根深蒂固的乐观主义的偏见，不愿意承认今日穷国所面临的基础条件与较富国家工业化前时期的环境之间所存在的巨大差别。⑧

确实，地理只是起作用的因素之一。有些学者还抱怨技术和发展了技术的富国，谴责说：正是技术和富国发明了适合温带的方法，导致富有潜力的热带沃土处于休耕状态。另一些学者则谴责殖民列强使赤道社会陷入混乱，从而丧失了对环境的控制。例如，奴隶贸易导致大批人口流失，大片地区荒无人烟，回复为丛林，从而导致采采蝇*泛滥和锥虫病（睡眠症）流行。在这个问题上，多数学者宁愿采取沉默姿态。

我们必须避免简单化。历史学家不能为了取悦当今而抹杀或改写历史；而经济学家若提出不论早晚所有国家都会发展的假设，就必须随时准备面对错误带来的难堪。⑨在当今热带医学和高科技的时代，不管一个人如何评述地理限制作用的下降，它的影响并没有消失，虽然昔日的作用更大。世界从来不是公平的竞技场，无论做什么都要付出代价。

我们将先谈环境简单而直接的影响，而后论述较为复杂和间接的联系。

首先从气候谈起。世界的温度和温度模式多种多样，反映出所在位置、海拔和阳光倾斜度的不同。这些不同直接影响了所有生物的活动规律：在北半球的寒冬，许多动物只得蜷伏冬眠；在炎热、寸草不生的沙漠，蜥蜴和蛇则在岩石或地表下纳凉（这正是许多沙漠动物是爬虫的原因；爬虫可以爬行）。人类倾向于避免极端。他们经过沙漠但并不停留；所以阿拉伯沙漠中有"无人区"。从理性上说，人类对困难有厌弃的倾向。只有贪婪——寻找和开发金矿和石油——和科学

---

* 产于非洲的一种蝇科吸血昆虫，亦称舌蝇，传播非洲锥虫病等。——译注

探究的任务能使人类克服这一倾向，并证明有必要付出代价。

总体而言，炎热带来的不适大于寒冷。* 我们都知道关于太阳和风的寓言。为对付寒冷，人们穿上衣服，建立或寻找住所，生火取暖。这些技艺可追溯到几万年以前，说明了人类从非洲发源地散布到气候较寒冷地区的最初状况。热则是另一番情景。人体肌肉活动产生能量，其中的 3/4 以热能的方式体现出来。就像机器或马达一样，人体必须把热释放出来，才能保持适宜的温度。遗憾的是，人类少有这样的生物器官。排汗是最重要的方式，尤其在迅速蒸发的时候。潮湿、"汗湿"的气候减少了出汗的降温效果——除非有仆人或奴隶在一旁给你扇风，加快蒸发速度。自己扇风可能有些心理作用，但身体运动产生的热量降低了实际的清凉效果。这是一条自然法则：有得必有失，有失必有得。技术术语称之为能量和质量守恒定律。

减少这种浪费的最简便方法是不产生热量，或者说静止不动。故而，人类有一种社会化适应方式：午睡，即让人们在中午的热度下不活动。在英国的印度殖民地，有这样一句谚语：只有疯狗和英国人在中午的骄阳下外出。当地人明白得多。

奴隶制可以使他人从事繁重的工作。从历史上讲，奴隶制与热带和亚热带气候相关并非意外的巧合。** 按照性别分工也是一样：特别在温带地区，妇女在农田干活、操持家务；男子则专事狩猎和战争，在现代则喝咖啡、玩纸牌、开车兜风。其目标是将工作和痛苦转嫁给不能说不的人。

对炎热的最终解决办法是空调。但是，空调出现得非常之晚，实际上是第二次世界大战以后的事。在这之前，空调只安装在美国的影院、医疗所、牙科所以及要人（如五角大楼的要员）的办公处。空调使美国南方各州的经济繁荣得以实现。没有它，亚特兰大、休斯敦、新奥尔良等城市也许还是昏昏欲睡的小镇。

然而，空气冷却法是一项耗资巨大的技术，世界上大多数穷人负担不起。而

---

* 这只是总体而言。如果有条件——适宜的衣着、住房，人们在冬季很容易过着温暖的生活。18 世纪下半叶，法国旅行家福加·德·圣福德评论到，在冬季，英国农民因为有煤炭取暖，所以生活得非常舒适；而法国农民则蜷缩在床上，迫不得已的慵懒使他们愈加贫穷。

** "在欧洲人的殖民地内，甘蔗都由黑奴栽种。生长在温带的欧洲人的体格，据说不能在西印度炎日下从事挖土劳动。"见 Adam Smith, *Wealth of Nations*, Book IV, ch. 7, Part 2（本译文引自郭大力、王亚南译《国民财富的性质和原因的研究》下卷第 157 页，商务印书馆 1997 年版。——译注）

且，它不过是把热量从幸运者那里转嫁给不幸的人罢了。这需要能量的消耗，在生产和使用中产生热量（有所得必有所失），从而提高了未能冷却的环境的温度和湿度——只要走近空调的废气出口，就知道我所言非虚。当然，在人类历史的漫漫长河中，并不曾有空调，它不过是新近的产物。因此，热带国家的劳动生产率相应地下降了。*

以上就气候的直接影响做了论述。热，特别是全年炎热，有着更有害的后果：它鼓励与人为敌的生命形式的散布。温度升高则害虫云集，昆虫体内寄生虫的成熟和繁殖更为迅速。结果，疾病传播更为迅捷，对抗相应防治措施的免疫力随之提高。繁殖速率是流行疾病危险的关键因素：速率1意味着疾病是稳定的——一种新疾病取代一种旧病。像腮腺炎和白喉这样的传染疾病，其最大传播速率为8；疟疾的最大传播速率为90。在温暖的气候条件下，由害虫引起的疾病非常猖獗⑩。且不管诗人如何评判冬季，冬天是人类的好朋友：寂静的白色杀手，害虫和寄生虫的天敌，毒虫的清洁剂。

热带国家——除去较高纬度的以外——不知霜冻为何物；最寒冷月份的平均温度高于摄氏18度。结果，热带成为生物活动的蜂房，其中许多生物对人类非常有害。非洲的撒哈拉沙漠南面的地区威胁着所有在那儿生活的和经过那里的人们。新国家的出现及其征募军队的新兵体格检查，才使我们开始了解问题的范围。比如，我们现今知道，许多人体内潜伏着多种而不是一种寄生虫；所以有人病得不能工作，身体状况持续恶化。

以下举一两个例证，以表明现状如何严峻。

非洲和亚洲的温暖水域里，不管是运河、水塘还是溪流，都生活着许多蜗牛，其体内附着裂体吸虫（血吸虫），可在水里繁殖数以千计的微小幼虫，通过咬、抓等方式撕破哺乳动物的皮肤而进入其体内。一旦幼虫舒适地寄居在哺乳动物的血脉里，它就会长大成虫并进行交配，母虫排泄数千个带刺的卵——这些刺保证虫卵不被排出体外。这些虫卵会随血液流向肝脏和肠，并破坏所到之处的组织。他们对器官的影响可想而知：它们损毁肝脏，导致肠出血，造成致癌损害，

---

* 并不是所有的人赞同以上观点，参见 Blaut，*The Colonizer's Model*，第70页。布劳特认为，显然，"许多情形包括心理学研究表明，如果人们有时间适应热带环境，那么各种人都可以在热带有效地工作。"布劳特反对自然利益分布不均的概念。

妨碍消化和排泄。受害者经常发寒发烧、忽冷忽热，浑身疼痛，无法工作，并且身体虚弱，容易受到其他寄生虫的袭击或感染其他疾病。所以，常常难以确诊是哪一种疾病要了他的命。

我们将该瘟疫称为蜗牛热，肝蛭，或按医学术语称之为血吸虫病，或比尔哈茨亚病，因1852年内科医生比尔哈茨亚发现该病源于血吸虫而得名。该疾病在非洲热带地区尤为流行，并殃及整个非洲大陆，以及亚洲和南美洲亚热带地区。它对在水中干活的人——如种植水稻的人危害尤甚。[11]

最近几十年来，医学提出了一些可以部分地防治此病的办法，可是这些杀虫剂的破坏性极大，使得防治几乎和疾病一样糟糕。用化学杀剂杀死蜗牛的办法也是如此：灭螺剂杀死了蜗牛，但也杀死了水中的鱼。一年的所得被随后的损失所抵消；血吸虫病依然缠着我们。并且，它曾一度变得更为致命。

更为人知的另一类疾病是锥虫病——包括那加那病（牲畜锥虫病）、昏睡症和南美洲发现的恰加斯氏病等。这些疾病由锥体虫所致。锥体虫是一种寄生性原生物，因其体形似锥而得名，该虫钻孔打洞，危害性极大。锥体虫同样是"一种狡诈的野兽，有改变自身抗原的特异功能"。[12]我们已知有百余种锥体虫，实际也许有千余种。有时你看得见它，有时你根本看不见。由于无法发现它们，身体的免疫系统无法抵御它们的侵袭。抵抗这些疾病的唯一希望是，药剂——尚处于实验阶段——和向传病媒介开战。

非洲锥虫病的传病媒介是采采蝇，一种肮脏的小飞虫，如果不能吸食哺乳动物的鲜血，它将干瘪而死。即使在今天，尽管已经有了有效的药剂，这种飞虫仍然大量繁殖，使得牲畜无法在非洲热带的大片地区生存。人类生存也很艰难。在热带医学和药理学出现以前，整个地区的经济曾被这种灾害所破坏：家畜养殖和运输都不可能；只有价值高、体积小的货物才可运输，而且只能人工搬运。不消说，没有人自愿做这种工作。人们在奴隶制度中找到了解决办法，而奴隶制本身是一种容易上瘾的瘟疫，使得非洲大陆的许多地区陷入无休无止的掠夺和动荡中。所有这些因素阻碍了部落之间的贸易和交流，使得依靠外来食物的城市生活几乎无法维系下去。能够促进文化和技术进步的交流因而姗姗来迟*（表 1.1 列举出关于热带和亚热带疾病的资料）。

表 1.1 1990 年热带疾病的影响范围及后果

疾病	影响的国家	感染人数（1000）	危及人数（1000000）
疟疾	103	270000	2100
血吸虫病	76	200000	600
淋巴丝虫病	76	90000	900
蟠尾线虫病	34	17000	90
恰加斯氏病	21	16000—18000	90
利什曼病	80	12000	350
麻风病	121	10000—12000	1600
非洲昏睡症	36	25	50

资料来源：World Health Organization (WHO), Special Program for Research and Training in Tropical Diseases, 1990, 引用于 Omar Sattaur, "WHO to Speed Up Work on Drugs for Tropical Diseases", 第 17 页。

显然，医学在治疗这些疾病方面已经取得了重大进步。医学的作用几乎可以追溯到欧洲人开始在非洲大陆上出现之时。当然，在早期的年代里，医生尽管心存善意，但由于无知，造成的危害大于好作用。但是，他们确实使人们免除了痛苦。直到 19 世纪下半叶，病菌学说才为指导性研究、有效地预防和治疗疾病奠定了基础。在此之前，医生依靠臆测、经验和想象诊断疾病。所幸的是，这些方

---

* 有的学者对这一历史后果持有异议。他们认为，奴隶贸易不是非洲土生土长的产物，而是因欧洲劳动力匮乏引入到非洲的。这一贸易"使锥虫病由一种地方病变为人、畜都受害的普遍性疾病，使基本在控制之中的疾病变得具有毁灭性。非洲原本人丁兴旺，但自上一世纪末以来，有的非洲地区已经禁止家畜饲养业的发展"。参见 Blaut, *The Colonizer's Model*, 第 79—80 页。布劳特错误地引证 Giblin, "Trypanosomiasis Control", 一文，但吉布林关注的不是 16 世纪开始的大西洋奴隶贸易之影响，而是 19 世纪 90 年代以来殖民统治的影响（见原文第 73 至 74 页），二人所述的对象不同。即使最近以来，也有学者对此表示异议，参见 Waller, "Tsetse fly" 一文，第 100 页。需要关注的是，有大量证据证明，早在欧洲人到达非洲之前，非洲就有奴隶贸易，而且阿拉伯人曾为伊斯兰世界抓俘虏，亦曾使得奴隶贸易一度兴盛。参见 Gordon, *Slavery*, 第 105—127 页。另一方面，且不管这些早期例证的起源和影响如何，大西洋奴隶贸易确实加重了这种罪恶。参见 Law, "Dahomey and the Slave Trade" 一文和 Lovejoy, "Impact" 一文。即使在这方面，仍有异议存在。参见 Elitis, *Economic Growth*, 第 77 页。

法并非偶然得来。它们侧重于观察和现实的原则——只要你见到了我所看到的,你就可以相信你所见到的——补偿了因不理解而可能造成的失误。

我们以全球最大的人类杀手疟疾为例。在发现病菌之前,医生把发烧归因于沼泽瘴气——这种说法是错误的,但从近似的现象推断出来并非全无道理。所以,阿尔及利亚的法国人被疾病带来的损失吓坏了,他们组织人排干沼泽,祛除瘴气(疟疾)。这些措施也许对空气清洁有些益处,或许没有一点作用,但却驱杀了蚊子。从1846—1848年和1862—1866年两个时期的比较可以看出,该地军人的疟疾死亡率下降了61%;从19世纪30年代到60年代发病率下降的幅度更大。[13]而且,这些措施产生了有益的副作用。我们并未得到有关平民的统计资料,但不管是当地人还是法国殖民者,他们的健康状况肯定有了改善。不论你如何评价法国在阿尔及利亚采取的政策和行动,他们确实使得数百万阿尔及利亚人寿命得以延长,生活得更健康(某些阿尔及利亚穆斯林也许会回答说,抽干沼泽给欧洲殖民者增加了可用的土地)。

法国在阿尔及利亚的所作所为表明,改善环境是有所收益的:预防得病与得病后进行治疗相比,是一种更有效的方法。在过去的百年间,医学和公共卫生学一起,使人类的平均寿命发生了巨大的变化——热带和贫穷国家的人均寿命已经与那些自然条件良好、富裕的国家逐渐趋同。1992年,一个出生在低收入国家(除中国和印度外共计10亿人口以上)的婴儿可以活到56岁,而一个出生在富国(人口8.28亿)的婴儿可望活到77岁。这个差距(37.5%)并不小,但与以前相比却小得多,而且会更小,因为穷国将变得较富,而富国人均寿命的增加会达到生物学限度,富裕也带来了环境疾病。[14]其中,最具有决定意义的进步是婴幼儿(1周岁以下)的看护:最贫穷国家的婴儿死亡率从1965年的146‰(中国和印度为114‰),下降至1992年的91‰(印度为79‰,中国为31‰)。该数字与富国的差距依然是明显的:同一时期,富国的婴儿死亡率下降幅度更大,从25‰降至7‰。[15]但是,富国的婴儿死亡率不会再有大幅度的下降了。

以上这些并不表明,我们可以就此心满意足了。现代医学可以保证婴儿存活、人类长寿,但这并不必然意味着他们身体健康。确实,从统计数字上看,死亡率和疾病率是矛盾的。死人并不总是统计为病人。一位调查美国烟草行业的专家满脸严肃地争论道,如果从烟民预期寿命缩短这一点出发,对吸烟严重危害健康的估计应降低。当他这样争辩时,他也暗示了这一点。反之,对热带地区来说,抗生素、预防注射和接种疫苗拯救了人们的生命,但却使他们在病中挣扎求生。热带医学这一专门学科的存在，恰恰说明了问题的性质。该研究领域取得了相当的成功，但在科研人员、当地病人和各种帝国主义者中间，其代价也是高昂的。[16]

此外，疾病预防花费巨大，治疗则需要长期的药物控制，当地没有相应的设备，病人在使用方面也比较困难。1990年，大多数热带疾病患者生活在人均年收入400美元以下的国家，他们政府在卫生保健上的开支人均不足4美元。据说，制药公司每开发一种药剂或疫苗并将之投入市场，需要耗资一亿美元。显然，制药公司并不愿意迎合这类穷消费者的需要。[17]即使在富国，医疗的费用也可能超过病人自身的负担能力和医疗保险的承受限度。例如，最近对艾滋病的治疗要每年花费10000到15000美元，直到寿终为止——对第三世界的病人来说，这是一笔不敢想象的花费。[18]

最后，地方习惯和风俗可能会促进疾病的蔓延，并阻挠医疗。疾病差不多是由人类行为的方式所造成的，治疗疾病不仅需要医疗，而且需要习惯的转变。这正是问题之所在：打针吃药容易，改变生活方式难。看一下非洲的艾滋病吧。跟其他地方形成对照的是，这种疾病在非洲的传染对男女一视同仁，多由异性接触滋生。传染病专家仍在寻找答案，已经被提到的因素有：男性杂交的传播；把肛交作为控制生育的技术手段；女性割阴蒂以防止性交欲望和快感，却造成长期创伤。严格来讲，这些问题都非医学所能解决，所以医生所做的不过是减少患者的痛苦、延缓死亡的到来。考虑到这些社会的贫穷，他们能做的并不多。

除物质条件的限制外，现代医学还必须考虑到意识形态和宗教的阻碍——这种阻碍随处可见，但贫穷、技术落后的社会尤甚。人们宁愿相信江湖秘方和祈祷神灵保佑，也不愿接受外国的、不信神灵的治疗。信奉科学的西方人将这些做法一概斥为迷信和无知。然而，这些做法也许会带来身心的解脱，而且土产药剂或许不那么纯净和浓缩，有时却真管用。现代科学家和医药公司不惜花费重金研究奇特药品的价值，其原因正在于此。

土著医学的经验主义疗法有时成功，加上人们对殖民主义的愤恨以及对本地文化的感情（更不消说旧派医生的特权利益），这几个因素结合起来，引起对热带（现代）医学的政治和人类学上的批判，以及——且不管如何谨慎——对"替代"疗法的维护。[19]这一派观点认为，热带医学对非洲过分傲慢，蔑视当地人的医疗方法，所作所为少于他们应该做到的。而且，欧洲划定的边界和欧洲式的商业化农业毁灭了阻碍疾病传播媒介（臭虫、寄生虫等）的传统屏障。即使公共卫生"完美理智的"方法也会伤害当地人的感情，体格检查和预防或许被认为是有损尊严和盘剥。[20]

水是另一个问题。总体而言，热带地区降水充足，但降水时间往往没有规律、无法预测，且大雨倾盆，雨落如注，多为暴雨。平均计算降水量是没有意义的，因为这里的降水从一个极端走到另一个极端，每年、每季乃至每天都有所不同。[21]在尼日利亚北部地区，90％的降水是时速25毫米的暴风雨，一个小时的降水（25毫米）等于伦敦郊区皇家植物园平均半个月的降水。爪哇的降雨更为急迫，全年降水1/4的时速为60毫米。

在这种气候条件下，丛林和雨林杂生，种植颇为不易：这些物种多样的宝库滋养着各种生物，却偏偏不利于人及其有限的农作物。结果，人和自然都是这场战争的失败者。人们试图砍伐价值连城的树木，从而导致乱砍乱伐和大量浪费。而且，丛林枝繁叶茂对种植极为不利。砍了丛林种植农作物，炙热的阳光直射而下，因为都没有枝叶的阻隔，倾盆大雨冲走了土壤的营养成分，造成新的荒芜。如果土质是黏质，富含铁铝氧化物，暴雨和阳光将在地表烘焙出铁甲般的硬层。这些土地种植两三年后，将被迫永久休耕。新开垦出来的土地很快就荒芜了，不久藤蔓和卷须爬满了住宅和寺院，窒息了一切。城镇也因此不能兴盛，因为它依赖周围地区的食品供应。现在，非洲的城市化经常杂乱无章，严重依赖国外的食品进口。

另一个极端的变化是，干渴的土地变为沙漠，沙漠的沙尘成为难以平息的侵略者，吞噬着沙漠边缘的肥土沃地。1970年前后，撒哈拉沙漠以每小时18英尺（地理学上称为一"驰"）的速度向萨赫勒地区推进。[22]荒野的扩张是所有半干燥气候存在的一个问题：美国的大平原（记得斯坦贝克《愤怒的葡萄》中的俄亥俄流动农工吗？）、以色列的内盖夫以及约旦河东岸、西西伯利亚都有所体现。由于降水较少，这里的农作物死于缺水，表土被风吹走。在温带地区，当雨水降下来的时候，农作物又活了过来；但热带和亚热带沙漠就没有这样宽厚了。

解决降水不规律的办法在于水的储存和浇灌，但这在蒸发速度极高的地区是非常困难的。例如，在印度的阿格拉地区，一年之中，降水超过农业当时需要的时间只有两个月，而这两个月中存留在泥土里的水仅仅三周就会蒸发殆尽。

人类聚居区和文明沿江河而布，并非偶然，因为江河集中了全流域的流水和每年沉积的沃土：如尼罗河、印度河、底格里斯河和幼发拉底河。这些古代文明的中心是最早的营养聚居地——尽管《圣经》告诉我们,即使是埃及人也为饥荒而担忧,并非所有的流域都这么慷慨无私。西非的沃尔特河*流域面积超过10万平方公里——是大不列颠的一半——但在低水位时,在近入海口处竟成了涓涓细流,流量仅为每秒28立方米,与巅峰水位时的每秒3500—9800立方米形成鲜明对照。沃尔特盆地的旱季处在一年最热、风最大的季节,流水蒸发量之高,实令人沮丧。[20]

再就是灾难——这就是被称为百年一遇的洪水以及每10年一两次的风灾和旱灾。1961至1970年,22个处在"气候恶劣地区"(易淹、易旱和沙漠地区)的国家因飓风、台风、干旱和其他类似的自然灾难损失几达100亿美元,大约相当于同期从世界银行得到的贷款总额,它们几乎根本没有剩余资金用于发展。孟加拉国土地与海平面差不多齐平,容易被水淹没。1970年的飓风使50万孟加拉居民丧命,100万人流离失所,无家可归。印度多年来致力于实现粮食生产年增长率2%—3%的目标,但是一个恶劣的种植季节就会导致减产15%。[22]甚至对富国而言,这种偶尔突发灾难的代价也是极高的。美国1992年安德鲁飓风以及1993年和1997年中西部的洪水泛滥造成了惨重的损失,证明了这一点。对那些在生存边缘挣扎的人而言,其后果更是残酷无情。如果有摄像机拍摄现场,我们对这些会有所了解;如果没有,谁会听见或看到数百万人被淹和饥饿待毙?如果没有人听见或看到他们的惨象,又有谁会关心呢?

恶劣气候下的生活充满了危险、沮丧和残酷。人类所犯的错误,即使出于善心,也会加重大自然的冷酷无情。有时甚至善无善报。毫不奇怪的是,这些地区依然贫穷;许多甚至比以前更穷了;许多广泛宣传的发展项目遭到了惨败(人们早先听说了许多项目,但它们失败后就没有什么回音了);人们身体健康的提高被新病的出现和旧病的复发所抵消。

非洲国家与这些灾难的斗争尤为艰苦。尽管它们取得重大进步,有关死亡率和寿命长短的资料表明,非洲的发病率依然很高,人们营养不足,饥荒连着饥荒,劳动生产率很低。人们一度能够填饱肚子,现今这一点都做不到了。外国援助大多是粮援。那里的人民只开发了部分潜力,政府也无能为力。就非洲沉重的自然负担而言,非洲人民做到像现在这样,已经是令人惊奇了。

---

* 沃尔特河源于布基纳法索(旧称上沃尔特),在加纳境内入海,全长约1600公里。——译注

然而，认为地理决定了一切是错误的。其重要性可以降低或规避，尽管要付出代价。科学和技术在其中起着关键作用：我们所知越多，就越能够预防疾病、提供更好的生活和工作条件。显然，我们今天可做的多于昨天，对热带地区的预测也好于以前。但与此同时，对于这方面的进步还需要警觉和关注。我们在观察问题时，必须取下玫瑰色眼镜，忽视或将问题排除在外，不能消除问题的存在，也不能对我们解决问题有所裨益。

"温带气候总能使我受到鼓舞和精力充沛"

因为人与人不同，个人经验可能会产生误导。一个人的痛苦是另一个人的幸福。然而，热量消耗定律适用于所有人，没有人能在炎热、潮湿的环境条件下干劲十足。以下是一名孟加拉外交官回忆他本人和他的同胞访问温带地区时的感受：

"在印度、巴基斯坦、印度尼西亚、尼日利亚和加纳这样的国家，我总是稍一用力或用脑就感到四肢乏力，而在英国、法国、德国和美国，不管长时间坐在案前，还是短途旅行，温带气候总能使我受到鼓舞和精力充沛。据我所知，所有访问过温带国家的热带居民都有这样的感受。我也曾看到数百个从温带来到热带的人不在空调室的时候，活力荡然无存、筋疲力尽的样子。

"我看到，在印度和其他热带国家，农民、工人、实际上所有的体力劳动者和机关工作者工作节奏非常之慢，经常休息很长时间。而在温带，同样的人的工作节奏非常之快，并且他们浑身充满了活力，很少休息。我从个人和其他访问过温带国家的热带居民的经历认识到，热带和温带的工作精力与效率存在着如此奇特的差别，绝非全部或主要因为营养水准的不同。"[②]

注释

1. 法国学派的一个特点是，他们非常自信。埃德蒙·德默林在世纪之交时曾说，"如果人类历史重新开始，而地球表面未曾发生变化，广义而言，它不过是自我重复罢了。"参见 *Comment la route cree le type social*（Paris, n. d.），1, ix. 欲了解对地理学中欧洲利益所持的怀疑观点——诋毁之为"培训殖民主义"，可参见 Blaut, *The Colonizer's Model*，第 45 页，n. 3。

2. Andrew Kamarck, *The Tropics and Economic Deveopment*。

3. 参见 Arnold Guyot, *The Earth and Man* 一书 (1849; reprinted in 1897), 第 251 页; Livingstone, "The Moral Discourse of Climate" 一文, 第 414 页。

4. 了解这个故事, 可参见 Smith, "Academic War", 第 155, 162 页 S. B. Cohen, "Reflections on the Elimination of Geography", 第 148 页。

5. 所以, 对非洲农业的探讨限定在现有环境下能做什么或不能做什么更容易些, 无疑也更现实些。参见 R. P., "Environmental Constraints"。欲了解绝对平等主义者对地理学的看法 (没有人比他人的景况好, 因为他不应如此), 参见 Blaut, *The Colonizer's Model* 一书。

6. David Smith, "Climate, Agriculture, History: An Introduction", 第 1—2 页。史密斯进一步论证说, 这一领域的学者应该"愿意接受同僚的嘲弄甚至排斥"。

7. "Conditions for Economic Change in Underdeveloped Countries", *Journal of Farm Economics*, 33 (November 1951), 693. 被引用于一本非常有价值、不该被忽略的著作: Andrew Kamarack, *The Tropics and Economic Development*, 第 4 页。

8. "How Poor Are the Poor Countries?" in Seers and Joy eds, *Development in a Divided World*, 第 78 页拉蒂·拉姆对赤道地区收入减少和生命缩短的研究"数据确凿, 非常有价值"。参见 Rati Ram, "Tropics and Economic Development", 第 10 页。

9. L. Don Lambert, "The Role of Climate", 第 339 页 and n. 1. 他把经济学家的片面方法与医生关注好人、给病人开药方时嘱咐要像好人一样生活作了对比, "相关的问题不只一个: 什么原因导致发展? 还有另一个: 什么原因导致停滞?"

10. "The Deadly Hitch—hikers", *The Economist*, 31 October 1992, 第 87 页。

11. Elvin, *The Pattern of the Chinse Past* 一书, 第 186 页, 其中提到, 中国 1264 年的大事记中曾描述血吸虫病和其他寄生虫感染的状况, 引自 Jones, *The European Miracle*, 第 6 页。

12. *The Economist*, 27 July 1991, 第 74—75 页, 亦见 Giblin, "Trypanosomiasis Control" 一文。

13. 了解军队医院的发病率资料, 可参见 Bone—Curtin, *Death by Migration*, 第 65—66 页。

14. 以上资料来自: World Bank, *World Development Report 1994*, Table 1, 第 162—163 页。

15. World Bank, *World Development Report 1991*, Table 28, 第 258—259 页, and *1994*, Table 27, 第 214—215 页。理查德·伊斯特林称这些收益为"死亡率革命"——一个尚在进行的革命。

16. 尽管现代实验技术和安全预防取得了重大进步, 其代价依然很高。在与致命病毒的斗争中, 我们发现大多数病毒源于热带。参见 Altman, "Research's Infection"。

17. Sattaur, "WHO to Speed Up Work on Drugs for Tropical Diseases", 第 17 页有人再次

表示异议。参见 Blaut，*The Colonizer's Model*。布劳特争论说，直到最近，中纬度气候（他避免使用"温带"一词）像热带一样疾病肆虐，热带的居民有着针对病菌和寄生虫的适合的免疫功能。"难道这表明，热带天生（固有的?）不健康吗? 或许答案是不。"

18. *New York Times*，16 February 1997，o.1。

19. 就西方科学医学与土著医学的冲突，参见 Verma，"Western Medicine"一文，该文作者认为，西方人保留着自己的秘密。西方人是带着医疗方法和印刷书籍到非洲的，当地的医师没有书籍，只有经验和秘方。西方人希望帮助他们，特别是普及种痘。但是，西方人教会当地人的比教给他们自己的国民少，因为相同的教育将损害他们的权威（第134页）。

20. 参见 Gwyn Prins，"But What Was the Disease?"第 164 页。普林斯告诉我们，"健康女神被许多非洲人看做是殖民主义者的娼妓。这篇文章并不令人喜欢，它留意到了殖民医学的失败和错误，对传统治疗方法充满同情。作者在科学和某种不同的"知识"之间摇摆："为什么那些广泛接受的解释假定为普遍不适用呢?"（第 178 页）然而，从生物学上讲，非洲人与众不同吗?

21. 参见 Paul Harrison，"The Curse of the Tropics"，第 602 页，这些变动事关重大。参见 Sah，"Priorities"，第 339—340 页。该文论述了 20 世纪 40 年代末英国人在坦噶尼喀的花生悲剧。由于未估计到降水量的波动，英国人种植的花生颗粒无收（本书第 28 章将叙及此事）。

22. Wade，"Sahelian Drought"一文，第 234—237 页。

23. Kamarck，*Tropics and Economic Development* 一书，第 16 页。

24. 引自 Raaj Sah，"Priorities of Developing Countries"一文，第 337 页。

25. Bandyopadhyaya，*Climate and World Order* 一本，第 6 页。

国 富 国 穷
第 2 章
THE WEALTH AND POVERTY OF NATIONS

对地理的回应：欧洲与中国

自然是不平衡的，它使国家或地区有了一种天然差别。故而出现了热带地区不幸的图景，在宜人的温带地区欧洲是最好的，特别是西欧。中国的发展最为早熟，发达的农业文明、人口增长、朝代更迭，自然环境却受到破坏。

Why Some Are So Rich and Some So Poor

David S. Landes

大自然的不平衡，致使热带的不幸图景和温带远为宜人的自然条件形成了鲜明的对比。而温带地区以欧洲的自然条件为最佳；在欧洲内部，西欧则独占鳌头。

以气候为例。欧洲确实有冬季，冷得足以阻止病菌和害虫的大量繁殖。欧洲东部属大陆性气候，越向东走，冬季越寒冷。即使较为温和的冬季也抵御了恼人的疾病发生。这里也有地方病，但不像热带的疾病一样致命或致人残疾。寄生虫引起的疾病是一个例外。有人因此认为，这表明，欧洲人易受流行性疾病的侵袭：他们经受病原菌感染的危险不多，因而未能增强抵抗力。

即使在冬天，西欧的气温也是宜人的。如果在地球上就同一温度划线（等温线），就会发现欧洲大西洋海岸的等温线最弯向北部。挪威海岸位于北纬58°到北纬71°，其冬季的平均气温高于相比低20纬度的佛蒙特州和俄亥俄州。结果，欧洲一年四季都可以种植农作物。

这里的降水相对四季均匀，极少暴雨，"就像来自天堂的毛毛细雨，润物细无声"。这是全球最为奇特的降水样式。整个欧亚大陆夏季的降水较为充足，而冬雨却非如此。冬季，来自大西洋的雨水到达欧洲中部和东部的平原时就减弱了，而亚洲的大草原为陆地所包围，缺少降水，因而有了"戈壁滩"。中国的东部和南部为来自印度支那近海的雨水所救，美国的东南部为墨西哥湾的雨水所救。

欧洲可靠而均衡的降水，使这里的社会和政治组织形式与古时盛行的河流文明截然不同。在河流文明中，控制粮食的大权落到那些拥有河流和运河的人手中。中央政府早就出现了，因为控制粮食者就是万民之王（《圣经》关于约瑟和法老的记载以寓言的形式讲述了这一过程。为了得到食物，饥饿的埃及人把他们的金钱、家畜、土地、人民依次献给法老〔《创世纪》47：13—22〕）。这些事情从来不会发生在欧洲。

欧洲优越的气候是墨西哥湾暖流的恩赐。这一暖流起源于非洲的热带水域，而后流向西方，越过大西洋和加勒比海，然后沿东北方向再次横越大西洋。这种顺时针旋转产生于地球自转和暖流水势的上升；在南半球，赤道水流则是沿逆时针方向流动。在西半球，赤道水流都由东流向西方，带着赤道的热量与丰富的海洋生物。

从理论上讲，南北赤道的水流量应该基本相等。但是，大西洋地质上的一个偶然事件使赤道北部的水流成为世界上最大的洋流。这就是：南美洲大陆板块断裂开来，美洲与非洲大陆剥离，特别是美洲最东部的巴西凸了出来（与之相符，非洲大西洋海岸的东部凹了进去）。巴西的凸出，拦腰斩断了赤道南部的水流，将其中约一半的水量送往赤道北部水流，从而造成巨大的暖水团，最终流向爱尔兰和挪威的海岸。这种地质上的幸运，使西欧一年四季和风细雨，蒸发缓慢，欧洲因之农业丰富，牛肥羊壮，阔叶林广布。

当然，欧洲气候也并非整齐划一。欧洲的大西洋沿岸降水最多，也最为均匀，潮湿的西风使土地非常湿润。而到东部的波兰和俄罗斯大平原，气候逐渐具有"大陆性"，湿度和温度差别极大。地中海沿岸的陆地也是如此：温度适宜，但降水较稀少且不均衡。西班牙、葡萄牙、南意大利和希腊的农作物产量不高，种植橄榄树和葡萄的所得大于种植粮食，畜牧业的收益大于农业。有人据此认为，相对于北欧而言，南欧这些恶劣的地理特点导致贫穷，甚至工业停滞[①]（我们将在下面讨论该问题，文化因素至少也是重要的）。

果真如此，为什么欧洲发展得那么晚，比埃及和苏美尔晚了几千年？答案仍是地理因素：阔叶森林的存在。埃德蒙·伯克在对比印度人和英国人时说得非常之好："当我们还生活在森林里时……他们作为开化的民族和从事农耕的民族已经千百年了。"[②]直到公元前1000年，欧洲人有了铁制工具之后，他们才能开垦阿尔卑斯山脉以北原本丰饶的平原。并非偶然的是，这些早年的欧洲居民首先在湖岸（即我们所知的湖上安家）和草原上定居，这里并不必然是最肥沃的土地，但在原始的、尚无冶铁技术的条件下，这里无疑是最适合的。之后，欧洲才有足够的粮食养活更多的人口，有多余的粮食供应致力于文化交流和发展的城市中心。即便如此，大部分森林还是保留了下来；古罗马帝国崩溃之后的几个世纪，欧洲的人口减少了，森林面积反而有所扩大。有许多民间传奇故事流传下来，如《小红帽》、《汉塞尔和格雷特尔》、《拇指人汤姆》，还有其他近似的有关森林、野狼、巫师和危险的传说故事。

这些传说故事表明，若认为欧洲的地理环境如抒情诗般美妙，是错误的。欧洲也曾忍受过饥荒和疾病，经历过长期的寒冷和温热，遭受过地方病和世界性流行疾病。农民可以经受一季或两季坏收成，此后便是嗷嗷待哺了。此时，森林再一次起到了关键作用：它供给人们浆果、干果直至橡子和栗子。稳定的降水也意味着农业并非在边缘挣扎，一段干旱之后，等雨季一到，庄稼再次茁壮成长。人们不妨看看那些干燥地区，那里的农田种植是一场赌博，沃土有变为沙漠的危险——不仅仅有侵略成性的撒哈拉沙漠以南地区、阿拉伯沙漠北部边缘的约旦河东岸，还有西经100°以西的美国大平原、赫鲁晓夫企图种植小麦的西伯利亚草原、贝加尔湖周围的棉田——就会明白，在雨水稀少的地方，天地多么狭窄。

有利的环境使欧洲人可以让许多土地保留森林和休耕，饲养家畜时无须到远方找寻牧场。这里饲养的家畜比别处的健壮、高大。曾踩躏大草原的蒙古马，比欧洲的战马要小得多；阿拉伯的马匹也是这样。由于气候条件，印度的很多地区不能饲养马匹。当然，动物大小各有其优越之处。蒙古和鞑靼马在空旷如海的内陆行动迅速，可以用来迅捷而沉重地袭击周围定居的民族。而欧洲马驮着身披铠甲的武士，不啻是活坦克，在发动进攻时威风八面，不可抵抗。

这两种战术的冲突引起了人类历史上几场最伟大的交战。公元732年，查理曼的祖父、法兰克王国宫廷总管查理·马泰尔带领一队骑士在图尔附近与入侵的阿拉伯人作战，从而为似乎无敌的穆斯林扩张设下了一道西部路障。* 约450多年之后，在1187年的海廷战役中，萨拉丁率领的穆斯林军队让欧洲骑士冲击他们的阵地，在最后一刻闪开一条通道让骑士们冲过去。这时，十字军的战马已驮着骑士在炎炎赤日下奔驰了一整天，疲惫不堪。穆斯林军队再逼近过来，切断了

---

* 参见 Gibbon, *Decline and Fall of the Roman Empire* 一书。吉本非常重视这场交战，他认为，倘若当年是阿拉伯人胜利了，所有的欧洲人如今都要读《可兰经》，所有的欧洲男子都要割包皮。

欧洲骑士们的退路。于是，十字军在圣地建立的耶路撒冷王国和一套基督教封建政权就全部崩溃了。

然而，从长远来看，胜利属于欧洲人。大动物在从事繁重劳动和交通方面具有优势。挽马可用于北部大平原黏质土的耕种（马比牛力量大，行动更迅速，可以在较少的时间干完更多的活），并将新鲜农作物运送到城镇集市上。过后，它们还可以将野战炮运往战场，投入战斗。欧洲的牲畜体大，能够产生大量的粪肥（东亚农田多用人类粪便）。这使农田趋于集约耕种，农作物收成更好，从而形成螺旋上升趋势。结果，欧洲人的饮食富含奶制品、肉和动物蛋白，他们长得更为健硕，而且相对而言，较少受到肆虐于中国、印度的那种虫害的袭击*（几年之前，1/5 接受过输血的中国人得了肝炎，这是因为献血者的肝脏为寄生虫所蹂躏，而血液筛分不完善③）。欧洲人身体更健康，寿命更长，更能在工作中发挥出潜力。**④

这并不是说，当年欧洲农田的平均单位产量或人均产出高于温带灌溉地区。家畜粪便、耕地（将地下的营养翻上来）和休耕的益处，都不能与尼罗河、幼发拉底河、印度河的沃土相提并论，甚至不能与黄河和长江的冲积平原相比，由于常年高温，那些地方每年可种植数季。*** 另一方面，由于水量或缺或多，以及敌对势力对灌溉系统的破坏行动，河边的农田耕种不时被打断，其破坏性远远大于多雨气候地区的旱季或湿季。**** 平均数是有欺骗性的。季风雨季是非常慷慨的，

---

* 参见 Eric Jones，*The European Miracle*，第 6—7 页："在中国，粪便排入水中，使之成为肺蛭、肝蛭、肠蛭和东方血吸虫的世界库，而这些都是慢性病的重要病因。人类排泄物被用做肥料，对农民而言，泥土中的寄生虫传染是一种职业性危险。韩素音曾说，20 世纪早期，北京儿童 90% 受到虫害，寄生虫在路边和楼旁随处可见……撇开反社会的习惯不谈，这是对人口稠密的温带气候地区开发灌溉农业时缺少肥料来源的惩罚。"在印度，人们没有卫生习惯，常常在公共场合如溪流、河流中大小便，而这里又是清洗和饮水的地方，因而情况比中国还糟糕。

** 参见 Jones，*European Miracle*，转引 Narain，*Indian Economic Life*，第 332—333 页。纳拉因的资料取自 19 世纪末 20 世纪初，此时欧洲在人口死亡率方面已经取得实质性进步。500 年或 1000 年以前，也许欧洲和亚洲之间的差距较小。

*** 长江的年淤积量大于尼罗河、亚马孙河和密西西比河之和，而黄河的年淤积量是长江的 3 倍。参见 Link，"A Harvest"一文，第 6 页。

**** 由于对技巧的依赖，这些社会非常容易受到伤害。例如有人说，14 世纪帖木尔及其鞑靼游牧部落破坏了波斯的水槽和供水系统，此后就没有再修复过。曾经人丁兴旺、土地肥沃的地方就这样荒芜了。该地区的王国和民族从未恢复过来。

但每一季节、每年都有所变化。洪水和干旱是正常现象。在中国和印度，灾后的修修补补是紧迫大事。即使没有自然灾难的发生，雨季耕作和湿季收获对劳动力的需求促使人口密度大幅度提高——按可耕地单位面积计算，人口密度比非洲高 30 倍，比欧洲高 40 倍，比美国高 100 倍。⑤ 所以，不管物质条件如何，人们都早婚和几乎人人都结婚。*

与之相对照，基督教徒特别是西欧的基督教徒则接受了文身、晚婚（直到自己能负担得起时才结婚）观念，孩子年龄也相差较大。中世纪时，物资短缺，欧洲人视孩子为潜在的负担。我们不由回想起《汉塞尔和格雷特尔》和《拇指人汤姆》——孩子被遗弃在森林里死去，父母走得远远的，眼不见为净。河流流域文化的人口数量最多，而欧洲人多是小家庭，继承权和家庭联系不分割。

所以，单单是数字说明不了问题。有人或许说，如果将健康和畜力考虑在内，与人口远为众多的亚洲相比，欧洲投入农业（每耕种单位）的能量更多。众生芸芸，亚洲的统治者热衷于修造外观宏大的建筑物，驱使许多劳动力为其卖命。这些终成欧洲游客为之惊诧不已的人间奇迹和丑闻——旅游胜地，而其国内极端奢华和赤贫如洗的鲜明对比更为人所惊叹。"亚洲宫廷、寺庙、陵墓和水利工程之壮丽，以及奢侈豪华和巧夺天工之作，似乎只能证明，如果石头多的话，这种政治组织会从石头中榨出血来"。**

欧洲人不曾需要建金字塔。*** 欧洲，特别是西欧，非常幸运。

现在，让我们看一看"农业发达……人口众多的"中国。⑥

---

* 实际上，这种最大限度再生产的增长方式——包括备战草料和领土扩张的资源，促使政治权势增强。中国能威震人口较稀的邻邦，根本原因即在于此。

** Jones, *The European Miracle*, 第 5 页。书中提到，个辩护者说，其实，许多工程并没有耗费多少劳动力，因为这些工程耗时较多，由数代人完成，这些人也可能受宗教驱使而自愿劳动（第 10 页）。你要信以为真的话，当然相信就是了。实际上，这些工程的监工全副武装，劳工的死亡率特别高。中国修造大运河和万里长城死亡数以百万计，参见 Jones, *The European Miracle*, 第 9 页。

*** 事实并非完全如此，欧洲也有暴政。参观法国韦兹莱大教堂的游客也许会有兴趣听到，修建该教堂过程中，被征召的农奴曾三次起义反对教会权威。家畜也遭受磨难，例如，拉昂大教堂建于山上，其塔楼上有四头牛的雕塑，面向东西南北四个方向，以纪念将石头从下面平地运送上山的牲畜。这些牲畜的待遇比人好得多。这只不过是一种替代物而已。较近的例子，可看一下 19 世纪 40 年代从圣彼得堡修到莫斯科的铁路——每一根枕木下都有一个屈死的灵魂。

要了解世界经济的历史就必须研究中国。中国最为早熟，在相当长时期里，中国是世界上发展最成功的国家。中国的耕地面积约占世界的7%，养活的人口占世界人口总数的21%。中国有一句老话非常简明扼要："地少人多。"⑦

大约2000年前，中国华北的人口约为6000万——对这块土地而言，人口太众多了。在随后的1000年里，中国的人口变动不大。但从10世纪到13世纪初，其人口近12000万，几乎翻了一番。此后，主要是由于瘟疫肆虐（瘟疫也曾侵袭过欧洲和中东），中国的人口回落，14世纪初降至6500—8000万。1650年，中国人口又升至10000—15000万，1750年20000—25000万，18世纪末超过30000万，1850年约为40000万，1950年65000万。今天，中国人口已经达到120000万，占世界总人口的1/5强。这种惊人的增长是长期以来（直至今日）的生育观念之结果：早婚，几乎人人都结婚、多子多孙。人口多，要求产粮多；产粮多，又要求劳力多。单调重复的游戏。

这种观念可追溯到几千年前。那时，亚洲平原东疆的某些游牧民族放弃牧人生活，定居而从事产出更多的农业。从一开始，他们的酋长就看到了人口数量、粮食和权力的联系。酋长们的政治智慧大概是由以下三点推断而来：（1）人口增长意味着可动员的潜在耕种者增多，可指派（种植）耕地；（2）储存粮食，以备将来作战之用；（3）粮食供应集中于固定的行政中心（而不是帐篷）。

据史书记载，公元200年前后，曹操曾说，"国家的建立需要勇士和充足的粮食供应。秦人极其重视农业，由此建立了帝国。汉武帝利用军队屯田荡平西部边境。此前代所用之良方"。是年，曹操召集民众屯田许都（河南中部），获粮万担。而后，他以此为基地，向四方推广屯田，而不需要再运输粮食了。结果，他荡平草寇（竞争对手的军队），四海升平。半个世纪之后，"统治者为了荡平'草寇'，期望扩展农业种植区，积蓄粮食供应"。为此，"还需要开掘运河，发展农业灌溉，给军队提供大批的粮食供应，并作为政府运输粮草的通道"。他们计算"六七年间将在淮水囤积3000万担粮食，足够10万人5年之用。因之，吴国将被征服，而魏军无往不胜"。事态的发展确如所料。⑧

地无人耕，人无粮供。这种反复无常的波动，必然导致有些时期和有些地方出现贫困，乃至饥荒。家畜饲养更无发展余地。约公元300年前后，曾有史官抱怨：

"三魏状况尤为恶劣，猪、羊和马的牧地却非常广阔。所有这些都应宰杀，以供无地或少地者填饱肚子……所有牧畜都应迁走，而让马、牛、猪和羊到空地上吃草，而四处流浪寻找生计的人们可由国家授予土地。"⑨

显然，中国的农业不可能有足够迅猛的发展。国家和社会都追求新土地和高产出，役使人民，以求养活人民。在北魏太武帝（公元424—452年在位）统治期间，政府不再冒任何风险。没有牛的农民被迫出卖劳动，以换取借牛犁田。家庭都要登记，清查人数，并将应负劳役登记在册。"人们的名字都登记在负劳役的账本上，以区分他们劳动的好坏。他们被禁止喝酒、看戏，或弃农去酿酒和经商。"⑩

那时，人们没有时间去娱乐和挣钱，只有种田和生养后代一条生活途径了。

长远观之，这一单调乏味的过程经历了如下几个阶段：

1. 中国人——他们自称为汉人——起源于亚洲北部大平原不毛之地边缘上的树林之中。他们筚路蓝缕，开垦荒地；然而，由于降水不规律，树木不茂盛，因而水土流失严重，收成很低。西部的开阔地带不能维持这么多人的生存，所以他们随后南迁到黄河上游，在黄土上开垦农业。*

2. 黄土种植属于用水和灌溉技术的农业。它为开垦更湿润、更富饶、也更具不确定性的黄河下游及其支流的河谷环境作了准备。** 人们在这里种稻——一种卡路里含量更高的农作物，当然，传统的粮食作物——粟、高粱、大麦——仍然重要。小麦是以后才出现的粮食作物。到公元前500年前后，中国人已学会很多农业技术：通过人工手段和安排来改善供水和用水；使用驮兽（包括水牛）犁地；精密除草；将动物粪便和人粪用作肥料。所有这些都需要繁重的劳动，但回报甚丰。产量高达每公顷1000升，有相当多的余粮来供给那些不事稼穑的人。中国的能源系统进入良性循环。

3. 公元8—13世纪，农业发生第二次革命。汉族人不断南移，进入长江流域及其以南地区，将那些刀耕火种、无固定住所当地土著赶到一旁，让他们最后

---

* 黄土是一种松软的土壤，其土质介于黏土和沙土之间。如能充分灌溉则肥沃，适合种植农作物。它不是最肥沃的土壤，但也足够肥沃。黄土之上未生参天大树，因而没有金属工具也可以开荒种田，这一优点使黄土比较适于种植农作物。中国华北西部的黄土深达250米，土壤细致，易于耕作。参见 Lattimore, *Inner Asian Frontiers*, 第29—30页。他在书中还引用了韦特福格尔对埃及农业的论述。埃及农业并非起源于尼罗河三角洲，而是上游的孟斐斯故地。农业人类学家、考古学家卡尔·索尔强调土地"对易弯工具顺从"的重要性，注意到美洲印第安人首先在贫瘠但较容易开发的土地上种植农作物的事实。

** 黄河上游水流湍急，水量大小变化很大，随流而下的黄土淤积在黄河东段弯曲部而迫使黄河在流经华北平原时几次改道，因而得名"中国之患"。

在深山或不适宜精细耕作的地方安家。现在,他们仍生活在那里,是人口最多的一些少数民族。

这里气候更湿润温暖,冬季气候温和,夏季漫长,每年可以种植两季。例如,冬小麦在5月收割,可以在6月种植夏季稻,10月或11月收割。在条件允许的情况下,中国人做得更好,他们在水田中种稻。在选用快熟品种后,每年可收获三季甚至更多。为了达到这一效果,他们收集和捡拾每一粒粪便和排泄物;经常除草;培育秧苗(密度非常高),而后移植秧苗(需要更多空间),以最大限度地利用田地。用经济学术语讲,他们用劳动代替了土地,中国每种植一公顷稻田需要60—80个农民(而美国只需要一人),其产量比相当不错的旱田种植要高出2—3倍——达每公顷2700升。最高极限是,每平方公里农田产出的粮食可供养1000人。"13世纪,中国已经有世界上最复杂、高级的农业,唯有印度可与之相提并论。"[11]这些并未给牲畜繁殖留下多少空间。当然,耕田驮物的牲畜和战马除外。猪——富人餐桌上肉的来源,以废物为食——也是一个例外。但是,牛羊不多:中国的饮食中少有牛奶制品和动物蛋白,羊毛织成的衣服更鲜为人知。当英国人试图将羊毛出售给中国人时,他们被告知,对习惯穿棉织品和丝制品的中国人来说,这些衣服太痒人了。确实如此。

4. 此后的发现略微扩充了中国粮仓。在17和18世纪,中国从遥远的地方引进了新的农作物——花生、土豆、红薯和山药。这些农作物在干燥的高地生长得非常好,但归根到底,它们不过是在稻米供应不足时做补充之用。*

5. 绝大部分食物依赖水稻产生了好坏兼而有之的后果。水稻的某些营养成分(特别是磷酸盐和碳酸钾)低于其他粮食作物;种植水稻需要更多的劳动。另一方面,每英亩水稻所包含的热量大于小麦、黑麦和荞麦等温带粮食作物;但其蛋白质含量仅相当于以上农作物的一半。[12]水稻是一种生长力强的作物,可在各种地方种植,也是唯一一种只要水分充足在贫瘠土壤里也能高产的粮食作物。另一方面,由于人在水田中劳作,人粪被用做肥料,劳动者极易受到血吸虫和其他肮脏的寄生虫的袭击,从而导致劳动力损失,增加劳动需求。

对中国历史而言,这种劳动密集型、水利集中型能源模式影响深远。一方

---

* 如果才智和辛苦劳动已不能再增进水稻和其他谷物的产量,但增加这些杂粮的产量还是没问题的。参见 Emily M. Berstein, "Ecologists Improve Production in Chinese Farming Village", *New York Times*, 10 August 1993, C4 版,谈到增加捕鱼量和节约肥料。

面，劳动依赖当地人民，这意味着中国永远不会让外国奴隶加入到中国的劳动大军里来（当然，尽管许多中国人不是私人奴隶，但也曾有劳役在身，不得解脱）。另一方面，中国的人口绝对增加了。对分布较稀、组织较松和技术不那么发达的族群而言，要想阻挡汉人向外开拓是极其困难的。

同时，对用水的管理要求超地区的权力，从而增强了帝国权威。欧洲观察家早就注意到了水与权力的这一联系，孟德斯鸠曾言及此事，为黑格尔所重复、马克思所效仿。此后，一位名叫卡尔·韦特福格尔的学者就此问题作了最详细的分析，他把这种以水为基础的统治，以及它所暗含的控制和奴役，称为东方专制⑬（另一些人也提出类似的看法，但谨慎地避免提及这些不祥的文化和社会内涵）。⑭

一代西方中国专家热衷于政治的正确（认为毛主义及其晚年的具体做法是正确的），很快为中国对实行民主的承诺作辩护。他们把水利命题批判得体无完肤。韦特福格尔是他们选中的靶子。一位学者从他的命题中看到了新帝国主义的一丝伪装："显然，该理论所传达的行动信息是，建议实行干涉并为干涉正名。"⑮这些表示忠心的言论所想要说服的，恐怕不是西方读者，而是中国读者，因为几乎所有这些对韦特福格尔水利论提出批评的人，都想要得到一个对水利论感到生气的政权的好感，从那个政权得到去那里访问的邀请。

事实否定了他们的观点。反对水利论者指出，中国早年的人口聚居地并不严重依赖灌溉。那时甚至以后，用水大多来自水井，而不是从远方引水来用；而且，用水的管理常常由当地人设计和资助——似乎这些活动能多多少少驳倒以下事实，即水利方面，尤其是修建大堤、大坝、运河、防汛、灾后修复和赈济等重大任务所需劳力的征召和调遣，其最终责任都在于上级政府。这种干预非地方政府所能承办。赌注太高了。一方面，改变自然越是胆大，失败或灾难的范围及代价也越人。⑯另一方面，只有粮食盈余才能保证政府的运转机制。

这就是现实。一批学者在驳斥韦特福格尔的同时也指出，"必须有可灌溉的土地、充足的社会领导权和国家控制，等等。"⑰信哉斯言。

注释

1. Tortell, "Patterns of Economic Retardation and Recovery in South—Western Europe"一文。

2. Edmund Burke, "Speech on Mr. Fox's East India Bill", 1 December 1783。

3. Charlene L. Fu, "China Paper Details Risk of Hepatitis in Transfusions", Boston Globe, 30 June 1993, 第 2 页。

4. 关于疾病和营养不良对经济状况的影响，参见 Alan Berg, "Malnutrition and National Development", 第 126—129 页。

5. Oshima, *Economic Growth* 一书，第 21 页。

6. Lattimore, *Inner Asian Frontiers* 一书，第 23 页。

7. Leeming, *Changing Geography* 一书，第 11—12 页。中国约 65％的领土是山脉、丘陵和高原。

8. 转引自 Elvin, *The Pattern of the Chinese Past* 一书，第 37 页。

9. 转引自 Elvin, 同上，第 39 页。

10. 转引自 Elvin, 同上，第 45 页。

11. Jones, *European Miracle*。

12. 转引自 Chang, "Agricultural Potential", 第 338 页。又见 Debeir, et al., *In the Servitude of Power*, 第 47 页，该书提到，另一方面，稻谷（未脱粒的水稻）蛋白质质量高，富含氨基酸，因而优于小麦和玉米。

13. Karl A. Wittfogel, *Orential Depotism: A Comparative Study of Total Power*。

14. 参见 Chi Ch'ao-ting, *Key Economic Areas in Chinese History*, 作者指出粮食和权力的联系：谁控制了大产粮区，谁就握有通往王国的钥匙。

15. March, *The Idea of China*, 第 94—95 页。

16. 参见 Stevens, "The High Risks of Denying Rivers Their Flood Plains"。

17. Debeir et al., *In the Servitude of Power*, 第 50 页。

国 富 国 穷

第3章

THE WEALTH AND POVERTY OF NATIONS

欧洲例外论：独特的发展道路

1000年前的欧洲拥有世界主导地位的可能性几乎等于零，500年后欧洲却完全有可能主宰世界。欧洲也曾经历过无数次战争和痛苦，但欧洲是幸运的，好运气在于罗马帝国的衰落及其随后的虚弱和分裂，也在于尘世与宗教的分离。

Why Some Are So Rich and Some So Poor

David S. Landes

欧洲是幸运的，但幸运不过是一个开端。1000年前的人绝对意识不到，欧亚大陆西端的这块凸出部分会发生如此巨大的变化。用今天经济历史学家流行的术语来说，那时，欧洲拥有世界主导地位的可能性几近于零。然而，500年之后，这种可能性接近了百分之百。

欧洲曾长期四面受敌，历经入侵、抢劫和掠夺的痛苦。直到10世纪，才从中解脱出来。古代斯堪的纳维亚人，或称北欧海盗，曾驾驶着轻快帆船，穿过汹涌的海浪，驶进浅河，深入到内地抢劫掠夺，袭击大西洋沿岸和地中海，入侵触角远至意大利和西西里。另一部分人则侵入斯拉夫人的土地，成为那里的新统治阶级（称罗斯人〔Rus〕，俄罗斯〔Russia〕之名即由此而来，他们统治那块忧伤的土地近700年之久），最终几乎穿透君士坦丁堡的城墙。

这些劫匪如此令人恐怖，他们手段之残酷如此令人发指（他们将婴儿抛向空中，而后用长矛接住；或将婴儿的头在墙上撞碎来取乐），以至于当地人听到海盗要来的消息，就吓得拔腿跑散，他们的领袖、包括精神领袖，则带着细软匆忙逃亡。当地的神父们确实撰写了新的祷文，祈求上帝的保佑。然而神坛并非理想的避难所，因为海盗知道战利品在何处隐藏，他们上岸之后就直奔教堂和城堡。

来自海上的强盗还有撒拉逊人（摩尔人），他们穿越地中海，在阿尔卑斯山脉和蓝岸地区安营扎寨，抢劫南欧和北欧之间的商路。他们行动快捷，难以靠近；他们驻地与他们的穆斯林老家由海路相连，难以征服。民间传说，时至今日，阿尔卑斯高山上的某些居民肤色和外表还带有马格里布人的特征。

最后，行动迅捷的马扎尔人，即匈牙利人，从东方的陆路入侵。他们讲乌拉尔阿尔泰语（突厥语一旁支），这些亚洲异教徒一再入侵，一旦听到欧洲内部冲突或王朝争夺的消息，他们就选定侵略目标，从多瑙河边的营地出发，曾一鼓作气侵入到法兰西东部或意大利山脚下。他们与北欧海盗不同：北欧海盗为了搜寻和掠夺更多的财物，往往在驻扎营地经营数年，甚至近乎固定地成为英格兰部分地区、诺曼底（以他们的称呼命名）、西西里的统治者。而匈牙利人则在抢劫后用货车和驮兽将战利品和奴隶拉走，并不定居下来。

没有人会永远屈服在侵略者的淫威之下。欧洲人学会了对抗入侵者的袭击，有时在领导人的指挥下，有时并无领导人的帮助，因为后者经常背着当地农民与入侵者达成某种交易。村民们并非在村外抵抗海盗，而是引他们入村，诱捕或从四面八方伏击他们。* 匈牙利人进村极快，当地人来不及对付，但他们出村庄就慢了。这些傲慢而又包袱过重的侵略者遭到过几次伏击之后，终于感到有必要寻找更好的生存方式。撒拉逊人的解决办法则是像在他们的穆斯林老家一样，用军队护送将骡子和货车（大篷车）撤走。简言之，欧洲人的抵抗提高了侵略者付出的代价。具有讽刺意义的是，在这个问题上，欧洲人受到敌人总部所犯错误的协助。历经多年，北方部落和匈牙利入侵者定居下来，并逐步驯化了。王国的宫廷代替了游牧者的帐篷，他们的统治者也对那些昂首阔步、自视甚高的"将领"失望了。这些将领豢养着私人部队，胆大妄为，四处掠夺战利品；飞扬跋扈，威胁着和平。国王们不需要再豢养这些惹是生非的人了。危险与奖赏并存的生涯，也使这些流氓和海盗明白了，做国内剪羊毛的地主比到国外杀羊的军阀获利更多。

据称，正是外来危险的消失才促使欧洲走上进步和发展之路。经典经济学家认为，一旦机遇和安全条件具备，增长就是自然的、不可避免的。排除阻碍，就自然会发展。其他人则争辩说，免除入侵之忧是一个必要条件，但不是充分条件。经济增长与发展需要企业进取精神，但企业精神并非与生俱来。而且，中世

---

* 这正是电影《神奇七人组》（*The Magnificent Seven*）的主题，影片并非受到古人的启示。情境相似，就会有相似的战术。

纪的欧洲不乏对这种进取心的阻碍。

要了解这一进程的主要特征，就必须把中世纪看做地中海——希腊、而后罗马——所代表的古代欧洲与阿尔卑斯山脉和比利牛斯山脉以北的近代欧洲之间的桥梁。在中世纪的年代里，一个与过去迥然不同的新社会诞生了，并与其他文明截然分开，走上了独特的发展道路。

确实，欧洲一直自视与东方的社会不同。民间传说或旧派的上流人士认为，希腊与波斯人在萨拉米斯和温泉关的大战是东西方之间、自由城市（希腊人称之为 polis，politics 一词即来源于此）与贵族帝国之间、主权公共所有（至少自由民拥有主权）和东方专制主义（所有人均负劳役）之间决战的象征。①据称，希腊人在此期间发明了民主一词及其内涵。这是人所共知的常识，尽管希腊奴隶制的存在和禁止妇女参与政治（当然并未禁止她们在公共场合出现），使这一概念的内涵大打折扣。

与希腊民主制和东方专制主义的对立相关的是，私有财产权与"普天之下，莫非王土"的区别。确实，专制主义的显著特征是统治者被视为神或上天的代表，与其臣民显然不同，只要高兴，他可以役使臣民做任何事情，他掌握着臣民的生死荣辱。统治者的观点就是臣仆的观点。军事贵族拥有武器的垄断权，一般民众小心翼翼，不敢冒犯他们、激起他们的贪心甚至引起他们的注意。多看他们一眼，就属无礼，将招致最严厉的惩罚。

当然，我们认识到，这种所有权的安排窒息了进取心，阻碍了发展。投入资金和劳动力的人为什么不能持有自己所创造和获取的财富？用埃德蒙·伯克的话说，"反对财产权的法律就是反对工业的法律"。②然而，在亚洲的专制君主看来，这种安排被看做是人类社会之天经地义：除增加统治者的欢乐以外，普通民众还有什么存在的价值？

当然，不能让老百姓自行其是。巴尔赫（中亚）人民的遭遇极具象征意义。在他们的统治者离国与印度人作战时，附近的游牧民族利用这个机会占领了他们的城市。居民们进行了顽强的抵抗，拼死保卫统治者和他们自己的家园，但他们的抵抗以失败而告终。统治者回来并重新夺回了城市。当他听到自己臣民的英勇事迹时，他斥责了他们。他训斥说，战争不是他们的事，他们的责任是臣服任何统治他们的人，并交税纳粮。民众领袖乖乖道歉，并发誓不再胆大妄为。③

在这种氛围下，经济发展的概念只能是西欧人的发明了。贵族（专制）帝国的特征是压制贸易和实业：当统治精英的索求增加时，他们并未意识到提高劳动生产率的价值之所在。那索求之物从何而来？他们只是加重剥削和压榨，从民众身上榨出更多的汁。有时他们判断有误，以至压榨过重，引起逃亡、暴动甚至造反。尽管这些独裁者自称君权神授，但并不能保证千秋万代。只有那些创造力多元化、创造力首先是来自下面而非上面的社会，才能着眼于不断增加整个社会的财富。

古希腊人将自由民与非自由民截然分开，并非仅着眼于物质所得的标准（他们将经贸与希腊城里享有部分公民权的外侨和其他下民相联系，并不特别看重经济实力），甚至也并非仅从他们制度的优势着眼，尽管他们认为其他制度错误，将其视为暴政。然而，希腊人也曾屈从于专制，尤其在亚历山大所创建的及其亚洲、埃及继任者所统治的帝国的时代；其后的罗马人也同样非常轻易地滑向了专制暴政。最终，古代地中海世界在政治上与东方文明有些相像——一个专制君主为首，领着一小撮由随从、仆人和奴隶包围着的权贵。但不过相像罢了。持不同政见者知道这是错误的，大声疾呼，撰文讨伐，并为自己的放肆而受到惩罚。共和的理想就这样死去了。

罗马帝国崩溃之后，产权的概念尚有待于重新挖掘和认定。该时代——我们称为中世纪——是一个过渡时代，是古典遗产、日耳曼部落法律和习俗以及今天我们所称的犹太教—基督教传统的混合物。所有这些都支持私有财产制度。日耳曼习俗是一种游牧民族的习俗，每一个武士只有不多的财产——以利于经常搬动。当时还没有什么特殊的和有价值的东西足以引出所有权问题或引出权势野心。*

这并不是说，没有其他获取政治权力的动机，或者说，这些游牧民族的状况是不变的。在他们流浪和征服的进程中，这些问题确实出现了。法文学校的学生都听说过苏瓦松花瓶的故事。这个漂亮的花瓶是法兰克人与高卢人作战时从教堂抢劫来的。首领克洛维为了赢得一个基督教女人的欢心，准备将之归还教堂。那个获得花瓶（或在分赃时得到花瓶）的士兵拒绝了。为证明花瓶属于他，该士兵当着克洛维的面摔碎了花瓶。而且，他告诉首领，是你的就是你的，是我的就是我的。下一次部队列队时，克洛维在这个士兵前停下，问他的草鞋出了什么毛

---

* "获取有价值和广泛的财产确实需要建立国民政府。如果没有财产权，或者财产总额不超过两三天的劳动所得，那么国民政府就不那么必要了。"见 Adam Smith, *Wealth of Nations*, Book 5, Ch. 1, Part 2. 亚当·斯密在这里思考的是私有财产的保护，但是这些思考同样适用于权力的运用。

病,当士兵弯腰看鞋时,克洛维用战斧劈开了他的头颅。确实,是你的就是你的,但你是属于我的。*

可见,有些紧张与暧昧。但是,从长远来看,真正起作用的是政治分裂和总体不安定造成的压抑。罗马帝国终结之后的几个世纪里,权力尚鞭长莫及。从原则上讲,权力来自一个群体或群体内精英阶层一致同意的忠顺,因而是有限的。确实,选举的传统屈服于世袭统治(日耳曼人受罗马典范甚或原则的影响很深)。但是,昔日的习俗与现象已荡然无存,甚至是生来就被指定的统治者,在名义上也是选举产生的。所以,他属于尘世,是人而非神。他的权力也如此。

的确有人寻求恢复昔日的帝国。罗马重生的梦想从未泯灭。④如果他们真成功了,就会有独裁的再现。然而,由于通讯不便、交通不畅、法治的挑战以及地方统治权的存在,他们的努力一无所获,现实战胜了想象。其间,私有财产得以拥有和维护。有时,私有财产被武力掠夺,就像今天有人被勒死或抢劫一样。然而,这一原则从未死去:财产是一种权利,没收并不能改变它,更不用说抢劫了。

产权的概念可追溯到《圣经》所述的年代,并为基督教义所传承和完善。希伯莱人厌恶独裁,甚至自己的独裁也不例外,这一思想形成于埃及和沙漠地区。还有比这更顽强的民族吗?我可以举两个例子说明,其中对民众创造力的反应与所有权的神圣直接相关。神甫可拉在沙漠里领导了反抗摩西的暴动,指控摩西擅自专权,摩西自我辩护说,"我并没有夺过他们一头驴,也没有害过他们一个人"(《民数记》16 章 15 节)。同样,当以色列人在圣地建国,并要求国王统治时,先知撒母耳满足了他们的要求,但警告他们这样做的后果:他说,国王并不像他一样。"我拿了谁的牛?我拿了谁的羊呢?"(《撒母耳记》12 章第 3 节)。

这一传统使犹太人与周围王国的臣民有所不同,确实招致了那些统治者的愤恨。谁需要这样的麻烦制造者呢?当共同的信念形成教会,特别是当教会成为专制帝国官方的、拥有特权的宗教时,该传统就被淹没在基督教之中了。教会不能忘恩负义。而且,这些文字未曾出版发行,因为教会早就规定,只有合格的人,比如说某些神职人员,才能知道《圣经》。《圣经》宣扬平等主义规则和道义,先

---

* 这个伪造的故事流传了多年(由于是民间传说,叙述自有所不同),法文教师不敢再问是谁打碎了苏瓦松花瓶,因为课堂上总有一个自作聪明的人否认它。参见 Bonheur, *Qui a Casse* 一书,第 77 页。

知们曾驳斥权势、赞扬卑微，故而招致信民的混乱以及对尘世权威的误解。只有经过审查和去恶之后，才能传授于俗从。所以，直到华尔多教派（华尔多，约1175年）、洛拉德教派（威克利夫，约1376年）、路德教派（1519年起）、加尔文教派（16世纪中叶）等异端邪说——这些教派重视个人宗教信仰以及将《圣经》翻译为白话——出现之后，这一犹太教—基督教传统才为欧洲的政治意识所明确采纳，提醒统治者，他们只有行为端正才能拥有上帝赋予的财产和权力。烦人的教义。

然而，中世纪的西方基督教真开始斥责尘世统治者的权利——当然，是斥责比罗马皇帝小一些的一般君主（东正教从未斥责拜占庭的罗马皇帝*）。它暗含着对私有财产的保护。教会自己宣布拥有的权力越来越大，"上帝是一切的真正所有者"这一古老的犹太教原则以及教皇是上帝的尘世代理人这一基督教新原则得以强调。尘世统治者不能随心所欲，甚至是教会——上帝在人间的代言人——也不能蔑视权利，随心所欲。信民捐赠财产的转让带来详尽的文书工作，证明了这一行动的良好效应和程序的适当。

所有这一切导致欧洲与周围文明迥然不同。

中国早在国家机器尚未完善时，就起监督、管理和压制作用。政府并不依赖良好的动机、正确的态度和个人美德。公元前3世纪时，中国某位道德家告诉一位诸侯，统治并不依靠能否赢得臣民的爱戴，而取决于能否确保臣民的顺从。国君不能无所不知、无所不闻，所以他必须在整个帝国广布耳目。"尽管他身居深宫，但什么都逃不过他，什么都瞒不了他，他警觉的眼睛注视着一切。"⑤该系统依赖活耳目的诚实和能力。统治者在野心勃勃的臣属掌握之中，因为后者瞒天过海的能力是无边无际的。独裁的弱点在于人力资源。万幸！

有一位学者不喜欢婉转辞令，径直称该系统为"极权"：

> 没有个人行为或公共生活的任何方面能够逃过官方的管理。在最高层是一系列的国家垄断……但是，莫洛克神**国家的触角、官僚体系的

---

* 这种东西欧的分裂不过是已有的严重冲突的一个表现而已。东欧的大多数居民知道他们应该站在哪一边。所以，"中"欧要扩至俄罗斯以外的所有地区，这也是欧盟和北约东扩的历史渊源。

** 莫洛克神，是古代腓尼基人信奉的火神，以儿童为献祭品。这里泛指牺牲很多人命的恐怖事物。——译注

无穷能量远远超过这些。这种福利国家监督其臣民从生到死的最细微的举动。⑥

专制同样盛行于欧洲。但是，法律、领土瓜分、国内中央领主（王室）与地方领主的权力分配缓和了专制的程度。⑦分裂导致竞争，竞争则促使君主关心好的臣民。如果对他们不友好，他们就可能迁移到他国。

统一的帝国并不惧怕老百姓逃走。特别像中国这样的大帝国，自视为宇宙的中心、文明的家园，国土之外皆是蛮荒。帝国臣民没有其他地方可去，所以象征性的边界也就足够，例如从长城到大海的一道矮墙，即"柳条边"，将中国与北方蒙古—鞑靼草原分割开来。清朝的乾隆皇帝曾赋诗言及此事。⑧

欧洲各地社会的权力纷争引起半自治城市（其组织形式称为 Commune）这一欧洲特有现象的出现。城市当然随处可见——农业产出的盈余可以维持统治者、士兵、工匠和其他非农业人口的生存时，就会有城市出现。许多城市在市场等方面具有了相当大的重要性，更不消说它们作为行政中心的作用。但是类似 Commune 的组织从未出现在西欧之外的国家里。⑨

首先，Commune 的本质源自其经济功能：这些单位是"商人治、商人有、商人享"。⑩其次，其本质在于本身独特的民事权力：能赋予居民社会地位和政治权利——这些权利对经商和免除外来干预至关重要。这在当时可以说是重于一切，因为当时仍然是一个等级森严的农业社会，大多数人口仍然由于对当地贵族的人身依附，或者由于土地租契，而受到奴役。城市却因此变成通往自由之路，像是在覆盖农村的囚幕中捅开的洞。中世纪出现的一句名言是"城市空气使人自由"。真有这么一个故事：佛兰德伯爵在布鲁日城内的市场上发现了一个逃跑掉的农奴，要把他抓回去，可是城里的中产阶级却把伯爵和他的爪牙们都赶出了城。

整个社会都感受到城市这一功能带来的后果。由于拥有这一特许权，城市成为引人注目的中心、避难者的家园和城乡交换的聚集地。迁移到城市居住提高了迁居者及其留在乡村的亲人的收入和地位（但他们的健康水平并未改善。城市肮脏，拥挤，易于传染疾病，所以只有靠不断有人迁入才能维持和增加人口数目）。西欧的农奴解放，是直接由于获得公民权的农村和城市社区接二连三地出现，而且密集和彼此靠近。在那些城镇不多和不自由的地区，如东欧，农奴制继续存在，其状况还有所恶化。

为什么统治者赋予乡民和城镇居民这些权利，实际上放弃（转让）了他们自己的若干权力？原因有二：其一，新的土地、新的农作物、贸易和市场带来了税收，而税收带来了权力[11]（还有享乐）。其二，矛盾的是，统治者希望增加王室在国内的权力，而自由农（注意：我没有使用"农民"一词）和城镇居民（中产阶级）是土地贵族的天敌，会在反对诸侯的斗争中支持王室和其他君主。

请进一步注意：欧洲统治者和力图有所作为的领主为寻求增加税收，不得不利用参政权、自由权和特权——简言之，讨价还价——以吸引参与者。他们必须说服人们参加纳税人的行列[12]（与之不同的是，中国的统治者将成千成万的人驱赶到田地里，让他们种植作物）。而且，免除物质负担和赋予经济特权，常常导致政治让步和自治。在这里，创造性来自下面，这恰是欧洲模式的本质特征。其中暗含的是权利和契约意识——谈判和请愿的权利，以及自由与经济活动安全的获得。

具有讽刺意义的是，欧洲的好运气在于罗马帝国的衰落及其随后的虚弱与分裂（数代古典学派和拉丁教师曾为之神伤不已）。罗马帝国的统一、权威和秩序的梦想（"罗马治下的和平"）依然存在，实际上延续至今。毕竟，分裂一直被认为是大灾难和冲突的根源。今日欧洲的联合被视为治愈昨日战争创伤的良药，并非偶然。然而，在古代与现代社会之间的中世纪，分裂是恣意妄为的暴戾行为的急刹车。政治敌对和退出权起了重大作用。[13]

另一项分离——尘世与宗教的分离也起了推动作用。在穆斯林社会，宗教在原则上至高无上，是圣人统治的理想政府。与之不同的是，基督教渴望帝国宽容，很早就将上帝和凯撒区分开来，各得其所。这并未阻止误解和冲突的产生：双重最高权威是最不稳定的，其中之一必将有所付出。最终，教会屈服了，将属于凯撒的归还了凯撒，并让出相当大部分原属于上帝的权利。其中包括放弃了大一统的正统地位：权威分立，导致异议纷纷出现。这也许不利于保持确定性和一致性，但却肯定有利于精神活跃和公众发挥首创性。

在此，分裂再次起了作用。教会在某些国家——南欧那些国家更明显——仍成功地维护着政治地位，而在其他地方却并非如此。因而，欧洲有些地区发展出一种潜在的自由思想。它以后在宗教改革中表现出来。但在此之前，欧洲就已经免除了思想控制。

至于中国，那里没有稳居统治地位的宗教，在宗教信仰方面异常宽容，但帝国朝廷和各级政府官吏充当卫道士，确立信条，评判人们的思想和行为，从而窒息了异议和创新，甚至窒息了技术上的创新。这是一个在文化和学术上保持原状稳定的社会：也就是说，它很少发生变化（实际上，也不可能阻遏一切变化）；但是当变化威胁现状时，国家就会介入，以恢复秩序。正是这种固有的道德准则、伦理的统一与成熟以及完全感和优越感使得中国厌恶外来知识与方法，即使有用者亦不例外。

分裂的另外一个优势是：由于权威非集中化，欧洲得以免于一击即溃。各帝国历史中不乏这样的突变：战败一两次，整个帝国就土崩瓦解。伊苏斯战役（公元前333年）和高加米拉战役（公元前331年）后的波斯；阿拉里克*掠夺（公元410年）后的罗马帝国；卡迪西亚战役（公元637年）和内哈万德战役（公元642年）后的萨珊帝国；墨西哥的阿兹特克王国和秘鲁的印加帝国等，莫不如此。

与之形成对照的是，欧洲并未把所有的鸡蛋放在一个篮子里。** 13世纪，来自亚洲草原的蒙古入侵者迅速摧毁了现在的俄罗斯和乌克兰境内的各斯拉夫人和哈扎尔人的王国。但他们在与罗马帝国解体后建立的诸国遭遇以前，还不得不首先闯过中欧诸国，包括早期入侵者——如波兰人、立陶宛人、日耳曼人、匈牙利人、保加利亚人——建立的新王国。如果不是国内出现纷争转移了蒙古人的视线，他们会一路所向披靡。但是，他们将会付出沉重的代价，特别是在森林地区。此后不久，土耳其人以安那托利亚为大本营，向欧洲大举入侵，占领了巴尔干和多瑙河下游河谷，两次攻抵日耳曼东疆首府维也纳城墙之下。在侵略进程中，他们征服了塞尔维亚人、保加利亚人、克罗地亚人、斯洛文尼亚人、阿尔巴尼亚人、匈牙利人和其他内部纷争不断的民族。然而，他们的侵略就到此为止，

---

* 阿拉里克（公元370？—410年），西哥特人首领，410年攻陷罗马。——译注

** 在罗马帝国后期，日耳曼诸部落已经与帝国部队联合起来，共同抵抗侵略者：萨利的法兰克人、西哥特人及其他部族，与罗马将军埃提乌斯一起抗击阿提拉带领的匈奴入侵者，从而有了公元451年的沙隆战役（在特鲁瓦附近）。在欧洲传统中，阿提拉和他的匈奴士兵是野蛮与凶残的本质象征。然而，今天的土耳其人却不这么认为，阿提拉是他们最喜爱的名字之一。

当他们抵达维也纳城墙时,他们的资源供应已达极限。*

当然,这些帝国脆弱的原因之一在于它们剥削成性,贪得无厌,而且臣民对统治者的冷漠:一个专制君主与下一个专制君主并无二致;外来的统治家族都是傲慢无比、掠夺成性。为什么波斯的居民要关心亚历山大攻击下的大流士命运如何?或900年之后受制于阿拉伯人的萨珊王室又怎样了?为什么罗马帝国末期,劳累、受尽压迫的罗马"公民"要关心帝国是否会崩溃?或者说,为什么墨西哥的臣属部落要关心蒙提祖马的命运?古希腊人(公元5世纪之前的希腊人)自视为反对亚洲暴政的自由卫士,将亚洲人这种冷漠作为他们的秘密武器:

> 有国王的地方,就有最胆小的懦夫。因为人的心灵被奴役,拒绝冒险,不愿为他人增加权势去卖命。但是,独立的人民是为自己冒险,不是为了他人,愿意并渴望冒险并享受胜利的果实。⑭

一旦欧洲人发现他们自己已相当安全而无外患之忧(自11世纪始),他们就全力以赴发挥自己的优势,这是前所未有的、更非其他地方所拥有的机遇。当然,欧洲内部的暴力事件从未停息过。10世纪和11世纪,土匪豪强横行霸道,最终激起公愤,在教会支持下,公众纷纷举行"和平"集会,缓和了紧张局势,较强的中央政府与城市特权阶层联合起来,自上至下镇压了动乱。⑮秩序赢得了时间,带来了金钱。所以,争斗转向边疆之外(如十字军东征)。经济学家指出,一旦外来震荡结束,一个系统就会照看内部的麻烦制造者。

迄至14世纪中叶的较长一段时期,欧洲人口增多,经济得到发展。此后,欧洲遭到瘟疫("黑死病")的侵袭。腺鼠疫和肺鼠疫肆虐,导致欧洲1/3以上的人口死亡,再算上后遗症造成的损失,人口死了一半。这是一次严重挫折,但它并未终结欧洲的发展。其后的150年里,欧洲得以重建,技术更显进步,经济进一步发展。特别是,这一二百年间欧洲文明进一步扩展,已胜过周围地区,从而开始了海外探险和征服。

---

* 1683年,当土耳其人第二次攻抵维也纳时,他们发现面对的不仅仅是日耳曼人,还有索别斯基统率下的波兰人。欧洲在面临共同敌人的威胁时,协作对敌。这是奥斯曼土耳其人撤退前的最后一次喘息。在随后的16年里,他们从匈牙利撤出,退到波斯尼亚和塞尔维亚,从而将多瑙河河谷中段让与基督徒居住(卡尔洛维茨条约)。

欧洲几个世纪的成熟（公元 1000—1500 年）以经济革命为基础，经历了生产、收获和开支的整个过程的转变，系新石器革命以来所未有。新石器革命（公元前 8000 年—公元前 3000 年）的完成历经数千年，其重点是农业的发明和野生动物的驯养，二者极大地增加了工作中可利用的能量（所有经济革命即产业革命都将重心放在能量供应上，这会保障和改善人类活动的方方面面）。这一转变将人们从狩猎和采集中解脱出来，极大地促进了营养的供应，使人口数量大幅增加，并出现了集居的新方式。正是新石器革命使城镇的出现成为可能，从而促进了文化技术的交流和丰富。

中世纪的经济革命同样建立在能量生产和应用的进步以及伴随而来的劳动增加之上。首先，在食物供应上，这是种植技术革新的时代。我使用"革新"而不是"发明"，因为这些新技术都是在原有技术的基础上发展而来的。轮式深耕铁铧犁是日耳曼入侵者带来的，但在人口稀少、畜力不丰的地方使用不多。到中世纪，这种铁犁已在罗亚尔河*以北的欧洲大陆推广使用，犁开了丰饶的河谷，开垦林地，围海造田。过去罗马木犁只能用于地中海沿岸砂砾土壤，而对黏质土壤无能为力，但到这时，黏土也被开垦为良田了。

使用轮式铁铧犁耕种黏土，需要相配的畜力。我们曾提到，这里的耕牛健壮，在厩中喂养，与别处的不同；这里的驮马也许不比耕牛壮，但力气更大。这些活的发动机为土地广阔、劳动力缺乏的经济提供了巨大的帮助。因为时间也是不足的，农业生产有播种、收获的高峰期，人们必须抓住好天气，尽快播种或收割。欧洲的社区农业尤为如此，因为这里土地分散和交错，田野开阔，使得许多人要来来回回忙碌，一个耕农忙导致所有邻居忙。强壮而行动迅速的畜力使一切改观，农民集中财力共同饲养家畜。

更集约的耕种方式，特别是从双田轮作制（一半田地耕种，另一半则休耕一年）向三田轮作制（1/3 冬种，1/3 春播，其余 1/3 休耕）的转化，既是先进技术的应用结果，也是先进技术得以进步的原因。这种耕作方式使得农田产出率增加 1/3（所有可耕地的 1/6，却是过去双田制时耕种地的 1/3），同时也对提高家畜饲养能力有所裨益，因而增加了肥料供应，促进了农业产出，形成了良性循环。由于土地分配和畜力集体共用的特征，这一变化呼唤强有力的社区领导与合作，因为有示范和结果而易于推行。

---

* 位于现今法国南部。——译注

很难说，人口压力的反应和增加产出的刺激在其中起了多大作用。显然，二者兼而有之。但是，随着时间的推移，原有的生存手段看来已不足以养活增加了的人口，因此这几百年期间，人们花了很大力气来增加可耕地，有的是毁林造田，有的是用建坝、排水、抽水的办法变水域或沼泽为农田。这些努力都需要大量的能源和资金，它们的成功不仅证明个人和集体发挥了创造性，而且证明当时的社会巧妙地学习用机械代替人力畜力。特别是，发明并使用了忠实而不知疲倦的风车，这是在沼泽和低地成功排水的关键。正是风车造就了荷兰。

历史学家强调土地生产率和产量的提高是正确的，因为当时的社会基本上还是农业社会，人们被迫将大部分的人力物力用于养活自己。然而这些进步实质上都是当时社会所能允许的。而技术上、知识上和政治上的种种转变的种子和秘密，却主要掌握在市镇少数人的手中。诚然，市镇本来是由农村塑造的：从农村迁入城镇的人带来了他们的价值观、习惯和态度，这些东西在乡下比较有用，可是对市镇活动却形成了束缚。所以，商人和工匠均组成行会，画地为牢，采取零和游戏态度，认为一方有所得就是另一方有所失。此外，鉴于城镇的环境，他们认为有必要定量配给空间和时间，着眼点仍是阻止自我膨胀。所以买卖有规定的钟点，不得抢先或推后；不得有价格竞争；不得降低品质和质地以换取廉价；不得低价买进（俗称"杀价"——坏习惯总是属于别人的）再高价卖出；总之，不得有市场竞争。凡是干了活的人都应过好日子。这值得赞扬，可是没有活力。目标是人人平等的社会正义，但结果却严重限制了进取心和经济成长——以牺牲收入为代价的安全网。

这就是当时的原则。人们总该想到，古往今来制定规则，就是为了被打破。买卖人跟谈恋爱的人一样，都嘲笑锁匠。在中世纪的欧洲就是这样，那里的行会控制趋势既是旧日道德观的表现，也是对自由买卖作出的反应。城镇蓬勃成长，雄心勃勃；在法兰西、低地国家和莱茵兰地区，统治者都鼓励城镇，慷慨授予种种特权。但是，维持地方垄断的企图被郊区的成长挫败了，因为城区的规则管不了郊区。郊区有外来户和犹太人来定居，还有把生意扩展到了市外的老板们雇用的零工。限制市场的条条框框在这里失灵了。于是，汉堡和郊外的阿尔托纳结成对子，纽伦堡和郊外的菲尔特结成对子，如此等等，真是老财富新财富成双，礼仪与无序并存，严控进出和自由出入相呼应。

贸易活跃的一个必然结果，是人们按质量高低选择商品。这违背了平等（最终利益平等）的原则，但是硬要产品做工一致是不可能的。有的工匠确实比别人做得好，于是顾客盈门，应接不暇。与此同时，硬想限制竞争，不让买主去接近高明工匠，只会造成人才浪费。高明的业主与雇工很自然地结合到了一起。由于当局往往不允许雇工在业主的市内车间干活（限制规模），雇工们就接活在家里干或者在郊区干。这样就开始出现分包（发包）和分工，劳动生产率大有提高。

工业生产扩展到乡下，也打破了城市的封闭。农活有季节性，忙闲不一，这就提供了大量闲置的劳动力。市区限制使用女工和童工的规定到了城外就不管用，所以农村能提供的劳动力就更多了。女工和童工领的工资格外低，利用他们的劳力更是低成本高产出。早先（13世纪），商人就已开始雇用农村工人做一些单调乏味而又技术性不强的工作。在当时最重要的行业，即纺织业中，农村的妇女在家中承包纺纱的任务；商人将原材料——原毛和亚麻，后来还有原棉——分包下去，然后收回纺好的纱。

这种向城外发包的做法最初没有遇到城内工人的什么反对；但是当商人们开始把纱线再发包给农村工人去织布时，这就冒犯了当时最强大的既得利益集团之一，即市镇的纺织工行会。这一下子就闯大祸了。在意大利，对周围农村握有政治控制权的自治城市把这种"不公平"竞争给大体上摧毁了。在中世纪另一重大纺织业中心，即低地国家，市镇纺织工人进军农村，砸了乡下的织布机；尽管农村织工有所反抗，但向乡下分包纺织活计的做法被遏制了几百年。分包制未受阻拦的唯一国家是英格兰，那里的地方政治自治使得王国政府难以支持行会要求的垄断权，行会迅速沦为礼仪性的联谊会。到15世纪时，全国一半以上的毛料是在农村纺织的。这样利用廉价劳动力的做法降低了成本，比国外竞争者占有优势，所以到16世纪时，这个原先基本上是出口包括原毛在内的初级产品的国家，已经在朝着欧洲头号制造业大国的方向大步迈进了。

由此可见，中世纪欧洲的经济扩展是由一系列组织上的创新和改进所推动，它们多半由下层创始，通过榜样的力量逐渐推广。统治者，甚至包括地方封建领主，纷纷行动起来争取不落伍，显示自己和蔼可亲，保证有劳动力可用，吸引企业及企业所创造的税收。同时，商界发明了一些新的联合、缔约和交流的形式，以确保投资安全和付款方便。在这几个世纪内，一套全新的商业文书得到采用；商业规范得以制定和实施；人们还想出了各种合伙安排方式，以鼓励贷款者与实干者结盟，资金和商品提供者与长途奔波的推销者和采购者结盟。这场"商业革命"几乎全部来自商界人士，在必要时绕开这一个或那一个城市或国家的规则，创立和临时安排一些新的洽谈与交易场所，如港口和外港、市郊、地方集市和国际博览会，总之，创造出一个自己的世界，仿佛是在当时邦国林立、错综复杂的镶嵌画之上盖了一幅罩布。

就这样，他们大大增进了经营安全，显著降低了经商成本（即经济学家所说的"交易成本"），扩大了市场从而促进了专业化和分工。这正是亚当·斯密所论述的世界，它成形于他出生500年之前。

注释

1. 参见 Kautsky, *Politics of Aristocratic Empires*; Richard Landes, "While God Tarried"（即将出版）。

2. Edmund Burbe, *Tract on the Popery Laws*。

3. Michael Cook, "Islam: A Comment", in Baechler et al., *Europe and the Rise of Capitalism*, 第134页。

4. 参见 Crone, *Pre-Industrial Societies*, 第161—162页。该书作者强调，许多蛮族进攻并打败了西方帝国，导致政治单位（我认为应该加上文化和语言单位）的多元化。唯一的统一实体是教会，它或多或少使用相同的语言，而教皇并不希望有一个尘世的对手。

5. 引自 Levi, *Le Grand Empereur*, 第187页。这是一本小说，但经常被人引用，有的现代文献甚至逐字引用它。

6. Balazs, *La bureaucracatie celeste*, 第22—23页；Cf. John Fairbank, *The United States and China*, 第47页，费正清说，"东方社会在中央垄断政府的组织之下，其官僚体系在几乎所有大型的行政、军事、宗教和经济活动中都起着主导作用，所以对私有企业的支持从来未曾建立起来。"注意"东方"一词的使用，此时尚未引起任何不悦之感。

7. 参见 Crone, *Pre-Industrial Societies*, 第157—158页。该书作者在谈到法律和正义对中世纪政权的意义时，强调该特征对王室税收的贡献。但是，不合人意的后果是：那些靠法律维持统治的人不得不遵从法律。

8. 引自 Edmonds, *Northern Frontiers*, 第55页。

9. 有人对此表示异议，参见 Rowe, *Hankow: Commerce and Society in a Chinese City*; Perdue, *Exhausting the Earth*, 第263页, n.6。这些争论忽视了欧洲Communes明显的政治自治和特权地位。

10. Robert Lopez, 曾引用于 Pounds, *Economic History*, 第104页。

11. 农村特权及与之相连的土地开垦和种植扩大项目，可追溯到11世纪。参见 Bryce Lyon, "Medieval Real Estate Developments and Freedom", *American History Review*, 63 (1957), 第47—61页。

12. 参见 Bartlett, *The Making of Europe: Conquest, Colonization and Cultural Change*。

13. "欧洲远非被帝国政府所愚弄,而是为各组成部分的不断竞争所推动。"而且,帝国乐园的失落反而使欧洲得到了拯救:"欧洲失败了。如果欧洲当年成功了,它仍将处于前工业化时代"。引自 Crone,*Pre—Industrial Societies*,第 161,172 页。

14. Hippocrates,*Air Waters Places*,引用于 March,*Idea of China*,第 29 页。马奇认为,亚洲的观点确实是一个谜——与欧洲的定义截然不同。他感到,这一观点反映了意识形态和阶级利益:"我们的现代'亚洲'并非因科学而永恒,而是代表了那些关心西方文明理想的维护而且从个人主义、私有财产、积极保卫自由的神话中受益的社会阶层。"(第 35 页)这些并未使对比必然失去意义。

15. 10 世纪末 11 世纪初的"上帝的和平"运动采取了教会人员、贵族和民众相结合的形式,产生了一系列社会契约。参见 Head & Landes, eds.,*The Peace of God:Social Violence and Religious Response*。这些契约并非都得到遵守,但其原则意义是重大的。而且,这种公共创造性和表达力的表现是欧洲特有的。

国 富 国 穷

第4章

THE WEALTH AND POVERTY OF NATIONS

发明的发明

亚当·斯密指出,劳动分工和市场的扩大促进了技术创新。这确实是中世纪欧洲所发生的事实。那是人类历史上最具有创造力的社会之一。

Why Some Are So Rich and Some So Poor

David S. Landes

在18世纪，亚当·斯密论述这些事情时曾指出，劳动分工和市场的扩大促进了技术创新。这确实是中世纪的欧洲所发生的事实。那是人类历史上最具有创造力的社会之一。也许有人感到惊奇：长期以来，中世纪一直被视为罗马帝国的宏伟与文艺复兴时代的辉煌之间的幕间休场，被称为"黑暗时代"。就技术问题而言，这种陈词滥调是站不住的。[①]

谨举例如下：

1. **水车** 罗马人已经知道水车，在帝国末期曾用水车作一些有意义的事。斯时，征服已经结束了，奴隶来源锐减，几乎没有新奴隶供应。但那时已经太晚了，秩序和商业都被破坏殆尽。水车流传下来，成为教会的财产，它将神职人员解放出来，专事祈祷。水车在10世纪和11世纪得以复兴，在雨水充足和水流普遍的地区，水车的应用成倍增长。公元1086年的"英格兰土地勘察记录"标明，在英格兰这个欧洲外围的落后岛屿上共有5600部水车；欧洲大陆水车数量更多。

水力运用技术的提高更为显著。机械师通过建设堤坝、池塘的方式提高水压和效率，将水车排成一列，利用逐步减少的水能完成各项不同的任务，需要能量最大的任务放在开始部位，而后逐步递减。同时，附属设备——曲柄、齿轮的发明或改进，使得利用远处的能量、更改方向、将旋转运动改变为往复运动成为可能，并应用于越来越多的各种新工作之中：不仅用于谷粒粉碎；还用于布匹蒸洗，从而促成羊毛纺织业的转型；用于金属锤打、金属板的辗轧和拔丝；用于磨碎酒花酿制啤酒以及将碎布捣成浆来制纸等。"纸由中国人发明，并为阿拉伯人传承，千年来一直是人工制造；13世纪时，欧洲出现了机械造纸……纸虽然已经在全球一半的地方使用，但当时还没有其他文化或文明曾试图用机械的方法造纸。"[2]欧洲是独一无二的以动力为基础的文明。

2. 眼镜　眼镜看起来是琐事一桩，因为它太普通了，好像不值一提。然而，眼镜的发明却使技术工匠，特别是从事精细工作的人，如抄写者（在印刷术发明之前尤为重要）和读书人、工具仪表生产者、精细的织布工、金属制造工等等的劳动生涯延长了一倍以上。

眼睛的问题是生物学意义上的：人在40岁左右时，眼睛的晶体发生硬化，出现类似远视的状况（即老花眼）。眼睛不能聚焦于眼前的实物。然而，40岁的中世纪工匠有理由期望再工作20年，那是他工作生涯的黄金年代……如果他的视力没有出现问题。眼镜解决了这个问题。

我们认为自己知道第一副眼镜出现于何时何地。粗制的放大镜和水晶玻璃发现较早，并用于阅读。[3]关键在于要发明一种装置，可减少失真。而且可以将一副镜片戴在双眼上，而不再需要手来拿着镜片。显然，这种眼镜于13世纪末首先出现在比萨，一个曾见过发明者的证人（公元1306年）这样谈道：

> 并非所有的艺术（在艺术和工艺的意义上）都被发现了，我们永远不能看到尽头，每天都会发现新的艺术形式……眼镜制作的艺术还不到20年，这种艺术帮助我们看清一切，是世界上最好、最必要的艺术之一。这项前所未有的新艺术的发明不过很短时间……我本人就见过发明和使用眼镜的人，并与他交谈过。[4]

这些凸镜显然不是一成不变的，也不会具有现今我们所说的验光质量。但是，尽管中世纪的光学技术非常原始，但要解决的困难不算大：矫正远视的眼镜并不需要极其精确。其基本功能是放大，也许放大质量好坏不一，但它们对使用者都有所帮助。人们会偶尔在餐馆借一副眼镜来看清菜单，廉价物品商店可以出售眼镜，其原因也在于此。购买者试戴几副后，就能选出最合适的。但近视者就不能这样做。

眼镜制作就这样开始了。到 15 世纪中叶，意大利，特别是佛罗伦萨和威尼斯，已制作眼镜达成千上万副之多，既有凹透镜又有凸透镜，既有近视镜又有远视镜。并且，至少佛罗伦萨人（也许还有其他人）已经了解，视力随着年龄递减，凸透镜每 5 年更换一副，凹透镜每 2 年更换一副。这样，使用者可以批量购买，随着时间更换。

眼镜的发明使精细劳动和精细工具的使用成为可能。但反过来，它也鼓励着精细工具的发明，从而把欧洲推向别处所不知的境地。穆斯林知道了星盘，仅此而已。而欧洲却随之发明了计量器、测微计和精细的齿轮切割器等等一系列与精密测量和控制有关的器具。他们的发明，为组合机械提供了适合的零件，奠定了机械组合的基础。

精密操作：在中世纪，欧洲以外的地方也有精密操作，但人们所依靠的是长期养成的习惯。技巧在于手工，而不在眼力和工具。他们取得过很不错的成果，但作品没有两件是完全一样的。欧洲却向复制技术迈进，先是小批生产，然后是大批量生产。此外，透镜的知识还培育出后来的光学进步，而且不仅是在意大利。望远镜和显微镜都是 1600 年左右发明于低地国家，从那里迅速传播到其他的地方。

欧洲垄断矫正眼镜技术达 300 至 400 年之久。实际上，它使能工巧匠增多了一倍，如果将经验的价值考虑在内，又何止一倍。[5]

3. **机械钟**　机械钟看起来也是一项小发明，普通得似乎不值一提。但刘易斯·芒福德正确地称之为"关键性机械"。[6]

时钟发明之前，人们通过太阳的影子（日晷）和水钟来判断时间早晚。日晷只能在晴天计时，而天寒时节水温向冰点下降，水钟因而计时不准确，更不用说长时间沉淀和阻塞造成的偏差了。在阳光普照的气候里，这两种装置计时较好，但阿尔卑斯山脉以北地区有时连续数周看不到太阳，温度每季节甚至每昼夜之间都有变化。

在中世纪的欧洲，人们认识到时间准确的重要性。首先，教会每周组织 7 次祷告，其中的晨祷其实是一种夜间的宗教仪式，需要在拂晓前叫醒神职人员（因而有我们的轮唱儿歌《教友雅克》：教友雅克睡过了头，未能按时敲响晨祷的钟)*。随后，新城镇设立了临时报时制度。由于空间狭小，为了组织集体劳动、分配空间，人们需要知道和安排时间。他们规定了起床、上班、开市、闭市、下班回家、最后熄灯（"鸣钟熄灯"）安歇的时间。

当只有一种权威的计时时，这一切与旧装置是相容的；然而，随着城市的增长，出现多种时间信号，带来了混乱和冲突。社会需要一种更可靠的时间衡量仪器。这就是发明机械钟的背景。

我们不知道机械钟由何人在何地发明。它好像是在13世纪的后25年出现于意大利和英国（也许是两国同时发明的）。一旦为人所知，机械钟得以迅速传播并淘汰了水钟，但日晷保留了下来，作为检验新时钟效果的最后手段。早期的机械钟尚处在初期阶段，不精确且易于出故障——所以，最好是在购买机械钟的同时购买一位制钟工匠。

具有讽刺意味的是，机械钟趋于损害教会的权威。尽管在罗马帝国崩溃后城市衰落的几个世纪里，教会仪式使得人们保留了对计时的兴趣，但教会时间是大自然的时间，白天黑夜不均分，除春分秋分白天黑夜相等以外，自然时间的长短随季节而变化。然而，机械钟将时间分为均等的小时，隐含着一种全新的计时方法。教会抵制和不采用这种计时方法达一世纪之久。然而一开始，城镇就把时间均分作为它们的标准，公共时钟安放在市政厅或市场广场的钟楼上，作为新的、世俗的权威的象征。每一城镇都要有一座时钟，征服者们把掠夺的时钟作为特别珍贵的战利品；游客观看和倾听钟声，就像祭拜圣徒遗物的朝圣者一样。新时间，新风俗。

时钟是中世纪所有机械发明中最伟大的成就。这是观念上的革命，其根本性的创新意义是时钟制造者不能体味的。与模拟式设备相比，它是数字式设备的第一个范例：它由一系列有规律的、重复而独立的运动组成（钟摆的摆动），而不是跟踪规律性的、循环不停的移动，如日晷的影子和水钟水的流动。今天，我们知道，这种重复频率比任何持续现象都规律得多，而今天几乎所有高精确度的设备都以数字化原则为基础。这并非13世纪的人所能明白的，他们认为时间是持续的，所以应当用其他的持续标准来加以跟踪和衡量。

机械钟必须接受地球和太阳的严格标准的检验，无法忽视或隐瞒自己的失

---

* 歌词的英德两种文本（也许还有其他文本）说，"晨钟在响"，这歪曲了原意。应当说晨钟没有响。

败。结果，机械钟的制造技术和设计的提高受到无情的压力。每一个阶梯，钟表制造者都是走向精确的榜样：小型化，误差的检测和纠正，以及对更新更好的追求。他们成为机械工程的先锋——其他分支的典范和教师。

最后，时钟带来了集体与个人的秩序和控制。时钟的公开显示和私人所有奠定了掌握时间上的自治的基础：人们不需要来自上峰的命令，可以自行协调来来去去的安排（与之不同，军队中只有指挥官需要掌握时间）。时钟为集体活动提供了准时的标准，使得个人可以确定自己（以及其他人）的任务安排，从而提高了生产率。实际上，劳动生产率概念是时钟的副产品：一旦把个人完成任务情况与单一的时间单位联系在一起，工作就不一样了。人们就从农民的任务型时间意识（只要时光允许，任务一项接一项）和家奴的满负荷时间意识（总有事要做）向单位时间产品数量最大化的努力（时间就是金钱）转化。机械钟的发明为亚当·斯密的经济分析效果预备了佐证：国家财富的增长直接源于劳动者生产率的提高。

机械钟为欧洲（西方）垄断达300年之久，就高精度而言，甚至可以说，直到20世纪相当一段时期，它都是欧洲的垄断物。其他文明对时钟仰慕不已，更精确地说，其统治者和精英尤为如此。然而，他们从未达到欧洲的标准。

中国在唐宋时代曾建立过几座天文水钟——非常复杂的艺术品，这些水钟在初期报时精确，但以后就阻塞了（由于沉淀作用，使用时间较长后，水钟报时就不准确了）。这些纪念性设施是皇家之物，为皇帝及其占星家使用和保有。中国人把时间和时间的知识看做统治权的机密组成部分，不得与普通民众分享。这种垄断涉及日时和年时。在城市，鼓或其他报时器械每一个时辰（相当于现在的两小时）敲响一次，而皇历规定全国各地的季节和民众的活动。皇历也不是统一的、客观的资料。每一代皇帝都制定自己的皇历，确定下来后通行全国。私人的历法没有任何意义。

大城市的间隔报时并未取代持续增长的知识与认识。而且，钟声并非数字报时，每一时辰都有自己的名称而非数字，它证明了计时学知识的匮乏。由于中国缺乏大众消费的基础，时钟不能到市场上交易，导致测时技术的退步和停滞。中国时钟发展的水平从未超出水钟的使用。中国知道了西方的机械钟，但未能掌握和复制。中国不乏对机械钟的兴趣：中国的宫廷和富有的精英人士莫不为之着迷，然而他们不愿意承认欧洲技术的先进，就把机械钟贬为玩具。大错特错！

穆斯林曾试图拥有和复制机械钟，但目的无非是确定祈祷的时间。像中国一样，穆斯林的测时专家在欧洲之前制造出了水钟。传说，公元 800 年前后，哈龙－阿尔－拉希德曾将水钟作为礼物赠送给查理曼大帝，但法兰克宫廷的人对该物所知甚少，由于无知和忽视，水钟不见了。像中国一样，穆斯林非常喜欢欧洲的钟表，力图千方百计通过购买和接受进贡的方法得到时钟。但是，他们用时钟来确定祈祷时间，从未用以创造一种公共时间意识。我们的证据是，神圣罗马帝国派驻奥斯曼帝国首都君士坦丁堡的大使吉谢林·德·比斯贝克在 1560 年的一封信中说，"……他们认为，如果竖立公共时钟，那么报呼祈祷时间的权威和古代的仪式就会衰微了。"⑦ 那会是亵渎神圣！

  4. **印刷术**　印刷术是中国公元 9 世纪的发明（纸也是中国人发明的），在 10 世纪时得以广泛使用。由于中国文字是表意字（不是字母），不容易用活字排版，这一成就因而更显得有意义。文字的这一特点解释了为什么中文印刷在当时主要是满版木刻，为什么中国古书那么多图画。如果需要刻制木版，画图比雕刻许多汉字要容易得多。而且，表意文字难读：有的人孩提时代也许学过汉字，但长时间搁置不用后，也就忘记怎样阅读了，但图画会帮助识别它们。

  雕版印刷限制了印刷的范围和传播。它适合于古典经书、佛家经文以及类似典籍的传播，但是，它使印刷新著作的成本和风险增大，印数较少。有的中国印刷家使用活字印刷，但由于文字量大和投资需求高，活字印刷技术从未像在西方那样流行。实际上，活字印刷术也像中国的其他发明一样，一段时间内很可能被人抛在脑后，以后又重新引进来。⑧

  总体而言，印刷术在中国确实有助于知识的保存和传播，但从未像在欧洲一样"爆炸"。多数印刷依赖政府的倡议，儒家官僚不鼓励异议和新思想的出现，甚至证明传统知识有误的证据也遭到排斥。⑨ 结果是，知识活动以个人和地域划线，而科学成就表现出令人惊奇的不连贯。"伟大的数学家朱世杰在北方求学成材，后迁往南方的扬州，在那里出版了自己的专著，但找不到门生。结果，他较复杂的研究成就不为后几代人所理解。然而，他的基础课本却成为各地的公共财产。"⑩ 基础课本是一种标准典籍，但这远远不够；更糟糕的是，它们还可能束缚人们的思想。

  欧洲在中国之后进入印刷时代。然而，我们不应该认为印刷术出现后才有了书、发明了阅读。恰恰相反，中世纪时对书面文字的兴趣迅速增加，特别是官僚体系和城镇的兴起促使记录、文件的需求增长。政府依靠文件而存。这些冗长的文件多用当地习惯语写就，从而打破了虽已死去但仍被人奉为神明的语言（拉丁语）的僧侣垄断，为广泛阅读和异议文字的出现打开了大门。

结果，抄写已经不能满足社会的要求。人们想过种种办法，以种种安排形式增加阅读资料的数量。原稿分为数册，由几人分头抄写，数人可同时阅读该书。就像中国一样，雕版印刷早于活字印刷，印刷的活页多于书本，而且有许多图画。谷登堡在1452—1455年间用活字印刷了《圣经》——这是西方第一本活字印刷的著作，也是当时最精致的印刷品，他将新技术带给了一个因书面作品数量大幅增加而渴求印刷术的社会。在随后的半个世纪里，印刷术由莱茵兰流行到整个西欧。早期著作（1501年前出版的图书）的数量估计超过数百万册——仅意大利就有200万册。

尽管印刷术有明显的优势，但并非世界各地都接受它。由于宗教原因，伊斯兰国家长期反对印刷术：印刷《可兰经》的想法是不被接受的。犹太人和基督徒在伊斯坦布尔设有印刷厂，但穆斯林没有开设印刷厂。印度也是如此，直到19世纪初期才设立了第一家印刷厂。在欧洲，却没有人能阻止新技术的应用。政治权威四分五裂。教会曾试图阻止《圣经》白话文译本的出现，禁止经典和非经典书本的传播。然而到这时，印刷术确实已经势不可挡了。早在马丁·路德之前，异端的魔鬼已经飘出瓶外，由于印刷术的出现，将它们收回瓶中再也不可能了。

5. **火药** 大约在13世纪末，更可能是在14世纪初，欧洲从中国得到了火药。中国11世纪时已经知道火药，并制成用于烟花和战争的管状燃烧器具。以后，中国又将火药用作发射药，最初用于低效率的抛石炮和火箭，后来又用于火炮（13世纪末）。这些装备的威力从它们的名称中可见一斑："八面威风惊风震火炮"或"九箭穿心毒火雷"。⑪显然，它们因响声和杀伤力而备受赏识。实用主义者由此看到技术破坏性的比喻意义或修辞幻象能震撼敌人。

或许由于中国人口众多，或许由于与侵犯中国的游牧民族作战不需要攻城战，中国继续依赖燃烧火药而非爆炸火药。* 中国16世纪的兵书谈到的火器有数百种之多：例如，"飞天弩"，显然由500年前的火矛发展而来，用以向敌帆喷射火药和燃纸屑；"火药桶"和"火砖"；是浸毒纸充填的火药弹；另有一些装有化学药品与人粪的武器，用以恐吓、蒙蔽或恶心敌人；装有金属弹丸和爆炸物的手榴弹，可以致人非命。⑫这些武器有的是手掷的，有的由弓箭射出。战争就像

---

* 相比外敌侵犯而言，中国好像更害怕国内暴动。较现代武器有可能落入谋反者，包括某些将军们手中，参见 Hall, *Powers and Liberties*, 第46—47页。

开药方一样，真让人大开眼界。

如火药这一名称所示，中国人使用粉状火药，由于粉粒细小，点火缓慢，武器的威力不大。而欧洲人在16世纪时学会了制作小颗粒状或卵石片状火药，点火快，由于火药成分混合彻底，所以爆炸充分，威力极大。人们集中于弹丸的射程与重量，而不再关注音响、视觉与嗅觉效果。

侧重于投射能力的做法与铸钟的经验相结合（铸钟金属可转化为武器所需要的金属，两种铸造技术也是相通的），使得欧洲成为世界上火炮与军械制造技术最先进的地区。⑬

这些事例清楚地表明，在地理大发现（15世纪始）和大对抗之前，其他社会已经落后于欧洲。*"为什么这样"是一个重要的历史问题——我们从失败和成功中均获益良多。我们无法考察欧洲之外所有的文明，但有两个文明值得探究。

首先，伊斯兰文明最初吸收和发展了被占领地区的知识和方法。在公元1000年至1500年之间，它统治着从地中海西端到东印度群岛的广大地区。而在此之前的公元750年到1100年，伊斯兰在科学和技术方面远远超过欧洲。欧洲需要恢复历史传统，从某些方面上讲，要通过与伊斯兰的联系（其渠道是欧洲人与穆斯林当年曾彼此接触的地区，如西班牙）。伊斯兰是欧洲的先生。

其后，事情的发展出了问题。伊斯兰科学被宗教狂热分子贬斥为异端邪说，陷于宗教精神服从的压力之下（对思想家和研究者来说，这是生死存亡的问题）。在好战的伊斯兰看来，真理已经揭示了；回溯真理是允许的、有用的；而其余都是错误和欺骗。⑭历史学家伊本·哈尔顿是宗教上的保守派，但仍为穆斯林对科学的敌视而沮丧：

> 当穆斯林占领波斯（公元637—642年）时，他们获取了不计其数的书籍和科学著作。赛义德·阿拜·瓦基斯写信给奥马尔·宾·哈塔布，要求允许他将书籍带回，作为战利品分发给穆斯林。奥马尔回信说，"将它们统统扔进水里。如果书籍中有正确的启示，真主已经给我

---

* 由于一系列值得深究的历史观念和民间传说，一些学者最近试图说明，18世纪末之前，欧洲在技术方面落后于亚洲。当前最活跃的分子是因特网上的 H—World 网点。

们的启示更正确。如果书籍有误，真主已经保佑我们击败了它"。⑮

我们应记得，伊斯兰教不像基督教那样区分教会人员和世俗人员，二者合而为一，理想的国家形式是神权统治。如果缺乏这种形式，那么好的统治者就将精神和心理问题（从最宽泛意义上）交给阿訇处理。这对科学家而言就难堪有加了。

伊斯兰人士懂得技术的变化与进步：从纸的引进，新的农作物如咖啡和甘蔗的引进和传播，以及奥斯曼帝国土耳其人迅速学会使用（而不是制造）火炮和时钟等事实，可见一斑。然而，这些大多从国外引进，并且继续依赖国外供应。国内的发明火花似乎熄灭了。即使在其黄金时代（公元 750—1100 年），理论与实践也是脱节的："近 500 年间，世界上最伟大的科学家用阿拉伯数字写作，然而科学的繁荣对伊斯兰缓慢的技术进步没有任何推动作用。"⑯

曾经有可能超越欧洲成就的唯一文明是中国。至少，历史记载似乎反映了这一点。看一看中国发明的长名单就够了：独轮推车、马镫、硬马轭（预防窒息）、指南针、造纸、印刷、火药、陶瓷。然而，在技术和科学方面，中国仍然是一个谜——尽管已故世的李约瑟和其他人作了大量信息收集的工作来澄清这个问题。例如，这些专家指出，中国的工业比欧洲要早得多；在纺织业上，中国在 12 世纪时已经用水力驱动的机械纺麻纤维，比英国工业革命知道水力纺纱机和走锭精纺机早 500 年；⑰而在冶铁方面，我们被告知，中国早就懂得使用煤块和焦炭作为燃料，在风炉里熔解铁块，到 11 世纪末中国已年产 125000 吨生铁——700 年之后英国才达到这个标准。⑱

谜在于中国未能实现其潜力。人们普遍认为，知识和学识是逐步积累的：很显然，一旦一项先进技术为人所知，必将淘汰旧技术。然而，中国的产业历史却提供了一个技术埋没和倒退的例证。我们看到了中国计时技术的后退；同样，纺麻纤维的机械并未用于棉纺，后者从未达到机械化。而煤炭、焦炭冶铁也随着整个冶铁业弃置不用了。为什么呢？

当前所有常规解释都不能使我们明白，为什么在繁荣和扩张的时代，中国的经济中缺乏技术进步呢？历史学家认为对西北欧工业革命起到重要推动作用的因素，几乎都在中国出现过，甚至社会阶级关系的革命至少在农村出现过，但它对生产技术并无重要影响。只是伽利略和牛顿的科学未曾出现罢了。但在短期看来，这无甚大用。如果中国人拥有和发展了像17世纪欧洲那样的对实验和开发的狂热，他们很容易在原始机械的基础上设计出高效的纺织机械……蒸汽机的发明并不容易，但对在宋朝就发明出利用活塞的"二踢响"的中国来说，这并非不可逾越的困难。关键问题在于，中国没有人进行尝试。在大多数领域里，农业是个重要的例外，早在科学知识的匮乏成为严重障碍之前，中国的技术发展就停步不前了。[19]

为什么呢？汉学家提出了一些部分的解释，其中最有说服力的有：

1. 缺少自由市场和产权制度。中国政府时常干涉私营企业——接管获利颇丰的行业，禁止另一些行业，操纵价格，索取贿赂，没收私人财富。其中的一个打击目标是海洋贸易，在天朝的宫廷看来，这是一种分离性的力量和收入不均等的源泉，更糟糕的是，它鼓励移民国外。明朝（公元1368年—1644年）时，国家试图禁止海外贸易，禁海达到顶峰。禁止导致逃税和走私，走私引起腐败（保护费）、没收、暴力和惩治。拙劣的政府扼杀创造力，提高了交易成本，将才智从商业和工业中引开。

2. 社会价值观。一位著名的社会历史学家（历史社会学家）认为，性别关系是一个重大障碍：例如，妇女基本上困于家庭事务，使得以工厂形式发展获利的机械纺织业不可能出现。与中国妇女显著不同的是，欧洲和日本妇女可以自由出入公共场所，在外工作，攒得嫁妆或增加家庭收入。[20]

3. 杰出的匈牙利—德国—法国汉学家艾蒂安·包拉日强调大环境的不同。他认为中国技术未能得到发展是极权主义控制造成的后果之一。他没有从水利工程导致中央集权的角度解释这一大环境，但是他看到了一些因素：缺乏自由，习惯势力，以及被视为哲理的舆论。他的分析值得我们复述：

……如果人们理解，极权主义就是国家及其行政机关和官吏对社会生活方方面面毫无例外的全盘控制，那么当时的中国就是一个高度极权主义的社会……没有哪一个私人的首创性、没有哪一项公共生活的活动能逃脱官方的监控。首先是整整一系列的国家垄断，大众消费品，如盐、铁、茶叶和酒的贸易，以及对外贸易，都由国家垄断。教育也被小心翼翼地垄断起来。实际上还有文字的垄断，或者说出版的垄断：任何非官方的文字作品若未经审查,就没有什么希望传到公众的手中。可是国家的可怖权势、官僚机构的无限权力所影响到的范围还更加广泛得多。人们穿什么衣服有规定;公共建筑和私人建筑(房屋大小)有规定;服装是什么颜色、听什么音乐、怎样过节日——全都有规定。有出生和安葬的规定,天佑的政权明察臣民从生到死的一举一动。这是一个文牍和骚扰的制度:无穷尽的文牍,无穷尽的骚扰。

中国人的聪明才智给人类作出过那么多的贡献——丝绸、茶叶、陶瓷、造纸、印刷等等。倘若没有那令人窒息的国家控制,这样的聪明才智无疑会使中国更富裕,也许早已使它迈进到现代工业的门槛。正是国家控制扼杀了中国的技术进步。这不仅表现在凡是违背或似乎违背国家当局利益的事物均被扼杀于萌芽状态之中,而且也表现在一切以国家利益为重的观念所牢牢树立的习俗。墨守成规,因循守旧,对任何创新都表示怀疑,任何非奉命提出和预先经过批准的倡议都不会被接受,这种抱残守缺的氛围不利于自由探索的精神。[21]

简言之,没有人尝试。何苦去尝试呢?

不管这些因素如何混合,结果却是出现了孤立的首创精神和西西弗斯*似的间断二者并存的奇异模式——上升,上升,上升,而后下降——社会仿佛是被悬挂于丝绸的顶棚。结果——如果不是目标的话,是不变中的变化,或变化中的不变。创新只被允许(只能)走那么远,不得再多走一步。

欧洲人遭遇的这类干涉要少得多。相反,在这几个世纪,欧洲人进入了一个令人兴奋的创新和竞争的世界,它向既得利益提出挑战,令保守主义势力震撼。变化积少成多;新事物传播迅速;新的进步意识代替了陈旧的、对权威的尊敬。这种对自由的陶醉触及(传染)各个角落。这是教会的"异端之年",公众的创新为宗教改革做着准备。在这个时代,新的表现形式和集体行动挑战着旧的艺术形式,质疑着社会结构,并对其他体制构成威胁;工作和制造的新方法使得新颖

---

* 西西弗斯(Sisiphus),希腊神话中的古希腊暴君,他死后坠入地狱,被罚推石上山,但石头在接近山顶时又滚下来,于是再推,如此循环不止。比喻艰苦而无尽头的往复活动。——译注

成为美德和欢乐的源泉。这是乌托邦的时代,人们想象着美好的未来而不必回想失去的乐园。

　　重要的是,教会是知识的管理者和技师的训练所。人们本来会把教会想象为另一种情形:组织精神活动,专注祈祷与冥想,对技术无甚兴趣。确实,既然教会把劳动看做是对原罪的惩罚,本来是不会寻求缓解这一判断的。然而,世事万物多走向反面:将神职人员从耗时费力的世俗事务中解脱出来的愿望导致了动力机械的引进和广泛使用,而且从西多会修士开始,还雇用世俗人员(平信徒)担负杂役。雇佣鼓励了对时间和劳动生产率的关注。以上因素导致修道院财产中动力机械的大量集中——通过一系列工业作业最大限度地开发和分配可利用的水力资源的综合后果。对12世纪中叶克莱尔沃大教堂的描述赞扬了丰富多姿的工作安排:"烹调、过滤、混合、摹拓、清洗、传送(动力)、磨制、弯曲。"作者显然为这些成就而自豪,他进一步告诉读者,他可以自由地开玩笑:漂槌好像免除了对漂布者罪过的惩罚;这些设备能够缓和人的压迫性劳动和牲畜的劳役,真得感谢上帝。②

　　这种欧洲独有的创新乐趣从何而来?这种对新事物、更好事物的乐趣从何而来?这种对发明的栽培——或者像一些人所说的那样是"**发明的发明**"——从何而来?不同的学者提出了一些不同的解释,通常均与宗教价值观有关:

　　1. 犹太教和基督教都尊重手工劳动,这一点概括于圣经中的一系列训谕。例如,当上帝警告诺亚说洪水将至,他将获救时,并非上帝救他。"你要用歌斐木造一座方舟",上帝说。诺亚按照上帝的神示建造了方舟。

　　2. 犹太教和基督教都认为自然从属于人类。这与广泛传播的泛灵论信仰及其实践有明显的不同。泛灵论认为树木和溪流都有神灵(因而有泉神和树神)。今天的生态学家也许更喜欢这种泛灵学说,而不是取代它的信仰。然而,在基督教的欧洲,没有人倾听异教徒的大自然崇拜。

　　3. 犹太教和基督教对时间的思维是线式的。另一些社会却认为时间是环形的,可以回到早期状态,然后重新开始。线式时间只有进步或倒退,走向更好或从早期欢乐的状态衰落。对中世纪欧洲人而言,进步的观点占上风。

　　4. 归根结底,我强调市场的价值。欧洲的企业是自由的。发明能见效并得到应有的报酬,统治者和既得利益势力阻碍创新的能力受到限制。成功孕育了模仿和竞争;力量的意识从长远看将会使人几乎达到神的水平。昔日的传说依旧——人被逐出伊甸园，伊卡罗斯*飞得太高了，普罗米修斯被铁链所缚——警告人不得过分自信（过分自信——无边的傲慢——的概念是用来检验某些人的自负及他人抑制这种自负的努力的）。

然而，当时的实践者并未对此加以关注。

注释

1. 这是以下文章的核心部分：Lynn White, Jr., "Technology and Invention in the Middle Ages", *Speculum*, 15 (1940)：第141—159页。

2. Jean Gimpel, *The Medieval Machine*, 第14页, 参见 White, *Medieval Religion and Technology*, 第226—227页。怀特又指出，穆斯林生产（非机械制造）的纸没有水印，这种商标13世纪80年代出现在意大利，是商业的标志。

3. 了解眼镜出现以前视镜的状况，参见：Zecchin, *Vetro e vetrai di murauo* (Venice 1989), cited by Ilardi, "Renaissance Florence", 第4页。

4. 此谈话人是比萨的多明我会教士焦尔达诺，他是1306年在佛罗伦萨圣玛丽亚新教堂布道时说这番话的。引自 White, "Cultural Climates", 第174页或1978年重印本221页。怀特引用的是意大利原文，我在译为英语时作了风格上的小改动。又参见 Rosen, "Invention of Eyeglasses"; Ilardi, *Occhiiali* 一书及 "Renaissance Florence" 一文。

5. 有人指出，工作寿命的延长鼓励了人力资源的投资，人们更愿意到新的地方从事新工作。参见 Moses Abramovitz, "Manpower, Capital and Technology", 第55页。

6. "时钟不仅仅是记录时间的器具，同样也使人们的行动得以同步。时钟，而非蒸汽机，是现代工业时代的关键性机械……它发明于现代技术刚刚萌芽的时期，预示着精确的自动机械的出现……在与能源的可查明储量、标准化、自动化及其本身特殊产品，即准确计时器的关系方面，时钟是现代技术最重要的机械产品，它在每一个历史阶段都处于榜样地位。它的完善为其他机械所追求的完善提供了一个范例。见 Mumford, *Technics and Civilization*, 第14—15页。

7. 引自 Lewis, *The Muslim Discovery of Europe*, 第233页。

8. Sivin, "Science and Medicine", 第165页。文章指出，直到20世纪，活字印刷术才取代过去的印刷方法。

9. 参见 Hall, *Powers and Liberties*, 第49页。

---

* 希腊神之一，用蜡与羽毛制成翼飞离克里特岛，因过分接近太阳，其蜡融化，他本人坠海而死。——译注

10. Elvin，*Pattern of the Chinese Past*，第 180 页。

11. Needham，"The Guns of Khaifeng-fu"，第 40 页。

12. Levathes，*When China Ruled the Seas*，第 102 页。

13. 早在 16 世纪，作战胜利的军队的正式要求是掳获占领地区所有的钟或最好的钟："钟的权力"。参见 Cipolla，*Guns，Sails and Empires*，第 30 页，n.1。

14. 公元 885 年，巴格达的所有职业誊写者被要求发誓不誊写哲学著作。关于穆斯林科学与伊斯兰教义的冲突，参见 Hoodbhoy，*Islam and Science*，尤其是该书第 9 章和第 10 章。

15. Ibn Khaldun，*The Muqaddima：An Introduction to History*（London：Routledge and Kegan Paul，1978），第 373 页，引用于 Hoodbhoy，*Islam and Science*，第 103—104 页。欧洲基督教徒也有类似臭名昭著的狂热行动。法国"十字军"被派去镇压贝济耶（法国南部城市）的异教徒时，曾被允许（命令）血腥屠杀当地居民。在回答如何区分恭顺的基督教徒与异教徒时，指挥官说，"上帝自己知道谁是。"

16. White，*Medieval Religion and Technology*，第 227 页。

17. Elvin，*Pattern of the Chinese Past*，第 184 页。

18. Elvin，*Pattern of the Chinese Past*，第 85 页。该作者认为该数字在 35000—40000 吨到 125000 吨之间，不过他更倾向于较高的数字。该数字来自一位日本专家在 1967 年发表的一篇文章。此后的一篇文章也提出了较高的数字，见 Robert Hartwell，"Markets，Technology and the Structure of Enterprise"，第 34 页。在另一篇文章中，该数字成了"至少 125000 吨"，见 Hall，*Powers and Liberties*，第 46 页。这就是历史数字的命运——它们可以增长。

19. Elvin，*Pattern of the Chinese Past*，第 297—298 页。

20. 参见 Goldstone，"Gender，Work and Culture"。

21. Balazs，*La Bureaucratic Celeste*，第 22—23 页。

22. 转引自 White，*Medieval Religion and Technology*，第 245—246 页。

国 富 国 穷
第5章
THE WEALTH AND POVERTY OF NATIONS

地理大发现

> 有一个人人皆知的历史事件。即使那些对历史没有偏好的人也知道,克里斯托弗·哥伦布发现了美洲。这种人所共知的事实表明,尽管新大陆的发现是一个单一的事件,但它抓住了欧洲和美洲人的感情,成为尘世上的最著名事件。
> ——F·A·柯克帕特里克《西班牙征服者》

Why Some Are So Rich and Some So Poor

David S. Landes

不久前，当世界准备庆祝哥伦布发现美洲500周年时，各群体争先恐后地赞美哥伦布及其伟大成就。在美国，有的人甚至愿意称美国为"哥伦比亚"（意为哥伦布的国度），有70来个城镇以及许多博览会和互助组织以这位发现者的名字命名，意大利血统的人与西班牙裔人竞相称这个拥有功绩与荣誉的发现者为自己的同胞（由于血统或归化）。人们有理由期望庆祝哥伦布发现新大陆400周年（1892年）时盛大场面的重现：世界博览会（哥伦布展览会），各种纪念品，翌年发行丰富多彩的纪念邮票。

在那些日子里，人们对纪念哥伦布感到喜气洋洋，期望1992年的庆祝更宏大、更美好（500周年自然应该强于400周年）；但是，有些事甚至所有事都出了差错。哥伦布从历史成就的象征和新大陆的助产士变为政治上的一个困惑。逐渐明朗的是——其实多年来就有一种隐隐的异议——许多人并不把这位海军舰队总司令看做英雄，不把欧洲人到达新大陆看做一个发现，不把这一事件的周年看做值得纪念的事情。[1]

相反，哥伦布现在被描画为卑鄙之徒；欧洲人被视为入侵者；当地的土著被视为无辜的、快乐的居民，他们被掠夺成性、身带病菌的欧洲白人降为奴隶，最终被赶尽杀绝。[2]加利福尼亚的伯克利是分离主义者的大本营，其市政厅有自己的外交政策，向来以不虔敬（或虔敬方式不同）而著称，这个市政厅将"哥伦布日"更名为"土著人日",并提供了一部歌剧的两场演出,剧名为《再一次迷路的哥伦布》,系土生土长的美国作曲家怀特·克劳德·伍弗豪克的作品。③两年后,为了证实自己的选择,墨西哥决定发行纪念币,纪念阿兹特克人*和"一种在艺术、科学和文化上令人难以置信的发达文明"。④没有对征服者的任何赞誉之辞。

现在,抹杀或扭转历史显然是不可能的。没有人计划撤离和回归欧洲,哥伦布要寻退路已经太晚。但是,反哥伦布的情绪高涨,特别是标榜政治正确的组织尤其卖力,他们使庆祝活动显得不恰当,像醒来就跳捷格舞**一样。所以,没有化装游行,没有纪念品,没有T恤衫当然没有印着标语的T恤,没有厂商赞助,没有法律的重新制定(谁会同意呢?),没有赞颂,没有纪念邮票,没有纪念币,没有奖品。华盛顿的国立美术馆决定举行其500周年画展时,平光纸印刷的厚厚的目录中竟然没有哥伦布。⑤画展包含着其他的世界,公元1492年前后发生的其他事件。最重要的事件却被刻意忽略了。历史被删改了。

就像多数破除偶像推翻传统的做法一样,对哥伦布——更确切地说,对哥伦布到美洲后发生的一切——所进行的攻击,包含着一些事实,一些谬误,还有些不切题的议论。

事实在于,欧洲人发现新大陆之后土著居民的悲惨命运。除很少、很小或不起作用的例外,他们遭受了蔑视、暴力和残暴虐待。欧洲人不知不觉带给他们的病菌和病毒几乎夺去了他们所有人的性命。他们的土地、文化和尊严丧失殆尽。他们已经没有什么可庆祝的了。

谬误在于,对发现一词发表了一些似是而非的议论:哥伦布如何能发现新大陆?这大陆本来就在那里。当地人知道这块土地,他们早就发现了它***(我们不会有新的哥伦布纪念邮票,但是1992年美国邮政署迅速发行了一枚纪念邮票,

---

* 阿兹特克人是西班牙人入侵前墨西哥中部的印第安人,后遭到入侵者的屠杀和征服。——译注

** 一种急迫轻快的舞蹈。——译注

*** Jean Ziegler, *La Victoire des vaincus*,第101页,引用 Juryi Rychten, *Ajvanhu*(波兰译文1966年版)一书中的一段话:那是一本20世纪60年代出版的前苏联小说,其中的西伯利亚主人公抱怨道,"我无法明白如何发现已经有人居住的土地……如果我到达雅库茨克,然后宣布我发现了该城市,雅库茨克人不会为这高兴的。"(注意:这段话经过了几重翻译——从俄语到波兰语到法语到英语。但我感到原义并没有被歪曲。)

纪念美国印第安人的祖先、数万年前抵达北美洲的亚洲人，这在政治上也无可非议）。而且，哥伦布本人也不知道自己到了哪里。公元1492年，是印第安土著发现了哥伦布。

当然他们发现了哥伦布，就像哥伦布发现了他们。相见本是双向的。提到双方，并不能证明甩掉其中一方是有理的。⑥

这种很有意思的吹毛求疵，也是数学上的主要问题之一。数学家发现、揭示了新的定理和证据。他称这些为"真理"。是他发现了它们？或创造了它们？或者，它们本来就在那里等待发现——就像保罗·厄尔多斯所说的，是圣经上刻着的永恒？或它们仅仅由于被发现才存在呢？这些都无关宏旨。数学家发现或创造了它们，数学思想和想象力因而改变。⑦哥伦布的发现也如此：一旦消息传了回来，人们对世界及世界上各民族的想法——人类的想象力——就永远改变了。

不切题的议论在于，有些人认为，强调哥伦布的发现，就把世界交往和交流的进程欧洲化了，这种欧洲中心主义会轻易引出欧洲必胜信念，使历史学家只看重虚假的积极一面（地理发现的伟大时代），而忽略真实的消极一面（入侵的灾难性后果）。

有些抱怨是对的，但好的历史学家应保持自己的平衡。新大陆（对欧洲而言是新的）的开放是一个交流，但并不对称。欧洲神灵式的显现是问题的核心。正是欧洲开启了地理大发现的进程，响应了大发现，确定了进一步开发的日程安排。在操作层面上讲——谁对谁做了什么——这是单向的。

从这些事件的伟大之处着眼，各个民族，不论大小，都力图从中获得声誉。一旦杜撰出来，神话就不易戳穿。然而，英勇的"大发现"的神话并未得到学者的赞同——当然没有得到专业研究方面的赞同。卡尔·索尔、伍德罗·博拉和加利福尼亚的经济地理学派宣布，从考古发现的遗物来看，欧洲白人及他们携带的病菌（天花、流感等）的到来，导致2500万墨西哥印第安人的死亡率高达9/10。自那以后，没有人再能用自得的眼光看待这个问题了。*

这些定名性的异议是一种赎罪和政治动员的形式。其目标是打破权威，而不是阐明观点。其打击对象是欧洲（西方）主导地位及其所得。其意愿是：归咎于

---

* 这种失望之情的一个例外是，基督教传播到异教横行、活人献祭和吃人的世界，人们为此感恩不已。我本人绝不维护那些旧形式。然而，历史学家必须注意到那些自愿"超度"的人付出了沉重的代价，提供了不同的价值观念。

犯罪者，引起良知，为补偿正名。了解发生了什么和为什么，我们会得到新的启示。

欧洲人发现新大陆并非偶然事件。欧洲在武器杀伤力上拥有绝对优势。欧洲可以把武器送到船能抵达的任何地方；由于新的航海技术，欧洲的船只可以到达任何地方。

现在，让我们暂停一下，对这种不平等的更广的涵义加以考虑。我要提出一个社会和政治关系的法则，即三个因素是不可能共存的：（1）权力的显著悬殊；（2）私人掌握权力工具的可能；（3）群体和国家之间的平等。当一个群体强大到能对其他群体作威作福并从中获利时，它将毫不犹豫地这样做。即使国家不主张侵略，公司和个人也不会坐等许可。他们将为了自己的利益自行其是，拖挟着其他群体，包括国家，向前走。

这就是帝国主义（一个群体对其他群体的控制）为什么与我们相提并论的原因。* 这是人类深层动力的表现。还有一种更为优秀的情感：利他的动力、团结的理想和为人准则**。然而，尽管这些高贵的理想为组织起来的宗教所认可和宣传，却很少付诸实施，而常遭违反。确实，这些高尚的原则，包括宗教原则，都曾在入侵中被祈求过。只有政治权威经过深思熟虑作出决定，不仅不采取恃强凌弱的行动，而且阻止群体成员参与，才能挡住这种动机。

中世纪的欧洲缺乏中央权威来做出这样的决策。相反，多主权体之间的竞争给予个人参战的广阔机会，而个人联系——封建义务和忠诚——促使武士参与掠夺。所以，欧洲在经受外来入侵者数世纪的压榨与剥削之后，从11世纪起开始向外进攻。十字军东征（1096年开始第一次十字军东征）是这种对外扩张的明显象征。提倡十字军东征，部分地是为了让自相残杀的暴力得到升华而将暴力转

---

* 有人认为这种观点是不正确的。世界由领土面积和实力不等的多种国家组成，我们不应认为强者总是控制和剥削弱者。这是正确的，但强国的克制大多取决于力量的均势。当有必要防止一国称霸时，各国会联合起来。因此，理性的计算会带来克制。然而这种计算是脆弱的，有可能错误估计形势。欧洲经历许多个世纪才形成均势，但这一均势在半世纪两度遭到挑战，结果都很悲惨。最近的海湾战争同样是这种计算错误（源于情报错误）的结果，它引起巨大反应的原因，则首先在于赌注（石油）事关重大，其次在于大家确信有必要确立人们通常所说的集体安全的原则。关于帝国主义的权力均势模式，参见 Landes， "Some Thoughts On the Nature of Economic Imperialism" 及 "An Equilibrium Model of Imperialism"。

** 指《圣经》中所说的"欲人施于己者，己必施于人"。——译注

向外敌。这是一个好斗的社会。

真是精心选择的对手！十字军使延续数世纪之久的基督教对伊斯兰教、信仰对信仰的战争复活了，并推进到敌营的中心。从理论上讲，没有比这更神圣的动机了，但是在现实中，像往常一样，理想主义的目标掩盖了臭名昭著的暴行和贪婪。十字军使信奉希腊正教的君士坦丁堡遭到整整三天的劫掠和杀戮，还一路上屠杀犹太教徒和基督教东正教徒（他们质问东正教徒能算是真正的基督教徒吗?），换来的只是他们在耶路撒冷的屠城，以及在安纳托利亚和穆斯林巴勒斯坦建立的那些岌岌可危的小王国所带来的慰藉。*

十字军的入侵并未持久，穆斯林将侵略者赶走，并将胜利归于真主的决定。但是，反对穆斯林的战争仍在别处进行，最激烈的战争发生在西班牙，战争持续数世纪之久（最后的胜利发生在1492年的格拉纳达**），基督教王国逐渐打败了贪婪的各阿拉伯酋长国。摩尔人占领过的安达卢西亚成为一片废墟："每一个有影响的人都带领一批追随者，退守某个城堡，自命为苏丹并擅用君主的徽章标志。"⑧

在断断续续的战争中，穆斯林依赖从北非雇佣来的柏柏尔士兵，而雇佣军缺少对穆斯林统治者的忠诚，因而不利。从欧洲方面讲，卡斯蒂利亚王国***的国王接受教会可以理解的劝告，发动反对异教徒的战争，贵族和恶霸牺牲农民和教士的利益，将他们送到战场上。这与第一次十字军东征进军圣地的动机相同：与其让我们去打仗，不如让他们去拼命。双方都错误百出，是战争持续如此长久的原因。然而，在后勤和人口数量方面，基督教徒好于对方。"基督教世界在逐步向南推进，其过程缓慢如同滴注而非洪水滔天。"⑨

最终，文明屈服了，而野蛮取得了胜利。曾是欧洲最伟大的学术中心的科尔多瓦于1236年陷落。安达卢西亚的经济大都市塞维利亚于1248年陷落。卡斯蒂利亚军队是心不在焉地攻占了这两座城市，因为他们的国王费迪南三世实际上不曾想到他在当时就能横扫瓜达尔基维尔河谷的摩尔人。摩尔人的埃米尔求和，向费迪南称臣，退守格拉纳达的小小山区据点，为维持自己地位而小心伺候卡斯蒂

---

* 公元1099年十字军占领耶路撒冷时，奸淫烧杀。而1187年萨拉丁为穆斯林重新夺回该城市时，他却手下留情。

** 今西班牙南部一城市，原为格拉纳达王国首府，是摩尔人在西班牙的最后根据地。——译注

*** 西班牙中部当时一王国。——译注

利亚人，而对其他地区的穆斯林同胞的命运则漠不关心。种瓜得瓜，种豆得豆……到了格拉纳达遭围攻时（1490—1492年），它求援的呼声无人理睬。于是，格拉纳达的最后一任摩尔人统治者通过谈判要到一大笔钱就退位逃离西班牙，连他自己的母亲都鄙视他，说她知道什么是懦夫了。

"复地运动"的胜利者，一个是葡萄牙，它到14世纪中期已从穆斯林手中解放了自己的国土；再一个就是卡斯蒂利亚，它是一个不断扩张疆域的国度，有着西班牙骑士式的牧场主（相当于我们美国的牛仔吧）以及贪财的恶棍和军人。对于这些人来说，摩尔人建造的南方城市，拥有大理石的王宫、冷泉、绿色的花园和知识中心，自然有着不可抵挡的诱惑。[⑩]

"复地运动"完成之后又怎样呢？当然，土地被攫取和重新安置居民，庄园被划界和开垦，农民（特别是摩尔农民）被迫为新的地主干活。王国也必须成为基督教国家，因为伊莎贝拉女王是一位热心的基督教徒。在宣称基督教为真正信仰的情况下，不论当局与格拉纳达投降者谈判中向伊斯兰教作过什么让步，这种承诺都不可能持久。教会的宗教裁判所非常忙碌，更不用说教会在老百姓中布置的密探及告密者了。由犹太教皈依过来的人大多并非心甘情愿，因此不可靠，需要严密监视。由伊斯兰教皈依过来的人也是一样。卡斯蒂利亚社会为虔诚的精神湿疹这种疥癣所苦。

然而，所有这些仍给进一步的征战和冒险留下了活力。遣散那些只知道剑与马、战争友谊、杀人的刺激、掠夺的欢乐的人，并不是容易的事情。甚至在将最后一批摩尔人逐出伊比利亚半岛之前，葡萄牙和西班牙已经开始在海外进行试探和发动攻击。第一批目标是地中海诸岛屿和北非海岸。阿拉贡王国*的国王海梅一世在1229—1235年攫取了巴利阿里群岛，自夸为"近百年来人类所做的最好的事"。葡萄牙于1415年攫取了休达；1463年攫取了卡萨布兰卡；1471年攫取了丹吉尔。

战争自有办法使自己的理由合法化并庆祝其征服成果。这些新十字军也如此：诗人们赋诗赞颂他们的事迹，他们的暴力掠夺被升华为骑士风范。海洋探险具有特殊的价值和功绩，海梅一世说："占领一个上帝愿意设立在海洋上的王国，比占领三个陆地王国的价值更大。"该世纪（15世纪）末，国王的记事官夸口说，没有国王的允许，任何鱼不得游水。[⑪]

---

* 位于西班牙东北部，15世纪末它与卡斯蒂利亚合并为西班牙王国。——译注

战争需要金钱。这些"贵族"的探求模式是传统的、封建的"商业"企业。有些贵族——某个历史学家称之为"贵族流氓"——带着统治者的祝福（有时还有他的金钱）带领一队战士出发了，他的船队由远近的商人提供，然后去攫取一切可以攫取的财富。他所拿到和拥有的东西，除去掠夺的分赃、对士兵的奖赏、给予支持者的红利以及对君主表示支持和忠诚的开销以外，就都归他所有。

目标的选择并非漫无边际。舰队自最近、最能接近的地方开始侵略。经济学家也许会说，它们的参与成本低。而且，这些地方多由异教徒占有，因此冒险也被神圣化了。穆斯林将非伊斯兰世界称为"剑房"，认为他们的占领是公平决斗的结果。基督教没有近似的说法，但其作为无异。

掠夺近处的这些牺牲品之后，远方不尽的诱惑在向他们招手：骆驼驮着黄金从无人所知的地方走来，穿越非洲沙漠；香料从印度洋运出，通过红海和波斯湾，然后经陆路运抵黎凡特*的港口，由于中间转手数次，每一次交易都使价格攀升；旅行队从中国带来梦幻般的丝绸。所有这些珍奇之物都成为穆斯林商人把持下的赎金。如果能发现绕过这些异教中间商的道路，那就会在上帝的佑护下致富。

这些仅仅是人类已知的东方财富，人们可以把握的东西。谣言和传说告诉人们更大的奇迹和梦想：在非洲的另一端，有一个被伊斯兰包围着的基督教王国，那就是传说中的祭司王约翰的王国；附近就是失乐园；向东是如田园诗般的入画美景，向西则是不为人知的国度。许多人认识到地球是圆的，从理论上讲，人们向西航行可以到达东方。然而，对于习惯内海航行的人来说，大西洋的惊涛骇浪太汹涌了些。即使海边长大的人所看到的也只是一片骇人的空旷。像"天涯海角"和"地尽头"这样的地名并不仅仅是地貌事实的陈述。

当人们对某些事物一无所知时，想象就大行其道了。西边的海洋是圣岛、波浪之下神秘的亚特兰提斯**——一个由鬼怪、漩涡和龙卷风守护的神秘王国——所有现实和意象的危险都在其中了。海洋探险需要巨大的勇气，远远超越中世纪航海图的标记和确信由陆地到海边的线路。北欧海盗的航行路线是向西、向北再向西，证实了他们航海技术的高超和勇气可嘉，他们对海水（海水的颜色、脾

---

* 指地中海东部以及爱琴海沿岸的国家，自希腊至埃及，其中包括叙利亚、黎巴嫩和巴勒斯坦。——译注

** 传说的大西洋中的神秘岛屿，据称是最后沉入海底的。——译注

性、深度及其水底）和海洋生物（鱼与鸟）的稔知，使得他们在看到陆地以前，就知道了它的存在，故而可以沿着大西洋的顶端越岛前进。热那亚人和其他意大利人随后而来，他们绕过伊比利亚，航行到英格兰。到 14 世纪，在葡萄牙人和巴斯克人的陪伴下，他们发现了附近的一些大西洋岛屿：亚速尔群岛，马德拉群岛⑫，加那利群岛——其中除了靠近非洲大陆的加那利群岛以外，都无人居住*（直到 15 世纪中叶，欧洲人才发现位于北纬 15 度、博哈多尔角以南的佛得角群岛；直到 15 世纪 90 年代，几内亚湾的圣多美岛才成为殖民地）。

对今天而言，这些小岛意义不大。它们已经降到前哨站的地位，只有游客和那些从大陆工作或学习回来的居民偶尔光顾。然而，在被发现后的年代里，它们代表着欧洲领土的海外延伸。其实，古代罗马人早就从毛里塔尼亚国王那里知道了加那利群岛。它们未并入罗马的版图。将发现变为机会需要知识、手段和需求的结合。

这些都发生于 15 世纪。南方诸岛（马德拉群岛和加那利群岛）尤其适于种植甘蔗，而甘蔗注定成为欧洲财富之源。欧洲人是在中东首先接触到甘蔗的，而阿拉伯人则是从印度接触到甘蔗，而后传到地中海的塞浦路斯、克里特岛和马格里布。返回来的十字军将甘蔗引入欧洲——希腊，西西里，以及葡萄牙的阿尔加维。

糖极易上瘾，爽口开胃，对人的心理有安抚作用。起初，糖价格昂贵，只用于治病。在药房买糖，大多数欧洲人则是从水果和蜂蜜中吸收糖分。当然，这不是第一种能同时引起病人和身体健康者兴趣的药品。由于甘蔗的广泛种植，其价格下降，最后在杂货店里也能有蔗糖出售了。此时，糖被用作食物的佐料。德国谚语说，没有任何食物的味道会被糖败坏（德国人就是这样做饭的）。同样，由于食物容易腐坏，糖也用作一种有效的防腐剂和掩饰佐料。在 15 和 16 世纪时，糖还是一种奢侈品，女主人将糖锁在仆人拿不到的高架上。但它逐渐成为一种必

---

* 西班牙人在加那利群岛发现了仍生活在石器时代的土著人。他们被称为关切人。在经历了与西班牙殖民者不愉快的共存后，他们进行了猛烈的反抗，尽管武器非常低劣（用棍棒对抗铁枪），他们将侵略者赶出达一个世纪之久。在哥伦布到达之前，他们从未完全屈服。关切人的所作所为提出了一个理论性和精神性的问题：他们是人吗？他们有灵魂吗？他们是否按照法治生活？他们能被基督教化吗？提出这些离开本题的道德性问题的主要原因是为征服和奴化的行径辩护。西班牙人需要自己的行为合法化，他们需要对自己事业的祝福，而他们总是能得到祝福的。

需品，从上流社会传至民间。

尽管地中海的种植业非常成功，但仍不能与大西洋诸岛相提并论，这是气候和社会因素造成的。甘蔗最适宜在热带和亚热带气候栽种，需要定期浇水和恒热——赤道附近的大雨信风带地区是最适合的。种植甘蔗需要大量的集体劳动力，而这是自由民所不愿从事的，所以种植者希望能使用奴隶劳动。这正是十字军占领地中海的塞浦路斯等岛屿时所发现的：阿拉伯的制糖业使用奴隶劳动，而奴隶大多来自东非。

然而，在基督教的欧洲，奴隶制度早就因不受欢迎而被推翻，再设立该制度不容易。奴隶制早为农奴制代替，一则由于基督教徒不能作为奴隶（另外奴婢地位也与婚姻的神圣相矛盾）；一则异教徒或不信教的奴隶供应量太小，而且不稳定——一旦皈依基督教就取消奴隶身份。黑人确实可以作为例外。人们可以怀疑他们是否有灵魂、能否成为基督教徒。我们知道，葡萄牙并不谴责输入黑人做家奴或在海岸甘蔗田里劳动；16世纪中期，里斯本人口约10%是黑人。⑬然而许多（多少呢？）黑奴最后被解放了，成为自由人口。除偶尔有"黑鬼"油漆房间以外，欧洲再也没有出现黑奴制度。如果欧洲人要在甘蔗田使用黑奴劳动，他们需要在远方实现这一目的。

大西洋诸群岛就在远方。这里纯净得像一张白纸，可以自由进行社会制度安排。可以随着社会制度的发展而进步。亚速尔群岛和马德拉群岛最初由欧洲移民或那些被剥夺自由的人——罪犯、妓女、宗教迫害的牺牲品和孤儿——居住。*佛得角群岛则远离冈比亚海湾，是进行奴隶贸易的理想去处——短暂停留后将黑人船运到里斯本或其他岛屿。

当非洲的奴隶主发现，欧洲白人为黄金和香料而来时，对这种活人商品也感兴趣，他们欣然从命。哥伦布出生前的1/4世纪里，佛得角群岛以及随后的马德拉群岛成为奴隶种植甘蔗的试验地，16世纪圣多美岛也加入进来。这些种植者为了致富，要训练和压榨黑奴，还要克服困难和气候的不适；意大利的商船主也是这样。而葡萄牙王室以许可证、蔗糖契约和税收等方式获取毛收入的1/3或更

---

* 近来，阿根廷将"消失的"的政治反对派的子女（包括那些在监狱出生的婴儿）交给监狱看守、甚至杀害他们父母的警察，然后这些人把他们当做自己的孩子养大。这种做法早有先例。1497年，葡萄牙将一批犹太人驱逐出境，而将他们"改信基督教"的孩子从他们手中夺下，一船送往佛得角群岛，因为没有人自愿到那里定居。参见，Fernandez—Armesto，*Before Columbus*，第201页。白人曾到这些热带岛屿上定居，但很少能活下来。

多。甘蔗种植成为模式,以后在新大陆获益更多。

大西洋诸岛极大地扩展了欧洲的视野。欧洲的船员向西、向南航行几百海里就到达这些岛屿,建立了航海基地,从那里出发到无人所知的远方,并迎接归航者。它们是海洋沙漠上的绿洲:减轻远航者的痛苦,并将不可能变为可能。哥伦布在出发前到达加那利群岛,进入了东风带的轨道,这是幸运还是先见之明使然?不管如何,他自己走在赤道季风的林阴大道上,和煦、稳定的风力在一个月里将哥伦布送过大西洋。

真巧。但是在1492年,西班牙人认为自己无事不成。哥伦布是一个与众不同的人,他要向西航行到达亚洲,而葡萄牙对此不感兴趣。但西班牙认为这一计划有意义,因为西班牙已经同意与葡萄牙瓜分世界,并承认葡萄牙拥有东部(非洲)航线——这再一次证明这两个王国的过度自信。对西班牙来说,向西进发就是一切,否则就一无所得。碰巧哥伦布低估了自己任务的艰巨性,他以为世界要小得多。但这并非是一个糟糕的开始;海洋事实上要比他想象的狭窄。

哥伦布发现了一个新大陆。直到死时,他都不相信这一点,仍然以为那是中国和日本周围的群岛。他不知道,在那些岛屿之外还有两片大陆,即以后所称的南美洲和北美洲。他发现裸体或基本裸体的土著人还生活在石器时代,他们用手抓住西班牙人的剑刃而被割掉了自己的手。[13]他把一些土著人作为标本——就像动物园里的动物一样——送回西班牙。

哥伦布确实没有发现黄金、丝绸、香料和其他可以与东方相联系的宝藏。他首先需要黄金,这主要不是为自己(他要的是官位和荣誉),而是为了给西班牙君主。他明白,没有别的东西更能保持王室的兴趣和支持。

没有黄金是令人失望的,但是他最大限度地利用当前形势,确信这些岛屿拥有丰富的奴隶资源;他从加那利群岛和马德拉群岛了解到,这些奴隶显然适用于甘蔗种植。他们也可以从事畜牧业,如此等等。自从白人来到之后,加勒比海的历史大体上就是牛代替了人,尔后黑奴来到这里定居,从事甘蔗种植。

大屠杀、野蛮残酷和深深的绝望加速了人口的锐减。当地人自杀,禁绝性生活,堕胎,杀死自己的婴儿。由旧世界*带来的病菌(天花、流感)导致土著居民成千上万地死去。西班牙为他们遇到的野人有无灵魂、是否是人争论不休。但

---

* 指欧洲大陆。——译注

历史记载明确指明他们住在那里。当哥伦布第一次遇到印第安人时，他无法取得他们的信任和友谊；西班牙人得不到金银，遂兽性大发，其所作所为乃野兽所不耻：

> 他们的骑兵手执铁剑长矛，大肆踩躏屠杀……他们碾过城市乡村，不分男女老幼，对有孕在身的妇女也不放过，撕破她们的肚子，将婴儿挑出来砍碎。他们常常打赌，看一看谁能灵巧地将人从中间劈开……他们常常提着孩子的脚，将孩子的头撞向岩石，当孩子落水中时，残忍地嘲弄他们，名之曰"请他们游泳"……他们竖立了许多吊架……在每一个吊架上吊着13个人，亵渎神灵地宣称这样做是以救世主及其圣徒的名义行事，尔后在下面点火，活活烧死那些无辜的贫民。那些获准赦免的人，双手被砍断一半，只连着一点皮肉。⑮

不需要再举出更多的例证了。读者会被这些血腥屠杀和罪恶吓倒。这里血债累累：自发、放纵的兽性表演，随便、轻松、连想都不想的屠杀，将人折磨致死的善意比赛，挖空心思的让人痛苦，无缘无故的集体杀人狂热，对生命的仇恨。

令人惊异的是，这里缺乏理性，即使对待有价值的劳动力也如此。早在殖民之初，一群天主教多明我会修道士曾致信西班牙国王，抱怨太多的矿工被迫从一个矿井向另一个矿井转移途中饥饿而死，以至于后去的矿工不需要向导了（民间传说中的拇指人汤姆用丢石子的方法在路上作标记；而西班牙人用尸体作标记）。信中还提到，一艘满载800多印第安人的船只抵达普拉特港（银港），等了两天才靠岸。出了什么情况？没有细节描述，但是据说船上约600人死亡，尸体被抛出船外，像浮板一样在波浪之上漂浮。非洲奴隶的存活率也许比这还高一点。⑯

只有第二次世界大战中纳粹对犹太人的迫害可以与此相提并论。数十年间，土著阿拉瓦克人（泰诺人）和加勒比人大体上灭绝了。*

当然，征服加勒比只是故事的开始。西班牙对黄金和财宝的渴望无法得到满足；结党营私谋反之事也层出不穷。西班牙王室派驻当地的使团领导人发现，处置反抗者和造反者的最好办法是用船把这些捣乱分子送到陌生的海岸，让他们去寻找"青春泉"吧；如果顺利的话，他们就会在寻找过程之中死去。这种探险的孤寂无望和艰难困苦是令人难以置信的。可见，西班牙征服的历史，某种程度上，其倒霉的航行和徒劳的进军是传奇，然而也被人遗忘。当然也有幸运的征服，如墨西哥和秘鲁。一次发现，甚至一份报告就能激起和证明十来次的远征。这正是帝国的组成部分：权力、贪婪和使团，掺和着轻信、暴怒和疯狂。

非洲的黄金⑰

黄金在非洲某个地方发现，然后运到地中海沿岸。欧洲商人甘心受其驱使。他们到突尼斯等地，用银子、武器、纺织品、皮革、大米、无花果、坚果和酒（可能再出口）交换粮食、草料、石油、油、粗面粉、蜂蜜以及——为维持收支平衡——黄金：金屑、金锭、金币（摩尔货币）。不仅这些金黄色的金属几乎引起催眠的诱惑，现存汇率也使这些交易获利极丰。在14世纪上半叶突尼斯金银的兑换率是1∶10，而同时在巴伦西亚**的比率是1比13。这种差距不会持续太久，活跃的贸易活动形成了流动的市场，市场造成价格的近似。到14世纪中期，那不勒斯的比率是1∶10.5，佛罗伦萨市场的比率是1∶11。从非洲流出的黄金影响很大，使得西地中海一带的许多货币都转向了金本位，这在西西里、马霍卡、撒丁（1339年）和阿拉贡（1346年）的新币制中均有所体现。

---

* 大屠杀的程度是一个有争议的论题。在哥伦布到达时，加勒比诸岛屿的人口估计高达数百万，仅伊斯帕尼奥拉岛（海地）的人口就达百万。该数字基于据认为是哥伦布的弟弟巴塞洛缪·哥伦布1496年的统计，它成为以后报告的权威数据，参见 Sauer, *The Early Spanish Main*，第65—67页。很难对该数字加以评论。在另一方面，索尔指出，1518年以前，没有对诸岛屿瘟疫和疾病的报道。而1518年时，伊斯帕尼奥拉岛土著人的人口已经降至11000人左右。那么，前后两个数字相差那么远，那些不见了的人是怎么灭绝的呢？当然，有野蛮屠杀、谋杀，金砂矿的强迫劳动，人口出生率骤降。然而，我们仍然难以理解，即使是虐待狂、屠夫和监工忙碌的殖民地怎么能这么快地消灭这么多人（超过100万）。参见：Sauer, *The Early Spanish Main*，第204页。

** 西班牙东部城市名。——译注

回溯到13世纪中叶，那时的文字和图表记载表明，拉丁人被黄金及其不为人知的主矿脉销魂夺魄。黄金的供应者千方百计隐藏黄金的来源——这无疑是正确的，他们正确地猜测到，这些基督教异教徒会为了黄金大动干戈，烧杀抢掠。现在，我们知道，黄金产自西非内地的深处，大约沿尼日尔河上游地段，在冈比亚河和塞内加尔河源头附近。据传说，开采黄金的黑人矿工采用"哑巴式"物物交换的交易方式：买者将交易用的货物留在某一指定的地点然后离开；矿工拿走货物并留下他认为等值的黄金。不用说，这种神话传说容易引起浮想联翩。有人说，那里的黄金像胡萝卜一样生长；有人证实黄金由勤劳而恭顺的蚂蚁从地下挖掘出来；有人说黄金由住在洞穴的裸体之人开采出来。

不论怎样，这种贵重的金属要从其源头穿过非洲传奇式的王国马里。该王国控制着廷巴克图镇和穿过撒哈拉沙漠的骆驼商路的进出权，是地中海商人所知的最"上游"源头。黄金商向当地的经纪人和统治者（称为"曼萨"）交纳大量的贡赋。传说称，马里王国留下了天然金块，把金屑交给商人们（磨制和削制天然金块的作坊应该是手工操作）。有时，曼萨及其下属试图强迫矿工挖掘出更多的黄金，增加岁入。但这些努力因矿工的消极抵抗（停止开采金矿）归于失败。

同时，曼萨发放许可证，大发横财。一位名叫穆萨（阿拉伯语中的摩西）的曼萨在1324年到麦加朝圣。该旅行长达1年之久，曼萨决定大肆铺张。他在埃及住了3个月，关于他访问的情景传扬了数百年。他给苏丹50000第纳尔，苏丹绝没有想到会有如此厚礼。他给朝拜的圣地以及迎接和保护他的官员数千根金条。据称，当他离开时，埃及的金价下跌了10%到25%。

尽管曼萨带着大量的资金来朝圣——80到100只骆驼，每只骆驼驮有300磅黄金（共值1.1亿至1.35亿美元！），但朝圣结束时，他已经一文不名了，他不得不借钱回国。他的债主得到了丰厚的补偿，每借300第纳尔，他归还700第纳尔。

财富确实令人动心。阿拉伯的作家伊本·阿米尔·哈吉布和伊本·巴图塔对马里国王及其王国作了详尽的描述。他们告诉后人，曼萨受到的爱戴远胜其他地方的君主。他是神圣的活化身——从他的举止可见一斑；臣子们非常谦卑，跪倒在他面前，以首触地，对他说的每一个字都用惊叹表示喝彩。衣着不整的人是不能走到他面前的；没有人在他面前打喷嚏。这种无礼会招致杀身之祸。

关于曼萨如何伟大的传说是通过二手材料传到欧洲的。地图，特别是1375

年的加泰罗尼亚*地图集表明，曼萨的加冕如同欧洲君主，头戴王冠，手持宝珠和权杖。"他的国家富有黄金，他是世界上最富有、最高贵的君主"，加泰罗尼亚地图集如是说。这种仰慕并没有持续多久。黄金贸易式微了，马里也衰落了。14世纪末，当葡萄牙人沿着非洲"黄金海岸"侵入冈比亚时，穆萨曼萨的继承者看起来就像粗浅而虚饰的原型。尘世的荣华富贵就这样消失殆尽。

掩盖的重要性

裸体并非无足轻重：据推断，起初它是伊甸园式的天真无邪的表现。例如，哥伦布起初曾着迷过。[18]"他们赤身裸体如同初生之时"，他写道，"男女都这样"。他还写道，"我们基督徒认为他们非常漂亮，男女都这样"；以及"这种漂亮不仅体现在形体上，也体现在道德上……他们是世界上最友善、最和平的民族"。

与美丽相伴的是天真无邪。"司令说他不相信怎能有人会遇见如此善良、慷慨和羞怯的人，因为他们一见到我们基督徒，就倾其所有给了我们。"而且，"你给他们东西进行交换，不管你的物品多么微不足道，他们都会立即把自己所有的东西给你"；"他们并不垂涎于他人的东西……不论你要他的什么东西，他都不会拒绝。相反，他们要你随便拿，他们的爱心真叫人感动"；"他们非常温和，从来不知邪恶为何物。他们对杀死他人一无所知。"[19]

但是，这种田园诗般的景象经不起现实的考验。特别是，他们并不准备慷慨地把他们的女人赠送给别人。然而，这些西班牙好色之徒在海上漂流了数月，他们需要女人甚于黄金。而且，这些慷慨的倾其所有赠人的土著设想西班牙人也应该同样对待他们，所以他们拿走了西班牙人的东西，而后者将这种行为定性为偷窃。正是在刚刚到达时还心存狂想的同一个哥伦布，不久就为自己的信任后悔，向属下提出可行的忠告："在驶向锡瓦奥的途中，如果印第安人偷什么东西，你必须割下他的鼻子或砍下他的手，以示惩罚，因为这是他们不能隐藏的身体部分。"

于是，这些高贵的土著成了野蛮人，地地道道的野蛮人。他们还能是什么别的呢？在一些最残酷无情的歹徒向本来毫无怀疑之心的受害者横施暴虐的情况

---

* 西班牙东北部一地区。——译注

下,任何人也不可能表现得像是神话式的圣人。帕斯卡尔·布鲁克纳令人信服地指出,印第安人"从一开始就倒霉,因为他们曾被宣称为尽善尽美"。而野蛮人这一新的形象倒是让白人觉得更来劲。加深这一形象的因素,还有印第安文化的另一些方面,特别是据说他们有食人生番习性。有的学者否认吃人这种做法的存在,至少加勒比的印第安人不是这样(好像墨西哥或中美洲如此)。这种否认的可信性多大,有待商榷;毕竟很难提出反证,但显然人类学家有一种动机,需要把欧洲人和美洲印第安人的相遇看做是黑白交恶,一方是邪恶无比,另一方则纯洁无瑕。[20]

有时辩护是间接的。社会人类学家戴维·梅伯瑞－路易斯引用过1557年出版的汉斯·施塔登有影响力的、有代表性的著作《美洲新大陆野蛮、裸体和吃人民族的真实历史》,接着指出,曾俘虏过施塔登的图皮南巴印第安人"定期举行仪式吃掉俘虏",他说,"这被看做是英勇的死,被俘虏的战士也许与俘虏他的人一同生活了多年,并娶妻生子。在决斗仪式上,他被牵出来,棒击致死。之后,所有公众吃掉他,分享他的英雄之躯。"[21]

梅伯瑞－路易斯指出,图皮南巴的人却对欧洲人经常在审讯和惩罚中拷打犯人和实行奴隶制的残暴感到震惊;他还对欧洲人的判断和政策的片面性感到可悲。当然,要求我们"像别人看待我们那样看待自己"是很难做到的。我们因此欣赏相对主义——同情的力量——它特别是人种学的一种美德。但是,我们不必期望相对主义的观点得到普遍认同。在16世纪的欧洲,只有几个教会神职人员持相对主义的观点。在平静地看待这段历史的时候,他们的论点尤其为人所赏识。

历史与传奇

关于西班牙人在征服美洲过程中的暴行和罪恶的故事如此骇人听闻,一回顾起来,就有一种窘迫和羞耻涌上心头。他们是什么人,为什么如此凶残和奸诈?如上文所述,答案在于社会选择和历史。一方面,发现新大陆的冒险吸引着西班牙最大胆、最贪婪和奸诈的社会成员,他们大多是流氓无赖、亡命之徒,置他人生命于不顾。另一方面,西班牙与国内(宗教迫害)、国外(征服)敌人长期斗争的历史经验,导致人们为达目的不择手段,灭绝了情理和人性的感情。茨维坦·托多罗夫还加上了距离的因素:西班牙人在遥远的地方采取行动,对陌生人行使权力和发泄暴怒，这些人被认为低人一等，甚至不适用对待敌人的规则，或应该使用更低等的原则。在这种情形下，任何事情都可以发生，无需任何限制。所以，他们竞赛作恶，导致集体狂乱的爆发。托多罗夫还说，"西班牙人的'野蛮'并非是回归原始，它完全是人类的行为，并宣布现时代的到来。"[22]

将极度的非道德和征服机会结合在一起，将柔弱的民族交到贪婪、愤怒、无情和极度残暴的人手里，这真是不幸。

为缓和（如果不是宽恕）西班牙邪恶的记录，辩护者——许多是当年的征服者的后裔——提出了两类论据。一类是说这些指控是神话传说和夸大其词，全不可信。他们求助于"黑色传说"一词：黑色意味着过分夸大（有完全黑色的东西吗？）；况且是传说而不是历史。其目的就是拒绝承认而不是提出反证，因为反证是不可能的（同样的技巧和术语也曾用于否认西班牙国内的偏执和狂热。这种偏执和宗教狂热，以种族纯正的狂妄为顶点，甚至到人迹罕见之所追捕异教徒，从而损伤了国家学术研究和学习的能力。对坏消息不予考虑要比进行反驳容易得多）。

第二类论据是指出其他殖民者的恶行，特别是盎格鲁－撒克逊人（北美新教徒）的罪行。后者的征服战略不同，而且牺牲较少，但是他们残暴和伪善的能力想必是相似的。* 好像他人的恶行能够用来免除自己所犯的罪愆似的。这种论点与日后的强权和帝国主义政治不是没有关联的。对许多拉丁美洲的历史学家和理论家来说，强调征服美洲的英国佬的恶行是最要紧的一条。最好是，将美洲印第安人的不幸归咎于他们，即使是暗示亦可。[23]

注释

1. Schama, "They All Laughed", 第 30 页。文章说，甚至在 1892 年，抗议者就反对庆祝，使庆祝活动推迟了一年之久。

2. 参见 "The Invasion of the Nina, the Pinta and the Santa Maria", *New York Times*, 2 June 1991, 以及 Teresa de Balmaseda Millam 对该文章的愤慨反驳, *ibid.*, 4 July, 1991。

3. James Barron, "He's the Explorer/Exploiter You Just Have to Love/Hate", *New Yorks*

---

* 是这样吗？北美洲的英国殖民者确实也可以进行无情杀戮，但有没有折磨和酷刑？如果要问谁能衡量这些事情，我看确实存在运作方式的不同，也就是说，如果我是印第安人，我宁可死在英国人手上，也不愿意被西班牙人杀死。死就死了，但我愿意死得痛快，而且能保留全尸。

Times，12 October 1992，第 B7 页。又见 Sam Dillon，"Schools Grow Harsher in Scrutiny of Colombus"，*ibid.*，第 A1 页。尽管对西半球最原始的（最早的）居民的后裔而言，"土生土长的美国人"是已经被接受和可以接受的称呼，但有人甚至认为"美国人"是欧洲人发明的叫法，其所指不确切，因而拒绝这种称呼。人们应该说"当地人"。然而，同一半球的其他民族怎么办？难道他们不是当地人？显然，有的当地人相比而言更是本地人。

4. Joel Sable，"Maxico Hails Aztecs with Multiple Issues"，*Boston Globe*，3 April 1994，第 B34 页。

5. Schama，"They All Laughed"；那本图文并茂的目录：Levenson, ed.，*Circa 1492：Art in the Age of Exploration*。

6. 参见 Vitorino Magalhaes Godinho，"Role du Portugal"，第 58 页。作者正确地阐述了这种"非发现命题"的荒谬，称之为"幼稚的陷阱"。

7. 参见 King，*Art of Mathematics*，第 41—46 页。

8. Ibn Khaldun，*The Muqaddimah*，引用于 Fernandez—Armesto，*Before Columbus*，第 50 页。

9. Fernandez—Armesto，*Before Columbus*，第 49 页。

10. Fernandez—Armesto，*Before Columbus*，第 84—85 页。

11. Fernandez—Armesto，*Before Columbus*，第 12 页。

12. 葡萄牙人第一次与马德拉接触是在公元 1419 年。参见 Huygue，*Coureurs d'epices*，第 119 页。

13. Bennassar 和 Bennassar，*1492*，第 252 页。

14. Axtell，*After Columbus*，第 168 页。

15. Bartolome de Las Casas，*Brief Relation of the Destruction of the Indies*，引用于 Josephy，*Indian Heritage*，第 287 页。

16. 这些材料源自 1516 年一批多明我会教士致西班牙国王查理一世（后来成为神圣罗马帝国皇帝查理五世）的大臣的信，引用于 Todorov，*Laconquête de L'Amérique*，第 146 页。该信列举了其他的暴行，其中包括，一个贫穷的母亲在喂孩子奶时，一群西班牙人过来了，因为他们的狗饿了，这位母亲的悲剧就发生了。夸大其词吗？我们从其他的证词那里知道以上所言非虚。

17. 以下内容大多引自 Fernandez—Armesto，*Before Columbus*，第 143—147 页。

18. Bruckner，*The Tears of the White Man*，第 10 页。该书作者认为哥伦布曾读过一本书（Pierre d'Ailly，*Imago Mundi*，写于 1410，出版于 1480），并据此相信，伊甸园位于赤道另一侧的温带陆地上。然而，新大陆确实气候温暖，但并不在赤道的另一侧。但是，在我看来，对哥伦布影响甚大的是这些人的裸体和天真无邪。阿伊（Ailly）怎能知道伊甸园在赤道哪一侧？

19. 以上内容引自 Bruckner，*The Tears of the White Man*，引文系从哥伦布的游记的法文本翻译而来，见 Christophe Colomb，*La decouverte de L'Amerique*，2 vols. (Paris：Maspero，1979)。

20. 参见 Henley，"Spanish Stew"，第 5 页对 Boucher，*Cannibal Encounter* 的评论："鲍彻对专家们当前的争论加以评述，作出吃人的证据是微不足道的结论。如果有，也是在极偶然的宗教仪式的场合下，吃已经被杀死的敌人的肉。当然，他们从未将人在锅里煮来吃。"

又见：Wright，"The Two Cultures"，第 3 页。作者认为，欧洲人的记录值得怀疑。"认为墨西哥人吃人的说法并未得到证实，西班牙人的报告远不是偶然的笔误。"作者指出，在围攻墨西哥期间，有大量死尸，但守卫者还是因饿而死。但这也许意味着，吃人有一定的仪式，不允许随便吃死尸。例如，希伯莱禁止吃死的动物（即不是经过一定仪式而杀死的），即使洁净也不可以。

21. Maybury—Lewis，"Societies On the Brink"，第 56 页。

22. Todorov，*La Conquete de L'Amerique*，第 50 页。

23. 请参阅 Stern，*Peru's Indian Peoples*，第 xli—xlii 页。斯特恩强烈呼吁政治正确，他承认西班牙人的罪行，但提到"简单化"和"反西班牙偏见"，对辩护者做出让步。他还提到"其他欧洲殖民者同样残暴的种族残杀和剥削的历史"。我认为，他的论点有可批评之处：他哀悼反传说命题"将征服降至欧洲恶棍与英雄的故事的境地"。美洲印第安人呢？他们有什么反应？他问道。如斯特恩所说，人种学家不再接受土著居民是无助的牺牲品这种观点，"他们不仅仅在等待罪恶加于其身"。够公平的了。但是美洲印第安人呢？我们从下文可以看到，他们也犯罪作恶，他们也推行帝国主义。帝国主义不是欧洲或者西方人的专利品。正统的拉丁美洲的历史对这些置若罔闻。这个问题本就是道德判断的雷区。由于拉丁美洲的历史学家同是牺牲品和牺牲制造者的后裔，他们面临着更多的尴尬。他们的同情心在哪一方呢？

国 富 国 穷

第 6 章

THE WEALTH AND POVERTY OF NATIONS

东进喽！

近代世界史的重大事件中，欧洲人15世纪、16世纪所进行的环球航行和地理大发现，确实在挑战上天的安排……这些事件的功绩和辉煌无疑应首先和主要地归于葡萄牙人……必须承认，是葡萄牙人首先发起了海洋航行，并将发现遥远地区的观念输入到其他国家。

——托马斯·阿斯特利《航海与旅行》

Why Some Are So Rich and Some So Poor

David S. Landes

葡萄牙人和西班牙人一样，以越岛寻宝为开始。他们沿着非洲西海岸南下，力图最终绕过穆斯林进入印度洋。他们顺着信风南下，首班航程容易至极。然而，他们返回里斯本的航程却倍感艰辛。他们灵机一动，不是逆风而行，而是绕道向西、向北，通过亚速尔群岛返回里斯本。

然而，在穿过加那利群岛再南行时却遇到了麻烦。这里海风和海浪方向逆转，向南航行极其困难。麻烦开始于北纬27度的博哈多尔角，这里波涛汹涌，大海像烧开了的锅，是创造与混乱的象征性分界线。10年（1424—1434）的探索都被这一无形的障碍化为泡影。①

然而葡萄牙人并未被吓倒，他们继续尝试，一次又一次，一里格*又一里格。起初，他们认为这些不毛之地无人居住，但不久他们遇到了几个土著居民，逮捕了几个俘虏，获悉了奴隶制，从而发现了获利的新机遇。因为获利是问题的核心，正如亨利王子的传记作家苏拉拉所说，"……很显然，（没有水手或商人）愿意到不能挣钱的地方。"②

南大西洋与其他海洋截然不同。在非洲一侧没有便于停泊的大陆架；海流、海风与南下的船相逆而行，海岸线寸草不生，一片凄凉。一旦越过佛得角，在佛得角和几内亚之间几乎找不到停泊和休息的港湾。沿岸而行的航海技术由来已久，在北大西

---

* 长度名，1里格约等于3海里。——译注

洋、地中海、印度洋和中国海域畅行无阻，但在这里却无用武之地。这是公海航行。③

这里，葡萄牙人早年利用信风返回家园的经验得到了报偿，但其方向却有别于以往。经过数十年迎风或逆风南行，他们大张船帆，大胆西行，跨海到达巴西，然后折向西南。这增添了数百里格的航程，需要数周时间，甚至意味着在海上漂流数月而不见陆地，但是这样做的结果却是缩短了航行的时间，使得他们能够绕过非洲的海角进入远为平和的海域。

我们不应将此仅仅视之为幸运，因为葡萄牙人学会了如何确定纬度，他们才做到了这一点。在北大西洋，水手们可以利用北极星的高度确知自己的南北方位。然而，他们驶抵赤道之后，由于北极星在空中的位置太低了，他们只得求助于太阳来确定自己在哪里。由于太阳在天空位置的变化，问题更加复杂化了：在欧洲，夏季太阳位置靠北，因而较高；冬季则靠南。这种位置的变化称为赤纬，如果把太阳的高度作为纬度的测算标准，就必须把这一因素考虑在内。伊比利亚半岛作为不同文明之间的前锋和桥梁而得到了报偿。在14世纪和15世纪，阿拉伯和犹太天文学家（其中亚伯拉罕·扎库特是一个关键人物）已制作了航海所用的便利的太阳赤纬换算表。④

一旦海洋和陆地的纬度可以确定，人们就有了航海的钥匙：这样，人们可以确定自己的南北位置，如果也知道目的地的纬度，那么人们在到达同一纬度后，可以平行航行到达（一个偶尔存在的问题是：向东还是向西航行？）。葡萄牙航海家巴托洛梅乌·迪亚士从远航（1488年）带回来的最重要的信息是非洲南端的坐标。知道了它，葡萄牙人就可以在南大西洋任何地方找到自己的路。

这些探索使得葡萄牙在整整一个世纪内无所匹敌。这些成就，一部分应归功于葡萄牙王室和热心、忠诚的王子（据称他以童男之身逝世）航海者亨利，他在葡萄牙西南角上的萨格里什俯视海洋的海角上建立了海洋研究站，指导公海航行的科技探索达数十年之久；一部分应归功于私人船主和水手，他们看到了在船首斜桅尽头的财富。这一切都依赖于造船技术的进步：有了比载货方帆帆船更长更漂亮的轻快多桅帆船；船尾方向舵；方帆和大三角帆的混合；大西洋和地中海技术的嫁接。当迪亚士从非洲南端返回家园时，他还带回了造船的新理念。不久这种轻快帆船得到改造，10年之后为瓦斯科·达·伽马所用。此后10年间又有了进一步的改进。每一次航行都带来经验，刺激着技术的革新。

海洋航行进一步依靠仪表的使用：指示方向的罗经；测量天体高度的星盘和

天体仰角测量仪；背向太阳的观测调整装置；计算时间和估算速度的沙漏。还有，我们不能忘记，水手们的顽强拼搏和不屈不挠才使航行得以完成。这些奇怪的人，他们本有很多机会毁约。由于常年航行，他们常常病倒和死于海上，念叨着圣母和圣徒，嘴上喊着数不清的"万福玛利亚"，重复着祈祷文，盼望自己迷信的手势能求得大海的风平浪静。一旦踏上陆地，他们就纵情声色，把口袋里的钱花光，再一次让自己经不起诱惑。这就是海员的生活（而且，那些诱惑他们去做水手的人随时准备从他们身上再捞一把）。

把行动建立在"做而后知"的基础之上，葡萄牙的这种战略收效良好。每一次航行都建立在前次航行的基础上；每次，他们都会向前推进一步；每次，他们都记下纬度，修改地图并留下他们的标记物。心理障碍使得某些步伐的迈出特别困难，如博哈多尔角；还有风暴角，以后更名为"好望角"（象征意义是重要的）。逐渐地，恐惧让位于理智和解决的方法。先向西航行几乎到达南美洲海岸然后再回头向东，就是葡萄牙人作出的最大胆、最具创造力的决定，表明了对自己能力的巨大自信心（相比而言，哥伦布不过是偶然有所得罢了）。张帆前进好于逆风而行或停滞不前。不会永远顺风，也不会永远张满帆。

如果没有瓦斯科·达·伽马这样从小就是水手、头脑冷静、技艺娴熟的人，葡萄牙人抵达印度群岛是不可想象的。我们对伽马所知不多，但他在到达印度群岛前发生的一个故事可以说明他的性格。那是在1492年，当时伽马约30岁。一艘葡萄牙帆船满载黄金从厄尔曼那（非洲西海岸一个地方）返家的途中，被法国私掠船截获。这时，两国之间并不处于交战状态。怎么办？葡萄牙国王的顾问建议通过外交渠道解决：派遣使者恳求法国放还船只和黄金。国王约翰不喜欢这种方式，"我不想派一个使者去接受不公正待遇或在接待室等候法王的召唤。对我来说，这比丢失黄金还难堪。"

所以国王派伽马处埋此事，他是"国王信任的人，曾在舰队服役多年并熟悉海洋事务"。海洋当时是葡萄牙的大学校，不仅仅学得到航海本领。第二天，伽马和一队紧急召集的武装人员抵达塞图巴尔码头，那里停泊着10艘满载贵重货物的法国轮船。这些船都被捕获了，其货物被盖印查封；其船员被带到岸上。不需要再做什么了。法国轮船的船主向法王求情，法王将帆船和黄金送回，一盎司都不少。葡萄牙国王将法船及其货物放还，一厄尔*、一桶都不缺。

---

*　长度名，在英国相当于45英寸。——译注

哥伦布发现新大陆的消息震惊了葡萄牙人。就像苏联人造卫星震惊了美国人一样。葡萄牙人本来可以收留他但却拒绝了他。经过数十年的艰难和耗资巨大的探索,葡萄牙人绕过了非洲之角。然而,西班牙人第一次试航就发现了新大陆(也许是亚洲)。太不公平了,是出发的时候了。继巴托洛梅乌·迪亚士的初航失败后,1497 年,瓦斯科·达·伽马率领一支四艘船组成的小舰队从里斯本出发,绕过非洲之角,找寻印度。该航程长达 27000 英里,历时两年多,170 名船员之中只有 54 名生还。

这次耗资巨大的探索并没有带来商业的成功。伽马感到惊奇的是,他在印度遇到的商人是穆斯林,他们不想跟信基督的异教徒做生意;更糟的是,他随船带去想出售或做易货交易的东西是一些玻璃珠、廉价首饰和衬衫,这些东西很受加勒比人欢迎,但在印度几乎一文不值,因为印度人能分辨什么有价值或无价值,而且他们生产的纺织品比欧洲好得多。所以,伽马几乎是两手空空回到了葡萄牙。他所带回的是一点战利品。在愤怒和失望的情绪下,他袭击并捕获了一艘装满香料的穆斯林小船。这并不是一个良好的开端:自此以后,葡萄牙人依靠武力而不是市场竞争来树立自己在印度洋的地位。

更重要的是,伽马带回了消息——两种消息。其一,欧洲人船坚炮利,强于当地土著;其二,尽管他未能做成交易,但发现那里香料丰富、价格低廉,可以赚取丰厚的利润。在卡利卡特,100 磅胡椒价值 3 个金币。经过六七个人转手、一路向国王、酋长和官员交纳应付费用和贿赂之后,威尼斯的市场价格是 80 个金币。面对如此高额利润,装备一支舰队的费用算得了什么?海员的生命又值几何?

葡萄牙可以进行报复了。国王曼努埃尔写信告诉西班牙君主费迪南德和伊莎贝拉("最尊贵的国君和女国君,最伟大的国王和女王陛下!"),他发现了有"大城市、高楼大厦、大江大河、人口众多"和没有裸体蛮人的地方,并向他们吹嘘香料、宝石和"金矿"如何富足。至于坏血病和死亡,还有穆斯林商人和商业上的失望,则只字不提。这正是哥伦布试图寻找却未能找到的好地方。西班牙人该受不了了吧!

1500 年早春,伽马胜利返航不到 6 个月,葡萄牙派出了第二支远征印度的舰队——该舰队由佩德罗·阿尔瓦雷斯·卡布拉尔率领,由 13 艘船组成,包括士兵在内共有 1200 人。葡萄牙派他去创造财富而不是制造麻烦,但是,如果有敌船意图加害，他不应让敌船靠近，而应予以拦截，将它击沉。

优越感表露无遗。众所周知，拥有更强大的武器装备的一方可以从一定距离之外杀死敌人，而自己一无伤亡；而弱者只有在近处、依靠个人的勇武和力气才可能赢得胜利。卡布拉尔的命令标志着新的世界力量对比。人口比葡萄牙多得多、更富有、从某些方面讲也更文明的亚洲人却无法理解这一切，甚至无法想象这些事情的发生。然而事实上正是如此：欧洲人此时已能立足于海军大炮射程可及的地球上任何一个地方。*

葡萄牙人执行任务时有条不紊，这一点大概温暖了亨利王子的心。好奇心和胃口已经理性化了，这从1508年给迪奥戈·洛佩斯·德·塞凯拉探索马达加斯加的指令中可见一斑：

1. 舰队应沿该岛屿周围前进，特别注意西海岸（面对非洲的一侧）；进入每一个港口进行观察，勘察进出航道，探测停泊的可能性，包括风、海流和水底的性质等，将这些都记录在案。

2. 首先与当地土著联系：将一些物品和金属（香料、蜡、铜等）给他们看，注意岛上的人是否知道这些物品；如果有，问清楚如何得到或换取。了解他们希望交换什么物品。

3. 了解是否有其他船只到达这些港口。它们从何而来？船上载有什么？他们是在不同的岛屿上换取的，还是到不同的地方带着不同的物品？这些商人和船员从何而来？他们是穆斯林还是信仰别的宗教的人？白人还是黑人？他们衣着怎样？是否有武器在身？

4. 这些船只大还是小？哪一类？他们什么季节来、什么季节离开？节奏如何（一年一次、还是更经常）？他们的航海方法怎样？

5. 岛屿上自己有船只吗？如果有，他们到哪里去？载运什么货物？

---

* 对那些认为欧洲全球霸权是偶然造成的学者来说，1500年欧洲军备的决定性优势以及已经探讨过的其他技术优势，是不可接受的。一位反对传统看法的人士指出，"我的关于1400年至1800年的著作'表明'，直至1800年前，亚洲走在欧洲前面，欧洲利用美洲的资金才加入或赶上了亚洲。1500年以来欧洲的'扩张'及其优于亚洲的进步或优势是一个欧洲中心主义的神话。"见多伦多大学安德烈·冈德尔·弗兰克1996年6月7日在因特网上H—World@msu.edu.发表的文章。

他们寻觅什么货物?

6. 岛上生产什么? 土著用它来换什么? 这些物品贵重还是轻贱?

7. 政治结构:什么样的国王或领主? 穆斯林或别的宗教信徒? 他们如何生活? 他们如何司法? 他们拥有什么? 他们拥有珍宝吗? 什么样的国家和国家尊严,如何维护之? 军队和武器装备如何:大象、马匹、武器、火器、火炮如何? 士兵胆小还是勇武好战?

8. 穆斯林的统治形式是政教合一还是分开;他们承认异教统治者吗?

9. 人口是穆斯林教徒还是别的宗教信徒? 如果是别的教徒,穆斯林如何与他们相处? 是否像印度一样有基督教徒?* 他们知道圣托马斯**吗?

10. 当地风俗如何? 是否至少部分上与马拉巴尔海岸的风俗相似?

11. 有特别重要的城镇或村庄吗? 设防了吗? 岛屿上的人怎样居住?

12. 钱呢? 是否有标准钱币,还是像马尼坎果(非洲?)一样只有"用作钱币的物品"? 如是,他们是否将铜像商品一样交换,它是怎样做成的? 特别是,是否用于制造枪炮? 如果是,什么样的枪炮? 而且,他们怎样制造火药?

葡萄牙政府对探索马六甲(马来半岛)的类似指令增加了一个关于中国的详细问题,因为中国人也在此经商:船只和航海技术? 武器装备和作战方式? 贸易、商人、商栈、商品、价格、政权、衣着和风俗? 中国的面积和形状?⑥

这些系统的探究至少可以追溯到 1425 年葡萄牙开始探索加那利群岛的时候。1537 年,国王若昂三世的宇宙志作家佩德罗·努内斯在回忆录中吹嘘道,"海岸、岛屿和大陆的发现显然不是偶然现象。相反,我们的水手在出发探索时胸有成竹,配备有天文和几何探测的仪器和规尺。"⑦ 这与西班牙形成了鲜明的对比。在 16 世纪最后 25 年之前,西班牙人还没有采取这种系统的方法。这也许是因为

---

 * 最初到达印度的葡萄牙人被当地的偶像崇拜所误导,以为印度教是基督教在异国的一种表现形式。

 ** 圣托马斯(Aquinas, Saint Thomas, 1225? —1274),意大利神学家,1323 年谥为圣徒。——译注

他们不需要（没有竞争、航行简单），或是因为这不符合他们的传统和习惯方式。葡萄牙人将某一地方的纬度标在地图上，宣布发现并占有该地；而西班牙人则造成既成事实后宣布某地归其所有。他们安放十字架，使土著居民"皈依基督"，建立基督教大厦，设置法庭和监狱。从目的而言，西班牙人的目标是财宝；葡萄牙人则追求贸易的获利。这是两种不同的帝国观念。

欧洲在商业上和政治上扩张到印度洋和东亚的历史有一个突出的问题，即假如当初不曾是那样又会是怎样。假如亚洲在16世纪不是陷于政治混乱，假如印度当时不曾沦于各土邦与土库曼入侵者之间的战争，假如中国当时不曾奉行孤立主义，假如亚洲在16世纪不是处于那样一个低潮，从而让自己暴露于欧洲入侵者无情攻击的面前，那么又会是什么情形？中国的"缺席"这一点尤其事关重大。

从公元1405年至1431年，中国人至少进行了7次重要的航海活动，探索印度尼西亚水域（南洋）和印度洋。这些航行的目的在于宣扬中国的赫赫威名，将天朝圣国的渊博学识赐予蛮夷，接受崇敬与进贡，并为中国的皇帝收集国内见不到的奇珍异玩。特别是，这些船只带回了国外的珍稀动物——长颈鹿、斑马、鸵鸟，以及珍宝和有疗效的动物、蔬菜和矿物，以丰富中国的药典。

这些航行与贸易的关系并不完全清楚。这些船只带着宝贵的商品（丝绸、瓷器），目的在于交换，但是交换显然不是在自由市场进行的；而是通过礼物赠送的方式进行：蛮夷进贡；中国恩赐。另一方面，出航的目的显然也在于开辟正常贸易的渠道，商人们也确实跟随而至，做了生意，出现了独立的贸易航行，从中国威望增长中获益。但如果贸易是目的之一，那这样做成本就太高了。实际上，中国人向那些组织珠宝船队和倡导私人贸易的官员提供收益额之高，使这些航行的负担超过帝国财力。⑧

这些船队在气势上远远超过后来者葡萄牙的小舰队。它们的船差不多是当时世界上最大的船只：多甲板的大帆船（但这是一个用词不当的字眼）如同漂浮的营帐；每艘船都有数百水手和士兵，证明中国在造船、航海和海军组织方面技艺高超。⑨最大的船约400英尺长、160英尺宽（哥伦布的"圣母玛利亚号"不过宽85英尺），有9支交错排列的桅杆和12个红绸做成的方帆。这些被称为宝船，为奢侈而建，装备有大舱位和带窗的厅堂，适合天子使臣或陪伴他们回国的外国贵人居住。其他船只满足另外的各种要求：8桅杆的"马船"将马运往南亚，因为那里的气候不适合饲养马匹；船上还载有建筑和维修材料；7桅杆的补给船，主要运输食品；6桅杆的军运船；5桅杆的海战船；与海盗周旋的快船。船队还包括运水船，以保证一个月或更长时间的淡水供应。

第一支船队是1405年明朝大太监郑和率领的，它由317条船组成，共有2800人。[⑩] 自1404年到1407年，中国的造船业和船只装修业蓬勃发展。沿海各省全都投入了这一巨大努力，内陆各地也纷纷伐林取木。一道圣旨，成百成百的木匠、铁匠、缝帆工、编绳工、捻缝工、马车夫、甚至更夫就整编成队，集中起来，居住在工作场所旁边的院子里。由于造船工及其徒弟多不懂文化，往往都是手把手地传授技艺，使用手工模子，无需铁钉，各部分就吻合得天衣无缝。没有任何细节能够逃过造船的筹划：重叠的厚板、多层板、厚板接合处由黄麻填隙并覆以经过筛选的石灰和桐油，铁钉密封起来以防生锈，每一特殊用处都用特殊木材，甚至在船头绘上大"龙眼"，以使船能够"看见"自己前面走的路。这些眼睛，加上平衡用的尾舵和沉重的压仓石，都是航海经验和人民智慧的结晶。正是它们将船只从一个港口导航到另一个港口。船是在扬子江上巨大的干船坞建造完工的（中国的造船技术这时领先于欧洲数百年）。这样，中国在3年期间建造或装修了约1681艘船只。对中世纪的欧洲而言，这样庞大的船队是不可想象的。[⑪]

然而，中国向大海和全世界开放的这一番努力最终化为乌有，实际上是故意把它化为乌有。* 15世纪30年代，一位新皇帝在北京即位，他"不知约瑟夫为何物"。一批新的儒家士大夫为权势而竞争，他们重农轻商，对商业抱鄙视和怀疑态度，认为农业才是唯一真正的财富源泉，他们憎恨那些筹划和实施出洋远航的宦官。这两派之间争权夺利达数十年之久，有时这派得势，有时那派占上风。但国家的财政状况和传统道德观念却是站在儒家士大夫一边。航海的浩繁费用使帝国财政捉襟见肘，而且不得民心，因为赋税和徭役已榨尽老百姓的血汗。

15世纪初迁都北京的决定使老百姓苦不堪言：在北京建造新城墙和九千多间房的新皇宫，农民本来是说服役30天，实际上却是一干就几年。皇室从南京搬到大约800英里之外的北京，单是这一项搬迁费就使赋税扶摇直上。[⑫] 有几位正直的官员仗义执言，朝廷却用严罚重辱把他们的进谏压了下去。一位地方官反对额外征发徭役，竟被囚于笼车，受尽屈辱，运往京城听候皇帝发落。尽忠尽职

---

* 他们也曾探索过亚洲东海岸，北至堪察加半岛，但也最终决定放弃（一旦你看到一块浮冰，你就把它们全看透了）。

却如此下场。而与此同时，西北边境又不断受到各游牧民族侵扰，使帝国不得安宁，消耗人力财力，不得不时刻防范，不敢懈怠。

在这种背景下，航海问题上的两派意见相持不下，互有胜负，这样的拉锯战持续了几十年之后，帝国做出决定：不仅停止海洋航行，而且抹去过去的任何记忆，以免后代受到诱惑而恢复蠢行。自1436年始，选派新工匠造船的请求遭到拒绝，外国要求恢复习惯性恩赐的要求也被驳回，或许这是由于经济原因。由于缺少船只建造和修理，官家和私人的船队都衰微了。未被守卫的海岸海盗猖獗（倭寇尤为猖狂），中国更进一步依赖内河运输。1500年，建造两桅以上的帆船者有可能被处死。1525年，沿海管理当局命令销毁所有出海船只，逮捕船主。最后，在1551年，乘多桅船到海上从事贸易也是犯罪。[13]

放弃海外航行，是实行闭关政策、从海洋冒险或诱惑后退的组成部分。这种人为的内向，是中国历史上的一个重要转折点。这样做恰值最糟糕的时机：面对欧洲新兴的强权，中国不但自行解除了武装，而且自我满足和顽固，认为欧洲人带来的教训和创新不屑一顾。

为什么？为何中国没有再多做一点努力去绕过非洲南端进入大西洋？为什么在欧洲来访者到达中国海面几十年甚至几百年之后，仍然没有中国的船只抵达欧洲港口（第一艘到达欧洲港口的中国船是一艘外交船，参加1851年伦敦的大博览会）？

像通常一样，原因是多方面的。用社会学的术语来说，这一结果是多因素所决定的。

首先，中国人当年缺乏足够的眼力和目标，特别是缺乏好奇心。他们的航海活动是为了炫耀天威，而不是开眼界和学习；是为了表示自己的存在，而不是留驻；他们接受尊敬与进贡，而不是去采购。他们依然故我，无需变更。他们已拥有自己所拥有之物，而无需再去猎取和制造。与欧洲人不同，他们并不为贪心和激情所推动。欧洲人有着自己特定的目标：印度人的财富。他们不得不绕过非洲之角，这是航海的必经之路。而中国人却不需要。他们在印度洋所需要的东西，他们都找得到；而他们所需要的不过尔尔，不是餐前的开胃品，而是餐后的小点心。[14]

同时，慑服他人的欲望意味着，成本远远大于所得。这种航海弥漫着奢侈之气。首次获益（一点点胡椒）和随后更大收益的承诺，对西方冒险家而言，是强有力的刺激；而对中国人而言，金钱的计算等于零。这种考虑，与当前美国对超级对撞机和太空站等项目的态度非常相似。

中国的航海活动是官办的，这就进一步加剧了它的脆弱性——今天还在执行，明天就可能被停止。在欧洲，即使探索通往印度的海上之路等皇家项目也有个人倡议的缘由，这是参与集资和确保理性的源泉。在中国，这些是根本不存在的，因为奉行儒家学说的政府憎恶商业成功。而且，出洋远航导致防卫海盗的巨大花费：航船愈活跃，海盗愈受到刺激、越发猖獗。* 对中国政府来说，商人们所做的是"搭便车"行为，靠皇家的花费致富。

这些就是中国决定从海洋转向的原因。1477年，明朝一位有权有势的太监、秘密警察头目汪直**要求查看历次航海的日志，力图恢复海洋探险的兴趣。而当时的兵部侍郎却没收了这些文件，将之藏匿或烧毁。为掩饰这些文件的神秘失踪，他诋毁这些资料为"未经耳目验证怪事的欺人之谈"——所以，并不可信。至于那些被宝船带回的货物，"槟榔、竹竿、葡萄酒、石榴、鸵鸟蛋以及诸如此类的东西"，显然对中国毫无作用。这些下西洋的活动浪费了"无数的钱粮"，更不消说"无数"的生命了。结果自然是再也不干了。

问题尚未解决：假设中国没有放弃贸易与探险，假设葡萄牙人到达印度洋，却发现了统治海洋的中国巨船，那会是怎样？或者，假设中国没有在到达莫桑比克海峡后停止探险，而是绕过非洲之角进入大西洋，从而打开了与西非和欧洲的海上通道，那又会是怎样？历史学家和经济学家对这些与事实相左的想象非常着迷，这倒不是因为有谁能知道答案，而是因为这些问题能发人深思。向后看，我们认为自己知道发生的一切；向前看，我们就不得不考虑各种不同的可能出现的结局。这些问题关注因果关系，帮助我们区分主次、直接和间接影响，提出被忽略的可能性。

例如，若考虑当年中国继续进行海洋扩张的可能性，就必须考虑到暴力冲突以及最终取决于武力竞争的可能性。表面上讲，中国无比强大和富有。谁能与之争锋？然而，事实并非如此。中国人早于欧洲人知道火药的秘密，但是欧洲人的枪炮更好，火力更强，远射更是如此。中国的舰船体积大，但欧洲水手的技艺更高超。比较1400年左右的中国与欧洲，中国也许会占上风，至少在印度洋或南

---

* 中国的黄海和南海一向是孕育海盗的臭名昭著的温床。读者可注意近年来逃离越南的所谓船民的悲惨命运。

** 汪直的正式官职为西厂提督。——译注

中国海是这样（即使是猛兽要斗败自己家门口的弱兽，也会有困难）。然而，50年之后，即使是在亚洲海域，欧洲人也能轻易打败中国的舰船。当然，中国人也许会吸取教训，最终与欧洲的坚船利炮一竞短长。然而这是高度假设性的问题，这种问题是不会有定论的，愈是猜测就愈是没有把握。

中国选择了孤立主义。天朝帝国又呼呼噜噜数百年，对外面的变化无动于衷，不受影响，保持圆润、完整，似乎安详而和谐。然而，世界却越过了她。

注释

1. 博哈多尔角对人的心理和生理的影响，可参见 Randles, "La Signification"。

2. 引自 Huyghe, *Coureurs d'épices*, 第 121 页。

3. 关于南大西洋独特的航海问题，参见 Landes, "Finding the Point at Sea", in Andrews, ed., *The Ouest for Longitude*; Seed, *Ceremonies of Possession*, ch. 4: "A New Sky and New Stars", 后一篇文章对葡萄牙航海和发现的科学基础进行了令人信服的分析。

4. 扎库特曾写过一本书: Zacut, *Almanach Perpetuum* (1478)。该书研究了每一纬度上太阳每一天的位置。该书为天文学家而作，它被扎库特的教友约翰·维津霍简化，制成一张航海用的换算表。参见 Jones, *Sail the Indian Sea*, 第 37—38 页。

5. （原文缺注释 5。——译注）

6. 以上内容引自一篇价值颇高的文章: Godinho, "Role du Portugal", 第 81—83 页。

7. Introduction to his *Tratado im defensam da carta de marear*, 引用于 Seed, *Ceremonies of Possession*, 第 126 页。

8. 参见李约瑟, "China, Europe and the Seas Between", 这是作者向 1966 年贝鲁特国际海洋史大会提交的论文，载于李约瑟, *Clerks and Craftsmen*, 第 40—70 页。对这些航行最丰富、最吸引人的细节描写和覆盖面最广的，应是最近出版的一部著作: Louise Levathes, *When China Ruled the Seas*。

9. "宋朝时，中国的造船技艺已经非常高超。船出铁钉铆合，涂桐油防水，其自然保护性能良好。船的设备包括水密舱板，浮舱，沿吃水线的竹护板，防船在风暴中摇摆的浮锚，代替导向桨的轴向舵，舷外铁架和下风板设施，风平浪静时所用的桨，海底取样用的铲斗，测量深度的响索，航行用的火箭。"引自 Elvin, *Pattern of the Chinese Past*, 第 137 页。这一传统在元朝保留下来: 忽必烈汗（马可·波罗所描写的皇帝）的航船拥有 10 多个风帆，可载千人。最大的湖船，长达 450 英尺，"航行时极其平稳，乘客感到如履平地"，引自 Levathes, *When China Ruled the Seas*, 第 81 页。当然，湖水可不像海水那样波涛汹涌。

10. 李约瑟认为船队有 73 艘船。（李约瑟的数字显然是指船队的主体，即"宝船"的数量，而不含其他各类船舶。——译注）

11. 以上资料主要来自 Levathes，*When China Ruled the Seas*，第 73 页。

12. Huang，*China*，第 155—157 页。

13. Levathes，When China Ruled the Seas，第 174—175 页。

14. 利瓦塞斯强调，贸易冷漠一方面与儒家传统、另一方面与王朝法制相联系。寻求贸易就意味着中国需要外来的货物，而这种需求的表达与龙座的威严是不相符的。参见 *When China Ruled the Seas*，第 180 页。

国 富 国 穷

第 7 章

THE WEALTH AND POVERTY OF NATIONS

从地理大发现到帝国的建立

在领先者以及紧随其后或急速追赶的追随者,是排成长队的世界上大多数国家。与东亚相比,其余的国家仿佛是在研究慢动作,甚或是进一步,退两步。

Why Some Are So Rich and Some So Poor

David S. Landes

借助印刷机的威力，哥伦布发现新大陆的消息得以迅速传播。* 最为雄辩有力的莫过于发现新大陆所带来的激动与惊奇。世界打开了一叶窗，欧洲人的自我意识随之改变。我们是谁？他们又是谁？神学家和伦理学家纷纷探索，这些远方土地上的"野蛮人"的性质是什么，与他们打交道的恰当方式是什么。对艺术家来说，不仅新大陆本身，而且新大陆作为新世界的一个组成部分，为他们提供了丰富的形象和主题。对制图者而言，地图变得短命，由于新的信息迭出，不得不一再重新绘制。地图上海怪和其他装饰性的图像不见了，新大陆的轮廓变得越来越清晰。

新大陆刺激着冒险行动。西班牙统治者看到并抓住了建立大帝国的契机。这与基督教反对伊斯兰教的圣战并无直接联系，但却无疑被视为上帝保佑和教皇认可的十字军东征的延伸。甚至挫折也化作吸引力，因为这意味着尚有宝藏等待挖掘。哥伦布这只糊涂虫不过是不知道到哪里寻宝罢了。在创业初期，行动最迅速者将得到奖赏。商业冒险家们购买、改装旧船，或建造新船，从 100 里格之遥的地方雇佣海员。遇到了麻烦吗？那就重新再干，再接再厉。士兵、自由绅士、恶棍、无赖和流氓自愿跨

---

* 哥伦布本人十分重视该消息的传布。他于 1493 年 3 月回到西班牙，此后他关于大发现的信印刷了 13 次——西班牙文一版、拉丁文九版、意大利文三版。见 Gomez, *L'invention*, 第 95 页。

海寻找财富，重塑人生。这些人珍爱那些"骑士浪漫"的传说和神话——那个时代的喜剧故事——亚马孙女武士、无头或犬首的妖怪、或者金人的传说故事。亚马孙女武士的传奇尤为他们喜爱，因为这些传奇的主题是女性和男性豪杰的结合。人们传说那边处处有女武士，总是说她们就在下一道山脉之外，或在相距数日航程的海岛之上。有一个故事说她们上万人到西班牙受孕，因为"我国勇士雄武的名声已经传遍五湖四海"。* 这些传说的夸张和许诺有助于让人相信它们。在那些遥远的地方，任何事情、每一件事情都是有可能发生的。

二三十年间，西班牙人在加勒比海航行，探索南北大陆，他们总以为再一次登陆就会发现金银珠宝，但始终为没有得到期盼已久的东西而失望。他们临时用奴隶、奇花异草、异国他乡的动物、以及暗示从主矿脉而来的些许小块黄金安慰自己。信使带着珠宝和天然金块返回西班牙，以诱使皇室提供援兵、驮兽和武器。同时，占领者自己安营扎寨，树立起旗帜和十字架，按照欧洲的法律传统建立"城市"，并以神、圣人和各种圣物的名称命名它们。他们用五彩玻璃珠换取金块；参与当地土著的敌对行动，并挑动一个部落攻击另一个部落。他们攻击、恐吓、刑讯和杀害土著；占有他们的妻子、女儿和西班牙人造成的寡妇；往往在杀害许多异教徒的同时，超度他们的灵魂。而且，他们不断地索取黄金。他们的固执充分表现出他们的贪得无厌……还有他们的愚蠢：亚当·斯密曾将这种"神圣的渴望"称为"也许是世界上利益最少的彩票"。①

努力找寻，你就会有所发现。16世纪第二个10年间，西班牙人沿着尤卡坦半岛的海岸航行，遇到了以前从未曾见过的印第安人。他们身着棉布服装，住在石头砌成的小城镇里。他们对硬金属一无所知，不曾见过铜和铁，但他们有自己的武器——投石、毒标、带有锋利的黑曜石尖头的棍棒——杀死他们或胁迫他们，可不如对付岛民那样容易。所以，西班牙人温和地与他们谈话，与他们进行物物交换，并加以甘言诱惑。西班牙人从他们那里得知，越过山脉，向西有一片土地，由一个富有金银珠宝的国王统治着。他们接触的每一个印第安人都证实了这个传言，因为那位对陌生人一无所知的国王命令用厚礼满足外来人，以使他们

---

* 这个故事不过是安慰那些不能到新世界探险、亲眼瞧瞧亚马孙女武士的人。引自巴利亚多利德（西班牙中北部城市——译注）官员马丁·德·萨利纳斯1533年致查理五世秘书的信笺——Gomez, *L'invention*，第120—121页。传说亚马孙女武士为生殖后代每年交媾两三次，而后将男婴送掉，只留下女婴。

离开。无疑，这是一个大错误。

此后，一队接一队的西班牙人沿着墨西哥海岸向北方和西方航行。恰巧，具有决定性的探险舰队的首领名叫埃尔南多·科尔特斯——他早年曾在萨拉曼卡上学，年纪轻轻的，就不学好，过早地成为一个浪荡哥儿，一大弱点就是爱勾引最危险的女人——别人的老婆。所以他离开西班牙而浪迹天涯，是完全有道理的。此人仪表堂堂，挺拔刚劲，富有魅力，鬼点子多，又善办外交。是一个甘愿为手下献身、而属下甘愿跟随他下地狱的天生领袖。正是他招募了几百人，并将这些人团结在一起，并率领他们（加上后续援军）征服了北美大陆最强大的政权。

即使如此，科尔特斯的作为也不过是故事的开端。历史不是野蛮的简单史诗。人是重要因素，但阿兹特克帝国*的崩溃有着更深层的原因。其中最重要的因素在于，由藩邦拼凑而成的帝国，不同于王国和民族国家，民族成分庞杂，缺乏举国一心的凝聚力。人们看到的是统治者和被统治者的区分，一个群体与另一个群体的区分。而不是同胞与外人的区分。维系上下左右联系的力量必然表现为赤裸裸的权势，谈不上赤胆忠心，谈不上现实的合法性，谁不听话就叫谁过不下去，靠横征暴敛攫取财富。因而，这种帝国表面上强大，这不过是外在表象，老百姓欢迎一群恶霸被另一群恶棍所替代，因为他们在绝望之中依然期望这种更替会减缓对他们的压迫。事实上，这些帝国的辉煌不过是瞬间闪烁，它们表面的坚强只不过是一层易碎的外壳。

这就是阿兹特克人（又名墨西卡人）的状况。他们原是一个小群落，是由北部的原始荒野（现为美国西南部地区）迁移到南方定居区域的粗野的游牧民族。他们并不受欢迎，曾一度给墨西哥山谷湖畔（该湖早已枯竭，今为世界上人口最多的城市——墨西哥城所处不稳定的陆沉地带）较文明的民族当奴隶。奴隶制是战争与强权的熔炉。获得自由的阿兹特克人逃到芦苇密布的僻静地带定居，随之人口增多，力量增强。最初他们走出来是因为需要饮用水，他们使用诡计和武力，最重要的是利用恐怖活动扰乱敌人，使敌人在被打败以前就屈服，这样征服了一个又一个民族。②

阿兹特克人的恐怖活动的表现形式，是把杀人祭神变成了一门产业。这是一个敏感的话题，当地的人类学家和理论家如果不能为这种行为辩解的话，就宁愿

---

* 阿兹特克帝国系阿兹特克人（今墨西哥境内的印第安人）约自公元1200年起在墨西哥中部、南部建立的帝国，1521年为西班牙殖民者征服。——译注

规避或忽略它。但是，如果不探讨这些引起憎恨的昔日经历，就无法理解阿兹特克帝国的强弱兴亡。因宗教原因而导致人们死亡在该地区（包括南方玛雅人地区）司空见惯，它反映了这样一种信仰：太阳神需要人类血液的滋养。如果未进食，他就不能升起。其他神也需要献祭：例如，献祭婴儿和孩子，以确保庄稼丰收和雨水充足；牺牲者的泪水是供水的保证。③

这种象征性姿态（可以理解为一体的滋养行动）仅需要几个祭祀的牺牲者。成人的鲜血主要来自战争中的俘虏，牺牲者被告知应把自己看做是为崇高事业而献身的：我们生来就该如此。有的学者指出，那些心与血的捐赠者本人并不这样想。应该注意到，这些人在被说服愿意爬着陡峭的台阶走上祭坛之前，需要服用一剂镇静剂。

阿兹特克人在杀人祭神方面的创新，则是出自一位皇室成员特拉卡莱尔之手。他心肠狠毒，废立过几个皇帝，权倾一时。他让人们祭祀阿兹特克部落之神——浑身尽是翅膀和爪子的状如南美蜂鸟的嗜血之神，想要用这个神取代别的较温和的神，在它那些扑打的翅膀的背后，险恶用心就是把此神祭献仪式变成威吓旁人的武器。原先祭神只牺牲几个人，特拉卡莱尔却使祭祀仪式变成纵情杀人的狂欢，持续数日之久，送上祭坛的牺牲品达数百人甚至数千人之多。他们的心被剜出后依然在跳动，他们的鲜血喷溅到偶像身上，他们的尸体滚下祭坛，被烹饪制成精美的食物，供阿兹特克贵族享用。

这种极端的行动使那些力图保持正确政治立场的人种学家显得非常尴尬，他们认为这类食人生番行径的描述是外国人为自己的种族歧视和压迫所作的辩护④（就西班牙征服者而言当然是那样，当他们的墨西哥主人在他们眼前用献祭者的鲜血来调和款待客人的食物，以表示友好时，这确实是令人厌恶的）。有人试图争辩说，所有吃人的故事是一种荒诞不经的说法，是西班牙人捏造出来的。另一些人准备承认食人习性的事实，但指出了西班牙人所犯的几个错误——似乎绝望中的拼死斗争可以与制度化的行为相提并论。⑤有的人甚至争辩说，这是阿兹特克人（或至少那些对人肉有一定垄断权的贵族）在他们日常饮食中获取足够蛋白质的唯一方法。对于这种说法，尤其是就阿兹特克社会特权阶级而言，最好也只能说它表明了丰富的想象力。*

（深具讽刺意义的是，欧洲人过后发现，他们自己被中国人指控为有食人习性，因为中国人认为外国人都是野蛮人。⑥在中国，这些谣言的作用是阻碍当地人与外国人交往。在食人故事广为流传的非洲，葡萄牙人警告当地人，英国人嗜吃人肉，希望借土著人之手撵走英国干涉者或作出对英国人更不利的事情。而自视优越于所有番邦的中国人则称葡萄牙人亦有食人习性。野蛮人就是野蛮人。）

阿兹特克人的大规模祭祀牺牲正是收到了特拉卡莱尔那位奸相所热望的效果：它们大幅度降低了阿兹特克的敌人进行抵抗的意愿。当然，失利者会怀恨在心。阿兹特克的仪式也产生了一个供应的问题：哪里能得到这么多祭祀牺牲者？来自战争？但是那意味着战火连绵。来自监禁和奴隶？但那意味着压迫的加剧和潜在的动乱。在盟国或属国的统治者的默许下掠夺它们的人？那就是精心设计的所谓的"花战"，他国的贵族同谋者躲在用花做的屏风后面，似乎借以遮住他们的眼睛，在此情况下观看阿兹特克人上演的模拟战争游戏和比武，从而产生作为祭品的囚徒。

阿兹特克帝国表面上强盛、辉煌，实际上不过是羽毛糊起来的大厦。在西班牙人到来之前，由于人们对暴政的憎恶和纷争导致的分裂，帝国已经处于分崩离析的状态。正是人们的这种仇恨使得科尔特斯在找寻同盟者方面毫不困难，他们向科尔特斯提供了价值不菲的信息而且在运输方面给了他珍贵的帮助。没有这些帮助，他也许永远不能将他的小分队带上海岸，带着武器辎重翻越崇山峻岭，进入墨西哥谷地。

一旦到达那里，这些入侵者就享有了巨大的优势。他们有非常先进的武器装备——最重要的还不是枪炮，尽管枪炮最初很吓人，科尔特斯不失时机地用枪炮齐射令阿兹特克人胆寒——更有用的武器是钢刀钢剑。阿兹特克人的武器是棍棒、投石器和装有黑曜石尖头的木棒，伤害作用大于杀戮，而这也是他们被期望的。战争的目的是为了伤残和逮捕，最好能获得献祭品。按照阿兹特克人的评判标准，西班牙人的作战方式是不公平的：他们刺戮躯体而不是四肢，因为对手腹

---

* 然而，墨西哥人的饮食好像包罗万象、丰富至极。他们从狗、豚鼠、虫和其他动物中获取动物蛋白质。在哥伦布到达美洲之前，虫子就是那些喜爱美洲烹调的人经常享用的一种食物，如果我们相信1990年美洲航空公司杂志上发表的一篇相关文章的话。为表示善意，我不在此列出作者的姓名，该作者吹嘘说，他曾试着吃过活虫子，但不小心让虫子咬了他的舌头。

部受伤即使不是立即死去,也会停止战斗。颇具讽刺意义的是,阿兹特克聚集众人、利用人多势众来遏止敌人的作战方法却使他们自己损失惨重:西班牙人每一挥剑都有所斩获。在冲杀之际,西班牙的长矛轻骑兵和骑马的剑士行动迅捷、杀戮凶狠,对阿兹特克人而言,简直是噩梦降临。开始,阿兹特克人认为他们是长着一个身子、两个脑袋的怪物。*

这些有效地证明了冶铁技术的根本性优势。武器也不过是整个故事的一部分。西班牙人完全依赖铲、凿、斧、锤、砧等诸如此类的铁器。他们要做马掌并给马钉掌,修理武器,更换已破坏的装备。每一只铁钉、每一块铁片都珍贵无比,因为它只能从西班牙运来。马掌价值 30 比索,而 100 只铁钉价值 80 比索。许多骑马的人发现,给马装上黄金马掌也许更便宜些。⑦

阿兹特克的领导人对西班牙人心里没底,决策犹豫不定,加剧了自己的举措失误。皇帝蒙提祖马二世听说,这些陌生人乘大船而来,他们有的头发金黄、白皮肤、脸留胡须,身穿闪闪发光的服装,不知道他们是人还是神。墨西哥传说中,羽蛇神是众神之首,但是因为长期沉溺于饮酒而被造反的神灵放逐,他将在某一天从东方的海上归来:难道这就是所说的回归吗?

蒙提祖马二世的密探报告说,这些陌生人的举止更像人,而非神。其中之一是,他们嗜吃。这可做两种解释:其一,由于他们并不分享鲜血和人肉,这与羽蛇神的人性特征和反对活人祭祀的传说相吻合;其二,他们对女人,尤其是漂亮女人非常喜爱。神喜欢或需要肉欲吗?难说。当然,该问题对欧洲人而言却不难解释。如果阿兹特克人知道希腊神话,他们就会承认性欲是神的标示之一。蒙提祖马二世既想迎战,又想送客,在这二者之间摇摆不定,最后试图邀请科尔特斯进入他的王国首都,借此贿赂他离开。

此时,西班牙人发现自己处境危急。他们要呆在那里:科尔特斯烧毁了自己的船只,告诉手下人他们已经无路可退。或战或死,他们别无选择。或者比死亡更悲惨:阿兹特克人已经使西班牙人知道墨西哥囚徒的命运,剥了皮的血淋淋的尸体被悬挂在城墙之上。这是阿兹特克战术的另一个失误,它使西班牙人看到唯有决然勇敢前进。

---

* 战犬同样是骇人的,它们撕裂和咬死敌人,令阿兹特克人的武器无用武之地——但是它们的顽强限定了损失。西班牙人主要用它们来进行侦察,对付俘虏和路人,作为恐吓和娱乐的工具。参见 Todorov, *La conquete de l'Amerique*, 第 146 页。

尽管如此，西班牙人虽然有援兵（起初是来逮捕科尔特斯的）和肉搏战的一些胜利，但由于人数相对太少，他们仍然损失惨重。蒙提祖马二世也许犹豫不决，但其他阿兹特克人却是天生或曾经训练过的武士，当看到一小撮傲慢的入侵者，他们无意向敌人低头屈服。西班牙人进入阿兹特克的首都以后又被赶走，他们狼狈不堪地从堤道的水中逃遁（阿兹特克人早已将桥砍断），四面都是敌人。许多西班牙人身上带的黄金太多，又不舍得丢弃，自己因而沉入水底。西班牙入侵者的死亡人数达一半到3/4。

西班牙人称之为"悲惨的夜晚"，但他们的逃逸仍可称为奇迹。墨西哥人没能乘胜追击，一举消灭他们，主要是因为西班牙人还有一个最微妙和秘密的武器使得墨西哥人损伤惨重，这是入侵者自己所未曾意识到的。这就是他们从欧洲带来的病原体，不知不觉将死亡带给那些对这些疾病一无所知的人们。它们已经肆虐过加勒比海岸，给那里带去惨重的损失。现在，它们又使数以百计的阿兹特克武士在胜利到来之际惨然倒下。

科尔特斯得到了喘息的机会。几个月过去，新舰队到来，带来了新力量。他的印第安盟友帮助修建船只，带领他们穿过群山进入墨西哥谷地，他们就在那里聚结，对阿兹特克首都这座湖中岛城发动攻击。这一次，战争局势完全扭转了：阿兹特克帝国被打败，他们的庙宇被摧毁，偶像被推翻在地。这并不令人惊奇：阿兹特克人对被征服城市的标志就是一座燃烧着的庙宇。胜利者的神主宰了一切。

征服印加帝国的过程与这极其相似：它同样是一个庞大的多部落帝国，实行中央集权制，依靠才智管理国家；帝国内部同样存在着纷争与宿怨，印加人不仅与附属部落相敌对，而且相互之间也有冲突；况且，欧洲的疾病再一次成为欧洲征服者无声的帮手。当弗朗西斯科·皮萨罗带领战斗小分队抵达时，印加内战已经进行了7年（印加人显然死于天花），因而元气大伤。

在这里，最初的接触同样是诱人的：海边的小小村落似乎满地黄金。同样，印加人的错误的意向导致西班牙人的冒险。印加人并没有把西班牙人错认为神灵，但完全低估了这只小分队的能量，他们对海岸边生活的人们的蔑视，自古有之。这些人如何能战胜来自高原的更勇敢的武士呢？西班牙人得知他们的内部纷争，再一次得到当地人的帮助。他们到达高原城镇卡哈马卡，与印加皇帝相会，皮萨罗极力向他郑重地保证，将像朋友和兄弟那样对待他。然后，他们大多躲藏起来，等待时机。印加人把这些当做他们害怕的表示。确实，不夸张地说，许多西班牙人尿湿了裤子。

成千上万的印加士兵到达这里，站满了广场。他们衣着华丽，但并无武器在手。印加皇帝阿塔瓦尔帕乘着轿到来，帝国最显赫的贵族充当着轿夫。一位西班牙神父走向前，将圣经献给印加皇帝。阿塔瓦尔帕打开圣经，看了看，将它扔在地上。这就足够了。神父往回跑向皮萨罗，喊到："出来吧！出来吧，基督徒！出来惩治这些拒绝上帝圣物的怀有敌意的狗！"杀戮使约7000印加人当场倒在血泊中，伤者无以数计。西班牙骑士乘胜追击，随意斩杀，那些衣着显赫的人或许是领导者，更成为追杀对象。"如果不是黑夜降临，40000名印第安军人将不会有几个可以活着。"

阿塔瓦尔帕沦为阶下囚，全身裸露但未受到伤害。西班牙人要求并且得到的赎金是任何欧洲君主所承担不起的——黄金足可以装满一间大房子，从地面到屋顶无一空隙。印第安人付足了赎金，西班牙人不得不释放人质，交易就是交易，不能丧失信誉。但他们很快以背叛西班牙王室的名义又逮捕了他（竟然如此！）；作了最后的仪式（首先超度），然后形象生动、名副其实地将印加帝国皇帝斩首。*

这是一个血腥的故事，充满了残忍与欺诈、屈尊与伪善；但是人们不能用善、恶、丑的标准评判这些事件，他们双方是彼此彼此。皮萨罗到来之前，印加皇帝——阿塔瓦尔帕的父亲瓦伊纳·卡帕克已经确立了对待战败者的惩罚标准；他将造反部落的人斩首，并将他们的尸体扔到湖里，"现在，你们不过是一群小孩儿！"⑧据记载，牺牲者有2000多，"这也许是西班牙征服新大陆之前历史上最血腥的屠杀"。⑨该地今天被称为"血湖"。⑩

生物学家兼历史学家贾里德·戴蒙德曾作过透彻的分析，他问道，为什么印加人表现得如此天真——按照我们的标准，如此愚蠢。他的解释是：开化民族与未开化民族之间在奸诈与经验方面存在着区别。西班牙人是"人类行为和历史的丰富知识的继承者"；而印加人则"没有对付海外入侵者的实际经验……以前从未听说（或阅读）过其他人、其他地方、任何时候遭受的类似的威胁。"⑪

但是，印加人本来应当有自知之明。

---

* 他们说服阿塔瓦尔帕皈依基督教。他们告诉阿塔瓦尔帕，如果死时是一个基督徒，他的尸体不会被烧化，那么按照印加人的信仰，他还能回来领导他的臣民。

秘鲁印第安人的抵抗与墨西哥印第安人相比更为顽强，持续时间也长得多；实际上，有人认为他们的叛乱迄今从未停止过。1532年，皮萨罗活捉了阿塔瓦尔帕，但是直到1539年恰尔卡斯率领的印加军队才投降，曼科·印加到比尔卡班巴山避难，西班牙的控制才算稳固。即使那时，印加的流亡政府也曾在山区掀起起义的浪潮，直到1572年，弗兰朗斯科·德·托莱多总督才将起义镇压下去。印加的顽强不屈部分反映了欧洲人的疾病对秘鲁人没有太大的影响。原因尚不清楚，但墨西哥人口在西班牙人来到之后的一个世纪里锐减90%，从大约2500万人降到100至200万人；而秘鲁的人口只减少了1/5。⑫

印加人尽管有暂时的成功，但他们企图将侵略者赶出国门的努力终归于失败。西班牙人有技术，受过训练，有组织，作战经验丰富，使得当地土著看起来就像业余军人。他们有当地同谋的帮助，其中有相当多的人皈依基督教，教会可以容忍这些人非嗜血性的异教徒习惯，但在忠于西班牙统治这一点上却毫无妥协的余地。⑬西班牙人有自己远方强大帝国人力物力的支持，还有似乎源源不断来寻求财富的军人加入他们的队伍。他们明智地利用原有的印加帝国权力机构来为他们服务。印加统治者的继承者们成为世袭的、无所事事的贵族阶层，与西班牙要人通婚者逐渐增多，他们的后人构成现今秘鲁首都利马和厄瓜多尔首都基多的上流社会，其中有些人活跃于商界和政界。原先的部落头人（酋长）继续管理着地方事务。他们被赋予特殊的社会地位，免除了劳役和赋税；自1619年始，他们的子女在特设的耶稣会学校接受教育。有的孩子成为怀旧的编年史作者，通过悔恨和同情的泪水透视旧制度；有的孩子成为替被剥削大众说话的雄辩的代言人（关于已消失世界的回忆录，在欧洲人中引起的共鸣多于大部分不识字的土著人民）。残存的抗议往往采取请愿的形式，适时地屈服于西班牙权势的统治和等级结构。印加帝国已成为历史。⑭

"他一览无余"：皮萨罗之前的印加人

印加人未留下任何文字记录——他们不知道书写。我们只得依靠考古的遗迹（由于西班牙人疯狂挖掘金银，没有多少历史遗迹幸免）、笔录被征服者口述的或其后代撰写的传奇故事、或早年西班牙游客撰写的某些文字材料。⑮总的来说，这些资料实质上是相吻合的。

印加是新大陆历史上最大的帝国。它北起现在的哥伦比亚（北纬2度），南至今天的智利圣地亚哥附近（南纬35度），绵延4000多公里；西起大西洋海岸，东到安第斯山脉分水岭东侧和现在的玻利维亚高原。如同墨西哥的阿兹特克帝国一样，印加帝国所受到的限制，一部分来自大自然——印加人从来不适应茂密森林中的生活——一部分来自阿劳干人等倔强部落的顽抗。阿劳干人也曾长期抵抗西班牙人，令西班牙人丢脸，直到19世纪才屈服于连发武器之下。[16]

从陆路旅行和交通的障碍来看，印加帝国规模愈发惊人。南美洲的一道道峡谷和丘陵从山脉一直延伸到海洋，截断了南北通道。由于缺少轮车（靠马和人力进行搬运）和发展沿海船运的失败*，这些自然阻碍变得更难逾越。印加帝国的诀窍在于用长跑信差和役夫维持通信联络。在印加帝国的所有道路上，每隔1.5西班牙里格（约为4.5英里），在道路两旁各有一座为信差搭起的临时营房。每一个信差只关注一个方向，将任何时间接到的信息和包裹传递到下一站营房。信差从小就训练做这种工作，可以昼夜跑步前进，平均每天跑50里格（大约150英里）。编年史作者贝纳伯·科沃告诉我们，从利马到库斯科（秘鲁一城市名）约140里格，路况不佳，而信差们约用3天的时间。[17]一个世纪之后，西班牙骑马的邮差要用12到13天。**18世纪时，从纽约到波士顿约200英里的平地，乘马车需要一周的时间（当然，马车比驮兽和搬运工运载的东西要多得多）。

这样，印加皇帝可以与帝国最遥远的地方保持紧密而迅捷的联系，对高度多样化的社会实施独裁统治。他被视为神。原则上讲，所有的土地都属于他，他慷慨地把土地租借给社区民众，这些民众以实物和劳务，也即"赋税和劳役"向皇帝纳贡。这些强制性的劳役有修路和修水利，在军队和信差队服役，搬运货物，修建官方建筑（从皇宫到仓库），收租和分发恩赐物。所有的服装都是印加当局发放的。普通百姓在结婚时，可获得一套日常穿的衣服、一套节日穿的衣服和严冬天气工作时用的披肩一条。当衣服穿破之后，他可以去更换。除去服劳役外，

---

* 印加帝国的人民知道如何用轻木造船和木筏，以及靠充气的皮囊等物漂浮并由游泳的人推进的轻舟和木排。但是，不管这些大木筏如何不沉于水，它们还是很小、不稳定、容易漏水，故而不适合公海运输。"对秘鲁水运来说，真正的限制不是缺乏智慧和技巧，而是缺乏适用的木材"，引自Rowe，"Inca Culture"，第240页。这引起了另一个问题：为什么不从山上砍伐木材？答案也许是，缺乏铁制或钢制的伐木工具，而且交通不便。

** 的确，这些信差不会仅依靠他们自己的体液，还有古柯叶刺激和吸引着他们。实际上，他们常用需要多少古柯叶来衡量任务的轻重，就像中国人惯用需要吃几碗饭来衡量任务的轻重一样。

人们还有自己的工作要做。印加社会像一座蚁冢：每个人都要工作，孩子从 5 岁开始就要干活。妇女在走路的时候还要捻线，传说印加道路修建得这样平整是为了防止她们跌倒；她们太忙了，根本无暇顾及脚下。除当地易货交易之外，贸易为官府所控制。

有的学者称这种制度为"社会主义"，因为这么多社会产品呈交中央政府进行最后的重新分配，这也许是一个恰当的称呼；但是该制度在形式和实质上与那些流行的贵族专制并无区别，贵族专制的"主要的划分"在于将小范围的精英阶层与庞大的、相对无甚差别的普通大众区别开来。印加社会也有与此性质相同的方面：民众生活都艰苦而卑微，每个人在吃饭和等待时都弯腰哈背。统治者在衣着、起居和饮食上均与众不同，此外还有"享受"咀嚼古柯叶的权利。显然，普通百姓也能够得到这种作物，因为没有古柯，他们就无法完成辛劳的工作。然而，单纯的享受是不存在的。告密者和侦探密布全国，无论白天黑夜，随时探测各家各户、甚至人家的瓶瓶罐罐，强行维护那种特权的排他性。如果每个人都能享受，那还叫什么特权呢？

印加帝王的眼线无处不在。总督一词被称为图克里库克（Tukrikuk），意为"他一览无余"。

印加帝国在它存在的短短世纪里将各民族统一在它的领导之下，并创立了一种通用语言，即盖丘亚语（Guechua），现仍为安第斯山脉的居民使用着——格瓦拉在用西班牙语动员他们从事革命事业时，曾学过这种语言。然而，在这种印加"和平"的幌子之下，并不存在秩序与和谐。印第安人似乎容忍和顺从，但求助于酒和毒品的现象是一种不好的征兆。有人甚至斥责他们在哺育儿童方面毫无爱心：孩子从未被抱过，更不用说养育了。不论怎样，这种文化都剥夺了普通民众的创造性、自治和个性。

注释

1. Smith, *Wealth of Nations*, Book Ⅳ, ch. 7, Part I: "其实，这就是人们对于自身的幸运所怀抱的那种不合理的信念，认为只要有丝毫成功的可能就会有很大一部分资本自行流入此种用途。"（该译文引自郭大力、王亚南译：《国民财富的性质与原因的研究》下卷 134 页。）

2. 关于阿兹特克人为自己军事胜利而自豪的论述，参见 Fernandez—Armesto, *Millennium*, 第 211—220 页。

3. 见 Stuart, *The Mighty Aztecs*, 第 73 页。印第安人权利的著名维护者巴托洛梅·德·

拉斯·卡萨斯最终赞扬他们所表现出来的忠诚，而不是仪式本身。他在《自辩书》中写道："人们可以明确地证明，上帝命令亚伯拉罕献祭他唯一的儿子以撒，上帝并不完全憎恶活人献祭。"他又说，"在宗教狂热方面，（阿兹特克人）超过了所有其他民族，因为最笃信宗教的民族会为了民族利益而献祭自己孩子。"引自：Todorov, *La conquete de L'Amerique*, 第 194，196 页。

4. 关于人类学（民族学）的学者们在"全球价值"与"文化相对主义"之间的痛苦挣扎——我们能否从更高的角度看待其他文化？——参见 Fleuhr—Lobban, "Cultural Relativism and Human Rights"。

5. 这种"你也不例外"的辩解至少可追溯到拉斯·卡萨斯，见 Todorov, *La conquete de I'Amerique*, 第 194 页。

6. Sahlins, "Cosmologies of Capitalism", 第 19 页, n. 24。该文章以 1793 年英国乔治·马嘎尔尼的访华过程为例。可怜的马噶尔尼，他力图用自己高贵的举止让中国人相信，英国是一个开化的国度。然而他保持自己尊严亦即建立与中国主人平等的关系的种种努力，只能使中国人相信，在被认可为文明民族之前，他还有许多要学习的。

7. 此言出自编年史学家佩德罗·阿瓜多之口，引自 Gomez, *L'invention*, 第 171 页。参见 Smith, *Wealth of Nations*, Book Ⅳ, ch. 7, part 2。

8. Kirkpatrick, *Les Conquistadors espagnols*, 第 147 页。

9. Fernandez—Armesto, *Millennium*, 第 224 页。

10. Bernand, *The Incas*, 第 28 页。

11. Diamond, *Guns, Germs, and Steel*, 第 80 页。

12. 美洲印第安人的人口统计充满了矛盾与想象。关于对哥伦布到达之前美洲人口的估计差距极大，罗森布拉特认为有 1300 万人（参见 A. Rosenblatt, *La poblacion de America*, 1971）；而伯克利学派认为有 1 亿人。参见 Woodrow Borah, Sherburne Cook, L. B. Simpson, *Essays in Population History*, 1971。后者估计的数字异常夸张，使得大多数学者为之吃惊。现在看来，墨西哥和秘鲁的以玉米为主要食物地区的人口为 5000 到 7000 万人是较为合情合理的估计。这种夸大包含着某些意识形态的因素：夸大人口灾难将加重欧洲的罪恶——似乎它还不够大。难道南美洲西海岸的印第安人包含特殊的遗传因子，特别容易感染这些病原体？参见以下推测：Dickinson 和 Mahn—Lot, *1492—1992*, 第 93—94 页。

13. 不止一次，造反计划在教堂忏悔室泄露，并报告给当局。参见 Rowe, "The Incas", (1957), 第 158 页；Chklovski, *Voyage of Marco Polo*, 第 162 页，谈到这类似中国蒙古皇帝忽必烈的解梦者所担当的角色。这些解梦者肯定没有义务保守秘密。

14. "已成为历史"似乎是说可以不再予以考虑。然而，历史却有自己的义务。费尔南德斯—阿梅斯托争论说，我们不应该忘记，"……按照公认的历史记录，应当恢复那些非洲和美洲国家过去的帝国荣耀的应有地位……没有'扩张年代'扩张和集权行动的宏大画卷，本千年下半季由欧洲倡议而塑造的世界性质就不会得到充分的理解和把握,也不能现实主义地正视其成就之幅度。"引自 Fernandez—Armesto, *Millennium*,第 225 页。

15. 其中最重要的有:(1) Father Bernabe Cobo, *History of the Inca Empire*: *An Account of the Indians Custorms and Their Origin Together With a Treatise on Inca Legends, History, and Social Institutions*,该著作完成于 1653 年,罗弗认为科沃神甫此书"仍然是现存的对印加文化最优秀、最完整的描述"(Rowe,"Inca Culture");(2) Garcilaso de la Vega El Inca, *Royal Commentary of the Incas and General History of Peru*。该著作完成于 1616 年。作者的母亲出自印加帝国皇族,他父亲是西班牙占领者。关于维加对印加征服过程的美化性描述的评论,参见:Bernand, *The Incas*,第 28 页。

16. 这里说"令西班牙人丢脸",是确有其事。在与西班牙人的冲突中,阿劳干人曾经向西班牙人展示他们俘虏的西班牙妇女,当着她们原配偶的面撩起她们的裙子,让人看出她们已有身孕——见 Padden,"Cultural Change and Military Resistance"。

17. 见 Bernabe Cobo, *History of the Inca Empire*: *An Account of the Indians Customs and Their Origin Together With a Treatise on Inca Legends, History, and Social Institutions*,第 228—230 页。印加帝国的道路修建得非常出色,宽阔、平直的一些路段给西班牙人也留下了深刻的印象。当然,西班牙本土的道路并不足为范例。印加有两条南北方向的主路,一条沿着海岸线,一条沿着高原山岭;还有东西横断的主道和地方道路为补充。从经济学家的观点来看,道路的卓越之处在于它的实用性:它们从未达到应有的标准。在比较难走的地形上,也许只用石头修建了一条一码(3 英尺)宽的小路,为就近翻山而铺成阶梯。它们是为防止岩石崩塌而修建,但行人要小心防止摔倒。每相隔一段距离的沿路小镇上,印加人为旅客修建了客栈和库房。几乎所有的旅客都有公务在身。印加当局阻止私人经商,对长途贸易实行垄断。参见 Rowe,"Inca Culture",第 229—233 页。

国 富 国 穷
第8章
THE WEALTH AND POVERTY OF NATIONS

又苦又甜的岛屿

平静而宜人的中美洲和加勒比海地区的小岛屿最终成为西班牙、葡萄牙人的殖民地,玛雅文明和印加文明无法传承下去,而逐步成为甘蔗种植园和殖民大农场。苦难的岛屿也是黑人奴隶的劳作地,它们衰落了、贫穷了。

Why Some Are So Rich and Some So Poor

David S. Landes

当西班牙征服者发现拥有珠宝和人民的大陆帝国之后，他们对加勒比海诸岛就失去了兴趣。他们在这些岛屿上停留的时间够长了，已经掠夺走了装饰物或砂矿碎石中的所有黄金，同时也杀掉了大多数土著居民。他们需要食物，但发现当地的淀粉食品木薯粉有毒，不可食用。* 他们从未想过种植农作物：印第安人需要用来开矿，而西班牙人来到这里不是做农民的。所以，他们从欧洲进口粮食——其价格非常昂贵——并将牛群带到这个曾是渔猎的地方饲养。早期，这些征服者经常饥肠辘辘，"在饥荒的边缘"，皮埃尔·肖尼这样说。其后，他们成为历史上吃肉最多的人。**

西班牙人在一些小的要塞安营扎寨，并且维持着保证将珠宝从大陆经由诸岛运向欧洲的海军兵站。但除在古巴、圣多明各、牙买加和波多黎各（大安的列斯群岛）留有一些行政官员外，他们多在大陆定居，像卡斯蒂利亚的贵族一样生活。此后，他们并未对这块阳光普照的乐园的经济可能性

---

* 肖尼提到，"木薯粉是一种平凡而危险的淀粉，从传统的面包转到以木薯粉为食是一种灾难"。引自 Chaunu, *L'Amerique*, 第 86 页。木薯粉含有一种能形成氰化物的糖粉，当地人用磨碎、压揉和加温等复杂的程序祛除这种杂质。也许加勒比的印第安人没有告诉西班牙人该怎样处理它。

** Pierre Chaunu, *L'Amerique*, 第 86 页，许多牛在这里乱跑，成为私商和海盗轻易捕获的猎物。海盗 buccaneer 一词就是从烤架 bocan 一词演化而来，因为他们惯常用烤架熏烤牛肉，自己吃或卖给过路的船队（法语字典 *Le Robert* 上说，该词意思是"烤肉"，由烤架一词引申而来）。但是，兽皮逐渐成为主要商品，一旦海盗开始提供兽皮，这些兽群就从世界上消失了。

有所思考。引用肖尼的话说，"西班牙人的殖民开拓在印第安人的土地上预先确立了。"阿拉瓦克人*被杀戮殆尽，加勒比人不愿意屈服，多么无用的岛屿！①

回顾来看，西班牙人对黄金的追求是一个大错误。那些岛屿等待使用，而西班牙的失误是欧洲的机会。哥伦布早就明白这一点。当他没有发现自己渴望的黄金时，他写信告诉他的君主，这些岛屿可以用来种植甘蔗。当时，他试图让君主继续对新大陆保持兴趣，为自己的航行辩护。无疑，他是正确的。哥伦布从马德拉群岛和加那利群岛那里学会了种植甘蔗。实际上他是建议继续推行种植移民，农业随之迁移。这种情形早在几世纪前曾出现于南亚，既是受消费需求驱动，也是受到土地耗尽这种压力的推动。

甘蔗从非洲—大西洋群岛大量移植到新大陆，并非随西班牙人而来，而与葡萄牙人密切相关。葡萄牙人早在巴西种植甘蔗，而荷兰人则成为经营巴西这种农作物的商人、炼糖者②和资本家。荷兰人在葡萄牙—西班牙联盟期间的某些年代（1630—1643年）曾占据过巴西东北海岸（伯尔南布哥），了解了土质和甘蔗种植；他们在被驱逐之前，就开始寻找新的甘蔗地。寻找甘蔗地将他们引向北方靠近敌人防守最空虚的地方：小安的列斯群岛。在那里他们占领了几个岛屿（阿鲁巴、圣马丁、库拉索、圣卢西亚岛），"不过是几个小岛而已"。荷兰人也在南美洲大陆上（苏里南）自己种植甘蔗，并在这块处女地上建立了几个种植园。但是，他们耕作得不好。与自己种植甘蔗或使用奴隶相比，荷兰人在运送甘蔗和奴隶方面作得更好。

同时，英国人也参与竞争，1624年占领了圣克里斯托弗岛（圣基茨岛）；1628年占领了尼维斯岛和其他小岛。早期最重要的成就是1627年占领巴巴多斯，因为该岛以前基本上未曾有人居住——他们可以取为己用，自行安排。英国人乘船逆风而行，直抵安的列斯群岛的东部，这里极少为加勒比人或西班牙人光顾。1655年，英国人占领了比其他岛屿大得多的牙买加岛，它曾由西班牙王室移交给8家贵族家庭管理，他们既不愿意分割，也无力开发该岛；当英国人占领该岛时，岛上黑人、白人一共不过3000人。③实际上，牙买加是沙蝇、蚋、蟑螂和传播疟疾的蚊子横行的混乱之地；但是，那时的加勒比诸岛到处都是虫子，它们的大得令人难以置信，有的小得人都看不见。即使最小的虫子的叫声也令人发狂，毒性大，人被咬后痛苦不堪。上流人士将桌子腿和床腿放在水盆里，以免

---

* 南美印第安人，主要分布在加勒比海各岛和巴西。——译注

爬虫爬上去。④

起初，英国人将加勒比诸岛视为能够定居的殖民地，如同北美洲的东海岸一样。拥有农庄的那些人为这里便宜而丰饶的土地所吸引，蜂拥而至。他们到这里来种植烟草、靛蓝植物和棉花（这里生产的烟草质量极差，在伦敦市场上价格最低）。他们还带来了一些契约仆役，这些人准备为其他人劳作几年，然后逐步获得自己的土地耕种。到1640年，英国人到达这里10年多一点，据说巴巴多斯的人口已经超过30000人，相当于马萨诸塞和弗吉尼亚人口之和；人口密度为每平方英里200人。⑤

继他们而来的是甘蔗种植者，他们受到荷兰人种植方式的鼓舞甚或部分有荷兰人的财政支持；甘蔗成为最重要的农作物。没有其他经济作物收入更高，也没有其他经济作物花费财力更多：购买挤榨机、炼炉、槽和蒸馏器（制造甜酒之用）要花费巨额资金，并需要拥有大的种植园。花费最大的项目是牲畜（也许可以自行繁衍）和奴隶（显然不能繁衍）。只有持续的进口才能保证加勒比地区奴隶的人口数量。

甘蔗种植的成功导致小型和中等烟草和棉花农场的毁坏。因此，土地集中占有，使得仆役契约不再那么吸引人了：如果人们不能在契约到期后拥有家园，那么多年的劳动还有何用？况且，种植甘蔗和制糖要求很高，人们也不愿接受；种植园主又往往把奴仆当做下流杂种看待，常常把他们打得遍体鳞伤。许多仆役拒绝履行契约并逃离该岛，到别的岛屿上试试运气或沦落为海盗。许多人"因饥饿和苦难而死"。⑥

法国人紧随英国人而来。他们首先集中在瓜德罗普岛和马提尼克岛（1635年）。这两个岛屿对英国人没有吸引力，因为那里住着肮脏的加勒比人，他们设置埋伏和使用有毒的箭。与阿兹特克人不同，加勒比人试图杀死他们的敌人。法国人为他们的冒失行动付出了沉重的代价，但最终得到了小安的列斯群岛中最大的两个岛屿，岛上有肥沃的土地和良好的港口，它们至今仍为法国所有，属海外部管辖（有时，有的小岛屿被几国分享，如圣马丁岛。也要给我生存的空间吧。即使互为凤敌的英法两国有时也共处一岛，联合起来对付共同的敌人——西班牙人的进攻）。

像英国得到牙买加一样，法国最大的收获是得到伊斯帕尼奥拉岛的西端（法国人称之为圣多明各，现为海地）。伊斯帕尼奥拉岛的东半部仍为西班牙所有。该岛屿自己的地形特征导致了这种划分：该岛两端由高山屏障隔开。多年来圣多明各是海盗和逃跑的奴隶所钟爱的藏身之所。他们的出现是一个可恶的先例,他们掠夺成性——肖尼称他们为"源于法国的国际犯罪联盟"——西班牙人多次进行惩罚性征剿,却徒劳无功(他们可以卷土重来)⑦。法国人与这些麻烦制造者结盟,在他们的帮助下轻而易举地占领了该岛的西半部分,西班牙人离得远远的。

圣多明各是最后一个大规模种植甘蔗的岛屿,也是土地最肥沃、获利最优厚的地方。甘蔗种植给法国本土和该岛屿带来了巨额利润,带来了高水平生活,美丽的庄园和马车,衣着华丽的黑人奴仆(尽管往往赤着脚,法国的农民也往往赤脚)。这里的种植业获利颇丰,对英属西印度群岛所知更多的亚当·斯密曾把它作为法国优势的一个例证:"……他们政府的特质,"他写道,"使他们对于黑人奴隶,能有更好的管理方法。"⑧他大错特错了。1790年,圣多明各的黑人奴隶为法国的革命宣言所鼓舞,发动起义并建立了新大陆上第二个新国家。法国人重新占领该地的企图失败了,他们更多的是被疾病而不是子弹击败的。等到战事平息时,从卧病在床的老人到嗷嗷待哺的婴儿,海地的白人都死了。只有为数不多的医生除外。

种植甘蔗需要大量的劳动,砍倒、压榨,而后炼制糖汁:一群劳动者在酷热的太阳下劳动,危险,匆忙而整天劳作,烧煮,但必须在甘蔗腐烂以前完成。在田地里,男男女女像牲畜般地劳动。没有犁耙,工具很少,大多是手工劳动。其理念是让这些人干活、让手不闲着,因为安逸将引来麻烦。在糖厂,工人们将甘蔗秆送进滚轴粉碎机里,稍有不慎,轧着手或手指头,整个人就会跟进去,轧成肉酱。煮锅同样是一个小地狱,必须小心搅动:一点糖浆溅到身上,就会痛苦万分。"如果搅动的人沾上一点滚烫的糖浆,它就像胶水或沾鸟剂一样,四肢或性命就难保了。"⑨

甘蔗种植园主想雇佣白人,但白人是自由的,他们不愿意从事这种工作——至少他们要求的工资是种植园主所负担不起的。西班牙人强迫印第安人从事这种劳动,但加勒比地区的印第安人都跑光了。秘鲁和墨西哥的印第安土著受到监护者*的约束,无法到公开市场上雇佣。他们被强迫劳动时,殖民者首先希望他们

---

* 专指西班牙统治拉美时期印第安人的监护者。——译注

去开矿。即使如此，有些印第安人还是被迫到维拉克鲁斯*的种植园中劳动。他们做得并不好。印第安人即使不是因病而死，也会被主人压榨至死。

解决诸岛和新大陆对劳动力需求的办法是，引进数以万计的非洲奴隶。对此，即使人道主义教士的典范巴托洛梅·德·拉斯·卡萨斯也将印第安人和非洲人区别开来。他在鼓励白人移民的同时还要求保护土著的利益。印第安人已经大批死亡，他认为自己对他们有特殊的责任：他要拯救印第安人的灵魂，因为他们有灵魂。他显然并不肯定黑人有灵魂。他建议应允许每一个殖民者带来一打黑人奴隶，这样印第安人就可以免受苦难了。⑩不消说，这个"温和"的建议不久就证明是不对的。其原因在于，非洲人也同样死于疾病和非人待遇。

有多少非洲人运送到新大陆？为加重殖民者的罪恶感，估计数字多年来一直在增多。但是，300 年间共有 1000 万左右的非洲人被迫作为奴隶的估计，应该不是没有根据的。而且，这些人是经过悲惨的运输而幸存下来的。一位这方面的权威人士猜测从黑奴在非洲内地被抓捕或贩卖，到他们被押送到登船的港口，这一路上尽是死者留下的尸骨和镣铐，估计死亡的人约达半数。⑪这还只是一个开头。在海岸上，他们被关押在恶劣的环境中，即使最强壮的体格也经受不住它的损害。因为奴隶贩子需要时间来选择足够的大批健壮的奴隶，许多奴隶被关在船舱里，未等开航就死去了。这所谓的"中途航线"**，充满了不透气的污物、黏液、呕吐物和人类粪便，它无疑是跨洋者的"杀手"。然而，奴隶贩子不敢让他的货物离开恶臭的船舱到甲板上透气，害怕他们跳海逃走。损失 1/7 被认为是正常的；损失 1/3 或 1/4 就太高了，但还是可以谅解的。

每天的航行都会付出生命的代价——所有的奴隶运输船只都有鲨鱼尾随。所以，奴隶贩子喜欢在东部诸岛登陆和出售他们的货物——越快越好，在大安的列斯群岛实行优惠价。运奴船一来，在顺风方向上几英里外的地方都能闻到它们的恶臭，即使奴隶们下了船，即使船只从贸易市场离开，船上的这种恶息也不会消除。幸存的奴隶抵达时，生病、羸弱、受惊和沮丧（"综合忧郁症"）——黑人们确信白人要吃掉他们——许多人在"适应"过程开始不久之后就死去了。

只有商业利益才能保护奴隶：奴隶贩子不想失去其有价值的资本。船员与奴隶的死亡率几乎一样高，他们有许多理由（首先是为了嗅觉）保持船舱的井井有

---

* 墨西哥一州名。——译注
** 专指非洲与西印度群岛和美洲大陆之间的跨大西洋贩运黑奴的航线。——译注

条和整洁。我们曾听说有的船只航行期间无任何人失去生命，看来要做到这一点是可能的。我们还听说有的国家船运好于他国。据说荷兰的船只最好：特制的船只，甲板下的空间大，甚至还装有流通新鲜空气的通风设备。有的奴隶贩子带的奴隶挤满船舱，尽管他们知道许多会死去，但是依然尽量多装；有的奴隶贩子的运奴船船舱较为松快，他们打的算盘是：贩运的奴隶虽然少一些，但到港后能交货的会多一些，还是划算的。不过很难和气对待这些奴隶，因为奴隶船上弥漫着恐惧和仇恨的气氛，这一点就足以说明问题。

一旦到达，奴隶们就会被卖掉并经过一段时间的"适应"后开始劳动。"适应"是一个选择的过程，身体羸弱的奴隶将被淘汰，桀骜不驯的奴隶将被驯服。固执的造反者将会被鞭打、强迫劳动并充当反面教材。逃亡者常常被自己的同伙追捕和扭送回来，否则，他们就必须补偿逃亡者造成的劳动损失，而与奴隶主合作会得到好处。像其他压迫制度一样，奴隶制在某些方面依赖受害者的合作。

奴隶劳动本身是辛苦而乏味的，是为追求效率（群组劳力之间的协调），也是为单调和愚笨而设计。其目标不是使得他们的头脑和四肢更灵活，而是要保持这些"动物"的迟钝和顺从。当需要加快劳动的时候，比如收获季节，这些奴隶被鞭打着工作。主人和监工认为黑人并不比牲口好多少，对他们随心所欲地鞭打棒喝，有时甚至任意使他们致残或致死。十足为了经济的原因，怀孕的女人直到生孩子为止被免除棒打；生了孩子以后，妇女就得背着婴儿在田地里劳动。法律规定，打死奴隶要处以罚金；当然，打死别人的奴隶交纳的罚金要比打死自己奴隶更高。但是，由于惩戒奴隶是合法的，凶残的主人逃脱惩罚是不难的。

因而，奴隶们不断地遭受着折磨与羞辱。偶尔也有仁慈的主人，但他们数量极少，而且被他人视为社会和财富的威胁。而且，好主人也无法持续当下去：他们会死，会搬走，主人一变换，可忍受的环境就会变得无法忍受。奴隶社会不可能鼓励宽厚和仁慈。在巴巴多斯，一些白人公谊会教徒由于把黑人带进自己的教堂而被处以重金罚款，据说是因为他们那样做会让黑人萌发一定程度的人性感觉和不该有的过礼拜天的观念。休息？只有不需要干活的人才配享受休息。

人口统计很说明问题。加勒比奴隶的死亡率大于出生率。

甘蔗种植对大西洋（洲际）经济和欧洲工业化发展的意义如何，是一个长期争论的问题。从最简单的层面讲，有的人——主要以埃里克·威廉斯*为代表——争辩说奴隶贸易的利润和对奴隶劳动的剥削浇灌了早期资本主义的花园，或用另一个比喻，"使国家的整个生产体系肥沃多产"。⑫从比较复杂的层面上讲，则是亚当·斯密式的推论："以奴隶制为基石的大西洋体系为英国提供了劳动分工和经济、社会结构转型……的机会。"⑬

威廉斯的论点既受到抨击，也受到赞赏，理由好坏都有。起初的反应大都是负面的，这是意料之中的；但是，"近年来，这种几乎一致的反对意见因新的研究、分析和阐释而遭到挑战"。有的反响体现了"由反殖民主义的高涨、新国家和公民权利运动的兴起、以及奴隶贸易和奴隶制度的辛酸回忆所引发的理智和道德观念的演变"。⑭其目的则如同威廉斯本人的想法一样，是要提醒那些洋洋自得、为大英帝国自豪的英国佬，叫他们别忘了自己对非洲欠下的债。如果说英国得以成为"第一个工业国"，那也是建立在挨鞭打的黑奴脊背之上的。⑮

对埃里克·威廉斯持批评态度的人，对他的唯物主义（马克思主义）信念表示反感：他们说，威廉斯将一切都归结到经济动机和经济利益。⑯说得不错；可是说到底，种植园主所要的东西本来就是钱。比较中肯的，倒是对威廉斯的经验主义批评：有的历史学家试图计算奴隶贸易的收益，发现它远非财源茂盛。有的人贩运一趟的确赚了大钱，另一些人却赔了老本，连船都赔进去了。有一个估算数字是奴隶买卖的赢利率跟别的买卖差不多，平均不到10%，而变异（风险）却更大，这大概既令人受鼓励，也令人气馁。⑰并非所有的人都同意这种说法。一位批评者认为，10%这一数字估低了，因为它所统计的被运送奴隶太少，而且其价格低估了1/4。⑱尽管如此，这些利润在总数上就不大，更不用说其中只会有一部分通过贸易和工业去影响英国发展的道路。同一位批评者也认可这一点。

然而，奴隶贸易不过是一个大综合体（人所共知的三角贸易，现被称为大西洋体系）的一部分。奴隶劳动使得高强度的甘蔗种植和提炼成为可能。蔗糖（还有甜酒和糖蜜等副产品）产生利润，滋养着种植园主和商人，商人们出售蔗糖，付款给种植园主，并向他们提供茶叶、咖啡以及其他可叫人上瘾的含有咖啡因的物品。⑲种植园主则买食品供自己及其奴隶食用（因为他们不愿意牺牲甘蔗田种植粮食作物）。有的食品来自欧洲；但越来越多来自于北美洲的殖民地。他们还

---

* 埃里克·威廉斯（1911—1981）——特立尼达和多巴哥历史学家，首任总理（1962—1981）。——译注

购买工业制成品：廉价的棉纺织品和最新样式的丝织品；铜制的煮锅和蒸馏器；铁器、铁钉和枪炮；工厂的机械及其零部件。同时，英国的生产者还制造商品，用来交换非洲的奴隶。这是一个整体，而奴隶制是其中的关键部分。它刺激了农业和工业的发展，增加了英国人的工资和收入，提高了劳动分工，并促进省力设备的发明。[20]

从这种全面的观点来看，没必要将争论（奴隶制对工业化的重要性）依据于利润（不像人们普遍相信的那样大）和那些买卖和使用奴隶的人的开支。确实，大笔资金流到英国，有一些资金间接转移到制造业。但是，它确实只是工业资本的一项小的补充。在外地的种植园主往往把他们的资金注入土地、社会地位和乡村生活中（由于他们远离生产和管理，因而收入也大受损失）。商人是另一回事，他们有的确实投资于工业；但他们在商人中属于例外，在工业资本家中更是如此。

另一方面，市场范围的增大起了一定的作用（我们在这里只谈规模，不谈利润）。非洲人和美洲人需要欧洲供应以重复性技术制造的产品，这种需求促进了欧洲一些工业部门的机械化。以棉纺织业为例。在18世纪初，英国棉纺织业还是新生的产业，为了与印度棉布竞争而采用了平纹布印花术，从而在无意之中使自己受到了保护。到18世纪中叶，它虽然仍然远远落后于毛纺织业，但发明家们开始致力于纺棉工艺的机械化，因而规模比原先大得多，发展迅速，其中一部分推动力就来自棉布向美洲种植园的销售。所以，当毛纺织业机械化遇到困难时，发明家们就转向棉纺织业，他们成功了。

问题依然是：在促进工业革命方面，大西洋体系是否起了**决定性**作用？或者用现今经济史学界流行的反问方式来说，倘若没有大西洋体系，工业革命是否还会发生？我想，答案显然是肯定的，它仍会发生。能源（煤炭和蒸汽机）和冶金术（焦炭炼铁）的关键性变化大体上没有依赖于大西洋体系，羊毛纺织机械化的最初努力也是如此。

但是，没有奴隶制，工业的发展会缓慢一些。这一说法本身不大有力。也许可以说是需求增加的缘故：多总好于少。实际问题是，慢多少？这里，我们应把工业出口看做需求的一个组成部分，把大西洋出口看做是出口的组成部分之一。静态地分析，那是一系列的静态图片，出口市场大大小于国内市场；供出口的美洲市场，更是大大小于国内市场加上传统的欧洲大陆出口市场之和。然而动态地分析，就像活动的图片，出口的增长快于国内需求的增长，大西洋出口的增长比欧洲消费者需求的增长快得多。它们是重要的因素,用巴巴拉·索洛和斯坦利·恩格尔曼的话说,"很难宣称(种植园利润导致的市场扩大)对工业革命是必要或充足的因素;同样很难否认(它)影响其规模和快慢……如果迁往西半球的人都是自愿的,没有强迫,英国的经济及其北美殖民地的发展将会缓慢一些。"[21]

问题仍是,其发展将缓慢多少?但是以上已说得差不多了。

(当然,问题尚未结束,因为其他的意识形态观点仍然在这个历史性问题上纠缠不休。第三世界国家及其同情者想要增大对富国、帝国主义国家的指控状,最好是既谴责了它们的罪责又能获得赔偿。对于富国、帝国主义国家来说,则是出于荣誉感和自尊心,需要否认那些指控。对奴隶制影响的争论会持续下去,因为它无疑没有现实的解决办法,它又是其他问题的一个替身。)

作为大农场的甘蔗种植[22]

西班牙人从来不是蔗糖业的重要参与者。他们有更快的致富方式,当他们转向甘蔗种植时,他们把它作为一种社会地位和生活方式的物质基础。他们从未像英国种植园主那样理解专业化和劳动分工、将甘蔗种植园作为生产单位融进更大的经济体系中的优势。

甘蔗很早就传入新西班牙。1524年,即在占领阿兹特克帝国都城特诺奇蒂特兰和推翻阿兹特克政权刚刚几年后,科尔特斯就开始在那里种植甘蔗,并在韦拉克鲁斯附近建立了炼糖厂。(在那个略高于海平面闷热的平原上,小麦和玉米极难生长,西班牙人不久就意识到种植亚热带作物的潜力)。其他人也效仿,不久印第安人开始种植甘蔗,并将甘蔗卖给炼糖厂。1550年,西班牙王室认识到种植甘蔗的可能性,命令新西班牙的总督将土地拨给那些种植甘蔗和开设炼糖厂的人。1600年时,当地已经设有40家炼糖厂,表明了相当巨大的工业和农业投资。这些炼糖厂是小单位,使用畜力甚至人力;较大的则使用水力,水力炼糖厂占产值的最大部分。最大的炼糖厂之一是位于哈拉帕的圣特立尼达炼糖厂,有7个煮锅和两间清洗房,使用200多名非洲奴隶,价值700000比索,年净收入40000比索。

开始,甘蔗种植园主想使用印第安劳动力,而某些印第安人在自己土地上种植甘蔗的事实似乎表明,印第安人并不讨厌甘蔗这种作物;结果却是相反。种植归种植,但种植园经济的全部意义在于,通过长时间和地狱般的劳动节奏,使劳动者筋疲力尽,而最大限度地获取产出。有一段时间,印第安人和黑人共同在田地里和炼糖厂劳动。但实践证明,非洲人耐力强、劳动效率高。从贸易的角度来看,一个非洲黑人相当于4个印第安人。许多印第安人无声无息就倒下死去了。由于印第安人死亡太多,西班牙王室于1596年和1599年两次发布法令,禁止炼糖厂雇佣印第安人。这在收获季节引发了种种问题,种植园主请求在紧急时刻能强制垂死的印第安人帮助劳动,但是1601年11月,菲利普三世下令禁止在任何种植园中使用印第安人。从那时起,墨西哥的蔗糖业就是奴隶产业了。

这些种植园和炼糖厂对黑奴的残忍暴行只能这样解释:黑人被看做还不如无生命的机械,需要的话可以用尽和更换,或者像燃料一样投入火中燃烧。他们在农忙季节通宵达旦地干活。监工迫使他们没完没了地劳动,成年男子每天工作20个小时。食物一般是由主人提供的,但有的主人却认为自己没有义务喂饱他们。有的主人在星期天给奴隶一天的自由时间,让他们耕作自己的小块地并想办法解决一周的食物;有的主人干脆叫奴隶自己养活自己。总的来说,主人们对牲畜的关心胜过对奴隶的关心,需要的时候让牲畜休息——并非出于爱护牲畜,而是牲畜累了就停下来;而奴隶还有头脑和意识,害怕自己一停下来会处境更糟糕,所以就继续劳动下去。

不用说,如此的虐待引起了反抗,有消极反抗(自杀、流产、杀婴)。也有积极反抗(蓄意破坏、谋杀、逃跑当土匪)。自杀有各种各样的方式,但最常用的是吃污物来代替进食。白人把多数的蓄意破坏当做偶然事故,他们认为黑人太迟钝了,不会想到这样的方法。主人们并没有因此而放过犯错误的奴隶,而是惩罚他们,或许还有别的人,让他们付出血肉的代价。不如此,又怎样教训这些野人今后小心一些呢?与此同时,那些逃亡了的奴隶也变得凶猛残忍,恰如他们原先的白人主子教会了他们的那样,同时他们明白一旦被白人抓回去会受到什么惩罚,所以他们成了亡命之徒,令白人胆战心惊。吃亏的是产业。

西班牙一些最大的种植园是自给自足的领地,颇像中世纪的采邑。他们种植粮食作物,饲养家畜,建立礼拜堂以培养虔诚和拯救灵魂,有时还为奴隶和佃户缝制衣服。主人及其全家过着奢华的生活,用丝绸和花边窗帘遮挡着他们周围的痛苦和悲惨。与之相对照,英国占领的岛屿只种植甘蔗,实行单一的专业化,只留有极少的土地种植食物,所以不得不从北美大陆甚至欧洲进口食品。纺织业更不可能出现。到18世纪,大多数英国种植园主最不愿意做的就是在种植园生活。那是代理人和管家的事。他们自己则住在英国,享受着英国的生活。可以称之为分工吧，但这是一种低效率的分工。

同时，代理人和管家变富了，但他们的生命也变得短一些。

注释

1. 1600 年前后，西班牙的加勒比海诸岛帝国的人口约为 75000 到 80000 人，其中西班牙人占 1/10，其余为黑人和混血人。没有多少当地土著的行迹。所以人口密度为每 5 平方公里 1 人，每一位西班牙"殖民者"占有 50 平方公里。参见：Pierre Chaunu, *L'Amerique*，第 112 页。

2. 1622 年，仅阿姆斯特丹一地就有炼糖厂 25 家。见 Rich,"Colonial Settlemrnt",第 334 页。

3. Wood, *Spanish Main*，第 125 页，认为其人数少于 5000 人。

4. 关于加勒比地区的虫子，参见 Starkey, *Economic Geography*，第 60 页；关于牲畜害虫，参见 Watts, *The West Indies*，第 195 页。不用说，气候、害虫和病菌相结合，导致该地区的高死亡率，牲畜的死亡率甚至高于人类的死亡率。（感谢斯坦利·恩格尔曼允以引用。）

5. 引自 Parry, *Age of Reconnaissance*，第 276 页。邓恩认为该数字"不可能"，参见 Dunn, *Sugar and Slaves*，第 55 页。通过研究回收的人头税，邓恩估计 1640 年巴巴多斯的人口约为 10000 人，与马萨诸塞或弗吉尼亚的人口相当。

6. Parry, *Age of Reconnaissance*，第 276 页。

7. Chaunu, *L'Amerique*，第 113 页。

8. Smith, *Wealth of Nations*，Book Ⅳ，ch. 7，part 2。

9. Littleton, *Groans of the Plantations*，第 20 页，引自 Dunn, *Suger and Slaves*，第 194 页。

10. Rich,"Colonial Settlement",第 332 页。

11. 引自米勒对安哥拉奴隶贸易的论述，见 Josephh Miller, *Way of Death*。

12. Sheridan,"Eric Williams",第 326 页。引自 Williams, *Capitalism and Slavery*，第Ⅶ页，第 52 页，第 105 页。谢里登在书中（第 327 页）写到，威廉斯的著作"拉开了西印度群岛现代正史的序幕"。

13. Inikori,"Slavery and the Development of Industrial Capitalism",第 101 页。

14. Sheridan,"Eric Williams",第 327 页。

15. 奥克萨尔说，"威廉斯攻击了与英国人所理解的与昔日奴隶制度相联系着的道德自满感。"他将威廉斯（以及詹姆斯）描述为"处于社会边缘的黑人知识分子，个人的经历使他意识到隐藏在大国对待殖民地虔诚的自得之后的虚伪。"引自：Oxaal, *Black Intellectual*，第 75—76 页。

16. 在《美国社会学评论》杂志的一篇评论中，威尔逊·吉批评威廉斯夸大了奴隶制的作用，"宣称它几乎是建立现代资本主义不可或缺的基石"。引自 Sheridan, "Eric Williams"，第 320 页。

17. 见 Anstey, "Capitalism and Slavery" 一文及 *Atlantic Slave Trade* 一书。安斯蒂估计奴隶贸易的利润占英国资本构成的 0.11％——"可笑"。亦参见 Stanley Engerman, "The Slavery Trade and British Capital Formation"。恩格尔曼嘲弄那些"难以置信的估计数字"，他根据明显偏高的估计，认为 1688—1770 年间该数字在 2.4％ 到 10.8％ 之间，他说，"那些认为工业革命期间奴隶贸易对工业资本的形成作出了巨大贡献的人应该仔细考虑一下这个问题"。他还将"奴隶贸易产出总值"与英国国内收入作了比较，认为前者约占后者的 1％ 左右，1770 年达到 1.7％。该数字太小，说明不了什么问题。他建议说，应该将奴隶贸易的贡献与种植园体系的贡献合在一起加以考虑，二者将在动态的联系情境中看得比较清楚。

18. Inikori, "Market Structure"，第 761 页，n. 52。他估计该利润率应达 50％，当然各年有高有低，但多年积累下来应是如此。该数字基于投资数额，并没有将购买货物引起的债务计算在内："奴隶贩子个人实际投入的资金（实际现金支出）往往少于表面总投资的 50％"（另见第 775 页）。

19. 关于种植园主的利润，参见 Sheridan, "The Wealth of Jamaica" 和 Ward, "The Profitability of Sugar Planting" 二文。有的学者从宏观经济学的角度驳斥谢里登的观点，R. P. Thomas, "The Sugar Colonies" 一文以斯密式的观点看待帝国的经常开支以及英国食糖的受保护的、垄断的市场之下英国消费者所付出的代价。当然，这是老皇历了：利润私有化，开支社会化。除去纯利，人们会发现宏观的效果与部分后果确实不同。

20. 参见 Zahedieh, "London and the Colonial Consumer"。

21. Solow and Engerman, eds., *British Capitalism*，第 10—11 页。

22. 以下关于墨西哥甘蔗种植的资料大多取材自：Cardoso, *Negro Slavery in the Sugar Plantations*。

国 富 国 穷

第 9 章

THE WEALTH AND POVERTY OF NATIONS

东方的帝国

葡萄牙人凭着他们的进取心和坚强性格，以及使用先进科学技术的能力，在东方得到他们所要的东西，也成就了一个帝国。但这样的帝国是一种超越常理的非理性的跳跃。葡萄牙人对宗教的虔诚和热情，使他们在与英、法等国在东方的较量中失败了。

Why Some Are So Rich and Some So Poor

David S. Landes

葡萄牙是一个中等富裕程度的小国。在15世纪时，它的人口总数约100万，其主要产品和出口货物是葡萄酒（最初是波尔图红葡萄酒，后来还有逐渐增多的马德拉白葡萄酒——一种度数很高的烈性酒），另外蔗糖生产和出口飞速增长。倘若那个时代的葡萄牙人就能预见到后来的经济学家李嘉图对于比较优势的分析——这种分析如今已成为经典——他们也许就会通情达理地继续沿着那条路走下来，埋头于他们自己的事务，用他们的特产交换别国的工业品。然而与此相反，他们竟跳跃了理性的轨迹，把自己的国家变成了建立一个庞大帝国的跳板。葡萄牙的辽阔操纵网络曾长达地球一圈的3/4，从西半球的巴西一直伸展到了远东的香料群岛和日本。

这样一种超越常理的跳跃在历史上并不是绝无仅有。我们随后还会看到几个例子。实际上，正是这种超常理的事态发展使得历史呈现出不确定性，使预言失灵。但葡萄牙的扩张的确是特别令人吃惊的事情，因为它人口不多，物产也不丰富。葡萄牙所拥有的总人口实在是太少了，是不可能大批派人去海外的；葡萄牙那么急切而又迅速地从美洲进口奴隶的一个原因，就是为了弥补国内劳动力的匮乏。另外，葡萄牙的物力资源，尤其是制造和装备远洋船舶的能力，都是有限的。这就是轻量级拳击手迎战重量级选手。

葡萄牙人的成就，证明了他们所具有的进取心和坚强性格，他们对宗教的虔诚和激情，以及他们对先进科学技术的学习和运用的能力。在他们身上，没有愚蠢的狭隘的民族主义，而首先体现出实用主义。他们引入外来者以利用他们的财富、知识和劳动力；让奴隶作为劳动者，偶尔也充当士兵；与各民族的妇女通婚，而且一人还不止一个。他们是不携带本民族妇女远航的，倒是有时会运送一些无依无靠的孤儿上船。同男人一样，在遍地都是瘟疫的地区，那些白人妇女是难以生存下去的。举个简单的例子，生孩子就往往意味着对母亲和孩子的死刑判决。种族间通婚的情况就好一些：男人们可以享用花钱买来的成打的有色女奴——似乎要由他们的孩子来创造一个新的民族。

葡萄牙人的一项情感支出是虔诚。他们不论到哪儿，任何一艘船上都带着神职人员和修士，以保证他们的安全和灵魂的拯救（靠祈祷和圣礼的力量）；也为了在那些异教徒和不信教者中间布道；同时还为了让自己良心上得到一点安慰。这些教士使他们的贪婪得到了合法化和净化。

宗教信仰对商业造成严重而不利的影响：它给那些本来应该比较顺利的、可以使双方都获益匪浅的接触中加入了一种不可调和的对立因素。葡萄牙人认为，穆斯林是异教徒，也是他们的信仰的敌人，对穆斯林采取任何残忍手段都不为过分。所有的穆斯林船只都成了他们的攻击目标；所有的伊斯兰国家都被看成是他们的敌人。瓦斯科·达·伽马在1502年的第二次远航中，在抵达卡利卡特（印度西南部港市科泽科德的旧称）之前，曾截获穆斯林小船队，他下令将大约800名"摩尔人"的鼻子、耳朵和手都割去，又将他们送归当地统治者，以公开表示在宗教上对他们的轻视。他手下的一位军官，也就是他的亲舅舅文森特·索德，在马拉巴尔海岸的坎纳诺尔鞭笞一位穆斯林商人头子，直到这个商人昏迷不醒，然后又将粪便灌进他的嘴巴，并拿一大块猪肉盖在上面，硬逼他咽下最脏的东西。①

这些恶劣的行径在印度洋沿岸引发了许多战争：包括东非、阿拉伯半岛以及波斯、印度很多地方和印度尼西亚群岛的大部分地区。16世纪的一篇文章《在印度的非凡而又自豪的军旅生涯》中写道："根本就不必有什么怀疑，因为我们是所有不信基督教者的公开的敌人，所以他们对我们以牙还牙也就毫不奇怪了……在这些地方生活，我们不得不随身携带着武器，只有在我们自己军队的守护下，才能与当地人进行贸易。"②

难道有过别的新来者比这些葡萄牙人更起劲地给自己制造麻烦吗？

然而，葡萄牙人也是迫不得已而采用了与机会主义的西班牙征服者大不相同的政治谋略。首先，在他们来到的这些地方，人口比西班牙征服的墨西哥和南美洲印加帝国稠密得多，这些当地人掌握了金属兵器，骁勇善战，是难以对付的敌手。另一方面，他们能够抵御葡萄牙人带来的疾病。相反，葡萄牙人却害怕当地的传染病和寄生虫。结果葡萄牙人就不得不限制自己的欲望，以避免分散自己的兵力。葡萄牙人着眼于占领一些战略要地和重要的交通枢纽——非洲海岸的蒙巴萨和马林迪（航行到印度的中转点），位于波斯湾入口处的霍尔木兹海峡，马六甲（位于苏门答腊和马来西亚之间，连接印度洋和锡兰湾与南中国海、香料群岛的海峡），珠江口附近的澳门（中国东南部的入口）。他们还想占据亚丁（红海的入口），但一直也没能实现这一愿望。所有这些地方中最重要的莫过于果阿——马拉巴尔海岸一颗璀璨的明珠，胡椒贸易的集散地，也是将阿拉伯马匹运往南印度的重要港口（印度南部的气候是不适于养马的），它一面有海洋作天然的屏障，在陆地这边则有一条充斥着鳄鱼的运河作保护。

最后，这些地区的统治者在葡萄牙占领了这些飞地以后，终于学会了跟葡萄牙人共处和做生意，就像他们自古以来跟别的外来者打交道一样。他们有时也袭击欧洲人，但这时挫败他们的往往是他们本地区的敌人。葡萄牙人极其巧妙地在当地各种势力之间玩弄平衡，这一手不止一次地拯救了他们自己。

然而更危险的敌人却正在到来。一旦荷兰人和英国人进入这个地区，一切就都变了。1605年，荷兰人占领了安波那岛（安汶岛）并将葡萄牙的势力驱逐出摩鹿加群岛（香料群岛）。1622年，因为波斯有英国这一强大的后盾提供船只和武器，葡萄牙又被波斯夺去霍尔木兹海峡。1638年，荷兰从葡萄牙手中夺去埃尔米纳（Elmina），它原是葡萄牙在几内亚湾沿岸建立的第一座城堡，是葡萄牙航海先驱和贩卖非洲黄金和奴隶的象征。1641年，荷兰占领马六甲；在1665—1667年间，又占领了望加锡海峡（位于印度尼西亚的苏拉威西岛和加里曼丹岛之间）。在这一过程中，荷兰人干脆将葡萄牙人赶出了香料群岛这一起始的争夺目标。葡萄牙好景不长，但葡萄牙人的自豪感在逆境中依然旺盛，尽可能抓住他们尚能抓住的地方不放。例如，他们在果阿一直坚持到1961年（尽管它早已失去其财富和商业上的重要地位），此时已经强大得多的印度政府无需任何挑衅和借口，就长驱直入收复了果阿。没有一个自尊而独立的国家能允许在其国土上存在这样一块殖民地。

葡萄牙在东方最初的商业目的是获得胡椒和其他香料，他们不走传统的贸易路线，即自东向西穿过亚洲，到东地中海才转为海运，而是绕开这条路线上层层叠叠的中间商，将香料装船经印度洋绕非洲好望角进入大西洋，直接运到欧洲。* 葡萄牙人获取香料的办法，一是采购，一是用武力克服穆斯林商人给他们设置的障碍，没收其货物。在最初几十年，这些措施使他们占有了香料贸易的巨大份额。在最高峰时，欧洲进口的胡椒约有 40% 是绕好望角运来的，当时依靠地中海航运的威尼斯人直叫苦。但随着时间的推移，老的贸易路线重新振作起来。葡萄牙直接航运的份额降到 20% 左右，虽然仍很重要，但已不再居支配地位。1570 年，葡萄牙王室放弃了它对里斯本和东方（果阿）之间的香料贸易的垄断，国王不再做商人，而是出售这一贸易的特许权，往往是出售给外国商人。1586 年，德意志商人韦尔瑟家族独家租得了在东印度群岛采购胡椒的专有权。这笔交易标志着葡萄牙香料贸易的衰落，卖得两手空空了。③

（这些关于市场份额的数据只是个近似值。我们还没有一个完整精确的数据统计。④但我们确实知道，依靠亚洲陆运再经过地中海海运的威尼斯，在 16 世纪后半期再次成为欧洲胡椒交易的中心。当 1595 年由荷兰人豪特曼率领的船队第一次顺利地远航东印度的消息传来之时，威尼斯以及葡萄牙马上就意识到，原有的香料贸易格局即将被荷兰人"彻底推翻"。⑤到 1625 年，威尼斯海关已将香料列为"西方商品"，因为香料这时已是来自大西洋，而不是来自近东。）

为了弥补香料贸易上所受的损失，葡萄牙人开始介入亚洲内部的贸易。在欧洲人还未到达之前，亚洲内部的贸易已非常兴隆：古吉拉特人、爪哇人以及中国商人贩运胡椒和别的香料，交换印度和中国的纺织品及中国瓷器；阿拉伯商人从非洲贩运黑奴，经陆路和水路把他们卖到各伊斯兰国家；还有来往于各地的船舶装运着柚木、檀香木等优质木材，象牙，被视为珍贵壮阳剂的犀牛角，以及珍稀的或不太珍稀的动物，包括猴子、老虎，其中最主要的是可以在战争中或庆祝仪式中派上用场的大象和马；每一位商人都带着贵金属以进行交易（来自新大陆及印度和中国的银子，来自东非和日本的黄金）。这种亚洲贸易大体上是自发而随意的——恰似一种不规则的布朗运动。人随货走，从一个港口到另一个港口。这就是后来被我们看做是不定期货船的一种贸易方式；这是些没有固定航线的帆

---

* 这样做所能赚到的利润是很可观的。当年麦哲伦环球航行时，最后幸存而回到欧洲的那一艘船，带回了 26 吨丁香，以高出成本价一万倍的价格售出，大约足以抵消这次远航的费用——见 Humble, *The Explorers*, 第 162 页（请注意，如按一定重量衡量，丁香当时大概是最贵重的香料了，一名海员若得到一小袋丁香，那就是大大超出他的薪饷的一大笔奖赏）。当然，在别的一些供应来源也参与竞争之后，这种神话般的价差（利润）就很快缩小了。

船。⑥

　　由这种贸易引出的一种变化，就是有人企图从别人的贸易活动中谋利，经济学家也许会称这种做法为谋取经济收益。葡萄牙人仗势欺人，尤其凶恶。他们成为印度洋上的强盗巨头。所有的过往商船都必须向葡萄牙人购买交易许可证。那些没有许可证的商船可能被没收。葡萄牙人转向当地的贸易和敲诈勒索，得以节约大量的人力物力。他们从欧洲派到亚洲的船舶比原先少多了。他们改用印度人制造的船只。在印度，到处可以找到优质、坚硬的木头，木匠们很快掌握了欧洲的造船技术——报酬却低得多。船员也大都是当地人。有时除了有15或20个欧洲（或欧亚混血儿）士兵、炮手和军官外，剩下的则全都是亚洲人或非洲奴隶了。印度洋那么辽阔，有人也许会想，葡萄牙人要让别人服从他们的管制，就需要没完没了地派出舰船，四处巡逻。然而印度洋的地形帮了忙：那里能走商船的航线和通道狭窄，便于监视。除此之外，无需四处查看，几次象征性的强行登船和没收就起作用了。

　　麻烦的是，更多的国家都可以玩这种"游戏"。新来的欧洲人战斗力更强、航海技术更好。有关早期荷兰人和英国人抵达这些地方的远航（17世纪初期）的记载详尽讲述了他们如何小心翼翼地等待时机和潜伏隐藏，如何设置圈套和背信弃义，如何攻击货船和掳掠财物。在一方看来是无赖的人，在另一方看来却是英雄。英国有一位胆大而又足智多谋的船长，名叫詹姆斯·兰开斯特，在第二次（1601年）远航东印度群岛时，生意不大成功。怎么办呢？没有问题。两年后返回英格兰时，他率领的船队满载而归，带回了他们缴获的大量战利品。英王詹姆斯一世因此而封他为爵士。印度洋的水面如同其水底世界一样，也是一幅弱肉强食的图景。所有这一切等于是合法化了的海盗行径，而对于荷兰和英国来说，当时它们与西班牙处于战争状态，而西班牙和葡萄牙这两个伊比利亚半岛王国于1580年有了一个共同的国王而联合在一起，葡萄牙也就陷于对荷兰和英国的战争状态，因此荷兰人和英国人在印度洋劫掠葡萄牙货船，也就被认为是合法的行动。他们这种行径获利甚丰，所以，尽管葡萄牙在1640年跟西班牙脱离了关系，荷兰人和英国人仍然在印度洋继续袭击葡萄牙人，不愿讲和。须知：

自古以来的好规矩，明白又简单：
谁有实力就该谁拿，
谁有本事就该谁占。⑦

对于欧洲人彼此之间的这种争斗，东印度陆上诸国的态度是冷眼旁观，敬而远之。他们乐意与欧洲某一国分享垄断贸易的利润，甚至还勾结欧洲人去打他们自己的亚洲敌人。此外，亚洲人在当时大都不关注海权和海军实力——葡萄牙人在果阿的邻居、古吉拉特邦的统治者巴哈都尔沙就说过："海战乃商贾之事，与君王威望无关。"这与当时中国人的态度相去不远。又一个可悲的错误。

就这样，葡萄牙的势力萎缩了。一位历史学家说过"他们的海上优势的上层结构从本质上来说是松脆的"。⑧他还可以补充说，他们的基础结构是沙质的。没过多久，昔日的辉煌就只留在记忆之中，铭记于卡蒙斯*的长篇史诗《卢西塔尼亚人之歌》，他在诗中歌颂了葡萄牙人横越"自古无人航行过的大洋"而留下的无形的足迹。⑨的确令人自豪。1737年，英国驻孟买总督则评论说："葡萄牙王室长期以来维持着它在印度占有的领地，每年都得有一笔不小的开销；看来，这纯粹是着眼于荣誉和宗教上的意义。"⑩

生活中的香料

现今的人也许想不明白，为什么胡椒和其他一些辛辣佐料在当年会令欧洲人感到那么珍贵？原因在于，当时的生活条件有限，要设法解决食品的保藏问题。在那时，粮食勉强够吃，而到了漫长的冬季，除了饲养种畜、役畜和马匹以外，就不可能再拨出大量的谷物喂别的牲口。所以，人们在秋天屠宰牲口就成了传统。在没有人工制冷的情况下，要把这么一些肉保存一年，度过寒冬和暑夏，人们只好用烟熏、盐腌和涂抹香料等办法；等到烹饪的时候，还用浓浓的佐料调味，把肉的腐味掩盖起来。有一种似乎自相矛盾的现象：气候炎热的地方，吃的荤菜通常比寒冷地区更辣，道理就在于他们需要更多的掩盖。

辛辣佐料还有一层好处，尽管从前的人不可能了解这一点。这就是它们能够杀死或减少那些促使食物腐烂的细菌和病毒。例如，一些辣的沙司（塔巴斯科等等）能让人们食用受感染的牡蛎时更安全一些；至少，它们确实能在试管中杀死微生物。由此可见，对于中世纪的欧洲来说，香料不只是一种奢侈品，而且也是一种必需品，它们的市场价值证明了这一点。

---

* 卡蒙斯（1524—1580），葡萄牙著名诗人，作家，曾周游亚非各地。——译注

"欧洲的卡菲尔"⑪

要想了解帝国的兴与衰,那就必须既考察它在殖民地的情况,同时也考察它自己国内各种势力的消长和环境的变迁。在葡萄牙人征服南大西洋时,他们在航海技术上处于领先地位。他们乐于从外国学者(其中许多是犹太人)那里学习,得到可以直接应用的知识。西班牙在1492年下令,规定本国的犹太人必须皈依基督教,否则就离开西班牙,这些犹太人中有很多都逃难至葡萄牙境内,在那里尽管也有反犹太情绪,但相对而言还是宽松一些。但是1497年,罗马教廷和西班牙向葡萄牙国王施压,让他放弃这种对异教徒的容忍。大约有7万犹太人被迫接受了形式上的、但从礼仪上看还是有效的洗礼。1506年,里斯本进行了第一次血腥大屠杀,有2000多名已"皈依基督教"的犹太人丧生(西班牙像这样做了将近200年)。从此以后,葡萄牙的精神生活和科技事业停滞不前,陷入了盲从、狂热和讲究血统纯净的境地。*

这种下降的趋势是逐步的。葡萄牙到16世纪40年代才建立宗教裁判所,它于1543年第一次对异端分子施以火刑;但是葡萄牙的宗教裁判所是直到16世纪80年代,自葡萄牙和西班牙合并于腓力二世的统治之下后,才真正变得残忍恐怖。这个时候,隐蔽着的犹太教徒,包括亚伯拉罕·扎库特等天文学家在内,都纷纷逃离葡萄牙以求保全性命。他们带走的不仅是钱、经商技能、生意关系和知识,而且还有——甚至是更重要的——那些无可估量其重要性的、在思想上起催化作用的两个主导因素:好奇心和敢于持有异议。

这是一个损失,但是从不容异说这方面来看,宗教迫害者们最大的损失莫过于他们强加给自己的打击。正是这种自我缩小的过程加大了宗教迫害的持久性,使之不仅仅是持续一时或一代人的时间,而是持续几代人和几个世纪。到1513年,葡萄牙已缺乏天文学家;到16世纪20年代,科学界的领头人都出走了。葡萄牙曾试图建立新的、基督教的天文学和数学传统,但失败了,其中一个并非不重要的原因是,好的天文学家大都被怀疑是犹太教徒⑫(与西班牙的宗教裁判所对医生们的猜疑颇为相似)。

与西班牙一样,葡萄牙人竭尽全力地将自己与外界的和被视为异端的影响隔

---

* 葡萄牙的"老基督教徒"最后称他们自己为"纯教徒"。

离开来。教育是在教会的控制之下，所教授的课程注重于语法、修辞以及经院哲学，突出的内容是自我表现手法和一些繁文缛节（例如，要背诵拉丁文名词语法的 247 条韵文规则）。高等学校中，学科学的唯一地方是科英布拉大学的医学系。即使在那里，也几乎没有哪位教师愿意放弃盖仑的经验医学而接受哈维的实验医学新理论，更没有人敢冒险讲授哥白尼、伽利略和牛顿的学说，耶稣会迟至 1746 年还下令禁止传播他们的学说。[13]

此时，已不再有葡萄牙的学生出国留学，书籍的进口也处在那些由宗教裁判所派来的督察人员的严密监视之下，他们到港口去检查船只，到书店和图书馆检查藏书。1547 年就首次列出了禁书目录；随后又多次予以扩充，直到 1624 年搞成了一个庞大的清单——这都是为了更好地拯救葡萄牙人的灵魂。

在葡萄牙国内和海外殖民地，都设置了三道审查关卡来严格控制书刊的出版，阻挡创新。批准成立的印刷厂（在果阿有，在巴西则根本没有）都掌握在天主教教士手中。他们将出版物仅限于词典和宗教读物。* 从巴西到安哥拉，即使是这些安全的读物也必须预先送到葡萄牙审定。

在这种环境中，科学研究和学术探讨都陷于衰退，就不足为奇了。最后，只有一小批享有特权的人得以免受控制，例如 1720 年成立的皇家历史学院的那些贵族和教士——在学术上全是门外汉——获准进口一些禁书，但这些人觉得，写文章给王室歌功颂德，更省事一些。

当然，葡萄牙跟欧洲各国有交往，而且建立了殖民帝国，它不可能与外界隔绝。从国外回来的一些外交官和代理人带回了一种信息，即世界各地在前进，而葡萄牙却停滞不前。这些人得到一个贬损性的绰号："异化分子"，受到人们的严重怀疑，被认为是思想受了污染。葡萄牙人的自豪心必然使这些人的意见得不到考虑。真是极其不幸。其实，这些人是看到了别的葡萄牙人所看不到或不愿看到的事情：在基督教信仰上追求一律，是愚蠢的；教会正在吞噬国家的财富；政府不致力于扶助农业和工业，已经使葡萄牙沦为"英国的一块最好和最有利可图的殖民地"。[14]（英国的经典经济学家倒是有不同的看法。李嘉图就把葡萄牙选作追求比较优势而从贸易获益的例子。）

---

* 直到 1807 年，当葡萄牙王室为躲避拿破仑的入侵而逃到巴西时，才把印刷机带到巴西。政府衙门需要建立档案和印发政令、法规等文件，不能没有一个印刷厂。——见 Lang, *Portuguese Brazil*，第 195 页。

葡萄牙人精神上的缺陷很快成为人们的一个话柄,例如,迪奥戈·多·库托在1603年谈到过"我们葡萄牙民族思想浅薄,缺乏好奇心";英国驻里斯本使节弗朗西斯·帕里在1670年指出过"这里的人们十分缺乏好奇心,事不关己就不闻不问";在18世纪访问过葡萄牙的英国人玛丽·布里尔利则评论说"(葡萄牙)大多数人都不愿独立思考,除了少数人以外,都不肯动脑筋对他们学到的东西问一问为什么"。⑮

由于如此自我封闭,葡萄牙人即使是在他们一度居支配地位的那些领域,也落后了。他们"在航海理论和实践中曾一路领先,如今却成为落伍的蹒跚者"。⑯到17世纪末,航行于对印度贸易的几艘船居然用外国人当领航员。航海图保持绝密的日子一去不复返了,荷兰人有了更好的航海图。当国王约翰五世(在位1706—1750年)被他的首席工程师说服,下令更新数学、军事工程学和天文学的教学内容时,所需的仪表器械不得不采用外国货。

到1600年,尤其是到1700年,葡萄牙已成为一个落后的弱国。昔日那些表面上皈依基督教的犹太科学家、数学家和医师都逃走了;没有敢持异议的人来接替他们。1736年,多姆·路易斯·达·库尼亚叹息说,可惜葡萄牙没有改革派(加尔文教派)那样的人。他指出,法国人正是由于天主教会受到了胡格诺教派的挑战,才得以避免落到他们的葡萄牙兄弟如此的"悲惨"田地。话很刺耳,但一语破的。如果说商品上的互通有无很重要,那么思想上的互通有无要更加重要得多。

注释

1. William Hunter, *History of British India*,第一卷,第109页,Masselman 曾在《殖民主义的摇篮》一书中引用过,见该书第218页。Masselman 写道:"诸如此类的例子很多,都是蓄意推行的旨在控制印度的恐吓政策的产物。"像割鼻砍手之类的行为——因为这是一个经过了深思熟虑后所做出的举动——参见本书第五章叙及的西班牙政策。

2. 引自 Boxer, *The Portuguese Seaborne Empire*,第297页。

3. Lang, *Portuguese Brazil*,第34页。

4. Boxer, *Portuguese Seaborne Empire*,第59页。

5. 出自 *The Letter—Book of William Clarke, Merchant in Aleppo*,引用于 Domenico Sella, "Crisis and Transformation in Venetian Trade" 一文,载于 Pullan, ed., *Crisis and Change in the Venetian Economy* 一书,第97页。

6. 关于所有这些,见 K. N. Chaudhuri 的著作:*The Trading World of Asia and the Eng-*

lish East India Company 1660—1760；Trade and Civilization in the Indian Ocean 及 Asia Before Europe。

7. 摘自 Boxer，*The Dutch Seaborne Empire*，第 115 页。关于葡萄牙人相对于荷兰人和英国人的弱点，见 Meilink—Roelofsz，*Asian Trade*，第 116—135 页。

8. Boxer，*Portuguese Seaborne Empire*，第 57 页。

9. 见卡蒙斯的《卢西塔尼亚人之歌》。这是一部多年写成、最后于 1572 年出版的著名史诗。

10. Boxer，*Portuguese Seaborne Empire*，第 147 页。

11. 这是 Antonio Vieira，S. J. 神父（1608—1697）的表述，引自 Boxer，*Portuguese Seaborne Empire*，第 340 页（"卡菲尔"是穆斯林对非伊斯兰教徒的称呼。——译注）。

12. Seed，*Ceremonies of Possession*，第 135—137 页及注 133。

13. Boxer，*Portuguese Seaborne Empire*，第 350 页。

14. Dom Luis da Cunha 之言，引自 Boxer，*Portuguese Seaborne Empire*，第 356 页。这自然是暗指 1703 年签订的梅休因条约，按照该条约，葡萄牙同意免税进口英国的羊毛和毛纺织品，而英国则按大大压低的汇率购买葡萄牙的波尔图红葡萄酒和马德拉白葡萄酒。

15. 同上，第 340—342 页。

16. 同上，第 350 页。

17. 同上，第 344 页。

国 富 国 穷
第 10 章
THE WEALTH AND POVERTY OF NATIONS

为了爱财之心

……我们阿姆斯特丹人远航……利润指引着我们过海越洋,为了爱财之心,我们走遍世界上所有的海港。

——约斯特·范·登·冯德尔

Why Some Are So Rich and Some So Poor

David S. Landes

作为国家，荷兰是小的——大致和葡萄牙差不多，这样的小国是很难成为一个强大的殖民帝国的。1500年，荷兰的人口约100万；150年以后，人数翻了一番。虽然人少地狭，但它却颇具实力：荷兰的城市化程度很高，在17世纪，约有一半人口居住在城市，这个比例高于欧洲任何国家。同时它还非常活跃：一位学者在1627年就提到荷兰的陆路和水路交通的拥挤状况，"就是在罗马也没有这么多满载着旅客的马车，还有大大小小的无数船只在全国各地纵横交错的运河上航行着。"② 更引人注目的则是大大小小的港口，都熙熙攘攘地聚集着许多船舶。到16世纪60年代，荷兰就拥有1800多艘海船——是威尼斯在一个世纪以前鼎盛时期的6倍。其中，阿姆斯特丹就拥有500多艘。但对于荷兰的交通来说，整个海船队还只是一个方面：专门从事鲱鱼贸易的就有500多艘船，大多停在各地的小港口，如霍伦、恩克赫伊曾、梅登布利克等等。如今，这些小港口早已经被遗忘了。③

又一个欧洲小国超越了自己，这一成果不仅体现了荷兰内在的能力，也反映了它作为欧洲国家特有的强烈竞争意识。荷兰人的成功，集中反映了他们在工作和经商过程中所具有的、在龟兔赛跑的寓言故事中乌龟所体现的精神。丰厚的战利品和奖赏当然好，但以长远目光来看（千万不要忽视长期效益），最重要的还是从那些不起眼的、风险较低的小宗生意中获取的利润，它们会积少成多，而且从来都不会令人失望。④

我们所说的荷兰，在当年是荷兰人所称的尼德兰联省（共和国）。它是一个邦联，其北半部的一批城市、伯国和公国曾经是北欧最有生气和早熟的城市文明的地区，后来却成为封建诸侯讨价还价和联姻买卖中的抵押品和奖品。17 世纪初，神圣罗马帝国皇帝查理五世通过他父亲腓力与阿拉贡国王费迪南德和卡斯蒂利亚女王伊莎贝拉的女儿胡安娜的婚姻关系，而当上西班牙国王。* 查理的头衔很多，其中包括勃艮第公国的君主（另一桩幸运联盟所带来的果实）。而勃艮第当时统治着低地国家。低地国家——包括荷兰在内——当时是欧洲最富庶和最少民族偏见的地区之一，是工业、商业和思想交流的一个枢纽，早就摆脱了封建庄园主的奴役，习惯于经济、学术和宗教信仰上的多样性，可是由于上述的统治者曲曲折折的变迁，这时却受到西班牙哈布斯堡王朝的严紧束缚。西班牙统治者出于本国的历史经验教训，决不能容忍自己的领地内存在着公开的新教活动，这样就形成了一个不可调和的冲突的根源。⑤

荷兰人竟然跟西班牙人交战，这是历史的嘲弄。低地国家（包括南北）本来有更好的事情要做。这些强悍的中产阶级市民、海员、渔民和农民当时已充当着北欧商业的中间人。他们进口和再出口北海、斯堪的纳维亚和东欧的初级产品，如粮食、木材、鱼、油脂、焦油和毛皮。他们制造毛纺织品和混纺织品，而且是商业信贷和国际金融的能手。些耳德河**上的巨港安特卫普当时控制着新兴的海洋贸易。它内联欧洲广大的腹地，外联大西洋及其以外各地，超过了威尼斯、热那亚之类的老商贸中心，成为新大陆及其他海外地区货物的终极目的地。这些海船也许会先停靠里斯本和塞维利亚，但最终驶至尼德兰卸货，这些货物在那里被吸收和加工处理，然后再转售至世界各地。

另一方面，当时却正是西班牙于世界称霸之时。殖民地大量财富的流入，使西班牙王室实力空前殷实。西班牙成了欧洲最大强国，不能让任何东西阻碍它的主张和野心。因此，当低地国家的那些身披羊毛衣衫的、令人心烦的荷兰人胆敢跟西班牙身着丝绸的官员作对时，西班牙把他们看做是一批劣等无赖，要不惜财力和人力教训他们，让他们明白谁是主人。

---

* 查理五世当上西班牙国王是在 1516 年，故此句开头的"17 世纪"应为 16 世纪。——译注

** 亦译斯海尔德河、斯凯尔特河。——译注

那是财富和枪炮说话的世界。但在信仰方面，有两件事激化了那一地区的冲突并影响到该地区的命运。第一件事是宗教狂热和不容异己的态度在西班牙得势，导致了1492年驱逐犹太人（稍后又同样驱逐穆斯林）。许多犹太人逃到了以容忍著称的低地国家，寻求和平及尊严。

宗教上的第二件大事，则是基督教的新教崛起，形成有组织的宗教活动和信仰体系。异端邪说的故事古已有之，但在1517年，当马丁·路德把他的《九十五条论纲》贴在维滕贝格的教堂大门上时，他就迈出了与天主教分离的第一步。基督教走向分裂。在随后的几十年中，好几个国家的新教徒（继英国的罗拉德派教徒之后）把圣经翻译成本国的语言。人们自己读圣经，开始独立思考，一些未受神职的一般信徒也跟教士们一起参加造反。不少地区迅速接受了新教规，其中就包括低地国家，尤其是北部诸省，那里的对天主教会持有异议的人们早就在探索自己的良知。

所以，当西班牙行政官员和教士来到北方时，他们见到了在西班牙早已根除了的宗教信仰上的多样性和无政府状态。这是他们无法容忍的。他们的反应是不顾民众的愤怒和不听许多人的善意劝告，而实行惩罚和镇压。无论如何，对的就是对的，不能崇拜什么别的偶像而牺牲上帝（当然殖民地例外）。于是，西班牙人带来了间谍密探、思想警察和军队，建立了低地国家的人从未听说过的宗教裁判所（1522—1523年），下令处决了一批人以示警戒，从而激起了民愤和反抗。

不可避免的造反，是由北部诸省的加尔文派教徒（即所谓的海丐）领导的。南部诸省因绝大部分居民是天主教徒，还比较顺从。然而，即使是在南方，军事管制和无孔不入的监视也使开放和自由的市场受到损害。1576年，南部诸省与北方的新教同胞联合起来，对西班牙入侵者作战。入侵者则占领了安特卫普和根特等重要城市，按照16世纪的传统战争模式洗劫它们。几年之间，西班牙人就毁掉了安特卫普的繁华，引起了新的一轮逃亡。商人、织匠（他们把很有价值的"新摺饰"秘密带到了英国）、犹太人和加尔文派教徒纷纷出走。天主教徒也相继离开，因为他们明白了，在西班牙骑士横行和天主教托钵修会修士四处窥探的环境下，即便是虔诚的天主教徒也没有什么商业前途。

低地国家的南部屈服了，而北部诸省却坚持斗争，到1609年已事实上赢得了独立。加尔文派教徒在人口中并不占多数，但领导起义的却正是新教徒。在他们开始造反时，西班牙人就用刀剑和大炮镇压这些敢于反抗的民众。可是当时的荷兰人是用坚韧的金属制成的，他们即使被压弯了，也不会断裂。他们学习了战争艺术。如同中世纪时库特赖战役中的佛兰芒市民，莫尔加滕、森帕赫、缪拉特、多纳赫等战役中的瑞士农民，阿让库尔战役中的英格兰弓箭手以及反抗萨摩武士的日本农民一样，这些荷兰人也给恃强凌弱者上了一课，即弱小百姓也能打胜仗。

在这场斗争中，殿后的是阿姆斯特丹。它一直谨慎小心，对占领者采取合作态度。直到起义者已经打赢了，它才站到争取独立者的一边。靠了它的谨慎，也许正是由于它的谨慎，它径直成为独立的邦联的首都和商业中心。它在道义上不足，却靠常识得到了弥补。有时，没有原则倒得了便宜。

在殖民扩张中，也是如此。起初，荷兰人乐意让葡萄牙人和西班牙人去流血厮杀和博取荣誉，自己则充当中间商、代理商、加工者和推销商。但是，西班牙事实上兼并了葡萄牙之后，于1585年禁止荷兰船舶驶进里斯本和塞维利亚的港口，这就迫使荷兰人这些精明的商人变成在国外海洋上拼搏的斗士。

荷兰人用间谍手段学习了知识。两位关键的人物是海员、船长科尔涅利斯·德·豪特曼，和办事员、旅行家兼地理学家耶恩·休根·范·林索登。两人都在葡萄牙有关部门工作了多年，因为葡萄牙人需要一切可能得到的帮助，却没有想到荷兰人会从他们那里搞情报。当这两位背井离乡者回到荷兰时，他们带回了有关东方陆地和海洋的宝贵信息，其中介绍了海岸、岩石和暗礁；岛屿和港口；航线、风向和潮流；季节性风暴和无风期；纬度和罗盘方位；预示陆地临近的飞鸟；友情和敌情；以及葡萄牙人的强弱虚实。

于是荷兰人出海远航了。头一批有六七艘船，返航时一些载了货物，一些是空的。但主要的一点是，这证明他们可以远航了。先成立了6家公司，后来又成立了4家，它们都决心要弄到东印度群岛的香料和财宝。但是小公司显然力不从心。于是它们经过说服而联合起来。如同他们的联合省形成邦联一样，团结起来有力量。就这样，联合东印度公司（VOC），即荷兰东印度公司，于1602年宣告成立。

荷兰人原本是想靠商业赚钱，但却发现在那个世界上贸易也是跟武力绑在一起的。不经当地的统治者或者他的代理人恩准，有钱也买不到香料，而那代理人也为他自己捞钱而操心。没有一笔生意是牢靠的，因为当地的统治者可能把同一批货卖给两家。当地政治上的勾心斗角错综复杂而且多变——穆斯林与异教徒相斗，保皇党与造反派相斗，其中一些人的政治立场变来变去，小的首领也会变成国王或苏丹。这一切又由于其他欧洲人的行动而进一步复杂化和恶化。已经插足于当地的葡萄牙人不惜采用贿赂、说谎、偷盗甚至杀戮等手段,来阻挡荷兰人。从菲律宾后门挤进来的西班牙人也是一样。还有接踵而至的英国人,他们的人数还太少,难以竞争市场或地盘,但他们航海术和枪炮技术高超,足以弥补人数的不足。

在这些东方海域中,大家都是半人半匪,其中包括当地的海上劫匪,他们伏击过往的小船,直到现今还袭击手无寸铁的难民。但最厉害的是英国人,称得上海盗之中的海盗。不论多大的船都敢拦劫。如果你不能经商赚钱,那就从经商赚钱的人们手里抢钱,这真是不错的谋略。在这些各色人等之间来往穿梭的,则是当地的商人:印度的古吉拉特商人,红海和海湾的阿拉伯人,马来西亚人和印度尼西亚人,尤其是华人。华人在他们自己国内受到政府干涉和贪污腐败的束缚,但一到海外就放开了手脚,其经商精神远远高出于其竞争对手。

在这种形势下,荷兰人学习了战斗。他们的海员在从特塞尔岛进入公海时,也许还只是"旱鸭子",但是在驶往东印度群岛的几个月航行途中,他们天天操练,擦洗甲板,拖舰炮就位,搬运炮弹,练习打靶,装卸枪炮,在海上保持战备。如果他们要幸运地克服当时长途航海中通常都会遇到的种种危险,他们掌握这些技能就是必不可少的。

在阿姆斯特丹,荷兰东印度公司的董事们可是不喜欢这些风险和付出这些代价,因为它们吞噬了进货价和出货价之间的价差的一多半。以香料为例,当时在欧洲的售价是他们在东印度群岛采购价的10倍到12倍,可是扣除间接成本以后,利润就降到100%以下,尽管仍相当可观,但却远远低于预期的奇迹水平。

进货价与出货价之间的巨额价差,当然是由于市场所受到的限制。如果有一个自由的、高效的市场,单位商品的平均利润额会降低,而总的资本回收率却会升高。但荷兰东印度公司也不喜欢那种局面。它想要做的,是排除竞争者,使得东印度群岛的采购价格由它一家说了算,从而保持进货出货之间的巨幅价差。这样就会得到最大限度的利润。这不是做生意,而是弄权,仗势欺人,谋取经济学家所说的经济收益。

此外,荷兰东印度公司的这些人是实用主义者。荷兰与西班牙经过长约80年的冷战和热战之后,终于在1609年出现了和平的前景,这令他们感到欢欣。和平协议要求在维持现状的基础上划分势力范围,而荷兰东印度公司却要先下手改变现状。为了抢在西班牙向它驻菲律宾的人员传达信息之前,公司董事会派了一艘快船到东印度群岛,向它的代理人下达指令:在一切有可能的地方开设工厂和代理处，以便能提出所有权的要求。这种积极进取抢占地盘的做法必定会引起冲突，但如今不是胆小怕事的时候。公司的首要目标是香料群岛，那是当时世界上唯一的豆蔻、肉豆蔻干皮和丁香的来源地。一运到印度，这些香料就带来10倍到15倍的利润。"班达群岛和摩鹿加群岛是我们的主要目标。我们强烈建议你们把这些岛屿挂到公司名下，如果用条约不行，就用武力！"⑥

这是在早期，相当于婴儿时期。一等到公司地位巩固以后，公司董事会就不赞成再动武。但公司派驻当地的代理人纷纷提醒董事会正视亚洲的生活现实，至少是他们所看到的现实。例如，公司派驻巴达维亚（今雅加达）的年轻有为、手腕强悍的总督伊恩·彼得森·科恩——正是他建立了巴达维亚城，作为公司驻东印度群岛（荷属果阿）的总部，并用以控制巽他海峡这一条通往摩鹿加群岛的狭窄水道——就致函公司董事会说：

诸位董事阁下想必从以往经验中得知，亚洲的贸易须在公司自己的武器的保护和威力之下始得以驱动和维持，而购置武器的费用又须以贸易之利润支付；故贸易不可无作战，作战亦不可无贸易。⑦

20来年后，又出现相同的争议。公司的代尔夫特股东会议批评了当时在攻占马六甲和锡兰的两次战役中付出的人力财力代价太重，指出："商人更荣耀的业绩是发挥聪明才智，把丰盛的货物从亚洲运回荷兰，而不是以高昂代价征服土地，因为征战之举更适宜于君王霸主，而非牟利商人之事。"此时的公司东印度总督安东尼奥·范迪门则答复说："一般与特殊之间、一种贸易与另一种贸易之间，大有区别。每日的经验使我们懂得，公司在亚洲的贸易若无土地征服即无法存在下去。"⑧

多年来，派驻殖民地的人都像君王一样独立行事，国内的市民则苦恼无奈。董事会怎么能做决定呢？从阿姆斯特丹往东印度群岛发指示，再收到答复，通常要经过两三年。到这个时候，生米早做成熟饭了。海外帝国的历史大体上都是一部既成事实的历史，不单是荷兰如此。

荷兰人的这类既成事实太多了，诸如进攻葡萄牙人（往往是与当地穆斯林统治者相勾结而发动这些进攻），侵袭西班牙的地盘，跟英国人交战，追捕海盗和自为海盗（一国之海盗即为对付另一国之警察），对当地统治者实施惩罚性讨伐和先发制人的打击，作出种种承诺和签署种种协议，欺骗和叛卖，如此等等，难以逐一细叙。重要的一点是：荷兰人终于"拥有"了摩鹿加群岛（香料群岛）和爪哇，同时在印度尼西亚群岛的其余岛屿建立了有效的势力范围。他们还占领了锡兰和"福摩萨"（台湾），并且在印度东海岸（南起科罗曼德尔，北至孟加拉）建了一系列工厂。他们在印度西海岸（马拉巴尔）却不那么成功——靠葡萄牙人太近了，而葡萄牙人仍能捍卫他们的那片地盘。荷兰人还曾试图占领澳门，但未成功，不过最终获准在广州（与其他外国人一起）进行对华贸易；在日本，他们是获准经商的唯一一国欧洲人，条件是他们的活动范围仅限于长崎港的一个小岛，并忍受相应屈辱。利润重于自尊嘛。

荷兰人从他们经历的这些战斗和商贸活动中，吸取了他们的如下教训：对任何人都不可信赖，即使是同样信奉基督教的人也靠不住（他们有充足的理由明白这一点）；一般说来，亚洲人都是说谎和偷盗成性的坏蛋，穆斯林尤其如此。反过来，其他欧洲人则将荷兰人视作道貌岸然而贪得无厌的伪君子；穆斯林和别的当地人出于他们的信仰、恐惧以及跟荷兰人打交道的体会，则深信为对付荷兰人这样的异教徒，任何手段都不为过分。这些看法都不全对，也不全错。在当时的东印度群岛生活和工作，是无法展现出人性善的一面的。此外，亚洲人当时恐怕不曾见过优秀的荷兰人，尽管他们不可能了解到这一点。荷兰东印度公司招募的下层人员是来自荷兰语和德语社会的渣滓，而公司的高层人员则是贪婪者之中的最贪婪者。巴达维亚是谋杀案层出不穷的地方，臭名远扬；这些岛上还疫病流行，去了就难生还。因此，有点生存本能的人都不敢久留。他们不能不想方设法迅速发财。

怎样驯服这种可以理解的贪婪？公司想靠吝啬的办法培养俭朴的习惯，给员工只发少得可怜的工资。不用说，这被证明是一种坏策略。贪婪引出贪婪，公司董事会的吝啬引发出公司员工最丑恶的一面。到头来，他们操心得最多的，是自己如何致富，而不是为阿姆斯特丹的公司主子效劳。如果有一位精明的律师为他们作辩护，他就会指出他们别无选择。他们不得不想点子赚钱；必要的话，他们还不得不偷盗。

他们正是这样做的。荷兰人在东印度群岛的最大量的生意，并不是来往于群岛和荷兰之间的公司货运，而是所谓的地区贸易，把货物贩运于亚洲各地之间：把棉花从印度的科罗曼德尔运到印度尼西亚和中国；把丝绸从中国、东京*、印

---

* 越南北部一地区的旧称。——译注

度和波斯运到菲律宾的马尼拉，再转运到新西班牙（墨西哥）；贩运日本出产的金银以及从菲律宾转口的墨西哥金银；中国出产的茶叶和黄金；穆哈的咖啡，后来还有爪哇的咖啡；以及从布敦、巴厘和缅甸若开邦贩来的奴隶，等等。一批批大大小小的船舶，其中包括十分忙碌的华人驾驶的帆船，奔波于东方海上，按照供求的指引，穿梭于各个港口间。除了这些货物以外，公私船舶上还有水手个人采购和偷窃来的财宝，他们把这些东西装在衣柜中或者悬挂在舷缘外。这些低贱的人生活得像狗一样，被当做狗一般对待（奴隶受到的待遇都比他们强一点，因为奴隶是可以卖钱的）。[9]所以他们也做点买卖。船上人人都是做生意的，船长和货舱押运员不能不留心守住他们的舱位，防止被私人货物侵占。他们也有自己要搬运的货。

规章制度如果需要不断地重申和强化，就不成其为规章制度，这是历史证明了的一条明明白白的道理。荷兰东印度公司的情形即是如此：它不断地明确规定可以免税运回荷兰的货物的质量和数量，企图靠这种办法为公司保留住最有价值的商品。但收效微乎其微。正如一位英国历史学家在评论英国东印度公司类似的规章制度时所说的那样，"这种奇特安排会得到什么样的结果，即便凭一只不大的兔子的智力也会预见出来。"[10]尽管贩运私货偶尔也有被没收和受惩罚的，可是人人依然干这种非法交易，原因之一就在于从上到下，大家都在干这个。

贩运私货，大人物比小人物更来劲——他们在船上的柜子更大。即使是那些所谓的检查员，只要对私货睁一只眼闭一只眼，就可以挣到多得多的钱。公司派驻海外的总督，正式的月薪是700弗罗林，可是他回国时捞到的财富可能价值1000万弗罗林。一个小商人愿向公司人事局交3500个弗罗林，买一个月薪40弗罗林的职位，因为他利用这个职位赚回的钱会是4万弗罗林。最后，公司开始按照估算的职员个人收入，对他们征税，这一举措只是促使他们更热心于他们自己的买卖。难怪在公司寿终正寝以后，人们把公司名称的缩写VOC解释为"Vergaan onder Corruptie"（"因腐败而亡"）。[11]

尽管如此，公司还是赚了钱。从它成立之时算起，它付给股东的年息平均达18％。它的收益大部分来自它对农产品的垄断：首先是香料群岛的香料；其次是爪哇的大米，因为他们不能让香料群岛的宝贵土地浪费在粮食作物的种植；随后还有公司引进到爪哇的咖啡和蔗糖（咖啡原产于阿拉伯半岛的穆哈地区，但荷兰人成功地在爪哇种植咖啡，使我们又有了一种新的饮料）。别的利润来自公开市场上的采购：中国的瓷器、丝绸和茶叶；印度的丝绸和棉花，等等。然而在这方面公司不得不与别的贩卖者竞争。无怪乎公司董事会更乐意于实行垄断。

可是从长期来看，垄断是不牢靠的。要防止本地人和外人打破垄断，就需要使用武力，而使用武力是要耗费大量财力的，只有拥有税收权的主权国家才负担得起。[12]因此，荷兰东印度公司势必要用它自己的统治来取代当地王公的统治。这样一来，公司就增添了非商业性的开销，这种开销是没有尽头的，而且是无法预料的；它们并不上账，因为很容易把它们分摊在别的项目上。因此，这种开销在不知不觉之间日益增长，等到察觉的时候，已经太晚了（与当代国家头痛的预算赤字恐怕有些相似之处）。

此外，这种统治还导致公司在当地实行指令经济。用 J. S. 弗尼瓦尔的话来说，"这一大片群岛变成了一片大地产，可以说是一片大种植园。"[13]这种做法也许曾一度增加了公司的直接收入，但却损害了当地种植者的积极性，从而减少了税收。所以从长期来看，如果保持自由市场，公司赚的钱也许会更多一些。[14]

长远看来：使用武力要花钱，而在不使用武力的情况下，人们就会不听使唤。到一定时候，他们宁愿闲呆着，或者铤而走险去"犯罪"。

以丁香为例。丁香树成熟时可达 40 英尺，原先仅见于安汶岛（安波那岛）和几个较小的岛屿。荷兰人为了实行垄断，硬把别的岛屿上的居民都迁到安汶岛，而且事先就把他们原有的树都砍掉了，以便对他们加强控制，防止他们将丁香卖给非荷兰籍的买主。用荷兰东印度公司的话来说，只有安汶岛的居民才享有种植丁香的"特权"。

这一特权包括了一项义务，即在需求降低时要砍倒一些树，同时居民的食品都必须按照公司规定的价格（自然是高价了）从公司购买。公司方面可以任意规定丁香的收购价，其目的自然是尽可能少付钱，只要岛民不至于罢种就行。公司出于其贪婪本性，付钱不足，这自在意料之中，于是"享受特权"的安汶岛人对这一特权也就失去了兴趣。1656 年，荷兰人发现丁香供不应求，就命令岛民多种树。到 1667 年，又禁止再种树。1692 年和 1697 年，他们两次下令砍树。18 世纪中期，需求再次上升，公司又命令扩大种植，几年之后自然又是强迫砍树。到这个时候，安汶岛上的丁香种植者已贫困不堪，厌烦极了，岛上人口下降了1/3。与此同时，英国人和法国人已开始在他们的领地上种植丁香，荷兰的垄断宣告崩溃，香料总的说来也不再是原先那样珍贵的商品了。[15]

咖啡是另一个更奇特的例子，表明了亚当·斯密所说的那种"完完全全具有破坏性的体制"。[16]咖啡首次输入荷兰是在 1661 年，1696 年起，荷兰人开始尝试在爪哇种植咖啡树。最初的收购价是每磅 10 个斯忒弗，所以当地人种植这种新作物挺热心。总想省钱的荷兰东印度公司把收购价降到了每磅 2.5 个斯忒弗，这样一来，当地人就开始砍咖啡树，即使公司以惩罚相威胁，也止不住。于是公司采取了强迫种植措施，硬性规定交售指标，同时提高了收购价。但后来胡椒涨价，公司就让当地人砍掉咖啡树，改种胡椒。1738 年，公司决定把咖啡种植面积减少一半，次年又规定公司的收购限额为 270 万磅。但后来获悉仅荷兰一国就需要咖啡 600 万磅，公司就把收购限额升到 400 万磅——总是宁缺毋滥。然而它付给爪哇种植者的报酬太低了，人们不愿种咖啡，结果，公司在 1751 年所能收到的咖啡还不到 100 万磅。咖啡树长成结实需要 4 年时间，而一会儿种树一会儿砍树的穷折腾，是不可能对需求的升降作出灵活的、合理的反应的。

18 世纪，荷兰东印度公司贸易量下降（香料跌价），利润随之减少，但它却继续给股东慷慨分红，甚至不惜为此贷款。这是一个很难理解的迹象。它当时仍在赚钱吗？我们所能看到的档案不全，而且他们的记账方式也使别人很难算清楚。例如，管理部门的盈亏没有列入公司商业盈亏的总账之中，实际上找不到有关数据。费尔南德·布劳德尔尽管有一大批研究人员作助手，也仍然查不清这些账目，而不得不放弃他的努力，指出："……这一套记账的制度使人们无法列出总的资产负债表，因而无法准确计算实际的利润。"[17] 谁能说公司董事会的 17 人理事会就了解实情呢？我们一般都以为大企业是有理性的，理性就要求了解情况。然而，企业史表明，有许多决策都是瞎蒙和心血来潮。否则，这些企业怎么会给它们自己捅出大窟窿呢？[18]

到 18 世纪末期，政治上的风云变幻使情况变得复杂了许多。1781—1784 年，荷兰陷入了与英国的战争，荷兰东印度公司难以在低地国家和东印度群岛之间运输货物。它不得不要求延期还旧债，同时再借新债。这时，荷兰政府成了公司的唯一贷款人（银行家更现实一些，不再给它贷款了），公司的命运与联省共和国的命运绑在了一起。接下来，法国大革命促使荷兰政治激化，荷兰出现傀儡政权，即巴达维亚共和国（1795），它对旧政权遗留下来的大公司的利益就没有那么多的同情了。随后，荷兰重新陷入与英国的战争，公司的贸易量陡降 2/3，它的最终结局已无可避免。荷兰政府接管了联合东印度公司（VOC）——包括它的资产、债务以及它建立起来的殖民帝国。*

---

* 此事发生于 1799 年。——译注

这一帝国依然存在；事实上，1814年重建的荷兰王国在19世纪把它管理得不错。管理的费用来自于政府对特定的种植园作物（咖啡、茶叶、甘蔗）所规定的上交定额，以及对盐和鸦片贸易的能赚大钱的垄断。从1870年起，荷兰人放弃了种植园那一套"文化体系"，原因之一是他们相信自由市场会运作得更好，另一原因是他们对强迫劳动的做法感到内疚。这一开明转变得以顺利实现，也是多亏东印度群岛有了两种新的、产量增长得很快的产品：一是1883年从巴西移植过来的橡胶，一是19世纪80年代后期在婆罗洲和苏门答腊发现和开采的石油（1890年成立了荷兰皇家石油公司）。可是还没有来得及弥补早年的过失，第二次世界大战就爆发了，日本人占领了荷兰的这些领地。日本的占领仅持续几年，但影响已绰绰有余。统治制度的变化滋养了人们对自由的向往。它让印度尼西亚人看到，亚洲人可以打败欧洲人，欧洲人并不是不可战胜的。

日本投降，这些岛屿归还荷兰，但没有保持多久。1949年，荷兰让印度尼西亚独立了，荷兰人业已经历几代人的悔过自责，因而乐意放弃他们的统治。新的印度尼西亚共和国诞生。它也是一个帝国，宣称它对荷兰人交过来的所有土地都享有主权，此外还再加上东帝汶等几块地方，而不顾当地居民的特性和愿望。对印尼统治不满的持不同政见者可以到荷兰寻求避难，在那里会处境好一些。具有讽刺意味的是，多亏有过荷兰东印度公司和西方帝国主义，苏门答腊和爪哇往昔那些苏丹的梦想，终于由"人民民主"的新苏丹实现了。

注释

1. Joost von den Vondel, *Werken*, 第三卷，第628—629页；英译文见 Keene, *The Japanese Discovery of Europe*, 第3页，这是一本有关日本研究的著作。

2. 选自 Braudel, *Civilisation Materielle*, 第三卷：Le temps du monde, 第149页。

3. Israel, *Dutch Primacy*, 第24页。

4. Peyrefitte; *Du "miracle"*, 第146—147页。

5. Israel, *The Dutch Republic*, 第183—184页。

6. 1608年3月29日，公司董事会给商船队长 Pieter Verhoef 所下的指示，引自 Masselman, *Cradle of Colonialism* 一书，第257—258页。预定的最后期限是1609年9月1日。关于香料收益的详情见 Prakash, "Dutch East India Company" 一文，第189页和注6。

7. J. P. Coen 于1614年12月27日写给荷兰东印度公司董事会17人理事会的信，选自 Boxer, *Dutch Seaborne Empire*, 第107页。关于 Coen 的生平，见 Masselman, *Cradle of Colonialism*。

8. 同上，第 107 页。

9. C. P. Thunberg, *Travels in Europe, Africa and Asia, 1770—1779*, 第一卷，第 277 页，引自 Boxer, *Dutch Seaborne Empire*, 第 238—239 页。

10. Hannay, *The Great Chartered Companies*, 引自 Boxer, *Dutch Seadorne Empire*, 第 225—226 页。

11. Furnivall, *Netherlands India*, 第 49 页。

12. 早在 17 世纪 20 年代，荷兰东印度公司同意与英国分享它在香料群岛的垄断权，但条件是，英国同时也要与它分担当地驻防的费用。英国觉得费用太高，也就放弃了。见 Prakash, *Dutch East India Company*, 第 188 页。

13. Furnivall, *Netherlands India*, 第 39 页。

14. 亚当·斯密谈到英国与北美殖民地的贸易时，曾推论说，航海条例所造成的垄断地位使得利润率高于自由市场条件下的利润水平，见 *Wealth of Nations*, Book Ⅳ, ch. 7, Part 3。但他没有考虑到殖民地的收益及其带给英国的税收。倘若他考虑到这些因素，他也许就有进一步的理由来反对这种垄断行径。

15. Furnivall, *Netherlands India*, 第 39 页；Vlekke, *Nusantara*, 第 203—204 页。

16. *Wealth of Nations*, Book Ⅲ, ch. 7, Part 3。

17. Brandel, *Civilisation Materielle*, 第三卷：*Le temps du monde*, 第 191 页。

18. 同上，Braudel 提到 Johannes Hudde, 即东印度公司在 17 世纪末期的董事长，他在当时就已了解到了记账体制的缺点并曾试图加以改进。但他没能成功。"这其中有成千上万条理由和非常棘手的困难。但很可能也因为公司的董事们并不愿意公布内容清晰得一览无余的账本。"不透明也有它的好处。这种情况在现代商业运作中也没有销声匿迹，如果在所有人、董事和经理之间存在着利益冲突的话，情况还会更严重。

国富国穷

第11章

THE WEALTH AND POVERTY OF NATIONS

大财源

　　英国人就像波涛汹涌的潮水一样，他们是那样地锲而不舍、充满活力，并且不可抗拒。他们会使尽浑身解数去得到想要的东西，甚至不惜动用武力。荷兰人聪明能干，好静并颇有耐性。如果可能的话，他们总是通过劝说的方式达到自己的目的，尽量不动用武力。爪哇很可能会有天被英国人征服。

——*爪哇王子约1780年*

Why Some Are So Rich and Some So Poor

David S. Landes

罗马人有这样一句话，Pecunia non olet——钱无气味。人们也许不喜欢钱的样子或是制造钱的人，但他们喜欢钱，并且想办法去得到它。

从另一种意义上讲，钱又是有气味的，而且很强烈，会把远近的人们都吸引到它身边。*

1592年，英格兰跟西班牙和葡萄牙处于交战状态，当时葡萄牙是由于王室联姻和继承问题上的把戏而与西班牙联合在一起。在这之前约4年，英格兰人已击退了西班牙的一次海上入侵，摧毁了它自封为"无敌"的舰队。而到了这个时候，英格兰有一个海军中队游弋于亚速尔群岛附近，其任务是截击和俘获那些来自新大陆、很可能载有墨西哥或秘鲁金银财宝的西班牙船舶。有一次来了一艘葡萄牙武装商船，它叫"圣母号"，是由东印度向里斯本返航。** 此船之大，为英国人所从未见过：它长165英尺，宽达47英尺，重1600吨，等于英国最大船只的三倍；有7层甲板，32门火炮，外加其他武器，上层结构富丽堂皇，舱内装满财宝。

这真是梦寐以求的货物：舱柜里尽是宝石珍珠，金币银币，比英格兰还古老的琥珀，成匹的精美织品，适于一座宫殿用的挂毯，425吨胡椒，45

---

* 此标题原文为Golconda。作者注释它的含义：（1）指印度安德拉邦西部一古城遗址，该城1512—1687年曾为一穆斯林王国首都。（2）指大财源，如Golconda附近的钻石矿。

** 由于西风带和墨西哥湾暖流东流的影响，亚速尔群岛当时成为由西印度和东印度返航的船舶皆必经之地。关于该群岛在美洲贸易中所起的作用，见Landes, "Finding the Point at Sea" 一文，及Broad, "Watery Grave of the Azores" 一文。

吨丁香，35吨肉桂，3吨肉豆蔻种衣，3吨肉豆蔻，2.5吨安息香胶（用于制作香水或药剂的一种芳香度很高的天然树脂），25吨胭脂虫红（用亚热带的雌胭脂虫干体制成的红色染料）和15吨乌木。英国海军中队长还没有把战利品清点完毕，他手下的那些肆无忌惮的水兵就往自己腰包里塞东西，能拿走什么就拿什么。

当"圣母号"载着这些东西驶抵达特茅思港时，它高高耸立于其他船舶和码头一带矮房屋之上。商人、经纪人、扒手和小偷蜂拥而至，来自周围数英里以及来自伦敦和更远的地方，像蜜蜂采蜜一样，来参观这艘巨船（当地的渔民驾小船运送他们于岸船之间，不停地往返，收取高费），还在酒馆和赌场里寻找那些喝得醉醺醺的水兵，设法从他们那里套购、偷盗和倒卖赃物。按照英格兰的法律，这批掳获物的很大一部分属于女王所有；伊丽莎白女王得悉情况后，派沃尔特·雷利爵士到现场，取回她的钱财和惩办劫掠者。这位雄赳赳的爵士发誓说，"我一定要把他们剥得精光，因为他们劫走了女王陛下应有的大部分珍贵物品。"

等到雷利控制住局势时，原先估计价值约50万英镑的财富——几乎相当于当时国库钱款的一半——已减少到了14万英镑左右。尽管如此，还是用了10艘船才把这些财宝沿海岸运到泰晤士河口，再溯河而上运到伦敦。继西班牙向秘鲁印加帝国末代皇帝阿塔瓦尔帕索取的巨额赎金之后，这大概就是历史上最大的一次捕获了。它也像那笔赎金一样，成为一剂极其强烈的开胃剂。这笔钱财让英国人尝到了东方财富的一点甜头，激发了他们对遥远东方土地的兴趣，从而将英国（以及世界）推上了一个新的航向。

英国人从"圣母号"那里还学到了另一课。当几年之后，又一艘满载战利品的船驶入泰晤士河卸货时，那些搬运工人所得到的工装是"用帆布做的无口袋的紧身背心"。①

与荷兰人一样，英国人在16世纪末来到了印度洋。他们就像入侵者和劫掠者，与其说他们是在做贸易，还不如说是在抢劫。只是后来他们才谨慎小心地转而经商了。

荷兰人将他们的一些独立的公司合并而组成了他们的东印度公司，大规模地向印度洋调集船舰和武器装备，力图将葡萄牙人和其他的觊觎者赶出印度尼西亚群岛。相比之下，英国人的行动是零敲碎打，把每一次航行当做一次单独的冒险，要求参与行动的商人每一次都重新聚集资本。在这早期阶段，英国人和荷兰人发生过冲突，英国人也打赢过几次，但是他们没有足够的实力向荷兰人提出真正的挑战。因此，他们寻找别的贸易机会，转向北面的印度。后来的事实证明，这是幸运的一举。

像荷兰人一样，英国人也宁愿避开葡萄牙人。在印度东面，他们首先登上东南部的科罗曼德尔海岸，远离东南角的马拉巴尔海岸。在印度西面，他们跳过果阿，在西北岸的苏拉特取得了贸易特权，而苏拉特是莫卧儿帝国的主要港口，是通往印度内地富庶地区的门户，是与波斯和阿拉伯世界贸易通道的一个起点。随后（1661年），他们获准在孟买落脚，孟买当时还是一个几乎荒无人烟的小岛。与果阿相比，孟买比较安全，不易遭受来自大陆的侵袭。英国人把它建成一个工业基地以及西海岸的主要商业中心。

在半岛的东面，英国人在马德拉斯站稳脚根以后，往北进入了孟加拉湾和胡格利河谷。从1690年起，他们在当时的一个小村庄加尔各答建起了他们自己的商业城。关键的一步是他们在1698年花钱买到了当地的一种"封建"特权（田赋征收权）。对欧洲人的打扰感到恼恨的地方当局，本来是瞧不起这种权利的，但是随着印度的商人和官员变得日益依赖英国人的贸易、援助和善意，这种权利也日益受到人们尊重了。[②]

所有这种种游戏的主题，就是花钱买那些既得利益集团的友谊与合作。首先是印度大商人和莫卧儿帝国的廷臣。接下来的是地方官吏和采邑领主。他们指望着英国人的馈赠（贿赂）和津贴，用英国的船运输他们的出口货物，有时甚至投资于英国人的生意。英国派驻莫卧儿帝国的大使托马斯·罗伊曾明确阐述过这一任务："让我们大家都接受这样一条规则，那就是：如果你想发财，就在海上打主意，作悄悄的贸易，因为若想在印度驻军和进行陆地战争，那无疑是错误。"[③]

荷兰人也曾想在印度玩这种游戏，但不如英国人成功。在荷兰人看来，印度尼西亚是当务之急，剩下来的精力和人力物力才用到印度。在印尼那些岛屿上，荷兰的火力驱逐了竞争者，以力服人比较容易。他们一开始就处于强有力的地位，而科恩之流的一些总督咄咄逼人的脾气更影响到荷兰人的行为方式。荷兰人更重视印度尼西亚，还有物质上的原因。他们的目标是在印度尼西亚垄断一切，而置当地人的利益于不顾。这在印度却是办不到的，因为印度本国的统治者比较强大，那里还有别的欧洲人已经取得立足点，彼此争夺市场。

然而，所有的商人都宁愿要垄断而不要竞争。英国人一旦实力增强了，就也动用起武力：他们以海军封锁相威胁，这种封锁会打击印度的对外贸易并阻拦穆斯林去麦加朝圣；他们开始修筑要塞并派部队驻防；他们劫掠印度船舶和索要赎金。1677 年，英国东印度公司驻苏拉特总裁兼孟买总督杰拉尔德·盎吉尔给该公司在伦敦的董事们写信，详细描述了新出现的业务形势。他建议采取"严厉而且有力"的方针："为了正义，为了你们财产的需要，现在该用你们手中的剑来管理你们的全盘生意了。"这一建议在伦敦受到赞许，乔赛亚·柴尔德主持了公司董事会，决定要制服印度政局的乖张变异。1687 年，马德拉斯城外的圣乔治要塞接到了指令：使用武力以保证丰厚而持久的收入，从而为"英国今后永久在印度取得宏大的、有雄厚根基的、牢靠的支配权奠定基础"。④这就为插手印度政治和行政管理开了通行证。这时莫卧儿帝国分崩离析的征兆已隐约显露，印度那些图谋篡权的人蠢蠢欲动，想要从外国公司中间寻找同盟军。

与此同时，王位世袭制度既能产生治国贤君，也能产生出傻瓜。莫卧儿帝国的统治者错误地认为像英国人这样的商人只能屈服听命于帖木儿和巴伯尔*的战士。孟加拉地方行政长官按照由来已久的方式压榨勒索英国商人——对海绵不挤不压，还要它干什么？

有一段时期，英国人没有吭声，逆来顺受。可是，他们并不是普通的商人。印度当局的横征暴敛促使这些闯进来的英国人考虑以暴力还击。1752 年，一名恼怒的英国人直截了当地道出了他们的心声，对克莱武**说："该收拾收拾这条老狗〔指印度的地方行政长官〕了……公司必须认真考虑这一点，否则在孟加拉做生意还不够填他们的胃口。"⑤克莱武果真认真考虑了。

在印度，英国人知道了在亚洲的贸易远远不止是香料。比如，印度生产着当时世界上最优质的棉纱和布匹，而英国就很快地抓住了这个机会，他们在这方面远远赶在了其他竞争者之前。葡萄牙人对此项贸易兴趣不大，就连荷兰人也很晚才觉察到。但英国东印度公司则下定决心要推动棉制品的发展并努力开发市场："东方棉布是一个其用处还未被人们完全了解的商品，我们必须打开销路，将这种商品运往各个港口试销。"⑥

这一产品的传统销路在于印度尼西亚和东南亚的商人们，他们用香料或其他

---

* 巴伯尔（1483—1530），莫卧儿帝国的开国皇帝，帖木儿的后裔。——译注

** 克莱武（Robert Clive, 1725—1774），英国军人，曾三度活动于印度。1757 年率兵攻占孟加拉，出任英国首任孟加拉总督，1764 年任驻印度英军总司令。——译注

本地特产换取印度棉布。同荷兰人一样，英国人最初也这样做，因为他们自己没有什么东西可以卖，因此，印度的棉制品就成了他们支付货款的主要来源。（在那样一个需要凉爽而不是温暖的气候环境中，英国的毛纺织品几乎就没有什么市场竞争力。）然而东印度公司一个非常重要的创新措施就是将这些棉制品介绍到欧洲：1619—1621年间，荷属东印度公司向尼德兰运去了1.2万匹棉布；英属东印度公司到1625年运回的棉布达到22.15万匹。在经过了短暂的消化和回缩后，到17世纪末，此项贸易呈直线上升趋势：年销售量在17世纪60年代末是20万匹；70年代是57.8万匹；而到了80年代，则增至70.7万匹。荷兰商人虽然也采取同样方式，但他们的贸易总量只是英国人的一半，甚至更少。⑦

印度的棉制品改变了欧洲人的装束以及他们公司海外分支机构的命运。棉制品不仅比毛纺织品轻，而且又便宜，更宜于修饰（通过染色和印花），易于清洗和更换，一个充满棉制品的新世界展开了。即使是在寒冷的气候条件下，棉制内衣的普及也改变了传统的洁净、舒适和卫生的概念。在美洲的种植园里，这得到了进一步的证实；就像一些牙买加商人所说的（1704年）："……在这样一个地处热带的岛上，大部分居民的衣服都是漂染过的棉布料，这种布穿着舒适而且物美价廉，同时又经得起频繁的换洗，这对于保持衣服的整洁和促进人们身体的健康有很大帮助。"⑧这是一种遍及范围很广、需求量巨大的商品，它足以带动一场工业革命。

就这样，英国人贩运棉制品，再加上数量较少的生丝（产自孟加拉）、靛蓝染料和硝石*，还有胡椒，而其他更珍贵的香料的生意则只好让与荷兰人了。胡椒曾是吸引欧洲人探险和扩张的耀眼明星，但到这时已地位下降了。由于开辟了一些新的胡椒种植区，出现了供大于求的局面。胡椒价格大跌，这种当年那么高

---

* 硝石（即硝酸钾，KNO_3）是火药必不可少的成分，因此这种原料具有非常重要的经济和政治价值。硝石的重要成分氮在当时是从含尿液的土壤中提取的，因为尿含有尿素〔$CO(NH_2)_2$〕；而印度的人口与西欧相当，排尿量大，土壤条件又格外有利。氮化合物是各种爆炸物（如硝酸纤维和硝化甘油）都必不可少的；早在15世纪，英王亨利五世就曾下令未经许可不得出口火药。法国、德国等国曾试图建立硝石庄园以促进大自然的氮产量。英国从印度获得硝石的大量供应，就掌握了一项重要的战略优势。

贵的香料此时在通往欧洲的某些航线上居然充当了压舱物。*

印度引出了中国。欧洲人进入印度洋后，发现亚洲从东到西有一片繁华的贸易网，它东起中国、日本和菲律宾，西至东地中海沿岸和东非的车队驿站和港口。欧洲人也挤了进来。在18世纪，欧洲人对中国货的胃口激增。这包括瓷器（欧洲人在18世纪20年代以前还不知道瓷器是怎样制作的），生丝，以及茶叶（它能让人上瘾，又与西印度群岛的蔗糖相得益彰）。

采购中国货，就有一个偿付的问题。欧洲人倒是愿意用他们自己的工业制品来偿付，可是中国人不想要他们生产的几乎任何东西（只有钟表是一大例外）。于是欧洲人偿付金银和硬币。但这只是转移了问题的方向：他们拿什么东西去换取西班牙人的银子以及日本人或巴西人的黄金呢？这并不容易。

解决的办法当然是找出中国人所想要的东西。最后找到的就是鸦片，它生长于孟加拉，它让人上瘾，能打开市场。在这方面，英国人比荷兰人占有优势。原则上说，两国商人对这种商品都有竞争的权利，但是英国人利用他们在孟加拉地区日益增长的政治势力，把荷兰人挤了出去——这对荷兰人来说真是一个重大的打击。

就这样，英国人最初是跟荷兰人同时动手，到这时却远远超过了他们。不仅如此，英国人还发现自己占尽天时地利，他们渗入和掠夺的地方要比印度尼西亚富庶得多。除中国以外，印度是亚洲人口最众多的国家。我们虽然没有确切的统计资料，但据估计，16世纪末期的印度人口总数大约是1亿，而且这可能还是个偏低的数字。⑨印度拥有广袤的良田沃野，尤其是北部平原著名的河谷——印度河、恒河和布拉马普特拉河（雅鲁藏布江下游）流域——而且人口居住又不密集。一位印度学者将之称作土地过剩，并且指出印度在17世纪仍旧可以将农业局限于最发达的地区；其中也包括受惠于大片的草原和荒地而得以养殖大批牲畜的牧业。⑩（从另一方面说，印度从它的牧业上所获取的利润远不及它所应该得到的，甚至可以说是一无所获，这都是由于宗教上的禁忌。）印度还有人数远远多于印度尼西亚的技术熟练的工业大军，他们的产品遍及各地。这样所产生的后果就是，印度经济有了相当可观的盈余，这也就助长了统治者们神话般的奢侈；

---

* 作为压舱物，胡椒使一些东印度的船舶要比其他长途航运船只的气味好闻多了，但它有一点不方便。它的浓郁的香气改变了其他货物的味道，尤其是咖啡。这样一来，英国人就不得不调低他们的咖啡的价格。但他们的确又需要压舱物，只有这样才能在大风浪中保持船舶的平稳——见 Chaudhuri, *Trading World of Asia*, 第313页。

莫卧儿帝国皇帝奥朗则布（1658—1701年）在位期间，每年的收入据说合4.5亿美元，是与他同时期的路易十四的10倍以上。根据1638年的估计，莫卧儿帝国朝廷所拥有的财富大约有15亿美元之多。⑪

印度宫殿和庙宇的富丽堂皇与奢侈远近闻名，吸引了一批又一批的入侵者——尤其是突厥游牧部落，这些骑士经常从中亚平原出击，掠夺周围定居民族的财富。印度的最后几代突厥统治者是莫卧儿人，他们的创始人巴伯尔是那个视人如牛马、杀人不计其数的帖木儿的后裔，在印度建立了莫卧儿帝国。英国人初来印度时，在位的莫卧儿皇帝是巴伯尔的孙子阿克巴（在位1556—1605年）和重孙贾汗季（在位1605—1627年）。

莫卧儿人是逊尼派穆斯林，不同于西邻波斯的什叶派穆斯林。他们对印度国内占多数的印度教徒一般采取宽容态度，甚至加以依靠。但是他们使印度北部具有穆斯林气质，而与南方形成差异。当然，莫卧儿人是以专制占领者的身分统治印度，得不到印度原有各民族的忠诚。本地的印度教各邦多次向莫卧儿人的统治提出挑战，各地常常发生叛乱，宫廷阴谋活动也接二连三地闹个没完。兄弟之间互相残杀，还有儿子杀父亲和父亲杀儿子。在人人为争夺合法地位而勾心斗角的这种环境中，对陌生人固然不可信任，但对自己的亲属就更加不敢信任了。⑫

莫卧儿统治者的暴政，与印度教的专制统治相比，是没有好坏之分的，但它所造成的问题却由于它采取的预防叛逆的措施，而变得更加严重。防叛逆是独裁政治的一个典型的问题，即想方设法防止臣僚自树一帜而形成敌对的权力中心。在中世纪的欧洲，君主赐予各领主的采邑最初只是给个人，不可以世袭，但随着时间的推移，地方上的领主一般都是割据一方，将领地传给自己的继承人，与当地士绅拉帮结派，形成权力分割，就是我们所知道的封建主义。在印度莫卧儿帝国，像在别的突厥国家一样，统治者派驻各地的代理人都是调来调去，保持流动。这种做法限制了地方的权力，但却使得那些官员没有心思建设自己管辖的地区。他们只想尽可能多和尽可能快地为自己牟利，而不为社会公益花钱。⑬只有攫取而没有付出。在那些依赖水利灌溉的地区，公共设施年久失修，就会带来灾难，印度饥荒频仍的历史记载就证明了这一点。

由于同样的原因，农民（实际上是所有臣民）不想花力气改善土地，这土地是否归他使用都取决于统治者的意愿。弗朗索瓦·伯尼埃，17世纪曾在印度工作过10来年的法国医生,曾经写道,在印度谈不上"你的和我的",也就是说,人们没有财产权或产业观念。没有人敢于露富,因为害怕敲诈勒索和没收。没有人留心于改善生产方式或生产工具。伯尼埃指出,只有很少数人富贵奢靡,而多数人贫苦,房屋破旧,民众蒙屈受辱,没有学习和自我改善的劲头,这贫富两面形成鲜明的对照。

在这种情况下,信贷以及信贷所能提供的商业机会也受到严重的限制。人们用不少笔墨形容过印度洋的商贸在欧洲人到达以前就很热闹;[14]还形容过印度高利贷者的富有,农民和商人都受他们高利盘剥。可是高利率意味着高风险。借钱的人能提供多大的安全保障?在人们需要隐瞒资产、因而信息量减少的情况下,贷款的人又能贷出多少?[15]印度当时的商业活动远远低于它的潜力。

然而,印度那些商人、银行家以及高利贷者是怎么致富的?答案是,他们在下金蛋。他们做买卖、行贿受贿,聚敛和分红;当他们去世时,家族已隐藏了尽可能多的财富。下面是一位英国人在1689年的评述:

> 他们(商人)的财富只有两种形式,那就是现金和珠宝,在印度,分不清个人财产和不动产之间的区别,他们尽可能地隐藏自己的财产,以防莫卧儿帝国国库抢走他们的财富。这克制了他们的消费,也使他们在贸易中一直都保守着自己的秘密……[16]

紧张状态无所不在——对于统治者来说,既要对老百姓巧取豪夺,又要对他们适度照应;对于老百姓来说,既要隐藏自己的钱财,又要设法过好日子。但归根结底,还是专制君主及其代理人控制着黎民百姓。在这方面,来印度的欧洲人享有很大优势。他们不会受到那样的虐待,他们甚至还能将当地的商人和工人置于自己的保护之下。长此以往,这就构成了侵占主权。有人也许会说这是篡权,可是在专制社会中,所有的权力转移都可称为篡权。

社会最底层的佃农和贱民怎样呢?他们所能依赖的就是自己的忍耐、顽强和韧力,即被压迫者所能采取的对应方式。他们在忍受不了虐待时也常常逃亡,尽管当时印度的村庄仍是公社式的社会,而且逃到另一个村庄也不见得会好过一点,但逃亡现象之多仍是一般人所料想不到的。在中世纪的欧洲,逃亡或以逃亡相威胁,可以起到遏制虐待的作用,在城市化地区和边疆地区尤其如此,出逃有收效。而在印度,逃亡大概只是从一个不幸陷入另一个不幸。尽管这样,它还是可以促进和缓，因为任何一个捕猎者都不希望失去他的猎物。

在印度仍然有财富可捞——据一位学者估计，印度的盈余约相当于农业产值的一半。有这么多的财富可以攫取，这就必然促使英国东印度公司把主要精力从商业活动转向政治活动，因为通过拉政治关系可以比做生意捞到更多的钱。此外，印度各地冲突和暴力蔓延，促使（迫使）东印度公司动员军事力量以保卫自己的利益，而有了军事力量，就乐于干预当地的一些争端。

来自伦敦的贤明告诫，未能阻止东印度公司驻在印度的人们沿着这条光滑的斜坡走下去。公司派驻印度的总督们以荷兰人为榜样来训导他们手下的人，并且为他们的所作所为作辩护。最后他们的主张占了上风，伦敦方面作了让步。1689年，公司在印度的活动按三大"管区"改组，伦敦的公司董事会依照荷兰人的形象，通过了一项决议来重新明确公司的使命：

> 增加收入是我们关心的主题，如同我们的贸易是为了增加收入一样；在20来起事件就会打断我们的生意的情况下，有必要保持我们的武力；我们必须成为印度国中之国；否则我们就不过是凭国王陛下特许状而联合起来的一大群商贩，只能跑贸易，而掌权的人谁也想不到该照顾我们的利益……

使命扩宽了，但目的还不是像荷兰人在印度尼西亚那样搞垄断。英国东印度公司当时并不打算阻止别国商人进入印度市场——大概只有法国人除外，因为法国人决心在政治上向英国人提出挑战。然而，在印度这片貌似平坦的商场上，英国东印度公司凭借自己的实力和特权，而占有决定性的优势。公司的雇员们及时抓住了这一机会，不但自己做买卖，还把自己的牌子和名声贷给为他们效劳的印度办事员和生意合伙人，谁为此付钱就贷给谁。

在人们满怀穆斯林自豪和仇外心理的这样一个世界里，英国人如此专横，使印度上上下下，从海关的收税员直到宫殿里的王公，莫不感到屈辱。异教徒敢于如此我行我素，损害了当地总督衙门的尊严和合法地位，导致了孟加拉总督（地方行政长官）和东印度公司之间的争斗，而争斗总是积下愤懑和仇恨。因此，年轻的总督西拉吉·乌德·多拉决心给英国人一个教训，在1756年派兵攻占了英国人的加尔各答要塞，只遇到微不足道的抵抗。接着，他犯下"大罪，其无比残暴令人难忘，它们受到的重大报复亦令人难忘"。⑪这罪行是指"黑洞"大屠杀：

孟加拉总督的士兵把146名俘虏——其中既有军人也有平民，还有几名妇女——硬塞进一间只有18英尺长、15英尺宽的狭小牢房，牢房只有两个小窗，还被堵塞住。那是6月间一个闷热酷暑的夜晚，牢房里的人呼喊哀求和抗议。可是总督大人安寝了，不得打搅。呼喊声渐渐微弱了。到第二天清早，俘虏中只剩下23个活人。

这一罪行激起了报复，东印度公司驻印度的代表们自然十分乐意放手大干一场。[18]他们很快就装备起一支舰队，载着由英国军人和印度雇佣兵组成的一支分遣队，在罗伯特·克莱武的指挥下，由马德拉斯启航。克莱武本是公司的一名年轻的职员，但富有军事才干。由于逆风行驶，舰队花了差不多两个月的时间，才抵达孟加拉湾，进入胡格利河口。英国人轻而易举地收复了加尔各答，逼西拉吉·乌德·多拉付出一大笔赔款，还迫使他恢复了公司的全部特权。对那位地方行政长官来说，那一夜安眠的代价可真不小。

但是故事到这里还没有完。英法两国在欧洲打仗，也在孟加拉引起回响。西拉吉·乌德·多拉向法国人献殷勤，他这样做当然很有道理——要报仇，还想争取赖掉他向英国人赔款的义务。可是这一次又打错了算盘。英国人获悉这些花招，就由克莱武率兵攻打和占领了法国人在孟加拉的商站金德讷格尔，打掉了这个商业竞争对手，拔除了眼中钉。西拉吉·乌德·多拉咽不下这口气：这些英国商人怎敢在他的领地之内对别国商人动武？此外，他像埃及法老一样，也悔恨自己太软弱，觉得自己可以来个第二次，干得漂亮一些；毕竟他的军队比英军占压倒优势。

这一次，英国人决心要搞掉西拉吉·乌德·多拉。他们设法从印度当局内部找出怀有贰心的官员作同盟军——"如果有一个效忠于东印度公司的人来当总督，该多么美好啊！"——他们找到了米尔·伽法，这个人是西拉吉·乌德·多拉的内叔，是孟加拉的一位司令官。[19]当地有的是可以收买、用来牵线搭桥的官员和商人。英国人利用了一个名叫阿明·昌德的精明印度教商人做中介，买通了米尔·伽法，许诺事成之后让他当孟加拉总督。米尔·伽法则答应在他升官之后以重金酬谢英国人。

最后，1757年6月23日，战斗打响，地点在加尔各答以北90英里的一个村庄普拉西。英国人和他们收买的同盟军为一方，西拉吉·乌德·多拉和他的僚属为另一方。英国人打赢了，这一个胜仗改写了印度的历史。大英帝国的诗人们歌颂克莱武这位公司职员出身的将军如何英勇善战，善于策反，还描述一些细节有多么了不起——例如在雨季怎样遮盖大炮,等等。反对帝国主义、反对崇拜偶像的文人则对此嗤之以鼻,说根本谈不上什么英雄事迹(人人都是勇敢的),还叹惜那些印度大小官员对国不忠,轻易让人收买。[20]

然而,这最后一点当然是莫卧儿之类专制帝国的致命弱点。有什么忠心可言?交战双方的兵力对比是:那位孟加拉总督手下有大军50000人,而英军方面不过3000人。总督的50000人当中,实际为他打仗的只有12000人,而这些人也是一触即溃,刚刚伤亡500人就赶紧撤退了。英军方面的损失是仅仅阵亡4名欧洲人和14名印度雇佣兵。这就是历史上具有决定性意义的交战之一。[21]

胜利之后随之而来的就是清点胜利果实。公司所获得的战争赔款总数最后达到1000万卢比(按照7.14285卢比等于1英镑的汇率折算,相当于140万英镑);给居住在加尔各答的商人做出赔偿(英国人500万卢比;亚美尼亚人200万;印度人100万);赔偿英国海军中队和陆战部队500万卢比;还加上给公司理事会成员的私人赔偿,按规定是每人25万卢比。

这所有的总合起来达234万英镑,是"圣母号"船所载战利品的5倍——这个数字相当于现在的1亿英镑以上。* 米尔·伽法才不在乎呢。反正钱又不是从他的口袋掏出的。但是,以孟加拉的财政状况,它是不可能满足这一庞大的开支的。最后,约一半的赔偿金是以金银硬币或珠宝支付的。剩下的则被一次又一次地延期;而伴随着每一次的推迟,公司都获得了某些特权、土地和其他收入等形式的补偿。但是英国东印度公司的理事会成员们却得到了全部赔款——要体现轻重缓急嘛。**

这些敲诈勒索还附带有一笔相当可观的额外财富:公司被赋予加尔各答周围很大一片土地的田赋征收权。这些土地每年向地方行政长官所交纳的代役税是2.3万英镑,而它每年实收田赋却是5.3万英镑——净剩3万英镑,多么可观的

---

* 这种折算是以当时技术工人的平均工资(一年50英镑)等价于现代工人工资的2.5万美元为基础的。在这类涉及长时期的折算法中,最好的比较标准就是劳动力价格。

** 克莱武所得到的现金报酬相当于现在的1.4亿美元。一些人认为这都是敲诈勒索得来的,但麦考利说克莱武可以很轻易地得到两倍于此的钱,"他得到了200万卢比,只要他的一句话就可以使200万变成400万"——Macaulay,"Clive",第243页。这自然是克莱武让别人得到的印象。参阅 Keay,*Honourable Company*,第320页。麦考利的确提出了问题:对于英国人来说,从一个外国统治者那里接受巨额礼金是否合适呢。是的,这不违反法律;但他又问道,如果威灵顿在击败拿破仑之后,从法国的路易十八那里也得到相同的礼物,那人们又会怎么说?

第十一章 大财源

数字。随着加尔各答的日渐繁荣，它周围土地的租金也水涨船高，没过几年，租金已涨至14.6万英镑。而且自从任命了克莱武为公司孟加拉居留地的总督后，印度的地方行政长官就把他的征收代役税的权力转让给克莱武，这样一来，雇员倒变成了雇主的地主。克莱武还获得了一项特权，即指挥莫卧儿帝国军队中6000名步兵和5000匹战马的权力。公司的这种政治与商业的混淆使它的代理人也具有了双重身分。

在印度，如同在印度尼西亚一样，权即是钱，钱即是权。印度国民生产的盈余原先被刮到莫卧儿国库和藩臣账下，此时则转移到了英国东印度公司及其职员和代理人的手中。商人和公务员都乐意到公司领取并不丰厚的薪金，以此为私下拉买卖和公开贪污受贿打掩护。一些野心勃勃的年轻人花钱买公司的职位。英国议员及其他有权势的人想方设法把亲朋好友安插到公司，以各自的方式为此而付钱。公司总部成了"一座彩票房，诱惑每个人去碰运气，让幸运的少数人……发大财"。[2]但显而易见的是，幸运只是故事的一部分。

要知道，印度当时是一个疫病蔓延的地方。许多发了财的新贵是一去不复返，再也没有回到英国。即使是健康存活下来的人如何把他们的资产变成现金，也是一个问题；而死去的人就只得依靠代理人，代理人会为自己牟利，往往还变成无人负责。就这样，从印度这张大餐桌上纷纷掉下一些面包屑，养肥一批经纪人、律师、掮客、珠宝商、证券中间人、走私者、骗子和投机商。

克莱武——他此时已受封为爱尔兰勋爵，而且有望得到英国爵位——在这方面碰到的问题比一般人更大，因为他要弄回去的钱财比别人多得多。他将18万英镑汇到阿姆斯特丹的荷属东印度公司，然后经过打折扣，再用来买英镑汇单。有4万多英镑是通过英国东印度公司转回去，还有相当可观的数额是通过私商走不知名的账户。他还将大笔钱投资于珠宝——仅在马德拉斯一地采购的钻石就价值2.5万英镑——再把珠宝弄回英国倒卖。英国历史学家麦考利写道："我们完全可以肯定，无论在哪个行业，再也没有一个别的英国人能白手起家，刚到34岁的时候就拥有这么多的财富。"[3]

克莱武回英国后，把他的财富用于"体面的"项目。他把大笔的钱送给了他的姐妹们、别的亲戚以及一些贫穷的朋友；给他的父母安排了每年800英镑——相当于现今的40万美元——的收入，同时坚持他们要有一辆马车；给"收入菲薄"的一位军队老上司安排了每年500英镑的收入。在如此慷慨地花掉大约5万英镑之后，他为自己以及他的一小批帮手购置地产，以确保在英国下议院拥有席位。他还买下了东印度公司的一大笔股票，把它们分摊给那些为他打掩护的人，以便形成一个在公司拉选票的小集团。在当时，所谓的有产者理事会的会议都是"人多，争论激烈，迹近骚乱……有人大规模地操纵虚假的选票"。罗伯特·克莱武是应对此负责的一个人。

从短期影响来看，像这样将财富和政治权力从神秘的东方转移到英国各郡县和议会大厅，令人难以忍受——太快了，也太新鲜。这些在印度发了大财的"总督老爷"是什么人，怎能购置大片地产，摇身一变成为社会名流，败坏英国的政治？这就必不可免地引起了对此进行官方调查和议会质询的呼声，结果导出了沃伦·黑斯廷斯唱主角的臭名昭著的审讯，促成了东印度公司章程的重大修改。这些新的安排加强了国家对东印度公司在孟加拉的经营运作的监督，使得"发赃财"比较困难了，然而在印度混几年捞到的钱，仍有可能超过在英国干一辈子的收入。

从长远来看，英国人在印度攫取了帝国的权力，就在政治谋略和伦理方面产生了严重的问题。东印度公司把它的收获视为永久性的——"人的明智能使之保持多久就会有多久"（1766）。因此，它要"保护和珍爱居民……他们的利益和福祉如今已是我们关注的首要事情"——这也是为了公司自身的利益。印度被比作一座庄园，庄园的佃户和地主的利益是一致的。㉔

很明智，也很合英国典型；但做起来并不简单。即使是在改革以后，发展的任务依然艰巨，而由于英国人为稳妥起见不去轻易变动印度的社会体制和文化体制，发展的问题就更加复杂化了。随着新技术，尤其是铁路，从国外传入印度，印度的经济有所改变和增长。然而，除了充当棉花原料供应者以外，印度经济对工业革命的反应是迟缓的。曾经在世界上独领风骚的印度棉纺织业，已日益萎缩，几乎消失。印度历史学家将这种情形归罪于殖民压迫者，指责英国人不仅取消了印度的保护性关税（自由贸易万岁），而且对印度出口产品课税，使它们与英国的棉纱棉布价格拉平。可是问题并不在此。印度企业家和英国企业家都可以在印度自由地兴办现代制造业，他们在19世纪50年代就开始这样做了。如果说他们不曾更早地这样做，那一定是自有缘故。

我们怎么知道？
历史文献的性质

关于印度历史的某些最重要的著述，是由印度学者完成的，然而，颇具讽刺意味的是，这些著述几乎无例外地都是以欧洲人的记载和报道为依据。从印度方面几乎没有什么文献流传下来。举例而言，关于 16 至 18 世纪的印度洋贸易，尤其是当时的纺织业，我们所知道的情形几乎完全是来自欧洲各特许贸易公司及其本国政府的档案，还有欧洲旅行者的报道及其来往信函。⑥因此，这些记载只反映出事情的外在一面。然而，它们内容丰富，能说明问题——其中还包括有相当数量的本地材料——足以为相当不错的历史研究提供依据。

为什么会出现这种不对称，这是文化史上的一个有趣的问题。印度人是有文化的（尽管他们在当时缺乏印刷术），而莫卧儿这样的帝国，若没有文件和通信，是不可能运转的。印度商人也一样，若没有备忘记录和信函，他们也不可能活跃于国际贸易之中。是不是在文件保存方面出了问题？如果是那样，东印度公司在马德拉斯、孟买和加尔各答的文件怎么又保存了下来？是不是在商业组织形式上有重大差异？欧洲各特许公司是依赖于一整套官僚机构，有官僚机构就有文牍。也许，问题是在于连续性和文件保管制度。印度的政治单位当时都是短命的，它们的文件也就一起湮没了。也许，它们本来应该把事情记载在黏土板或石板上面。

有一点是清楚的：那个时候的欧洲人已经热心于作记载。要注意到当时各社会之间的一大差别：有的是只有社会上等人才有文化，有的则是一般人均识字通文。欧洲当时尽管还有不少文盲，但却属于后一范畴。中等以上的人都能阅读，还能写作和出版自己的作品，不但官员如此，老百姓亦如此。在欧洲人以外的社会中，最与欧洲人相近的就只有日本人和犹太人了。欧洲人还对其他民族和社会抱有热心的好奇心：当时的游记当中，绝大部分是欧洲人写给欧洲人看的。

这种好奇心是欧洲人对外扩张和占领的一个重要因素。不论是有心还是无意（应是二者兼有），它为对外侦察和开拓指引了道路。近年来，反殖民主义的评论家就西方人好奇心的所谓的恶劣作用大做文章，把学者、间谍和外交官全看做一丘之貉。在这方面攻击最为详尽的，莫过于爱德华·赛义德那一部备受关注的著作《东方学》(1978)。(本书在第 24 章中将更多地述及赛义德这部影响力很大的著作。)这位评论家认为只有一个社会内部的人才能真正了解自己的社会，这种说法是不对的。根据这一论点而贬斥学术对手的研究成果，是很成问题和反科学的。然而该书指出信息很有价值和很有力量，能起很大作用——不论是好的作用还是坏的作用——这一点却是十分中肯的。

饮食、收入和生活水准

在印度沦为英国殖民地以前，其"民众"境况如何？欧洲旅行者和访问者报道了那里的普遍贫穷，甚至是悲惨，而印度对话者也表示同意。为什么印度南方有那么多庙宇？"……那里土地肥沃无比，而居民的生活必需品却十分少。"英国一位旅行者拜见当地一位王公时，那王公把他管辖下的农民说成是"赤身裸体、忍饥挨饿的群氓"。他们的需求呢？"钱对他们来说是不方便的，让他们有饭可吃有屎可拉，就够了。"㉖

某些历史学家会争辩说，这些外来者所见所闻并不全面，或者说他们是有意给印度抹黑以抬高欧洲人。有人甚至断言，按照食品摄入量的估算数字计算，当时印度佃农的生活水准还高于英国农场的劳工。㉗

鉴于欧洲和亚洲当时在技术上的巨大差距，我觉得这种对比卡路里的计量历史学结论是不足信的。我也不相信某些人把 20 世纪收入对比的估计数字推回到 18 世纪的做法。㉘这种计算结果歪曲事实的可能性可以说是无止境的，即使是一点小的误差伸展到两百年前就会把事情弄得面目全非。

在这类推测性的计算中，数字只有与历史背景相符时，才是可信的。而历史背景，就印度而言，是财产权利受限制，技术落后；就西欧而言，则是正在大步迈向工业革命，发明和改进各种精巧的、节省劳力的装置，尤其是用人力以及用动力驱动的机械。它当时已远远超过了亚洲。更有效的技术会带来更高的收入，事情就是这样简单。

阿明·昌德怎么啦？

英国人和米尔·伽法之间的谈判是由两个代理人来进行的，其中一个就是孟加拉商人阿明·昌德，他为接受东印度公司保护的好处而居住于加尔各答，因此在孟加拉地方行政长官攻打和占领加尔各答时蒙受了巨大损失。英国历史学家麦考利这样坦率地评价阿明·昌德：他没有政治上的是非概念，只是凭着灵活的商业头脑和丰富的经验周旋于英国人和地方行政长官之间。"他的民族对他产生很大的影响，他身上具备着印度人的智慧、敏锐的观察力、手腕圆通、机智灵活、坚韧不拔的性格。也不乏印度人的缺点：贪婪、奴性和叛逆。"

欺骗和安抚地方行政长官是阿明·昌德的工作。他成功地完成了自己的任务。多亏他的胡编乱造的能力和丰富的想象力，计划进展得非常顺利；但这走得越远，事情的成败就越发依赖于阿明·昌德的举动。他随便的一句话都可能摧毁整个计划。恰恰就在此刻，克莱武开始听到一些令人不安的消息，说阿明·昌德准备背叛英国人，除非英国人能给他以巨额报酬。多大呢？他要求30万英镑（也就相当于如今的1.5亿美元），另外，他还要求把这个承诺写进保证米尔·伽法担任孟加拉行政长官的协议里。

克莱武气极了。这是明目张胆的敲诈，也太贪婪了。克莱武决定以牙还牙，准备了两份协议——一份是真的，写在白纸上，压根就没有提及阿明·昌德；另一份是假的，写在红纸上，其中有满足那位商人要求的条款。并不是所有的英国人都甘心参与这一骗局。海军代表沃森将军拒绝在红纸协议上签字。白纸协议的这一缺漏若被阿明·昌德看到，他肯定会起疑心。于是，一不做，二不休，克莱武就伪造了沃森的签名。

行动的时刻到了。自负的孟加拉地方行政长官西拉吉·乌德·多拉起兵进攻。克莱武指挥他的英军部队——按照他的说法，都是勇往直前的战士——在普拉西大获全胜（1757）。西拉吉·乌德·多拉落荒而逃，地方行政长官的宝座也就丢了。胜利者聚会分享胜利果实。阿明·昌德满怀期望地到会，因为克莱武始终对他体贴备至，直到最后一分钟。这时宣读了白纸协议。一个字也没有提到阿明·昌德。他问克莱武这是怎么一回事，得到的回答是："那红纸协议是个圈套。你一无所获。"这个可怜的人当即昏厥过去，虽然又苏醒过来了，但从此再也没有恢复理智。他逐渐变得思维混乱和行动呆滞。他原先是那样一个机智敏捷而又衣着俭朴的人，这时却变得身穿布满珠宝饰物的华丽服装，漫无目的地四处逛游。没出几个月他就死了。

总的说来对克莱武持同情态度的麦考利，写到这场骗局时说："……这个人在他一生的其他时期是一位可尊敬的英国绅士和军人，可是一遇到一个印度阴谋家要加以对付，就自己也变成一个印度式的阴谋家，肆无忌惮地堕落到假仁假义，调换文件，冒充别人的笔迹。"[20]然而，麦考利的落脚点不在谴责。在指出克莱武道义上的瑕疵以后，麦考利又为他辩解说这是不得已而为之的权宜之计，"马基雅弗利也许同样会采用这种手法"。

关键在于克莱武的行为"不单是犯罪，而且是大错特错"。麦考利指出，个人可以背信弃义而致富，国家却不行。办公事时，诚实的信誉比勇敢和智慧更重要。而在一个充满着尔虞我诈的世界里，尤其是这样。英国之所以能在印度以如此小的代价维持其帝国，靠的就是无条件的诚实，而不是别的；之所以能把印度人明里暗里贮藏的财富都弄出来，靠的也不是别的任何东西。麦考利说，东方最强有力的君主也不能说服他们的臣民把财富交出来放高利贷，可是英国人以4%的利率相许诺，就让印度人拿出了几千万卢比。

这是麦考利的见解。他有他的道理。可是，克莱武的后继者们是比克莱武更顾及道义吗？抑或是那些帝国主义分子及其政治家不过是学会了撒谎更高明一些？或者是在某些事情上撒谎，而在另一些事情上不撒谎？是在钱的事情上守信用，其余的则见鬼去吧？那就会是一种嘲讽。事实是：即使是在麦考利那个讲正义的时代，诚实也是追求国家利益的一种手段。甚至在钱的事情上——应该说尤其在钱的事情上，亦是如此。的确，印度投资者相信了英国的承诺，购买了利率为4%的英国政府债券，英国也从未让他们失望……直到20世纪为止，这时战争和财政赤字破坏了英镑的购买力，毁了金本位。通货膨胀是一种非人格化的谎言吗？

注释

1. 见 Sainsbury 主编的 *Calendar of State Papers*, *East Indies*, 第321节，转引自 Masselman, *Cradle of Colonialism*, 第281页。

2. 英国人依靠莫卧儿帝国的一道敕令得以免除关税，遂将各类商人置于他们的保护之下，发卖通行证，同时还在他们控制的地区内向孟加拉地方行政长官的代表和代理人征税，就连土地所有权的转换和婚姻也要交税。结果是：孟加拉不断地发出抗议的呼声，使战争成为不可避免——Edwardes, *Battle of Plassey*, 第23—24页。

3. 引自 Bhattacharya, *East India Company*, 第19页。

4. 同上，第22页。

5. Edwardes, *Battle of Plassey*, 第24页。

6. Chaudhuri, *Trading World of Asia*, 第195页。

7. 所有这些，见 Steensgaard, "Trade of England", 第123—126页，他列表展示了欧洲在1651—1760年间通过荷属东印度公司和英属东印度公司进口的印度（包括部分中国）纺织品的估算数量。这些数据表明，即使是在普拉西之战以前，英属东印度公司的实力已居于其对手之上。Steensgaard 认为，原因之一在于英国公司的权力下放以及能够充分发挥驻印度当地的公司职员的积极性和主动性。

8. *Journal of the House of Commons*, 1704年2月14日, 第14篇, 第336页, 转引自

Chaudhuri, *Trading World of Asia*, 第 277 页。

9. Moreland, *India at the Death of Akbar*, 第 9—22 页；转引自 Habib："Potentialities", 第 54 页, 注释 4。

10. Habib, "Population", 第 167 页提出了牲畜的一个大致数字, "在 1600 年将近 1.5 亿头"。Habib, "Potentialities", 第 34—35 页, 拿 1600 年与 1900 年相比, Habib 说道, 权衡早期过剩的土地资源（比较肥沃）与后期的社会资本的投入（英国投资建设水利灌溉和公路等设施）, 再加上其间农业技术的停滞不前, 可以推断出印度早期人均农业产值至少也是和后期相当。他还认为, 莫卧儿帝国的人均产值"不可能低于那些同时代的国家, 其中也包括西欧"。我对此看法不同。有关类似的评论见 Parthasarathi, "Rethinking Wages"。

11. Kautsky, *Politics*, 第 188 页, 引自 Lybyer, *The Government of the Ottoman Empire*, 第 295 页。同时 Kautsky 还指出, 因为这些数据都是以第一次世界大战时的美元比价来统计的, 所以要把它乘以 10 才等于 1981 年的价格。我认为要乘以 20 或 25 才等于 1994 年的价格。

12. Lybyer, *Government*, 第 293 页, 引用 Alexander Dow, *The History of Hindostan*, 第 3 卷（伦敦, 1770—1772）: 在莫卧儿帝国"生为王子"可谓是"陷入最大不幸和进退两难的境地。他如果不是死于宽厚仁慈, 那就是双手沾满其亲人鲜血, 来保证自己和帝国的安全。"转引自 Kautsky, *Politics*, 第 240 页。

13. 关于莫卧儿帝国统治阶级的巨额个人财富以及他们系统地存贮钱财所造成的结果, 见 Raychaudhuri, "The Mughal Empire", 第 183 页。最终的受益者是英国, 除了用一笔年金打发当地统治者们以外, 还剩有许多钱留给英国在印度的殖民政府和当权的英国人自己。

14. Chaudhury, "Trade, Bullion and Conquest"。别的一些著作中也谈到这一点。这涉及一个更大的问题：这个地区本来已经很繁荣, 欧洲人来, 起什么作用？为什么会对这个问题争论不休？谁需要他们？

15. 参阅 Root, "Le marche des droits de propriete", 第 299 页。

16. J. Ovington, *A Voyage to Surat in the Year 1689*, ed. H. G. Rawlinson（伦敦, 1929 年）, 转引自 Raychaudhuri, "The Mughal Empire", 第 185 页。

17. Macaulay, "Lord Clive", 第 222 页。

18. 关于公司和职员的商业利益（他们中的大部分都参与了私人企业）, 以及英国人很希望让当地政府落入友好人士之手的想法, 见 Chaudhury, "Trade, Bullion and Conquest", 第 27—30 页。

19. 出自 1757 年 4 月 9 日 Luke Scrafton 写给"克莱武的心腹"John Walsh 的一封信——Chaudhury, "Trade, Bullion and Conquest", 第 28 页。

20. Adas, "High Imperialism and the 'New History'", 第 9—10 页；亦见 Edwards, *Battle of Plassey*。

21. Keay, *Honourable company*, 第 318—319 页。

22. Macaulay,"Clive",第 253 页。

23. 同上,第 250 页。

24. Marshall, *Problems of Empire*,第 60 页。

25. Pearson,"India and the Indian Ocean",第 72 页:"关于 16 世纪,我们很无奈地依赖于欧洲的信息资源。"

26. Habib, *Agrarian System*,第 90 页,350 页,390 页。后一句话源自 John Fryer, *A New Account of East India and Persia being Nine Years' Travels*, 1672—1681。这些都转引自 Kautsky, *Politics of Aristocratic Empires*,第 103 页,注释 14。

27. 例如,Andre Wink 声称"在工业革命初始阶段,亚洲许多地方的人均收入可能要高于欧洲"——Wink, *Al Hind*,第 65 页。Bairoch, "Ecarts internationaux"和"The Main Trends in National Economic Disparities",第 7 页,亦见 Parthasarathi, "Rethinking Wages"。

28. Alam, "How Rich Were the Advanced Countries in 1760 After all?"。

29. Macaulay,"Clive",第 228 页。

国 富 国 穷
第 12 章
THE WEALTH AND POVERTY OF NATIONS

胜利者与失败者：帝国之资产负债表

美洲的发现、绕过非洲的航行，给新兴的资产阶级开辟了新天地，东印度和中国的市场、美洲的殖民化、对殖民地的贸易、交换手段和一般商品的增加，使商业、航海业和工业空前高涨，因而使正在崩溃的封建社会内部的革命因素迅速发展。

——马克思和恩格斯《共产党宣言》

Why Some Are So Rich and Some So Poor
David S. Landes

18世纪末既是结束又是开始。斯时,荷兰东印度公司停业清理;英国大西洋奴隶贸易被禁止(但奴隶制并未结束);* 蔗糖富源从盛到衰(包括圣多明各**革命运动及种植业和种植人口衰落);法国旧制度终结;旧帝国时代终结。新时代伊始,欧洲丧失了对海外一些领土的正式控制权(西班牙损失巨大),但得到了更为广泛的经济主导权。欧洲强行进入原本遥不可及和无缘接触的地方(中国、日本),同时在其他地方(印度、印度尼西亚)创立了独特的统治形式。

这一巨大变迁的转折点即工业革命,它开始于18世纪的英国,随后为全世界所仿效。工业革命使得一些国家更加富有而其他国家(相对)更为贫穷;或更确切地说,有的国家发生了工业革命,变得更加富有;有的国家没有发生工业革命,则依旧贫穷。这一选择的过程实际上很早就开始了,可追溯到地理大发现的时代。

对某些国家来说,比如西班牙,地理大发现招致财富、腐化和矫饰——这依然是旧方式的延续,但规模更为宏大。对英国、荷兰等另几个国家而言,却意味着用新方式处理新事物,抓住技术进步潮流的机会。对其余人比如美洲印第安人和澳洲塔

---

* 在加勒比诸岛,当地奴隶不能靠自然繁殖维持其人数,新的奴隶供应若被截断,就会扼杀旧的种植园体系。

** 即今日之海地。

第十二章 胜利者与失败者:帝国之资产负债表 >> 177

斯马尼亚人来说，它是大灾变，是外部强加的悲惨命运。

地理大发现首先带来了两个生物圈生命形式的交换——所谓哥伦布式的交换。欧洲人在新大陆发现了新民族、新动物，尤其是新的种植物——一些食物（玉米、可可、土豆、白薯），某些引人上瘾和有害的种植物（烟草、古柯），某些有利于工业的种植物（新硬木、橡胶）。这些产品被引入旧大陆，有的引进早些，有的则晚些（橡胶直到19世纪才显示出其重要性）。

新食物改变全世界的饮食。例如，玉米成为意大利和巴尔干的一种主要食物（作玉蜀黍粥）；土豆成为阿尔卑斯山脉和比利牛斯山脉以北欧洲地区的主要淀粉类食物，在某些地区（爱尔兰、弗兰德斯）甚至代替了面包。土豆如此重要，甚至有的历史学家视之为19世纪欧洲人口"爆炸"的根源和秘密。①并非仅仅欧洲如此。生长在贫瘠丘陵地的土豆，与花生、白薯和山药一起，给18世纪中国人提供的饮食营养已经超过了稻米。

同时，欧洲给新大陆带去了种植物——甘蔗、谷物，也带去了动物——马、带角的牛、绵羊、新品种的狗。其中，有的成为征服的武器；有的如牛群和绵羊占据了当地居民的大片土地。更为恶劣的是，欧洲人以及他们从非洲带来的黑奴给新大陆带来了肮脏而微小的行李：天花、麻疹、黄热病的病毒，疟疾的原生物寄生虫，白喉杆菌，斑疹伤寒的立克次氏体属微生物，雅司病螺旋体，肺结核细菌。对于这些病原体，生活在欧亚大陆的人已接触过千百年，能生存下来的人们已有了程度高低不一的抵抗力。然而美洲印第安人却在这些疫病的袭击下大量死去，有的地方人都死光了，结果是幸存者寥寥无几，为数不多的人群幸运地获得了抵抗力才存活了下来。

为什么欧亚大陆生物圈远比美洲生物圈毒性大？这个问题不易回答。人口密度更大和传染频率更高？病原体的机遇分布？美洲印第安人的疾病在哪里？他们只有一种疾病传染给我们——这就是梅毒，法国人称之为意大利病，德国人称之为法国病，如此等等。该病从海港传布到欧洲其他地区。*

然而，入侵者也有自己的弱点。到墨西哥的美国游客把旅游者的腹泻称为

---

* 有的疾病民族学者对梅毒发源于美洲表示怀疑，他们指出，哥伦布以前的欧洲性病有相似的传染过程和后果。但是，相似不等于相同，梅毒在16世纪才成为一种传染疾病是确定无疑的。不妨比较一下艾滋病，它的出现也许比我们知道的更早，但直到20世纪80年代才呈现出传染性疾病的迹象。

"蒙提祖马*的报复";那些到印度的人称之为"德里腹痛"。这些诨名听起来有些滑稽,但实际上,早期移居这些陌生地区的欧洲人很容易成为当地病原体和传染病的受害者,"像苍蝇一样"死掉了。② 这种事情的发生依地区而定。气候与卫生条件——粪便和废物处理的方式、供水和排水、个人习惯、社会风俗——可以改变一切。例如,印度洋地区的传染率是温带地区的3到4倍;西印度群岛和美洲热带地区则达10倍以上;而西非则是通往死亡之门的单行道,死亡率高出50倍之多。③ 在这些地区的内部,人口密度越高,传染率越大;如印度的孟买、印度尼西亚的巴达维亚**。费尔南德·布劳德尔的三部曲(《物质文明》等)描述了在印度果阿的一个富有的葡萄牙家庭如何进餐的情景:房间为水环绕,桌子在水里,他们将脚伸在水里。显然,这样可以防止与爬虫一同进餐,但却会邀来水中的游虫,还有苍蝇。

那时在海洋上的人口流动,不论是自愿还是不自愿的(奴隶),都给世界带来了更高的死亡率和更大的悲伤,但也给欧洲人带来了财富和机会,不论他们留下来还是离去。这是市场社会的人口流动之法则:人们外出追求境遇的改善,这样会给留下的人增加讨价还价的能力;而在他们的新家,他们创造或攫取财富(食物、木材、矿物或制成品),并将它们运回或带回祖国。

这些受益是缓慢实现的,直到19世纪,由于交通的发展,美国中西部才开始出现商品农业。同样的进展使得移民便宜、容易,正是这种发展才促进了欧洲人口的增长。但即使早期人口流动不大,在殖民地种植园及其母国的粮食供应方面,北美洲仍作出了实质性贡献;其余的进展则前景在望。欧洲18和19世纪人口和经济的增长既有限制又有痛苦;但是任何大陆的现代化都不如欧洲那样顺当。欧洲的现代化在很大程度上是靠了新大陆——是踏在美洲印第安人、非洲奴隶和契约仆役的脊背上实现的。

> 如果西班牙没有钱、没有金银,那是因为它拥有这些;如果西班牙贫穷,那是因为它富有……有人也许想使这一共和国着了魔的人民生活在自然法则之外。
>
> ——马丁·冈萨雷斯·德·塞洛里戈　1600年④

---

* 蒙提祖马二世(1466?—1520),墨西哥阿兹特克皇帝,抗击西班牙入侵者,后被俘遇害。——译注

** 雅加达的旧称。——译注

在农业和制造业之前是抢劫与掠夺。哥伦布式的交换重新分配了财富以及动物群和植物群——从旧富转变为新富一步到位。然而，海外财富的注入促成了初期的经济繁荣，其影响却是不平衡的。有的人致富之后只知道消费，而有的则储蓄和用于投资。国家也是这样：有的国家最后只比起初富裕一点；而有的国家擅用新财富，获利更多。

具有讽刺意味的是，致富最早的国家——西班牙和葡萄牙——都以失败而告终。这成为经济史和经济理论研究的重大课题之一。毕竟，各种增长模式都强调经济增长的必要性和资本的力量——即资本可作为劳工的替代，使信贷易于得到，使项目受损后不致慌神，可以赎回错误，给大企业提供第二次机会，是经济繁荣的主要营养。资本可以带动一切。由于西班牙和葡萄牙都建立了帝国，所以他们不乏资本。

西班牙尤其如此。西班牙的新财富自然而来，可以投资或消费。西班牙选择了消费一途——用于奢华与战争。战争耗费最大：它毁灭而非建设；没有理由也无限制；不可避免的不平衡与资源的匮乏导致残酷的非理性，增加开支势在必然。西班牙使用资金更为随便，因为这是意外之财，不是劳动所得。花掉横财总是一件容易事。

谁得到了钱？无论如何，不事储蓄的话，钱总会用掉的，随手而来，随手而去。西班牙在意大利和弗兰德斯的战场上耗费了自己的大量财富。西班牙要支付军人和武器费用，包括从间歇性敌人英国进口铁炮的费用；支付供应品的费用，其中有许多是从间歇性敌人荷兰和佛兰德斯进口的；还要支付马匹和船只的费用。

同时，西印度群岛财富对西班牙工业的意义越来越小，因为西班牙人不再需要制造什么了，他们可以购买。⑤1545 年，西班牙制造商已积压了新大陆长达 6 年之久的未交货订单。那时，从原则上讲，要求海外帝国用户只能购买西班牙自己生产的商品。但是，顾客和利润唾手可得，西班牙商人转向国外供应商，购买他们的商品，然后用自己的名号打掩护，倒卖出去。这就是原则。美洲的财宝也没有促进西班牙的农业；西班牙可以购买食物。正如一位西班牙人在 1675 年所说，整个世界在为我们工作：

> 让伦敦满意地生产纤维吧；让荷兰满意地生产条纹布吧；让佛罗伦萨满意地生产衣服吧；让西印度群岛生产海狸皮和驮马吧；让米兰满意

地生产织锦吧；让意大利和弗兰德斯生产它们的亚麻布吧，我们的资本会满足他们的。唯一可以证明的是，所有的国家都在为马德里训练熟练工人，而马德里是所有议会的女王，整个世界服侍她，而她无需为任何人服务。⑥

即使今天，我们还会听到这种在比较优势和新经典贸易理论幌子下的蠢话。我曾听认真的学者说，美国无需为巨大的对日贸易逆差而担心。毕竟，日本人提供给我们有用的物品，不过是来换取印着华盛顿头像的纸片。这听起来不错，但却是非常有害的。财富不会比工作好，富裕莫过于劳动所得。摩洛哥1690年至1691年驻马德里的大使清楚地认识到问题之所在：

> ……今天，在基督教诸国中，西班牙人财富最多、收入最高。但是对奢华的热衷和文明的舒适征服了他们。你很少发现西班牙人像荷兰人、英国人、法国人、热那亚人那样为从事商业奔走海外。类似地，这个国家蔑视社会下层和普通民众从事的手工艺行业，它自视比其他基督教国家高出一等。在西班牙从事手工业的多是逃到西班牙寻找工作的法国人……（而且）很短时间就发了大财。⑦

依靠外来者，这证明无力推动技术和企业的进步。

换句话说，因为西班牙有了太多的钱，它变得贫穷，或者说保持了贫穷。那些从事工作的民族学到和保持着良好的习惯，寻求把事情做得更好、更快的新方法。而西班牙人却沉溺于社会地位、休闲和娱乐的嗜好之中——卡洛·西波拉称之为"普遍存在的西班牙下级贵族心理状态"。他们并非世界上独一无二的。在欧洲各地，绅士生活被称誉，而手工劳动者遭受白眼；但在西班牙更是如此，部分因为一个处于欧洲边缘而又好斗的国度不会教导人民容忍和勤劳；部分因为工农业的工艺和劳动长期以来是与遭受歧视的少数民族如犹太人和穆斯林相联系。正如编年史学者贝纳尔德斯在描述15世纪末的犹太人时所说的：

> ……他们都是商人、经纪人、税款包收人，他们是贵族的管家和熟练的剪羊毛工人，他们是裁缝、鞋匠、制革工人、编带工、编织工、杂货商、小贩、丝织工、铁匠、金匠，或从事类似的职业。他们从不种

地，也不做农场工人、木匠或泥瓦匠。他们都寻求轻松的行业或寻找少做工作就能糊口的生活方式。

剩下来受诅咒的就是贱民；贱民从事的行当都受诅咒。⑧贫穷和失业倒是更好一些。西班牙的穷人起了一种重要的作用：让富人有机会出钱济贫，而帮助他们求得灵魂的拯救。⑨

到17世纪中叶，大批金条的流入终止了，西班牙王室债台高筑，经历了1557年、1575年、1597年数次破产。国家进入长期衰落。了解这个故事，我们引出的寓意是：意外之财对人有害无利。它表明，短期暴富将导致立即发生畸变，以后更会悔恨不已。*

北欧诸国也许会同意这种说法。他们因地理大发现而繁荣。他们捕鱼，提取和精炼鲸油，种植、购买和转卖粮食，织布，锻铸铁器，伐木和开采煤矿。⑩他们赢得了自己的帝国，但幸运的是他们并未轻易捞到金银。机会允许，他们就进行掠夺。但是，这些帝国确实主要建立在可更新的收获和持续的产业（包括奴隶产业，但那是消极的）基础之上，而不是依赖终会枯竭的矿物。它们建立在工作之上。

欧洲经济重心北移的影响不仅仅在于令西班牙蒙羞的残败。昔日意大利伟大的商业和工业城邦——威尼斯、佛罗伦萨、热那亚——也都如黄花败落。意大利曾是欧洲中世纪商业革命的先驱，率先从闭关自守走向国际贸易和劳动分工。迟至16世纪，意大利还是一个重要角色，它的制造业繁荣，在向西班牙和北欧诸国提供商业和银行服务方面成就卓越。然而，意大利从未抓住地理大发现提供的机遇：意大利的船舶不曾出现于印度洋或横渡大西洋。意大利只关注于地中海。意大利同样受制于旧式结构：行会控制束缚着工业，很难适应时代的变化。因为制造业主要限于城市作坊，劳动力成本依旧高，这些作坊雇佣的是成年的男工匠，他们从学徒时就在这里工作。⑪

---

* 具有讽刺意义的是，今天的经济学家用"荷兰病"一词来描述这种综合征，他们是从荷兰开发利用北海的天然气资源得到启示的。好像荷兰人不知道如何善为利用这些新资源似的。

北欧比南欧发达，引起了人们的注意。18 世纪，观察家已经从心理学角度评论二者的不同。他们称，北方人顽强、鲁钝、勤奋，他们勤劳工作，成绩卓著，但不会享受生活；相比而言，南方人性情愉悦，热情而善于观察，热衷休闲而非工作。这种对照与地理和气候有关：阴雨连绵与阳光普照；寒冷与温暖。有人甚至发现了各国内部的类似区别：伦巴第人与那不勒斯人之间；加泰罗尼亚人与卡斯蒂利亚人之间；佛兰芒人与法国南方人之间；苏格兰人与肯特郡人之间，等等。

这种思维定式有若干真理的成分，但绝大多数是思维惰性的表现。驳倒它们非常容易。但仍有未解决的问题存在：为什么有的人从财产万贯而败落，有的人却从一贫如洗而振兴？西班牙的"衰落"与罗马帝国相似：它提供了一个成功与失败的令人迷惑的问题，学者从不厌倦地探讨它。

也许最引起争议的就是德国社会科学家马克斯·韦伯的解释了。韦伯起初研究古代世界历史，以后逐渐成为精通多样化的社会科学的奇才，在 1904—1905 年出版了他影响最大和引起争论最多的论文之一《基督教新教伦理与资本主义精神》。其主题是，新教教义——更确切地说，加尔文教派教义——促进了现代资本主义的兴盛，即他从自己的祖国德国了解到的工业资本主义的兴盛。他说，新教做到这一点，并不是通过减轻或祛除罗马信仰中那些阻止或妨碍自由经济活动的条规（例如，禁止高利贷等），也不是通过鼓励、更不用说创造对财富的追求。新教是通过确定和支持日常行为的伦理促进商业成功的。

韦伯认为，新教加尔文派教义之所以做到这一点，首先是因为确认了得救预定论。这一论点认为，人不能靠信仰或行为而得救；这个问题在起初就已经为每一个人预定了，人不能更改自己的命运。

这样一种信念似乎容易鼓励宿命论的态度。如果行为和信仰不能改变什么，为什么不纵欲求欢呢？为什么要为善？这是因为，按照加尔文教派，善是似乎可能的上帝选择的迹象。每一个人都可能被选中，但唯一理智的假定是，大多数被选中的人会通过自己的性格和行为表现心灵的质量和他们命运的本质。这种含蓄的确认有力地鼓励了恰当的思想和行为。1689 年，一位英国妇人伊丽莎白·沃克尔写信给她的孙子，提到上帝恩惠的一个不那么重要却又比较重要的迹象："爱清洁的人不全都是善人，但善人几乎没有不爱清洁的。"[12] 死硬的得救预定论信念只持续了不过一两代人的时间（这样的教条不会有持久的吸引力），然而它最终转化为一种世俗的行为准则：勤奋、诚实、严肃、节约金钱和时间（都是上帝借给我们的）。*"时间苦短"，清教牧师理查德·巴克斯特劝告说，"而工作却长。"⑬

所有这些价值观有助于商业和资本积累，但韦伯强调真正的加尔文派教徒不以致富为目的。（然而，他也许容易相信，诚实致富是上帝恩赐的标志。）欧洲无须等待新教改革来发现要求致富的人。韦伯的观点是，新教教义产生了一种新型商人，一种不同的人，其目标是按照一定的方式生活和工作。这种方式非常重要，而财富充其量不过是副产品。

一个真正的加尔文派教徒也许会说出西班牙错误之所在：轻易得来的财富，不劳而获的财富。比较一下16世纪左右新教与天主教对赌博的态度。二者都谴责赌博，但天主教徒是因为一个人也许会失败而谴责赌博，理智的人不应赌博而危害自己和他人的幸福；新教徒则是因为一个人也许会赢而谴责赌博，因为这样对人性有害。很久以后，新教伦理才蜕化为一套物质成功的准则和关于财富价值的自满而一味讨好的布道。

韦伯的论点引起了方方面面的反驳。罗马天主教徒不知道是应该作为赞扬而接受它，还是作为批判而谴责它。唯物主义历史学家否认抽象的概念——例如价值观和态度，更不用说宗教激起的信念——能促进和塑造生产模式。由于韦伯在这一点上试图明确、不敬地反驳马克思，唯物主义者对韦伯的驳斥就更加强烈。有些人争辩说，不应本末倒置：是资本主义的兴起造就了新教；或者说，觉得新教有吸引力的那些人——商人，工匠——本来就已经有了促使他们勤奋工作和争取事业成功的个人价值观。⑭

英国社会历史学家理查德·亨利·（"哈利"）·托尼在他影响颇大的著作《宗教与资本主义的兴起》中认为，新教与经济增长不存在必然的联系。他说，英国经济在16世纪起飞，是在宗教影响减弱并被世俗态度代替后才出现的。不过他承认那些不信奉国教的清教徒的伦理起了一种作用：它保护了商人和制造商以抵挡那些歧视他们的上流社会士绅的明枪暗箭。在当时反商业偏见盛行的环境中，这一伦理使他们得以保持尊严和正义感，等于披上了盔甲。这样，真正的加尔文派教徒不受奢华享受的诱惑，一代代坚持自己的任务，一路上积累着财富和

---

* 对韦伯模式最好的分析仍是帕森斯的《社会行为的结构》。帕森斯评论该范式，将行为分为三种：理性行为（与结果相符）、无理性行为（与结果无关）和非理性行为（行为自成结果）。后一类最好的事例为："父亲，我不能撒谎；是我砍倒了樱桃树。"韦伯的加尔文伦理属于非理性领域。

经验。⑮

社会学家罗伯特·金·默顿的衍生论点，即新教教义与现代科学的兴起二者之间有着直接的联系，也引起了同样的争论。其实，默顿并不是提出这一论点的第一个人。在19世纪，出生于日内瓦一个胡格诺派教徒家庭的植物学家阿方斯·德·康多尔作过如下统计：1666年至1866年期间，入选法国科学院的92名外籍院士中，有71人是新教徒，16人是天主教徒，另5人是犹太教徒或宗教倾向不明者。这些外籍院士所属的外国的人口，则为天主教徒1.07亿人，新教徒6800万人。还有一个类似的统计：1829年和1869年伦敦皇家学会的外籍会员中，天主教徒和新教徒人数相等，但他们所属的外国人口中，天主教徒却比新教徒多两倍以上。⑯

无疑，这在很大程度上反映出一个情况，即天主教国家中的天主教徒更容易从事一些较老的自由职业或从政，因此他们更愿意接受与自然科学不同的教育。但也有一个重要的原因，即教会上层对自然科学感到恐惧，讨厌那些否定了宗教教义的科学发现和科学范式。正如英国化学家和"一位论"派牧师约瑟夫·普里斯特里所说，教皇对科学摆出恩主的姿态时，"是在抚摸一个化了装的敌人"，因为他"有理由一看见气泵或电动机就发抖"。⑰

一位学者反对这些说法，明确断言这些所谓的联系没有经验上的基础；⑱认为韦伯关于19—20世纪之交德国天主教徒和新教徒教育差别的数据（新教徒更倾向于商业和科学科目）计算不周；认为天主教徒和非加尔文派教徒商人的工作与韦伯理想的加尔文派教徒一样出色；认为我们可以用地理和人种因素来解释南北欧的区别；认为韦伯就像为中国皇帝作新衣的裁缝，他强调新教为无事自扰。

实际上，今天的大多数历史学家都认为韦伯的论点站不住脚，不可接受：它曾经轰动一时，但那已成过去。

我不同意这种说法。即使从经验水准来看，也不能同意，记录表明，新教商人和制造商在贸易、银行业和工业扮演了领先者的角色。⑲在法国和西德的制造业中心，雇主通常是新教徒，而天主教徒多是雇员。在瑞士，新教州当时是出口商品（钟表，机械和纺织品）制造业中心，而天主教州当时主要是农业区。英格兰到16世纪末时绝大多数人口已是新教徒，其中的不信国教者（意即加尔文派教徒）在方兴未艾的工业革命中格外活跃，在工厂和锻铁工场尤有影响。

从理论上看，也不能同意。问题的核心实际上在于塑造一种新人——理性的、有条理的、勤奋的、讲求实效的人。在新教出现之前，这些品德并不是不存在，但未必常见。新教使这些品德在它的信徒中间普遍化，新教徒彼此之间以它们作为衡量的标准。这是自然形成的一个过程，韦伯其实并没有对它起什么作用，起作用的是群体的压力和相互监督，以确保取得成绩——人人都彼此相观察，相关注。

新教徒的两个特点反映出并证实着这一联系。其一是强调教育和文化水平，对男孩女孩都一样。这是读《圣经》的副产品。好的新教徒应能自己阅读《圣经》。（相比之下，天主教徒当时以教理答问的方式传教，但不一定要自己阅读，教会明显地不鼓励他们读《圣经》。）结果是：新教徒识字率较高，而且有较多的人进一步受教育；这一点还较能保证文化代代相传。有文化的母亲是重要的。

其二是重视时间。在这一点上，我们有社会学家所谓的不引人注目的证据：时钟和手表的制造和购买。即使在法国和巴伐利亚这样的天主教地区，大多数钟表制造者也是新教徒；从这种时间测量仪器的使用和向农村地区的推广上看，英国和荷兰远比天主教国家先进得多。[20]没有比时间的敏感性更能促进农村社会的"城市化"了，它包含着价值观和品位的迅速传播。

这并不是说，韦伯的资本家"理想类型"只能存在于加尔文教派或由它演化而成的其他教派之中。所有民族的人，不论有无宗教信仰，都可以成长为理性、勤奋、有条理、讲实效、整洁和严肃的人。他们也并不一定是商人。他们在从事各种工作中都会展现这些品德并因此获益。在我看来，韦伯的观点是，在那个特定的时间和地点（16和17世纪的北欧），宗教鼓励了以前曾是少有的、冒险的这类人的大量出现；这类人创造了我们称之为（工业）资本主义的新型经济（一种新的生产方式）。

这一生产方式带来了工业部门对固定资本（设备和厂房）日益增长的需求。这就使得持续性成为关键，因为必须有持续的维修和改进，必须持续地积累知识和经验。在这一点上，制造业企业大大不同于商业企业，因为商业企业的运作方式往往是专为一桩生意而动员资本和劳力，完成一段贩运或投机，然后就散伙。（英国的东印度公司早期就是这样运作的，尽管它不久就看出了持续动员的必要性。）

对这种新型经济的需求而言，韦伯式企业家的气质和习惯尤为适合；而托尼强调自尊与持续性之间的联系也是非常恰当的。并非偶然的是，法国王室一直准备和愿意给予有社会野心的布尔乔亚（尤其是法律界人士）贵族头衔的荣誉——当然要有代价，而从17世纪开始，又允许贵族从事批发（与零售相对）贸易；

18世纪将持续条件强加于工业界人士。新封为贵族的批发商和制造商被要求留在"本行业"——一个曾一度被视为显然不体面的条件,与他们崇高的社会地位不相符合。[21]就像一个真正的加尔文派教徒意识到的,问题在于,贵族头衔和虚荣与账房、工厂的人士不相适宜。他们工作勤苦,业绩卓著,但却身穿黑色呢绒服,没有丝织品、花边和假发。

这种新型实业人才的扩散尽管重要,但毕竟只是经济力量和财富由南向北转移的一个方面。移动的不只是钱,还有知识;而正是知识,尤其是科学知识,支配了经济的可能性。在宗教改革之前的几百年期间,南欧曾是学术和知识探索的中心。它包括西班牙和葡萄牙,因为它们位于基督教文明和伊斯兰文明的交汇前缘,而且受惠于犹太人的中介;还包括意大利,它也有自己的联系。西班牙和葡萄牙早就衰落了,因为宗教激情和军事征伐赶走了外来者(犹太教徒,接着是被迫改信基督教的犹太"改宗者"),挫伤了人们对新奇思想和可能被视为异端的思想的追求;可是意大利继续造就了一些在欧洲领先的数学家和科学家。第一座科学院成立于意大利(即1603年成立于罗马的猞猁科学院)*,这并非偶然。

然而,导致新教出现的宗教改革,使规则改变。它有力地促进了识字率,孕育出不同政见和异端主张,推动了怀疑论和否认权威的潮流,这恰是科学奋进的核心。天主教国家没有迎接这一挑战,而是相反地作出了封闭和非难的反应。哈布斯堡王朝的各片领地,包括低地国家在内,在马丁·路德受谴责之后马上就作出了反应。由于那里还有一些马拉诺难民(即那些在西班牙被迫皈依基督教而后又逃出西班牙的犹太人),哈布斯堡王朝当局对这些人又怕又恨,把他们看做是真正教会的敌人,指责他们蓄意传播新教信条,歇斯底里的气氛进一步恶化。

随后(从1521年起),各国当局接二连三地颁布禁令,不仅禁止出版任何文字的异端著述,而且还禁止阅读它们。西班牙当局,包括世俗当局和教会当局,对路德宗教徒(当时所有的新教徒均被视为路德宗成员)的态度表现为,不是把他们看做基督教内部的异议者,而是把他们看做非基督教徒,如同基督教的敌人犹太教徒和穆斯林一样。[22]任何关于结束宗教裁判的想法都被束之高阁,教会和民政当局联合起来控制思想、知识和信念。1558年的法令规定,未经批准进口外国图书和印刷未经审定的出版物者,处以死刑。大学的作用沦为充当灌输中

---

* 猞猁科学院原文为 Accademia dei Lincei,科学院以猞猁命名,系取其目光锐利之意。

心。非正统的和有危险性的图书被列入《禁书目录》(在罗马为1557年,在西班牙为1559年),而安全的图书在出版时均标有官方"准予印刷"的字样。在西班牙的禁书清单中,有一些是科学著作,仅仅因为其作者是新教徒而遭到查禁。尽管还有人冒险走私,但从整个社会来看,新思想的传播减慢成涓涓细流。(不妨回想一下《堂吉诃德》刚出版时所遇到的书评和清洗。问题不只是出在这部小说中的奇情异想,还有荒唐的理由——在一个受幻想支配、知识贫乏的社会里,那些零碎琐事也带来了危险。)

西班牙人还被禁止出国留学,以免受到颠覆性学说的影响。在颁布《禁书目录》的同一年(1559年),王国政府规定,除了罗马、博洛尼亚和那不勒斯这几个安全的学术中心以外,禁止到其他外国大学念书。后果是严重的。在这之前的很长时期中,西班牙学生都到法国蒙彼利埃大学学医,而在这之后,却几乎停止了——从1510年到1559年,去那里学医的有248人,而从1560年到1599年,就只有12人了。㉓(人们倒是奇怪这12个人怎么会自行其是。)有颠覆性见解的科学家被压制得沉默了,还被迫谴责自己。力图控制思想和强行维持正统的当局是从来不会满足于禁令和惩罚的。被认定有过错的人必须坦白认罪和忏悔——既是为了拯救自己,也是为了拯救他人。

宗教迫害导致没完没了的"抓坏人",还引起一些人为了拿钱而告密,邻里间窥探,还有种族主义的血统狂。被迫皈依基督教的犹太人只要被告密者发现以下迹象,表明他们仍保持犹太教摩西律法的习惯,就会被抓住,这些迹象是:不吃猪肉,星期五穿干净的亚麻布衬衣,被偷听到作祈祷,到教堂不经常以及说错话。爱干净尤其会遭到怀疑,洗澡被视为叛教的证据,对于被迫皈依基督教的犹太人和摩尔人来说都是如此。"宗教法庭记录中常见的一句话,就是'据悉被告洗澡……'"㉔当时的见解是:肮脏是遗传的,而干净的人不需要洗澡。凡此种种恰恰是使西班牙和葡萄牙人贬损了自己的人格,降低了自己的身分。容不得异教而进行迫害,可以使迫害者受到的损害更甚于受害者的损失。

就这样,伊比利亚半岛,事实上还有整个地中海沿岸欧洲地区,错过了所谓的科学革命的列车。在17世纪80年代,巴伦西亚的一位医生胡安·德·卡夫里亚达曾试图说服马德里的大夫们接受哈维发现的血液循环原理而放弃古希腊学者盖伦创始的肝脏造血论,他为此而进行了长期论战,仍徒劳无功。他不禁发问:西班牙到底怎么啦?在学习新知识方面,"似乎我们成了印第安人,总要拖到最后"。㉕

英国历史学家休·特雷弗－罗珀认为，决定南欧此后300年命运的，与其说是新教，不如说是上面所谈到的这种反动的、反新教的强烈反应。㉖这样的倒退既不是命中注定的，也不是教义所要求的。但是，以真理保管人和卫道士自居的教会一旦走上了这条路，就很难再承认错误，改弦易辙。有多难呢？直到如今，我们才听说罗马教廷终于在将近400年之后勉强给伽利略恢复了名誉。* 难到了如此地步。

对伽利略的谴责

伽利略不是圣徒，但却是佛罗伦萨、意大利、欧洲乃至全世界的天才和瑰宝。他是实验科学的先驱，敏锐的观察家（适宜作为猞猁科学院的院士）和思想家、雄辩家。然而，1633年，罗马教会却谴责他为蔑视权威和异端："认为太阳是世界的中心、是不动的，这是荒谬的，在哲学上是错误的，在形式上是异端邪说，因为它明确违反《圣经》。"

（伽利略不是第一个也不是最后一个。1600年2月罗马教会烧死布鲁诺，此事虽然不大为人所记，却同样重要。布鲁诺是前多明我会修道士、哲学家，他想象到的宇宙概念比哥白尼和伽利略更接近我们今天所想象的：无垠的空间，闪烁着数以亿计的星星，地球围绕着太阳旋转，物质由原子组成，等等。所有这些都被视为异端邪说，是与神秘和魔术有关。实际上，罗马教会烧死布鲁诺，宣布了控制科学和想象力、将它们束缚在罗马淫威之下的意图。㉗但是，当伽利略工作和发表演讲时，尚有自由活动的余地。）

这就是对伽利略的判决。他本人认错的忏悔大约比这长14倍。问题的关键不在宣扬教义，而是谴责异端和极其详尽地承认自己的罪行，认可和接受圣教的权威，真诚地宣誓忏悔，并保证不再重犯。这是一贯正确的体系进行思想控制的本质：他们的目标不在使罪犯认罪，而在于要让他和体系内的其他人信服。

为什么教会坚持地球中心说，仍然是一个未揭开的谜。《圣经》上似乎并未要求这样的信仰。诚然，《圣经》中谈到太阳穿行于天空或停止运行的形象，但不难将它们解释为地球上人眼所见情景的表述，有时还是譬喻性的表述。罗马教廷本来可以不理睬这方面的问题，不必撕破信仰和顺从的面纱。然而任何教会都

---

* 罗马教廷于1983年承认宗教裁判所1633年对伽利略的审判是错误的。——译注

想要把自己的权威建立于教义和信条之上，因为教义和信条是统治的标志和工具，在动荡不安的时候尤其是这样。

而伽利略出于他的秉性和学者人品，喜欢争论。他是一位令人敬畏的辩论家，容忍不了蠢人，而他发现教会里蠢人多得是。可是，这在罗马那样一个环境中却是一种危险的游戏，因为教廷权力几乎无限，人们勾心斗角，诽谤和叛卖成风。罗马堪称台伯河畔的一座拜占庭：那些争权夺利者最高兴的事莫过于教皇的早亡，因为教皇的每一次更替都会带来权力与地位的重新组合。今天在，明天就不在；此刻是朋友，不久后就是仇敌。伽利略靠不了任何一个人。

更糟的一点也许就是，当有人向伽利略暗示和警告说教廷不赞成他的言行时，他作出的反应竟然是公开亮出自己的观点，用意大利文而不是用拉丁文出版自己的著作。这样就超越了内部人小圈子，而诉诸广大公众。这就等于是把他的异端邪说加以通俗化，当局是无法容忍的。*

所以，伽利略认罪了；据说他作了最后一次顽强的抗辩（"不管怎么说，它在运动"），但教廷还是判他软禁，使他失去活动能力，结束了他作为一位卓有成就、不断创新的科学家的生涯。当这位伟人从事工作和旺盛创造的时候，意大利的科学曾勇敢地站起来，与反宗教改革运动所包含的种种限制作抗争；伽利略科学创造生涯的结束，使意大利科学蒙受了灾难性的损失。

别国的科学境况如何呢？教廷对伽利略的谴责在新教国家没有什么意义。如果说有什么意义的话，那就是它证实了新教造反派反对教廷权威、蔑视罗马迷信，是正确的。法国科学家、普罗旺斯地区艾克斯的教授、杰出的天文现象观察家伽桑狄神甫于 1632 年到荷兰后，给他的法国同事写信时谈到荷兰人对哥白尼定律的态度，指出"所有的人都赞同它"。㉘这话也许有点夸张，但却抓住了荷兰与法国学术界态度形成的对照。荷兰、英格兰以及其他新教国家当时是有另一种心态。

在法国，学者们摇摆于理智和情感、正直与服从之间。就是那个伽桑狄曾写信给伽利略，恳请他跟罗马讲和，同时也求得良心的安宁："我极其担心您面临

---

* 可以比较一下意大利关于色情出版物的规定：只要这类图书价格昂贵而且印数有限，就可以通融；但不许出版廉价版本，因为当局担心那会腐蚀那些头脑简单、没有文化根基而抵挡不住诱惑和犯罪的普通老百姓。关于教会害怕用本国文字出版图书，可参阅贾姆巴蒂斯塔·德拉·波尔塔在 16 世纪 80 年代遇到的麻烦，见 Eamon, "From the Secrets of Nature"，第 361 页，注 41。

的命运。您是本世纪的伟大荣耀！如果教廷作出了反对您的见解的决定，请以一位智者应有的风度忍受吧。您只要确信您所寻求的仅仅是真理，即足以问心无愧而坦然处之。"㉘

仅仅是真理。但什么是真理？哥白尼在他那个时代所能利用的知识有限，还留下了不少有待解决的问题。哥白尼—开普勒范式更有用于观察，可是它证明了地球是围绕着太阳转吗？比较好也比较安全的做法，是坚持做实验而不问为什么。这就是继续观察而否认后果，这种躲躲闪闪的做法受到了法国当时某些居领先地位的科学家的欢迎。* 例如，当时为欧洲各国学者之间保持通信联络作出了首要贡献的法国学者梅森，曾于1634年写道，所有人关于地球运动的说法都尚未得到证实，所以他放弃了写作一本书论述日心论的计划。伽桑狄的态度也是一样。笛卡尔也一样。伟大的笛卡尔提出了他自己的新说法：天体的运动并不是受控于某种引力，即无形的、神奇的吸引力，而是受控于一路支承它们的力的漩涡。吸引力带有迷信的味道，而力漩涡怎么说来是科学的。笛卡尔说，地球就是由它的力场载运的，好比是乘客坐船行进。船在运动，乘客并不运动。所以地球不动。证讫。

尽管笛卡尔如此聪明，仍感到很难生活在法国的诡秘狡诈的气氛之中。他迁居荷兰，除了梅森以外，他没有给任何别的人留下转信地址。这时，法国人慢慢地、勉强地接受了他的宇宙论，而一旦接受了，他们就坚持笛卡尔体系，而拒绝牛顿的运动和万有引力理论。推比拉好。何况牛顿是英国人。法国人在当时也跟现在一样，觉得很难向别人学习，而英国人是宿敌，有百年战争期间1346年克雷西战役和1415年阿让库尔战役的旧仇，就更难向他们学习了。这种知识上的沙文主义的一个令人气愤的事例，发生于20世纪80年代：法国血库中发现有污染，可是法国卫生当局坚持给医院分发有污染的血，而不肯购买美国的检测和消除污染的设备。（美国如今代替英国，成了高卢人厌恶的对象，由于在两次世界大战中帮助过法国，而变得更糟。）就这样，法国当局使得成百的人，也许是成千的人，不幸罹致艾滋病和死亡。

当法国人最终接受了牛顿数学和物理学时，他们做得很好。他们有的是才华

---

* 意大利亦是如此。那里有过一座短命的科学院，即托斯卡纳公爵利奥波德资助建立的奇门托科学院（Accademia del Cimento），该科学院惟公爵之命是从，在公爵离开到罗马另谋高就不久，该科学院就解散了。没有学术自治：院士们汇报他们的实验，如此而已。——科学，换句话说，没有科学。

和天赋。可是他们却因为骄傲而失去了几代人的时间。

不容异说和偏见的固执㉚

15世纪的西西里不幸效忠于卡斯蒂利亚王室。所以，当1492年费迪南德和伊莎贝拉下令驱逐或强迫归化西班牙的犹太人时，西西里只得唯命是从。早期一些针对犹太人的集体迫害表明，该岛不乏反犹情绪。但是，犹太人数世纪以来居住在这里，在西西里的贸易中起着举足轻重的作用，更不用说，在医生和药剂师方面，他们占了绝大多数。西西里的总督犹豫不决，不愿意发布这个影响重大的法令；但是发布了一系列准备性的命令：禁止犹太人出售资产，强迫他们偿还所有的欠款，而最具有征兆性质的是禁止他们拥有武器。

不需要再详加叙述了。西西里岛上的犹太人赢得了短暂的迟延时间；他们被仁慈地允许带走自己的衣服、一床床垫、一件羊毛或哔叽毛毯、一床被单、一些零钱，加上路上用的食物。据说，许多西西里人对犹太人离开感到遗憾。这是有理由的。犹太人走后，西西里的商业衰微几尽；一些房子甚至一些街区都无人居住；我们能估计到，当时一定有人感到羞愧。

很久以后，在17世纪末，许多西西里人要求国王促进贸易的发展。查理二世赋予墨西拿以自由港的特权，并授权犹太人在那里经商——条件是他们必须睡在城外，并且穿着带有醒目标志的衣服。这种模棱两可的邀请未能鼓励犹太人回来。所以，1728年，犹太人被授权可以在岛上任何地方从事贸易，住在墨西拿，可以建立犹太教堂和墓地，并有权拥有和处置财产。这也没有多大作用。所以，1740年，国王明确邀请犹太人回来。一些犹太家庭接受了邀请，但是发现自己仍然受到有偏见的民众的歧视。碰巧王后未能生育王子来继承王位，教会人士向国王夫妇进谗言说，只要他们允许犹太人居住就不能生儿子。所以，7年之后，出现了再一次驱逐。

不容异说，迷信，无知——这些都容易养成，却难以根除。很久以前外国（西班牙）统治者犯下的罪过，直到今天仍是促成西西里落后的一个原因。

注释

1. Salaman, *History and Social Influence*; Langer, "Europe's Initial Population Explosion".

2. 这种事情并不仅仅发生在早期。参见 S. K. Coll, "Anti—Malaria Drugs Post Hard Choice for Parents", *International Herald—Tribune*, 1996 年 10 月 18 日, 第 11 页。

3. Curtin, "Epidemiology and the Slave Trade", Table 1, 第 203 页, 引自 Sheridan, *Doctors and Slaves*, 第 12 页。这些数字以英国 1817 年到 1836 年派驻世界各地的白人和黑人军人的死亡率为基础。据某些研究的判断, 该死亡率大概低于 17 和 18 世纪。

4. 引自 Edwy Plenel, "Le Conquerant Oublie", *Le Monde*, 1991 年 9 月 1—2 日, 第 2 页。我们可以看到, 20 世纪下半叶石油生产国出现类似的毁灭性自我放纵。

5. 西班牙工业落后于意大利或西北欧洲国家, 但在 16 世纪时, 西班牙工业并非微不足道。参见 Peyfitte, *Societe*, 第 134 页。关于 17 世纪西班牙工业的衰微, 参见 Lynch, *Hispanic World*, 第 210 页及其后诸页。

6. Alfonso Nunez de Castro, 引用于 Cipolla, *Before the Industrial Revolution*, 第 251 页。

7. 引自 Lewis, *Muslim Discovery*, 第 197 页。意大利历史学家和政治家弗朗西斯科·圭恰迪尼对此评述甚多, 参见 Guicciardini, *Relazione di Spagna*, 第 131 页, 引用于 Cipolla, *Before the Industrial Revolution*, 第 250 页。

8. Bernaldez, 第 257 页, 引用于 Bernand and Gruzinski, *Histoire du nouveau monde*, 第 1 页, 第 78—79 页, 第 643 页。注意: 在一些民族的文化中, 制革和皮革生意传统上被视为肮脏和低下的, 遭受蔑视。所以日本将这些工人划为"刽多"——即贱民阶级, 殡仪员和掘墓人也如此。奥斯曼土耳其则是一个像西班牙一样从事艺术与战争的社会, 工业技艺主要掌握在宗教上占少数的民族尤其是亚美尼亚人手里。

9. 参见 Peyrefitte, *Societe*, 第 141—142 页。

10. 关于北大西洋的财富和贸易, 参见 Axtell, "At the Water's Edge: Trading in the Sixteenth Century", in his *After Columbus*, 第 144—181 页。关于鲸油, 作者写道(第 146 页), 鲸油"利润高, 如同液体黄金"(但海盗对它无大兴趣), 因为"鲸油点亮了欧洲的灯, 被用来制造肥皂和熬汤, 润滑煎锅、钟表等各种物什。由于鲸在当时被划分为鱼类, 可以充当大斋期间的肉食, 而大斋期间是禁止吃兽肉的"。

11. 关于意大利纺织业的衰落(不再是工业生产的主要部门), 参见 Cipolla, *Before the Industrial Revolution*, 第 253—263 页。要了解在小城镇和乡村发展起来的新工业, 参阅 Ciriacono, "The Venetian Economy" and "Venise et la Venetie"。但是, 旧城市中心好像运用经济和政治权力将新工业控制在较低的地位。见 Sella, *Crisis and Continuity*; Moioli, "De—industrialization in Lombardy"。

12. 〔Anthony Walker〕, *The Holy life of Mrs. Elizabeth Walke* (1690), 引用于 Thomas, "Cleanliness and Godliness", 第 56 页。托马斯在该著作出版前惠允引用。

13. Baxter, "Of Redeeming Time", *Practical Works*, 第 228 页。再次感谢托马斯惠予引

用。

14. 参见 H. M. Robertson, *Aspects of the Rise of Economic Individualism*。

15. 关于上流社会陈旧的防范性的伦理，参见以下重要文章：Arthur Livingston, "Gentleman, Theory of the", in *the Encyclopedia of the Social Sciences*; Kautsky, *Politics of Aristocratic Empires*, 第 177—197 页。

16. Candolle, *Histoire des Sciences et des savants*。有人认为，康多尔的统计没有什么意义，因为它开始于 17 世纪 60 年代，那时科学革命已经开始了。参见 Smith, *Science and Society*, 第 48 页。这种异议当然不能排除对更早时期做类似的调查会得出类似的结论；但是其隐含意义是这样做不会得出类似的结论。问题在于，康多尔统计的是科学院成立后的数据。如果仅仅因为在那一时期新教的科学领先地位已成事实，就说康多尔的统计没有意义，那似乎是毫无道理。至于如何解释这一统计结果，是将它归因于新教，还是归因于天主教对新科学的敌视，或者二者兼而有之，则是另一个问题。

17. 引自 Mason, "Scientific Revolution"。

18. 这是瑞典历史学家库尔特·萨穆埃尔松在一篇较短的专题文章中说的话，该文章名为《宗教与经济行动》。

19. 例如，萨穆埃尔松对韦伯关于巴登的数据之统计意义上的批评是没有说服力的，尽管他指出新教徒更喜欢在城市生活，因为技术学校都集中于城市，在这一点上，他是正确的。但是这一点也并非偶然。

20. Landes, *Revolution in Time*, 第 92—93 页。请参阅 Vries, *Dutch Rural Economy*, 第 219 页，关于家庭财产的基础，吕伐登地区钟表的拥有率从 1677—1686 年的 2%升至 1711—1750 年的 70.5%。当然，这些家庭非常富有，在主人死后可以制作家庭财产目录。

21. 参阅 Michaud, "Orleans au XIII Siecle", 第 11 页。尽管如此，有些骑士勋章禁止授予这些新人，这种做法是与褒奖商业成功背道而驰的。为提高这些不被欣赏的成功人士的社会地位，有人甚至提议为他们设立新的勋章。这些主张并非空洞无力，但它告诉我们，别的人并未同意。

22. Bennassar, *L'Inquisition espagnole*, "Refus de la Reforme", 第 289—290 页。西班牙的反应是决不妥协的宗教服从以及由此产生的宗教狂热的长期历史造就的，对自己也无好处。参阅 Goodman, "Scientific Revolution", 第 163—164 页。古德曼说，16 世纪西班牙老式天主教医生的匮乏反映了许多西班牙人推想的犹太人与医药之间的种族（天生的）联系，人们害怕当好医生会被怀疑有犹太血统。

23. 参见 Goodman, "Scientific Revolution in Spain and Portugal" in Porter and Teich, eds., *Scientific Revolution*, 第 172 页。有的西班牙历史学家试图维护自己——尽管这是无法维护的——争论说外国的大学太贫穷和墨守成规了，西班牙学生并不留恋那里。也许是这样；尽管新教大学——如英国和荷兰的大学好得多。但是，汲引异教的泉水是不可能被允许的。参阅 Smith，*Wealth of Nations*，Book V，ch. i，Part 3，Article 3d，关于天主教国家大学教学人才流失到教会的论述。

24. Crow，*Spain：The Root and the Flower*，第 149 页。

25. 见 Madrid，*Carta filosofica medico—chymica*，1687，引用于 Goodman，"*Scientific Revolution*"，第 173 页。

26. Trevor—Roper，"Religion, the Reformation and Social Change"，该论文最初提交 1961 年在爱尔兰戈尔韦召开的第五届爱尔兰历史学家会议，它使许多听众感到不安。

27. 关于布鲁诺和教会控制科学的运动，参见 Minois，*L'Eglise et la science*，1，ch. ix："Contre—Reforme et reprise en main de sciences"。关于布鲁诺"科学"的起源，参见 Yates，*Giordano Bruno* 一书以及 Copenhaver，"Natural Magic"一文中的论述。

28. Greenet，*Passion des astres*，第 87 页。

29. 同上，第 79 页。

30. 主要参见 La Lumia，*Histoire de l'expulsion des Juifs de Sicile*。

国 富 国 穷

第13章

THE WEALTH AND POVERTY OF NATIONS

工业革命的性质

历史憎恶跳跃，大的变化和经济革命都不是突然来临的，它们必定是经过了周全的和长期的准备。可是，连续性并不排除变化，甚至是剧烈的变化。

Why Some Are So Rich and Some So Poor

David S. Landes

  在 18世纪，一系列发明使英国的棉纺织业得以改观，并促成一种新的生产模式——工厂体系的出现。* 同时，其他工业部门也取得了类似的、往往是相关的进步，它们一起进步，相辅相成，推动工业前沿的不断扩展。这些发明丰富且种类繁多，无从细述，但大多属于以下三类：（1）迅速、常规、精确而不知疲倦的机器代替了人工技术和努力；（2）无生命的动力资源代替了有生命的动力资源，特别是发动机的发明将热转化为功，敞开了动力几乎无限制的供应；（3）新的、远为丰富的原材料，尤其是矿产资源，最终还有人造材料，代替了动植物资源。

  这些替代造就了工业革命，它们促进了劳动生产率及随后人均收入的迅速提高。而且，这些增长是可以自我持续的。过去，生活水平的提高常常伴随着人口的增加，而人口的增长最终抵消了经济的增长。到此时，经济与知识的增长之快，促成了不断提高的洪流，是为人类历史之空前。马尔萨斯所说的经济增长受到抑制以及停滞论者说"科学乏力"的预测一去不返。取而代之的是，充满希望与期盼的时代到来了。工业革命也改变了国家内、国家间、文明间政治权力的平衡；使社会秩序发生了革命性变革；而且大幅度改变了人们的生活方式和

---

 * "工厂"意指一种统一的生产单位（工人在监督下集中劳动），使用集中供应的、尤其是无生命的动力资源。没有这种动力资源，就不是工厂而是工场。

第十三章　工业革命的性质　　>> 199

行为方式。

"革命"一词含义甚多，它令人想到迅速的、甚至是残酷或暴力的变化。它也可以意味着根本或深层的转变。对一些人而言，革命有进步的含义（从政治意义上讲）：革命是好的，反革命即倒转时针，恰是与之相抵触的。另一些人则认为，革命是从本质上破坏事物的价值，因而是坏的。

凡此种种含义都源于"revolution"一词，而它的最初字面含义不过是"旋转"。因此，让我明确一下我在这里使用这一词时，是什么意思。我是取它最古老的譬喻意义，指"事情或某一特定事物发生的重大变化或改变"——这一词义始于15世纪，比急剧政治变化的词义早一个半世纪。[①]对工业革命确有研究的学者，都是从这一意义上使用"革命"一词；另一些人谈中世纪的"商业革命"，或17世纪的"科学革命"，或20世纪的"性革命"时，亦是如此。

由此可见，强调的重点在于深，而不在于快。工业大革命的非凡技术进步不是成就于一夜之间，这不会令任何人感到奇怪。没有什么发明是一跳出来就很成熟。相反，需要经过大大小小的许多改进，才能使一个想法转化成为一项技术。

以蒸汽动力为例。第一台利用蒸汽造成真空以推动水泵的装置，是托马斯·萨弗里发明的，于1698年获得专利。第一台严格意义上的蒸汽机（带有活塞）则是由托马斯·纽科门发明，于1705年获得专利。纽科门的机器只依靠大气压力，故称气压机，它严重浪费能源，因为汽缸会冷却，在活塞完成每一冲程后，汽缸均需再加热。因此，这种机器最适用于从煤井往外泵水，因为在煤矿，燃料几乎不花一文钱。

又过了很长一段时间——约60年——詹姆斯·瓦特才在1768年发明了带有分体凝汽室的蒸汽机，它的燃料消耗量大大降低，使蒸汽机得以运用于远离煤矿的新兴工业城市。又过了15年，这机器得到改进而能推动旋转，这才驱动了工业的车轮前进。而在这期间，工程师和机械师们还不得不费心尽力，解决制造和保养方面的大大小小数不清的问题。例如，汽缸横截面必须做成平滑的圆环形，使活塞紧贴着它来回运动，而且不让空气漏进真空的一端，这项工作需要细心、耐心和创造力。* 在燃料消耗方面，每一个缺点都会造成损失，而改进是没有尽头的。

这并不是问题的全部。要探索的另一方面的问题，是怎样制造出更坚实精致、能用来驱动船舶和陆上车辆的高压蒸汽机（压力要高于大气压）。完成这一任务又费了 1/4 个世纪。这样的一些用途又进一步促使人们设法节约燃料；车船的空间有限，人们要求腾出地方装货，而不是装煤。解决这个问题的答案是设计出复合式发动机——利用高压蒸汽依次驱动两个或者更多的活塞；蒸汽在一个高压汽缸中做功以后，再膨胀到一个较大而压力较低的汽缸。这一原理与中世纪利用落水的势能驱动一系列的水轮是一样的。复合式设计方案起源于 J. C. 霍恩布洛尔（1781）和阿瑟·伍尔夫（1804），但直到 19 世纪 50 年代才得到广泛应用，用作海轮发动机，有力地促进了远洋贸易。

这还不是结束。蒸汽机的体积和能量受限于活塞的惯性。活塞前后来回，这种往复运动需要大量动能。1884 年，查尔斯·A. 帕森斯找到的解决办法是，用蒸汽涡轮代替了活塞，从而将往复式运动转化为转动。这种方法在 19 世纪末才应用于主要发电厂；此后不久用于轮船。一言以蔽之，蒸汽机的研制总共用了 200 年的时间。**

与此同时，水力机械也得到了很大改进（18 世纪 50 年代约翰·斯米顿发明的中射式水轮和 1827 年伯努瓦·富尔内隆发明的涡轮）。自中世纪以来，水力机械一直是制造业的一个重要组成部分。②

类似的情况是，第一次成功的焦炭炼铁，可追溯到 1709 年，由亚伯拉罕·

---

* 制造锅炉的技术（卷起铁片，焊接缝隙，覆盖上下）不适用于发动机汽缸的制造——渗漏量太大了。新技术是在坚硬铸件上钻孔，是约翰·威尔金森发明的，1776 年获得专利。他是从炮筒钻孔（1774 年获专利）得到启发的。一年之后，威尔金森使用蒸汽机提起 60 磅重的冲锤锻造五金器具。到 1783 年，冲压锤重量增至 7.5 吨。他不久就建立了锻压厂，铸造冲压机、制造金属线用的拉床以及其他重型机械。厄谢尔写到：“他是当之无愧的重金属贸易发展的先驱之一。然而，在大众看来，他脑子里充满了怪念头。这些讨厌、不吸引人的特点使他始终没有得到应有的声誉。”参见 Usher, *History of Mechanical Inventions*, 第 372 页。其实，伏尔甘（又译武尔坎，罗马火和锻冶之神，比喻铁匠。——译注）也不够灵巧。

** 19 世纪下半叶，由于热力学的科学进步，蒸汽机得到了重大改进。在该领域，以前是技术领先于科学，这时却是科学的领先促成了蒸汽机的新生。从某些特定技术后果可能性的数理逻辑（S形）曲线上讲，实验准备阶段收益缓慢，而后迅速发展，可能性枯竭时将降慢速度。关于这一点，见 Simon Kuzners 的经典论文，"Retardation of Industrial Growth"。

达比完成于科尔布鲁克代尔。（我曾经到过科尔布鲁克代尔，参观那座早已废弃的鼓风炉，置身于炉膛内那些坑坑洼洼的壁砖之间，回想当年炉火燃烧、矿石熔解的情景，我感到自己好像是置身于那孕育过工业革命的子宫之中。如今，该炉是一座工业博物馆的一部分，好奇的游客只能从炉外瞻仰了。）这一成就虽然事先也经过了精心研究和准备，但实际上也有碰巧的好运气：达比用的煤炭恰好是适于冶炼的。[3] 另一些人就不那么走运了，而且他们跟达比一样，只能将焦炭炼出的生铁用于浇铸。人们用了大约40年的时间才克服了困难，到18世纪中期，焦炭冶炼才得以顺利起飞。

此外，铸铁技术有严重的局限。铸铁适于制作钢、壶、炉壁、铁管等等不受力的器件，但不能用于制造机器。机器的活动部件要求具有锻铁（或钢）的韧性和弹性，其造型（锻造或机械加工）必须比浇铸更精确。* 经过半个世纪的多次实验，制铁商终于使焦炭炼出的生铁适于进一步的精炼，精炼者掌握了处理焦炭炼出的生铁的技术（亨利·科特1783年和1784年获专利）。再经过70余年，出现了廉价钢（亨利·贝塞麦1856年获专利）。廉价钢改变了工业和交通。钢原先是昂贵的金属，使用的范围很窄——制作兵器、剃刀、弹簧、锉刀——有了廉价钢以后，才用它造船和造钢轨。钢轨比铁轨使用寿命长，承受的重量更高；钢船则船壳更薄，载重量大。

如果我们追本溯源，还可以把这些技术的源头追溯到16世纪英国工业率先依靠煤炭，把它作为燃料和原料，用于制玻璃、酿酒、染色、制砖瓦、锻铁器和冶金。英国由使用植物燃料转向使用矿物燃料，比别的欧洲国家早得多，一位学者将这一转变称为"第一次工业革命"。[4]

下面再谈动力机械，就是设计出一种装置来带动工具（一台或多台），以代替人工劳动。它的目的可以是促使工具——例如印刷机、钻床、纺车等等——加大运转的力度和速度；也可以是引导其机件作单一的、重复的运动，如钟表；还

---

* 铸铁含碳量高（超过4%）。铸铁坚硬，但易在震动下断裂。它不能机制，所以只有铸造，即放到铸模里冷却成型。锻铁可以被锤击、钻孔和通过其他方式处理。锻铁不会在震动下断裂，而且抗腐蚀性极强，所以是制造阳台栏杆和其他户外器具（比如埃菲尔铁塔）的理想用材。用铸铁冶炼锻铁，应烧尽大部分碳含量，只剩余1%左右。锻铁早已被钢所替代（碳含量1%到3%），钢融合了铸铁和锻铁的优点，既有韧性又极其坚硬；结果，锻铁今天几乎只能在废料中找到。早期焦炭炼铁的困难在于，在精炼时，易产生热脆的铁（热即发脆）。直到这一问题解决之后，才从烧炭铸铁中制造锻铁。

可以是使一组工具彼此相校准，使一次动作作多种的功。机械由人工运转时，要排除那些不可避免的大大小小故障是相当容易的，工人只要停止转动曲柄或猛拉杠杆，机械就停住了。动力驱动机械，就大不一样了。*

我们知道，中世纪就已经用多种多样的机械，用来碾谷或碾麦芽，给金属器皿造型，纺纱，漂布，擦洗织物，给炉子送风等等。许多机械是动力驱动的，一般是用水轮。公元1500年之后的几百年中，随着力学原理的广泛应用，动力装置品种迅速增多。在纺织方面，重要的发明有编织机、"荷兰"或"引擎"织布机、绒带织机以及捻丝机。然而，恰如常见的情形一样，最有力的进步正是以下几点最基本的进步：

——采用踏脚板来驱动纺车，从而使操作者的手得到解放，来操纵纱线和处理绕纱；而在操作织机时，用手在掷梭的同时将经线穿过综眼；

——发明了锭翼（萨克森轮），从而能在纱线转动纱锭的同时绕纱加捻，但速度不一；

——实现了单向、连续的纺纱和捻纱。

这些变化加在一起，使纺纱工的劳动生产率提高四倍多。⑤

下一步是以机械大体上重复手工纺纱的动作，使纺纱机械化。这需要分解纺纱动作以达到简单化，把任务分解成一系列可重复动作的流程。这看来很合逻辑，但做起来并不容易。直到发明者把他们的装置应用到棉花这一种坚韧的植物纤维时，问题才得到顺利解决。这中间经历了30来年的反复试验，从18世纪30年代直到18世纪60年代。一当棉纺实现了机械化，就带动了整个工业翻天覆地的变化。

在冶金业，巨大的进展来自旋转代替往复式运动：制作金属板用辊轧而不用敲击；打孔用钻机而不用凿子；制造金属线采取拉丝的办法，让它穿过一系列逐渐缩小的孔眼；刨削修整用车床而不用凿子和榔头。最重要的是越来越多地采用精密测量和定位。在这方面，钟表和仪表制造者起了领头作用。他们从事微小零件加工，能采用分轮仪和锉齿仪之类的特制工具，使产品达到高精确度的标准。这些工具以及机械师设计的其他类似工具自然可以放大尺码，用到别处。因此，

＊ 动力机械必然是工业事故的一个新源泉。关于糖厂当时出现的问题，以及手动或畜力设备更为安全，参见 Schwartz, *Sugar Plantations*, 第143—144页。马比骡子和牛更危险："……不幸奴隶的尖叫使得马奔走更快。"

棉纺织行业登广告征聘钟表工匠为他们制造和维修机器,而且这些机器的轮系被称作"钟齿轮",这绝非偶然。这些机器的重复动作还使人想到,可以大量制造那些可替换零部件来装配各种物品(如钟表,枪炮,炮架,滑轮组,锁,五金器皿和家具等等),因而出现了第一批的批量生产实验。

凡此种种进步,加上制造机器的机器的发明,一齐出现在18世纪的最后30来年,形成一个创新力急速蔓延、异彩纷呈的时代。创新潮流如此汇合,其中的某些成分也许是一次幸运的丰收。但又不是。创新之所以有感染力,是因为某一种技术所依据的原理,也可以表现为别的许多形式,找到多种用途。钻孔技术既然用于火炮,也就可以用于蒸汽机的汽缸。既然可以用滚筒给纺织品印花(代替慢得多的平板印花),那就可以用同样的办法给墙纸印花,还可以印刷文字,比一上一下的平台印刷机快得多,因而可以成千成万份(册)地印出廉价报纸和小说。同样地,一台机械化的棉纺机经过改造就可以用于纺毛和纺亚麻。实际上,当时的人们就指出过,正是棉纺织业的机械化迫使其他纺织行业也实现机械化:

> ……倘若不是哈格里夫斯和阿克赖特的天才发明完全改变了梳棉和纺棉的方式,毛纺织业大概直到今日仍保持在几百年前的状态……也许对于整个社会而言,保持原样会更好,我们倒是愿意承认这一点。可是在已发现了改进棉纺业的方法之后,这已经是不可能了。[6]

就这样一步一步,世界勇敢地以及不那么勇敢地进入了一个不同的境界:人们收入逐渐提高,商品变得比较价廉,出现了闻所未闻的设备和材料,胃口变得贪得无厌。新,新,新。钱,钱,钱。正像目光比自己同时代人看得更远的塞缪尔·约翰逊博士*所说的那样,"世界上一切事情都得按新的方式办理了"。[7]世界漂离了自身的系泊处。

这场工业革命的起讫日期能指明吗?不容易,因为一项创新在出现之前会经历过几十年的实验,而在出现之后又会有漫长的改进过程。头在哪儿,尾又在哪儿?然而,这个大的过程——工业实现机械化以及采用工厂体制——有一个核

---

* 约翰逊(Samuel Johnson,1709—1784),英国诗人、评论家和辞典编纂家。——译注

心，即纺织业的发展演变。* 它的迅速变化开始于詹姆斯·哈格里夫斯的詹妮（多锭）纺纱机（约 1766 年），接着是托马斯·阿克赖特的水力纺纱机（1769年）和塞缪尔·克朗普顿的走锭纺纱机（1779 年）。走锭纺纱机是结合了詹妮纺纱机和水力纺纱机二者的优点而研制出来的，因而称为"骡机"（mule）。用这种纺机，既可以纺粗支纱也可以纺细支纱，比任何手动纺机纺得更好，产品价格也更低。然后，1787 年，埃德蒙·卡特赖特制造了第一台成功的动力织布机，这种织机使织布过程逐渐转变，首先是织粗纱，粗纱更经得起机梭的来回穿梭，随后也能织细纱。1830 年，理查德·罗伯茨，一位有经验的机械师，应雇主的要求，设计出一种"自动的"走锭纺纱机，使棉纺不再依赖于那些不服管教的技工贵族的力量和特殊技能。（自动的机器采用了，但技工贵族依然存在。）

上述的这一系列发明用了大约 60 年的时间，就完全压倒了老技术——蒸汽机则不同，它与水力机械共存了很长时期。** 新技术使棉纺织业的成本和产品价格急剧降低，产量迅速上升，消费量大增。⑧ 根据这一情况，可以说英国工业革命持续约 100 年左右，大约是 1770 年到 1870 年，"在这整个期间，正是从旧秩序转变到建立新秩序之下工业各部门之间的相当稳定的关系"。⑨

另有一些专家作了稍有不同的分期。⑩ 不管怎样，我们谈的都是一个持续了百年之久的过程，前后出入不过 20 来年。把这一过程称作革命，似乎是显得慢了些，但是经济上的时间是比政治上的时间慢一些。在这之前的几次经济大革命持续的时间更加长得多。

---

* 以下两位作者对过程核心的说法并不同意。见：John Hicks, *A Theory of Economic History*，第 147 页；Carlo Cipolla, *Before the Industrial Revolution*，第 291 页。希克斯将早期棉纺机器视为"旧工业进化的附属物"而不是新工业的开始。他认为，诸如此类的事已经在 15 世纪的佛罗伦萨出现，那时水力机械已经出现（意大利确实有水力机械）。"即使没有克朗普顿和阿克赖特，仍然会有工业革命"。西波拉写到，"铁与煤炭而非棉花是引起工业革命的关键因素。"也许如此；按照影响和重要性给各项进步排队，并不容易。但是，我仍然认为最重要的是机械化，以及在监督与纪律下工作的组织（工厂体系）。

** 在这里必须区分棉纺业和织布业。在棉纺中，机械干脆淘汰了旧的手工技术。即使工资只是相当于英国人一小部分的印度棉纺工人，也不得不在机纺棉纱前投降。而在织布方面，动力织机用了数十年才能处理纤细的细支棉纱。所以，用手摇织布机的人尽管日益感到前途渺茫，生活水平逐渐降低，却依然在工厂之外坚持生产，直至死亡和衰老吞噬他们。19 世纪下半叶，制造商即使有特殊原因想雇佣手摇织布机工人，也寻找不到他们的踪迹了。年轻人不愿意从事这种行将完结的行当。

我们即使是考虑到那些自称"新经济史"学派的人士所提供的数据，也仍然可以看出经济增长趋势在1760—1770年之间出现一次突变，增长率有了前所未有的提高，而最重要的是生产模式开始发生深刻的转变。关键在技术。总体数字表明了这一点，基本逻辑也清楚说明了这一点。即使以18世纪后半期经济增长的最低估算数字作依据，往前倒退回去作推断，就会很快感到以前的收入水平居然不足以维持生活。所以，情况肯定是有了变化。

问题倒是：当时的总体增长为什么不是更快一些。这是一个时代错误的问题，它反映出人们拿较近时代经济发展更快、发明创造更有潜力、后进者可以跳跃式地追赶先进的标准，去衡量工业革命那个时期。尽管如此，提出这个问题仍是有意义的。答案在于：工业革命的影响是不平衡的，而且是持久性的；它在某些产业先开花结果，在另一些产业则晚见动静；它在建立新行业的同时，撤下了甚至摧毁了一些老的行业；它并没有在一夜之间取代原有的技术，也不可能做到这一点。（即使是如今威力强大的电脑也没有让打字机销声匿迹，更不用说纸和笔了。）[11]正因为如此，用什么样的砝码来衡量那些岁月的增长速率，就变得非常敏感：把棉纺织和冶铁的分量看得重一些，增长就显得快一些；把它们看得轻一些，速率就慢下来了。对于早先研究技术变化的学者，如A. P. 厄谢尔和J. H. 克拉彭来说，所有这一切当然都是明明白白的。而"新经济史学家"强调连续性主题，实际上是使那些前辈的研究工作再显活力，但却从来不引用他们的原话，也许还对他们一无所知。*

许多反对提"工业革命"的人还犯了一个"非此即彼"的错误。他们强调连续性，是很有道理的。历史憎恶跳跃，大的变化和经济革命都不是突然来临的。它们必定是经过了周全的和长期的准备。[12]可是，连续性并不排除变化，甚至是剧烈的变化。一位对经济学理论和计量历史学深信不疑的学者指出，英国人均收入在1780年和1860年之间翻了一番，然后，在1860年和1990年之间增长了6倍；在这一点上，他承认变化并不只是原有趋势的连续："头80年的增长是惊人的，但还不过是一个前奏而已。"[13]我愿再添一句：在这后130年的漫长时期中，英国的成就还不算是最激动人心的。

---

　　* 经济学是一门可能成为科学的学科，正如大家知道的，科学在进步，所以前辈的专著和文章常被抛掷于脑后。因此，一个学科就会有这样的怪事：它在日新月异的时候，常常是重新发现昨日的发现——且常常意识不到这一点。

上述这些进展的后果,是现代工业国家与落后工家、富国与穷国之间的差距越来越大。先说欧洲内部：1750年,西欧(不含英国)与东欧人均收入的差距是大约15%；1800年,为略高于20%。到1860年,这一差距上升到64%；到20世纪,几乎是80%。⑭在欧洲和后来人们称作第三世界的那些国家之间,同样出现两极分化,只是更加尖锐得多——原因的一部分在于,现代工厂工业吞噬了国内外的老式工业对手。

自相矛盾的现象：工业革命使世界靠得更紧密,变小了,比以往同质化。可是这同一个革命又分裂了全球,使胜利者和失败者相疏远。它使一个世界分成了几个世界。

* * * *

一场革命在什么时候不算是革命了？

早先研究工业革命的学者都是依靠各特定行业的产值和产品价格数据,这反映了当时统计学的局限性：他们所掌握而且知道加以应用的,就是那些数据。那些数据不曾令他们失望。它们所表明的,是直接的和简单的收益,而当历史学家不得不采用替代测度时(例如那些不产棉花的国家的原棉进口量应替代一部分棉纱产值),这些数据仍是很好地和相当稳定地表明了一种狭窄界定的、不含糊的现实。⑮

然而,从20世纪50年代后期开始,数字观念强的一些经济史学家着手制定一些测量尺度,来估算18世纪和19世纪前期的总的经济增长率。这是他们从历史角度研究了数据较充分也比较可靠的19世纪后期以来各时期的国民收入以后,很自然地把工作向更早的时期作延伸。* 可是,在各国政府机构系统收集数字以前,就倒退到更早时期作如此再构,这真是付出了英雄般的想象力和智慧：需要使用和融合人们在不同时期、为了不同的目的、在不同的基础之上估算或收集到的各式各样的数字；需要采用人们根据自己对经济性质所作出的往往是任意的而

---

* 这方面的模型是美国国家经济研究局的西蒙·库兹涅茨及其同事建立的。在分析美国的数据之后,从60年代开始,库兹涅茨帮助其他国家设计和资助类似的项目。关于英国工业产值数字分析的开拓性工作可追溯到更早的瓦尔特·霍夫曼,但是菲利斯·迪恩重新开始这一研究,在间隔一段时间后,查尔斯·范斯坦、尼克·克拉夫茨、尼克·哈利等人亦曾作出过努力。

且有时并未言明的判断，提出种种替代办法折算数据；需要指定从其他背景和其他时期借用的各种权数；遇到成堆的指数问题；使用惯例价格或名义价格，而不是市场价格；作没完没了的内推和外推，从而抚平和模糊发展趋势中的突变。因此，毫不奇怪的是，这些再构的结果因人而异，前后变动；最新的估算不一定比早先的估算更准确（估算者当然不会同意这一点）；数字貌似精确，却不一定站得住脚和经得起长久推敲。*

貌似精确的数字也不能表达出明确的意义。即便相信它们，仍然有一个如何解释的问题。理论经济学家们早就认识到这一困难。一位诺贝尔奖获得者以惊人的坦率谈到这一点：＂早先的经济学家们不曾淹没于统计数字之中。他们免除了统计证明的负担。他们依靠历史和个人的观察。如今我们却是信任过硬的数据，假定它们是理论所认可的。＂[16]从这条原则来看，人们最难指望经济史学家们做到的一点，就是假定他们所信任的＂过硬数据＂（即数字）是历史证据所认可的。他们在判断上的跳跃常常是缺乏可信性的。

这方面意见分歧的症结，就在于某些人把一场革命说成了非革命（进化）。不论英国在 1760—1860 这百年间某些生产部门的增长是怎样显著，从某些人近年来摆弄数字的结果来看，英国这一期间总的经济增长（或工业增长）似乎是很有限：工业年均增长率不过是很少的几个百分点，经济总产值的增长就更小了。如果把人口增长的因素考虑进去，从人均收入或人均产值来看，年增长率就降到 1% 或 2%。[17]鉴于这种统计固有的误差率，这一结果也许还有点意义，也可能什么都不是。

然而，为什么要相信这些估算数字？因为它们是较新的统计？因为它们的著者向我们担保数字可靠？他们采用的方法就不够令人信服。这就是先定出一个总的构念（意念），再把各相关组成部分硬塞进去。一位著者在近年来的一次估算中发现，把英国的棉纺织、钢铁、交通运输和农业这几个主要部门的生产率增长数字相加以后，总的数字就满了，别的生产部门——毛纺麻纺、陶瓷、造纸、五金器皿、机器制造、钟表业——的增长已没有容纳的余地。怎么办呢？很简单。这位著者就断定英国大部分工业＂劳动生产率处于低水平，生产率增长缓慢，在

---

* 关于这些精心构建的数字的弱点和陷阱，见 Hoppit, "Counting the Industrial Revolution" 一文。该文在第 189 页引证托马斯·卡莱尔（1795—1881，英国历史学家。——译注）的话说，"不幸的是，这是一种数字的炼丹术，将最值得怀疑的资料变为似乎纯正和珍贵的东西；因此历史统计的价格永远值得警惕。"可见，19 世纪中期的人们已经醒悟了。

1780—1860年期间可能是几乎没有什么增长"。⑱这种历史研究是先有车后有马，先有结果后有数据，先有想象后有经历。它也是错误的。

此外，这种估算的一个立足点，是假定物质在不同时间保持同质性——铁就是铁，棉就是棉——因而不可避免地低估了质量改进和新产品所包含的进步。如果只计算钢的吨数，那么像坩埚钢这样一种新的钢——它可用来制造优良的钟表以及机器零件精加工用的优质锉刀——所具有的意义，还怎么能衡量呢？怎样评价轮转印刷机使报纸价格由一先令变成一便士？铁船比木船使用年限长，载货多得多，其价值又怎样衡量呢？如果只计算生产了多少灯，而不算它们发出多大的光，又怎样统计灯光产值？最近有人计算过，那种只算灯不算光通量的总统计数字造成了多大的低估，按照灯光流明量价格计算出来的实际产值，与原有估算数字相比，200年间竟相差1000倍。⑲

尽管如此，那些新的计量经济史学家却以胜利者的姿态宣布原有的学说已被摧毁了。一位经济史学家四方呼吁放弃"工业革命"这个使用不当的名词，另一些人在他们的著作中谈到这段历史时，开始避免使用这个令人畏惧的名词，因为它对著者和研究者来说均有诸多不便。⑳某些人是在经济史与其他历史搭界的领域或者根本是在史学领域之外著书立说，也武断地下结论说大家错误领会了英国的那一段故事。他们要我们相信，英国当时绝不是一个工业国（不论工业国意味着什么，都不是）；英国18世纪最重要的经济发展是在农业和金融业，而工业的作用却被夸大，其实它是居于从属地位。㉑有的人力图论证说，英国在那些所谓革命的年代并没有什么变化（100年的编史工作都白费了）；另有一些人承认那一段增长较快，但强调连续性大于变化。他们的提法是"趋势增长"或"趋势加速"，断言在国民产值或国民收入的增长中谈不上有任何"奇异转折"。而当某些学者拒绝接受他们这种新教规时，一位历史学家将反对者斥之为"还不愿完全躺倒的死马"。㉒

谁说学术界的象牙之塔是一块清静的地方？

*　　*　　*

旋转的优势

与往复式运动相比，旋转的巨大优势在于能效：它不需要运动机件改变方向来完成每一冲程，而是持续转动（它当然也有局限性，主要是受离心力的影响，这一点也受同样的运动定律的支配）。具体的运用则视质量和速度而定：若设备轻，运动又不快，往复式运动的发动机就足以完成任务，尽管要付出一定代价。若设备大又速度高，往复式运动就不行了。

轮船蒸汽机由往复式改为旋转式，最清楚地说明了这一原理。不论是商业航运还是海军，都要求设计和建造出更大更快的船只。英国这个当年的世界头号海军强国是在1905年建造第一艘巨炮战列舰"无畏号"时，断然决定采用旋转式发动机的新技术。皇家海军要求这艘新的主力舰航速达到21节*，往复式发动机不可能做到这一点。在这之前，船只设计速度达到过18或19节，但如此航速只能保持很短时间；即使是用14节航速行驶8个小时，发动机的轴承就开始发烫出故障。硬要这么快，就得进港修整10天——这是战备所不能接受的。

海军有些军官害怕新技术冒险。在驱逐舰上试用涡轮发动机是一回事，可是把它用在皇家海军最大、威力最强的军舰上，会怎样呢!？倘若创新者出了错怎么办？海军造船署署长菲利普·瓦茨指出，若按老办法造"无畏号"，它在5年之内就得报废，因此决心用新技术。

结果比他所希望的还要好。"无畏号"的舰长雷金纳德·培根原先指挥过"无敌号"（皇家海军喜欢用夸张的舰名），他比较了二者，惊喜地说：

〔涡轮〕没有噪音。当"无畏号"以17节航速行驶时，我常常视察轮机舱，简直感觉不到轮机是不是在转。当全速前进时，"无畏号"和"无敌号"轮机舱的区别更是格外明显。"无畏号"的轮机舱没有噪音，看不到蒸汽，没有水和油污溅出，军官和水兵衣着整洁，整个船只就像停泊在港湾，涡轮似乎停止了转动。而在"无敌号"的轮机舱里，噪音震耳欲聋，讲话无法听明白，电话没有任何用场，甲板上油污和水四溅，走路很难不滑倒。有的压盖（阀门）被吹开一角，空气朦胧，弥漫着蒸汽。轮机轴承上放着一根或数根消防水管，以防危险。人们不停地在轮机周围工作，摸摸轴承看是冷还是烫；军官穿着扣子紧扣的外衣或油布衣裤，脸是黑的，衣服上溅满了油和水，湿乎乎的。㉘

下一步则是采用液体燃料，它燃烧更旺，产生的压力更大，使得机轴和螺旋

---

* 1节＝1海里/小时。——译注

桨旋转得更快。老煤箱占用了太大的空间，加煤铲吞噬了大量的食物——人的发动机也是需要燃料的。当煤堆变矮后，就要召集更多的人从远处的煤仓把煤运到轮机附近；数以百计的人为添煤服务却从来看不到煤炭的火光。相对而言，加油意味着只需把胶管连接上和泵油几个小时，常常在海上就可以完成。而加煤炭时，船只需要在港口停泊几天。

有许多这一类的改进往往不会在常规的产值和生产率尺度上表现出来。它们计入新设备的成本，却没有列入工作质量的变化。

注释

1. *OED*，s. v. Revolution，Ⅲ，6，b。

2. 关于中射式水轮，参见 Makyr，*Lever of Riches*，第 90—92 页。关于水力机械和蒸汽机的对比，参见 Tunzelmann，*Steam Power*；Greenberg，"Reassessing the Power Pattems"。

3. 这是一个传统的解释，参见 Ashton，*Iron and Steel*。海德在《技术变化》一书第 40 页争辩说，这不是原因：达比之所以成功是因为他用沙土而不是烂砂铸造薄壁的铁容器，这样可以节约一半的金属，比较容易地从焦炼铸铁中炼制出这样的容器。参见 Hyde，*Technological Change*，第 40 页。

4. John U. Nef，*Rise of the British Coal Industry*。对矿物燃料和蒸汽动力重要性最有说服力的论证来自一位名叫里格利的学者，参见 E. A. Wrigley，*Continuity*，*Chance and Change*，和 "The Classical Econoimists，the Stationary State，and the Industrial Revolution"，第 31 页。亚当·斯密指出，英国工业往往集中于煤矿附近。参见 Adam Smith，*Wealth of Nations*，Book V，ch. 2，Art. 4。他把这归结为廉价燃料对工资（可以更低）和那些大量耗热的工业如玻璃和冶铁成本的影响。他并没有提到煤炭作为发动机和机械的燃料；在此方面，他也没有提到蒸汽机，对机械也说得很少。亚当·斯密也有看问题不全面的时候。

5. 该估计数字来自 A. P. Usher，*History of Mechanical Inventions*。

6. A. Rees，*the Cyclopaedia*，Vol. 38（London，1819），引用于 Ransall，*Before the Luddites*，第 13 页。

7. 引自 Kindleberg，*World Economic Primacy*，viii 6。

8. 研究技术与工业联系的先驱 A. P. 厄谢尔正是据此追寻工业革命的进步和时机。参见 A. P. Usher，*Industrial History*，第 304—313 页。

9. 同上，第 306 页。

10. 参见 T. S. Ashton，*The Industrial Revolution*。作者在这本既经典而又"时髦"的小书提出，英国工业革命的分期是 1760 年至 1830 年。

11. 可参照克里斯多弗·弗里曼对 20 世纪 70 和 80 年代发达工业国家生产率增速减慢所

作的类似分析，见 Cristopher Freeman, *The Economics of Hope*，第 86—89 页。

12. 参见 Landes,"What Room for Accident in History?"。

13. McCloskey,"Statics, Dynamics, and Persuasion"。

14. Aldcroft,"Europe's Third World?",第 2 页。贝罗奇提供了该历史比较的开拓性资料，参见 Paul Bairoch,"Main Trends in National Economic Disparities"。

15. 然而，即使在这些看来非常直接的问题上，人们也会犯惊人的错误。参见对克拉夫茨和尼克·哈利在计算英国工业增长时的棉布价格的讨论：J. Cuenca Esteban,"British Textile Prices"。后者意图在于表明在工业革命期间棉花价格的增长或稳定。不幸的是，对该意图而言，这些数据选用不佳（其中的一点是，这些指数来自合同而不是市场价格），显然部分是因为方便和容易得到。而且，没有任何警钟敲响。数字可以说明问题，每一个准备相信水力纺纱机、走锭纺纱机和动力织机发明之后棉纱或棉布价格会静止不动或上扬的人是准备相信任何事情的。关于相信数字的庸俗化危险，参见 Landes,"What Room for Accident in History?"。

16. Theodore W. Schultz,"On Investing in Specialized Human Capital",第 343 页。

17. 威廉姆森认为是 0.3%。见 Jeffrey Williamson,"New Views on the Impact",第 1 页。

18. Crafts,"British Industrialization in an Intermational Context",第 425 页。关于整个工业增长和收益的可靠、验证性的分析，见 Temin,"Two Views"。

19. 见"The Price of Light", *The Economist*, 22 october 1994, 第 84 页。

20. 早期就有人主张避免使用该词，参见 Youngson, *Possibilities of Economic Progress*, ch. Viii, "The Acceleration of Economic Progress in Great Britain, 1750—1800"。特别在 117 页提到，"……从整个经济来讲，既不能证明什么，也不能反证什么。"扬逊断言"进步从来不是恒定的"，不同部分的各自贡献是处在变化之中的。结果是树木繁多，但不能成林。

21. Ward, "Industrial Revolution and Imperialism",第 58 页，对 Cain and Hopkins, "Gentlemanly Capitalism",第 510—512 页的评论。我认为凯恩和霍普金斯并没有这样说过。

22. Eric Jones in *Growth Recurring*,第 19 页。参见 Landes, "The Fable of the Dead Horse"。

23. 引自 Massie, *Dreadnought*,第 475 页。

国 富 国 穷

第14章

THE WEALTH AND POVERTY OF NATIONS

为什么是欧洲?
为什么在那时?

　　假如我们预言:到1930年,不列颠列岛上将分布着5000万人口,他们的衣、食、住、行都比我们现在的英国人要好;苏塞克斯和亨廷顿郡会比约克郡西区现在最富庶的地方还要富庶……家家户户都会有按照现今尚未发现的原理建造的机器……那么,许多人都会以为我们是神智癫狂。

——麦考利《骚塞论社会》(1830)

Why Some Are So Rich and Some So Poor

David S. Landes

工业革命为什么会发生在那个地区、那个时期？这确实是个双重的问题。其一，一个国家为什么又怎么样冲破习惯和常规知识的甲壳而达成这种新的生产方式呢？毕竟，历史也展现过别样的例证，说明机械化和无生命动力的应用并没有产生一场工业的革命。在这一方面，大家可以想想宋代的中国（麻纺、冶铁），想想中世纪的欧洲（水力和风车技术），想想现代早期的意大利（捻丝、造船），想想"黄金时代"的荷兰。那么为什么工业革命最后却发生在18世纪呢？

其二，为什么是英国而不是某个别的国家完成了工业革命呢？

这两个问题是一体的。回答其中之一则需要回答其中的另一个。这就是历史之道。

针对上述第一个问题，我想着重说明**聚集**（即知识和技能的积累）以及**突破**（即达到并且通过阈限）。我们已经说明了穆斯林和中国人的学识和技术进步所受到的阻碍。那不仅是改进的迟滞，而且是停顿的制度化。而在欧洲，情况却截然不同：我们具有连续不断的积累。诚然，在欧洲，如同在别的地方，由于政治的变故和个人的禀赋，科学和技术也有其坎坎坷坷，或强或弱的领域以及重心的转移。但是，如果必须指出关键的、富有欧洲特征的成功根源，那么，我想强调以下三点思考意见：

（1）越来越大的进行学识探求的**自主权**；

（2）以一种共同的、具有含蓄对抗性的方法的形式，在不统一中发展统一，亦即创造一种论证的语言，使其跨越国界和文化差异得以确认、使用和理解；

（3）发明的发明，亦即研究的**常规化**及其传播。

自主权：争取学识自主的斗争可以回溯到中世纪围绕传统的合法性和权威性所发生的冲突。当时，主宰欧洲的是罗马教会的观点，是由圣经规定的、由古人的智慧加以调和而不是加以修正的自然观。这种观念庞大多数定义表现在经院哲学中，因为这种哲学体系（包括自然哲学）造成了一种具有全权和权威的意识。

新的概念必然地以一种傲世的和潜在颠覆性的力量进入这个封闭的世界，一如它进入伊斯兰世界一样。但是在欧洲，由于新思想能得到实际应用，接受起来比较容易，而且受到了企图利用新颖事物使自己优于对手的统治者的保护。因此，并非偶然，欧洲逐渐培养起对新生事物的崇尚和争取进步的意识。这是一种信念，它同崇尚先前优雅的怀古情节（《失乐园》）相反，相信"黄金时代"（即乌托邦）真实地摆在面前，相信当今的人们比过去更富裕、更聪明、更能干。正如1306年乔达诺教士在比萨的一次布道中所说（我们都应当永远怀念）："但并非所有的（技艺）都已经被发现；我们将永远看不到寻求它们的尽头……而新的技艺总是随时被发现。"[②]

当然，陈旧的看法依然阴魂不散。（历史运动的一条法则认为，一切思想和实践的革新都会引发相对应的反作用，即使不总是对等的反作用。）但是在欧洲，教会的影响范围却受到了世俗当局的对抗性要求（凯撒对上帝）以及来自下层的在宗教信仰上持有异议的人所酝酿和聚集的火焰的限制。这些异议教派或许在学识和科学方面还没有摆脱偏见，但是他们却破坏了僵死教条的一致性，从而暗地里促进了事物的新生。

对权威性最具摧毁力的是个人经验的扩展。例如，古人认为没有人能够居住在热带地区，因为那里太热。葡萄牙的航海者很快就证实了这种偏见的谬误。他们疾呼不要迷信古人，说"我们发现事情正好相反"。加西亚·多尔塔的父母是被迫改信基督教的犹太人，他本人是个忠诚的但当然是隐瞒身份的犹太教徒。他曾在萨拉曼卡和里斯本学习医学和自然哲学，接着在1534年乘船到了果阿。在果阿，他充当葡萄牙总督的医生。在欧洲时，他曾经受到教师们的恫吓，从来不敢怀疑古希腊人和罗马人的权威性。而现在，在葡属印度那种非经院气氛的环境中，他感到可以自由地睁开自己的眼睛了。他写道："对于我来说，一位目击者的证词，比起所有医生以及所有写出虚假信息的医学大师的言词更有价值，"并且还写道,"人们现在一天从葡萄牙人那里得到的知识,比罗马人经过100年所知道的还要多。"③

方法:仅仅观察是不够的。人们对于自然现象必须理解并且作出并非幻术的解释。没有见过的事物,不能予以信任。因此,独角兽、蛇怪和火蛇就难以信其有。对于当年亚里士多德认为要用事物的"根本"性质去解释的现象(天体按圆周运动;地体则向上或向下移动),新的哲学都提出了相反的看法,认为事物存在(或运动)于自然之中。而且,从很早开始,这些探求者就渐渐认识到数学对于详细说明和系统表述观察结果具有巨大的价值。为此,罗杰·培根曾于13世纪在牛津说:"一切范畴均决定于量的知识,而量的问题是由数学探讨的。因此,逻辑的全部力量取决于数学。"④观察与精确表述的结合反过来又使复制和验证成为可能。任何其他事物也未曾如此有效地破坏过权威性。什么人说过些什么话并不重要;关键是说了些什么;重要的不是感觉,而是实际。我能看见你说你看见过的东西吗?

这样一种方法开辟了通向有目的的实验的道路。不再是等待观望事物的发生,而是促使事物的发生。这要求一种学识的飞跃,而迄今某些人还争辩说正是魔术信仰的复活和扩散(甚至连艾萨克·牛顿都相信炼金术和物质变幻的可能性),使得科学界认为自然是某种既可观察又可施加外力作用的事物。⑤一位历史学家曾经写道:"同自然哲学家形成了鲜明对照,魔术师竟然摆布起了大自然。"⑥

哦,起码他作了尝试。但是,我对这种把个人的糊涂看法同更大的因果关系联系在一起的做法是怀疑的。从观察到实验、从被动到主动的飞跃曾经是十分艰巨的,而魔术的诱惑,这个"充满利欲享乐、充满权力、充满荣耀、无所不能的世界"的诱惑只是构成了牵制和障碍。不妨说,魔术的世界曾是一出模仿现实的滑稽戏,是无知沉淀的渣滓,是学识的 一种反物质。魔术偶尔的成功是戏法咒语奇缘巧遇的副产品。魔术从业者即使不被看做鬼怪的代理人,也容易被看做怪人,部分原因在于他们总是言行乖张,偶尔还有犯罪行为。* 这种行业亘古有之,而今依然,并且永远存在。这是因为我们和玩彩票的人一样,甘愿去相信。

---

* 因此法国才在17世纪80年代发生过"中毒丑闻事件"。这次事件导致数百名算命者、占星者及其顾客被捕并受到严酷审讯,大约有34人因同谋谋害罪而被处决。据格里尼特在《天才的激情》一书的136页至159页上说,没有任何别的事情比这一事件更能消除广大公众和政治当局对占星术和魔术的信任了。科学家早已摒弃了这种荒唐。

因此，在新知识涌现的时候，在揭开诸多秘密的时候，在许多神秘事物被曝光的时候，这种行业又复活并繁荣起来，这就不足为奇了。与本源相比，魔术是反应，而且就其曾起到的作用而言，它的刺激作用比变态反应的作用要小。[7]

请注意，某些人为此而懊悔，正像为自作自受的贫困而懊悔一样："……新的定量和机械性方法最终建立起一种形而上学。这种形而上学不承认自然中存在着本体、灵性、希望或是目的，从而使魔术成为某种'非现实的'或者从现代意义上讲是超自然的东西。"[8]但是不必惋惜：通向真理和进步的道路就是从那里走过来的。正如17世纪初期的自然科学普及工作者戴维·甘斯所说，人们之所以知道魔术和占星术并非科学，是因为魔术和占星术的从业者彼此并不争论。没有争议，就没有对知识和真理的严肃认真的追求。[9]

新的方法是感知同计量、实证及数学化推理的有力的**结合**，这种新方法是获取新知识的关键。其实在的成就保证了不管后果如何它都会受到保护和鼓励。其他任何地方的任何事物都没有像它一样获得发展。[10]

如何进行实验则是另一个问题。人们首先必须创造研究策略以及观察和计量的仪器。等到这种方法在17世纪得到洋洋大观的进展而结出果实的时候，已过去了将近4个世纪的时间。这并非意味着知识发展的停滞。这种新方法起初应用于天文和航海、机械和战法以及光学和测量等领域——它们都是一些实用事物。但是到了16世纪末叶，从伽利略开始，实验才变为一个系统。这不仅需要进行重复的和可重复的观察，而且需要深思熟虑的简化作为观察复杂事物的窗口。想要发现坠落物体的时间、速度和覆盖距离之间的关系吗？那就把这些物体从一个倾斜的平面上慢慢地滚动下来吧。

科学家必须进行更好的观察，而望远镜和显微镜一经发明（约在1600年），他们就能做到了，从而开辟了新的境界，其奇异和强大能够同早些时候的地理新发现相比。科学家们还需要更精确的计量，因为就一个指针来说，最小的移动都会造成天壤之别。因此，葡萄牙科英布拉大学天文学和数学教授佩德罗·努涅斯在16世纪初叶，为了给航海和天文的读数提供一度的分数，发明了游标（nonius，此词来自努涅斯的拉丁化姓氏）。这种游标后来改进为游标卡尺（vernier scale，发明人是皮埃尔·韦尼埃，1580—1637），随后又有千分尺的发明（最先由盖斯科因发明于1639年，但长期被忽略；艾德里安·奥佐特再发明于1666年）。这种测微仪采用细金属丝进行判读，用螺杆（而不是滑尺）来达到精密控制。其结果是测量数据达到一毫米的1/10弱，这就大大地提高了天文学精确度。⑪（请注意：学习制造精密螺旋就是一项重大成就；而且注意，这些仪器的效益如何，部分地依赖于眼镜和放大镜。）

追求精密的同样努力还显示出时间计量的发展。天文学家和物理学家需要把事件的时间测定到分和秒，因此克里斯琴·惠更斯在1657年发明了摆式钟表，又在1675年发明了平衡游丝，使其成为可能。科学家还需要计算得更好更快，而在这方面，约翰·纳皮尔发明的对数在当时的重要性就如同早先发明的算盘，或者如同后来发明的计算器和电脑。⑫此外，他们还需要效率更高的数学分析工具；他们从笛卡儿的分析几何学中，而且还进一步从牛顿和莱布尼茨的微积分学中获得了这种工具。这些新的数学学科对实验和分析都做出了巨大贡献。

常规化：西方科学的第三个机制性支柱是科学发现的常规化，即发明的发明。西方广泛分布着一个知识分子群体，他们工作在不同的国度，使用不同的语言，但却是一个共同体。一个地方所发生的事情很快就会被别的地方知道，部分是由于使用了做学问的共同语言——拉丁文；部分是由于超前发展的信使和邮递服务，而最重要的是因为人们总是四面八方地迁徙。在17世纪，这些联系被制度化了，首先是通过诸如马林·梅森（1588—1648）那种自命为人际交换机、在科学家之间不断传播信息的个人，尔后则是通过学术团体的形式，这些团体设有通信秘书，频繁举行会议，定期出版刊物。最早的学术团体出现在意大利，即1603年罗马的猞猁科学院和1653年佛罗伦萨短暂的奇门托科学院。但是，从长远看，更为重要的是那些北方学术团体：1660年成立的伦敦皇家学会、1635年成立的巴黎学院以及其后继者成立于1666年的科学院。甚至在此之前，非正式但却是定期在咖啡馆和沙龙里的聚会就曾经把人们和问题汇集在一起。正如梅森在1634年所说，"各学科彼此发誓要保证不可侵犯的友谊。"⑬

当时，那是合作，但却由争夺威信和荣誉中的剧烈对抗而得到极大的加强。在16世纪那种学术团体的环境中，这种对抗常常采取的形式是隐匿不报、半露半含、拒绝发表、把精彩部分留作辩论和反驳。⑭甚至到了17世纪末期，依然有罗伯特·胡克这样古怪的人物。他是皇家学会的积极会员，他的座右铭或许就是"那是我首先想到的"。如果我们能够相信他所说的是真的，他曾经把各种各样有价值的发明创造放在他书橱的抽屉里，唯一的目的是当别的什么人带着类似的设计出现的时候，他再把它们拿出来。就这样，他曾经就手表平衡游丝的发明（1675年，是手携计时器在精确度方面的重大进步）向克里斯琴·惠更斯提出质疑。历史业已向惠更斯伸出了承认的手，不仅因为他的螺线游丝在手表里试验并且成功，而且因为他还在完成这项发明时马上公之于众。人们不能接受这种事后的无法证实的认证，即使它是发自像胡克这样极具天赋的机械学才子。[15]

一般说，声誉是对科学家的激励，而且即使在那个早期的年代，科学也曾经是一种领先的比赛。这就是为什么科学的狂热爱好者，常常在环境优雅的沙龙里，展示并且宣讲自己的发明，变得如此重要；在座的女士和先生们于是成了这些成就的见证人。而且，这也是为什么科学家，包括业余的和专业的，会如此急切地创办学报并且使注明日期的文章得到发表，并且还要重复试验，证实结果，作出修正、改进，更上一层楼。因此印刷机和活字的作用也变得至关重要；还有，拉丁文本来曾是各国专家学者中间进行国际交流的非常宝贵的手段，到了这时也改成能被更多公众理解的各国语言。再者，这样的传播工作和设施，没有一件能够在当时欧洲以外的地方出现。

科学的方法和知识在应用之中获得了收益，最重要的是在动力技术方面。在那几个世纪里，较老的动力装置，即风车和水轮，继续受到注意，效益有所提高；但是，伟大发明却是借助蒸汽把热能转换为功率。没有别的任何技术比这更加依靠实验了。对真空和气压的探索是一个漫长的过程，它开始于16世纪，到17世纪后期才通过几位科学家的研究成果而结出果实，他们是居里克（1602—1686）、托里切利（1608—1647）、玻意耳（1627—1691）以及帕潘（？1647—1712），分别是德意志人、意大利人、英国人和法国人。诚然，18世纪的科学家们没有能够说明蒸汽机为什么而且怎么样进行工作。做出这种说明尚需等待卡诺（1796—1832）和热力学定律的出现。然而，说蒸汽机成就于知识之前，并不是说这种机器的建造者没有吸收先前的科学探索成果，包括实质的成果和方法的成果。瓦特就说明了这一点。他的院长和导师布莱克（1728—1799）并没有传授给他建造凝汽器的想法，但是跟布莱克一道工作却教会了他探索和解决这个问题的实践和方法。[16]即使在凝汽器这一点上，瓦特这位英雄的发明家也不是一人独占全部功劳。他是爱丁堡和格拉斯哥一些教授的朋友，是英格兰一些杰出的自然哲学家的朋友，还是国外一些科学家的朋友。他钻研了数学，做过系统的实验，计算过蒸汽机的热效能。总之，他改进蒸汽机技术，是依靠了当时已积累的知识和理念。[17]

所有这一切都花费了时间。这就是为什么，**从长远看**，工业革命的到来还必须等待。它不可能发生在文艺复兴时期的佛罗伦萨，更不可能发生在古希腊。技术的基础还有待于奠定，发展进步的各个溪流还必须汇聚到一起。

从短期看，答案在于各种因素的结合，在于供求关系，在于价格和灵活性。只有技术是不够的。所需要的是起强大杠杆作用的技术性变革，它通过市场发现共鸣并且改变资源的配置。

请让我举例说明。在 14 世纪的意大利，具有天赋的机械师们（我们不知道他们的姓名）找到办法进行捻丝，就是利用机器梳纺整经，而且尤为感人的是他们是利用水力来驱动这种装置。在这种技能的基础上，意大利的丝纺业繁荣了好几个世纪，引起别的国家的妒羡。法国人在 1670 年揭开了这个秘密，大约在同一时期荷兰人也学到了手。在 1716 年，托马斯·隆比经过数年耐心的侦察之后，终于把这种技术带到了英格兰并且建立起一座大型的水力厂房，雇用了数百人。⑱

那是一座工厂，几乎在各个方面都能同后来的棉纺厂相比。说它"几乎"，是因为其差别在于：隆比在德比的丝纺厂，加上先于它而建立的手工捻丝作坊以及一些较小型的模仿机器作坊，在生产规模上超出了英国对于丝纱的需求。因为丝毕竟是一种昂贵的原料，丝制品所供应的只是少数富裕的顾客。所以，隆比的丝纺厂比 18 世纪 70 年代第一批棉纺厂早半个世纪建立，却没有成为新生产方式的典型。人们未能从丝纺中获得某种工业革命。⑲

羊毛和棉花则另当别论。当时，羊毛打个喷嚏，整个欧洲就会患感冒；要是棉花打个喷嚏，全世界都会难受。羊毛在欧洲尤为重要，而棉花在工业革命中的作用从某些方面来说则属偶然。英国的两项"东方棉布法案"（1700 年和 1721 年）禁止进口甚至禁止穿着印度生产的印花布和染色布，其目的在于保护本国的毛纺和麻纺制造商，但却无意中庇护了本国的依然稚嫩的棉纺业。棉纺是个朝气蓬勃的新生儿，它比起中世纪就建立起来的那些古老的毛纺和麻纺部门在规模上依然小得多。制造精纺机械的最初企图是以羊毛为目标的，因为羊毛精纺有利可图。但是，当羊毛纤维证明不易梳理而棉花却能随意摆布的时候，发明家们便把自己的注意力转向了这种较容易驾驭的材料。

还有，羊毛手工业积习太深，其从业大军有着既得利益，这就妨碍了变革。而棉纺业成长迅速，录用新的人手，感到实行新的方式比较容易得心应手。技术革新过程总有这种情形：教新手学新招比起教老手练新把式要容易得多。*

为什么机械化有利可图呢？主要是因为纺织工业的发展已开始超越劳动力的供应。** 英格兰已经跃进到使用农村的手工制造力量，但是这种包工的活动很分散，要翻山越岭，分活再收活，把成本逼了上去。同时，雇主们为了竭力满足需求，提高了工资，就是说，他们增加了为自己的成品所付出的成本费用。但是，令他们沮丧的是，更高的收入只使得工人们获得更多的休闲时间，而提供的工作量却实际上减少了。制造商们感到自己在踏空车——白费劲。他们违心地希望食物价格上扬。生活费用的上涨或许能迫使纺纱工和织布工多卖力干活。***

然而，工人们确实对市场刺激做出了反应。他们是工资劳动者，也是承包人。这种双重身份向他们提供了在损害作为发包人的手工业业主的情况下自我致富的机会。纺纱工和织布工往往从一个商人那里拿到原料，然后把制成的物品卖给竞争者，时而搪塞一人，进而搪塞另一人，把自己的契约玩耍得滴水不漏。他们还学会扣留出一些原材料供自己使用；由于是为自己的利益工作，决不会出现反向的供应曲线。织布工为了尽力掩盖这种盗用行为，就减少织物的厚度，降低其质量，用假货或添加物加以充塞。而制造商则反过来严格检验每一件产品而且必要时"扣减"成品的价格，企图用这种办法来阻止这种盗窃行为。这种利益冲突导致了雇主和雇员之间代价高昂的冷战。

制造商们吵吵嚷嚷，要求民事当局给予帮助。他们要求享有对怠工者和赖账者施加体罚的权利（对这些人罚款是无济于事的），享有未经准许进入织工庭院

---

* 关于羊毛业工人抵制机械化的问题，请具体参考 Randall, *Before the Luddites*。兰德尔指出：这种反应也是一种组织职责和同甘共苦的问题。凡是工人身兼独立代理商者，如像在约克郡那样，他们在采用有利于自己的新方法时就没有什么麻烦；凡是工人依靠工资谋生者，如在英格兰西南各郡，他们就反对威胁他们就业的机器。

** 在精纺机系统中第一批奠定工厂制基础的是刘易斯·保罗和约翰·怀亚特于1738年发明的机器（以保罗的名字取得专利）。其主要的发明是应用以不同速度转动来抽出纤维的滚筒。这一特点其后变作装有锭翼或相等物的梳纺机的固定构件。据说，在当时，棉纺劳力的缺乏，其程度决不像其后年代所发生的；借用沃兹沃思和曼的话说，很难称得上是严重的——见《棉花贸易》一书第414页。但是，手工纺纱工纺出的纱线，包括单人纺成的和由一人传给另一人纺成的，粗细不匀。这就意味着织布工为了达到规定的质量，不得不购进比实际采用的多得多的纱线。而机器则有望结束这种状态——见该书416页。

*** 这种强制行为在消费需求增长的情况下更加令人烦恼。人们对事物越来越大的欲望本应增加劳力的供应，从长远来说，它确实如此。但在短时期内，需求超越了供应，而制造商们变得不耐烦。关于消费和手工业的联系，请参考 de Vries, "Industrial Revolution" 一文。

搜查被盗原料的权利。这些要求毫无结果，因为对一个英国人来说，家就是他的城堡，神圣之至。

因此，不足为奇，沮丧的制造商们转而考虑要建立大型的工场作坊，因为在那里，纺织工们必须准时到达，全天在监督下工作。这绝非区区小事。对于商人兼制造主来说，庭院手工业毕竟具有巨大的优点，特别是开办费低廉，一般管理费用低廉。借助这种生产方式，提供厂房和设备的是工人，而且一旦业务下降，发包人只需辞去订单就可以了。而另一方面，大型工场或作坊则需要注入大批资本：首先是土地和厂房，外加机器设备。

此外，发包式的手工生产受到每一个人的欢迎。工人们喜欢摆脱纪律的约束，喜欢享有随心所欲地停机离开的特权。工作的节奏反映出这种自主性。典型的是织布工人，他们长时间歇着玩着，混上大半个礼拜，然后快到周末时，为了在礼拜六交货领取工资才最后努力工作。礼拜五，他们可以干通宵。礼拜六晚上是喝两杯的时间，而礼拜天则大喝各种啤酒。礼拜一（即所谓"神圣的礼拜一"，是很少工作的日子）同样是神圣不可侵犯，而礼拜二需要从如此多的神圣中恢复过来。

产业内部的这种冲突——马克思主义者可能称它为内部矛盾——必然导致工人们最终集合在一起，在监视和监督下劳动。不过，制造商们发现他们不得不出钱来说服人们走出庭院进入工场。只要工场里的设备同家庭中的设备一样，工场生产的成本就要高。这条法则唯一不能发挥作用的领域就是应用热力的各项工艺（如漂洗、酿造、玻璃制造、炼铁等等）。这些工艺集中供热（即由一个炉床替代多个炉床）所产生的节约绰绰有余地补偿了资金的花费。* 然而，在纺织业中为集中劳力所做的努力，虽然在英格兰可以上溯到16世纪，却一律失败了。在欧洲，情况则好一些，因为在那里，各国政府资助劳力并将他们分配到大型的手工作坊——"制造工厂"或是"原始工厂"，企图用这种方法来促进工业发展。但是，这是一种人为的繁荣，政府的支持一经撤销就招致了破产。

工厂具有竞争力，是在使用动力机械之后。动力使得驱动更大型的、更有效能的机器成为可能，从而使产品价格以越来越大的幅度低于庭院产品。手工纺纱工迅速消失了；手工织布工消失得慢一些，但消失也是肯定无疑的。尽管工人工资高一些，但对于守旧派来说，工厂依然像是监狱。那么，早期的工厂主是从哪

---

* 后来中国共产党人在试图家家后院大炼钢铁的做法失败后，也懂得了这一点。

里寻求到他们的劳动力呢?除了从那些不能够说不的人中间以外,他们还能从别的什么地方找到工人呢?在英格兰,这就意味着往往是贫民院招募(买来)的儿童,还有妇女,尤其是年轻的未婚妇女。在欧洲大陆上,制造商们能够通过谈判利用囚犯劳力和军人。

这样就诞生了卡尔·马克思所说的"现代工业"。它是机器和动力结合的果实,也是动力(力和能)和势力(政治上的力)结合的果实。

* * *

观察的头等要义:眼见为实

丹麦伟大的天文学家第谷·布拉赫(1546—1601)生活和工作在望远镜发明之前,但他是一位敏锐的观察家,认得他在天空中所能看到的一切恒星。这些恒星当时被认为是存在着的所有恒星。然而,在1572年11月的一个夜晚,他看到天上有某个新的东西,在仙后星座里有一点本不应在那里的亮光。这使他惴惴不安,于是就询问他的仆人们,他们是否也看到了他自己所看到的东西。仆人们回答说是的,他们也看到了。一开始,他感到满足,觉得起码还证明自己视力强。但是,接着他又开始担心他的仆人们不过是想让他放心,他们不愿意或是害怕否定自己的主人的话,因为他了解自己是一个高傲而有脾气的人。(他曾经在年轻时的一次决斗中失去了自己的鼻子,现在戴着一个铜的——有人说是银的——假鼻子。)于是,他就跑上大街,拦住了几位过往的农民,向他们问了同样的问题。因为对他们来说,讲真话不会有什么得失,谁个也不会比农民更讲求实际。结果,农民们也说他们看到了那一点光亮。于是,第谷了解到天上存在着比他在自己的哲学中所想像的更多的事物。他把他的观察资料写进了一本小册子,名为《关于新恒星》,于1573年在哥本哈根出版,成为科学史上的一座丰碑。

请注意:第谷虽然一贯坚持他"指给我看"式的经验论,却寻求在托勒密和哥白尼之间找到一条中间道路。他以为太阳是被各行星环绕,围绕着地球运行。所以,搞好科学不仅需要好的观察,而且还需要好的归纳。

* * *

追求精密的大师们

对于变化和变化速度的一切研究，都必须计量消逝的时间。为此，人们就需要一种标准的计量单位以及一种统计这种单位的仪器——我们把它称为钟表。在没有钟表的情况下，人们可以用相近似的对等物来代替。15和16世纪的海员们为了计算一个漂浮物从船头到船尾所需要的时间从而估计出船的速度，可以使用一只沙漏。但是如果他们没有沙漏，他们计数时就只能一个劲儿地高喊"圣母玛丽亚"或是别的什么常用的叠句。而今天，任何熟练的摄影师都会知道计秒的方法可以是念诵四音节的片语，如：一、一、一千；二、一、一千；三、一、一千……

无需说明，这种具有特殊风格的即席念诵应用于科学的目的时是很难奏效的。为了科学的用途，人们很需要一种好的时钟，但是造出一台时钟却曾花了约400年。科学家毕竟是具有独创性的人，终于找到了办法来提高自己那些还不具备钟摆的、还不具备游丝的精确的计时器。一种方法是使用装有非常巨大轮盘的时钟，轮盘上有几百根甚至上千根的轮齿。第谷·布拉赫就曾用过。他并不是识别自己时钟上那个单一的时针（这种早期的机械钟不甚精确，还不能够保证分针的使用），而是计算轮盘转动过的轮齿的数目，因而更为接近已经消逝的确切时间。他这样做的目的是为了跟踪星球运动并且确定这些天体在天文图上的位置（时间是两坐标之一）。伽利略为了研究加速度，则需要更加精细的计量。他向来是足智多谋，采用了小型的、手握的水钟而不是机械钟，他用手指在水流开始和结束的时候打开和关闭外流的沿口，然后称一称释放出的水的重量，借以计量消逝的时间，因为在那个时代，天平是已知的最精确的计量仪器。

摆式时钟的发明改变了一切。它是第一台由一个摆动物以其自身固有频率控制的钟表装置。早期的钟采用的是控制器（摆动杆或环），其频率随着施加的力而变化。经过改进（一切发明都需要改进），一台好的摆式钟能够保持在每天只差几秒。怀表当时则不够精确，因为它无法借助钟摆工作。但是，游丝的发明使得有可能大大接近于固定速度，从一小时到一小时，从一日到一日，都稳定可靠。到了18世纪初期，一只好的怀表，镶嵌着宝石并装着不错的摆轮，能够把时间保持在每天只差一两分钟。破天荒头一回，值得给钟表加上分针甚至是秒针了。

这些进步大大加强了计时技术赋予欧洲的优越地位。这一知识曾经是长期的绝对垄断，也曾经是对行为的有效垄断。别人谁也不能制造出这种仪器或者完成各种依赖精确计时的工作。其中最为重要的——不仅在经济方面而且在政治方面——是海上经度的查明。

注释

1. 转引自 McCloskey，"1780—1860：A Survey"一文，第 243 页。

2. 转引自 White，"Cultural Climates and Technological Advance"一文，载《中世纪的宗教和技艺》一书，第 221 页注 16。应当说明的是，这次布道是用当地方言进行的。本人对怀特原文的翻译作了稍微修改。

3. 载他本人著《关于印度的药草、麻醉剂和药典的对话》（1563 年，果阿），转引自 Goodman，"Scientific Revolution"一文，第 168—169 页。

4. 引自 Smith，*Science and Society* 一书，第 51 页。请比较现今对数学的依赖，这次是在宇宙学领域里："……超强引力理论，卡鲁扎－克雷恩理论以及标准模型（作用），但是我们全然不知道怎样去解释其原因……脉道场理论有了，但它却冥落我们，因为我们还不够聪明，无法对其加以解决。问题在于 21 世纪的物理学偶然落进了 20 世纪，而 21 世纪的数学却还没有创建。"见 Michio Kaku，*Hyperspace*（纽约牛津出版社，1993 年版），引自 1994 年 3 月 20 日《纽约时报》"书评"，第 21 版。

5. 有关这方面，请参考 Frances Yates，*Giordano Bruno* 一书和"The Hermetic Tradition"一文。耶茨提出科学的革命可以被合理地视为一个分为两步的过程："第一期包括由魔术操纵的兽性宇宙，第二期则包括由机械师操纵的数学宇宙"——见"The Hermetic Tradition"一文，第 273 页。

6. 见 Hansen，"Science and Magic"一文，第 495 页。

7. 请比较爱德华·罗森著"哥白尼曾经是位炼金术师吗？"一文，载于罗杰·H. 斯图沃编《历史和哲学对于科学的观点》一书，第 163—171 页："……魔术和占星术出自文艺复兴，不是现代科学，而是现代魔术和占星术。"——见 Hansen，"Science and Magic"，第 505 页注 35。当然，如果人们把科学看做是派生的而不是自主性的，那么，人们就能痛惜"科学'报答'自己所受恩惠的忘恩负义的方式，因其回报方式就是使魔术的形而上学破产"（同文，第 497 页）。

8. 同上。

9. 感谢诺亚·埃弗龙先生为我提供这段引述。他是希伯来大学的博士研究生，目前正准备一篇关于犹太学者对 17 世纪新科学的反应的论文。

10. 请比较 Sarton，"Arabic Science"一文，第 321 页："当西方人已经发现了实验科学的秘密并且正在以越来越大的信心和频率应用这种新方法的时候,穆斯林博士们却仍在重新阅读那些完全一样的书籍而进入毫无希望的怪圈。在前进着的人们身旁停滞不前就意味着倒退;东西方思想之间的距离逐步加大,西方人越来越远地走在前面,而穆斯林却原地不动,越来越远地掉在了后面。"

11. 见 Dumas, *Scientific Instruments*,第 49—55 页。

12. 萨尔顿提到的一位阿尔及利亚籍土耳其人 Ibn Hamza al-Maghribi 要求承认他是对数的发明人。见 Sarton,"Arabic Science"一文,第 305 页注 2。重要的问题是,要达到什么目的?

13. 引自 R. Lenoble,"The Seventeenth-Century Scientific Revolution"一文,载 Taton, ed., *A General History of the Science* 第 Ⅱ 卷《现代科学的开端》,第 183 页。

14. 据 Dooley,"Processo a Galileo",英译本第 8 至 9 页。

15. 见 Landes, *Revolution in Time* 一书,第 125—127 页。这个问题部分地在于胡克希望能从这一点以及相关的钟表学方面的见解获利,但他害怕如果泄露自己的秘密,就会失去发财的机会。所以,到头来落得一无所获。

16. 瓦特说过,"虽然布莱克博士关于潜热的理论并没有暗示出我改进蒸汽机的方案,但是他高兴地传授给我的各种课题的知识和进行推理的正确方式以及他为我树立了榜样的进行实验的正确方式,都无疑极大地帮助了我各项发明的进步……"见 Fleming,"Latent Heat"一文,转引自 John Robinson, *A System of Mechanical Philosophy*(爱丁堡 1822 年版),第 Ⅱ 卷,第 ix 页。

18. 关于工业间谍窥探 1681 年建于荷兰乌得勒支的一家捻丝厂的情况,请参考 Davids,"Openness or Secrecy"一文,第 338 页。

19. 关于隆比和机械化捻丝,请参考 Wadsworth 和 Mann, *Cotton Trade* 一书,第 106—108 页,以及 Usher, *History of Mechanical Inventions*,第 275—176 页。

国富国穷
第15章
THE WEALTH AND POVERTY OF NATIONS

英国和别的国家

英国的农业并不是保守主义的强大基地，它是一种促进经济变革的力量；英国当时并非是一个普通的国家，而是一个超前现代化的工业国家；"现代化"使人民越来越自由，但英国人对皇室的忠诚却使工业化更加安全。

Why Some Are So Rich and Some So Poor

David S. Landes

工业革命是发生在欧洲,但为什么是在英国?为什么不是某个别的国家呢?

从一方面说,这个问题并不难回答。到18世纪初叶的时候,英国已经遥遥领先——在庭院制造业这一培育经济增长的苗床方面,在利用矿物燃料方面,在那些将作为工业革命核心的重要部门的技术,如纺织、钢铁、能源和动力的技术方面,均是如此。除此之外,还应提到英国商业化的农业和运输的效益。

在农业中,日益增高的效益的优势是很明显的。首先,粮食生产中生产率的提高可以把劳力解脱出来用于其他活动,如工业制造业和各种服务业等等。其次,这支新生的劳动大军需要越来越多的食物。如果这些食物不能从国内获得,那就只好将部分收入和财富拨付于食品的进口。(诚然,进口食物的必要性可以促进那些能够用于交换食物的出口品的开发,可以鼓励工业的发展;但是,必要性并不能保证可行性。世界上某些最贫困的国家从前曾是自己养活自己。而今天,他们却严重依赖粮食进口,使得资源流失,负债累累,而一遇降水量的变化或贸易的阻碍就会招致灾难。在最坏的情况下,他们蹒跚着从一次饥荒走向另一次饥荒,每一次都遗留下孱弱、疾病和日益加重的依赖性。)

因此,农业进步对英国工业化所做的贡献是很难被说过头的。[①]这个过程开始于中世纪,始于农奴的超前解放以及种植业和销售业两者的商业化。

市场园林业（水果和蔬菜）16世纪在伦敦周围的普及以及农牧业的结合（种植粮食同时放牧牲畜以及用粮食喂养牲畜），证明了地主和佃农共同的灵活善变。这种发展有助于使膳食更加丰富和多样化，使其含有特别高的动物蛋白比例。[②] 进一步发挥效益的因素是采用了浇灌、施肥和作物轮种的新技术，其中不少是由低地国家的移民带来的。荷兰当时是欧洲农业发展的中心，是人们以艰辛努力和独创精神创造的（从大海中争来的）因而也倍加珍惜的一片土地。荷兰人早在中世纪就已经在传授耕作技术，直达斯拉夫人的边疆。在16和17世纪，英格兰人成了主要受益者之一。首创紧随着首创。在18世纪的英格兰，占据舞台中心的是圈地，也就是把对开阔田野的集体性束缚转变成集中的、用篱笆或灌木丛圈绕的园田的自由。历史学家们就圈地运动的贡献问题进行过辩论，但是合乎逻辑的是，既然付出了代价，必定曾经发挥过有益的作用。

因此，不同于多数的其他国家，英国的农业并不是保守主义的强大基地。它是一种促进经济变革的力量，一如任何其他经济部门。农业有了收益，而且因为收益不错，它就变成了某种爱好，不仅对农民来说是这样，而且对于富有的、贵族式的地主也是这样，因为地主们也不惜让自己的靴子沾上泥巴，在牲口展销市上同任何人、一切人掺和在一块儿。不可避免，在这个金钱和市场意识浓重的社会里，农业社团就必然地出现了。在那里，"进步的"农民相聚并且互相学习，农学文献激增，更便于宣传最佳的实践经验。这种商业精神促进了物业管理的一体化方法：对所有资源进行统计，既包括地上的，也包括地下的；因为在英国，不同于在欧洲大陆国家，矿物资源属于该土地的主人所有，不属于皇家。这就为办企业提供了更多的机会。

与此同时，英国人在水陆交通运输方面也有巨大进展。新的收费道路和运河，主要是为工业和采矿服务，开辟了通向宝贵资源的道路，把生产和市场连接起来，方便了劳动的分工。其他欧洲国家也在努力这样做，但是哪里的进展也绝没有像在英国那样广泛而有效。其原因很简单：没有其他任何地方的道路和运河是统统靠私人企业来兴建，因而能关心是否需要（而不是威信和军事上的考虑）并且有利于用户。这就是为什么英国农业学家兼旅行家亚瑟·扬对法国畅通平坦的道路感到惊讶，却又叹息很难找到食宿的设施。法国王室当时已经修建了几条令人羡慕的公路，既为了促进贸易，也为了进行控制，而扬却发现这些公路都空空荡荡。英国的投资者出于最佳的商业理由，修建起了多得多的公路以及供用户食宿的旅店。

这些道路（以及运河）加速了发展和专业化的进程。或许，丹尼尔·笛福在他的杰作《穿越大不列颠全岛之行》（1724—1726）中感到印象最深刻的就是各地区的农产品（啤酒花用于啤酒，羊群用于采集羊毛，家畜用于繁殖）以及地区特产（设菲尔德、伯明翰和黑区的金属制品；东英吉利和西区的毛织品；布雷德福周围的毛线；利兹周围的羊毛织品；曼彻斯特周围的棉制品；柴郡的陶瓷；等等，等等）。难怪亚当·斯密要强调市场规模和劳动分工了：他自己的国家给他提供了最好的例证。

然而，上面所说仅仅表明是什么和怎么样，而没有表明为什么；是表述而不是解答。③这种带有改造性质的进步，这种革命，并非偶然之事，并非"各种事情不过凑合在了一起"。人们能够找到原因以及原因后面的原因。（在重大事物中，历史厌恶偶然性。）④英国在这些关键的部门中所取得的早期技术优势本身是一种成就，不是上帝赐予的，不是偶发事件，而是艰苦努力、敢于创新、发挥想象力和企业精神的结果。

关键是英国具备了这些素质，但另一方面，英国又是造就了自己。为了理解这一点，不仅要考虑到物质上的有利条件（另有某些社会也具有发展工业的有利的天赋条件，却花了很多年来效法英国的这种首创精神），还要考虑到非物质的价值观（即文化）和体制。*

这种价值观和体制，我们太熟悉了（这就是为什么我们将其称为现代的），以致把它们认作是当然的。然而，它们却代表着一种对于先前准则的重大背离，是经过相当长的时间，并在不同的地方，克服顽强的反抗以后，才被接受和采纳。即使到现在，先前的那种老秩序也绝没有完全消失。

让我们首先描绘一下那个理想的事例，即从理论上讲最适合追求物质进步和总体致富的社会。请记住这并不一定就是一个"较好的"或"优越的"社会（要避免应用这些词汇），只不过是一个较适于提供产品和服务的社会。这种理想的经济增长和发展型的社会该是：

---

* 诸如"价值观"、"文化"这样的术语并不受经济学家的欢迎，因为他们更喜欢讨论可量化的（更确切地限定的）因素。但是，生活就是生活，我们必须讨论这种事物，因此我们才有沃尔特·罗斯托所说的"脾性"和摩西·阿布拉莫维茨所说的"社会能力"。玫瑰花不管有别的什么名称，毕竟还是玫瑰花。

1、它懂得如何操作、管理和制造生产工具，如何创造、调整并且掌握技术先进的新技艺。

2、它能够向年轻一代传授这种知识和技艺，不管是通过正规教育还是通过收徒传艺的方式。

3、它根据才干和相关优点为工作岗位遴选人才；根据实际表现提拔和降职。

4、它能为个人或集体发挥企业精神提供机会；鼓励首创、竞争和向别人学习。⑤

5、它允许人们享有并且使用自己劳动和创业的成果。

这些标准含有必然结果：男女平等（从而能够倍加凝聚人才）；不根据无关的标准（种族、性别、宗教信仰等）而加以歧视；重视科学（手段目的）理性而不迷恋魔术和迷信（非理性）。*

这样一个社会同样也会具有有助于达到上述大目标的那种政治和社会体制。例如：

1、它保障私有财产，更能鼓励储蓄和投资。

2、它保障个人自由，即保障他们既不受暴政的虐待，也不受私人的骚扰（犯罪和腐败行为）。

3、它实施契约的权利，包括明确的和含蓄的。

4、它提供稳定的行政管理，不一定是民主的，但其本身是按公众既知的法规进行治理的（即法治而非人治）。如果是民主的，亦即建立在定期选举之上的，那么，多数获胜，但不侵犯失败者的权利；而失败者则接受自己的失败，着眼于下一轮的投票选举。

5、它提供顺应民意的行政管理，即听取意见，改进工作。

6、它提供正直廉洁的行政管理，因此经济角色不会产生邪念去寻求市场以内或以外的好处和特权。用经济术语说，不应对庇护或地位谋取任何收益。

7、它提供稳健的、高效的、不贪赃的行政管理。其效应则是降低赋税、减

---

* 在科学和理性时代，迷信和顽固性起初可能令人惊诧，但鉴于迷信的目的在于控制命运，它宣扬宿命论，并且成为不幸和无能的人们求福避灾的一种诉求，也是对没有保障的人们一种心理上的支持。因此，即使在我们当今的时代，人们依然求助于占星术的解释和算命。虽然如此，人们仍然不希望看到魔术被用作一种经营的工具，例如不希望看到18世纪人们沿法国北部边境（埃诺河）以及法国中部（热埃河）勘探煤炭储量时曾经信赖探矿魔杖而遭到误导和延迟。——见 Gillet, *Les charbonnages* 一书，第29页。

少政府对社会公积金的索取并且避免产生特权。

这种理想的社会也会是很清廉的。这种清廉会受到法律的强化，但更为理想的是这种法律不再需要。人们会相信清廉是正当的（而且还能使人受益），而且会相应地按照它生活和行动。

还会有更多的必然结果：这种社会具有地区流动性和社会流动性的特征。人们会寻求机会而到处迁徙，会因为有所成就或无所作为而有升有降。这种社会重新生而轻陈旧，重青春而轻阅历，重变革和冒险而轻安全可靠。它不会是一个份额均等的社会，因为人的才智并不均等，但比起靠特权和恩赐所表现的分配来，它却会趋向于较公平的分配。它会有一个相对而言庞大的中产阶级。这种较大的平等会跨越阶级的界线而表现出较均质的外形以及较随和的习俗。

地球上还没有任何社会达到过这种理想的境界。姑且撇开无知（人们怎么会知道谁个更好或更值得赞扬呢？）不说，上述的理想社会是一台效率为百分之百的机器，其设计同历史和命运以及人性激情等种种神秘莫测的变化毫无瓜葛。当今最有效率的、以发展为导向的那些社会，譬如东亚国家和西方的各工业国，却都被各种各样的腐败、政府无能和私下谋求酬金的现象所玷污。但是上述理想社会模式却强烈地显示出历史发展的方向。这是一些已经促进了经济和物质进步的效能。它们代表着显著地脱离了以前的社会和政治安排的一种趋势。所以，第一个工业国家曾经最早、最接近于这种新的社会秩序，并非一种巧合。

首先，英国早就具备了作为一个国家的优越条件。我这么说，并非仅仅是指统治者的疆域，也并非只是指一个政府或政治实体，而是指一个自觉的、自知的、具有共同的认同和忠诚以及公民身份平等为特征的单位。⑥这样的国家能够使社会目标与个人的欲望和积极性相调和，使集体的协同作用能增强行动的实绩。其整体大于各个局部的总和。这样一个国家的公民会较好地响应国家的鼓励和倡议；反过来，国家也同积极的社会势力一致，知道做什么和怎样做更好。⑦各个国家可以竞争。

此外，英国当时并非是一个普通的国家；它当时是一个超前现代化的工业国家。请不要忘记这样一种社会的显著特征是进行自我改造及适应新事物和新方法的能力，所以，"现代化"和"工业化"的内涵总是在变化的。变化的一个关键领域就在于人民越来越大的自由和安全。具有讽刺意味的是，时至今日，英国人依然称自己为皇室的"臣民"，虽然他们早已经——早于其他任何地方——成为公民。这一点最有力地促进了创业精神。亚当·斯密作如是说：

"每一位个人为改善自己境遇的正常努力，当着被容许自由地、安全地予以施行的时候，就会成为力量十分巨大的一项因果律，以致单单是其本身，而且无需任何帮助，不仅能够使该社会实现富裕和繁荣，而且能够逾越愚蠢的人类法律十分经常用以妨害其作用的成百个障碍；即使这种障碍总是或多或少要么侵犯其自由，要么破坏其安全，亦复如此。在大不列颠，工业是十分安全的，而且虽然它远不能说完全自由，但它却同在欧洲的任何其他地区一样自由或说更为自由。"⑧

英国社会早熟的起源要回溯多远，这是历史界争论的一个问题。有位学者曾追溯到中世纪（公元 1500 年以前）和他所谓的个人主义的兴起。英国的社会摆脱了农奴制负担，发展了耕种者而非小农的人口，把工业和贸易引进乡村，为利润而牺牲关税，为比较优势而牺牲传统。结果是有喜有忧。有些人发现自己贫穷了，但总的说来，收入增加了。不少人发现自己没有了土地，但流动性加强了，而且自觉意识扩大了。⑨

英国给了人们以活动余地。贵族们首先赢得的政治和民事自由权（1215 年的大宪章）由于战争、习惯法和法律而扩及普通人民。对于所有这些进展，人们可以提出一些例外情形而加以反对：英国当时远非十全十美。它有自己的贫困人口（我们一直都有）——其人数远比富人为多。它享有自由，但也有滥用特权，有阶级和地位的差异，有财富和权力的集中，有偏爱和恩赐的表现。但一切事物都是相对的。和英吉利海峡对岸的各国人民相比，英国人是自由和幸运的。

他们了解自己是何许人。他们在其他国度第一次获得的群众性生活体验来自在法国进行的百年战争（14 至 15 世纪）。在那里，英国的自由民绰绰有余地对付了法国的精锐骑士。曾经在那里战斗过的人当中有一位是约翰·福蒂斯丘，即后来的约翰爵士和高等法院大法官。在 15 世纪 70 年代，他写了一本书，名为《论英格兰的治国之道》，其中他谈及法兰西的治理不当和苦难。他写道，法国国王为所欲为，使他的人民贫困不堪以致难以生活。他们喝的是白水（而不是啤酒）；吃的是苹果加黑面包（相对白面包而言）；他们没有肉吃，或许只有点肥油或下水，都是为了贵族和商人而宰杀的牲口身上剩下的零碎。他们没有毛料穿，尽穿些粗帆布的工装。他们穿着短裤，也是粗帆布做成，长不过膝盖，以致他们都光着腿走来走去。他们的老婆孩子都打着赤脚。他们必须打更、劳作、掘地。他们"身躯变得佝偻，孱弱，既不能打仗，也不能保卫王国"。他们没有武器，也没有钱去购买武器。但他们却忠实地生活在极端的贫困和苦难之中，而他们却是居住在世界上最肥沃的国土之上。⑩

诚然，这是英国人的言谈（但其时间有多早啊！），人们或许会原谅他狂热地谈论着自己祖国的优越。这是民族主义使然，因为民族主义就是一种认同和优越的情感。当时，英格兰就是培育这种新情操的第一批国家之一（请阅读莎士比亚的作品）。这种新的情绪鲜明地不同于中世纪的农奴，因为自己狭隘的佣金而怀有的地方性认同，或者就此而言，也不同于亚洲农民那种默默无言的驯服。⑪

然而，赞扬英国的不单单是英国人自己。到不列颠岛来的外国参观访问者曾异口同声地发出崇敬和赞美。对有些亚洲人来说，一切西方人可能看起来都差不多，但欧洲人却看出了他们自己的差别。到访者对英格兰乡下人的生活水平之高甚为惊讶：砖建的村舍，红瓦屋顶，身着毛料衣服，足登皮鞋，吃的是白面包（人们能够按照是否吃白面包来追索当年正在工业化的欧洲收入增加的程度）。他们发现妇女们穿着印花棉布，戴着帽子；发现女仆们酷似她们的女主人，以致外国来的造访者敲门后不知如何称呼前来开门的女仆。他们告诉我们，他们看见过穷人，但没看到"可怜的人"；没看到饥寒交迫、面黄肌瘦的人；看到过乞丐，但没有一个乞丐"没穿长衣和鞋袜"。（英国人似乎曾经为自己的乞丐而骄傲，因为他们把乞丐看成是一些人从事的一种职业。）⑫

除了下层阶级的购买力，除了下层阶级购买超出生活必需品的能力以外，还必须提及庞大的英国中产阶级的财富——就其出现时间之早来说，可谓卓越非凡，其中包括商人和店主、制造商和金融家、法律界和其他职业的人员。丹尼尔·笛福，作为极具想象力的小说作家而名声卓著，也曾写过妙趣横生的旅行见闻和清晰卓绝的经济性短文。他目睹了自己周围正在发生的事情；当他写到英国消费者的时候，他告知我们的比起任何一位无聊的官员还要多：

"基于这两类人，即制造业者（并非雇主，而是参加手工业劳动的那些人）和店主们，我才把自己提出的假设奉献给公众。正是靠了他们以自己过去或以自己职业中的勤奋所得的收益，并且靠着他们难以想像的人数之众，我们自己的产品以及从外国进口到这里的产品的国内消费，才变得如此特别巨大，以致我们的贸易才提高到了这样一种蔚为壮观的规模，正如我所发现的情况那样……

……是他们这些人提高了大家的消费总量；是这些人使得大家的市场在星期六开到很晚，因为他们通常很晚才领到自己每周的工资……他们的人数不是数以百计或千计，也不是数以十万计，而是多达几百万人。我看，正是由于他们人口众多，才使贸易的一切车轮都得以转动，包括制成的、加工的和适合国外市场的陆地和海洋制品和产物；正是由于他们的巨大收益，他们才得以供养自己；正是由于他们人口众多，整个国家才得以供养自己；靠着自己的工薪，他们才能够过上富足的生活，而且由于他们那种奢华的、大方的、潇洒的生活方式，国内消费，亦即我们自己的产品和国外产品的消费，才取得如此大幅度的增长……"⑬

高消费对技术进步所做的贡献打动了当代的人们，而英国的发展则使更多的人感动。不采取凯恩斯经济学方针，法国商人就体会到机械化导致了高工资，高工资导致了对制造品的更大需求，而有效需求导致了更大的繁荣。"因此，借助于一种似乎是自相矛盾的制度的运作，英国人通过消费而变得富有。"⑭确实是自相矛盾：这种消费开支习惯有悖于倡导勤俭节约的群众智慧，符合法国农民情趣的勤俭习惯被迫让位于贪得无厌。其后果之一就是产品要瞄准庞大的国内和国际市场并且要侧重生产出价格适中的标准化商品——正是那种需要借助机器生产的商品。比安库尔侯爵写道："英国人具有为其人民而不是只为富人进行创造的才华"，这使他们具有了一种博大而坚实的习俗。⑮

这种习俗近期已经引起巨大的关注，不仅由于其自身的缘故，而且是作为一个橱窗，来展示技术变革和更大范围的社会变革，特别是妇女作为消费者日益增加的重要性。⑯这种研究表明的是一个充满生机的市场，它销售各种各样的织物、服装、钟表、金属器具、钉针之类以及难以备述的小玩意——这是一个无所不包的术语，指的是超越生活必需品、专门迎合美容和妇女小提包应用的那些个人小件附属品（梳子、松紧带、纽扣、饰物）。其中不少都曾经是半耐用品，在遗嘱中或是作为礼品而互相传送。它们的量的增加不止是反映了收入的增长，而且也反映了分配的加快和制造技术的更新（劳动分工、重复运转的机器、优良锉刀），从而降低了成本和价格。

无须说明，这种生产虽然大体上是针对国内需求的，但其产品也销往海外的种植园、殖民地和各王国。（价值高而小巧玲珑的物品最适合于走私。最好的例证是手表。）欧洲大陆上的小城镇和较为偏僻的市场，过去曾被留给了当地的手工艺人，此时却被不倦的小贩频频光顾，他们把外面的世界带了过来。有保守思想的人对这些闯入者很是反感，不仅因为他们带来了竞争和他们的奇风异俗（不少商贩是犹太人），而且还因为他们对秩序和道德构成了威胁。德国的道德学家默泽尔在18世纪下半叶写书评介威斯特伐利亚北部的奥斯纳布吕克地区发展史的时候，斥责了这些行商的厚颜无耻。他们趁人家的丈夫不在家的时候（这对家长权威真是可悲啊），来到村舍的门前，兜售头巾、梳子和小镜子一类无益而破费的玩意儿，来引诱主妇上当。白雪公主式的故事：狠毒的后妈变成了一名狡黠的商贩（这是她在故事中变成的），而公主虽是一个成年人，却像小孩子似的容易受糊弄。[17]

* * *

有些善行终得善报

在准许外人入境问题上，英国大体上摆脱了当时紧紧缠绕多数欧洲社会的那些不合理的限制。其中最蠢的就是宗教方面的限制：* 例如法国迫害新教徒，把他们驱逐出境（1685年撤销了亨利四世的"默许异教特赦令"）；又如许多地方都从各行各业中广泛地排斥犹太人，部分（心理方面）的原因是恐惧和仇恨，部分（制度方面）原因是行会具有基督教性质，此前的驱逐行动也有延续的影响。此外，宗教并非手工业行会和贸易行业接纳人员的唯一标准。例如，在德国的一些地区，只有"体面的父母在纯洁的情况下所生的"男子（日耳曼人更优越）才是合格的。[18]（有些学者力图无视这种歧视行为的经济后果，好像对于每一个被排挤的人，都有某个同样是品质优良或聪明能干或富有经验的人正等待予以替代，又好像这些偏见和仇恨的受害者对于热切的竞争者来说并不是知识和技术的可贵拥有者。[19]我们无需严肃地对待这种故作聪明的言论；它们在逻辑、在事实上都是站不住脚的。)

在这一点上，英格兰却从别的国家自己造成的伤痛中受益匪浅。在16世纪，

---

* 英国人对于宗教上的外来者参与政治生活和进入各个大学也有自己的限制，但却自相矛盾地把这些"少数派"导入了商业并且使他们得以避开上流社会地位的引诱。

来自荷兰南部的织布工到英格兰寻求避难,带来了织造"新摺饰"的秘密,而荷兰农民则给英格兰引进了排水和进一步精耕细作的技术。在17世纪,犹太人和隐瞒身份的犹太人[20],其中不少人是在西班牙等地受迫害的第三和第四期马兰诺,* 把公私理财的经验带到了英格兰;而胡格诺派教徒,包括商人和手工艺人这些做生意和理财的老手,把他们的宗教和家族关系一同带了过来。[21]

* * *

时间的价值

工业革命时期的英国保留了原先的一些结构和制度,例如君主制、行会、种种仪式和服装样式,但在经过一个长时期以后,把它们降到了次要地位,使它们变为一些徒有其表的形式。就其保留权势和威严的作用而论,则是一种累赘。它为我们提供了简·奥斯丁那个时代的让人怀念的社会(我们的怀旧情结):那是一个乡村上层和有闲阶层的社会,一个继承人、非继承人和卑鄙阴谋家的社会——那些觊觎非分之财的人的社会。那是一个拥有相当吸引力的社会,静待那些疲惫的、无能为力又精细的社会缝隙寻觅者进入平凡的天堂。

然而,行动却发生在别处;行动起来的是一些新人,弃旧图新的地主,由贵族变成的企业家,从外省和外国迁来的移民。这个社会的能量和忙碌不仅可用其物质成就来衡量,而且还能够用其价值观念加以衡量。在此,我想着重说明它对时间和节约时间的重视,因为没有别的任何东西能更好地安排事情的轻重缓急。这里有两项"不显眼"的佐证:(1)对了解时间的热切兴趣;(2)对运输速度的强调。

英国人在18世纪,无论在乡村还是在城市,都是世界领先的计时器生产者和消费者(这一点十分不同于欧洲的其他社会)。他们所生产的计时器质地优良,价格昂贵,同时又批量生产、廉价销售,必要时则采用分期付款的办法加以促销。他们还偷盗计时器,然后再把它卖出去:如果你买不起一只新表,你可以从一名销赃者手中买上一只旧的。没钱的(而且正直的)但想拥有一只怀表的人,大家凑钱买一只,然后抽签决定谁有享用它的权利。

---

* 马兰诺(Marrano 的音译),指在中世纪末的西班牙和葡萄牙,在被迫情况下皈依基督教但暗地里仍坚持信奉犹太教的犹太人。——译注

马车客运业对这种时间敏感性作出了反应：时间表精细到以分钟安排，大做广告；到站和转乘车次的时间精密计算；车夫是否遵守时间表受到密封的钟表的核查；重视速度胜过舒适；累死了许许多多的马匹。在这一点上，请注意同法国的明显差别：在法国，政府限制了马车速度，而且为了保护道路，要求使用行驶起来沉重而又缓慢的宽缘车轮。乘客们显然不在乎。他们喜欢省钱甚于节省时间，而且十分正确地发现速度同舒适是矛盾的。但法国也是在变化中的。正如一家马车服务社在1834年（在进入铁路时代的前夕）所说，"更快的速度同某些基于方便有时是健康的原因而不可或缺的需要是不相容的。人们即使远离家园也不再中途停下来用餐；即使在换马驿站也不下车，等等。"总而言之，没有中途停车。那么，是不是过分了呢？"妇女、儿童、上了年纪的人受不了这种制度。"[22]

* * *

为什么不是印度？

为什么印度没有发生工业革命？毕竟，在17世纪和18世纪的时候印度具有世界上首屈一指的棉纺业，其质量、品种和成本都无与伦比。这种棉纺业不仅满足了巨大的国内需求，而且把它产量的一半左右出口到整个印度洋区域并且间接出口到东南亚和中国。从17世纪开始，这个巨大的市场受到欧洲需求的刺激。它是一针强力兴奋剂，无可避免地加剧了旧的供应问题并且造成了新的供应问题。那么，为什么人们没有兴趣用资本（机器）来替代劳力的方法来减轻这种困难呢？

印度历史学家往往忽视或拒绝谈论这种缺憾。有些人，尤其是印度的民族主义者，为此而责怪欧洲人，特别是责怪英国人：这些入侵者猛然跳上舞台，参与印度的政治并且煽动了冲突，而在他们这么做之前，印度本来是繁荣和富有财力的。某些这样的推测是一种幻想，是对这个问题的误导。例如，有一位历史学家着眼于17世纪印度的皇家作坊，一厢情愿地猜想它们本来会引起一场技术革命。他说，"人们禁不住要推测，设若（这些作坊）不曾因为英国对这个国家的征服而终结，它们会不会朝着机械化的方向发展并且变成印度现代工业化的国家样板工厂。"[23]在那些作坊能够随意购买或控制劳力的体制下，能有这种可能吗？

探讨这个问题的一种有益的方法是问一下"cui bono"，即谁能受益？谁会从机械化和改造中得到好处呢？这涉及三个利益集团：工人（纺纱工和织布工）；

中间商，他们照例是向织布工人预付资金以换取交货的承诺；欧洲贸易商和特许公司，他们要既为本国（亚洲内部）贸易也为欧洲的顾客而收购。

指望从第一个集团那里获得要使用资金的技术革新似乎是毫无道理的。工人们具有明显的利益来得到原料（对纺纱工来说是棉花纤维，对织布工来说是棉纱），但在这一方面他们只能依靠中间商人。他们既不具备控制的手段，也没有控制的习惯。一位著名的印度经济历史学家谈到 1630 年织布工为抗议英国对棉纱的竞争而发生的"暴乱"，认为那是一次例外的事件。他继而说道，"这种反抗的例证并不多见，而且必须同下述事实一道加以理解，即：商人们的奴仆使用马鞭子抽人已被多数工匠认可，把它视为一种生活中的正常现象。"[23]

如果要采取技术变革的行动，那么，它只会是由印度的中间商采取，他们既有利可图，而且其中有些人也有手段；或者是由欧洲的特许公司来采取。然而，两者谁也没有动一动。

为什么他们不动呢？有些解释的根据是能量守恒的固有定律。劳力的供应有伸缩性，所以雇用额外工人比起探求技术革新更容易、更划算，例如可以从贱民和贫困妇女中间雇用纺纱工，从农业劳动者中雇用织布工。这很可能就是全部事情的来龙去脉。[24] 此外，出现预料不到的需求的高涨时（需求当时是分割的，不同的市场需求不同的纺织品），能够依靠市场之间调配商品来加以满足，例如从国内市场调往国外市场，从一个国外市场调往国外的另一个市场。

甚至有可能——虽然十分困难——使大批的工人"聚集一堂"（在一个地方），使他们在监督之下劳动。这正是外国贸易公司努力要干的那类事情，作为保证及时完成任务的办法。在某种情况下，例如在使用燃料的行业或在造船等集体作业中，这种集中产生了规模经济和材料的节约，因此，技术变革以组织创新的形式出现，并不是不为人知。但是，这种企业依然是例外；"小型的、以家庭为基础的单位保持了其首要的地位。"[25]

金属制品——工具、设备、机械——则当做另论。它们是工业革命所需要的，而印度当时并不具备。"在印度，人们很少试图用机器去完成任何可以靠人力做成的事情。"[26] 这种"普遍冷漠"的一个原因是：似乎谁也没有浓厚的兴趣来简化和减轻工作任务。工人和雇主都把繁重的劳动认为是工人的命运而且理应如此。此外，分割促进了这种冷漠，因为找寻、调集和送交原材料并不是棉布商人的任务，他们只预付资金，其余的工作都由织布工和纺纱工来完成。这种情况同欧洲实行的手工生产发包制有重大不同，在欧洲，商人参与生产的过程。

所以在印度，最终买主同补偿手段割裂开来。工人做着他一直所做的事情，商人也是一样。荷兰人的记载告诉我们，印度商人们把织布工们"拴在一条短皮条上"，束缚得很紧，让他们干完一天活才给发一天工资，以致工人们不能提前领钱就走掉，大概也不能携带货物逃跑。[28]有些商人雇用代理人来监视织布工，检查他们的进度。这样做的目的是防止总是把商人的预付资金在完成任务前用光的织布工把自己织成的布卖给别的买主。我们听说，代理人往往进入织布工的住宅，即使布还没有全部织完，也会把布从织机上割下来。因为如果晚一天，布就可能不见了；拿到一匹布的十之八九，总比什么也没有要好一些。

欧洲的公司则学会了适应这种不正常行为。销路有时不佳，但是印度人和欧洲人似乎都把这种损失看做是生活的真谛。就像贱年一样，这也会过去的。这种手工业似乎只是悠闲地信步前行，这并非不合理。（决定手段是否合理的是目的。）例如，在科罗曼德尔（东南沿海地区），原棉从内地运往沿岸及附近的纺纱和织布村庄靠的是成千成万的笨重的牛车，全部杂乱地排成密集的纵队，一边蹒跚前行一边喂食，一天只能前进几英里。由于这种艰苦跋涉需要跨越大概300多英里，交付货物得花去半年左右的时间。[29]

与此同时，欧洲各公司本身采购和装运的节奏也反映出海运和获取资金的不规律性，更不用说供货中的起伏。例如，英国东印度公司从孟买装运纺织品的资料表明历年发货量有巨大的差异，从一年几千件（有一年为零）到接近一百万件。[30]这些欧洲公司的对策是保持大批存货，选择自己拍卖的时机，以对付欧洲需求中的起伏。（它们在印度的代理商和供应商同时竭尽全力来相应"截留"惯常以亚洲市场为目的的发货。）所有这一切都是代价昂贵的，但比起技术改造却要便宜一些。

此外，在东印度公司看来，对印度的棉纺业进行直接援助从政治上说是不明智的。英国的棉纺业会把这种做法看做一种卖国行为。接近17世纪末的时候，有位小册子的作者谴责商人们向印度输送"织布工、染布工、捻丝工以及丝绸"。他警告说，如果这么做，"我敢肯定我们将会有足够的棉布和无赖足以使其成为一种时尚，也将会有足够的傻瓜去穿它。"东印度公司赶紧对这一指控予以否认。[31]东印度公司经常被当做硬币和条银的出口商而遭受攻击；它不想再被人说成是出口工作岗位而遭到额外的羞辱。

最后，印度关于机械化的思想能够从何处来呢？印度社会确实经历过技术变革；在纺织业中最重要的变革就是用转轮来代替绕线杆（但不是用于最细的薄纱纱线)。但是，革新是发生在常规的手工操作范围以内的，而机器和手工工具之间存在着重大的观念性和社会性差异。我们还必须进一步区别通用工具和专用工具：印度的工匠不管技术多么熟练，还没有走上通往机器操作的道路。梅杰·伦内尔是孟加拉第一位总供应商。下面是他在1761年参观孟买造船厂时说的一段话："……工作是由印度工匠来完成的。他们被监视着仅使用两种有用的工具，虽然他们的工作持久和整齐。"㉜一切功夫都在手上，而且更多的是用手摸而不是用眼看。这在一个不具备矫正视力的眼镜的社会中是不足为奇的。

然而尤有甚者，印度手工艺人不使用铁，而铁（以及钢）是精密工作不可或缺的。那是一个不含铁的社会。在这方面，有一位印度历史学家做了这样的对照：波斯的灌溉技术应用的是铁轮和铁齿轮装置，而印度的灌溉系统使用的却是木头、绳索和陶罐；他像一位可替代论的忠实信徒，用经济学词汇解释了这种差别："……一件效能低的工具也能够通过雇用廉价的技术熟练劳力而用来制造出同样的商品。"㉝他或许也曾经注意到印度没有螺旋工具，所以金属制造工无法割断较粗的铁丝；而且铁钉十分罕见。这些工具的缺乏就影响了造船业。欧洲的舰船用小铁钉铆，用大铁钉加固，而印度船只却用绳索把板材捆绑到船体上，并且开凿槽舌把木板头对头用胶粘合在一起。㉞

这种手工操作模式最充分地说明了为什么非欧洲的匠人不能制造像欧洲那样良好的钟表。他们有"无可比拟的灵巧"的双手，却没有工具。他们能做出非凡的成绩，例如在制造滑膛枪方面。一位改信伊斯兰教的名叫哈吉·穆斯塔法的法国人曾经写道："即使如今在1786年，一位法国人马丁上校在英军中服务长达20年期间功勋卓著，在勒克瑙拥有一家工厂，那里生产的手枪和燧发枪在枪机和枪管方面都优于来自欧洲的最精良的火器。"㉟然而，这些天才的匠人却把每一件产品都制造得各不相同，因为他们不能够或者不愿意利用器械进行工作。当上面提到的那位克劳德·马丁上校——他是东印度公司最富事业心的代理人之一——想为自己买一块手表的时候，他派人去了巴黎，从法国最优秀的计时器制造商路易·伯骚那里买了一块；而且他经常向奥德的客人及其他印度顾客出售钟表，也都是从欧洲进货。他还能从别的什么地方进货呢？印度人和中国人一样，在这方面毫无作为。㊱

在这种情况下，印度没有发展用机器生产的构想。这样一种飞跃所产生的结果会是改变人们自童年就受到培养的手工技巧，而手工技巧又牵扯到种姓身份以及按性别和年龄进行的劳动分工。这样做还会需要超出印度文化和学术经验以外的想像力。正如绍德赫里所说："在 18 世纪的印度，进行工业革命的经验基础显然是缺乏的。许多世纪以来，在科学知识方面它没有显著的进步，而且对于继承下来的技巧进行扩散和系统记录的学术机制也是有严重缺陷的。"㊲

到了 19 世纪情况依然如此：从事印度铁路建筑的工程师们了解到，印度劳力虽然价格低廉，却是用手来搬运土和石头；但是他们却想当然地认为印度人会使用手推车。情况完全不是这样：印度人习惯于把沉重物品用筐子盛上，顶在头上进行搬运，并且拒绝改变。我们甚至看到过一篇报道，说印度劳工把手推车顶在头上而不用轮子去推。可以想像，这种阻力反映出一种分散任务、增加就业的愿望，对妇女儿童来说尤其如此。㊳一如前述，欧洲的工人非常不同，他们若能通过提高生产率来获得更高的工资，会求之不得；更不用说还减轻劳动强度了。*

注释

1. 请参照 Ohkawa and Rosovsky, "A Century of Japanese Economic Growth" 以及 Hayami and Ruttan, "Korean Rice, Taiwan Rice" 两文中关于农业对日本经济发展的贡献所作的分析。

2. 关于市场园艺，请参考 F. J. Fisher, "Development of the London Food Market" 一文。

3. 一些历史学家往往强调那些物质上的限制。例如，里格利把煤炭强调为关键要素。他在《人民、城市和财富》一书第 90—91 页中说："在（亚当·斯密的）这个社会里存在着工业生产可能规模的一种极限。这一极限在于：多数工业原材料是有机物，在这种情况下以不变的或是下跌的价格扩大原料供应是困难的。当这种情况不复存在的时候，这种极限就消失了。"关于把运输强调为关键要素的见解，请参考 Szostak, *Role of Transportation* 一书。

4. 关于经济史中的偶然性和机遇的问题，请参看 Landes, "What Room for Accident in History?" 一文。该文部分地是对尼克·克拉夫茨著名的、或许是蓄意挑起争论的文章的回应。克拉夫茨的文章 "Industrial Revolution in Britain and France" 是论述预期或然性的问题。

5. 对于这一点，有些人会提出很多问题。有些人——过去比现在多——争辩说最富成效

---

* 其答案部分地在于这种任务在亚洲是分配给妇女儿童完成的，也就是说，是分配给那些不能说不的人去完成的。人们可以从别的地方找到类似的模式，例如在东南亚。在东南亚，妇女收割稻子用手指刀，一次割一茎，而不用镰刀。据说这是为了敬奉稻神，但另一方面，人们也常常用虔诚的神话来使妇女的劳作神圣化。假使由男人来割稻，一把飞舞的镰刀和一撮象征性的收获物也会使稻神受到敬奉。关于用手指刀收割稻谷，见 Reid, *Southeast Asia*, 第 I 页, 第 5 页。

的经济是由上面指导的经济。这样一种指令性经济意味着政府占有盈余资金，更有利于按照预先规划对其再投资。也有人主张说政府能够比市场更好地完成某些事情。但讨论这些问题，就需要另写一本书，而且别的人已经写过了。请参照 Kuttner, *Everything for Sale* 一书。

6. 在这方面，最好的讨论之一是 Liah Greenfeld, "The Worth of Nations" 一文第 580 页及其他若干处。请再回忆亚当·斯密根据国力为航海法所做的辩护——见 *Wealth of Nations*, Book Ⅳ, ch. 2。

7. 请参照 Berend and Ranki, *European Periphery* 一书第 66 页，关于东欧、东南欧各贫困和不发达社会中政府行为所受到的限制；以及 Batou 和 David, "Nationalisme économique" 一文第 6 页，关于在 19 世纪波兰缺乏足够广泛的"社会共识"。

8. 引自 *Wealth of Nations*, Book Ⅳ, ch. 5, "关于谷物贸易的题外话"。

9. 见 Macfarlane, "On Individualism" 一文。乡村中的手工业：我们已经说明了向农村发包的做法把先前未利用的或未充分利用的劳力带入生产的重要意义。对制造商来说，这种劳力价格低廉而且可以获利；对于农村庭院手工劳动 来说，这种新的工作机会意味着收入的大幅度增加。请参照 Faujas de saint Fond, *Journey Through England*, 第Ⅰ卷。1778 年，有一位法国的工业制造品检查官反对把纺纱机械引进法国，因为它们会妨碍庭院手工业的普及；他对经济发展的关心不及对农村人口收入的关心。见 Wadsworth 和 Mann, *Cotton Trade* 一书第 504 页注 2。

10. 引自 Fortescue, *Governance* 一书第 114—115 页。请比较约翰·艾尔默主教在一个世纪之后所表述的类似情怀，见于 Fisher, ed., *Essays in the Economic and Social History*, 第 12—13 页。

11. 关于这种情绪的重要意义，请参阅 Greenfeld, "The Worth of Nations" 一文。

12. 请参照 Crouzet, *De la supériorité* 一书第 5 章所载 "从 18 世纪的法国看英国人致富的源泉" 以及该书在 488 页到 493 页所提供的其他资料来源。亦请参照 Lacoste, *Voyage philosophique*, Ⅰ, 93; Chantreau, *Voyage*, Ⅰ, 7; 以及 Moritz, *Travels* 第 31 页及其他。

13. 见 Defoe, *A Plan of the English Commerce* 一书第 76—77 页。

14. 见 Crouzet, *De la Supériorité* 一书第 115 页引述 J. 迈耶著《18 世纪下半叶的军备供应》(1968 年巴黎版) 第 252 页。另见 Crouzet, "Les Francais" 一文第 28 页。这段话的日期是 1792 年。关于高消费和工业化（需求和供给）之间的关系，请参考 de Vries 所写的重要文章："The Industrial Revolution"。

15. 关于比安库尔，请见 Crouzet, *De la supériorité* 一书第 115 页。

16. 请参阅 Mc Kendrick, Brewer 和 Plumb, *The Birth of a Consumer Society*; Hopkins, *Birmingham*; Shammas, *The Pre—industrial Consumer*; Weatherill, *Consumer Behaviour*; Berg, ed., *Markets and Manufacture*; Berg, *Age of Manufactures* (2d ed.)。

17. 请参照 Muller, "Justus Møser" 一文第 170—171 页。

18. 关于哈布斯堡皇帝试图通过1731年的一项有争议的政令来纠正这种谬误的努力，请见上述 Muller 一文第162—163页。

19. 例如见 Warren Scoville, *The Persecution of Huguenots* 一书。

20. 关于这些顽强的却又经过了淡化、乐于迅速同化的犹太人，请参阅 Endelman, *Radical Assimilation* 一书第9—33页。

21. 请对照 Crouzet, "The Huguenots and the English Financial Revolution" 一文，载于 Higonnet et al., eds., *Favorites of Fortune* 一书第221—226页。

22. 见 Studeny, *L'invention de la vitesse* 一书第184页。

23. 见 Fukazawa, "Non—Agricultural Production" 一文第314—315页。

24. 见 Raychaudhuri, "Non—Agricultural Production" 一文第286页。

25. 例如，雷绍德赫里在上述同文第295页中写道："如果说需要是发明之母，那么，就印度的情况来说，其压力却是不明显的。"

26. 同上，第286—287页。

27. 见 F. Buchanan, *A Journey from Madras*…（1807），引用于雷绍德赫里上述同一文章第291页。雷绍德赫里同意这一看法。

28. 见 Brennig, "Textile Producers" 一文第86页。引文是他的原话。

29. 关于这种班贾拉（一个游牧种姓）车队，请见 Habib, *Agrarian System* 一书第62页以及 Brennig, "Textile Producers" 第68—69页。如同布伦尼格所写："时间不受重视。"

30. 见 Chaudhuri, *Trading World* 一书第540—541页附件5表C.20。

31. 见 Wadsworth and Mann, *The Cotton Trade* 一书第117页。

32. 引自 Spear, *The Nabobs* 一书第75页。请注意：印度的造船商十分有名，不仅为当地客户而且也为亚洲其他地区的客户建造船只。欧洲人几乎是完全依赖他们，不仅是因为他们的产品优良（柚木比柞木要好）、成本较低，而且是因为当欧洲建造的船只到达印度洋的时候已经处于用旧了的状态。

33. 引自 Habib, "Potentialities" 一文第63页。

34. 雷绍德赫里在"非农业生产"一文第292页中说印度的造船木工"铆接"（riveting）木板并且说这种方法比欧洲的捻缝方法要优越。这是对"槽舌接合法"（rabbeting）的误用吗？关于印度的造船技术，请参阅 Barendse, "Shipbuilding" 一文及 Bhattacharya, "A Note on Shipbuilding" 一文。在欧洲，用铁的做法由来已久。Gimpel, *Medieval Machine* 一书第65—66页中列举各地保存的铁钉的数目和种类：1390年加莱保存有50万枚；1327年约克城堡保存有十几种尺寸的数万枚（还列出各种铁钉的价钱）。按照用途对铁钉限定分类表明了这种技术的精致。

35. 见 Kuppuram, "A Survey of Some Select Industries" 一文第46页。

36. Habib, "Potentialities" 一文第62页及注4中援引 J. Ovington, *A Voyage to Surat in*

the Year 1689（伦敦1929年版）一书第166—167页。奥文顿说，印度工匠感到制造钟表很困难，因为灰尘总是塞满齿轮。此说难以置信。这可能曾经是个问题，但利用印度的技术不是无法解决的。至于中国当时的钟表，它们都是些欧洲产品的低劣仿造品。克劳德·马丁遗留下的大批产业现今仍资助着在勒克瑙、加尔各答和里昂的一些以马丁命名的学校。有关他的情况，请参考 Landes, *Revolution in Time* 和 *L'heure qu'il est* 两书。

37. 引自 Chaudhuri, *Trading World* 一书第273—274页。请参照 Bernier, *Voyage dans les états* 一书第168页。

38. 见 Kerr, "Colonialism and Technological Choice" 一文第95—97页。克尔把印度的选择视为十分合理的，但合理性既是目的也是手段的一种功能。

国 富 国 穷
第16章
THE WEALTH AND POVERTY OF NATIONS

追赶英格兰

英格兰成为超级大国也许是从伊丽莎白时代开始对重商必要性的一致,政治制度的变革并没有影响其海外贸易。而散落在欧洲的其他国家法国、德意志、俄国……因制度和文化方面的影响落在英格兰的后面,追赶中英格兰成为它们的头号敌人。

Why Some Are So Rich and Some So Poor

David S. Landes

我在当学生的时候听说,人类是出自同一渊源的一个动物种群;今天所有的人,不论其肤色和身高如何,都衍生自一个大约几百万年之前从一个更大的人科种属中分裂出来的共同祖先。工业社会的分蘖也是如此。一切范型,不管多么不同,都是从英国这个共同的先行者那里衍生出来的。

英格兰的工业革命改变了世界以及民族和国家彼此之间的关系。由于力量的原因,如果不是由于财富的原因,政治经济的目标和任务受到改变。于是,世界分作了一个领先者和一大批极不相同的追赶者。对于欧洲"追随者国家"中最快的国家来说,大约花了一个多世纪的时间才追赶上(见表16.1)。

某些"新经济史"的从业人员为法国18世纪商业和工业增长幅度所迷惑并且对其虚夸的数字感到印象深刻。他们争辩说英国在工业化方面的领先地位具有某种偶然性,而且工业革命本来也可能在英吉利海峡的对岸轻而易举地发生。因为法国毕竟是一个更大、人口更多的国家,总体上具有更大的生产规模,在科学技术知识和能力上同英国大体上相等。另有一些人则遵从古典经济学理论的优先论证的方法,争辩说英国在工业技术和生产率方面领先一步对于别的国家来说没有影响,因为每个国家毕竟能够而且愿意发挥自己的比较优势,能够而且愿意按照最优惠的条件购买自己所需要的东西。* 如此说来，如果英国能冶炼出质地更好、价格更低廉的钢铁，又怎样呢？人们可以用里昂的丝绸和波尔多的葡萄酒作交易，并且可以从这种交易中获得更好的收益。①

表 16.1　一批国家人均实际国民生产总值（GNP）的估算
（按 1960 年美元价格）

	1830	1860	1913	1929	1950	1960	1970
比利时	240	400	815	1020	1245	1520	2385
加拿大	280	405	1110	1220	1785	2205	3005
捷克斯洛伐克	—	—	500	650**	810	1340	1980
丹麦	225	320	885	955	1320	1710	2555
法国	275	380	670	890	1055	1500	2535
西德	240	345	775	900	995	1790	2705
意大利	240	280	455	525	600	985	1670
日本	180	175	310	425	405	855	2130
荷兰	270	410	740	980	1115	1490	2385
挪威	225	325	615	845	1225	1640	2405
葡萄牙	250	290	335	380	440	550	985
俄国/苏联	180	200	345	350	600	925	1640
西班牙	—	325	400	520	430	640	1400
瑞典	235	300	705	875	1640	2155	2965
瑞士	240	415	895	1150	1590	2135	2785
英国	370	600	1070	1160	1400	1780	2225
美国	240	550	1350	1775	2415	2800	3605

资料来源：贝尔洛赫著《国民经济差异中的主要趋势》，载于贝尔洛赫和列维—利博伊合编《经济发展中的差异》一书第 10 页。

---

* 关于"比较优势"一词，此处稍作解释，因为我们在其他场合还要使用它。同表面相反，它并非指能比某个其他生产商生产出成本更低的物品的能力，而是指做一件事比做另一件事能赚取更多的钱的能力。所以，一个国家要发挥其比较优势，就要制造最能为它赚钱的那些东西，而不只是销售起来比竞争者售价更低的任何东西。

** 已由贝尔洛赫教授校正。

这就是理论。当年掌握欧洲国家命运的政治家们没有接触过这种逻辑；即使他们接触过，也不会放在心上。他们总是把产业进步同权力联系在一起。

英格兰的物质和社会进步不可能不引起商业和政治对手们的注意：首先是西班牙，它曾企图入侵并且主宰英格兰这个生气勃勃的岛国，结果栽了跟头；其次是荷兰，它发现英国这个小小的觊觎者在贸易方面超过了自己并且在公海上打败了自己；最后而且一贯的是法国这个古老的敌人，它比英国更大、人口更多，觊觎着欧洲霸权，却连连在海军实力、财政力量和商业开拓方面输给了英国。有些法国人想给自己的政府树个榜样，以羡慕的口吻写到英格兰。法国地方法官兼经济学家布阿吉尔贝尔（1969—1714），在17世纪末写道，"不管在土地的数量还是在出产方面，英格兰都不足法国的1/4……而英格兰却能够在过去的三四年里为奥兰治亲王*增加了8000万古银币（即300万英镑）的收入，而且这样做并没有使它的人民沦为乞丐或迫使他们放弃自己的土地。"②

另外有些人则怀着恐惧写文章，不仅把英格兰视为他们国家的敌人，而且把它视为一个具有无限潜力的商业大国。因此，法国外交部首席秘书在为促成签订《乌德列支条约》（1713年）的谈判做准备时，警告他的上司不要让英格兰在太平洋获得立足点。譬如，假设有人容许他们在智利的近海获得胡安费尔南德斯群岛中的一个小岛——一个亘古冷僻的地方，曾吸引笛福而成了《鲁宾逊漂流记》的背景原地——那么，

> 可以肯定的是，不管今天它有多么荒凉……一旦到了英国人手里，人们会看到不出几年那里就会有大批的居民和建成的海港，成为欧洲和亚洲制造业的最大的聚散中心，然后英国人会把制成品推销到秘鲁和墨西哥的王国……从那些国家的矿产中收取价值6000万的金和银来作为他们工业的目标和回报。这个国家在贸易方面如此熟练，在船只方面如此力量雄厚，作出努力为自己从美洲取得这种巨大收益，有多么容易！……而且，法国使自己的装饰品、自己的丝绸、自己的亚麻织品失去这样一个市场，将会是个多么重大的损失！因为，由于英国不制造这类物品，他们会从中国和东方购买它们，而且当这个岛国致富并且确实变成欧洲最强大的国家的时候，法国就会变得衰落了。③

---

* 即英王威廉三世。——译注

背信弃义的英格兰怎能变成超级大国！时至今日，尽管发生过两次世界大战，一般的法国人仍然认为英国是他们国家在欧洲的头号对手和敌人。人们不会那么快就忘记阿让库尔和圣女贞德。*

当然，法国人的这些谴责是对英国人的成功的无意识的礼赞。如同我们看到的，法国人看到英国人跑在前面，感到特别不是滋味。他们把经济成长和财富积累视为政治权力的关键，而且正确地把英国人在欧洲及海外的战斗中取得的一连串胜利同英国人能够动员的各种资源联系在一起：无数的舰船（他们有10万多艘，而法国只有2万艘），还有数不清的海员。有些法国人甚至想象英格兰是个没有内陆的海岛，尽是些海岸和港湾，是个没有农业种植者的国度，完全由水手和城市居民组成。另一些人，和布阿吉尔贝尔一样，震惊于英国的财富、皇家的岁入以及借用国内和国外资源的能力。

在所有这一切之中，同贸易的关系是不言而喻的；伏尔泰以他所特有的超脱态度写道：

> 使英格兰变得强大的是下述事实，即从伊丽莎白时代开始，各方面已经就重商的必要性达成一致。把国王送上断头台的那同一个国会正在忙于分配海外贸易的职位，仿佛任何事情也没发生。查理一世的鲜血还依然淌着，而这个几乎完全是由怪人组成的国会却通过了1650年的航海法。④

同法国的格言相反，理解并不一定就是原谅。英国的商业保护主义，甚至连英国更多的成功，都引起了更多的反感而不是敬慕。1698年，路易十四给他驻伦敦的大使下达指示说："平等的守则对贸易来说十分公正而且必要，但是它在世界上任何地方也没有像在英格兰那样受到藐视。"⑤另一些法国人也有同感。有一个法国人甚至抱怨说，虽然英国人对公平竞争轻蔑到如此程度，但是他们还企图阻止外国人走私禁运物品。⑥

---

* 阿让库尔是法国北部位于加莱附近的一个村名。英法百年战争期间，1414年，英军曾在此大胜法军。圣女贞德（1412？—1431）是法国著名女英雄，屡立战功，最后以身殉国。——译注

总的来说，持批评态度的外国人都谴责英国人的贪婪和实利主义。大约在1800年，有一位德国旅行家写道："荷兰人臭名昭著的贪婪在英国人的贪婪面前变得苍白无力，就像灯前的阴影。"⑦还有一位法国来访者米拉博男爵说道，"英国人习惯于对一切都进行计算，甚至也计算起天赋和友谊……"

（直到今天，法国人都喜欢认为并且向别人佯称他们并不在乎金钱。他们并非独此一家：理想主义总是一些人故做的姿态，因为这种人感到自己所得的总比应得的少，在比自己富有的人面前就做作起来。18世纪的时候，欧洲大陆的观察家把英国人视为十足的实利主义者。100年之后，美国人变成了新的羞辱目标，而英国人则在谩骂这些新暴发户的时候加入了昔日批评英国佬的那些人的行列。）

简言之，人们不能信任这些英国佬。⑧有些法国人比古讲今，聊以自慰：英国是"现代的迦太基"；法国则是罗马的传人。说到家，一个由没有根基的商人（店主）组成的岛国不可能以坚实的、陆上的王国形式支撑多久。这又是一个重大的错误。

在为权力和财富而竞争的欧洲社会中，英国从18世纪伊始就变成了竞争的主要对手。别的国家派出了使者和间谍去探明他们能够学到些什么样的英国技术。商人和工业家参观访问了这个岛国，借以察明他们能干什么。各国政府则竭尽全力使用一系列通常调动积极性的办法来激励企业：各种补贴、垄断特权、减免税收、分配劳力、贿赂等等。这种努力产生了喜忧参半的结果，部分的原因是这种鼓励本身由于其不公平性而阻止或延缓了技术的扩散；但更为重要的原因是这些后进的国家还没有做好准备来学习并采用新的生产方式。此外，正当大陆各国领悟到英国先进的程度而且正从重要的棉纺制造业获取到初步效益的时候，法国大革命带来了政治动荡，中断了交流并且斗出了个"暂停"。当然，这也并不绝对：和平的间隙，不管是局部的还是全局的，容许英国佬和大陆的竞争者继续完成自己的任务——例如，荷兰南部（根特和韦尔维耶）以及法国北部引进了机器纺纱技术。然而，革新必然是星星点点的，而且这种工艺是已经过时的。直到1815年拿破仑在滑铁卢惨败使战斗完全终止，欧洲才得以继续它追赶的进程。（正因为如此，在巴黎没有任何街道被命名为"滑铁卢"，也没有任何街道被命名为"拿破仑"。）

卡尔·马克思把英国的经验视为合乎历史逻辑的表现。资本主义生产有自身的规律:"问题在于这些规律本身,在于这些以铁的必然性发生作用并且正在实现的趋势。工业较发达的国家向工业较不发达的国家所显示的,只是后者未来的景象。"⑨

此说法既对也不对。在较大的、比喻的层面上——亚当·斯密所说的"富裕的自然进步这一层面上"——马克思是正确的。但在细节上——变革的时机选择、构成和方向上——他是错误的。每个国家都有其自身的资源和能力,如果它允许理智和市场居统治地位,那么,它的经济发展就会遵循能最大限度利用其手段的那种道路。因此,一个煤炭丰富的国家会发展燃料密集型的工业部门并且采用一个贫煤国家所避免采用的技术。一个国家缺乏煤炭但富于水流,一有可能就会依靠水力而不是蒸汽机。

(诚然,这种物质限制的力量会因技术而有所不同:例如,如果本国缺煤,又由于运输成本高而难从外界输入燃料,就会受到更大得多的限制。在18世纪和19世纪初,法国的冶铁工业由于矿物燃料成本过高而受到严重妨碍,直到建成了运河和铁路,这种限制才得到了缓解,起码是部分地得到了缓解。200年之后,韩国的炼钢厂家把炼焦煤从美国宾夕法尼亚西部运至大湖区,再装船沿圣劳伦斯河运至大西洋,然后再用船通过巴拿马运河横渡太平洋,费劲不小。时代不同,手段不同,可行性也不同。与此同时,距离炼焦煤产地仅有几英里之远的匹兹堡炼钢业却濒临灭绝。成功的工业所需要的不仅仅是廉价的原材料。)

因此,我们没有统一的顺序,没有单一的道路,没有发展的规律。每一个后起之秀的工业化了的国家,亦即所谓的"仿效国家",不管它受到英国经验的多少影响——在某种程度上是受到启发,在某种程度上是受到震惊或恐吓——都拓展出它自己通往现代化的道路。早期的工业化国家是如此,今天就更是如此了。一切取决于时机。现代技术的内涵总是在不断变化,而仿效的任务和手段也随之变化。今天的发展中国家必然要跳越当年英国人几十年才走过的阶段和过程:为什么它们要去重复它们不必要去重复的东西呢?⑩

上述这一切都并不是说英国人的经验无关宏旨。人们必须分清目标和过程。19世纪竭力要把自己的国家推向工业化的各国政治家们,都把英国的原型摆在面前,不管是作为榜样还是作为反面典型。为了明了他们和这个过程,人们必须知道其出发点及其目的地。当然,历史学家自有其特殊需要:只要人们不忘记自己在做什么,一个理想的典型总是具有启发性价值的,即便是仅仅作为一个测量用的棍子和反例证。⑪

从采用机器的水平来看1815年的欧洲地图,应该给那些已经从事制造业而为更广泛的世界经济提供商品的国家和地区打最高分。我之所以用"地区"这个词,是因为这些工业区域中有一些是叠盖着国境线,其本身不是固定的和长期存在的,而且还因为所有这些国家在社会和文化方面都是不同成分组成的。* 确实,这种暂时的差异(似乎它们是生存在不同的时代)构成了经济准备水平的一个重要方面。有些国家和地区不管是在商品还是在观念方面,都长期生活在同交流的潮流相隔绝的状态之中,还大体上原封未动地保持着较古老的农业社会地位和权力的结构。对这样的国家和地位,应给予最低分。

机器应用水平最高的社会,分布在欧洲大陆西北部的扇形地区:法国,低地国家,莱因兰,瑞士的新教行政区以及这一扇形地区之外的西班牙东北角(加泰罗尼亚)和波希米亚。可是自西往东,跨过易北河到东德意志、奥地利、波兰和俄罗斯,再向东南进入古老的奥斯曼帝国领地,向南到达地中海沿岸(伊比利亚半岛的大部和那不勒斯王国),机器应用水平就下降,有些地方还是陡然降低。有一位经济历史学家谈到那是一个"发展的斜坡",向下倾斜的陡坡,并且引用另一位经济历史学家并不委婉的话说:"向东走就像逆时代而行,或说是逆经济发展的水平而行;在东欧和俄罗斯,工业中心都是处于农民怠惰和官僚迟钝的大漠中的绿洲。"⑫

我们这位评论家在这里所指的,是我所称为的"中世纪的遗风"——欧洲的(以区别于英国的或美国的)历史学家则称之为"封建主义"。他们认为这种现象一直持续到法国大革命,而在另一些国家则持续时间更久。换言之,这也就是

---

* 地区作为一个生产单位的重要性早已受到人们的注意。例如,请参考 N.J.G. 庞兹在50年代所写的专题文章;庞兹和帕克合著的《煤和钢》;里格利著的《工业成长》以及法国人在本世纪初写就的一系列人文地理的研究文章。但是,从这一点出发,就拒绝承认民族国家是一个有益的、更不用说是不可或缺的研究课题,那就无异于将孩子和洗澡水一起倒掉。其中的一方并不排除另一方。只要经济活动是由国家关注和政策而形成,只要国家是我们统计数字的主要来源和架构(向来如此,而且我对未来也看不出任何变化),国家的研究和比较就会是问题的核心。在这方面,请参照约翰·戴维斯关于波拉德著《和平的征服》一书的讨论,见 Davis, "Industrialization in Britain and Europe" 一文第 55 页。

"旧体制"。* 它是包括风俗、法律、行为、态度以及价值观在内的一个庞大的合成物,是数百年的积淀。但为了本书分析起见,有三个方面具有特别密切的关系。

农民的地位

在中世纪,多数农民沦落到(对于奴隶而言则是上升到)受奴役或农奴的境地。典型的情况是,农民被束缚在土地上,未经领主允许不能自由离开。农奴制有时还包含着农奴对农奴主的个人的、"肉体上的"依附。所以,领主可以到处调遣农民,而农民即使获准离开,也要继续承担贡赋。

在西欧,在中世纪的中晚期,这种依附关系松弛了,部分地是因为经济的货币化和地主对外国货越来越大的欲望使得他们把劳役换成货币租金,更多地则是因为城市的兴起提供了退出领主制度的理由。到 1500 年,英格兰、法国、低地国家以及西德意志已经很少再有古老意义上的农奴。这种进程在英格兰前进得最远,因为在英格兰土地由自由民或者自由佃农耕种;农业劳动者本身常常只拥有不足以养活自己的小块土地,需要的时候就受雇于别人。法国和别的国家除了超越或附加在商业性租金之上的向领主交纳贡赋的地方残余和广泛存留之外,落后的距离并不太大。法国大革命一举在法国及其吞并的地区废除了这种残存。这并不意味着农民停止付出;他们只不过是获得了新的领主,就是政府,而且他们的贡赋变作了税金。领主们的损失没有得到赔偿,这被看做司法过当。

德意志的情况有所不同,农奴制的性质表现出差异。在易北河以西,它近似法国的做法:通常是货币租金加对领主的贡赋,极少或者没有劳役,而且有迁徙的自由。易北河以东则是庄园奴役和人身(肉体)苦役的领地,因此除非庄园主高兴或命令,农民不得迁徙。

政治事件加重了这种差异。莱茵河以西的领地曾经短时间(直至 1815 年)

---

* 在英美编史工作的习惯用法中,"封建的"(feudal)一词(源自"feudum"或"分封"),专用来指君主之间或君主同藩属之间的关系,即这一界线以上的各种规则和行为。领主和农民之间(跨越这一界线)的关系则一律称作"领主的"(seigneurial)或"庄园的"(manorial)。欧洲大陆的惯例是用"封建的"一词去指回溯到中世纪惯常的社会和经济的那些方面——实际上是指"旧体制"。

被并入革命的法兰西，实行并且保持了新的解放农奴的体制，但是，在莱茵河以东，法国人来过又走了。他们留下外国压迫的记忆，成为后来重新实行农奴契约的合法依据。即使如此，战争以及对于权力的追求自有其本身的惊人逻辑。德意志在莱茵河以东最重要的政治单位是普鲁士王国。它是一个现代的斯巴达，是一个毫无浪漫理想的、过度军事化的王国。然而，普鲁士却在1809年解放了自己的农奴。这并非出自开明的态度，而是因为它曾经难以令人忍受地败在了法国军队手下，从而看清了农奴打起仗来不如自由人那么卖力和地道。

在德意志的其他各邦，对自由的尝试使人们即刻成瘾；反动派很少有人支持。为了能够皆大欢喜，解决办法就是让农民自由，用钱收买土地占有者；要克服顾虑和遗恨，任何东西也不如手里的现金。钱到什么地方去找呢？土地的占有者一般都得到国债的赔偿，于是政府就把国债转作赋税分期分摊给农民。（在一个问题上，反动被认可甚至受到欢迎，那就是关于犹太人的地位问题。在这个问题上，犹太人的无资格地位又恢复了，再过了几十年，当局才勉强同意让他们完全解放，即使这时，公开的受益也被私下的仇恨所损害。）

另一个妨碍在德意志各地迁徙的巨大障碍是社会被分割成各自保留其职位和特权的身份群体。领主拥有自己的土地，统治着自己的农奴和佃户，管理着高层或基层的司法，还指挥士兵进行战斗。商人则垄断着贸易，但不许可在农村拥有土地。手工业留给了城镇中的训练有素的工匠和师傅。乡间成了农民和领主的地盘。所有这一切同中世三等级（领主、农民、教士）概念有关系，但又加进了城市商人和工匠，读者是对此不会没有注意到的。*

这种状况中的大部分到18世纪已经处于崩溃。不过，进入20世纪之后人们还可以发现持续存在的痕迹，尤其是在德意志贵族可以对斯拉夫族农民作威作福的地区。在易北河以东，领主们大体上还继续为减少自己的麻烦而管理司法并且收取贡赋和罚金；正如常言所说，政府的权力在庄园门前吃闭门羹。无疑，对于国会式的民主外观确曾做出过某些让步，但这种让步大部分是虚假的。例如在普鲁士这个德意志最重要的邦国里，选举是在三方选举团中举行的，把重大的、不

---

* 人们在印度可以发现类似的社会体制：僧侣、武士、商人、农民；在德川时代的日本，则是武士、农民、商人。这些都是试图保持社会功能的秩序和稳定，从而保护精英免受变革。法国人虽然并不设置职业上的障碍，却在1789年的前夕又依旧沿用这种区分来确定国会中的政治代表。英国人则有自己的政治花样，甚至更具有概括性，把国会分成了贵族院和平民院（上院和下院）。

成比例的靶心让给了财富。

再向东一点，在波兰和俄罗斯，旧的方式维持得更久，它们确实因商业化农业和比较优势的逻辑而得到了加强。从16世纪开始，易北河以东欧洲的开阔平原成了西方城市中心的粮仓和畜牧场。产品（谷物、皮革、动物脂肪）的出口刺激了土地的固定所有；但也有一个重大障碍：缺乏劳力。地广人稀。

100多年前，俄罗斯的农业学者们曾经指出，这种差异同庄园占有大量土地是不相符的；或者正如一位经济理论家在重新谈到这种传统的时候所说，三种事物不能并存：自由的土地、自由的劳力以及庞大的庄园。当农民们可以离开到边疆地区去耕种自己的土地的时候，他们为什么还要签约或呆下来充当雇佣劳力呢？[13]

这意味着，在俄罗斯，想大规模地进行农牧生产的领主必须把自己的劳力固定在土地上。因此才有了被称为"第二次农奴制"的现象。那是对农民义务一种渐进性的加强，使他们沦落到近似奴隶的地位。这种政策可以见之于一连串的法令，这些法令从16世纪到18世纪，每一个比前一个更加强硬。它们加深了西方和东方之间在社会和政治方面的差距——一个坚定地走向更大的自由，另一个则走向僵化的奴役。俄国实际上成了一个巨大的监狱，而且除了1917年中的几个月以及从1990年以来的这几年以外，它一直是监狱。（目前正在进行的民主实验能否持久，还有待观察。）

这样一种制度除非没有任何退路是不可能行得通的。关键是缺乏具有规定自己居民地位权利的城市自治团体。这样的城镇比起西方来要稀疏得多，而且既不享有自由权利也不享有豁免权利。除犹太人和其他非俄罗斯族人以外，向国外移民是禁止的。与此同时，政府和贵族合作共同追捕并且归还逃亡的农奴。（有一个重要的例外：在18世纪，乌拉尔的采矿和冶金企业抓捕并且扣留任何它们能够插得上手的闲散的、喘气的男子。利他主义是根本不可能存在的。）

一般来说，只要工业坐落在空旷地方——通常是为了减少运输费用（也同运河和道路等建设项目相关联）——唯一的办法就是输入强迫劳力。这就是俄罗斯的废物利用学校，是劳改营的前身。甚至在人口比较稠密的居民区域，也可以用食物和酒招揽到游手好闲的人和街头漂泊的人，让他们从事装卸、赶车和拖运，所以稳定的工作需要给这种岗位分配奴隶般的劳力。往往属于国家所有的整个村庄，就是以这种方式迁移。

当然，从长远来看，这种制度是失败的。不自由的劳动力不会卖力地或正直地工作。图拉兵工厂在1861年的一份报告中说:"看来有一个通常是无可争辩的事实,即只有自由人能正直地工作。一个从儿童时代就被强迫工作的男人,只要他的社会状况保持不变,他就不可能负起责任。"⑭

远比生产规模更加有力地说明了为什么这种早期的企业中有一些如此庞大,这是因为生产率如此低下,他们需要大批的人。最终找到了一种较好的办法,这就是"代役租"制度(obrok),即农奴向庄园主支付一定钱款,即"代役租",就可以脱离庄园,到别处谋生。农奴交了"代役租"以后,多余的钱可以自己保存,这就使他们有了勤奋干活设法挣钱的积极性。有些人甚至变成了企业家,其中的佼佼者能变得十分富有。例如,其中的一人叶利谢耶夫发了财,他的家族办起了圣彼得堡最豪华的熟食店,该店被苏维埃当局没收以后改称"第一美食店"(Gastronom No. 1)。家族中一位后人逃到了美国,成为哈佛大学的日本语言文学教授。这种成功的农奴中有许多人花钱购买自己和家人的自由,虽然狡黠的庄园常常把一两个孩子扣留下来,以防农奴变得更富有。

所以,正如私有工厂业的崛起所表明的,奴役制度并非没有权宜之计。到1860年,估计已经约有400万人为挣工资而工作,另外还有数字不详的农户季节性地或非全天地从事工业生产。⑮实际上,工作岗位找到了工人,并且使他们屈从于任务,在某些情况下是屈从于鞭笞。至于工作岗位是否得到了所需要的技术,那就另当别论了。

俄罗斯1861—1866年对农奴的总体解放通常被认为是经济方面的巨大分水岭。但是它对人力的供应究竟有多大的影响,不是很清楚。然而它迫使企业雇用自由的挣工资的劳力(或是保持它们拥有的劳力),这就强制改善了劳力的待遇,使人员的录用更加仔细,并且为采用新工艺和更高标准开辟了道路。⑯之所以说"开辟"了道路,是因为道路曲折而且坎坷,特别是对那些长期以来由政府及其代理人经营的部门和企业来说,更是如此。在这些地方,解放从一开头就是不完整的和三心二意的。有些工人自由了;其他工人依旧受奴役。厂长们从幻觉中找到了安慰:如果最优秀的工人走掉了,反正他们年龄也太大了,对于创造和工作也不感兴趣了;如果最差劲的工人流失了,那好,能有什么损失呢?国家遭受着巨大的体制性后遗症的痛苦,受折磨于新旧之间,其二重性预示出20世纪第三世界许多发展中国家所患的那种精神分裂症。

制造业的组织

中世纪的第二种遗风就是工业组织成行会或社团。它们是雇主和工匠的团体，组织起来或许是出于社会或友谊的缘由，但很快就变为行业联合会和集体性的垄断组织。

行会在全世界都有——不仅在欧洲有，而且在伊斯兰国家、印度、中国和日本也有。其经济目标是：控制入会权，典型的是通过契约性的学徒制和对师傅资格的限制来进行控制；维护质量标准（不接受任何业余人员或"粗笨之人"入会）；并且限制内部和外部的竞争，亦即对内限制作坊的规模和雇工数目，对外则在自己地盘内禁止非行会的制造行为并且排除一切舶来品。

在这一系列的规则背后存在着一套道义原则，其本身都是从农村社会价值观派生出来而转换到城市环境中来的。起主导作用的是两种考虑：第一是在土地或顾客（市场需求）方面都有一种资源有限的意识，因而它是一种一方得益使另一方相应受损的"零和游戏"意识；第二是道德准则优先于商业准则。只要一个工匠自觉地完成工作并且达到了标准，他就有权挣钱活命。

然而，同这种良好工人伦理道德相对抗的却是贪婪与野心的驱动——市场和金钱的寓意。正如我们在讨论手工发包制生产时所看到的，商人们学会了躲过行会限制而从农村中寻找工人；或者例如在钟表制造业中，当工作所要求的技术在庭院作坊中找不到的时候，就靠雇用满师学徒工（当过学徒，还不是师傅）来在他们自己的屋子里或是在行会地盘以外的郊区进行工作。这就是那些社团垄断者巨大的弱点；他们受到大都市紧紧的束缚，设备简陋得不足以硬缠住一个变化着的绿洲。

并非他们不试图这么做。在意大利，工业中心总是兼并了周围的农村地区，而且行会的控制延伸到了城市的界限以远的地方。在低地国家（中世纪欧洲的另外一个庞大的制造中心），城市雇主及其亲信出击，闯入农村去破坏纺织机，对农村的竞争实行恐吓。这样的远征只是在乡村织布工们学会用以牙还牙的方式保卫自己之前取得了成功，而从17世纪以后，农村的制造业如果不是受到认可也是受到了容忍。在德意志，政治疆界的复杂性达到如此程度，以致每一个排他性的中心都在隔壁有一个潜在的对手，那些对手十分欢迎无执照经营者、"粗笨之人"、犹太人以及类似的偷税逃费的不法之徒。

另一方面，在法国，各种行会都处境良好，足以保卫各自的利益，这是因为它们受到皇家的支持和保护，部分地出于财政的原因，部分地由于皇家把它们当做进行社会控制的工具。皇家的令状传达到几乎每一个地方。* 即使这样，闹独立性的雇主们还是找到躲过限制的途径。例如，他们中间有些人联合打出旗号，妄称超出自己作坊能力的需求。所以他们才雇用别人来为他们作工而以自己的名字签署执照。这种专门对付行会的外购行为是严格禁止的，而且有时候行会的代表在法警的陪同下前来搜查，没收违禁物品，处被告人以罚金。然而每有一个雇主被告发被捉住了，就有几十个雇主逃脱了。

在"旧体制"将近结束的时候，1762年，法国政府正式承认现状，使农村制造业合法化，同时一批批的官员曾试图废除社团特权或者废除那些社团本身。他们是徒劳的；但是在这方面又是那场大革命完成了一个无能的君主政体所无法完成的使命。1791年，那个临时执行自由放任政策的政府废除了贸易和行业社团——不仅是工人们的行会，而且还包括雇主们的联合会。这种政策完全是进步性的，非常公正，但是在接下来的七八十年里，这项法律却更严格地应用于工会而不是雇主们的联合会。不足为奇：第一优先的是秩序，这就意味着使那些高高在上的人和那些地位低下的人各就各位。**

在德意志，那里的行会早已经被雇主和无执照经营者所绕过，但在城市和若干个公国和王国中却依然具有实力，直到1870年成立帝国之后才甩掉了这个鬼魂。它们的合法性问题被列入了关于"工业自由"的一次大辩论之中。辩论的一方是自由派和大企业，他们认为只有让人们自由地工作、迁徙并且随心所欲地居留，德国才能不被现代竞争者击败。德国的海关联合会可以对货物放行而对人不放行，要它干什么呢？如果没有人手雇用，有权设立工厂又有何益呢？辩论的另

---

 * 存在着一些特殊的管辖区：阿尔萨斯，其大部系1648年获取（斯特拉斯堡于1681年获取）；勃艮第的弗朗什孔泰伯爵领地，1678年从西班牙夺得；洛林，1776年兼并；弗兰德的近期征服地——它们都部分地服从它们自己的法律和习俗。欧洲的民族国家当时依然处于形成之中。

 ** 满师学徒工的联谊会被当做例外加以对待。他们许多人以自己的一技之长周游全国，每到一处都受到热情接待。这些被称为"伙计"的人起着联络的作用，彼此提供关于工作岗位和雇主的情况，但不怎么参与劳资冲突。他们的秘密见面礼以及他们徒步漫游、往往有读写能力的会员资格，使作家们受启发而写出不少浪漫的形象。但是，他们既不骚扰别人，也不被别人骚扰。

一方是保守派及小商人和工匠，他们对新型企业诸如工厂和百货公司心怀忧惧。所以，现代人（其中包括犹太人）、自由市场、公开竞争、新的财富……这些都是敌人。

这种拖住历史发展的企图在一个仍在寻找着动力的德国注定会遭到失败。动力意味着引擎、机器、现代工艺以及伴之而来的规则，天平无情地朝着鼓吹变革的人们倾斜。在1848至1849年，行会人员曾经暂时地重振雄风，因为当时革命的骚乱为他们提供了一个机会，使他们得以显示自己的地方实力。他们企图对入会和迁徙重新施加久已放弃或忽略的限制，但他们却失败了，主要是因为这种反动的活动被认为是对秩序的破坏。此外，正在崛起的商业和工业资产阶级不高兴返到中世纪去。

大堤的溃决首先发生在相对落后的奥地利。商业部直截了当地说："……奥地利的工业自从这种禁约性制度垮台以来不得不对外国竞争展开全方位的斗争。对它来说，准予迁徙的完全自由不再是一个关乎纯粹改良和更大福利的问题，而是关乎它的竞争能力的必要条件。"⑰如果说政府依然对这个问题还抱有怀疑的话，那么，在意大利北部所遭受的军事失败则使改革的需要完全被人所理解。战争，尤其是失利的战争，能够凝聚人们的思想。1859年12月20日，一项皇家特许状在哈布斯堡所有领地确立了企业的自由。这一行动具有传染性。行会控制制度在德意志各邦开始崩溃。到1870年德国统一的时候，整个战斗结束了。⑱

界线和障碍

中世纪限制贸易的第三种主要遗风是对运输和旅行的一套非常复杂的干涉：河道和港口通行费，道路收费，城市入口处的准入费（"牛和犹太人：每位4芬尼"）；由于政治界线（包括国内飞地和国外飞地）呈网眼针织状而造成的一个接一个的通关障碍；既得到遵守又同样遭违反的一套繁杂的豁免和特许规程，等等。

多数道路和河流通行费可以上溯到政治软弱和全局不安全的时代。那时候，高级政治当局无法阻止强盗诸侯和地方辖区对过往人员收取税费。既然存在，就难以破除：人人都尊重的一样东西就是既得利益，因为每个人都有既得利益，或者想拥有既得利益。即使在更高当局说话算数、规定收费需经批准的地方，也可以见到仗权收钱的现象——不是作为对服务或设施所付的酬金，而是作为创收的另外一个来源，因此收费权成为人们孜孜以求或花钱买的肥差。我们听到这样的一位巴拉丁伯爵的故事：他没有钱而硬想要钱，于1579年使出浑身解数吁请赐予收费权利，说："上帝慈悲，帮帮本伯爵以及本伯爵那6个没受过教育的可怜的孩子，还有本伯爵那位挺着大肚子、怀着孩子的夫人吧！"[19]

因此，这种收费无益于改善和维持百姓生计，只不过是一种搜刮。它的收益，特别是在水路方面，是如此丰厚，以致货物托运人往往被迫改用陆运，不管陆上路况多差，速度多慢，甚至是运送每担价值低的大宗商品，也只好如此。同样代价高昂的还有关口检查以及有时货物转运时的拖延——表面上是创造工作岗位，实际上是进一步勒索的借口。

这些披着官员外衣的真土匪的拼命逐利的策略可以从他们的故意含混其词的政策中看得清楚。即使在规定了收费标准的地方，收费人也打定主意不予公开，反正一有机会就多收费。[20]（这种交易助长了狡黠并且把"机智的商人"和花言巧语的人同糊涂虫区分开来——它实际上是一种选择的过程。）整个的制度旨在鼓励贿赂，包括轮番向勤杂人员奉送食品和饮料，但这无助于下一艘船只通行。

无需言明，享有这种收益的地方贵族和市政当局不愿意为了方便贸易、鼓励经商而放弃这种收益；与此相反，发展中的贸易是对增加关税的刺激。这种增加关税的做法引起一片抗议和痛苦的大声疾呼，但是谁也不准备去管一管，即使对小骗子也不管；一开始扔石头就会砸掉太多太多的玻璃房子。所以，工业发展的初始结果就是抬高这些障碍。

从17世纪往后，欧洲君主政体的集权趋势变得不利于上述种种胡作非为。新官僚机构的主要目标之一就是取消这些苛捐杂税以及种种干扰。它们不仅将这些做法视为对贸易的约束，因此而产生侵吞税收者，而且将其视为一种盗窃行为，是一种"大不敬罪"。在这些方面，英国人没有多少瓜葛：他们的地方性收费大体上到15世纪就不见了；结果，他们拥有欧洲最大的国内市场。法国人需要做的则多得多，伟大的大臣柯尔贝尔*发布命令一个又一个，禁止并且废除这种混乱的遗风；但成效却甚少。又一次，那场大革命在100年之后完成了这个使命，清除了一个破旧政权留下的废墟。

德意志的税费泛滥因其疯狂性而成了人们的口头禅，它扫清道路就要慢得

---

* 柯尔贝尔（1619—1683），路易十四时期的财政大臣。——译注

多，部分原因是这项任务规模十分巨大，部分原因是它疆域被搞得非同寻常的支离破碎：在1815年它有38个各自为政的关税系统，外加数千个地方自治体，直到一些小镇和地主庄园。只有强权政治——普鲁士的螺丝刀——和沙文主义的意识形态才能完成这项任务，因此也很痛苦。必须让死脑筋们看到自行其是要比遵命改弦更张付出更沉重的代价。紧随拿破仑战争之后的条约和谈判使得莱茵河运输得到了自由，一系列逐渐扩大的海关联合终于形成了1834年的关税同盟，从而使德意志大部分地区向相对来说无约束的贸易开放。我之所以说"相对来说"，是因为即使到这时，还有许多事情有待完成。有些邦没有参加进来，拖着后腿，直到19世纪60年代和1870年才算解决。法兰克福和汉堡这两个历史悠久和骄傲的古老汉萨同盟城市痛苦地大声呼救，但是就这类事情而言，拉封丹的名言是适用的：力量造就权利。

有些人反对别人贸易，那股顽固劲头真叫人难以想象。以斯海尔德河为例。它发源于法国北部，沿途流经图尔奈、根特和安特卫普而入海，穿过世界上工业最繁荣的地区之一。在安特卫普以下的一段距离，由于历史的变故，河口伸进了荷兰境内。按照1648年的明斯特条约，荷兰获得了对它关闭通航的权利。它也这样做了，历经200多年，目的在于维护鹿特丹的利益而扼杀安特卫普作为海港的地位。这件事非同小可。然而，有15年的时间，即从1815年到1830年，安特卫普和鹿特丹都是荷兰的组成部分，所以从理论上讲，这种权利本应该失效了。绝无此事：1830年，在比利时分离出去时，荷兰重申这一权利并促使其他相关各国接受它对国际贸易的这种征税。一直到1863年，比利时经过长时间的谈判，才得以买下这种可憎的征税权，每一个由此获益的国家都支付了自己的份额。

这种合理化和统一化进程中的唯一例外，是持续存在的城市入口处的通关障碍，法国人称之为"入市税"。这种障碍一直存在到进入20世纪以后；甚至连铁路也没有使它消失（人们总是能够在火车到达时检查行李）。终于使它消失的是汽车：由于汽车数量增多，不可能要它们在城市的边界停下来检查它们装载的东西；也不可能例如像在本世纪20年代那样强迫巴黎的汽车在离去和返回时用量油尺来计量油箱里的燃料。即使这样，迟至20世纪60年代，佛罗伦萨还有路标指示从周围农村进入该市的汽车驾驶人员来申报诸如葡萄酒和香烟一类的商品。就我亲眼所见，没有一辆汽车停下或被人停下；不过，我只是个短期访问者。

俄国则是另一码事儿。首先，运输很困难，而且税费不成为问题。自然条件才成为问题。在陆上,冬季搬运货物比夏季容易。雪和冰很滑;道路却不然。对于大批商品(粮食、木材)来说,水运较好。但是,俄罗斯的河流都是北南流向,而多数交通却是东西向运送。在这方面,严寒成为敌人:在南方,水道每年保持通航9个月;在北方,每年通航只有6个星期。错过时机,货物就会积压腐烂;机器就会生锈;无所事事就会化作湮没无闻。

制度和文化方面的障碍对于发展有重要影响。这一点充分表现在欧洲边缘地区,即在西欧和中欧工业化核心地区以外边缘地区,以及在这个周边之内那些学会迎头赶上的国家同那些依旧落后的国家之间形成的对照。

先从北面说起。斯堪的纳维亚在18世纪的时候,穷得要命,但在智力和政治上却很富有。它是很晚才学习现代工业方式的,但是一经开始,就很快把它们学到了手。约略统计数字显示出工资和收入的含意(见表16.2)。

表16.2 欧洲国家集团 1830—1913 年间实际人均国民生产总值估计数字(按1960年美元价格计算;每个集团所含均系未加权平均数)

	1830年	1860年	1913年
工业核心地区	268	402	765
斯堪的纳维亚	219	297	682
不含芬兰的斯堪的纳维亚	228	315	735
周边其余地区	215	244	343

"工业核心地区":奥地利(1830年不含)、法国、德意志、意大利、荷兰、瑞士、英国
"斯堪的纳维亚":丹麦、芬兰、挪威、瑞典
"周边其余地区":保加利亚、希腊、匈牙利(1860年不含)、葡萄牙、罗马尼亚、西班牙、俄罗斯、塞尔维亚。其中1830年数字仅指葡萄牙和俄罗斯
资料来源:帕拉德著《欧洲边缘各国》一文,转引自贝尔洛赫著《国民经济差异中的主要趋势》一文。

这种令人印象深刻的表现完全是由于文化上的水平。斯堪的纳维亚各国在欧洲的学识和科学社会中是平等的伙伴,享有很高的文化水平并且能在高等教育的层次上提供一流的教育。[21]它们还活动在一种政治稳定和保持公共秩序的氛围之

中。北欧人曾经一度置身于欧洲最好战者行列之中——人们会想起中世纪的北欧海盗或是想起17世纪瑞典皇家的野心——可是他们现在同南边的各国人民相比却成了最平和的，甚至显得有些冷漠。财产权利是有保障的；农民大体上是自由的；生活中间充满了漫长的阴暗而艰辛的劳作，间或穿插着一场场群聚畅饮和季节性的日照。

斯堪的纳维亚已经做好了准备。甚至在18世纪，人们也可以看出后来创业精神的希望：瑞典波尔希姆的机器工厂和灵巧的设备；挪威的高钴矿提炼厂，它们向从韦奇伍德到迈森的欧洲玻璃和陶瓷厂供应鲜艳蓝色颜料。大部分的手工技艺同南边的国家相比则粗糙而且过时，但是斯堪的纳维亚却在工具、仪器和技术方面迅速地赶了上来。最好的线索莫过于钟表制造技术：到18世纪末的时候，丹麦和瑞典最优秀的钟表制造厂制造的机械钟可以同伦敦和日内瓦相匹敌；而且他们都是些当地能手，并非是君士坦丁堡、莫斯科和北京的那种西欧的外来专家。

斯堪的纳维亚立足于自由创业的精神和快速的反应，立足于向更为先进的工业国家出口自己的大宗产品，立足于把这种收益向更加多样化的生产进行投资。大宗的出口商品是木材、黄铜，后来还有铁矿石；而就丹麦来说，则是农业产品。在所有情况中，发展的进程总是从原材料到加工品——从原木到板材，然后再到纸浆；从铁矿石到生铁再到熟铁；从生鱼到罐头或瓶装鱼；从鲜奶到乳脂、奶油及奶酪。这一切当中很大一部分是通过改善运输和金融机构而培育起来的，而且在这方面，本国的和外国的资本起了作用。但是从非常早的时期开始，斯堪的纳维亚就以自己向外国移民的形式一直在出口技术。例如它曾向沙皇俄国出口技术，在那里，艾尔弗雷德·诺贝尔就是稚嫩的石油工业的开拓者之一。俄罗斯政府早已断断续续地推进工业发展长达几百年之久，在此过程中对其人民又是吓唬，又是吹捧，又是压榨；斯堪的纳维亚人灵活地加入了这一过程又悄悄地走开了。

请比较地中海沿岸欧洲各地，特别是意大利、西班牙和葡萄牙的晚期工业发展。它们的工业发展都受到了宗教和学识方面的偏执的伤害，而且都受到过政治不稳定的困扰。西班牙这时虽然在名义上是统一的，但仍一如从前，被地区性自治体所分割，而且中央当局的软弱无力招致了外国的入侵和对王位的觊觎，伴之以周期性的革命和内战。葡萄牙虽然比较统一，但在政治上却大体上与西班牙一样，例外的只是王室人员可以逃往巴西并且等待时机好转。意大利依然是分崩离析,而伦巴第直到1860年还依然在哈布斯堡王朝（奥地利）手里,而且威尼斯也是如此,一直拖到1866年;而西西里（那不勒斯及南部）王国在1861年之前一直处于波旁王朝统治之下;罗马教皇各属国和罗马在1870年以前则归教会管辖。

这些国家都很穷,受到雨量稀少和分布十分不匀的妨害,因此农业产量大大低于降水充沛的北欧地区。西班牙条件最差。在湿润的北欧地区同干燥的南欧地区（年降水量在750毫米以上或以下）划一道象征线,大约会把葡萄牙和意大利各一分为二;但西班牙90%的面积处在干燥的一面,而且处于这条线以北的比较湿润的土地大部分是山区而不宜耕种。此外,西班牙的高平均海拔使温度两极化,因此这是一个不宜于谷物生产的地方。[22]

人们也许会认为这样的贫困地区也能像瑞士那样成为庭院手工业的良好候补者,但是伊比利亚半岛尤其缺乏创业精神和技能,包括阅读的能力。这些缺陷可以上溯到几百年之前——上溯到宗教狂热和反宗教改革者对无知愚昧的培育,而且排除了那种本可以补偿农业贫瘠和贫困的多种经营。[23]比较性的文盲率是不确切的,大部分原因在于从一个国家到另一个国家,对文盲的界定和判断是不相同的。即使如此,地中海欧洲和北欧之间的反差无可否认是巨大的。例如,在1900年前后,英国只有3%的人口是文盲,而意大利的文盲则达48%,西班牙56%,葡萄牙78%。[24]中世纪的宗教迫害——大屠杀、追捕、驱逐、强迫改教以及自我施加的学术封闭——被证明是一种原罪。其影响直到20世纪才消除……而且即使到20世纪消除得也不彻底。[25]

（无需言明,这种诉状不能迎合西班牙政界和知识界精英们的口味。谁个也不喜欢被别人告知〔提醒〕自己的失败是由于自身的弱点造成的,或者他自己感到骄傲的源泉不是美德而是罪愆。因此,西班牙和西班牙裔拉美籍学者才做出了持久的努力来驳斥这种指控,把它称为"黑色神话"——怀有邪恶信念的人进行的诽谤。然而,"衰微"的事实却依然存在而且要求作出解释:300多年的落后确实在收入和成就方面都付出了高昂的代价。）

几个中心具有特殊的（即使是不很高的）适应性,躲过了上述的共同的遭际。在西班牙,加泰罗尼亚从其他地区中脱颖而出,早在18世纪就开始对纺织制造业实行了机械化。后来,矿产资源的开发,尤其是19世纪末叶对铁矿石的开发,为巴斯克地区吸引来了金钱和贸易。但是,这种矿石的绝大部分却运往国外的冶铁中心;西班牙工业很少加以利用。

意大利前进的速度比较快一些，尤其是在波河流域（伦巴第，处于哈布斯堡王朝统治之下）以及热那亚及其周边地区。威尼斯和佛罗伦萨曾经是繁荣的工业和商业中心，当时则处于变作纯旅游胜地的过程之中，修起了一批批商店、旅馆和生动的博物馆。哪个旅行者也舍不得错过它们。（这种过程至今仍在继续，而且威尼斯已经不得不限制入境人数。）意大利的统一（1870年）没有怎么改变早先的分工和财富分布状况。北部，特别是伦巴第和皮埃蒙特地区，是农业和工业、河谷低地和平原相混合。南部（"正午地带"）依旧是一片荒原，人们在那里荒凉的高地和广阔的庄园上从事着难以维持生计的刨地活路。不识字的农民大部分都是用谷物交租的佃农和没有土地的农工，要听命于当地的知名人物。这些人物是旧的和新的财主，培养骄傲（"尊敬"）以及一种令人回想起"旧体制"的生活格调。* 南部最大的出口品就是人：向新大陆移民，尤其是移向美国和阿根廷，第二次世界大战后则向本国北半部移民。甚至连北部也将它的儿童送到国外去，一般是送到阿尔卑斯山以北那些比较富庶的工业区去。例如，法国人严重地依赖意大利移民来开采那些新开辟的（19世纪80年代）铁矿和经营洛林的工场。

南方至今依然落后，尽管意大利政府给它拨了大量开发补贴，如今欧共体也给它补贴。那里散布着星星点点的闲置的工厂、未完工的住宅开发区以及通不了车的道路。这一片衰败和令人心寒的景象显示出种种深沉的缺陷：无知，偏见，缺乏社区感，却有着有组织的犯罪活动。"正午地带"仍在为昔日的罪过还债。许多北方人感到十分厌恶，以至于谈论起南北分离。该理解为驱逐。但这是办不到的。这等于是捷克人存心让斯洛伐克离去。

东欧就像是另外一个世界。在讲斯拉夫语的国家——特别是俄罗斯——农奴制以其最恶劣的形式顽固存在着。挥金如土的贵族手中掌握着如此巨大的财富，其本身就意味着降低了消费者对那些基本工业制造品的需求，而这种制造品本可以导致现代工业的出现。在普通情况下，政权专制的俄国可以只是从容不迫地效仿西方：人民习惯于贫困而且对外部的世界一无所知。但俄罗斯是一个大国，有着巨大的领土野心。它很早很早（16世纪）就已经试图向西方学习了，只是唯一的目标是在诸如枪炮制造这种战略性的部门中获得自主。作为一个大国，它需要工业，所以沙皇政府恳求外国人帮忙，出钱请他们在俄国设立工厂或定居并工

---

* 最好的、当然也是最易得到的原始资料是一部小说，即兰普杜萨写的《豹》。

作。个别的一些土地占有者容许具有创业精神的农奴去从事贸易和工业，以金钱贡赋作为回报。其结果是一种不规则的、发育不全的工业化。

俄国的企业也不是在和西欧企业相同的天地里运行。它们向国内市场出售，而向国外出口很少或者说没有。它们简直就没有竞争性——在当时没有，后来也没有——特别在苏维埃年代里更没有。唯一售往苏联以外的制造品是发向卫星国和第三世界附属国。与此同时，生产数据成堆，而且许多人都相信。你是相信那些数字呢还是相信明摆着的证据呢？假若统计人员按照真实的市场价格和质量而将产量打折扣，他们也许会比较接近于事实的真相。

比俄罗斯更贫困、更落后的是巴尔干诸国。它们中的大多数是在效率低下的奥斯曼帝国的枷锁下痛苦挣扎，那是一种比它们自己的社会更原始的社会的暴政。长期的沉寂之后，它们在18和19世纪感染了民族主义的病毒，为争取自由而进行没完没了的斗争，先是同土耳其人斗，后又同其他的巴尔干民族斗。这可能是一种高尚的事业，但是由于它依赖于不肯妥协的宗教，所以很容易导致仇恨和不理智。对于商业或发展来说，都是无益的。

这些社会都不是能够从内部产生创业精神的社会。贸易和钱财都是为希腊人、犹太人、亚美尼亚人、德国人准备的。这些外来人并不受欢迎，这不仅是因为他们靠做买卖（所以，不是靠艰苦工作）而发财致富并且让农民和地主吃亏，而且还因为这些人在礼仪上、服饰上、外貌和宗教信仰上都不同。（这些外来人毫不留情地回敬了这种轻蔑。）当独立和现代政治来到这些巴尔干人身边的时候，当地人千方百计地要把这些外来人赶出去，也就是说，要把经济中最积极的成分驱逐出去。他们成功了，即使这些外来人自然很不愿意离开。（这种不友好、怀有敌意的地方曾提供了这么多的挣钱机遇。）

今天，巴尔干人依然很贫困。由于没有外来人，他们就彼此开战，并且把自己的苦难归罪于西欧那些经济比较富裕国家的剥削。这么想，他们心里觉得要好受一些。

左派的政治经济学家和经济历史学家喜欢这样的解释。他们是根据核心和外缘的观念进行思维的，即富有的中心与周边的依附国家相对立。但是，这种比喻或形象并不确切：欧洲发展道路的斜坡是自西向东，自北向南，从受过教育的人到没有文化的人，从代议制的制度到专制的制度，从平等到等级，等等。造成这种差异的不是资源或金钱；也不是受到外来人的不公正的待遇。问题在于内在的原因——文化，价值观，首创精神。这些国家的人民逐渐获得了充分的自由。他们就是不晓得拿它去干些什么。

* * *

"刺刀才是好小伙儿"

在19世纪的上半叶,俄罗斯标准的步兵武器是一种滑膛的、前装的、燧发机的旧式步枪,很像上一个世纪使用的武器。(丹尼尔·布恩*的肯塔基式长来复枪也比这要优越一些。)俄罗斯1828年的制式步枪同以前的那些步枪一样,使用的是圆珠弹丸,200码以外就打不准。西欧各国陆军使用的后膛枪被认为不适合——太复杂而且用于野战不够牢固。而且,对于俄罗斯军械生产技术来说,也太难。

俄罗斯陆军从整体说来是甘心于这种落后局面的。首先,采购是团队的事务,而军官们却更喜欢把钱花在食品和酒类上。(饮酒是测定军官大丈夫气概的受宠爱的方式,比战斗更加重要。)"团队力争尽可能为武器少花钱,而且团队的供给人员把定期去肮脏的政府军火库和去遥远的小兵工厂视为一种惩罚。"⑧反过来,武器制造商向采购者供给他们想找的东西——马马虎虎许多件,好坏都有,反正无所谓。政府企图防止弄虚作假,派检查官去检查武器。成效甚微;检查官是这个系统的组成部分,他们不会去咬伸出来喂自己食物的手。(在各式各样苏维埃五年计划之下,人们对生产的态度与此相似,花样繁多。完成计划,完成定额,花钱打发检查人员,鬼才会去管质量的问题。)

其结果是螺丝拧不紧,铆钉铆不牢,枪管安得不紧,枪托是烂木头,枪机零件不配套。1853年,就在克里米亚战争打响之前,沙皇陆军仅有额定旧式步枪数量的一半。而且,枪支不好,但俄国士兵却使它们变得更糟。就像土地上的农奴,或要服役25年的士兵——兵役是一种无期徒刑——对自己的工具毫不在乎。枪炮("一种表演的机器")为了检阅才进行擦拭,但士兵却不得不自己掏腰包去买擦枪油;因此擦枪油就很少或干脆没有。子弹花费很大——它们不是俄罗斯能够大批生产的那路货——所以泥巴弹丸用来打靶而损坏了枪管。就连军官也不爱惜自己的随身武器,以致陆军部指示发放手枪而不发左轮枪。团一级的枪械师缺

---

* 布恩(约1734—1820),美国传奇式英雄。——译注

乏训练和合适的设备,不得不去钉马掌,修车轮,而且用同样一套凿子、榔头和锯来修理枪支。

规则出自实践。面对这样一些缺憾,俄罗斯军事战略家一向低估火力的价值。他们认为肉体比武器更重要——肉体和"道义力量"——而且刺刀比枪支更受喜爱。苏沃洛夫元帅认为:"子弹是傻瓜,而刺刀才是好小伙儿。"* 刺刀更能把握,而依赖枪支只能使人的决心和战斗精神衰弱。因而,把前装枪换成后装枪就会成为一个错误。那样的话,士兵只会浪费很多弹药而且忘记怎样装火药。就在别国军队的火力突飞猛进之际,俄罗斯士兵却正接受节约的教育。团队的经济状况反映着更大的社会:被低效率拖住后腿;在辅助性劳动中浪费时间和劳力(农业、采集木材和打草、建筑、搬运);惧怕变革。**

克里米亚战争(1854—1856)是一场灾难。俄国人损失了他们最损失得起的东西——人,多达60万。更使将军们和沙皇心痛的却是领土方面一些微不足道的损失。有些俄国人依然使用着前装燧发枪,而英国人和法国人对付他们的却是射程远三到五倍的击发式步枪,就连俄国的将军们也成了容易被击中的靶子。这倒并非因为英法联军是具有杀人效率的楷模,他们自有其本身的毛病,在供给和卫生方面问题不少(最大的敌人是疾病),指挥方面也干了许多蠢事(在那时,英国陆军还依旧可以花钱买官职),这些事却在丁尼生的《轻骑旅的冲锋》一诗中被多情地奉为不朽。

然而,俄国人却更糟。

注释

1. 请参看 Landes,"Fable"一文第163页注27中所谈到的麦克洛斯基的一段话。波拉德

---

* 请不要忘记葡萄牙人给自己的东印度群岛第二舰队所下的指令(见第四章):远离岸边,诱使他们从水中出来。喜爱钢刀胜于喜爱枪炮,是技术劣势的标志。

** 请参看布雷德利著《沙皇的枪炮》一书。俄国人同日本人态度的相似性令人震惊。人们通常以为日本工业效率特别高,但迟至第二次世界大战,日本的军械制造业却极不规整,陆军所发的步枪、手枪和弹药仍然不尽如人意。士兵们则从刺刀上寻求补偿;刺刀往往是一直安装在步枪上,并且成为培养白刃格斗中个人勇敢的秘方:"装刺刀不只是给步枪安装上钢制的利器,因为它还给装刺刀的士兵的灵魂注入了钢铁。"与此相同,军官们更多依赖的是军刀而不是手枪,一有可能就放弃手枪而使用武士刀。对勇武精神一种钟爱的测定:经常是拿战俘当靶子,一刀斩首或是劈成两半。参看 M. and S. Harries, *Soldiers of the Sun* 一书第35章"'吾刀即吾魂'"。

在他所著《和平的征服》一书中不认为欧洲工业革命的历史是对英国挑战的一种强烈反应，而是根据市场确定的方针而发生的和谐的技术扩散。也许是……那样。请参阅 Davis, "Industrialization in Britain and Europe" 一文第 54 至 55 页。

2. 转引自 Crouzet, *De la supériorité* 一书第 105 页。

3. 同上第 107 页。

4. 伏尔泰 *Essai sur les moeurs et l'esprit des nations*（巴黎加尼尔出版公司 1963 年版）第二章第 695 至 697 页。转引自 Crouzet, "Les Francais" 一文第 24 页。英国第一部 "航海法" 的时间实际上是 1651 年，第二部是在 1660 年，就在王政复辟之后。

5. Crouzet, *De la supériorité* 一书第 110 页。克劳塞说明（第 489 页注 28）对英国贸易惯例的这种反感在雅克·萨瓦利的商业手册《完美的商人》（1675 年第一版）已经可以发现了。另一方面，英国 1711 年的一份备忘录声称英国只是在法国开了先例之后才转而采取严格保护措施，而且英国人实际上比别的国家更为公平（高尚）地进行贸易。人们应该把这种看法当做无非是一种感觉而已。

6. 所以，克劳塞才讽刺挖苦，列举了各种各样的资料来源，见 *De la supériorité*，第 490 页，注 31。

7. 见里姆的书，*Europeans Politische Lage und Staats—interesse*, Ⅳ, 17。

8. 见 Mirabeau, *Mirabeau's Letters*, 第 47 页。

9. 见 Karl Marx, *Capital*, 序，第 13 页。这种相信规律的信念的一个后果是关于正当社会主义发展道路的定义，它十分强调重工业的优先——这是一种对冶金学的盲目崇拜。（所以，约瑟夫·朱加什维利把 "斯大林"〔意为 "钢"〕视为自己在党内的化名。）*

10. 虽然对于经验的研究早已证明了国家发展模式的特殊性（例如见克拉彭所著《经济发展》〔1923 年版〕一书），但是，"以英国经验为依据的工业化单一的、多线的模式" 的神话却依然是一个不可抗拒的稻草人，有待于被一种对于据称是常识的不断修正打倒。因此，才有了奥布赖恩和基得在《英国和法国的经济成长》一书中那些了不起的（在不止一个方面）的发现，因为这本书以华丽的词藻宣称法国已经找到了 "通往 20 世纪的道路"。如要寻找对这种传统观念的表现持批评而宽容的观点，请参见 Davies, "Industrialization in Britain and Europe" 一文第 48 页至 54 页。

11. 这是 Jordi Nadal, *Fracaso de la Revolución industrial en Espana* 一书中所表达的意义。他把这本书称为 "限制西班牙试图采用经济发展的古典模式——即英国风格——的种种原因的分析"。

---

* 马克思这段话的中译文引自人民出版社出版的《马克思恩格斯选集》第二卷（上）第 206 页。——译注

12. 见 Good，*Economic Rise*，第 11 至 12 页；Kemp，*Industrialization*，第 26 至 27 页。如需参考对这种以自我为中心的世俗性偏见的正确政治抨击，请见 Fabian，*Time and the Other* 一书。请比较 Landes，"Time of Our Lives" 一文，第 719 页注 7。

13. 请参看 Domar，"Causes of Slavery or Serfdom" 一文。

14. 引自 Bradley，*Guns for the Tsar*，第 132 页。

15. 据 Crisp，"Labour and Industrialization in Russia" 一文，载于 Mathias and Postan, eds.，*The Cambridge Economic History of Europe* 一书第 7 卷第 2 章第 330 页。这个数字（400 万）约占总人口的 6.5%。虽然比例不大，但绝对数字却很大。

16. 有些学者常常强调这种解放的不完善，特别是集体性村庄契约的保留，以此为理由说明它的无效性——请对照 Gerschenkron，"Die Vorbedingungen" 一文第 25 页。一如上文所示，我更想强调自由对工业劳动力所发生的作用，即对已在位的和将要录用的工业劳动力发生的作用。

17. 据 1859 年春季报告，转引自 Hamerow，*Social Foundations* 一书第 120 页。"禁约性制度"一词系指利用保护和促进本地幼小工业的方法，对某些工业制造品、特别是棉制品的进口所实行的种种禁约。

18. 到 19 世纪 60 年代中期，参加德意志邦联的共有 3400 万人口的 16 个邦，已经开始执行新的规定；有 700 万人口的 7 个邦正在过渡之中；仅 350 万人口的 12 个邦（大部分为农业地区）还坚持旧的秩序——见 Hamerow，*Social Foundations* 一书第 121 页。

19. 见 Heckscher，*Mercantilism* 第 1 卷第 64 节。

20. 同上，第 1 卷第 72 节指出，最高官员默许这种秘密方法；例如东普鲁士税务局长获准收取 1644 年关税，附有秘密指令不得将此事向任何人泄露。如果这种非法所得不是被层层瓜分，则是难理解这种策略。

21. 如需了解经济含意的例证，请见 Koerner，"Linnaeus' Floral Transplants"。该文述及 18 世纪在瑞士气候中培植外国花卉的项目。林尼厄斯雄心勃勃，试图在北方种植茶树，没有成功，但他却继续干下去并且在这方面成为地理发现的知识方面的一个主要受益者。

22. 我所说的这种分析系取自 Tortella，"Patterns of Economic Retardation" 一文第 8—9 页。

23. 托提拉有不同的说法：瑞士在农业方面的比较劣势，他说，是大得多的。他援引了伯杰尔著《经济史》一书第 106 页和第 179 页，指出：自中世纪开始，瑞士一直进口了它食物的将近 50%。但是，比较优势仅仅是相对的，而这正是从另一方面说明了瑞士工业收益较好，虽然政府对农业发放津贴。

24. 见 Tortella，"Patterns of Economic Retardation" 一文第 11 页。

25. 关于这一点，请见 Tortella，"La pénurie d'entrepreneurs" 一文第 63—64 页。

26. 引自 Bradley，*Guns for the Tsar* 一书第 45 页。

国富国穷
第17章
THE WEALTH AND POVERTY OF NATIONS

要有钱才能赚钱

当英国经历了两代人的经济成长和工业发展时,欧洲第一批效仿国家才开始起步,这种滞后现象是欧洲的政治纷争。此时,规模经济的发展和生产率的提高也使后进国家的发展困难加大。

Why Some Are So Rich and Some So Poor

David S. Landes

人们知道"第一个工业国家"是怎样成功的。缓慢而且从容。在这个过程中，英国训练了一支工厂劳动大军并且积累了资本。在早先那些岁月里，机器通常是小型的而且价格低廉。规模很小。古旧一些的建筑物可以转变为工业用途。总之，入门的要求不很严格。所以，英国人创业可以靠收入再投资、靠集中个人资财、靠向亲朋借贷、靠租赁设施而加以发展。金融中介机构，除了那些诸如代理人和贷款经纪人以外，所起的作用甚小。银行为了方便不动产业的交易，把自己局限于发放短期或即期贷款。其中有些是采用信贷额度的形式，每次体现之后即予展期。在经济繁荣时期，这种信贷额度就相当于中期甚至是长期信贷。关键是经济繁荣。形势不好时，它们就会被收回或者期限被缩短。

随着年代的更迭，这一切都发生了变化：机器变得大而沉重了，要求有适合它们尺寸的建筑物。规模经济和生产率随着运输设施的改进而增长了。英国人的企业依然富裕，足以从其自身内部支付这些开销，如果内部资金不足，人们通常就会吸收额外的伙伴。* 但是，甚至英国也不得不找到特殊的门路来支付诸如码头、运河及铁路等公益或准公益

---

* 某些工业公司建立起自己的银行，部分地是为了方便自己的商业交易，部分也是为了从当地储蓄者那里融入资金。由于这种公司要固定保持一定的（投入的）资金以便能够应储户要求向他们支付本息，它们十分容易受到收缩和危机的伤害。不论怎样，这一首创精神的方向，从工业到金融业，证明了英国工业资源的富有。

事业所需的资金。紧随臭名昭著的南海公司投机破产而通过的"1720年泡沫法案"阻止了用可以自由转让的股票成立合股公司，因此，大型项目通常转归把资产赋予受托人管理的大合股公司。在一个对"最后一先令和一英亩地"都具有无限责任的商业社会里，这不是一个令人愉快的解决办法。然而，在长达一个世纪的时期里都没有再作重大的法律改变，这证实了这种做法的稳固性以及英国经济的总体活力。（在这方面，我设想，假使当时存在银行融资的需要，那么，一个对商业利益如此敏感的社会本来会改变这些规则的。）

到19世纪，当办企业变得成本更高、风险更大的时候，集资最有效的工具就是特许合股责任有限公司——所谓"特许"是因为有限责任只能由皇家或国会颁赐。这种大型的、半公益型的企业从来不怎么使用银行的长期融资，因为任何银行也没有这么大。英格兰银行章程规定任何其他银行不得有6个以上的合伙人。直到1826年，并且仅限于以伦敦为中心的65英里半径范围之外，才准成立合股银行；一直到1833年，不发行钞票的合股银行才获准在上述半径范围之内开业。然而，这些新的银行同私人银行在规模和政策上差别很小，就连修建铁路的商家也不需要它们的帮助。

以上就是英国的情况。当英国业已经历了两代人的经济成长和工业发展的时候，欧洲的第一批效仿国家才开始起步（自1815年始）。这种滞后现象部分地是政治历史上的一次偶然事件，它以令人难以处置的方式干扰了拟定最佳的各种计划。从1789年到1815年的长达25年的革命和战争把欧洲大陆的资源从建设转向了破坏，给企业和贸易造成了浩劫，产生过某些发明却大大延迟了应用，鼓励了一些项目却接着又对它们实行了禁约。结果，对英国工业的仿效被推迟了又一代人的时间。

得失表上倒也并非一律是负数。动乱同时也促进了有利于工业发展的社会和制度方面的变革。特别是，法国人废除了"封建的"贡赋和契约，促使（迫使）其他国家照此办理，使人们可以自由迁徙并且跨越陈腐的身份界线。对这种变革的经济上的报偿直到和平以后才到来。那时，追赶的任务变得更大了，但潜在的收益也大了。

以此为由，有些人争辩说晚了有好处：人们能够避免那些错误，用最新的技术和设备开始干起。*但另一方面，滞后失去的时间也是要付出代价的。所以，还是尽可能早动手为好。

因此，欧洲大陆的效仿国家感到它们既缺乏手段也缺乏时间来像英国过去那样发展成长。它们是在同一个舞台上进行着竞争。为什么一定要等待50年到1815年才追赶呢？它们需要比英国当初需要的更多的资本，而且它们马上就要得到它。它们想得到最新的工厂、机器、发动机。从大约1830年开始，它们想要铁路、运河、道路和桥梁了。它们到哪里去弄到这笔钱呢？

从四个地方：（1）个人投资；（2）金融中介机构及私人信贷；（3）政府援助；（4）国际资本流动。

首先，欧洲大陆有自己一定数量的富人。不幸的是，其中大多数都是蔑视工商业不高雅行为的地主。的确，他们许多人甚至连农业也不喜爱（他们更喜欢通过马掌来触摸土地），并且雇用管家来管理自己的庄园。这些地主靠地租和农产品为生，有时候靠资本。管家们都大发其财。

但是，也有一些士绅和贵族确实受到工业的吸引，部分地是因为他们希望赚钱，部分地是因为工业是农庄经营和贵族权利的合乎逻辑的副产品。他们的土地蕴藏着宝贵的矿物资源，或者拥有森林而可以给造船业、建筑业或采矿业供应木材。在中欧和东欧，由于他们控制着常住的农奴人口，可以为自己提供一支现成的工厂（或原始工厂）劳动大军。这些贵族人士中有一些实际上本身就变成了工业家和商人。人们由此会想起这样的家族，例如埃诺（后期属于比利时）的德桑德罗因和阿伦伯格家族、奥地利的弗斯顿贝格和施瓦岑贝格家族、洛林（1766年归属法国）的温得尔家族、俄罗斯的斯特罗加诺夫和杰米多夫家族；或者想起

---

* 对于相对要素成本来说，这些可能是也可能不是适合的。技术的选择是一个复杂问题。以设备为例：可能只有最新式的新机器才能购得，因为制造厂家正在制造的就是这种机器。但二手设备也可能产生重要的经济效益——对知道如何使用它们的人来说是这样。但是，并不这么简单；较陈旧的机器可能更难以维修；而且到哪里去弄替用零部件呢？——拆用旧机器零部件吗？

这样的统治者,如拿骚-萨尔布吕肯的威廉·海因里希亲王(1740—1768年执政)。*

在通常情况下,这种贵族企业家同资产阶级伙伴一道工作,后者在身份上和价值观上更适合去干那种肮脏的勾当——也就是,挣钱。(贵族人士更会花钱。)有时候,这些平民从商业关系中赚钱来为自己的门第牌号镀金。让我们以贵族联盟的守则为例。从理论上讲,贵族同贵族才联姻。但是如果一个平民非常富有,情况又如何呢?哦,那好,贵族也可以与之通婚;贵族的等级越高,这种不门当户对的结合就越自在。(小的贵族人家则必须对这类事情谨慎处理。)当施瓦岑贝格(此姓甚好)家族的一位年龄31岁的公子娶了已有82岁高龄的一份商人家财唯一女继承人的时候,那真可谓吉星高照。这位夫人不久之后就顺应天意而死去,但这位年轻公子也随之死去——当然是"后继无人"了。所以,财产就落入施瓦岑贝格家族的主要支脉之手。这个家族不仅通过选择联姻伙伴,而且通过开办工业企业,开垦土地,建立投资银行,继续证明了自己的创业精神。①

这种实例不管多么令人震惊,都构不成一次工业革命。那需要范围更广泛的多种来源,包括银行和其他金融中介机构。

在这方面,商业经验被证明是一份主要的资产。经过几个世纪的或多或少可以赢利的运作之后,一个私人银行网络到位了(个体银号或合伙银号)。就集体来说,它富有并且能够向工业作中长期投资,能够在选择客户中不注重价格和条件,而是更注重诚实、智谋,而且高于一切的是关系。这些集团通常依附于宗教和文化方面的密切关系:胡格诺-加尔文教派、西班牙系犹太人、日耳曼系犹太人、希腊正教的商业"家族"都只认自己的同类——该信任谁、该小心谁、该向谁咨询以及该同谁共事。②

这些小的银号的规模比看上去要大。正如在英国一样,欧洲大陆上的银行筹资也一般采取信贷额度的形式,扩大到支持不动产商业交易,用可贴现的商业票

---

* 在这些家族中,有一些开始时是平民(杰米多夫曾是农奴),靠工业发财致富,由于自己的贡献而获得了贵族身份,继续从事工业,利用精心选择婚姻的方式加强了自己的地位。例如,温得尔钢铁世家得到了头衔,虽然没有因联姻而成为高级贵族,却在家计不甚宽裕的非常古老的家族当中找到了大量储备的人才和荣誉。正如温得尔与之联姻的一位出身中世纪家族的贵妇人喜欢提醒听众那样(当然是面带笑容),她的家人都晓得她丈夫是那位大佬五金商。

据支付。但是，我们也见到一些例子说明可提供直接长期资金以及参与公司的组成：例如，巴黎的罗思柴尔德银行曾经为法国的铁路以及法国和比利时的矿业和锻造业提供资金；维也纳的罗思柴尔德银行曾促进哈布斯堡王朝领地内的铁路发展并且投资于炼铁厂和煤矿；巴黎的塞利埃尔银行在1836年曾联合布瓦格家族重建勒克勒佐炼铁厂。③

人们不应该低估这些古老商社的智谋。它们能够很好地嗅到利润之所在，并且依靠把握机会和灵活多变而积累起了自己的财富。除此之外，我们还应当提到它们对可获利的联姻具有的鉴别力——这种联姻既能提供资金也能提供商业合同。④任何人试图理解在公共合股公司和股票交易所时代之前在欧洲发生的工业革命，都必须把家族和个人的关系考虑在内。

经济繁荣时，短期和即期贷款能够变作长期信贷；一旦经济不景气，贷款不能展期，就能够把一个处于绝境的公司推向破产。这在很大程度上取决于债权人的实力和忠诚，但是就连最信任他人的、最果断的债权人在别的银行开始收回自己贷款的时候也会被迫采取行动。这就是网络体系的麻烦：在它强劲时，它比各个部分之和还要强大；但是当它疲软时，这种疲软很容易从一个环节扩展到下一个环节。

这种集体性的风险以及对于长期投资的需要导致了一种新的金融中介机构的创立，即合股投资银行，或如法国人所称谓的"信贷社"。设立这种机构的最初启示既来自政府机关，也来自商界；甚至在1820年以前，巴伐利亚的官员和商人就要求建立专门的银行来促进工业发展。最早的运作范型是一些准公共机构——布鲁塞尔的"兴业联社"以及柏林的"海事商社"。这种新形式随着铁路的兴修而变得相当重要，因为铁路自身以及它所带动的大型工业企业成为空前的资金吞食者。所以，到了19世纪30年代，原先大体上是个商业银行的兴业联社变成了一家开发银行；而且法国也生下了一堆"银号"——股份两合有限公司，旨在向工业提供中长期资金。* 为什么叫"银号"呢？因为法兰西银行反对让这种具有内在风险的冒险事业使用"银行"一词。这也就是为什么佩里埃尔兄弟后来把自己的银行命名为"信贷兴业联社"的原因。如果人们不能把银行叫做银行，就必须想出别的同样是有滋有味的字眼来加以称呼。

有人曾经认为，这种新的金融机构之所以诞生是由于克服了较老的私人银行的反对，因为私人银行有其自己的工业利益。事实上，私人银行是积极地促进了信贷社，自有其最好的缘由。长期投资使它们承受巨大风险，在1837—1839年和1848年商业危机中所遭受的亏空和破产使得它们相信小心即大勇。所以，才把风险转嫁给不同商号的股票持有人，而且如果可能就争取获准以有限责任制组成公司。

在1848—1849年的大恐慌之后，艾米尔·佩里埃尔和伊萨克·佩里埃尔兄弟的"信贷社"似乎成了一个新的起点，很快就遇到了一批效仿者。⑤它被当局认可，标志着对工业发展的公开鼓励；同时也是鼓励新人的到来。路易·拿破仑总统是伟大的拿破仑的侄子，不久就成为拿破仑三世，别名"小拿破仑"。他想使自己名垂青史，又想对原有的社会最上层私人银行网络形成一种抗衡，因为那些私人银行当时称作"大银行"，曾经与前奥尔良王朝当局关系亲密。本着同样的精神，拿破仑三世的政权放松了原先那些有利于旧银行的限制。1867年，在对英国1856年普遍推行股份有限公司的迟到的回应中，法国人也允许那些由公众持有股份的公司作常规注册了。⑥

法国的投资者之所以能够开设开发银行并为其提供资金，是因为该国已经拥有雄厚的私人资本。就此而言，事实上——即同历史神话相反——"信贷社"及其效仿者并不是十分需要的。最好的铁道线路早已经交给了早先的大财团；"信贷社"只得到一些残羹剩饭。法国的工业公司也没有求助于这种新的投资银行，因为它们更喜欢旧式商家的谨慎从事。依靠长期银行融资的公司，会受到其随之

---

* 法国公司法作如下区分：（1）普通合伙公司，即所有合伙人都对公司的债务承担无限的个人责任；（2）有限合伙公司（两合公司），即无限责任合伙人承担无限的责任，而有限责任合伙人的责任仅限于自己的资本中的股份额范围之内；（3）股份有限合伙公司，即有限责任合伙人拥有可转让的股份；（4）正式股份有限公司，即每个人均享有有限责任而且各个所有制部分均采取可转让股份的形式。在1867年采用普遍有限责任制以前，所有这些公司均需从立法机构获得特许。这种要求使得公司的组成花费大而且困难大（政治关系可以有帮助），但当时人们普遍认为有限责任制违背商业道德和惯常做法（债权人被认为应享有较好的保护），只有在特殊情况下才可以授予。

而来的监督和干涉，很可能陷入深深的麻烦之中。* 所有这一切都不利于这种新式的机构。1867年，巨大的"信贷社"破产了。

在德意志及其以东，开发银行盛行起来，它们创立并且资助工业，监督执行，促进革新。这些新的机构把投资、商业金融和储蓄业务结合在一起（因此被称作"万能银行"）。其中的佼佼者还收集技术情报并且充当咨询机构。这样一种功能混合就像违背圣经的行为似的，令英国的银行家震惊。人们怎么能够把短期的、甚至是即期的债务同长期的资金固定化二者安全地合并在一起呢？这准会带来灾难。

答案首先在于德意志经济自19世纪30年代往后的快速成长——这种事情使每个人看起来都不错；其次在于这些银行更喜欢"腰板硬的"客户。（金融业务成功的两项要领是：第一、收别人的钱；第二、向富人贷款。）⑦这些万能银行寻求有钱客户和抵消风险的能力变得神乎其神。最优秀的、最大的就是那几家著名的"D—银行"（如此称呼是因为这几家银行的名称都是以字母"D"开头）：达姆施塔特银行、贴现公司、德意志银行、德累斯顿银行。其中有两家银行（达姆施塔特银行和德累斯顿银行）开始时设立在地区中心，后又迁往柏林；人们在英国和法国可以发现类似的迁址。这种迁移标志着地方企业和资金的实力。在从1870年到1913年期间，这些混合银行资产的账面价值从大约6亿马克上升为175亿多马克——占工业资本股份总额的百分比从6％上升到20％强。⑧大多数股票都在重工业领域。较小的企业可以从别的地方寻求帮助；大银行的业务对象就是大企业。

但是，如果国家太穷，无法资助用来向工业提供资金的银行，那该怎么办呢？哦，那好，政府可以介入，或者是促进金融中介机构的建立，或是直接投资和参与。在这方面，欧洲那个由西向东的斜坡表现为政府干预逐渐加大。在一头，即在英国，企业从政府得不到任何资助；就连运河和铁路也是由私人投资兴建。在海峡对岸的法国，制造业企业在1830年以后不再得到政府任何直接的援助；至于铁路，一个厉行节俭的资产阶级政权——其象征是一位肥胖的路易·菲力普**和他那把寒酸的黑雨伞——拒绝回应创办人和银行发出的资助要求。政府

---

* 然而，即使到现在，不少文献依然回应着几乎是一个世纪以前的主题，继续强调"信贷社"的重大贡献。它确实曾经是典型，但那不是在法国，因为在法国不妨说它是一个失败的典型。

** 路易·菲力普，法国"七月王朝"（1830—1848）国王。——译注

指导和资助的时代已经成为过去。法国政府寻求私人创业修建铁路,并且拒绝购买股票。然而另一方面,它又同意支付土地和路基(包括隧道和桥梁)所需款项。这是巨大资助——约占1848年初总开支的18%——政府认为这笔开支合理的依据是:反正在特许期结束之后,这些铁路终归要回到政府手里。满打满算并且包括几项政府贷款,法国政府截止到1848年总共支付了各铁路线费用的25%稍强。

在德意志各邦,政治上的分崩离析形成了政策上的多种多样。有些政权继续对工业实行补贴,部分原因是出自工业在技术或战略方面的利益,部分原因是出自社会秩序的考虑;与此同时,铁路筹资则差异很大,从纯私人投资到政府购买股票,到公众建造、拥有和使用,应有尽有。在美国也是一样,地方治理意味着政策在州与州之间各不相同。只要个别的州想要鼓励公共事业,补贴就成为制度,往往是采取按照铁路通行权而拨付土地的形式。在俄罗斯,国家辅助金融业和工业,铁路均为国建、国有、国营。商业考虑和地形测量都见鬼去吧。具有象征意义的典型是第一条重要铁路的兴建,从莫斯科到圣彼得堡。大家请沙皇选择路线。他拿起一把尺子,在两个城市之间划了一道直线。可是一个指头尖顶了一下,结果笔直的铁路线建成后就有一道小弯弯。

直接的补贴和援助只是事情的一部分。政府还把手伸到了别的地方,甚至是并非直接看得见的地方。即使是在英国,政府也支持并且保护海外贸易:国家作为一个整体为远洋的私人冒险事业和历险行为支付相关的保障费用。这种非直接补贴容易为人忽略,却是至关重要的。

依然是在英国,如同在别的地方一样,对工业的扶助也采取抵御外来竞争的形式。英国承诺自由贸易以后的记录(从19世纪中叶前后直到1930年)往往抹杀早先的和时间长得多的经济民族主义行为,不管是用保护关税的方法还是用歧视性海运规定(航海法)的方法。经济理论家们热烈地、甚至是激昂地争论说,对市场的这种干预伤害了每一个人。事实依然是:历史上的最坚强的自由贸易主张者——维多利亚时代的英国、第二次世界大战以后的美国——在它们自己的成长阶段都曾是强有力的保护主义者。它们叫别人不要做我过去做的事情,而要做我现在能做得起的事情。这样的劝告并不总是有用的。

在法国,旧君主政体帮助新的工业和技术——用补贴和俸给,用财政豁免和特权,或者用保持不还的所谓贷款。因为有了这些帮助,雄心勃勃的商人就有理由去巴结有势力的人,而王室,就像熟过了头的奶酪,招来了腐败。唯一真正的约束就是法国国库的日趋空虚;到18世纪80年代的时候,钱都花光了。与此同时,正如在英国那样,企业从关税保护中找到一个无言的同盟者,来抵御外部世界和王国以内的其他地区。(商业壁垒反映出法国零碎疆土合生的历史。)这种长期政策到1786年为止一直未遭侵犯,而在那一年,一项官僚的条约做了一笔交易:法国的葡萄酒和丝绸可以比较容易地销往英国,条件是接受英国的棉织品、毛织品和铁进入法国。* 这样一种开放,对于尚未准备好接受新的机器工艺的法国工业来说,本会产生巨大的后果。但是,1789年的革命和1792年同英国的战争终止了这一实验。

法国革命加强了国家的作用。权威性更强、更加独断;控制则更加集中。战争的需要使生产变成迫切的头等大事。然而,政府当局却缺乏资金(战争吞食金钱),而且军事定货单只是僵化了旧工艺。对工业的支援主要是财富的转让——例如,教会财产被好战的反宗教政权没收,然后转让给或以优惠的条件出售给工业企业。

大革命之后(1789年以后),波拿巴主义的(后来是拿破仑一世的)政权采取了有节制的经济发展方针。财富(包括美术品)再一次转手,既在被征服的领地之内,也从被征服的国家转给法国。然而,对工业最大的贡献,不管是好是坏,就是采用一种帝国市场的伪装形式,对英国的进口品实行封闭。接下来,在1815年以后短暂的时期内,战败的法国转而采取了放任主义和自由贸易政策。不过,那仅仅是向战胜国英国的让步并且是对帝国独裁主义的反动。保护主义的壁垒坍塌了。但是,外国制造品(特别是纺织品)的一阵冷雨非常迅速地使那种民族本能复苏了。法国制造商们大呼灾难临头,下院立即表决通过了一个比一个高的关税率。对关键商品,诸如棉纱和棉布,干脆一律禁止进口。这种壁垒对法国工业是否有益,迄今仍是一个有争论的问题。对法国的消费者来说,它抬高了价格,减少了需求并且保护了陈旧的技术。但它却为那些在这种价格外壳以内繁

---

* 欧洲的关税历史表明了一段大众性的、几乎是本能性的保护行径的史实,其间穿插了一些行政性的、杰出人物的朝着自由贸易方向的活动片段。所以才有了1786年的伊登条约、1860年的科布登-薛瓦利埃英法条约、第二次世界大战后的共同市场以及关税及贸易总协定。这种比赛在两方之间进行:一方为低品位的既得利益,另一方为高品位的经济论证。

荣起来的效益较好的商行增加了利润率。* 养肥企业的不止是一条路。

与此同时，法国的经济学家受到他们英国同行的鼓励，为自由化的优点而辩护。随着1848年的革命，政治的钟摆又荡了回去，脱离了高保护及其奥尔良王朝的受益人。路易·拿破仑一上台，结束禁令和减轻关税的压力马上就增加了。经济学家们起码是不再害怕英国这个"大坏蛋"了。面对为自己的雇员哭眼抹泪的制造商的奋力反抗，新的皇家政权大幅度地降低了关税壁垒，其手段先是颁布机会主义的政令，继则签订一项英法商业协议（即1860年的科布登—薛瓦利埃条约）。这个协议只是在签订之后才交付公众讨论。（当然，那是最佳时机。）证人的证词用大型四开本分七卷印行，为人们提供了一个非同一般的机会来了解法国分崩离析的"权势集团"的真相。由此终于结束了对主要工业产品（棉纺织品、船只）实行禁令的体制。此外，如果说法国经得起英国竞争，那么，它无疑也就能同比较不发达的国家竞争了。在随后的几年里，这种新的低关税制也根据最惠国原则扩展到其他国家（因此才有了1865年的德意志关税同盟）。⑨

俄罗斯，可怜的俄罗斯，是国家驱动发展的集大成者。从16世纪开始，这种推动的目标就是采取西方的方法来赶上西方。这种推动是间歇性的，部分原因是它是由上层发动的，并非每一位沙皇都有这种爱好，部分原因是每一次努力都使人精疲力竭。谁来支付账单呢？是农奴——还能是另外的人吗？由上层发动的现代化是以强迫劳动为立足点的。但是，从长远看，账单是由整个国家来支付的。农奴制在上层培育了愚蠢的狂妄；在下层培育了贪婪和嫉妒、愤懑和恼怒。即使在解放农奴之后，这些品质依旧对俄国的发展构成了最重大的障碍。

正如德国的大银行更喜欢把自己的钱投入重工业的资本密集型部门一样，俄罗斯的政府也同样把自己的支持首先提供给采矿和冶金业，鼓励组成大型企业，即对巨大畸形的妄自尊大的追求。据我们所知，俄罗斯的高炉比德国的高炉大

---

* 从理论上讲，国内市场上的竞争，即使存在着关税壁垒，本应会使价格（以及利润）下跌。但是，效率较高的生产厂家只会高兴（躲在暗处）让自己落后的竞争者来确定价格，并且享受垄断性的收益。请参看 Guy Thuillier, *Aspects* 一书第225页："那些（小型的、旧式的、烧木炭的）铁厂继续存在、经济环境的惯性以及对于既得利益的保护，保证了这些新锻炉的更大的经济收益；不仅是关税保护它们免受外国铁制品的竞争，而且由于小型的、老式的锻炉继续存在，把价格抬得非常高，新锻炉的技术收益更使关税保护收益翻了一番。"另见第249—250页，关于轧制而成的（以别于锤击形成的）枪管被迟延的优势：轧制枪管制造成本低得多，但制造商却要同其他枪管同样的价钱。其目标不是市场份额，而是利润率。但是，既然买方是国家，何乐而不为呢？

（德国的一些高炉也不小），证明了对某些人来说是一条落后的定律：时间越晚，规模则越大、速度则越快。（今天的经济学家们谈到"蛙跳"——每一代人都有自己的关键用词和专门术语。）而且，一旦政府发动的工业化取得足够的进展，积累起来的资金就用来资助在功能和策略方面可以同它们的德国先行者相比的投资银行。

效果是可观的，却又是脆弱的。从1885年到1900年期间，俄国的工业产值年增长率是5%到6%，在1909年到1912年期间，又取得了同样的增长。在1890年到1904年期间，铁路通车里程翻了一番；在1880年到1900年期间，铁和钢的产量增加了10倍。在1860年到1914年期间，俄国在世界工业大国中从第七位升到第五位。这是不小的成就，却长期被人遗忘，因为后来，在1917年的革命之后，共产党的代言人以及他们的外国谄媚者一方面沿着记忆的洞穴投下心爱的证词，一方面为了给沙皇政权抹黑，而改写了历史。

他们本来不需要如此卖力地进行中伤。沙皇俄国缺点本来就有许许多多。这个国家反差明显，矛盾重重，像是患了精神分裂症：人口受教育程度差，大部分是文盲，只有零星的才智和科学异彩的亮点；一个享有特权的、自我陶醉的贵族阶级轻蔑地反抗着现代化；一个狂怒激进的革命运动——貂皮大衣和褴褛的衣衫，佳酿白兰地和廉价的伏特加，军官食堂里破碎的水晶餐具和贫民窟里的破烂陶器，两相对照。推动经济发展的努力唤醒了一个沉睡着的巨人，使它同更先进的国家有了接触，引进了奇异的、令人不安的技术，使它受到异国理想的感染。

这种理想比技术流行得更快，并且使这个国家步调紊乱。三次战争暴露出东西方的差距：一个落后，一个先进；一个虚幻，一个实在，结果毁了俄国政权。第一次战争是克里米亚战争（1854—1856），它说明了公民军队和农奴军队之间的差异；其后不久就发生了农奴的解放。第二次战争是俄国蒙受羞辱的日俄战争（1904—1905），它使俄罗斯在它"向东方进军"中第一次领略了挫折。紧跟着就设立了国会（杜马）和民众选举制——在原则上不失为一个好主意，但对专制政体来说却很糟糕。第三次战争是第一次世界大战，当时有数以百万计的农民奉命投身于枪林弹雨之中。就这样，一个无能的政府和军事机构理所当然地失去了合法性，结果这个政权被推翻了。整个的过程就其方式而言重复了西班牙长期衰落的历史：一个工业化方面落后的大国对付不了装备较好的国家的要求和图谋。而且和西班牙一样，俄罗斯也知道正在发生的事情，但做出的反应却太少，太晚了。

我们所说的资金的四个来源中最后的一个是国际资本流动。在这方面，我们又一次看到那个东西向的斜坡在起作用。英格兰向法国的铁路投资；法国和比利时向普鲁士的铁厂和奥地利的银行投资；德国向意大利的银行和巴尔干的铁路投资；大伙儿都向俄罗斯的矿业和工业投资。总的说来，多多的钱跟着多多的机会跑，不会缺乏鼓吹人和穿杂色衣服的吹喇叭的人。

有些研究经济发展的学者、研究第三世界落后的现象的专家，试图以富国不愿意向穷国投资为由来解释发展迟缓的原因。这种指控在历史上或逻辑上都不能成立。商人们总是"为钱而来"，哪里能赚到钱就到哪里去。不错，他们是有自己的偏爱。他们向来都是最大限度地趋利避祸，也总是喜欢友善的氛围而不喜欢不友善的氛围，喜欢临近的地方而不喜欢遥远的地方，喜欢熟悉的文化而不喜欢陌生的文化。

他们有时候也犯大的错误。虽有最大的谨慎和远谋，也不是每一项投资都有收益。但这不能阻止商人和投资者再次进行尝试。拖住发展的并不是缺钱。最大的障碍是社会的、文化的和技术的不成熟状态——缺乏知识和技术。换言之，就是缺乏使用钱财的能力。

* * *

勒克勒佐：商业历史能够讲述的故事

在1815年和平之后的几十年里，法国的冶铁工业进入了现代技术的领域。有三个因素具有决定意义：（1）已有一批技艺有待于学习，尤其是焦炭熔化和以煤为燃料的搅炼滚轧工艺，在这方面法国落后了半个世纪；（2）运输方面的改善，使得把煤炭运至铁矿或把铁矿石运至煤矿成为有利可图；（3）铁路建设对熟铁提出了巨大需求。

这些条件改变了勒克勒佐的机会，主要由于幸运的自然优势（煤炭和铁矿石可就地取材）以及皇家的支持，那里的企业在18世纪80年代开始在法国首先应用焦炭熔化。但是，勒克勒佐也遇到了种种障碍，其中最严重的就是它不易接近用铁的制造商。* 这些障碍，加上管理不善以及革命和战争带来的动乱，把它拖了下来。1835年，它停工破产，大部分设备闲置生锈。

就在这个节骨眼儿上，一伙有经验的技术人员和商人合伙，应用知识、金钱和关系，买下了以前各家的废墟并且重新办起了企业。这伙人的组成在很大程度上说明了当时商业的需要以及法国资产阶级的品格。

这项冒险事业中的关键人物是阿道夫·施奈德和欧仁·施奈德兄弟，他们身兼商人、银行家、技术人员和锻造工匠几种身份。他们的父亲安东尼·施奈德是一位公证人（同英国的律师差不多），是洛林的知名人士。他们的一个外甥是工科大学的早期毕业生并且在军队提升成为将军，曾经短期出任过陆军部长——这种经历很有利于表亲们从事冶炼和销售钢铁的行业。

在这两兄弟中，阿道夫娶了路易·布瓦格的继女瓦莱丽·艾尼昂为妻，而布瓦格是巴黎专门做冶金产品生意的富商——这又是一个极有用的工业关系。布瓦格早已向一些铸件厂和锻造厂投了资，最著名的是向位于富香博的一家大型工厂投资，该工厂是19世纪20年代法国最先重新采用焦炭高炉冶炼法的厂家之一。** 布瓦格家族显然是加泰罗尼亚人的后裔，17世纪时定居于法国中部，在土地占有和策略联合中打下了牢固的根基。他们的子女都同有钱的贵族联姻——这种贵族虽属新贵却因此而更有势力——他们都拥有男爵和伯爵的头衔或者至少在自己的姓氏的前面也冠以说明身份的词缀"*de*"。例如，路易·布瓦格的妹妹玛丽嫁给了伊波利特·若贝尔伯爵，而后者则是法兰西银行董事、有钱有势的弗朗索瓦·若贝尔伯爵的外甥、养子和继承人。

这家富香博铁工厂本身就是布瓦格的金钱和商业关系（路易·布瓦格不是个被动投资者）同"旧政体"时期一位铁器制造商的儿子乔治·迪福的技术知识二者联姻的产物。迪福是工科大学第一批毕业生之一，是新的以用煤为主的冶铁工艺的先驱。他经历过破产的烈火而重操旧业——这种本事在法国可不是儿戏，因为在法国破产几乎一律是一辈子的污点。他经营着一家拥有数百万法郎资本的企业。他在这项任务中的成功（更不用说他的个人关系）常常为他招来许多邀请，请他出任高级职务并且接管其他的商业企业，但所有这种邀请都被他拒绝了。他的感情和理智都交给了尼维尔内的那些锻造厂、铸造厂和机器工场了。

---

* 勒克勒佐镇坐落在名叫尼维尔内的地区，在巴黎正南偏东方向370公里。
** 这家工厂就坐落在讷韦尔以北的卢瓦尔河畔，位于巴黎以南约230公里处。

他的儿子阿希尔在他身后接管了这些企业，而他的女儿们则广结良缘：第一个女儿嫁给了乔治·克劳谢——他是英国最古老、最重要的铁器制造商世家的一位传人；第二个女儿嫁给了埃米尔·马丁——他是当之无愧的冶炼企业家，后来由于他为西门子—马丁平炉炼钢法做出的贡献而名垂青史。所有这一切在可贵的知识和技术交流中都获益匪浅。当 1826 年乔治·迪福赴英国做他的一次考察旅行时（从富香博到伦敦他花了将近两个礼拜的时间，但他可能曾在沿途巴黎等地做了逗留），他利用这个机会为马丁订购了一台蒸汽机和几只动力风箱；又为马丁录用了一位第一流的英国工程师，并且参观了英国许多厂和公共工程（可以想像，克劳谢的介绍提供了帮助），结果把英国人（不同于法国人）正在用金属制造的各种各样的产品的样品带回到法国。迪福采购得如此卖力，以致不得不雇用一艘船来把他的战利品搬运到海峡的对岸。[⑩]

让我们再回头看勒克勒佐。1821 年，阿道夫·施奈德年仅 19 岁，就进了塞埃银行。塞埃家族当初是羊毛织品的商人兼制造商，但同一些这样的生产者一样，他们还涉猎于有关的商业交易。他们由此进入了金融业，从他们祖居的洛林迁居到了巴黎。[⑪]在法国，同瑞士信奉新教者具有过硬关系的一些新教派商号控制着金融领域，而塞埃家族却是这个领域中为数极少的几个首要天主教家族之一。他们专门投资的行业中包括了铁器制造和冶金业。他们是自己的洛林同乡伊尼亚斯—弗朗索瓦·德·温德尔的坚强支持者。温德尔原是炮兵军官，但秉承温德尔家族传统，转业为铁器制造商，可能是"旧政体"时期法国采用以煤炼铁技术的最富创业精神和影响力的开拓者。在温德尔家族由于大革命的结果失去了他们的哈扬日锻工和铸造厂以后，弗洛朗坦·塞埃在 1804 年帮助他们买回了这座工厂，然后又于 1811 年帮助他们买回了穆瓦约夫勒附近的锻工厂。[⑫]

1830 年，塞埃银行赢得合同，向法国派往阿尔及尔的远征部队（即法国在北非实行帝国主义的开端）供应装备。阿道夫·施奈德奉派充当其现场代理人并且接受了从商品总值中提取 2％的有利的佣金。他大发其财，接着就在巴黎独自以棉布商人的身份开业。据我们所知，他正是以这种身份同当时勒克勒佐的业主们（两位业主都是移居国外的英国人）建立起业务关系并且成为他们的债权人。这使得他在其后不久这家企业倒闭时进行的投标中处于有利地位。

与此同时，弟弟欧仁也忙于自己的发迹。他起初在当时的羊毛织造中心兰斯当店员，从那里加入了他哥哥所在的塞埃银行。但是在 1827 年，此时他已经 22 岁，色当的古老新教羊毛世家即普帕尔家族的一位传人纽夫利兹男爵聘请他为他们经营一座锻造厂。(大家会感到当时各种各样的人,尤其是年轻人,都投身于制铁业。)

欧仁经营这座锻造厂几乎长达 10 年。此时,阿道夫正在处理勒克勒佐方面破产工厂的事务。1835 年,这家工厂以 185 万法郎拍卖,卖给了索恩河畔沙隆的一个姓科斯特的铁制品商人。但是,阿道夫决心拥有它,结果利用他的关系(路易·布瓦格和弗朗索瓦·塞埃),又加上了 100 万法郎,买下了这家公司。对科斯特来说,这很不错。对于阿道夫·施奈德来说,也很不错。

阿道夫把弟弟招进来帮助自己:他自己处理贸易和财务;欧仁指导开发和生产。其后不久,欧仁就同出身马雷斯家族的康斯坦丝·勒穆瓦纳结婚,她是纽夫利兹男爵的孙女,财政税务官的女儿。(这些税吏在他们不得不把款项上缴国库之前,有相当长的时间把款项掌握在自己手里并且利用它进行投资。这使这种人事实上成为重要的私人银行家。)为了提高自己的技术知识,欧仁在巴黎的工艺学院进修了几门课程,而且秉承古老的法国传统访问了英国,借以弄清他的竞争对手们正在忙活些什么。这样,天主教的企业和金钱同新教的企业和金钱联姻,再依靠他们同政治权力的联系,使勒克勒佐成了铁轨和锻件的主要供应地,成了蒸汽机、机车、汽船、锅炉、压床的建造地,最终成为法国最大的兵工厂。

真个是行善不图回报。1848 年是吞食一切的危机的一年,富香博陷入重重的财政麻烦。温德尔家族(哈扬日)和施奈德家族(勒克勒佐)联合签订了一大笔银行贷款,从而拯救了它:我们铁器制造商必须抱成一团。一个世纪之后,莫里斯·德·温德尔有四个女儿要出嫁(他没有儿子),其中一个就嫁给了塞埃家族的人。

这一切绝非偶然,甚至也不是浪漫故事。

* * *

把滞后造就成美德

在将近半个世纪之前,也就是在 1951 年,亚历山大·格申克龙撰写出他《以历史的眼光来看经济落后》的开拓性文章。其中,他提出这样一个问题,即对于一个后进国家来说,从事工业化并且仿效其先行者需要些什么?或者换句话说,后来跟上会有什么不同吗?

需要些什么呢？格申克龙借助比喻回答说：需要的是跳越分开落后国家和先进国家的知识和实践的鸿沟。格申克龙没有试图发问为什么一个国家就应该想要跳越这道鸿沟。其优点是很明显的。更确切地说，他把这种鸿沟本身视为一种刺激，一种对努力的吸引——就像一种具有潜势的火花隙，当它足够大的时候，电就以火花的形式跨越过去（这是我的比喻，但它并非没有道理。格申克龙明确地谈及"潜势"同实势之间的"张力"）。

所以，在格申克龙的模式中，滞后是合算的。不是在跳越之前，而是在跳越之后（他没花力气来估算工业化之前相对贫困的代价，但他不必这么做。代价是高昂的）。鸿沟越宽，对于那些跨越它的国家来说收益就越大。为什么呢？因为有多得多的东西供学习——包括应避免的错误。结果，后进的国家比它们的先行者成长得更迅速。它们的成长都具有格申克龙所谓"迸发"的特征，即一个时期（或多个时期）的超常增长率。

格申克龙说，滞后的成长还趋向于以"最现代、最高效的技术为基础"，因为这种技术效益最高，而且只有掌握了它才能同更先进的国家竞争。这种技术均为典型的资本密集型，似乎对具有丰富廉价劳动力的国家来说并不合乎情理。*格申克龙承认这一点自相矛盾，但他对这个问题用劳动大军的素质加以解释。那很好，他说，训练有素的劳动力事实上很稀罕，比起更富有、更先进的国家尤为稀罕。所以，用资金代替劳力就合算了。

对于格申克龙来说，这只是全部事情的一半。事情的另一半则关系到"怎么样"：落后的国家缺乏资金和优秀的劳力，怎样成功地创建现代的、资本密集型的工业呢？而且（虽然格申克龙很少涉及事情的这一方面），它们怎样才能获得知识和技术？最后，它怎样才能克服工业企业所遇到的社会性、文化性和体制性的障碍呢？它们怎样创设合适的安排和机制呢？它们怎样应变呢？

在他探索落后的条件和约束时，格申克龙特别强调了资金的筹集。他区分为三等：(1) 一个国家具有大量的私人财富以及资金雄厚的商业银行，能够用家庭资金、小额贷款以及利润再投资等形式为企业提供资金；(2) 一个较为贫困的国家，具有数量较少、规模较小的私人财富，但如果能够开办（投资）银行来筹集

---

* 这部分地是因为技术发展的方向——资本替代劳动；但也是因为格申克龙认为通往快速增长和迎头赶上的道路是经过重工业。

这是他在德国和俄国所看到的情况，于是就把它归结成一种范型。具有讽刺意味的是（因为格申克龙根本不是个马克思主义者），马克思主义的经济思维遵从的是类似的方针。

这些分散的资金，则足以为工业融资；（3）一个更为贫困的国家，其私人财富不足，而只有国家靠资助投资银行或者靠直接补贴才能完成这项任务。英国显然属于第一类。德国、奥地利和意大利属于第二类。美国、比利时、瑞士和法国则介乎两者之间。俄罗斯属于第三等。

格申克龙在这方面的工作受到了批评，因为他严重地依赖于先前一代人的学术成就并且拒绝应用复杂的历史安排来适应规整的先验模式。所有新的系列的数字估算都要求在展望中加以调整。即使如此，格申克龙却一直继续影响着发展问题的研究工作者，很大程度上是因为他的中心论点：后来者需要做出特殊的安排来补偿自己的落后以及其他方面的变革，而且只要有才智和意志，它们能够找到这样做的办法。⑬

注释

1. 见 Freudenberger，"The Schwarzenberg Bank" 一文第 51 页及其他多处。

2. 关于这个金融社会，请见 Landes，"Vieille banque et banque nouvelle" 一文及其所著 *Bankers and Pashas* 一书。

3. 关于罗思柴尔德银行在工业和运输业中的股权，请参考行将出版的尼尔·弗格森所写的关于该银行和家族的历史。

4. 请参看 Barbier，*Finance et politique* 一书第 14 章 "福尔德背后的福尔德"，探讨福尔德金融家族同德国的海因银行及其他银行、同圣彼得堡的京兹堡家族（斯蒂格利茨的商业继承人；现同布隆夫曼家族有姻亲关系）、同法国的拉扎德家族和富塔杜家族的关系，外加同拥有葡萄园、马匹和控制议员选区的（封建的以及拿破仑王朝的）贵族世家的关系。

5. 除了布鲁塞尔的兴业联社之外，还有科隆的 A. 沙夫豪森银号。它是一家私人银行，在 1848 年的危机中遭受失败，接着转而采取这种公司形式。一般人关于佩里埃尔兄弟创立新形式的印象来自格申克龙在他《从历史观点看经济落后》一书中反复提到的由普伦治写的 "信贷社的初创和历史" 一文。（该文的扉页标题系 1951 年所定。）

6. 德国人根据 1870 年 6 月 11 日的法令，也这么做了。焦点在于商人们能否事先不经政府许可即建立合股责任有限公司，能否根据王室特许或立法机构的法案即可建立这种公司。沙俄从来就没有试图制定这种常规注册的办法；根据 1836 年的一项法令，实际上直到 1917 年的革命（革命以后则根本谈不上了），任何这样的公司都必须经法律授权——见 F. 克劳塞在 Moss and Jobert, eds., *Naissance et mort* 一书第 201 页中所说。在美国，州同州之间规则各异，虽然在内战之前有些州就早有股份有限公司常规注册法，但在 19 世纪 70 年代之前一直占主导地位的仍然是合股公司。其中一个原因是，各银行更倾向于按无限责任发放安全性贷款。

7. 关于"向强者提供援助",请参看 R. Tilly,"German Banking,1850—1914"一文。

8. 同上文第113页。是全部的工业资本呢？抑或是公共合股公司所拥有的资金呢？尚不清楚。

9. 关于贸易自由化的胜利,请参看 Levasseur,*Histoire des classes ouvrières…de* 1789 à 1870 一书第Ⅱ卷第Ⅵ册第5章。应当说明的是,这种朝向更自由的贸易的动向是短暂的。在紧接着一场严重的金融和商业危机之后,各主要工业国家倒退回到了保护主义(德国、奥地利、意大利在1878—1879年；法国1892年颁布梅林关税法)。同时,美国正在实行比欧洲(不含俄罗斯)盛行的等级高得多的保护。只有英国对自由贸易保持忠贞不渝,虽然英国国内对保护的鼓噪也日趋增高。关于这一切,请参阅 Bairoch,*Economics and World History* 一书第16—55页。他和主流派经济学家不同,认为保护有其自身的回报。

10. 关于这一切,请参阅 André Thuillier,*Economie et Société nivernaises* 一书第9和第10章。

11. 这种从贸易转到金融的现象所在多有,一般是通过商业证券的交易的积累。关于这种情况,请参阅 Landes,*Bankers and Pashas*,第1章。

12. 关于塞埃家族的情况以及洛林商人在大革命期间和在帝国统治下"高升"至巴黎等情形,请参阅 Bergeron,*Banquiers* 一书第54—55页。关于塞埃在伊尼亚斯·温德尔企业中所起的作用以及后来帮忙买回该家族铁工厂一事,外加后来购买穆瓦约夫勒的锻造厂等情况,均请参阅 Woronoff,*L'industrie Sidérurgique* 一书第485页。

13. 有关这种论点的进一步的、有时不是一致的见解,请参阅 Sylla and Toniolo, eds., *Patterns of European Industrialization* 一书。

国 富 国 穷

第18章

THE WEALTH AND POVERTY OF NATIONS

知识的财富

国家的进步和财富的增长，首先是体制和文化；其次是钱；但从头看起而且越看越明显的是，决定性因素是知识。

Why Some Are So Rich and Some So Poor

David S. Landes

首先是体制和文化；其次是钱；但从头看起而且越看越明显的是，决定性因素是知识。

为获取英国最新技术的"秘密"所采取的第一个步骤，就是派出考察者——训练有素的代理人——去观察、报告并且雇走技术熟练的工匠。因此，1718年到1720年期间，在移居国外的苏格兰人约翰·劳的怂恿下，法国发起了一场寻求英国技术人员的有系统的活动，包括寻求钟表制造者、毛纺工人、冶金工作者、玻璃制造者、造船工人，约有二三百人之多。这个运动使英国人感到十分不安，以致他们通过了一项法律，禁止某些技术熟练的工匠移居国外。这是涵盖一个多世纪的一系列这种措施中的第一个，它涉及的行业也不断增多。①

但是，这种法规并没有构成一道封闭性的障碍。在一个实行高度保护主义的社会里，并非每一个人都已经对潜在的国际竞争抱有警惕。试以金属制造技术为例——因为这种技术同军备和机械有关而成了特殊的宠物。（人们为了能更好地屠杀所以就进行屠杀。）在1764年到1765年期间，法国君主政权派遣加布里埃尔－让·雅尔参观了英格兰的采矿和冶金设施。英国人对这种情报的价值十分麻木，所以雅尔在设菲尔德和英格兰东北部的铸造厂和锻造厂受到了良好接待。后来发表了的雅尔备忘录迄今依然是关于他那个时代技艺的宝贵情报资料。* 英国在计时技术方面取得的进步也是一样：计时是航海优势的关键；1769 年，航海部允许法国来访者打开并且察看约翰·哈里森的革命性船用时钟，其理由是这种时钟应该为全人类作出贡献。（当哈里森晓得这件事以后，他大发脾气。）②

有些地方和行业对来客并不欢迎。在五金行业中心的伯明翰，每一个制造商都有自己的窍门和把戏。那里的工匠把每一个陌生人都当做敌人，到了偏执狂的地步。他们不仅对外国人如此，对英国同胞也一样。亚瑟·扬是一位不寻常的旅行家兼观察家，曾经写到过他在这个繁忙城市所受的敌对性的接待。他说：

> 我在任何别的什么地方也没有比在伯明翰更加感到失望。在那里，由于制造商们过分小心，我没能获得即使是最普通性质的任何资讯。看起来，法国人带走了他们的几项诀窍，因此对这个城市伤害不小；这使得他们极为小心，什么东西也不让陌生人看到……③

所有这一切并没有阻止伯明翰的制造商们从事自己的间谍活动。英国并不是拥有值得学习或盗窃的技术的唯一国家（虽然截止到当时，英国在这种潜在的窃取对象中占有最大的份额），而且英国的制造商们比起他们在欧洲大陆的对手们来说，同样是无所顾忌。此外，跳探戈需要两个人，而技术熟练的工匠们如同学者和艺术家一样，把整个的欧洲当成自己的家。④ 例如，法国五金工人最宝贵的秘密之一就是通常在黄铜或青铜上面镀金——鲜艳、明亮、一派富丽堂皇，因此十分有利可图。马修·博尔顿因为同詹姆斯·瓦特合伙制造蒸汽机而赢得了声誉，但他最初的起家本领却是制造纽扣、带扣、表链、蜡台以及各种各样的五金制品。博尔顿为了把法国的这种技艺学到手，把钱和人派到四面八方；还勾引法国的工匠和能手，如果可能就连同他们的工具一起收买。最终，他取得了成功，认为自己不仅是聪明的商人，而且是爱国者。⑤ 与此同时，博尔顿自己也是别人

---

* 雅尔还参观过奥地利的施蒂里亚、波希米亚、列日区（现属比利时）和瑞典的冶金设施。虽然他最后一次出访法国东部和中部的铁厂（1768—1769）之后不久就去世，但他还是把自己的发现亲自传达给了一些铁器制造商和技术人员，其中包括伊尼亚斯·德·温德尔。他的一部分报告是由他的一位也叫加布里埃尔的弟弟用《着眼于冶金学的旅行》（1774—1781）一书加以发表的。——均见 Woronoff, *L'industrie Sidérurgique* 一书第 16 页。另见 Harris, *Essays in Industry* 一书第 87 至 88 页。

多次试图勾引的目标。瑞典特别迫切,他甚至本可以从那里求得一笔酬金。⑥

人们不可能总是分清好奇、探索和彻头彻尾的间谍活动之间的界线。关于这个课题的一位著名研究者写道,"许多外国人……搜集有用的情报……从来不秘密地干任何事情。"⑦但他又说明,许多"来访者"本身就是铁器制造商、别的制造商、化学家、工业检查官或者是某种消息灵通的观察者。他们到英格兰来并非为了参观名胜古迹。例如,伊尼亚斯·德·温德尔名义上是炮兵军官,但更贴切地说,他是铁器制造商世家的后裔和法国政府挑选的工具。他以为自己有天赐的鼻子、眼睛、舌头和手腕,并且认为所有这些都是必要的:

> ……我们发现详细查看英国的制造业没有任何困难,人们需要的是熟练掌握它的语言,不表现出任何好奇心,要等到饮了潘趣酒的时刻,才告诉自己可以博取制造商们和他们的工头的信任,人们必须避免由大臣们或勋爵们作推荐,因为那没有什么用处……完成这样一种使命,年轻人很不合适……为了有益地仔细观察事物,应该对机器起码具有某种见解,因为人们总是看着机器采取每一个步骤,其中往往会浓缩着制造的工序。⑧

更为重要的是技术人才从英国流向大陆:如果能聘用到具有多年第一手经验的人,又何必硬要去浏览一番呢?只要是有现成知识的人,就能把它传过来。即使在后来科学传播和透明的时代,即使有样品和设备,即使有蓝图和明确的说明书,某些技术仍然要凭经验才能学到手。*(在1916年,第一次世界大战正打得火热,法国人丢失了自己几个主要的武器制造中心,而又急迫需要他们的75毫米野炮的补充。这是他们的一种关键的火炮,是他们武器的骄傲,其零部件设计如此精巧,以致开炮的时候,一杯放在炮车上的水也不会洒掉。他们违反自己一切的保密规定,把蓝图送到了美国——完全无用。直到一批工人到来向美国人手把手交代了其中的诀窍,他们才得以有了在火力和稳定性方面可媲美的补充火炮。)

---

* 这就是迈克尔·波拉尼所说的缄默知识。肯尼思·阿罗谈及通过实干来学。请参阅 Polanyi, *The Tacit Dimension*; Arrow, "The Economic Implications of Learning by Doing"; J. Howells, "Tacit Knowledge"。

但在这方面，18世纪的招募技术人员的代理人却碰到了英国工业的一个突出的特征：劳动分工。任何一名工人也只是知道一小部分的生产工序。有一位名叫勒图克的法国代理人（在英国化名约翰逊）抱怨说：

> 任何工人都不能向你说明操作的全部环节，因为他长期被固定在只是一个很小的部件上；听他介绍除此以外的任何事情，都会充满谬误。但是，正是这种很少令人了解的分工促成了劳力的价廉、产品的完美以及制造厂商财产的更大的安全。⑨

虽然专业化使得招募任务更加艰巨、成本更高，但是这种做法还是很合算的。这种外来移民中有些人是请来的：外国政府花钱请他们前来，并且帮助他们在企业中立足。但这些外流人员中有些人是出于情感原因而出走的——就像有位名叫约翰·霍尔克的人，他是一个对当局不满的詹姆斯党人，被法国商务局长丹尼尔·特鲁丹招募到了法国，成为毛纺织品和纺织机械的制造商，而且担任了外国制造品检查长。另一些则具有强烈的个人原因，像迈克尔·阿尔科克——他在1755至1756年期间携带情妇外加一点贪污的钱财出走，抛下妻子兼合伙人，让她来面对破产。这位妻子最后又同他团聚，可能她就是原先策划这个骗局的同谋。到后来，阿尔科克和他的两个女人显然设法做到了三人同居，住在卢瓦尔河上游的拉夏里。在那里，阿尔科克制造锻件和五金制品，并且尽力教给法国人一些关于精炼钢的知识。⑩

然而，大多数外流人员并没有迫切的原因定居国外。他们到国外是为了钱。试以科克里尔一家为例。父亲威廉·科克里尔原是一名机械师，在1800年前后被收买来到韦尔维耶（当时属于法国，现属比利时）。韦尔维耶是毛纺织业中心，收买威廉的是企图过渡到工厂工业的一家手工生产者组成的公司。按计划，科克里尔要向他们提供从纤维到纺纱的配套机器组件。（这一工作用机械完成时必须把任务分解成一连串工序。）威廉·科克里尔怀有自己的宏图大志，本来会愉快地供应整个的工业（请不要忘记，我们是在谈论当时的帝制的法国），但是他却受到同新雇主所签合同的约束。毫无关系。他的女婿从事机器制造业，当1807年威廉的合同到期的时候，他在冶金行业的古老中心列日开办了自己的工场。

1813年，威廉·科克里尔把他的企业交给了他最小的儿子约翰，而约翰则转而从事多种经营，生产重工设备：水压机、蒸汽机、水泵等。这时候，比利时已经被并入荷兰，荷兰国王则把科克里尔公司看做是他王冠上的一颗宝石："无所畏惧地把你们宏伟的企业继续办下去吧，请记住荷兰的国王始终有钱来为工业服务。"有了这种和其他的支持，有了更多的物质鼓励，约翰·科克里尔继续扩大了他的事业——冶铁，建造汽艇和机车，在亚琛（在附近的德意志境内）开设锌矿，在普鲁士开设多家毛纺厂，在巴塞罗那开设棉纺厂，在苏里南开设糖加工厂，在法国南部开设多家高炉，在遥远的俄罗斯开设商店、工厂、铁路工程。但是，这位全球企业家——有位法国人把他称为"一位最好被说成是思想博大而无国籍的英裔列日人"——的麻烦在于他太眼高手低了。尽管有雄厚的银行支持，他却在1839—1840年的危机中破产了，不久之后去世。于是，公司改组，成了比青铜和它的创始人的生命更持久的一座纪念碑。⑪

多数英国的外流人员和科克里尔家族一样，但都是不出名的普通人，都是受高薪引诱的工人，其工薪比在国内要高出两倍。（英国的工薪通常可观地高于海峡对岸的工薪，但是这些熟练的工匠和机师在后进国家是稀有的商品。）实际上，他们当中有些人本来是由英国制造厂家和出口商派出执行任务，来护送机器并使其保持运行，后来才发现自己在国外比在国内更受珍重。更多的人则是受到老工友的劝诱，来应招的。

请记住，这种行为大部分是违反英国法律的。为了阻止外国的竞争，英国早已禁止了多数机器的出口（但不禁止蒸汽机出口）以及技术工匠向国外的移民。在这方面，英国是遵循着一条十分古老的传统。例如，在中世纪的意大利，穆拉诺的玻璃工人和威尼斯兵工厂的造船木工只有在遭受死亡的痛苦时才获准移居国外。这种约束延迟了知识的扩散，但在监视手段并不完备的社会里，却无法阻止知识的扩散。英国的情况即是如此：在19世纪最初的几十年里，数以百计、甚至是数以千计的工匠移居国外，其中多数人都是自愿的，少数人是战争中被俘虏的。

英国人员外流并非独此一家。法国人引进了具有冶金技术的德国人；俄人引进了荷兰人、德国人以及瑞典人。法国人抱怨德国人，说他们行为不检点、忘恩负义。（在某种程度上是这样，这些人是那些离家出走、投奔新的工作岗位的人。）在这方面，有位镰刀制造商这样抱怨他的德国人，他说：尽管他们有种种优点，尽管待遇较为优厚，没有他们国内的那种军事纪律，但他们工作起来随心所欲，还得趁高兴劲儿，而且"一心想方设法争取被开除"。并非人人都是这样持否定态度。有一位工程师曾经指出，有外国工人在法国工作这一事实，对法国工匠具有一种有益的影响，完全根除了他们"独立自主的虚假观念。这种观念好长时期以来促使他们把自己当成给他们以生计的那些人的主子"。⑫（这是一个经常讨论的主题。雇主们不喜欢依赖自己的工人，设法用资本替代劳力——因此才有了棉纺业的初始机械化和强迫建立工厂的做法——这往往不仅是受金钱考虑的驱动，而且也是受权力考虑的驱动。）*

但是，金钱也起作用。劳动的分工使移居国外的工人很难泄漏所有的秘密，但是资本的分工却使某些雇主把自己的产品销售到国外并且教会外国人如何使用它。尤其是出现了新的专门机器制造行业，他们尽其所能在一切地方寻找市场。可以理解的是，这些新发明的机器的英国用户喜欢对其保密，因此才有了对机械出口的总体禁令。（但是不包括蒸汽机的出口，因为最初蒸汽机不适用于制造业。而到了18世纪80年代，它们在纺纱厂中找到了用途的时候，已经无法再让博尔顿—瓦特公司接受出口禁令了。）这种机器促销活动在富足的英国当地生产厂家不乐意买而外国对手却乐意买的时候就事关重大了。于是，机器制造厂家就成了隐蔽的"颠覆分子"，促进国外的竞争而在第三市场上暗中损害自己的同胞："（机器用户）在技术上的自力更生伴之以保守秘密，可能是一种无言的自杀默契……"⑬

关于知识扩散，就谈到这里。从长远来看，对于后进国家更为重要的是科学和技术学校。不管把标准定在中等还是高等的水平上，这类学校的目标都是培养更高层次技术人才和管理人才并且为智力自主奠定基础。在这方面，法国人率先在1794年开办了"工科大学"**（原名为"中央土木工程学校"）。其最初设计是一所军事学校，目的是培养工程兵和炮兵军官，因为工程兵和炮兵都是关系到技术知识的兵种。（任何一个勇敢的傻瓜都能挥舞一把骑兵的马刀。）但自从建校开

---

　　* 一个典型的事例是兰开夏一批棉纱商向理查德·罗伯茨提出的要求。罗伯茨是夏普—罗伯茨机器制造公司的合伙人，向他提出的要求是制造一种自动的走锭精纺机，要能把纺锤走车带回来，开始一轮新的伸拉卷绕的循环过程。这个主意的着眼点在于制服那些走锭精纺机的纺纱工，因为他们是这个行业中的劳工贵族——骄慢、动辄发脾气，而且在工资谈判中很难对付。可是后来出现了贸易收缩，再加上这项技术革新的威胁，那些工人变得老实一些了，这时，那批棉纱商终于决定他们不要这种新机器——用工人更便宜。罗伯茨花了10年的时间才从自己的发明中挣到钱。请参阅 MacLeod, "Strategies for Innovation"一文，第291页。

　　** 亦译"综合工科学校"。——译注

始，革命政府就聘请了一批拔尖的科学家和数学家前来任教，而这些人长期下来就使这所学校从军事课程和训练转变到灌输数学、基础科学和技术能力。这所学府的富有竞争性的特色——入学考试、公布名次、部分课业完成的名次、毕业的名次——吸引了法国最优秀、最聪颖的人才；所以，虽然这所学校继续向军队输送军官，但这些人并不是拔尖的学员。那些"X"佼佼者——法国人根据代数未知数符号这么称呼他们——都进入了私营企业和公营企业，并且形成了法国工程学和技术统治的精华。他们领导了法国铁路的建设和管理；学习并且应用了英国最新的冶金技术；指导了国外的公共建筑工程；而且到了20世纪，逐步领导起法国一些最大的高新技术公司。

工科大学的教学不妨说太高深、太理论化了。那些想进而投身工业的毕业生通常还要在矿业学校或是土木工程学校进修研究生课程——这两所学校都建立于"旧政体"统治时期。在那里，他们学的是应用科学和技术并且接受上岗培训。与此同时，法国企业界逐渐感到需要建立另外一所学校，同工科大学一样，但在开设课程方面要更加实用。这就是"中央工艺制造学校"。该校于1829年由私人创建，1856年并入国立学校系统，用作培养工程师和企业经理的基地。中央工艺制造学校的学生不及工科大学的"X"学生威信高，因为该校历史较短，其入学竞争不那样激烈；但是它那较大的开放程度意味着在一些较新的部门中，诸如在汽车业和航空业中，它的毕业生要比"X"学生们干得更好。

除了这两所关键的、综合性的学府之外，各种地方学校纷纷建立：各种工艺职业学校以及往往由雇主创办的各类专业学校，其培训侧重于某些特殊部门：里昂的化学工业、贝桑松的钟表制造业和米卢兹的纺织业。这种培训中，有些目的在于弥补以往的徒工制度消失了的遗憾。最后，一些较古老的技术机构，如工艺学院——它最初是博物馆——也开始授课，往往是针对成年人，这些学员们已经超过正常学龄，但想使自己赶上最新的发展。

法国的这些创举成了更东边一些国家的指示灯。尤其是工科大学在布拉格、维也纳、苏黎世甚至远至莫斯科等地方激起了效仿的热潮。此外，每一个国家都有自己的相关学校的组合。例如，德国人发展了培养中层技术管理人才的行业学校网络；而且建立起越来越多的一批技术高等学校——第一个1825年兴建于卡尔斯鲁厄——它们都按大学水平进行教学，造就了几代的化学家和工程师。最后，德国人在各个综合大学内推进科学教学和研究工作。这是实验和探求的利刃，而且教学实验室的创立（尤斯图斯·李比希于19世纪30年代首创）使教育制度臻于完善。到19世纪末的时候，这种教育制度变成了全世界的钦羡目标和楷模。

依靠正规教育传播技术和科学知识，产生了重大成果。首先，它几乎总是促使以抽象事物和理论为内容的教育转化为各种各样的新老应用方法。我想强调的是新的应用方法。其次是开辟了通向具有巨大经济潜力的新知识门类的道路。

请拿这种教育方式同英国的"通过实干来学习"的教育方针加以比较，因为后者曾经推动过工业革命。只要技术依然是各项改进的积累，只要发明依然是已知的各种技艺的重新组合，那么，这种教育方式就曾经是十分有成效的。（即使如此，人们也不能不对英国人进修的能力感到惊讶：它培育出大量适用的天资和人才，其中不少都是自学成才的。）但是，从18世纪末叶往后，由于技术可能性和探究的疆界外移，探索超越了感觉经验的种种教诲。

新的趋势在两个领域中，即在化学和电力领域中，找到了最大的回报——在这两个领域中，取得成就都是由于科学知识的进步。先前的化学部门依然是一种工业烹调法：混合、加热、搅拌，去其糟粕，留其精华。它们并非停滞不前。随着生产厂家追求规模经济，它们尤其从机械化中受益——采用了更大更快的窑炉、搅拌机、研磨机，等等。另一个进步的来源是废物利用的创新（例如，煤气用于照明），有些时候这样做是为了遵守惩治污染的法规。（利用废物总比受到控告或受到罚款要好。）但是，革命性的进步却发生在有机化学的新领域中，直接派生于关于碳基分子的研究。这些打开了通往多种应用的大门，首先是在染料方面（对纺织业至关重要），然后是在药品和摄影方面，最后在接近19世纪末的时候，是在人造物质方面——即我们泛泛称之为塑料的方面。

电早就为古人知晓，却未被理解，自18世纪以后，好奇的专家们拿它做游戏，几乎就像玩玩具。这种实验本来能够产生实用的结果，因此，本杰明·富兰克林才发明了避雷针。但是，系统地把电力用作一种能源并且应用到工业生产过程中去，还必须等到19世纪，等到伏特、安培、法拉第等人进行研究之后。这些人的名字已成为科学术语，永垂不朽。第一批工业方面的应用虽然给人以深刻的印象，却规模很小：电池（电流的堆积），它可以驱动电报和时钟；电解技术，可以专门用来电镀金属和刃具。这两项应用都是在1850年之前发明的。但是，随着发明发电机来生产大量电流以及建立配电系统，电力事业迎来了繁荣局面。最重大的刺激物就是托马斯·爱迪生的白炽光照技术（1879）和电动马达。这证明了间接费用的投资是值得的。

在化工和电力两方面，学习和能力都依靠正规的教育。这些现象凭感性认识是难以理解的；解释这种现象需要图解和模式，而且其基本原理只有在课堂和实验室里才能最好地学到。在这方面，欧洲大陆依靠学校教学来发展和传授新技术，获益匪浅。追赶一跃成为领先，而英国则深陷在习惯的罗网中，落在了后面。

此外，在英国的电力事业中，地方自治加重了困难。有些地方，市立的煤气网成功地抵制了电气化；在另一些地方，英国建起了多层重复的电力网，每一个网都有自己的电压设计和硬设备。后来的改进措施只是加长了菜单。时至今日，英国的电器购买者还必须应付多种多样的插头和插座，而且顾客必须向店家点名要哪一种可以应用的现成设备。英国经济在这些新的部门中成长了，一如它曾经在那些旧的部门中成长——就像头朝下脚朝上。

科学和技艺的这种联姻开创了西蒙·库兹尼茨所谓的"现代经济成长"的时代。[13]不仅是有一批非同寻常的发明使得第二次工业革命变得如此重要——其中包括内燃机液体和气体燃料的应用，通过电流来分配能和力，物质的系统转换，改进了的通讯（电话和无线电），由新的动力源驱动的机器的发明（机动车辆和家用电器）。而且还有高于一切的正规传送知识的作用。

科学和技术的联姻曾经以一些结合作为先导。人们可以把这种求爱上溯到中世纪，追溯到应用天文知识来改造航海技术（纬度的计算），追溯到把数学应用于弹道学，采用摆锤来建造更准确得多的计时器。而且还可以回溯到蒸汽机，那是一次科学经验主义的不朽胜利。但是直到19世纪的晚期科学才走到前面而成为技术的先导。这时，想要成为发明家和难题解决者的人感到开始自己的项目之前先通读文献是有益的；或者就此而言，先读书再构思自己的目标——干什么以及怎么干。

因此，被赶上并且被超过的是领先者——革新者。而且因此一切旧的优势——资源、财富、权力——都被贬值，而思想被认定优于物质。从此，未来的大门是向着一切具有这种品格、这种双手、这种头脑的人敞开着的。

* * *

工业烹调法的秘密

我们已经看到,在制造"白色兵器"(剑和匕首)、刀和剃刀、刃具和锉(对于精密零件的制造至关重要)方面,钢总是首选的金属。起初,钢是熔炉中熔炼出来的一种偶然副产品,因为熔炉温度不够高,不能够产生均匀的融体,而且是随同软硬不均的铁,生产出一些钢。后来,随着以更高的温度运行的高炉的发明,人们必须经过多道工序才能从生铁中获得钢。一种方法是对金属重新加热,把其中的碳进行足够的氧化,使其含量降低到1.2%—1.5%。其结果并不均匀(在正确的时刻立即停止,很不容易),因此就有了当时不同用途的各种类型的钢。质量最好的应用于枪炮和精致刀剑,质量较差的应用于犁铧和镰刀。

另一种方法是去除碳来获得熟铁,然后再加碳来获得钢。完成加碳工序一律要把熟铁锭裹一层碳,加热使之浸透,然后再锤炼。目的是通过击打的方式使复合金属物所含的碳分布平衡并且使成品质地均匀——有点儿像揉面团。而且正像通过折合、挤压、再折合、再挤压揉出更为均质的面团一样,这种渗碳钢的最优产品也一样,要使其折合,再锤炼,反反复复多次才行。所以,成品就成了多层钢锭;其层数越多(亦即,折合和揉搓的次数越多),这种金属物就越柔韧坚实。这种产品最优秀的范例就是日本著名的武士刀。这种刀500年之后依然保持锋利和闪光。欧洲的多层钢在17世纪初首创于纽伦堡(纽伦堡是一个工具和仪器制造业的古老中心),立即就被英国人学到了手。法国人直到1770年才学会了这项技艺。

但是,即使武士刀在均质性方面也无法同坩埚钢相比。所谓坩埚钢就是把钢加热成液体,使其碳添加剂完全熔合。坩埚钢发明于1740年,发明人是一位英国的钟表制造商,名叫本杰明·亨茨曼。他对获取质地较好的金属材料来制造弹簧和锉刀有兴趣,显然是出于职业上的利益。这项技艺被英国垄断了大约70多年——并非因为没有企图仿效的人。

尤其是法国人不惜花费巨资来了解这个秘密。法国在钢方面相对较弱,合乎情理地把这一点视为一种严重的政治缺陷。科学上的万能博士、因自己的温度计而名声卓著的勒内·安托万·德·列奥米尔(1683—1757)在18世纪初声称,他发现了他自己比作"炼金术士的点金石"的秘密,为了把铁转化成钢建立了一家"皇家工厂",并且为自己的事业获得了政府一笔慷慨的补助金。他失败了,因为他以为答案在于添加硫磺和正确的盐类。他从来没想到过碳的作用。他还以为，法国的铁用于炼钢完全合格，不像英国人那样为了炼钢还需要从瑞士进口质地更好的铁。[15]他本应环顾一下四周。

"这种分析上的谬误以及这种'爱国的选择'将在法国长期被接受，将加剧民族工业的落后。"[16]随后，另有一些人也站出来大吹大擂，说他们已经制造出能够同英国和德国的产品相比的钢。根本就没有成功。最大的推进发生在加布里埃尔·雅尔1765年出访英国之后。雅尔本人打算生产渗碳钢，但是得到的却是低劣的成品，主要是因为他们像列奥米尔一样，使用的是法国铁。他在1769年去世，事业中断。另有一位姓杜亚美的机械师，是雅尔的旅伴而且是政府大臣杜尔哥的门徒。他被布罗伊伯爵雇用，而伯爵本人是一座锻造厂的厂主并且接受着一项大约15000里弗赫*的政府津贴，要从事类似的实验。15年之后，政府不得不承认杜亚美毫无进展。主动进行尝试的冶金业者更少了。毫无疑问，法国的确需要钢而且很想了解怎样炼钢。

于是，那位英国人登台了，就是伯明翰的迈克尔·阿尔科克。关于此人，我们在上文里已提到过了。他告诉法国人说，此事没啥了不起：炼钢很容易；难的是要炼出好钢。于是就在商务局长特鲁丹·德·蒙蒂尼（就是曾经派雅尔和杜亚美去英国参观的那个人的儿子）的帮助下，他开办起自己的一座工厂并生产出渗碳钢和坩埚钢的样品。他从未超出生产样品的阶段。

与此同时，阿尔科克的两位合伙人主动离去并且在卢瓦尔河上的昂布瓦斯（因其皇家城堡而更为有名）买下了一座小型的锉刀锻造厂。这个锻造厂吸引了舒瓦瑟尔公爵的兴趣，促使法国政府（又是在特鲁丹·德·蒙蒂尼的支持下）发起兴建一家生产优质钢的"皇家工厂"，并且每年向其补助两万里弗赫。但是，这种补贴却带来了祸因：必须使用法国炼制的熟铁。这家企业在设备方面进行了大量投资，建起6座大型高炉，40个动力锤，80座锻炉，而且从事了一个接一个的实验。毫无用处。它从来没炼出过坩埚钢，而且它的渗碳钢也没能让人信得过。

其他企业或多或少也具有良好的关系并抱有同样的决心，也都参加了这种竞赛，特别把目标定在制造良好的锉刀上，因为随着机械化的进展和金属品代替木料，锉刀变得越来越重要。一个这种企业设在多菲内地区，获得了省长和奥尔良

---

* 里弗赫（liver），法国旧时货币单位，相当于一磅白银。——译注

公爵财团的支持。首先，它从低处着眼：制造长柄大镰刀用的刃具和杂用五金制品。但后来却因贪污盗窃陷入困境。拿钱总是比挣钱要容易一些。

法国冶铁工业历史学家丹尼斯·沃龙诺夫作出了如下总结：在列奥米尔以后的60年中，法国的炼钢工业依然在"原地踏步"。一次又一次地宣布成功，却都证明是虚假的。这并非是因为那些政府检查官容易上当受骗或者好献殷勤，而是因为他们更多地强调这种金属的理论纯度而不是强调它的性能（硬度、锋棱等等）。在形不成规模经济的情况下，他们却被说服"接受"了关于规格重要性的观点。其结果就是报废、没有出路以及商业的失败。⑰

随后，发生了大革命及拿破仑上台。这就更加原地踏步了。只是到了19世纪20年代，法国人多亏了一个叫詹姆斯·杰克逊的英国外流人员的帮助，才学会了炼制坩埚钢。德国人学会这种技艺比这早了大约10年，基本上是靠自己努力。一个名叫约翰·康拉德·菲谢尔的瑞士人是一位对外国企业具有敏锐观察力、孜孜不倦的徒步漫游参访者——他的鼻子和眼睛无处不在。他学会冶炼坩埚钢大约是在1805年。⑱

要把工业烹调法学到手，仅仅有配方、蓝图，乃至个人的见证，还是不够。

* * *

天赋之才不够用

在19世纪中叶，生物碱奎宁对英国在印度的统治具有极端的重要性，因为在印度疟疾使平民和军人衰弱不堪甚至丧生。奎宁并不能治愈这种疾病，但它可以减轻症状。当时，奎宁是从金鸡纳树的树皮中提取的，而金鸡纳树则是秘鲁的土生植物。英国政府通过世界著名的伦敦皇家植物园，作出艰巨努力来从秘鲁获取金鸡纳树种子，培育它们发育成幼苗，然后把它们栽植在印度，但其结果却令人失望。印度依然依赖高价从爪哇进口，因为荷兰人已经在爪哇取得了较为成功的移植。英国人本来会更喜欢他们自己的供应。

威廉·亨利·珀金1838年生于伦敦，是一个建筑工人的儿子，同印度没有什么联系。他父亲希望他能当一名建筑师（社会地位上升），但从早年开始，他就想从事化学。1853年，他年仅15岁，就进了新兴办的皇家化学学院，其后接受一位德国科学家奥尔斯特·威尔海姆·霍夫曼的指导。这位德国科学家很喜欢这个男孩，聘用他当自己的助手。霍夫曼使珀金认识到了寻找方法合成奎宁的重要意义，而珀金把这个问题带回家去，带到他家的宅院中装置起来的一个小实验室里去。他没有找到制造奎宁的方法，但渐渐地他获得了发自石脑油的一种凝结物（煤焦油的一种成分），呈苯胺黑色，他接着从中取得了苯胺蓝或苯紫颜料。（化学向来都是一门奇缘巧遇的科学。）

　　珀金十分机敏地认识到自己的发现物的价值。他的蓝色着色物质能用作一种优质染料，所以当时只有 19 岁的珀金在申请专利之后，就利用他父亲和哥哥的资金兴办起制造这种染料的一家工厂。这样就结束了他在皇家学院的学习。从这第一次幸运成功到有意谋取的其他成功中，珀金不久就变成了百万富翁。接着，他又来了一次急转弯：他回到了他最初的爱好，即实验和理论化学。此外，德国的化学工业正在把英国的化学工业远远地甩到了后面。

　　这第一种人造染料是理想的材料——是十分重要的煤焦油颜料工业的开端。一经珀金提供了暗示，英国的、法国的、德国的和瑞士的化学家们就纷纷转向这一任务，人造颜料的彩虹出现了——紫红色（品红），洋红（原名为"马让塔"——*magenta*，系根据一场流血战斗的地名而命名），一系列的紫色，整个茜素属的各种红色、各种粉红色、各种橙色以及各种黄色，还有一种因为在汽灯下也不变蓝而引起轰动的绿色。* 这些颜料反过来又刺激了对时新织物的需求，并且使欧洲富裕国家的妇女放弃了她们传统的经济和阴郁的黑色。（今天更加富裕了，她们中许多人又回到了穿黑的时尚，甚至在婚礼上也这样。）但是，从长远来说更为重要的是导致更广泛的化学发展的新技艺分支：新的发光物，药品（阿司匹林、六〇六、各种巴比妥类药物、奴佛卡因以及另外的十几种药品），摄影材料，人造肥料以及顺延下来的塑料——所有这一切都通常具有预料不到的、偶然性发现物的成分。

　　由于珀金的贡献，英国领先于这一新的工业部门。英国具备了这样做的一切条件。首先，它拥有一个巨大的、从传统上说基础良好的重化学工业，当时生产着碱、酸和盐。其次，它拥有碳基制造业的一切成分；任何国家也不能生产比它

---

* 茜素是从蒽——煤焦油的另一种成分——提取的。这种合成是 1869 年由珀金在英国以及由卡罗、格雷博和利伯曼在德国完成的。其市场效应极好：1870 年从染料茜草中获取的天然茜素每千克价值 90 马克；合成茜素每千克则仅值 8 马克。茜草长期以来都是普罗旺斯一道有特色的风景，而从此以后却成了历史——见 Milward and Saul, *Economic Development* 一书第 229 页。

更多的原料煤焦油,任何地方也没有它的煤焦油价格那样低廉。最后,它为纺织品染料提供了全世界最大的市场。然而,在一代人的时间内,这一工业却离开了**英国的海岸**,在德国并且在较小程度上在法国和瑞士落了户。到1881年的时候,德国生产着全世界人工染料的一半;到了1900年,则达到80%到90%之间。主要的德国生产厂家对工厂、科研和设备进行大量投资,不论丰年歉年,都能够逐年支付20%以上的股息。这是历史上最重大、最迅速的工业转变之一。[19]

这是为什么?为什么会发生这种明显的违背比较优势和相依条件"规律"的现象呢?这是因为除了珀金和其他几位时髦人物之外,英国并没有进行创造发明所需要的那些训练有素而且具有天赋的化学家。毫无疑问,它没有像在欧洲大陆上见到的那么多、那么训练有素的化学家。所以,当旅居英国的霍夫曼、卡罗和他们的德国同事被具有诱惑力的优越条件吸引回国的时候,英国的有机化学工业就萎缩下去了。形成对照的是,在德国,大型合伙公司崛起并且繁荣起来:赫希斯特公司、巴斯夫(BASF)公司、拜耳公司、爱格发公司等,都围绕着第一流的化学家和化学工程师而建立起来,配有设备良好的实验室大楼并且同高等学校具有密切的联系。

这样一种人才汇集合并创业和以研究为导向的文化,其重要意义在人造靛蓝的史实中充分显露出来。其中曾经有一种供合成用的合乎逻辑的候选物种:一种主要颜料,碳化合物,以高昂的成本从外国植物(菘蓝和其他植物)获取。在1880年,A.拜耳教授合成了它并且把这种制作方法卖给了巴斯夫公司和赫希斯特公司,两家公司认定值得合作。他们彼此都需要对方。用了17年的时间、获得152项专利、花了数百万马克之后,他们依然没有一种在商业方面可行的技术。有一条走不通的路,是采用一种不同的合成法,也是由拜耳进行的;但是它所需要的甲苯如此之多,以致煤焦油工业部门如果要供应这么多甲苯,就会让苯和萘之类的副产品把市场淹没。而报废产品是化学工业及其附近居民的灾祸。它们也是对开展新的研究的强有力刺激物。[20]

在这个节骨眼儿上,巴斯夫公司和赫希斯特公司转而求助于坐落在苏黎世的ETH大学(瑞士公民工科大学,又称综合工科大学)研究出来的一种方法。这种方法以萘为起点,而萘在当时是几乎没有利用价值的煤焦油蒸馏副产品。但是,这种方法也有在实用和商业方面的难题,花了几年时间才解决。巴斯夫公司走了一条路;赫希斯特公司——它有权使用这种制造方法——却又一次根据苏黎世工科大学的研究,走了另一条路。巴斯夫公司投入生产的时间要早一些(于

1897年，相对于后者的1904年而言），但赫希斯特公司的技艺证明要好一些。在化学界像在商界一样，做单杠后翻转不只是一种方法。

在这方面，如同在其他许多事例中一样，新的技术给陈旧的方法以及赖其为生计的人们招来灾难。在3年的时间之内，巴斯夫公司生产的靛蓝多得等于从25万英亩土地上收获的那么多。在这件事情上，大输家是印度人，因为他们培植并且出口天然靛蓝：从1895至1896年共达18.7万吨；从1913至1914年，下降到1.1万吨。这种染料的价格则下跌了一半。[21]

到第一次世界大战的时候，德国在现代化学领域中已经把世界其余国家远远地抛在了后面——抛在后面如此之远，以致那场战争中的战胜国对德国工业专利权实行没收，也没有立即给德国的国外竞争者们带来好处。美国最大的公司虽然拥有最优秀的美国化学工程师，却也不知道如何对待这些化学工业专利权或者如何使它们运转起来。所以在20世纪20年代，他们聘用了一批德国化学家。工业谍报被装上马鞍驮回家去了。

注释

1. 据 Harris, "The First British Measures" 和 "Law, Espionage, and the Transfer of Technology" 两文；Cellard, *John Law* 一书第180—181页。

2. 据 Landes, *Revolution in Time* 一书第161页。

3. 原载 Young, *A Six Months Tour through the North of England*（1771年第2版），转引自 Musson and Robinson, *Science and Technology* 一书第216页注3。

4. 我们的确有例证说明爱国的情操胜过物质的优越。请参阅 Landes, *Revolution in Time* 第10章"法国的关系"。该章记述了国际上为船用计时器的发明而进行的竞争。

5. 关于博尔顿对技术熟练工匠不倦的寻求（他"对于法国在奢侈品行业方面的发明总是很警觉"），请参阅 Musson and Robinson, *Science and Technology* 一书第218—221页。

6. 同上书，第225—227页。

7. 引自 Harris, "Industrial Espionage in the Eighteenth Century" 一文，载于 Harris, *Essays in Industry* 第164—165页。在"A French Industrial Spy"一文中，哈里斯向我们详细叙述了这样一位窥探者。

8. 引自 Harris, *Essays in Industry* 一书第170页。

9. 同上书第171页。哈里斯十分正确地指出，这些间谍对英国情报的搜集"突出表明了对于工业革命来说技术所居的中心地位，并且以压倒之势证明了英国在技术方面的领先地位"。还说，"英国的技术进步是积累性的而且在经济增长起飞之前就已引起了关注"——引自同书第 164 页。

10. 有关阿尔科克的身世，请参阅 Harris, "Attempts to Transfer English Steel Techniques" 和 "Michael alcock and the Transfer of Birmingham Technology" 两文。这两篇文章中的第二篇说明，当阿尔科克的妻子到达夏里之后，阿尔科克的姘头的父亲立即否认她是阿尔科克的情妇。但是，他是不会不这么说的，特别是因为阿尔科克的法国竞争者们正在利用私通的传言来破坏当局对他的信任。（从那时以来，法国已经长大，不再有这种内疚了，而且对美军部队的清教徒式的狂热感到惊讶。）

11. 关于科克里尔家族，请参阅 Mokyr, *Industrialization in the Low Countries* 一书第 2 章；另请参阅 Demoulin, *Guillaume Ier* 和 Henderson, *Britain and Industrial Europe*。以上引文转引自莫基尔引述尼萨德的一篇文章，题为"列日当地的旅游纪念品"，载《巴黎的幻想家》杂志第 24 期（1835）第 130—146 页。约翰·科克里尔有两个哥哥，威廉和詹姆斯。两人均定居普鲁士，威廉在普鲁士的古本建有一家毛纺厂，詹姆斯在亚琛制造机器——均据 Henderson, *State and the Industrial Revolution* 一书第 113 页。

12. 据赫隆·德维尔弗塞 1803 年所说，转引自 Woronoff, *L'industrie sidérurgique* 一书第 318 页。所指可能是短暂的亚眠和约，该和约为法国人提供了引进英国企业家和技术人员的机遇。

13. 引自 MacLeod, "Strategies for Innovation" 一文第 302 页。

14. 库兹尼茨认为这种时代开始于 17 世纪。他确定年代过于匆忙。但是这种联系是正确的：正是科学和技术的结合才造成了局势的这种差异。

15. 请参阅弗雷德里克·勒普莱对列奥米尔的判断和影响所作的全然否定的批评，原载 *Annales des Mines* 第 9 期（1846），转引自 Harris, *Essays in Industry* 一书第 109 页 "Attempts to Transfer English Steel Techniques" 一文注 18。关于列奥米尔，请参阅同书第 84 页。

16. 引自 Woronoff, *L'industrie Sidérurgique* 一书第 351 页。

17. 同上书第 352—353 页。

18. 关于菲谢尔，请参阅 Henderson, *J. C. Fisher* 一书。菲谢尔一直写十分宝贵的日记。这些日记已经由卡尔·希伯编辑出版。

19. 关于这方面的事实，请参阅 Haber, *Chemical Industry* 一书第 128—136 页及 169—198 页；另请参阅 Travis, *The Rainbow Makers* 一书第 237—239 页，他按技术名单重点说明了德国年轻化学家们的虚心好学精神。

20. 请参阅 Haber, *Chemical Industry* 一书第 84 页。

21. 据 Milward and Saul, *Economic Development* 一书第 230 页。

国富国穷

第 19 章

THE WEALTH AND POVERTY OF NATIONS

边远地区

工业革命让世界进一步分化，欧洲的中心地位逐步确立，那些亚洲、拉美的殖民地也成为边远地区。殖民者破坏了边远地区的经济结构，尽管一定意义上推动殖民地的经济发展，但是人们看到并痛切地体会到不公。人不仅仅只为面包活着。

Why Some Are So Rich and Some So Poor

David S. Landes

在1700年，墨西哥的人均产值大约为450美元（按1985年美元币值计算）；行将构成美国的那些殖民地，产值略高，约为490美元；而在生意红火的产糖的殖民地巴巴多斯，这个数字要高得多，达736美元。100年之后，墨西哥依然保持在450美元，而美国则为807美元。到1989年，美国已经遥遥领先：人均国内生产总值墨西哥为3500美元；巴巴多斯为5350美元；而美国则为8300美元。①

　　工业革命发生在一个依然相对空荡的世界里——至少同我们今天所知的人口密度相比是这样。当然，在当时这个世界，各地人口密度也不尽相同。中国、印度以及欧洲西北部某些地区，人口相对稠密；而亚洲中部、澳大利亚以及美洲的大片地区，人口相对稀少。这种差异主要是地理和技术方面的原因造成的。人们往往到气候宜人、土壤肥沃、又可以利用耕作技术挖掘自然潜能的地区定居、繁衍。另外也有政治方面的原因。例如，18世纪早期，欧洲多瑙河平原——资源富饶但尚待开发的一块宝地——变得相当空旷。土耳其人在第二次围攻维也纳失败后（1685）突然撤离，结束了数百年的混乱统治。半个世纪后，俄罗斯人把自13世纪中期金帐汗国时期一直在广阔的乌克兰一带游荡，并将微弱地统治该地区的游牧民族赶走，打开了乌克兰这一"粮仓"。

然而，最广阔的边远疆域还在海外，最重要的当属美洲、澳大利亚和南部非洲。欧洲人到达时，这些地方并不是荒无人烟。处处可见当地人耕种土地、饲养牲畜，或只是狩猎、采集。但同样，人口密度也因地而异，从而决定了外人入侵的机会与条件。在美洲，有几个地区人口稠密，如墨西哥谷地，秘鲁山区以及某些加勒比海岛屿。一般情况下，像在亚洲一样，这样的人口密度应该排除被征服的可能性，但当地美洲居民技术上的落后与政治上的弊端使这些地区易受攻击和侵害。剩下的就由进口病原体来完成了。在美洲其他地区，如在后来成为美国和加拿大的北美，人烟稀少的地区屈服于占优势的武器和组织。对印第安人来说，白人正偷走他们的土地；对白人来说，眼前的土地是无边无际的、能带来滚滚财富的边疆地带，正等待他们处置。

经济学家认为生产要素是土地、劳动力和资本。土地不仅仅包括表层土壤，而且包括地下资源。从经济发展的角度来看，边远地区最显著的特征是空间辽阔，土壤肥沃和原材料丰富。这些特征决定了发展的机会和限制：这些土地能够生产丰富的人均初级产品，但必须有必要的劳动力。他们需要人力，经常通过刺激移民来吸引劳动力：尤其是通过赠送或廉价出卖土地给移民，而且也通过提供丰厚的工钱、高地位和政治权利。（这在中世纪欧洲是促进改善地位与土地占有权的关键因素之一。）如果没有自愿的劳动力，他们还强迫进口劳动力，雇佣奴隶贩子或招工贩子干这种肮脏的勾当。

一旦生产要素齐备，这些边远地区通常生产出远远超出本地居民需要的农作物和其他初级产品。这些盈余便成为可买卖的商品。通过生产可出口兑换成现金的农作物，这些地区挣的钱比单纯地一心为养家糊口种地挣的钱要多得多。因此，用收入的钱买食品对他们来说是合算的。（加勒比海上盛产食糖的岛屿就证明了这一点，这些岛把每一平方英寸的土地都用来种甘蔗，不惜从遥远的欧洲进口粮食。）

不少地方尚待成熟的经济所采取的这种策略导致了一种"主要产品理论"或"出口创盈余"* 观点。大意是：一种经济，首先从出口初级产品开始，提高国内收入，而更高的收入又进一步推动加工品市场，同时为工业部门的发展和较平衡的经济体系提供财力。（这在很大程度上取决于主要产品生产者之间收入的分

---

* 这不该与经典的比较优势学说相混淆。那些学说本质上是静态的，对经济发展没有提供原因解释。相反，它们一开始便用来解释流行的国际分工问题。

配情况。分配愈是不平等,加工品的市场就愈小。这样,种植园经济就不会产生多大的工业需求:庄园主会为自己购买奢侈品,而在其奴隶的穿和住上,却最低限度支出。)

主要产品模式最初由哈罗德·英尼斯提出,用来解释加拿大在先后出口主要商品方面的经济活动:先是出口皮毛(17和18世纪),接着是木材(18世纪后期和19世纪),最后是粮食(19世纪中后期)。同样的模式也已用来解释瑞典(木材,铜,铁);美国(烟草和棉花,小麦);澳大利亚(羊毛,肉类,小麦);阿根廷(兽皮,牛脂,肉,谷物),明治时期的日本(丝绸),甚至还有中世纪的英格兰(羊毛)等地的经济方式。[2] 人们也可能联想到当今石油生产国类似的经济发展状况。

然而,像大多数正确的经济理论一样,出口剩余产品模式也有同义重复的方面:在最适合解释的地方解释得最圆满。这是因为一种通过出口初级产品挣钱的经济并不意味着它会充分利用所得的收入来进一步促进经济发展。这就出现了一个难题:是把钱用于投资呢还是消费掉?即使决定投资,谁会保证这钱会投资到应该投资的经济活动中?再者,哪些活动才算是该投资的?是继续投资在主要产品上从而保持最大限度的比较优势?还是以一种平衡发展为目标,即现在少拿钱以便以后多挣钱?

美洲边远地区经济史及其工业化成就是主要产品理论优势与弱点的一个案例研究。一方面,有美国和加拿大这些高收入的经济发达地区;另一方面是,也有古老的西班牙帝国解体后的支离破碎的地区以及前葡萄牙殖民地巴西。起初,南美的这些国家更富庶,人口也更多;时至今日,却远远落后了。尽管他们最终也开始了现代化,没有几个人会预言他们能很快与北美的共和国并驾齐驱,即使得益于NAFTA(北美自由贸易协定)这样的共同市场。

北美洲(原英国殖民地)与拉丁美洲(原西班牙和葡萄牙殖民地)截然不同的经济遭遇需要多种解释,但经济学家却并不总是如此看待。对他们来说,一个合理的理由就足够了,当谈及美洲时,最好的理由是资源。这些边远地区自然资源丰富,但这些资源在新的工业技术背景下,作用大小不尽相同。此时美国脱颖而出:有辽阔富饶的处女地;气候适宜于种植发展工业所需的关键原材料即棉花;冶铁业所需的最重要矿藏丰富;有大量的木材和煤提供燃料,还有东海岸丰富的水力资源;石油丰富,自19世纪中期就为照明、润滑油,最重要的是为内燃机燃料提供了宝贵的原材料;大量的铜矿,到19世纪末期,源源不断地满足了电力工业、汽车工业和传输业迅速增长的需要。与此同时，还有便利的交通条件：理想的海岸线上点缀着一流的港口，大江大河（最重要的是密西西比及其支流），广袤的平原。大西洋与落基山脉之间唯一严重的障碍是阿巴拉契亚山脉。在美国，许多山峡河谷地带开放成贸易地和旅游地，尤其是哈德逊河所冲击出的缺口以及绵延至五大湖的平坦地带。人们在这些地方，能够改造自然，正如通过伊利大运河和铁路实现了中西部对大西洋中部港口开放一样。

在上述方面，美国比新大陆的其他地区更受自然的宠爱。例如，没有一个周边国家拥有铁和煤；没有其他国家拥有可与之媲美的自然的交通运输网。相比之下，墨西哥境内山脉、高原和沙漠重重叠叠——并非一无佳地，但正如铁路工人所发现的，各种地形接合得不是地方。巴西的许多地区处于热带和亚热带，致使今日进入颇令人敬畏的亚马孙河盆地时仍是困难重重。阿根廷在自然特征以及天然交通条件方面，是最可以与美国相比拟的；但长期以来，移民障碍重重，也缺乏最主要的工业原材料。

像一些经济学家所做的那样，人们也可以争辩说：美国的优先发展是自然条件预先决定好的——就像抽签抽出来的好运气。然而，学者们近来提出了一种更复杂的地理方面的解释，这种解释把自然条件与文化和体制结合起来考虑。[③] 这种观点认为：地理状况决定了农作物和耕作方式，从而决定了土地占有权的性质和财富的分配。而这些因素又对发展的速度和特征起关键作用。当一个社会分为少数有特权的土地所有者和多数贫困、依附于他人并且也许没有人身自由的劳动者两个阶层时——事实上，分为游手好闲的有闲阶层与绝望无靠的穷人阶层——哪里还有变革与改良的动力？处于社会顶层的人，自以为高人一等，对别人的苦难不闻不问；处于社会底层的人，绝望之余只能仰天长叹。偶尔也爆发反抗，使所谓的社会精英及其士兵有机会实用一下他们的武功；而宗教通过宣扬死后进天堂给人们提供了一种心灵抚慰。

在美国北部和加拿大，情况却不如此。这些地方的气候只适合种植谷物，而且起初生产的可供出口的剩余产品几乎没有，说这也是一种优势，听起来似乎自相矛盾。规模经济微不足道，至少在机械技术发明之前是如此，因此，人们拥有的财产很少,经常勉强糊口,而且多多少少是平均分配。* 这种平等并不总是让那些有贵族倾向的人感觉舒服。1765 年,一位去新英格兰旅游的英国人亚当·戈登勋爵就颇不以为然地写道:"这里到处盛行人人平等的原则,它占了上风。人人都有财产,而且人人都明明白白意识到这一点。"④

另外,准免费土地和劳动力缺乏导致工资居高不下,无论在农村还是城镇,都雇工困难,正如亚当·斯密评论道:

> 通常在新殖民地出现的大量土地与人口相对稀少之间的不均衡现象,使土地所有者难以获得劳动力。因此,他不计较所付报酬,而是愿意不惜任何价格雇佣劳动力。劳动力价格高刺激了人口增长。大量便宜的肥沃土地促使人们改造自然,也使土地所有者能够付得起雇工的高工资。⑤

当然,农场工人的工资与土地价格为城市工人工资提供了底价——否则,如何留得住劳动力?——同时边远地区经济的增长又促使工资进一步提高。** 对此,斯密又评论道:

> 因此,不是在最富的国家,而是在最繁荣,或者说最迅速变富的国家,劳动力工资最高。当今时代,英格兰比北美洲任何一个地方都富,但是,北美劳动力工资比英格兰任何地方都要高。⑥

美国小农场主与相对高工资的工人这一社会体制,是滋养民主与进取心的温床。平等使人产生自尊心和雄心,使人们愿意参与市场竞争,能激发个人主义精神和凡事争个是非曲直的精神。同时,小型农场也刺激技术上的自给自足以及一种杂活工式的、凡事修修补补自己解决的心态。每个农场都有自己的作坊和铁

---

* 这在新英格兰尤其如此。在大西洋沿岸中部殖民地——尤其是纽约和宾夕法尼亚——可发现更大的商业化农场,生产的产品供给遥远的市场。参见 Fischer, *Albion's Seed* 一书,第 174 页,第 377—378 页,第 567 页。费希尔指出土地占有方面的差别与其说反映出地理状况,还不如说反映出定居者从旧大陆不同来源的状况,以及他们由此产生的意图。

** 在努力保护印第安人时,英国当局把西进扩展限制到阿巴拉契亚山脉为止。但没有成功:美洲大陆上的英国兵不会保卫那条新边疆,正如今天的美国似乎不可能关闭墨西哥边界。

砧、自己的小农业机械以及奇巧的改进办法。* 他们的精巧发明不仅带来了舒适和收入，而且提高了自己的地位和声望。心灵手巧的工人是四邻八舍所羡慕的对象，也是社区的英雄。同时，高工资加强了人们用资本代替劳动力、用机器代替人工的动力。

结果，工业革命的新技术先在北美殖民地后又在美利坚合众国遇到了肥沃的土壤。甚至在此之前，在交通缓慢而又时断时续的年代，自给自足的需要已产生了当地的制造业。请看一下1681年的一份报告，描述当时在新大陆定居的贵格会教徒如何迅速地从事了工业活动："……他们也有制桶匠、铁匠、砌砖工人，还有造轮子的、打制犁的、造磨坊的，还有造船木匠等其他职业，他们制造产品用的原材料就产自当地……在东泽西，人们已经建造了制铁作坊、大炼铁炉和锻铁厂。"另一份1698年的报告谈到了布匹制造：在伯灵顿和塞勒姆的贵格会教徒居住区，"布匹工人正制造着质量不错的哔叽布、粗毛织物、绉呢、长毛绒和其他羊毛衣料。整个家庭都从事这种制造业，用的是自己喂的羊产生的羊毛和自己种的麻产生的亚麻"。⑦

新英格兰以及宾夕法尼亚和新泽西等中部殖民地成为这一新生国"工业中心地带"。制铁业开始于17世纪40年代（马萨诸塞州林恩附近的索格斯镇的铁厂），发生在第一批清教徒移民在普利茅斯登陆仅20年后。⑧到18世纪70年代美国独立战争时，英国在北美的殖民地上大约有200个造铁厂，年产铁约3万吨。超过它的只有英国本土、法国、瑞典和俄国。与冶铁同步发展的还有精炼、锻造、切割、纵切、轧制以及其他把铁制成工具和物体的活动。对英国本土冶金产品的需求不可避免地急剧下降，致使英国的制造商请求议会制定法律来禁止殖民地的制造业。这些法律仅仅让殖民地居民敏感地意识到其附属地位、没有自己代表参与的政府所带来的不公正，也使他们敏锐地意识到经济自主的重要性。正如宾夕法尼亚的医生及市民领袖本杰明·拉什1775年写道："在衣食方面依附于外人的人，必然总是屈从外人的统治。"⑨

殖民地工业的一个结果是使英国人付出了昂贵的代价。殖民地居民制造枪支——最初是火枪，后来是越来越多的步枪，这些武器加上童年时就开始的狩猎

---

* 关于杂活工文化，让人想起的最好的类似例子是瑞士汝拉山区的文化。在这个地方，村里的工人为世界最成功的钟表制造业奠定了基础——见Landes, *Revolution in Time* 一书第16章，"Notwithstanding the Barrenness of the Soil"。

活动，赋予他们枪法方面一种重要的优势，这种优势一直持续到20世纪。在边远地区的社会，枪支具有特殊的优点，以至于在某些殖民地，人们佩带武器成为一种义务，甚至可以带到教堂里。（在这一点上，人们又发现一种显著的、持续存在的文化特征，这正与今天反对枪支管制的情绪相呼应。）

但是，需求并不能保证有充足的供应。文化很重要。南方以及边远落后的阿巴拉契亚山区的人们，身上配备很多武器，但枪支却产自北方殖民地。原因很简单：北方有技术与工具。到1861年南方与联邦开战时，北方生产的火器超过南方邦联，比例为32∶1。[10]

人们发现，在枪支厂里发生的一切，正暗示着未来发展的趋势：武器的需求量如此之大，结果早在采用动力机床以前，工人们就分工越来越细，而提高了生产率。后来，年轻的美利坚合众国热心于批量生产可互换零件的枪支，其实这种做法早在革命之前就已经开始了。

这样，殖民地居民进口和仿造欧洲生产的各种装置和机器，有手艺的机械师和工匠应邀而来，或者自己前来，被北美的高薪所吸引。此时北美殖民地的英语文化发挥了积极作用；英国是欧洲最具发明力的国家，英国移民在一个操自己母语的地方感到如居家中。德国人也起了一定作用。宾夕法尼亚的贵格会教徒怂恿欧洲大陆上与自己有相同信仰的人也到新大陆来，这些移民（所谓的阿巴拉契亚的德国人）也带来了手工艺。相比之下，自以为贵族化的弗吉尼亚，对过去有怀旧情结，加上有大规模的种植园和订立契约的劳动力，难以吸引这些移民；奴隶制的进一步成形只会使事情更糟。

（内战结束后以及东北部原先由非本地人拥有并出资的制造业从东北部中心迁移到南方之后，南方在技术上的依赖性曾依然长期存在。这些企业，通常都是人均产值低，人均增加值低，大多是技术成分低的部门，如棉花和木材加工。对这种缓慢的转变的解释，仁者见仁，智者见智，大多涉及自然条件、廉价劳动力以及缺乏工会组织。有些学者把这一过程看做是经济殖民主义或依附性的表现，还有很多人用因袭奴隶社会的反工业价值观及文化的角度解释这一落后。对这些观点，我还想补充一点：这种状况也跟缺乏创新活动和缺乏企业经营才能有关。）[11]

当1790年塞缪尔·斯莱特在罗得岛州的普罗维登斯安装第一台纺纱机器时，美利坚合众国诞生还不久。许多人纷纷效仿他。新英格兰由于河流湍急，而成为棉花及羊毛加工业的主要中心。正如在欧洲大陆一样，在这个地方，从英国来的流亡者成为传播技术的最重要的媒介。[12]但是，接受技术的这一社会的性质更为重要。少数带来知识的人发现当地的弟子能迅速模仿，而且更重要的，能改进他们的知识。当1814年波士顿的弗兰西斯·洛厄尔引进动力织布机时，他发现有现成的劳动力，是"新英格兰作坊里许多农场主兼机工的"子孙后代。[13]

因此说，有些机器从英国运到了美国，但数量很少，美国人很快使这些机器适应了国内市场的需要和口味。（他们也在发明新装置并出口到英国——这是技术独立的最好标志。）[14]例如，英国的棉花纺纱工人使用走锭纺纱机，需要技艺高超且膀大腰圆的男子作劳动力，并且主要生产细支棉纱，而美国人研制出翼锭精纺机（由阿克赖特的水力纺纱机改进而来），使用半熟练的女工生产出粗糙些的棉纱，然后先是通过发明盖锭纺机，后又通过发明环锭纺机，而大幅度提高了生产率。美国在织布方面的技术创新（到19世纪20年代）使得沃尔萨姆型棉花加工厂"比其英国的竞争对手"在生产率方面至少高10％。[15]

数字能说明这一切。1788年，费城的独立日游行队伍展出了一台手动的梳棉机和一台80锭的走锭纺纱机（詹妮机）。这些是工业化以前的经济独立的标志。20年后，年轻的美国用动力开动着几乎10万台棉花纺纱机；1810年至1820年间，这个数目增加了2倍，在下个10年里，又增加了2倍多。因此，到1831年，这一工业共有120万纱锭和33500台织布机，大部分由从北向南流经新罕布什尔州和马里兰州的山麓溪流提供动力。[16]

最近对制造业生产率的一项比较表明：到19世纪20年代，美国已远远领先于英国。[17]这是一个非同一般的成就，它把有见识的并且经常明确表现出爱国的企业精神、知识和实际技能以及有聪明才智的劳动力诸因素结合到一起。有些工人是卢德派成员，在自己原先的国家反对使用机器，但在新大陆却欣然接受了；有些手织机工人还曾经拒绝进入工厂。为什么发生了变化？像老英格兰一样，新英格兰工人憎恶工厂严格的钟点制以及对个人的监督。但是，老英格兰最初能依靠非自愿的劳动力——贫民院的学徒，其妻子儿女，这些人别无选择，而新英格兰则必须找到办法使这些新的工作虽不诱人却可以接受。美国的工厂付给工人更高的工资，并且给他们的妻子儿女提供住房以及俭朴的环境，从而使父母放心。* 洛厄尔棉花加工商的家庭作风一直受人称颂——有整洁的寄宿处,有她们自己的读物和钢琴,有女性自己的杂志(*Lowell Offering*),有高尚的住宿规矩。[18]

有些历史学家提醒人们注意表面现象下不那么令人愉快的情况。他们辩解说:这些情况必定存在,因为资本主义怎么会真的为雇工的利益花钱呢?无疑如此。这一制度有它自身的逻辑。生意时好时坏,艰难时期雇主会变得冷酷无情。不可避免地,尽管经济学家对我们讲竞争会起均化作用,仍有些雇主的表现很不能令人满意。[19]尽管如此,情况明显地比在老英格兰好得多。用查尔斯·狄更斯的话来说,这种新旧对比"是善与恶的对比,是生存的阳光与最黑暗的阴影的对比"。[20]

再举一个技术自主的例子。刚刚获得独立的美国人也进口蒸汽机,起初是大气型蒸汽机。但接着他们选择了高压蒸汽机,当地人自己的发明又一次发挥了决定性作用。关键人物是奥利弗·埃文斯(1755—1819),一位卓有才华无所不通的人物,为梳毛机、面粉加工以及蒸汽动力的发展作出了重要贡献。埃文斯的机械装置可追溯到18世纪80年代,但大量的应用从18—19世纪之交才开始。** 这些高压往复式发动机,通常体积较小,价格较便宜,与同样体积的大气—真空型蒸汽机相比,功率更大;因此它们不仅适用于工业,而且也适用于交通车,因为在交通业中,机器所占空间大小很重要。这些体积较小的机器使汽船和火车机车成为可能。另一方面,高压发动机有可能爆炸,这也是詹姆斯·瓦特以及英国很多蒸汽机制造商和使用商坚持使用大气型发动机的一个原因。在这件事情上,美国人似乎愿意以死伤作代价获取便宜的动力和交通。

但是,具有决定意义的、最具有美国特色的技术创新,并不表现在某一特定的装置上,不管这一装置如何重要,而是表现在一种生产方式上——这种方式后来逐渐被称作美国生产体系。这种体系是对下列两个方面的创造性回应:(1)市

---

* 他们工作时间很长,但与同时期日本工厂的工作时间相比还是短。这随季节的变化有轻微的变化,但每天也长达约11—13小时。——见 Montgomery, *Practical Detail of the Cotton Manufacture*,第173—177页。

** 埃文斯在1787年把他的机械平面图的副本寄到英格兰。当时在英格兰的理查德·特里维西克,一位曾认为是负责该发明的工程师,据说曾在1794—1795年见过这些副本——*Encyclopaedia Britannica*, 11th ed., s. v. Evans, Oliver。这样说来,这是本土国及其殖民地之间持续争夺最早发明权问题的早期例子。当然,这一争执的事实本身就证明了美国技术进步的早熟性。

场；当时的市场不存在地方优先权，也不存在欧洲盛行的阶级和地位的划分，因此欣然接受了标准化商品；（2）相对于原材料来说劳动力缺乏。这两个因素是相互关联的。在劳动力缺乏的经济中，标准化是一种通过分工从而简化任务使之成为重复性劳动的途径，因此能大幅度地提高生产率。但高速生产容易浪费原材料，因为没有时间顾及在欧洲养成的保留下脚料和节约的习惯。在欧洲，甚至有钱的银行家也尽可能把纸写得满满的，然后把它翻过来继续写，以节省纸张。

例如早在殖民时代，北美的许多房屋建筑已从单纯靠木匠活转变到利用工厂的产品。门和窗都按标准尺寸组装起来；玻璃也依此预先切割好。（约1815年，一艘满载不同尺寸窗户玻璃的法国货船到达刚成立不久的美利坚共和国，惊讶地发现他们只能把大部分货物廉价处理掉。）加工门窗过程中的锯末可另作他用。[21] 在19世纪30年代，轻捷骨架房屋的发明使建筑本身标准化和非技术化。传统的牲口棚和住房使用笨重的材料的日子一去不复返了；人们也不再使用旧建筑中里里外外的榫接头和灰泥墙。* 人们使用预先切割好的2×4英寸的木头，把它们钉牢，然后给整个框架包皮，房屋正面既实用又悦目。这些结构并不漂亮，也不真正有地方特色，但却很便宜，用料来源充足，虽缺乏创意但很实用。除了木材缺乏的地区外，这种轻捷骨架房屋建筑技术广泛传播开来。[22]

全木结构这种建筑使人们配备一整套机器：动力锯、车床、铣床、刨床、钻孔机、插床、鸠榫接合机、开刃机、开槽机等。这些机器工作速度快——比加工金属的同类机器还要快——正因为如此，也浪费大量原材料。美国不吝惜木材，但却吝惜时间和人力。[23]

房屋和建筑只是标准化的开始。他们的构想是用这样的方法制造一切组装物件，从而使各个部件即使不能完全互换，也看起来一样。[24] 这种外形相同的程度是原材料本身的性质以及容许偏差的大小两方面决定的：在某些情况下，部件装配是合适的，而在其他情况下却不行；木材比金属留给工人更多的改进余地。因此，木匠能再调整预先做的门窗；玻璃装配工也能通过抹上不多不少的腻子把窗玻璃上紧。装配一支滑膛枪的发射装置比造枪托需要更大的精确度，造一块表比造一座钟的容许公差要更少。同时，装配部件取决于最后一刻调整和配合时漂亮的锉刀工夫。除非是要求配件一开始就正好合适，不用再调试配合，这种情况需

---

* Fischer 在其一书 *Albion's Seed* 第65页中提到，木头框架与木头包皮结合起来，在英格兰东南部是"司空见惯的"。在美国森林密布的地区，这种做法就更有道理。

要更高的精确度。

这些工作需要用的精密仪器和工具能在每次重复使用时结果都不走样，且能够在任务的组织形式与地点选择上得当，从而有效地收集、搬运、加工和组合原材料和元件——即我们今天所说的硬件与软件。硬件经常是考虑的重点，因为为此发明的机床是技工的惊人成就。但在肉类加工场，工作布局与同步化更为重要，需要的不是组装，而是化整为零；在面粉加工厂和炼油厂，高生产率才能产生巨大的规模经济。

在上述所有生产领域，美国即使不是先锋，也是伟大的实践者。* 例如从最初开始，在纺织业，美国采用了机器后，紧接着又创造了机器厂，维修和生产设备；这些厂子，就是装配技术和零部件互换技术的小天地，经常逐渐开始制造其他种类的机器：蒸汽机，炼铁炉和锅炉，机车，最重要的是机床。机床反过来又很有创意地满足了其他特殊的目的，运用于各个不同的工业部门。不仅仅是工匠的子子孙孙能接过上一辈的火炬进行接力赛；他们的机器也能迅速繁衍。⑤

与欧洲不同，对于这种贬低熟练手艺而实现常规化的技术，美国几乎没有抵制情绪。在一个不断革命的国家里，旧的方式没有什么市场。且看1841年到斯普林菲尔德兵工厂访问的一位官员的感慨：

几乎不需要造军火的熟练手艺人；他的"老本行已经不存在了"。一个毛头小子同一个成年男子干得一样出色。的确，从体力更充沛这一

---

* 从组织形式上看，这使人想起中世纪威尼斯的海军兵工厂；从生产技术来看，这使人想起1790—1791年亨利·莫兹利为约瑟夫·布喇马造锁的技术以及1803年左右马克·伊萨姆巴德·布律内尔在朴次茅斯造船厂生产他那著名的滑轮组的技术（用的机床是莫兹利设计的）。但锁与滑轮组远远不像枪支和钟表那样容不得半点差异。也请注意法国的武器生产先驱：旧政权末期格里博弗尔制造的炮架以及18世纪80、90年代勃朗的大规模生产滑膛枪的计划。后者的计划理智，合理，但从未得以实施。这就是想象与行动、逻辑与文化的差异。请参阅 Landes, *Revolution in Time*. 第309页、459页，注释2；Cohen, "Inventivite"一文第54页及第2条注释。关于勃朗的"失败"，见 Ken Alder, "Innovation and Amnesia"一文及 *Engineering the Revolution* 一书。奥尔德（Alder）的分析因为主要集中谈武器制造，有利有弊：他把工程利益看成是法国人追求统一性的动力——是力量与审美方面的综合考虑的结合，是"一种首先要把国家的安全与那些难使唤的满脑子想挣钱的手艺人与商人的活动相分离"的愿望。（见"Innovation"一文第310页。）这种由理论到计划再到实践的顺序正是法国的特色。它与美国的做法形成鲜明的对照。在美国，金钱与市场驱动使人们追求零部件的互换性，进步出现在各种工业中。

点上说，小家伙干得更好。

难以找到好手艺的军火工匠的现象不复存在了；全国各地的机器厂里，这样的人多得是。仅仅从实践中练就的灵敏眼力和一双巧手，不再是必不可少的技能；倘若斯普林菲尔德兵工厂的每位工人都被解雇，那么一周内空缺很快会被有竞争力的人手填满。㉖

难怪，当取得诸多工业成就的英国人在 19 世纪中叶姗姗来迟地也想制造精良、便宜的军用滑膛枪时，他们派人去美国，学习他们的军火制造方法。㉗

这并不意味着英国人将老方法弃之不用了。了解并不等于行动。总的来说，欧洲人比美国人更难以接受无情的生产率逻辑。以"旁置成本"理论为例，这一理论认为：花出去的钱如同泼出去的水，淘汰掉了就是淘汰了；就因为机器会干活，这一点并不是要使用的理由。这种推理与欧洲人格格不入，但适应了正在开发的边远地带的人们的心态。最典型的例子莫过于安德鲁·卡内基和亨利·克莱·弗里克：当他们决定不再用贝塞麦转炉而使用平炉炼钢时，他们干脆把原先的工厂拆掉了。不过也请读者看一下 18 世纪末 19 世纪初一位棉花加工厂监工的记述：

这些走锭精纺机工人可是一群不好对付的家伙。几年前，他们就在这工厂里添乱子，结果，有一个周六下午，这些工人都回家后，我们立刻行动，把满屋子的走锭精纺机用大锤子砸了个稀巴烂。等周一上午这些男人们再来上班时，他们惊讶地发现他们已无事可干。屋子里摆满了由女工操作的环锭精纺机。㉘

"美国制度"为其他工业地区确立了生产率标准。每一项技术都成为通向其他技术的踏脚石。钟与枪为手表与缝纫机铺平了道路。割草机与收割机的发明进一步使人们制造出播种机（种植机和条播机）、捆机、脱粒机，最终发明了联合收割机。从自行车到汽车，从收款机到打字机再到计算器。某一种用途的机器很容易又用于其他用途：缝纫机既可用于布料又可用于皮革和帆布；既可用来做衣服，又可用来做靴子、鞋、帆、帐篷。

农业也像工业一样，成为机械师大显身手的天地。1900 年 7 月，《科学美国人》月刊登载的读者来信赞不绝口地写道："确确实实，今天农场上几乎没有一件事不是由获得专利的机器来干个大概。"㉓因此,农业也变成了一种产业,有规模经济,有劳动力分工,还有对劳动生产率的重视,而且也注重土地产力,尽管程度上要小一些:地理上的偶然因素,西部新土地的性质——从未开垦的大草原,较深的土壤表层,农田用水以及宽阔的牲畜放牧区——这一切都保证了丰厚的收益,表明扩展边疆的每一行动都会为国民收入作出重要贡献。土地一般以家庭为单位占有,土地的授予和优惠销售均着眼于推动家庭农场的发展。但以家庭为单位的土地可能面积很大,并随农业机械的增加以及专门的巡回机器操作队的出现而进一步扩展。

上述所有现象表明:由于新来的外地人贪婪地抢占土地,土著屡屡被迫背井离乡。印第安人反抗了,并且随着外来定居者的膨胀,他们必然一而再、再而三地违反似乎是神圣的、天长地久的永恒的协约,这又进一步引起印第安人的反抗。白人可随心所欲地背信弃义,而土人却被辱骂成"印第安虚假馈赠者"。此时,技术很重要。白人拥有连发枪,可批量生产,其零件大都可以互换,因而白人即使数目少,火力也成倍增加,从而使印第安人根本没有获胜的希望。

当然,很多美国人现在为此深感歉意,而欧洲人则邀请印第安部落首领到巴黎和苏黎世反复讲述他们的不幸遭遇,控告白人的种种劣迹。好莱坞电影原先充斥着牛仔打印第安人的老一套货色,现在却提醒世人注意白人入侵者的恶行。同时,美国政府也已经时断时续地试图对那些曾经被迫流离失所的人的后代作出赔偿,雇用经济史学家对当时被夺走的土人的土地进行估价;一些好心人为"土著美国"文化的保存和重新挖掘提供帮助。有些补偿已经证明能带来惊人的利润:例如印第安人刚刚得到了参与赌博生意的权利,通常是跟白人商人合伙经营。让卡西诺赌场复仇吧。

印第安人的悲剧是现代化更大困境的一个例子:不变革就会遭受损失;既变革又有所损失。如果一个人赢得了世界却又丧失了灵魂,这个人发财又算得上什么?当今的新花样把世界各地的土著民族和古老文化弄得支离破碎。然而,美国人并不准备交出这一国家,回到他们自己祖先的土地上去。历史就像时间,有一支射出就无法回头的箭;但与时间不同的是,历史的步履不匀,它只能时断时续磕磕绊绊地前进。

因此,在18和19世纪开拓边疆地区时期,技术发展的可能性几乎无穷无尽,美国的工业从一个成功走向另一个成功。别的国家可以效仿美国,有些国家确实用同样的方式作了突击。但这些古老的社会并不像美国当时那样是白板一块,也缺少美国那种乐观、开放的文化,而正是那种文化减轻了美国农场主与工厂主开拓事业的难度。这些社会有禁锢的土地占有权,农民(在美国没有农民)为了增加收入,舍不得在设备上花钱,而大地主不是把土地看做资本,而更多地看做是地位和体面的基础,* 手工艺人把机械看做是一种对个人的贬低,一种对地位的冒犯,一种对自己饭碗的威胁。这些国家有砸机器的人,而美国则没有。

欧洲国家还存在一个消费问题。阶级构成以及不同阶层不同的审美趣味,使之更难以采用标准化产品。即使如此,我还是要强调供应而非需求,强调生产者的态度而非消费者的态度。当欧洲人磨磨蹭蹭地采用了批量生产的技术后,他们销售便宜商品并没多大困难。

要了解个中情由,不妨看一下第二次世界大战后欧洲迸发的工业热。这正呼应了早些时候美国的发展,并且间接证明了以前基于阶级的经济的失败。欧洲对耐用消费品的需求原先受压抑,而银幕形象和身边的美国人激起他们的消费欲望。以前没有几个欧洲人想到几乎人人都可以渴望得到、甚至确实需要一部车或一部电话。** 直到20世纪70年代,很多法国人仍然去小餐馆或邮局(但只在营业时间内)打电话,或者因为他们在家装不起电话,或者因为他们要等上两三年才能安上一部。打电话的人可能花半个小时或更多时间,才能听到拨号音。人们仍然需要预订国际长途电话。商业受到损失,人们怨声载道,但徒劳无益,因为当局不着急,漠不关心。毕竟,电话当时是邮政系统的一部分,而邮局视电话为一种奢侈品,是供有钱人玩的东西。写写信,买邮票不是挺好吗?***

1870年,美国的经济实力已最强,但其黄金时期尚在后面。到1913年,美国产值是英国或德国的2.5倍,是法国的4倍。就人均国内总产值来说,美国比英国高20%。比法国高77%,比德国高86%。③不管是好是糟,这种美国的生产

---

* 也不该言过其实。把土地用来建公园、狩猎场也并非与生产力毫无关系。例如,在酿酒业中,甚至最富裕的地主也种植葡萄,直种到自家门口。

** 20世纪30年代德国"大众车"的设想是个例外。但是,直到战后,这一设想才得以成为现实。

*** 法国邮局的小气是有名的。直到20世纪90年代,国际航空信件连邮票在内重5克以上者,还要额外交费。这就要人们使用特别薄、价格贵的信纸写信——这对于文具业倒是件好事。尽管如此,邮局并不总是给你一张面值正好等于邮资的邮票,而是给你两三张小面值的邮票凑成邮费总额,多加的邮票张数会使天平略微动动,从而使信件超重。只有经历这些小的方面的专制,才能理解官僚体制对经济的滞碍影响。如今欧洲共同体已制订了新的标准,这对法国人真是一大幸事。

体系已制造出一种永不满足的消费主义，受到那些为普通民众的灵魂和行为方式担忧的人的责难。世界长久以来已看惯了富人和有头有脸的人一掷千金，随心所欲；但现在，史无前例地，甚至平民百姓也可以拥有那些经久耐用的物品——钟表，自行车，电话，收音机，家用器件，尤其是汽车——这些东西在传统社会中被视作极少数人应有的特权。营销上的革新为人们获得这些东西提供了便利，其中包括分期付款，消费信用，大大小小商品按目录销售，允许退换，等等。这些方式在欧洲并非闻所未闻，欧洲在有些方面还是先驱。然而各种因素的协同作用，才使美国生产力如此发达。批量消费使批量生产切实可行和有利可图；反之亦然。

* * *

经济逻辑的缺陷

亚当·斯密注意到了英国对其北美殖民地实施的一系列专横禁令：不准建炼钢炉或切钢厂；不准制造铁和钢的成品，即使供自己消费的也不行。另外，英国还禁止殖民地之间进行皮帽和羊毛物品的交易。

> ……这种规定有效地阻止了供远销的制造业的建立，将殖民地的工业局限于生产粗糙的家用物品，就像一个小家庭平常为自己或者为其同一省区的邻居制造的那些东西一样。[35]

亚当·斯密意识到了这种现象的不公正，谴责这是"对人类最神圣权利的公然侵犯"。但考虑到当时殖民地的经济状况，他发现这些措施并非"十分有害"。"土地仍是这么便宜，劳动力对他们这么宝贵，因此他们可以从自己的祖国进口几乎所有比他们自己制造的更精致、更高级而且更便宜的产品。"这么说，这些禁令并不是多么重要。他认为，甚至在实施这些禁令之前，

> ……他们为自己利益着想，大概也会不让自己这么做。在他们目前的发展状况下，那些禁令可能并未禁锢他们的工业，并未抑制他们的工业雇用那些会自愿前来的劳力，而只不过是强加于他们身上的奴隶制的不合适的标记，是他们祖国那些商人和工厂主出于没有道理的嫉妒而这

样做。倘若他们已处于比较发达的状态，这些禁令也许就真有压迫性和令人无法容忍了。

"大概"，"可能"，"奴隶标记"。的确如此。亚当·斯密本该了解得更清楚一些。如果英国人能生产并以更低的价格销售那些东西，他们就不需要发布禁令了，殖民地的居民也会找到更好的事去做。亚当·斯密说，这就是他们发现的道理。他没有讨论比较优势，便理解和倡导这一原则：即资源应该流向最有利可图的用途：

> 他们把几乎全部的资金都用于农业，这就是我们美洲殖民地居民迅速迈向财富和了不起的成就的主要原因。他们没有制造业，但家用产品和更粗糙产品例外，而这些产品是伴随农业的进步必然出现的，是每户家庭的妇女儿童的作品。[32]

殖民地居民的确有制造业，这对后来的美国是件幸事。亚历山大·汉密尔顿等人认识到今天的比较优势明天也许就没有了。

至于英国这些强加的限制尚可忍受，亚当·斯密本可以将这一点归因于英国人实施方面的无能。整个体系便是开了一个大玩笑。伦敦试图只用少量代理人强行限制殖民地贸易。这些人大部分在英国四处游荡，却在海外低价雇佣下手。他们随之发现，接受殖民地商人的贿赂比履行自己的义务油水更大。至于征税：英国政府每年支付给这些游手好闲的人8000英镑，他们一年只征税约2000英镑。[33]

因此，的确，这些禁令在钱方面几乎没有多少影响。[34]但这不意味着这些禁令几乎没有影响。到18世纪60年代，英国新的行动主义大臣们发誓要整顿整顿，叫殖民地居民像懂事的殖民地居民应该做的那样，支付对他们安全和管理方面的花费，这时殖民地居民所受的震动使原本合理的措施变得不可忍受。（以往的忽视和容忍竟如此迅速地成为一既得权利，让人吃惊；对未来的展望如此迅速地超过了对过去的回顾，也同样令人吃惊：下一步你会拿我怎么办？）《波士顿报》表达出了人们的愤怒："军舰，快艇，端着上了刺刀的步枪的海军陆战队，海事法庭的法官，收税员，巡警，检查员，海关港口稽查，海关税务检查员以及各色各样的坏蛋，派到这里，不是来保护我们的贸易，而是要把我们的贸易压垮。"⑤

亚当·斯密卓有见地的论文发表于 1776 年，在同一年，北美殖民地宣告独立。即使他的经济推理是正确的，人们看到的不公就是痛切体会到的不公。人不仅仅只为面包活着。

注释

1. 我使用这些数字的根据是 Engerman 和 Sokoloff 合写的 "Factor Endowments" 一文中的表 4；请参阅该表引述的资料来源。不应忘记的是，这种估算，尤其是对较早年代的估算，是大胆推断和猜测的产物，姑且不说原始资料中的谬误和歪曲——请参照 Randall, "Lies, Damn Lies, and Argentine GDP" 一文。这个问题被不以购买力平价为基础而进行的脆弱的国际间比较，弄得进一步复杂化了。例如，如果人们把 1994 年 12 月至 1995 年 1 月期间墨西哥比索的暴跌纳入其中，那么，墨西哥的成果会显得更糟。不管如何吧；反正美国经济增长较快这一总的景象还是可靠的。关于另外的一组根据转化为收入（毛算近似值）的财产资料作出的估算，请参阅 Garcia, "Economic Growth" 一文第 53—54 页。

2. 与此有关的种种著作中，请参阅 Caves, "'Vent for Surplus' Models of Trade" 以及 "Export—Led Growth"；Baldwin, "Patterns of Development"；Watkins, "A Staple Theory of Economic Growth"；Garcia, "Economic Growth and Stagnation"。

3. 这是 Stanley Engerman 和 Kenneth Sokoloff 讨论 "Fator Endowments" 的合著论文的主题思想。这是一个重要的、有独到见解的分析。欲了解关于"内生"的原材料的开发和生产（美国不仅仅是幸运）的同类观点，请参阅, David and Wright, "Increasing Returns" 一文。

4. Fischer, *Albion's Seed*, 第 174 页。

5. Smith, *Wealth of Nations*, BK. IV, ch. 7, Part2: "Causes of the Prosperity of New Colonies"。

6. Smith, *Wealth of Nations*, BK I, ch. 8: "Of the Wages of Labour"。

7. 两处引文都引自 Fischer, *Albion's Seed*, 第 560 页。

8. 见 Hartley, *Ironworks on the Saugus*。

9. 引自 Oliver, *History of American Technology*, 第 89 页。

10. Fischer, *Albion's Seed*, 第 860 页。

11. 较新一代的经济史家对"知识贫瘠的文化基本论解释"很不满意，认为它"众所周知不可靠，难以把握"，他们主张用"清楚明白的、具体的、或广泛应用的标准"来分析社会以往的情形。见 Carlton 和 Coclanis 合著 "The Uninventive South?" 一文，第 340 页、326 页。除了文化为什么该被认为"知识上贫瘠"或"属于基本论"（这可能难以量化，但其真正的问题在于：文化重要吗?）这一问题外，他们主张的分析所面临的问题是：它把所省略不谈的东西排除在外，具体化到一种留不下什么"尚未"解释的问题。在衡量明确化了的要素即假定可量化的经济变量的相对重要性问题上，这种分析很有效，但在其他问题上，却毫无建树。

12. Jeremy, *Transatlantic Industrial Revolution*，第 254 页。

13. Gibb, *Saco—Lowell Shop*，第 10 页。Oliver 的 *History of American Technology* 第 158 页引用了该文。另参见 Rosenberg，"Anglo—American Wage Differences"，该文指出尽管美国人付给非技术劳动力的工资比英国人高，美国人却能用更少的钱雇佣最优秀的人来造机器。

14. 关于这种反方向流动，请参阅 Musson 和 Robinson 所著 *Science and Technology* 一书，第 62—64 页。他们引用了曼彻斯特机器制造商马修·柯蒂兹在 1814 年对一个议会委员会所说的话："……我意识到：真正的新发明即全部新思想在利用新机器或以新方式完成某一过程中所发挥的主要作用，源于国外，尤其是美国。"

15. Jeremy, *Transatlantic Industrial Revolution*，第 253 页。

16. 同上，第 252 页。

17. 见 Broadberry, "Comparative Productivity in British and American Manufacturing" 一文。

18. 见 Eisler 主编的 *The Lowell Offering* 一书。

19. 关于工厂劳动的消极方面，参阅 Dublin 的 *Women at Work* 一书以及 Zonderman 的 *Aspirations and Anxieties* 一书。

20. Jeremy 在其 *Transatlantic Industrial Revolution* 一书第 253 页上引用了这句话。

21. Rosenberg, *Perspectives on Technology*，第 39 至 40 页。

22. 关于轻捷骨架房屋的意义，请参阅 Giedion 的 *Space, Time and Architecture*；及 Rosenberg 的 *Perspectives on Technology* 第 38 页。一直有人认为英国消费者所享受的物品（包括房屋）的多样性，形成了一种舒适方便的生活环境，这没有在标准收入或产品数量上表现出来，但却实实在在地提高了生活水准。——参阅 Prais 的 "Economic Performance and Education" 一文第 155 页。但少数仍住在英国式砖石结构的房子——甚至 8 月份也让人觉得冷——的人，会说美国的建筑，不管样式多么沉闷单调，多么实用主义，就花的钱而言，更令人宽敞、舒适。此外，轻捷骨架房屋的特征决定了可不费力地在墙上装管道和电线。这促使人们早早采用了这些便利设施，如冷热自来水和中央供暖。另一方面，欧洲的砖石结构和灰泥墙房在很大程度上更能防火，这可以造成生死之别。

23. Rosenberg, *Perspectives on Technology*，第 42 页。

24. 关于差异与互换性的标准，见 Landes 的 *Revolution in Time* 一书第 283 至 285 页，以及第 19 章 "Not One in Fifty Thousand"。

25. 内森·罗森堡（Nathan Rosenberg）在 *Perspctives on Technology* 第 17 页称这种现象为技术趋同性，因为他发现不同的部门汇聚到同一技术之源。但我宁愿把这称为技术的迅速繁殖或相互关联性，这一叫法能更好地突出技术在多个应用领域得以普及。

26. 这段话作者是乔治·塔尔科特（George Talcott），发表于 S. V. Benet 主编的 *A Collection of Annual Reports…Relating to the Ordinance Department* 一书第一部第 295 页，戈登（Gordon）在 "Who Turned the Mechanical Ideal" 一文第 746 页引用了这段话。

27. 参阅 Rosenberg, *American System of Manfactures* 一书。

28. Erickson, *American Industry*, 第 132 页。

29. 奥利佛（Oliver）在 *History of American Technology* 一书第 375 页引用了该段话。

30. 阿布拉莫维茨（Abramovitz）和戴维（Daivid）合著："Convergence and Deferred Catch—up"，第 21 页。这些数据采自安格斯·麦迪森（Angus Maddison）所著"Explaining the Economic Performance of Nations"一文，表 2—1（第 22 页）和表 2—4（第 28 页），并且以购买力平价美元的标准衡量。

31. 这一段以及下面一段引文出自 *Wealth of Nations*, BkIV, ch. 7, Part2："Causes of the Prosperity of New Colonies"。

32. Smith, *Wealth of Nations*, BKⅡ, ch. 5："Of the Different Employment of Capitals"。

33. Cook, *The Long Fuse*, 第 58—59 页。

34. 现代计量经济史家曾试图衡量这些法令对美国殖民地居民所带来的负担，认为这并不重要。其中的含义是，经济上的"理由"只是一个借口，殖民地居民有发动战争的其他动机，或者更糟糕的是，他们不过是些忘恩负义的人。除去在计算这一负担时的错误以及如果没有航海法情况下想象出的违反事实这一问题，人们能量化所感受的委屈不满，并因此判断一场战争是否有正当理由，这一想法本身使我感到很幼稚。关于对此所发生的大量争论，见托马斯（Thomas）的"A Quantitative Approach"一文以及一篇反驳文章：Sawers 的"The Navigation Acts Revisited"以及在该文引用的文章。

35. 库克（Cook）在 *The Long Fuse* 第 59 页引用了这段话。

国 富 国 穷
第 20 章
THE WEALTH AND POVERTY OF NATIONS

南美洲的道路

> 我们（圣多明各）的经济变成了西方型的，不是欧洲最发达的经济模式，而是西班牙模式。西班牙向我们传播了它的一切，但是我们无法从西班牙接受西方的生产和分配方式、技术、资本以及欧洲社会的观念，因为西班牙本身就不具备这些东西，我们了解福音书，但不是伊拉斯谟的版本。
> ——胡安·博什《多米尼加社会状况》

Why Some Are So Rich and Some So Poor
David S. Landes

拉丁美洲的路子十分不同。刚开始时，例如说17世纪，它并不比北美更穷，正好相反。西班牙和葡萄牙的入侵者把他们的英国对手看做是命运的孤儿：北美的森林与原野，或者已资源竭尽或百无一利的小安的列斯群岛，怎能与新西班牙和秘鲁的金银，或者与巴西的染料木、金刚石、金子相比？英国人只能像狼一样躲在西班牙运金船队的侧翼，而他们的殖民地居民在充满敌意的环境中苟且偷生。甚至在农业潜力方面，拉丁美洲也占优势，特别是在气候温和的地区。

但任何事物都不是一成不变的，昨天的比较今天已成历史。现在金、银矿是会耗尽的资产。约200年后，当美洲的殖民地居民获得自由时，北美远远超过了南部——人均收入更高，财富分配更平均，人也更富。唯一的例外是种植赚钱的特产作物的小地区，确切地说就是加勒比海岛的产糖区。但甚至在那些地方，只要不把奴隶人口计算在内，情况也是更富有。

相对财富多少的变化有很深的根源。当英国人发现了一块人口稀疏的陆地并把土著人赶走以便让移民安家落户——长此以往导致了一种绝对的种族隔离时，西班牙人发现的却是新大陆人口最稠密的地带，并且与当地居民通婚。有些人把这种不同的做法看做是英国（或新教）奉行种族主义而西班牙人（或天主教）开明的例证。这也许有道理，尽管

第二十章 南美洲的道路

人口分布有它自身的逻辑。* 英国人以家庭为单位移民到北部和中部殖民地，结果除 60 岁以上的人之外，年龄分布与英国本土居民的年龄分布相似，而西班牙并不鼓励举家移民，甚至也不鼓励女人到新大陆。

当土著人死于暴力、疲惫、绝望，尤其是死于疾病后，西班牙人从非洲贩运来黑奴。他们驱使这些黑奴种甘蔗、淘金等等，但这些人在美洲大陆西班牙殖民地发挥的作用从未比得上他们在加勒比海岛以及美国南部发挥的作用。同时，又缺少从其他欧洲国家来的移民。在西班牙本土，当地人对于从外国来的非天主教的商人和手工艺人的竞争和派头怨声载道。但是在西班牙的美洲殖民地，情况却不同：当局千方百计阻止外来者染指西班牙在新大陆的财富。这种排外行径使西班牙在新大陆建立的帝国失去了最迫切需要的技术和知识，更不用说失去了文化多元性的优势，以及那些爱争辩的新教徒的异端学说的优势，而正是那些异端学说激发了知识上的挑战，并使人们始终保持一种受教育的欲望。① 而且，在西班牙殖民地各个角落，天主教宗教法庭都在追捕异教徒；有些隐瞒身份的犹太人原以为漂洋过海来到美洲，就不会再有人刨他们的老根，但却继续受到迫害。西班牙殖民当局的目的是要完成清洗，造成像他们本土一样的封闭环境。所有这一切证明这对纯洁性有极大的作用，但对商业、知识以及实际技能的发展却极为不利（我们注意到西班牙并不对此烦恼。直到 19 世纪初期，西班牙人仍然认为西班牙是欧洲文明的中心，是信仰与美德的典范，认为不懂西班牙语就是彻头彻尾的无知）。

在新西班牙（墨西哥），男女移民的比例是 10∶1。② 异族通婚是不可避免的。实际上，在基督教的一夫一妻制占统治地位之前，有些西班牙征服者把美洲印第安女人纳为妾。拉丁美洲的混血儿成为一个中间性的民族群体，肤色越接近白人越好，这些混血儿数量虽少，但比克里奥耳人要多；在地位与作用上不如克里奥耳人，但比纯粹的土著要高得多。混血儿成为监工、工头、店主以及小官吏。印第安人则被指派在田间、矿区、马路上劳作或者当仆役。③

在这种模拟伊比利亚社会的环境中，完全没有北美式的技术、好奇心、首创精神以及公民利益。西班牙本身在这些方面就落后，原因在于其精神上的同质性与顺从性，其财富和虚荣心。西班牙把自己的弱点又输出到海外。又怎么会是别

---

* 西班牙人（或葡萄牙人）在入侵而得的殖民地以及殖民地独立以后的社会中所表现出来的种族意识纪录，也与开明的名声不相符。

样呢？那些西班牙人并非为了打破模式而到新大陆。他们一心想通过这种模式发财，甚至为了获得职位，实行贿赂；他们几年就学会这种手段。通往财富之路不是劳动，而是贪污和暴政。

经济潜力方面的这些对比与政治能力上的差别有关。北美殖民地居民来自一个有不同政见的社会，对外来人和新观念比较开放。我并不想暗示英格兰及其政治文化是一种开明浪漫传奇。毕竟，最早的一些殖民地居民本身是宗教避难者，却在自己的新家园继续折磨别人，使别人不得安宁。英国有一种"约翰牛"式的古板，有上层阶级的装腔作势与特权，并且对旧的枷锁顽固地继承，这可追溯到中世纪的排外行为以及反清教徒的势利行为。④

但一切事物都是相对的。当我们把英国人的思想活跃和多样性与西班牙和葡萄牙的反宗教改革的正统思想以及迷信狂热相比时，即北美思想和首创性的力量与西班牙葡萄牙辖区的不满相对照时，我们就能理解其政治结果。来自英国的殖民地居民自己创造了他们的革命。他们反复酝酿，明确问题，向统治者发出挑战，直面冲突，当他们获胜时——这在一定程度上归功于英国人在欧洲的一些仇敌——他们已经具有了一种自我意识，具有了经济上的追求以及国家的目的。*

在拉丁美洲，独立并非源于殖民地的意识形态和政治首创性，而是由于整个欧洲抗衡和争战这一背景下的西班牙及葡萄牙国内的弊端和命运不济。当西班牙证明自己无力统治海外的殖民地时，新大陆的强人们利用了这一空隙，夺取了政权，其间只遭到了零零星星的抵抗。独立就这样不知不觉地来临了，令那些除了更换主人别无他求的尚未成熟、定型的实体颇感意外。⑤这种无政府的否定态度引来了穷兵黩武的军阀统治。难怪，19世纪的拉丁美洲史是阴谋、政变和反政变的恐怖史，这一切必然引起不安定、政府昏庸无能、腐败以及经济的停滞。

任何社会能否长期生存在这样一种氛围中？还是该在严肃的、持续的基础之上谋发展？答案是：这些地区不是"现代"政治单元。它们没有方向，没有自我意识，没有民族象征；因此就没有衡量其表现优劣的尺度，也不存在期望带来的压力。不存在公民社会。在社会上层，是一小撮无赖，受其原先殖民主人的教唆，肆无忌惮地抢掠财物；在社会的底层，黎民百姓蹐缩一团，勉强糊口。可

---

* 并非所有的殖民地居民都这样。试比较费希尔的 *Albion's Seed* 一书第252页脚注关于弗吉尼亚州自己颇感不快的怀旧情绪。这些保守分子中很多人打道回府，以迈步离去的形式投票反对独立，忠于原先的祖国。但这是退向政治死亡，是拒绝当时已弥漫于北美殖民地的革命精神，而正是这种精神把高度不同的单元团结为一个单一的共和国。

见，拉丁美洲的这些新的国家几乎无异于亚洲的专制主义，尽管有时候打着共和国的幌子。

在这种不稳定、不安全状态中，没有权威的法令能长期有效。在人口稀少的宽阔空旷地带，达官显要在其农场和种植园里称霸一方，不仅发号施令，而且驱使人们干活，行使着私刑和警察权力。与此最接近的恐怕是易北河以东的普鲁士贵族无国法可言的统治。拉丁美洲的城市当时通常也是港口，国产货与进口货在这里交错，关税带来现金，达官贵人及其走狗就地分赃。

唯一可能重要的、行为一贯的机构——天主教会，是现状的既得利益者。它拥有许多土地，其财富就像一只挂在树上引起人们羡慕和不和的苹果。当政府准备夺取这些财产时，教会没找到几个支持者。教会的教士，芸芸众生中唯一受过教育的人，牢牢抓住自封建时代以来便有的法律和民事特权。他们知道忏悔者心灵最隐秘之处，掌握着通向拯救之门的钥匙。这并不是得民心的好办法。可是除了酒、色和暴力之外，只有教会提供了唯一的安抚绝望之心的去处。问题是，它认为一切知识上与政治上的标新立异都是颠覆性的。少数几个开明分子相信一些好听的口号，试图把人民拽到现实中来，但这些人不得不把很多政治精力花在与教士打持久战上。

结果，新独立的拉丁美洲几乎没有发生什么经济上的变化。像从前一样，关键的部门包括采矿业（金、银、铜）、农业、放牧业、林业。目的是生产剩余产品，能用来换取外国的制造业产品。对工业的发展几乎没创造什么条件，因此几乎无工业可言。正如任何高明的英国经典经济学家会建议的那样，这些粗制滥造的政治实体仍然靠自己的比较优势吃饭。更何况，制造业有潜在的反社会性。它们会争夺本已缺乏的劳动力，从而产生一个对社会不满的无产阶级。因此，拉丁美洲国家没有发展规划，没有经济发展的图景。亚历山大·汉密尔顿鼓励年轻的美国发展工业，与欧洲一比高低，而巴西的凯鲁子爵却"迷信地相信'无形的手'，反复地念叨'自由放任，自由通行，自由买卖'这几句话。"[6]

这样，南美国家在独立后，仍像以前那样在经济上依附于先进的工业国家；起初是英国；在19世纪末期是德国，因为考虑到德国在科学、技术方面的收获；然后从20世纪开始，依附于美国。外国人修铁路，建港口，在很大程度上是为了运出内地的剩余产品（正如印度一样）。[7] 外国人以高息贷款给没钱的政权及其政敌（倒霉的借钱人要偿还得更多）。外国人建造兵工厂以及其他工厂并且经营管理它们。自然而然地，人们便把南美国家经济的弊端归咎于外国人。这种逐渐怂恿起来的怨恨情绪，有一部分道理，但被教条地夸大，使事情变得更糟。它把经济政策意识形态化，把实际事务变成原则性问题。

（具有讽刺意义——但并非毫无关系——的是，在殖民时期，西班牙人及其教士想方设法地排斥外国人。下面是1788年一位船上的官员访问马尼拉时的评论：" 因为西班牙有法令禁止外国人入境，客栈、设施齐全的旅馆以及所有那些对于好客来说必不可少的便利设施，在当地绝对是闻所未闻。如果一个人只有钱而在当地没有一个亲戚朋友，那么他就不得不准备露宿街头。" ）⑧

一种机械化了的工业——纺织业——确实有了立足点，但直到19世纪晚期才如此。在此行业中，巴西和墨西哥领先于其他国家。在棉纺织业中，原纤维经常不得不从国外进口，生产供大众消费的、质地粗糙的产品。墨西哥还有毛纺织业。这要追溯到殖民时期，当时的形式是手工作坊，但由于进口布料的涌入而消失了，后来又在关税壁垒的保护下在一些小工厂里重新出现，使用下等的美利奴羊毛，重新满足了大众需要。有钱人则从国外购买衣料。他们的皮肤更娇嫩。

南美洲的工业开端并未产生一场工业革命。甚至建筑铁路也对此无能为力。有些事情必须在国内办：例如，机器必须维修。但是那些维修作坊只管机器的保养，他们几乎从未进一步自己制造机器。自然和社会环境同样也不利。燃料和原材料比在欧洲和美国的价格要高，技术缺乏。这一切都很合情合理：自身的比较优势使购买洋货更容易，也更便宜。

这种合理性的问题是：今天的明智也许到明天就成了错误。发展是长期的事情；而逻辑却是暂时有效的。经济理论是静态的，基于现状。经济发展过程却是动态的，从今天的到明天的物质上的充裕。* 如果一个人不尝试着促成一件事情发生，那么它永远不会发生。倘若当初德国人曾听从约翰·鲍令的建议……那位周游世界的英国经济学家曾叹息说德国人愚蠢，要制造钢铁，而不是坚持生产小麦和黑麦，从英国购买工业品。倘若当时的德国人听了他的话，他们就会使那些经济学家感到满意，并凭借自己的葡萄酒、软木以及橄榄油取代葡萄牙，成为合理性经济的完美模式。同时他们结果也会穷得多。

拉美各国机会最佳的是阿根廷，尽管在西班牙帝国兴盛时期，没有人觉察到

---

* 当然，人也可能出错，计划不可靠。这正是在穆罕默德·阿里统治下的埃及和洛佩斯独裁下的巴拉圭发生的事情。——见下文。

这一点。在1600年，布宜诺斯艾利斯是天之涯海之角。它位于人口稀疏、宽阔平坦的草原上，是位于今天玻利维亚境内安第斯山脉高处的银产地波托西与巴西东南部粮食出口地之间的一个中途站。葡萄牙商人控制着贸易。城内的无产阶级包括从巴西逃来的奴隶、混血儿逃兵以及其他衣不遮体的边远地区的穷人，他们蜷缩在郊区的茅屋里，靠别人的残羹剩饭生活，需要牛和马时便从周围野生的牛马中牵来（何乐而不为呢——反正这又不是任何人的财产）。没有手工艺人、工具以及工业，也缺乏勤奋——假若勤奋，就会在矿挖完后打起精神干点别的事情。在殖民时期的布宜诺斯艾利斯，一个马蹄铁的价钱比一匹马的价钱高出好几倍；这不足为奇：马的数量超过了马蹄铁。在整个西班牙帝国，钉子是稀罕物，马车是用生牛皮扎到一起。买得起欧洲服装的有钱人只在特殊的场合穿这些衣服，平时大概就把它们藏起来了⑨（300多年后，在第二次世界大战期间，情况仍无改变。工业品依然要进口；工业家也得进口；当地工业的最大推动力不是来自国内需求的增长，而是靠战时的军需品供应）。

在殖民地时期，西班牙的目标是减少阿根廷的贸易。由于控制与税收方面的原因，西班牙帝国禁止从布宜诺斯艾利斯出口银，而试图让波托西出产的银等矿产品全部沿安第斯—太平洋路线向外运（翻过安第斯山脉，到太平洋沿岸，再沿西海岸往北运至巴拿马地峡，穿过地峡入加勒比海，再运往欧洲）。但只取得部分的成功。阿根廷北部省份向坐落在海拔高达15843英尺的山区的波托西这座当年美洲最大城市之一（17世纪初人口达16万人）供应食品、牲畜、原棉和土布，再把赚来的银子用在大西洋港口，购买铁、武器、服装和其他欧洲产品。不用说，这种赚大钱的非法贸易招致了形形色色的腐败现象。它也促使西班牙官吏和业主榨取印第安人的最后一滴血汗。所谓的保护当地人的好意，不过如此。

与西班牙的脱离（1816年）以及老西班牙帝国的瓦解结束了这种贸易。但阿根廷的自然恩泽并未消失。气候多样，包括中心地带的温带气候；宽阔平坦的无树大草原，是放牧牛羊的理想地区；土壤肥沃，适合种植谷物；有些地区适合种植亚热带农作物，如棉花和糖类作物。然而阿根廷几乎没有工业资源——没有铁、煤、木材、石油，没有矿产可言。在连绵的山脉东侧，有水力资源，却远离贸易路线和商人。几乎没有制造业，即使有，大部分也是家庭手工业遗留下来的。几乎所有这些活计都是女人干——纺纱织布，制陶，做肥皂，烹制食油，做蜡烛。⑩在一个价值观与西班牙一脉相承的大男子主义社会里，成年给男性带来了"完全的独立和游手好闲"。⑪

殖民地政府的临时性质加上西班牙统治料想不到的崩溃,使阿根廷这一后院的命运变得悬而未决。独立后的阿根廷很多政治活动就是中央集权的布宜诺斯艾利斯与各"省份"的松散的封建政权之间连绵不断的争斗。直到 1862 年,阿根廷共和国才宣告成立;甚至此时的共和国仍尚未成熟。又经过一代人的政变和屠杀,才结束了叛乱和分裂。有些学者忽视这种政治上的不稳定,指出当时年轻的美利坚合众国也存在分裂症,直到 1865 年南方邦联溃败,国家的统一才得以保证。我不同意这种比较。在奴隶制问题到了不可控制的局面之前,美国还是一个有效的、正常运转的政治单位。阿根廷独立后有半个世纪之久不是一个正常运转的政权。

阿根廷自古以来是牛羊的天堂,对农作物种植和人的了解却较少。田园生活方式的胜利以及对农业的相对忽视,与土地和移民政策密切相关。外国观察家认为阿根廷对移民有一种潜在的磁铁般的吸引力。某些富有远见的本地人也这样认为。他们需要更多的新移民,尤其是欧洲的新教徒移民。他们认为这些移民教育程度较高,工作较勤奋,且政治上成熟。当然,这就要求天主教会在其政策或者在其权力上有所改变,也要求人们改变某些根深蒂固的态度:

> 尊重每一种信仰的祭坛。那些通用西班牙语的美洲国家,只信奉天主教,而排斥其他任何宗教,因而就像一座形单影只、静默无语的女修道院一样……南美洲排斥其他宗教,就意味着排斥英国人,德国人,瑞士人,北美人,也就是说排斥南美洲最迫切需要的人。只要这些移民而不接受其宗教就等于不接受其动能,而缺少这一动能,这些移民就无法成为自身。⑫

这是中肯的建议,但却难以采纳。人们已经有固定的思想观念。他们在反对宗教改革的偏见和对强大的外来人的恐惧心理中成长起来,因此并不打算欢迎异教徒,教会也不会悄悄隐入幕后。⑬

同时,移民可以到其他地方。阿根廷的土地政策似乎旨在排斥外国人。大部分土地分成大片,霸占在官吏和实权派人物手中,经常是白送给他们,要不就廉价卖给他们。有时土地的授受和买卖也规定有安置居民和耕种的条件,但这些条件不可能得以实现。由于缺少资金和劳动力,土地拥有者发现让土地荒废或听任牛羊处置更省事。与此同时，通过驱赶印第安人，阿根廷国土进一步扩大，当局提前把新获得的土地卖掉，就支付了为夺取这些土地而花费的战争费用。这些行动带来了金钱，但也意味着把大量土地卖给投机者，这些人能通常经营大牧场而以最快速度又把钱赚了回来。

是先有鸡还是先有蛋？二者互为因果。阿根廷政府不时从海外招移民。尤其从意大利寻找自愿移民，意大利当时是培养移民的温床，这些移民追求的不是土地而是金钱——以便回老家后购置一处更好的住宅。19世纪80年代，一份同意大利公司签订的合同明确规定了阿根廷所需要的移民："如果可能的话，提供野外工作的工人和手工匠，单身，且从农村最年轻力壮、最能干的人中挑选。"⑬这些努力遇到了社会和政治现实方面的困难：土地的分配以及节省劳动力的生产活动（如放牧）占统治地位；局势常常不稳定；宗教限制；当地的偏见。那些极少数需要密集劳动力的地区——例如，种植糖作物地区——依赖于师徒契约和强制性劳动力，从而失去了对自由移民的吸引力。

让我们比较一下北美殖民地及后来美国的土地政策。在北美的南方殖民地，大片土地需要奴隶充当劳动力。印第安土著数目很少，也不情愿为地主打工。因为土地充足，白人自由民可以自己成为土地主人，因而不愿受雇于人。于是黑奴从非洲源源不断运来，直到1807年禁止贩运黑奴为止。之后，只能通过自然繁衍维持黑奴的使用，这就必然使黑奴的营养标准和待遇高于加勒比海或南美洲盛行的标准。同时，美国人越来越憎恶奴隶制，随着合众国向西部扩展疆土，围绕是否扩展奴隶制和使美国得以维系的契约的性质问题，引发了诸多冲突。最后，如人们都知道的那样，内战解决了这一问题。奴隶获得了自由，大面积的地产分解为以家庭为单位的地块。

在以前的自由州和新领土中，耕种面积的扩大有赖于抛弃东部已反复耕种过的土地而去寻找处女地的农场主，以及寻求更舒适的生活和自己的土地的欧洲移民的西进运动。与此同时，工业必须自己去找到工人。* 一些部门和企业派招工人员到欧洲的穷乡僻壤搜罗、买进合同工。这一任务并不难：饥荒，生意危机，国家边界更改，以及迫害，使欧洲移民有充足的理由离井背乡。

---

* 这是H. J. 哈巴库克的经典之作《19世纪美国和英国的技术》一书的主题思想：美国的非熟练劳动力的成本高，迫使美国人追求技术创新；那么怎样解释人口的快速增长呢？答案是：外来的移民。

情况本可能不如此。没有物质方面的原因迫使北美殖民地居民更喜欢家庭拥有一片土地而非经营大规模的农场。重要的是文化和社会目的方面的原因。例如,新英格兰殖民地从一开始就以家庭为单位分割土地,因为这些移民来的时候就是一个由各个家庭组成的群体。在大西洋沿岸中部实行领主制的殖民地(纽约,宾夕法尼亚),存在面积更大的土地的买卖,但这些地方也存在一种倾向:把土地分割成小块卖给单个家庭。尽管源于殖民地开始时期的特殊的保留地仍然存在,一些大宗土地买卖也出现过——这通常与内部买卖和贪污腐败有关。例如18世纪90年代,马萨诸塞州以每英亩21美分的价格把它在缅因的300万英亩的土地卖给了当时的国防部长亨利·诺克斯和财政部助理部长威廉·杜尔。那还算是贵的。马萨诸塞州还把它在纽约西部一直保留着的600万英亩土地以10万美元的价钱卖给了奥利佛·费尔普斯和纳撒尼尔·戈勒姆,每英亩还不到2美分;不过这些土地在当时算是偏远地区吧。如此等等。[15]这些拥有土地的人也是把土地转卖给农场主,或是先卖给较小的投机商再由投机商转卖给农场主,从而既赚了钱,灵魂又获得了拯救。这些土地主的大话吹得没边儿:威廉·杜尔叫他在欧洲的代理商吹嘘这些新土地神话般的本事:每英亩可产60至80蒲式耳小麦;可以钓到80磅重的大鱼。他们向外国的投资者保证这些土地上的人口每25年就要翻一番(起初,几乎如此),每年有5万少壮人口西进。

一旦这些大片土地不复存在,边疆地区土地的主人变成了联邦政府,其政策是促进土地以家庭为单位发展。这方面最明确的证据莫过于占地者所造成的难题。因为拍卖这样一种销售土地的方式使人们获得土地不那么踏实稳定,人们宁愿先占地再买地。当局试图阻止这种情况。因为它不仅违反了财产与程序的准则,还降低土地价格,阻挠了那些有钱的、渴望获得土地的人的买地意图。但徒劳无益:当那些先占地以图获得土地所有权的农场主在拍卖会上集会,手持步枪时,只有愣头愣脑的家伙才会轻视他们的利益。因此1830年国会通过了一项关于那些先占地以获土地所有权的人的补偿法律,这只会更鼓动这种行为。后来到1841年,一项普通的"先买权"的法令使先占地再买地合法化,赋予土地占有者以最低价购买其占有土地的权利。[16]

为了鼓励修建铁路,有一个很重要的例外情况:授给负责新建铁路线的人沿铁路两边的土地,而这些人一般情况下设法把土地卖给独立经营的农场主。这些土地很受偏爱,不是因为土地本身更诱人,而是因为它们比大牧场能生产出更多的供火车运输的货物。最后,大自然有发言的机会:人往西走,降雨量逐渐减少，更多的是大片大片的土地，用来饲养牲畜和放牧。同时，小镇实际上变成城市，城市不仅是作为市场和运输枢纽，而且是作为制造业中心而繁荣起来。辛辛那提便是一个很好的例子：它是南北战争前美国西部最大的城市，是肉类加工和油脂熔炼的中心，磁铁般吸引德国移民的地方，是拥有制造首饰、炉子以及乐器等等的小工厂的城市。[17]

这些政策和文化上的差异反映到了移民数目上。在阿根廷，直到19世纪最后25年，移民速度才开始上升，这时小麦耕作面积也相应增加——在19世纪70年代，约有50万公顷耕地，在19世纪90年代早期，仍只有130万公顷，后来，数量激增，到第一次世界大战前夕，约有2400万公顷。[18]阿根廷一位很重要的历史学家写道："移民潮水般涌进"——在1871年和1914年之间，约500万移民到阿根廷，其中310万人留了下来，而阿根廷人口1869年只有170万（不含印第安人），到1914年，人口到了780万。[19]移民的涌入速度并非年年一样，反映出移民原先所在国家的政治事件、商业条件以及人口压力的影响。在19世纪70年代，每年净移民数平均为2.86万人；在80年代，这个数目翻了两番，达到年平均8.65万人。这之后，涌入速度降了下来，到90年代，年平均4.06万人；后来到20世纪，尤其是从1904年到1913年，年均增加量又翻了两番，达到12.59万人。

诚然，净增数量并不能充分反映出移民在劳动力供应方面作出的贡献。这些移民中很多是季节性农业工人，也就是所谓的"燕子式"打工者，大多是从意大利南部招来的，从布宜诺斯艾利斯到打工地点的往返路费不用自己支付。在1904—1913年这10年间，每年29万移民中几乎有一半打工完毕又回到老家——平均每年13.57万人。从阿根廷观点来看，这是一种省钱的安排：收获时节招来工人，干完活再把他们打发走。这对移民也很适合，他们正好利用赤道以南以北地区两个相反的收获季节。但它有一个严重的不利之处：它选择的是只有部分时间被雇佣的小农，几乎没有多少技术和文化，即使留在当地，对整个经济的潜在贡献也是有限的。

此外，数目本身并不能说明整个问题。留下来的欧洲人中，成为阿根廷公民的移民寥寥无几——1850年至1930年，不足5%的移民加入阿根廷国籍；除其他原因外，一个原因是作为公民，他们有义务到军中服役。* 这是一块需要人手的土地，但同美国相比，它发现难以赢得外来人的心从而留住他们。无疑，部分原因是缺少经济机会。但人的忠诚需要培养，而对百姓漠不关心，是那些偶然获得主权的国家的一个弱点。这些国家的政府代表什么？而谁又代表了他们呢？[20]

与此相对照，在美国，移民流入的速度早就增大了，从19世纪20年代的平均每年1.43万人发展到19世纪50年代的平均每年25.98万人。随着用蒸汽船航行的成功以及西部地区的开放，移民数目从19世纪70年代的平均每年28.1万人增加到80年代平均每年52.47万人，再到90年代降到每年36.88万人，直到20世纪头10年，达到高峰，平均每年87.95万人，其中有几年超过100万人。** 从1821年到1914年，总计约3200万移民到达美国，此时美国的人口也从1000万人发展到9400万人——尽管移民在人口增幅中所占的比例不如阿根廷那么大，但总计起来比阿根廷的移民人口重要得多。[21]

移民本身的性质也存在重要差别。大多数去美国的新移民来自不列颠群岛和欧洲西北部，到19世纪末，来自南欧和东欧的移民数量开始增加。他们当中有文化的人比文盲要多，很多人是训练有素的手工匠（统称为"有技术"的人）；直到19世纪40年代，多数移民是农场主而非单纯卖力气的体力劳动者。[22] 吸引移民的是将来能获得便宜的按家庭分配的土地以及高薪待遇，极少有人去了实行奴隶制的南方。同到拉丁美洲的移民相比，这些人带来了更多的知识和技术。到阿根廷的移民恐怕日后才会赶上他们***（实际上他们从来没赶上过）。

美国的移民史家就不同时期被迫移民和主动移民的相对重要性进行争论，当然这二者在不同时期都很重要。有些人把移民的潮水般涌入描绘成一场大规模的绑架行动（尤其是欧洲人，如此大规模人口外流事关声誉，不好解释）。这纯属无稽之谈。在大部分的新移民看来，美国是块充满希望的土地，充满了无限的可能性。个人的原因起了作用。移民来美国是因为比他们早的人，对这片新大陆的

---

* 在这以前加入阿根廷国籍的人数甚至可以忽略不计：1895年，只有0.16%；1914年1.4%——见Cornblit的"European Immigrants"一文第232页，表2。

** 移民数目多少受美国和欧洲的社会状况影响很大，不仅仅受生意前景影响，而且受战争和革命的影响。因此，欧洲1830年及1848年革命的失败促使欧洲人向海外移民；美国的南北战争则使人们打消这一念头。

*** 有些读者可能发现这一比较不太入耳（政治上不正确）。然而，这丝毫没有夸大事实，这在观念上同经济学家的努力也并无什么不同；通过考虑受教育年数以及其他人力资本的附加条件，经济学家把劳动力投入的分量增加到生产率的增长上。

生活，写回了尽管不全符合实际情况，但却洋溢着幸福之情的信。他们来是因为其亲戚、朋友和邻居早到一步；当他们到了美国后，便投奔那些早先到达的人，住在这些人家里，或住在附近。他们来到了一个在19世纪对移民入境几乎不设置任何障碍的国家。很多人又打道回府了——大约有1/3。但大多数人留了下来（或回老家后又回到了美国），在他们的亲人身边找到了工作，体会着在旧大陆从来没有体会到的自由。

让我们再来看看阿根廷。它的经济起飞还要等到19世纪下半叶或甚至是最后1/3时期。当经济起飞开始时，它非常适合李嘉图经济学派的贸易模式。主要的经济增长部门是：畜牧业，它提供了制造皮革用的生皮以及兽毛（这两种产品经常是连在一起出口到脱毛中心，如法国的马扎默）、牛油，以及腌牛肉。19世纪80年代发明的冷冻技术，使肉食贸易得到兴旺发展，尤其是在英国。起初，冷冻过程最适合于小羊肉和一般羊肉，但随着技术的改进，以及冷冻温度变得更稳定、精确，阿根廷开始出口冷冻牛肉，后来又出口味道美得多的其他冷冻肉类。

农业发展落后，主要是因为劳动力不足；但牧场主的反对和300年后仍顽强抗击欧洲人的印第安人的暴力破坏，起了进一步的阻碍作用（正如美国西部或非洲一样，需要反复用武力粉碎土著人的反抗）。印第安人的敌意是可以理解的：他们是为自己的土地而战斗。但大牧场主的行为也是可以理解的：经营农场意味着竖立篱笆，这样一来毫无遮拦的牧场将不复存在（人们不能让牲口踩农田、啃庄稼）。另外，正如美国西部那样，有刺的铁丝网也引进到阿根廷，这是人类设计出的最便宜的防止牲口吃庄稼的篱笆。*

19世纪大部分时间，劳动力一直缺乏。并不是大草原上田园式的、半游牧性质的帐篷里需要许多男女劳动力（布宜诺斯艾利斯的当局不时围捕妓女并把她们发配到主要是男性人口的外省，可谓一箭多雕）。但极少有人愿去干艰苦的运输工作。像在美国一样，印第安人不肯为工钱受雇于人。1813年，印第安人的徭役劳动力至少原则上已经废除。奴隶贸易也已禁止，尽管已留在阿根廷的奴隶继续受到奴役，他们的后代却生为自由民；而且，从海外运来的奴隶一踏上阿根

---

* 在19世纪90年代早期，有刺铁丝网的进口量是每年20000吨左右。见Rock, *Argentina 1516—1987* 一书第136页。

廷国土即获得自由。㉓

唯一的解决办法是依靠移民。但在这一点上,也是昨天压迫了今天。西班牙人的排外规章使人们打消了进入阿根廷的想法;甚至在独立后,政治上的不稳定,筛选式的招工,以及缺少自由田,也让想移民的人心灰意冷。其中最后一个因素是殖民政权遗留下的最糟糕的东西:大片的土地已被送人,分给教会或有名望、有权势的人,剩下的地则在革命后的动乱中被霸占光了。我们知道,后来又扩大的疆土,也同样被分配了。例如,1879年与印第安人的战役爆发之前(阿根廷把这一战役冠冕堂皇地描述为"征服荒野"),首先进行了土地拍卖,以便筹集军费,将大约850万公顷土地卖给了381个买主。只要能买的土地,买主都要,因为再往南去,气候变得干燥,土地也变得贫瘠。在南方的巴塔哥尼亚高原,能放牧的羊群大概仅相当于布宜诺斯艾利斯省同样面积上的羊只数目的1/10。

直到19世纪最后30来年,移民的流入量才开始增加,其中约1/4来自传统的来源地西班牙,但此时有半数来自意大利,因为当时意大利的人口增长超过了就业机会,尤其是在南北农村。极少数来自北欧和东欧,他们中许多人后来又动身去了美国。阿根廷当时成了地中海地区移民的聚集地。

数十年来,这些移民在这个自负却很落后、充满幻想和偏见但根本不友好的国家里过得并不舒服。他们大多数人留在具有半都市文化的布宜诺斯艾利斯。当时敏感的人绝望地感叹:"在这个国家,最迫切需要的转换不是金币兑换纸币或纸币兑换金币,而是把这块土地上的生于欧洲的居民,变成享有一个文明社会成员天生该具有的那些权利的人,即把外来的国民变成公民。"㉔

一旦阿根廷发展加速——部分原因是从国外引进了新技术(蒸汽船、铁路运输、农业机械、肉类冷冻),部分原因是欧洲的需求增加(人口增长、购买力提高)——其产品和收入大幅度增加,达到了可与正在工业化的欧洲国家相提并论的水平。然而,要注意到,阿根廷还是低于其他新开发地区的水平(见表20.1)。甚至在阿根廷光景好的年月里,只有农业,仍不能产生在一个平衡的经济制度下才能达到的生产率、收入及工资水平。㉕农场工人,尤其是给别人打工的(移民)体力劳动者,挣的工资一般是工业工人工资的几分之一。

与此同时,农场主、牧场主、专业人员、官吏以及迎合他们口味的时装贸易都在赚钱。像其他地方一样,钟表是一个现代化的、有时间观念的社会的标志和工具。瑞士和美国的钟表制造商为这个新市场展开竞争，制造出了符合拉丁审美口味的、设计庄重高雅的计时工具。[11] 19世纪末，阿根廷是依靠其大宗产品获得成功的最有前途的国家之一，乐观人士预计其未来会接近于（或几乎接近于）美国的未来。甚至在今天，新古典经济学家在谈及比较优势的好处时也会滔滔不绝地谈这个案例。

表20.1. 美国、阿根廷、澳大利亚、加拿大1820—1989年人均产值对比
（按1985年购买力平价美元计算）

	美国	阿根廷	澳大利亚	加拿大
1820	1219		1250	
1870	2244	1039	3143	1330
1890	3101	1515	3949	1846
1913	4846	2370	4553	3515
1950	8605	3112	5970	6112
1973	14093	4972	10369	11835
1989	18282	4080	13538	17236

资料来源：Maddison, "Explaining the Economic Performance of Nations 1820—1989", Table 2—1。

然而，它是否令人乐观呢？这个国家有一些有钱人，然而"由于一些从未搞清楚的原因，它一直依赖于外国资本，看贷款国的眼色行事，由此严重损害了这个国家处理自己事务的能力。"[12] 英国人修造了阿根廷的铁路——1871年不到1000公里，20年后超过12000公里——但却是为了满足英国人自己的目的：把肉类和小麦运到港口。当地人说，根本不是为了发展阿根廷国内市场。但建了这样一个铁路网怎么不能培养国内市场呢？如果不能，又是谁的过错？这反映出当地的企业精神如何呢？阿根廷人并不问这样的问题。指责别人总是更容易。结果，便产生了排外的反帝国主义以及自己给自己拆台的冤屈感。

尽管如此，大自然的慷慨馈赠还是弥补了这种差别。经济增长一直持续到20世纪，不仅在农业领域，而且也在刚刚兴起的工业领域。这种增长是以跨国

公司直接投资的形式——尤其是在食品加工业的投资*——以及进口替换的形式出现，这主要是靠小型企业（多数由外国人拥有，在20世纪30年代，很多由犹太难民拥有），并且受到几次出现（如第一次世界大战期间）的供不应求局面、一些保护性关税措施、与外国达成的双边贸易协议和外汇管制等因素的推动。㉘

人们不应该过分夸大这一后起的发育不良的工业领域。1914年，也就是农业和大量移民交织出现的25年之后，阿根廷进行的人口普查的资料表明，"工业"资本的一半以上是在采矿业，1/4是在公用事业，只有13.6%可以说是"基本上属于制造业"。㉙这种必然是缺乏独创性的工业生产，几乎没表现出什么发明或改造。利润率也不增长。它在原始的工作条件中存活下来，这些条件让人想起早期英国工业革命时令人梦魇的工厂，但却更糟，因为政府漠不关心。雇主也不在乎，认为移民劳动力很容易替代工作中伤亡的工人。他们对自己生产领域的技术所知甚少，也没法指望他们会改善人力资本。一些有见识的人试图让这些思想原始的雇主明白，提高工人素质，改善工作条件，会对他们自己有利。但是这些人被斥之为不切实际的乌托邦分子，对工厂和工业一无所知。结果，工业陷于停顿落后的状态。㉚

每一种工业都有对健康带来的特殊的危险。在纺织、金属、火柴以及玻璃工厂里，空气中总充满了细细的灰尘，刺激肺部。在皮革厂里，皮子硫化过程需要用硫酸、氮酸、盐酸以及砷和氨。所有这些东西都会挥发出有害气体，弥漫整个车间。在牲畜屠宰加工厂，工人们走在堆满凝固的血块、内脏以及动物粪便的臭味熏天的地板上，一不小心就会滑倒。把肉搬到冷库的工人不得不用破布片或旧报纸把手和脸包起来，小心翼翼地不让刚杀死的动物的血滴到衣服上，否则会凝固到他们的身体上。风湿病很常见，没有几个屠宰工厂工人进厂后能连续工作5年以上。

这样说来，阿根廷的工业不是经济增长的司机，而是一个乘客。当第二次世界大战后又出现困难时期时，这位乘客便下车了。无论是工业还是农业劳动力，闷闷不乐，于是便开始运用意识形态万灵药——第一次世界大战前的无政府主义，第二次世界大战后的庇隆主义——这些都是无权无势的人们的报复。经济学

---

* 这多与新移民的需求和口味以及城市增长有关：城市居民需要加工过的食品。1895年至1913年，食品加工厂以每年20%、工人以221%、资金以8%的速度增长。这一时期末，这一部门占了全部工厂的约40%，工业劳动力的1/3，工业投资的43%。——Lewis, *Crisis of Argentine Capitalism*，第32页。

家保罗·萨缪尔森把这种异化归因于经济落后和社会冷漠与政治早熟之间的矛盾。㉛人民想到无论经济还是国家都无法给予的东西。

如今,阿根廷正在痛苦地探索一条出路,以摆脱政治压迫和残暴行径、军事冒险主义以及经济萧条,尤其是让那些被怀疑为激进分子的人"失踪"、更不用说那些报私仇的做法——往往是把被监禁者装进飞机运到海洋上空,再把他们推出飞机,然后,监禁和杀害了他们的那些人还要绑架和"收养"受害者的子女(这种残酷令人回想起中世纪的宗教裁判)——所有这些都留下了一笔罪恶和恐怖的遗产。但矛盾的是,标语口号式的民粹主义促进了一个统一的国家意识的开端,这从《埃娃·庇隆》一书不平凡的成功中可寻到证据。

当地的学者和同情拉美的旁观者,一直把拉丁美洲发展上的失败——尤其是与北美相比更显出了这种失败——归咎于强国和富国的种种不端行径。这种"易受伤害性"一直被称为"依附性",暗示出它是一个不能主宰自己命运或听别人发号施令的低劣状态。毋庸置言,这些别的国家利用自己的优势,从依附经济国掠走产品,颇像早期的殖民统治者。帝国的抽水泵成为资本帝国主义的抽水泵。

然而要同化独立的、有主权的国家,需要贷款给它们并且投资;简单的劫掠不是一种选择。对阿根廷来说,情况也如此。它国库里几乎没存多少钱,越来越多地利用外国资本。* 有些经济学家争论说外国资本损害经济增长,而另一些经济学家却认为外国资本有助于经济增长,但比不上国内投资。很显然,这在很大程度上取决于如何运用这些钱。然而与此同时,没有人愿意因为效率问题而拒绝外国人的钱。政客们想得到这些钱,情愿让依附论经济学家为此悲哀失望。

有位经济学家把阿根廷的低储蓄率归因于人口高速增长以及高移民率——对此我还要补充一点:爱出风头摆阔的不良的消费习惯。不管怎么样,外国资本的流量都是既取决于阿根廷所能提供的机会,也同样取决于国外的资金来源的状况。在第一次世界大战期间,英国人需要钱,不得不清理他们在国外的资产。尽管他们仍然是阿根廷的最大债权人,但不再像此前几十年那样发挥促进阿根廷经济增长的作用。美国和另一些国家在某种程度上填补了这一空隙,然而在这里仍然是国外的政治和商业周期起决定作用,结果阿根廷发现它在外国投资和信贷的

---

* 阿根廷储蓄率等于或低于5%,加拿大和澳大利亚则是阿根廷的三倍。——Taylor, "Three Phases",第28页,表4。

数目和条件问题上，面临时断时续但又反复出现的困境。所有这一切激化了与债权人的冲突，这反过来又导致反应性的孤立主义——限制性措施却只会使信贷不足与依附性更加严重。当阿根廷经济学家和政治家谴责外国商界确实存在的或想象出来的种种状况和不端行径时，他们只是让问题更复杂化。茧派经济学帮助阿根廷和其他拉丁美洲国家的经济免于大萧条所带来的最糟影响。这也是茧的特征。但这也使他们与竞争、刺激以及增长机会隔绝开来。

依附论观点一直在拉美盛行。他们也曾流传到其他地方，这在第二次世界大战后与刚刚获得解放的殖民地的经济困境和政治意识引起共鸣。一些好冷嘲热讽的人甚至可能说依附论一直是拉丁美洲最成功的出口产品。然而它对人们的主观努力和士气来说是消极的。它培养光责备别人的不健康的倾向，加剧经济上的无能。即使它是有理的，也最好是把它收藏起来。

* * *

葡萄牙—巴西的路子

巴西学者吉尔伯托·弗雷里在他对巴西文明所作的经典研究著作《主与仆》一书中，把西班牙与葡萄牙的殖民政策作了区分。西班牙实行国籍和宗教两重限制，而葡萄牙人只在乎宗教。移民可来自任何一个国家，只要他是罗马天主教徒就行。在某些时期，男修道士被派到进入巴西港口的每一只船上，检查和证实新来者的宗教信仰。别的什么都不重要，因为这一宗教就是共同身份的标志。"只有当一个人与自己身体特征相同时，盎格鲁-撒克逊人才把他视作自己的同种，而葡萄牙人忘记了种族概念，把与自己信奉同一宗教的人视作可与自己平起平坐的人。"（这就是民族自豪感的神话，正如弗雷里的书名所表明的那样。）弗雷里把这些控制手段之温文尔雅与今天卫生检查员和警察局官员的粗声粗气的行为作了比较，对前者持赞许态度（尽管二者是半斤八两）。他最后总结道：

> 就天主教移民而言，他们害怕的是可能动摇或削弱团结的政治敌人，而在葡萄牙，这种团结已经与天主教逐渐演化成一体。在整个殖民地时期，我们一直出色地维护了这种团结，把我们团结在一起反对法国的加尔文教派，属基督教新教的荷兰人，以及英国的新教派。这种团结到了很深的程度；事实上，很难把巴西与天主教割裂开来，天主教教义

在现实中是我们统一的凝固剂。②

"我要与祖国一起死"＊

在依据法令进行工业化、自上而下求发展的历史中，没有一个国家能比巴拉圭更令人心酸，更充满了堂吉诃德式人物的色彩。巴拉圭是隐没在南美距海边几百英里处一片丛林和森林中的一个僻静的共和国。有些学者，受它的经济实验——也就是他们中有人所说的经济"起飞"③——的表面现象所迷惑，把这一实验看成是欧洲帝国主义者及其当地走狗窒息当地人的魄力和追求的另一例证。④然而，这是对并非鲜见的为政治目的而早熟的发展模式的一种错误解释。

巴拉圭是一个极为不寻常的国家，在南美洲大陆上印第安人（瓜拉尼人）数目最多，因为在其他地区发生的当地土著所遭受的折磨，在此地由于耶稣会教士从中调解而得以避免。这些印第安人被允许建立自治区。这些地区太远离财富和交通，所以他们在很大程度上不受打扰。此外，西班牙需要这些瓜拉尼人：没有他们，西班牙不可能抵御住巴西的葡萄牙人的入侵而保住这一片地方。

独立之后，像大西班牙帝国遗留下的其他从废墟上建立起来的国家一样，巴拉圭几乎马上落入独裁者的控制之下。法律说是共和，但实际上却是一人专政统治——这是一种好心好意的专制主义与民粹主义暴政的杂烩。＊＊ 这些独裁者中，第一位是加斯帕尔·罗德里格斯·弗朗西亚博士（他就自称独裁者），是一个不同一般的家伙。他是个雅各宾派理论家，像很多原来是法国佬的人一样，本来是做律师的。弗朗西亚献身于建立人人平等的共和国，而他自己充当平等者中间的第一名。他是唯一"有机的领导者"，是代表民意的精英。⑤他自己主动培养这种形象。当一位印第安村民来拜见他时，他最彬彬有礼地接待请愿者，坐在他旁边，拍拍他的背，举手投足间充分流露出对对方的兴趣，使对方感到热乎乎的。但要让弗朗西亚博士听一位地主或资产阶级人士说话，他往往叫对方耐着性子等

＊ 这是巴拉圭共和国的最高统帅兼总统弗朗西斯科·索拉诺·洛佩斯临终时说的话。他是在1864—1870年间巴拉圭与巴西、乌拉圭、阿根廷三方联盟战争的最后一个战役中牺牲。

＊＊ 这先后三位独裁者的姓名及统治时期是：加斯帕尔·罗德里格斯·弗朗西亚（1814—1840），卡洛斯·安东尼奥·洛佩斯（1840—1862），以及他的儿子弗朗西斯科·索拉诺·洛佩斯（1862—1870）。

上半天，急得手指咚咚敲桌子，最后就算进去见着了，也发现弗朗西亚博士对他居高临下，不正眼瞧他，不到三言两语便不耐烦地把他打发出去。

这是阶级歧视（肯定性行为），但也是种族歧视，因为这二者在巴拉圭社会中是同一的分界线。至高无上的独裁者妄图依赖社会特殊的瓜拉尼性质，慑服原先的西班牙人和克里奥耳人中的显要人士。为达到这种目的，他禁止白人内部通婚，要求他们从印第安人、黑白混血儿以及黑人中选择配偶。⑱这一规定严格执行到何种程度，难以判断，但它表现出人们的种族意识，标志着人们有意识地努力避免因肤色不同而带来的种族隔离，而这种隔离在拉美其他社会很普遍。

弗朗西亚博士及其后继者洛佩斯父子要把这个国家变成一个开化的斯巴达——人人平等，接受教育，纪律严明，勇猛无敌。巴拉圭实行从 7 岁起免费的初等义务教育，表现出一种英雄般的雄心壮志。尽管这说来容易做来难，但这一制度一开始的确招进来 5000 小学生，在卡洛斯·安东尼奥·洛佩斯的领导下到 1857 年增加到 17000 人，1862 年又到 25000 人——大致是适龄儿童的一半。"这可能是 19 世纪第三世界国家的最高纪录！"一位对此深表钦佩的人这样赞叹道。⑲小学生们必须学习三"会"课程（即会读、写、算），加上礼貌的问答教学法。通过这种方式，他们能了解自身并且知道所以然。同时，教师就像值勤的士兵一样，穿戴"政府发给的服装"：两件衬衫，两条裤子，一件披衣，一顶帽子，一块头巾。教学材料很难得到，因为不友善的阿根廷人当时封锁河道，但前期巴拉圭确实弄到了 5000 支横笛——正好一个孩子一根。这使人联想到柏拉图对音乐的重视，把音乐作为理想教育的一部分；也使人联想到同一时期，在埃及，穆罕默德·阿里创办的学校里的音乐的作用（参阅下面第 24 章）。但穆罕默德·阿里从来没有争取实行通科教育。

理想化的、改良的巴拉圭国家所遇到的麻烦是：通过改良他们增强了实力，但接着又经不起诱惑。他们威胁、颠覆其邻国，打乱权力与现状之间的平衡。这样的行为招致反抗。因此，可以说，弹丸之地的巴拉圭的独裁者既野心勃勃，又对周围大国所带来的危险怀有恐惧感。一句话，他们是一种表面上理性而潜藏着非理性的妄想狂。（谁说妄想狂的人没有敌人？）最大的威胁来自阿根廷，它认为巴拉圭是一个叛乱出去的省份，企图吞并它。⑳但巴拉圭所有邻国都不怀好意地观望巴拉圭的革命试验。

因此，巴拉圭的领导者们决心发展经济并且获取保卫国土和对各方发动进攻所需的军备。为此，他们不仅需要武器，而且需要工业的工具和机器。这些东西只能从欧洲弄到。尽管巴拉圭受其印第安文化遗产影响，对欧洲的东西有一种反感，但海外的欧洲人总比觊觎其国土的邻国更有可能帮忙。

从卡洛斯·洛佩斯开始，巴拉圭政府与欧洲的供应商签订合同，购买汽船、蒸汽发动机，以及成套工业设备（最重要的是一个铸铁厂以及一个兵工厂）。这些东西是用少得可怜的土特产出口（主要是巴拉圭茶，一种类似于茶叶，使人轻度上瘾的草本植物）赚来的钱，以及伦敦一位造船商兼伙食供应官提供的数量有限的贷款购买的。巴拉圭还开始修筑一条铁路和建电报网，但结果铁路建设慢得让人厌烦，一年才修几公里，直到战争来临才使之加快了速度。当时雇佣了大约200名欧洲技术专家，但这些人谈不上是优秀的。毋庸置言，这些早期设施的产品够不上出口质量，但它们在军队和当地印第安人中找到了市场，因为这些人一直与外国进口商品处于隔绝状态。[39]

与此同时，巴拉圭人还购买了欧洲的武器，一般是那些老式的、小型的以及废弃的武器，并且修筑堡垒以防发生战争。尤其是修建在巴拉那河U形弯上的乌迈塔堡垒，可让巴拉圭人随心所欲切断邻国船只通过的水路，包括河道另一侧的阿根廷的船只所经过的水路（以牙还牙是光明正大的行为）。这些邻国受到言辞和真实事件的警告，开始武装自己。尤其是巴西人，开始购买装甲战船，目的是必要时强行通过巴拉那河道。

谁先动手，干了什么事，难以说清。这就是战争。[40]但可以确定的是，巴拉圭在打仗面前并没有畏缩不前。它也有交战的理由，而且这一地区的边界是有争议的。一些琐碎的手续，例如必须经过批准才能穿过中立地区（穿过阿根廷领土进击巴西和乌拉圭），被完全弃之于不顾。这成为最终导致三方结成联盟的因素：1864年5月，巴西、阿根廷和乌拉圭三方力量联合起来，要把巴拉圭这只讨厌的害虫捏个粉碎。巴拉圭由于实行全民皆兵以及预备役制度，实际上武装起来的士兵比那三个国家加起来还要多；但三方联盟拥有大得多的兵员储备，更不用说优良的武器装备。时间越长，越对他们有利。

然而，3年中，乌迈塔的堡垒阻挡了三国盟军的进军，它有数千名官兵守卫，火炮如林，而且装备着自己的铸铁厂和锻造车间——"那是一个军事奇迹，是一座无法攻克的堡垒',是南方的塞瓦斯托波尔。"* 最后,巴西人调来了他们的装甲船,它们的铁甲是敌人的炮弹打不透的。它们的炮弹炸断了关闭河道的巨大铁链。巴拉圭人进行还击,派出载满欲强行登上敌舰的战士的船。这些人在从自己岸边大炮发射过来的不间断的火力掩护之下,勇猛地爬上敌船。他们到了甲板上,发现一切都关闭着,船舱口封住了,船上所有人员都在甲板下面。接着,巴西船用纵射火力扫射甲板,入侵者倒在了血泊中。

接着围攻开始了。巴西指挥官给巴拉圭的指挥官阿伦将军写信,表示如果阿伦交出堡垒,就给他一大笔贿赂(250万金比索),并保证他到盟军一边后有官可做。阿伦的回信值得我们回味:"将军",他写道,"我没有那种钱给你,但如果你交出你的船队,我会送给你巴西的皇冠。"于是盟军继续不停地炮轰,堡垒被炸得只剩一堆瓦砾。阿伦把自己损失惨重和军队即将崩溃的消息派人报告给最高统帅兼总统洛佩斯,但洛佩斯命令他继续抵抗。阿伦尽力而为,终于失败,绝望之中朝自己脑袋开枪自杀。这是了却一切的最简便办法。最后洛佩斯批准守军撤退。这时仅剩下2500人,饿得已经皮包骨头,几天之后被4倍于己的敌军包围,被迫投降。暴怒之下,洛佩斯把当时接替阿伦的那位指挥官的夫人逮捕并囚禁起来。天知道?也许正是她怂恿丈夫临阵脱逃。洛佩斯折磨、抽打她一个星期。当确信她已毫无知觉时,命人把她枪毙了。

最终,凶残与勇敢——巴拉圭女人与男人一样顽强作战——都没能敌过人多势众和装备更精良的敌人:巴拉圭人只剩下白刃兵器和滑膛枪,而敌军已用上了刻有来复线的火炮和加特林机关枪。洛佩斯率领一小撮装备可怜的幸存者组成的队伍逃进这一国家偏远的一块沼泽地里。弹药奇缺,以至于仍然任意随便的死刑,不得不用钢刀执行。当巴拉圭人用完子弹后,他们用石头和碎玻璃当子弹。洛佩斯战斗到最后一息——直到他的牺牲,他的长子以及巴拉圭当时绝大多数男性公民的牺牲——据说全部死亡人数(男女都包括在内)约占全国人口的

---

* 在这一点上绝不可夸大其词;当时一位目击者说,能开火的炮不到1/3,有一两门炮还是从17世纪留下的老家伙——见迈耶(Meyer),*The River and the People*,第65至67页。迈耶在此依据的是当时观察家的出版物,其中包括理查德·F. 伯顿所著的 *Letters from the Battle Fields of Paraguay*(1870年于伦敦出版);以及依据小说 *Humaita*,Manuel Galvez 所著的"一部以小说创作形式写成的历史三部曲"的第二部,三部曲的名字是 *Escenas de la guerra del Paraguay*。(塞瓦斯托波尔是克里米亚半岛一城市,建有俄国和前苏联的著名军事要塞。——译注)

70%。[41]"我要与我的祖国一起死！"据说几乎每一个巴拉圭人都知道这句发自肺腑的呼喊。但是这句话的关键词是介词"与"："我要与我的祖国一起死。"

为了庆祝胜利，巴西人在里约热内卢举行了历史上最为壮观的音乐会之一：有18架钢琴、650名乐手组成的管弦乐队，一个全副武装的步兵营以及两门野战炮参加了演出。[42]

巴拉圭是一个小国。它的统治者的疯狂所引来的代价，是几十万人的死亡和数十年的贫困。20世纪还会出现更愚蠢的傻瓜、更堕落的恶棍以及远远更多的受害者。

注释

1. 参阅 Humboldt 著、Tulard 编的 *Relation Historique* 一书第 252 页。

2. Fischer, *Albion's Seed* 第 26 页及第 5 条注释。在弗吉尼亚这块布满种植园和盛行劳动合同的地方，男女比例是 4∶1；在盛产食糖和奴隶的巴西，比例是 100∶1。

3. 发表在《每季评论》季刊第 35 期上的一篇文章（第 537 页）谈到了拉丁美洲社会中因肤色不同出现的社会分层："不同阶级，随时间流逝，更多地通过社会的规则而非通过法律的影响，根据其与白人种族的亲疏程度，而享有各种不同的地位。"Rodney 和 Graham 合著的 Reports of the Present State 第 12 页引用了该段话。

4. 参阅 Fischer 的 *Albion's Seed* 一书第 240 至 246 页讨论英格兰南部社会等级价值观和制度的内容。

5. "与其说是布宜诺斯艾利斯的人追求独立，还不如说是独立如同扔在路中央供人捡的宝贝，得来全不费功夫"——Rodney 和 Graham 合著的 *Reports of the Present State* 第 28 页至 29 页。

6. 这种对比出现于 Furtado, *Economic Growth of Brazil* 一书第 109 页。

7. 参阅 Faith, *The World the Railways Made* 一书第 156 页引用 Ferns 著作 *Britain and Argentina* 中的一段话："阿根廷的商界既不关心在国内投资，也不费神考虑如何控制这些企业，不管他们多么自由随便地在自己的报纸上、在国会大厅里批评这些企业的活动……土地投机买卖，贩卖牲畜和羊毛，实行交谷租种田，这些活动更有利可图。铁路先是开辟通往布宜诺斯艾利斯的市场，继而开辟世界市场，大大刺激了这些商业活动的发展。"

8. Mullet des Essards, Voyage en Cochinchine, 第 95 页。

9. 以上引自 Rock 的 *Argentina* 第 25 页。关于钉子，请参阅 E. A. J. Clemens 的 *The La Plata Countries of Latin America*（1886）一书。Rock 在 "Features of Industrial Development" 一文第 8 页，Mullet des Essards 在 *Voyage en Cochinchine* 一书第 89 页上都引用了相关内容。

10. Rock,"Features of Industrial Development",第 7 页。

11. 这是 Sarmiento 19 世纪 40 年代作品中的原话,引自 Rock,"Features of Industrial Development"一文。

12. 原话出自 Juan Bautista Alberdi,*Bases e puntos de partida para la organizacion politica de la Republica Argentina*(1852),Shumway 在 *Invention of Argentina* 第 149 页引用了该文。

13. "时至今日,仍有理由相信,阿根廷宗教领袖在拉丁美洲如果说不是最反动,也是最保守的。"——见 Shumway,*Inventions of Argentina*,第 150 页。

14. Adelman,*Frontier Development*,第 105 页。

15. Krout 和 Fox 合著 *The Completion of Independence*,第 53—57 页。

16. Fish,*Rise of the Common Man*,第 130 页。应注意到:并不是所有人同意这种鼓励西去定居的一般办法。老一些的州反对这种做法,理由是这样慷慨的条件会鼓励其居民移居,实际上这确实也发生了。实行奴隶制的州为一项政策很不安:这项政策并不特别考虑奴隶主的利益,拨给他们的土地不应该比非奴隶主的土地面积大,目的是促进家庭庄园,而非大种植园。

17. Fish,*Rise of the Common Man*,第 118 页。

18. R Cores Conde,"The Growth of the Argentine Economy",载于 Bethell 主编的 *Argentina Since Independence* 一书第 75 页。

19. Bethell 主编的上述一书第 55 页。美国人的国民意识感与阿根廷的不同表现之一是:美国从建国开始每隔 10 年便进行一次全国人口普查,而阿根廷直到 1869 年才进行第一次全国人口普查,1895 年才进行第二次——同上,第 54 页。

20. 这些数字的基本来源是罗克(Rock)的 *Argentina 1516—1987* 一书第 141—145 页;第 164—167 页。

21. 这些数字取自 *Historical Statistics of the United States*,Series A—C。

22. 同上,C 115—132。

23. Rock,*Argentina,1516—1987*,第 89 页。

24. Juan B. Justo,*Internacionalismo y patria*(布宜诺斯艾利斯,1933),Cornblit 在 "European Immigrants"一文第 233 页引用了这段论述。

25. 甚至在最肥沃的土地上以最高效率耕作的农场主也发现,由于价格下跌,他们的利润正化为乌有。受益的主要是消费者。埃里克·赖纳特(Erick Reinert)在 "Symptoms and Causes of Poverty"一文中强调了由于技术变革带来收益的"古典"的分配模式——他认为这种模式尤其是农业和分配的典型特征——和以关贸壁垒和日益增多的对知识的回报利润为特征的工业"共谋"模式之间的对比。他使用了"共谋"这个词是因为"在实际中,生产产品国的力量(资金、劳动力以及政府)——尽管不是一种阴谋力量——'共谋'占取这些收

益"。（第 84 页）

26. Landes, *Revolution in Time*, 第 326 页。

27. Shumway, *Invention of Argentina*, 第 156 页第 3 条注释。

28. Rock, *Argentina, 1516—1987*, 第 232 页。

29. Cortes Conde, *Corrientes Immigratorias*; Cornblit, "European Immigrants", 第 230 页。在早期的统计数字中，约 1/10 所谓的产业机构是我们所说的服务业：修鞋店、照相馆、裁缝店、理发店以及女子发廊——所有这些都是城市生活必需的。1935 年的统计中把这些都略去了——Lewis, *Crisis of Argentine Capitalism*, 第 35 页。

30. Lewis, *Crisis*, 第 6 章："Labour"。下面的引文出自 103 页。

31. 同上，第 492 页。

32. 这段话的作者是 Pedro de Azevedo。Freyer 在 *The Masters and the Slaves* 一书第 41 页引用了该文。

33. Batou, *Cent ans*, 第 8 章："L'essor economique du Paraguay"。

34. 关于这一所谓的修正主义派，见 Pastore 的 "State—led IndusTrialisation" 一文。他引用了 Whigham 的 "The Iron Works of Ybycui"；Vera Blinn Reber 的 "Modernization from Within: Trade and Development in Paraguy, 1810—1870"（Shippensburg univ., Carlisle, PA, 1990）；以及 Batou, *Cent ans* 一书。巴图把这一派看成是欧洲对"第三世界"积极性怀有敌意的又一个更广泛意义上的例子。关于研究阿根廷历史时采纳的另一类似的修正主义角度，帕斯托（Pastore）引用了 Tulio Halperin Donghi 的 *EI revisionismo historico argentino*（布宜诺斯艾斯，1970 版）一书的内容。

35. 参阅巴图（Batou）*Cent ans* 一书第 233 页第 13 条注释，巴图认为这一概念来自葛兰西。

36. Batou, *Cent ans* 第 232 页，引自 A. Garcia Mellid, *Proceso a los falsificadores de la historia del Paraguay*（布宜诺斯艾利斯，1963 年出版）。

37. Batou, *Cent ans* 第 260 页。作为比较，巴图引用了以下数字：1865 年阿根廷是 10%，1870 年之前哥伦比亚是 10—15%，1873 年墨西哥是 18—20%。

38. 作为这场斗争的一部分，布宜诺斯艾利斯的统治者和商界反复关闭巴拉那河口，使"瓜拉尼共和国"与海路隔绝。见 Batou, *Cent ans* 一书第 241 页上一表格列出的这些封锁。国际法规定封锁便是一战争行为，那么阿根廷从 1827 年到 1852 年便一直同巴拉圭处于战争状态。

39. 关于这些大多在卡洛斯·安东尼奥·洛佩斯统治下在 19 世纪 50 年代创建起来的工业，请参阅 Batou, *Cent ans* 第 8 章；以及 Pastore, "State—led Industrialisation" 一文；和 Whigham, "Iron Works of Ybycui" 一文。

40. 亲巴拉圭的观点，见 Batou, *Cent ans*, 第 263—266 页。

41. 参见 Batou, *Cent ans* 第 249 页上的表格。按该表数字，1865 年损失人口是 75 万人，1872 年是 23 万人。并不是所有的学者都同意这些伤亡数字，尽管这些数字长期以来已被认作是真实的。Reber 在 "The Demographics of Paraguy" 一文中说战争中的死亡人数，不是人口的一半及男性公民大多数，而是很可能只有战争之前的 8.7%。另一些人认为这些修正主义的估计"基于非线性回归，自由度相当低"（见 Pastore，"State—led Industrialisation" 一文第 29 页第 3 条注释），因而是难以置信的。

42. Batou, *Cent ans*，第 267 页。

国 富 国 穷

第 21 章

THE WEALTH AND POVERTY OF NATIONS

天朝帝国：停滞与倒退

16世纪的中国认为自己居于世界的中央，它的成就是其他国家无法比较的。正是这样一种文化的优越感，加上狭隘的自上而下的专制，使中国成为一个不图改进、怠于学习的国家，在工业化时代落后了。

Why Some Are So Rich and Some So Poor

David S. Landes

那些 16 世纪驶入印度洋再进到中国的欧洲人，受到了中国人居高临下的恩赐般的接待，使他们极不习惯，深受震动。当时的天朝帝国——这个名字本身就说明一切——认为自己是普天下政治实体中的老大——面积最大，人口最多，历史最悠久，经历最丰富，其文化成就以及道德、精神和知识方面的优越都是别的人可望而不可及的。

当时的中国人认为自己居于世界的中央。他们的光辉普照周围低等种族，这些低等种族向他们乞求光明，通过拜谒和进贡，而获得某种地位。中国皇帝是"天子"，是上天权力独一无二的、神一般的代表。极少数有幸谒见他的人都要向他三跪九叩，表示自己的敬畏。其他人则向任何经过皇帝之笔的东西叩头——如皇帝谕旨，御笔签名。他写过字的纸，他穿戴的衣服，他碰过的什么东西，都因他而沾上了神圣的气息。*

那些代表皇帝为他管理各地的人，是通过科举这种竞争性考试选择出来，考试内容是儒学典籍和伦理道德。这些官员体现了较高层次的中国文化——其显赫、完整和崇高。他们的自负和傲慢在对待下级官员态度上得到淋漓尽致的表现和发挥，而他们到了上级官员面前则是"战战兢兢"，毕恭毕敬。[①]没有什么能比早朝更表现出他们如何比试

---

* 为避免人们认为中国人古怪，请与 16 世纪西班牙的一个规定相比较：在圣餐仪式上，当圣餐的饼和酒经过时，所有人都得下跪。

谁更恭顺。成百位朝廷大臣从半夜起便陆续聚集在宫院内，一直站到天亮，风雨无阻，等候皇帝的驾到，给皇帝行礼。他们并非在浪费时间，因为他们的时间是皇帝赐给的。没有一位大臣担当得起迟到的罪责，准时到算是不够勤快了；不按点而提前早到才是自己对皇帝忠心的证明。②

这种文化上的优越感，加上狭隘的自上而下的专制，使中国成为一个不图改进、怠于学习的国家。改进，就会对人们已经感到自在的正统观念提出挑战，必然引起不服从。引进知识和思想同样也会造成这样的结果。③实际上，哪有什么东西可学呢？正是由于自己傲慢，就更急于拒绝接受外国的东西。这就是优越感情结的矛盾：它天生就是不牢靠的、脆弱的。那些视优越感为宝贝的人需要这种情结，最害怕出现与之冲突的情况（当今的法国人大肆鼓吹自己语言的优越性，想到有可能出现的外来词便害怕，尤其如果是外来英语词）。中国的明朝也是如此——坚信自己优越，对西方技术的挑战恐惧得发抖。实际上，要想学的话，这种技术是现成的。

具有讽刺意味的是，最早进入中国的葡萄牙人和天主教传教士，就是利用西方技术的奇迹而打通了他们进入中国的路。机械钟是打开国门的关键。我们知道，钟表是13世纪晚期欧洲人的一项了不起的发明，不仅因为对纪律约束和生产率作出了贡献，而且因为给人们留下改进的余地，以及对仪器生产和操作、机械技术这些前沿领域发挥了作用。同它一比，水钟便成了傻瓜。

对中国16世纪的官员来说，机械钟是一个令人惊叹的机器玩意，它不仅计时，还逗人乐。有些钟奏出音乐，有的上面安装着漂亮的小假人，每隔一段时间便有节奏地运动。时钟因此成为皇帝想观赏的一种东西。只要想赢得他青睐，就得把时钟献给他。急于讨得皇帝欢心的大臣必须抢在别人前面做到这一点。这可不是一件容易的事情。必须有懂行的人跟着这个神奇的装置一起去见皇帝。中国人的本能和一贯做法要求洋人必须停在一定距离之外，只局限于进入某些周边地区如澳门，极少允许进入中央地区。然而，16世纪的时钟需要其钟表匠伴随左右。

毫无疑问，当时的中国人喜欢钟表。但是对于这些跟钟表同来的欧洲人，就不那么高兴了。这关系到中国人的文化完整性，以及事物、人、神性之间的联系。给中国人带来这些机器的天主教传教士是一群特殊的推销商。他们试图把中国人改造成皈依罗马天主教唯一真神三位一体上帝的信徒，而钟表可用来达到双重目的：既充当门票又作为说明基督教优越性的证据。那些能制造这些东西的人,那些同时还拥有特殊的天文、地理知识的人,难道在更广泛的道德意义上,不是高人一等吗?难道他们的信仰不更合乎真理,不更富有智慧?

耶稣会教士们到中国时准备提出这一论点,同时也变通执行教会的规矩和仪式以适应形势(例如中国人拜祭祖宗用的字符也用于天主教的弥撒仪式)。欧洲的俗人也随之效仿。微积分的发明者之一、哲学家戈特弗里德·威廉·莱布尼兹写道:

> 当这些人(波斯人、中国人)看到你们制造出来的这种在任何特定时间代表宇宙的真正状态的奇妙机器时,他们会说些什么呢?我相信他们会承认,人的头脑有某种神性,这种神性尤其让基督教徒感应到。我这里指的是茫茫宇宙的秘密,地球的无边无际,以及时间的测量。④

这一论点偶尔也使人信服。天主教传教士获得小小的成功,尽管他们难以说服头脑开明的"皈依者"成为欧洲传统意义上的本分的"专一信徒"(即除信仰"真主"外,不信奉任何别的)。但大多数中国人如实地把这些论调看成对中国人声称的道德优越感的攻击,是对中国自尊心的打击。

这样看来,中国人的反应只能是排斥和贬低西方科学和技术。⑤康熙大帝,在探求西方种种事物方面在中国人之中是最开明、好奇心最强的,仍谆谆教诲他的臣民说:"即使西方的某些方法与我们不同,甚至是对我们的方法的改进,却没有什么新颖之处,一切数学原理都来自易经,西方的方法源于中国……"⑥

这是令中国人欣欣然的神话。因此可以说,中国人不肯放弃钟表,渴望得到钟表,但却轻描淡写地把这些东西说成是玩具,对许多人来说,也确实是玩具;或者把它们看成是好看不中用的身份象征,是黎民百姓可欲不可求的东西。尚未进入近代社会的封建中国没有把时间知识看成是人们应有的一种权利。时间属于当权者,由他们来报时辰,个人拥有计时器则是一种罕见的特权。结果,尽管朝廷建立了造钟表的作坊,并且叫耶稣会钟表匠训练一些当地有才能的人,这些中国的钟表匠从来没有比得上西方的同行——因为缺少最优秀的老师,而且也缺少商业竞争和那种一比高低的精神。封建中国从来没有出现像欧洲那样的钟表制造业。

同一种傲慢自大(或冷漠)也决定了中国对于欧洲武器的反应。这些东西可绝不是玩具。火炮和火枪是杀人工具,因而也是权力的工具。中国有一切理由渴望得到这些制品，因为 17 世纪时，明朝为避免灭亡而进行着战争，而且正败给北方的鞑靼人。在这几十年的战争中，欧洲发明的枪炮本来有可能改变力量的对比。

然而，中国人从未自己学会如何制造现代火器。更糟糕的是，早在 13 世纪，中国人便知道并使用了火炮，然而却让这方面的知识和技术悄无声息地失传了。他们的城墙和城门备有炮台，但没有火炮。谁需要这些东西呢？中国的敌国都没有火炮。* 但中国当时确实内外受敌。没有一个欧洲国家会因为敌人的弱小而不使用武器。事关生死存亡时，欧洲人在武器方面作了最大的努力。欧洲的技术也是增值性的：每一次收益导致更大的收益。中国的纪录却是前进一步，后退一步，表明了一种截然不同的过程。**

这就是为什么 1621 年，当在澳门的葡萄牙人为了讨皇帝的欢心而送给皇帝 4 门火炮时，他们不得不随炮派去 4 名炮手。1630 年，中国人花钱雇佣了一支由葡萄牙火枪手和炮手组成的特遣队为其作战。但尚未实施，便又放弃了计划。这可能是个英明的决定，因为外国雇佣兵曾使不只一个政权灭亡和被篡权。*** 但明朝人的确曾让一些葡萄牙人教他们，后来又叫葡萄牙人中的耶稣会教士兼技工给他们建一座铸铁厂并铸造火炮。

这些由耶稣会教士制造的火炮似乎是属于中国曾用过的最高级的火炮。有些直到 250 年后即 19 世纪还在使用。然而，中国人用的炮大都服役时间很短便报废了，原因是这些炮众所周知常常走火，对炮手造成的危险比对敌人造成的危险更大（我们甚至听说中国的炮弹是用干泥巴做成的，但这至少能使爆炸力从炮筒口发射出去）。总的说来，中国当局不赞成使用火器，也许因为他们怀疑臣民会因此不忠于朝廷。考虑到这种武器的不中用，人们倒不明白他们有什么可害怕

---

* 推翻明朝而建立清朝的女真鞑靼人（满人）曾经以弓箭击败汉人的火枪。然而那些火枪如此不中用，大概是因为装弹药太费时间，移动起来不容易，以至于与其说是个优势，还不如说是碍手碍脚的东西。见 Wakeman, *The Great Enterprise*, I, 68。

** 研究中国科学和技术的人，最著名的是李约瑟及其研究小组，认为中国人在许多发现和发明方面早于其他国家，把重要的技术和装置最早出现的时间大大地向前推进，远远早于在欧洲出现的时间。他们比较正确地把这看成是卓越的创造性和超前发展的标志，但他们最好问一下，为什么后来出现了倒退和失败。

*** 当时实际上是广东商人向朝廷施加了压力。这些商人害怕他们的外贸垄断地位会因这些有用的外国人而丧失，便花钱贿赂朝廷大臣取消这一计划。——见 Wakeman, *The Great Enterprise*, 第 1 部第 77 页以及第 148 条注释。

的，我们猜想可能是害怕使用火器而带来其他的改进。⑦

对于一个为了一定目的而使用一定手段的人来说，所有这些似乎是不可思议的。但情况也不尽如此。目的和目的不一样。欧洲人认为战争的目的是杀敌制胜；而分布在幅员辽阔的疆土且人口众多的中国人，却不这么认为。一个化名"穆复生"的人曾这样描述了中国朝廷的观点：

>……军事失败是获取西方知识的技术原因，但也是不该获取这些知识的心理原因。从本能上讲，中国人更愿意承认失败，因为胜败是可以转化的，而不喜欢进入一种心理危机状态。人们能忍受屈辱但不能忍受自我作践……不考虑经济和政治方面的问题，朝廷官员们感觉到了中国文明所受的威胁，并试图不顾经济和政治危险而抵制这种威胁。在过去，中国人从未放弃他们的文化自豪感，外族统治者总是采纳中国的文明。因此，没有历史可以借鉴，来引导他们渡过这一现代危机。⑧

在对西方技术冷漠的同时，也存在对欧洲科学的抵制。基督教教士带来的不仅是钟表，而且还有知识（有时是过时的知识）和观念。朝廷对有些知识感兴趣：尤其是天文学和天文观测的技术，对一个独自控制历法并运用对时间的掌握来控制整个社会的皇帝来说，很有价值。另外，耶稣会教士还训练了一批继续他们的研究工作的有才华的学生：有学会使用对数和三角学的数学家，还有制定出新的星座表的天文学家。

但这些知识几乎仅仅局限于北京，并且这种新学术很快便遭到那些从古代的久被遗忘的著作中寻本探源的中国人的抵制。一位领导这次寻本探源的人物（Wen—Ting，1635—1721）*考证了宋朝（10—13世纪）的数学著作，然后宣称耶稣会教士并没有带来多少新颖的东西。后来，他的书稿由其孙子出版，书名为《赤河复珠》。⑨题目比作者的原意更意味深长：当时，许多中国的科学"探究"犹如睁大双眼从故纸堆里淘沙。

此时，欧洲的科学继续大踏步发展，相继到达中国的教士们带来了更先进的

---

* 此处原文为"Wen—Ting"，经查考，应是清代数学家和天文学家梅文鼎。他出生的年份应是1633，而不是1635。梅文鼎对中西数学均有深入研究，并无偏颇，主张"法有可采何论东西"，"去中西之见，以平心观理"。可见本书此处论述似有片面性。——译注

知识（尽管仍然远远落后于前沿知识）。不过，种种限制使他们的使命失败了。他们太强调科学知识与宗教真理的联系，结果任何对前者的修正都意味着对后者的否定。这样如何面对欧洲日新月异的科学呢？1710年，一位耶稣会天文学家试图采用基于哥白尼体系的行星图。他的上级不允许他这么做，担心"会给人造成一种印象：非难我们的前人所辛辛苦苦确立起来的东西，并引发新的对基督教的指责"。[10]

这种知识探求方面的排外症并没有表现在所有的中国人身上。少数有远见的官员和至少一位皇帝明白：学习这些新事物，帝国将受益匪浅。然而对西方的诅咒自始至终存在。在耶稣会教士贝尔1640年11月的一封信中，他写道："'西'（Western）这个字很不受欢迎，皇帝在其布告中从来都是用'新'字。实际上，只有那些想蔑视我们的人才用'西'这个字。"[11]

这些人本可以成为中国的现代化推动者，但却受挫，其原因不仅在于他们地位脆弱无保障，而且还在于宫廷环境中的阴谋诡计。在这种环境中，评判革新的是非功过是以它们对社会等级制度造成的后果为标准。没有一项建议不招致反对；没有一个新颖的事物不使既得利益者感到胆战心惊。不仅如此，对每一级的官员来说，不求有功但求无过的心理占上风。出一条妙计是给上级脸上增光，但一出差错挨骂的总是下级。对上级说些他想听的话更容易。[12]

这种明哲保身不求变革的态度，使当年访问过中国的一代又一代西方人感到诧异。请听听耶稣会传教士路易·勒·孔德（1655—1728）的评论："他们（中国人）更喜欢的是最残缺不全的古董，而不是最完美的现代的东西。这与我们（欧洲人）大不相同，我们只喜欢新事物。"[13]马嘎尔尼勋爵来中国时的秘书乔治·斯当东，因为中国人对他提出的改进他们运河的建议漠然置之而灰心丧气，痛心地感叹道："在这个国家，那些人认为他们的一切东西都是出类拔萃的。提出改进建议如果不是该受斥责，也是多此一举。"半个世纪后，传教士古伯察*致力于自己的使命苦苦布道，却劳而无功，他绝望地评论道："任何一个有天才的人，只要一想到自己的努力不会赢得奖赏而是换来惩罚，会立即无望地瘫倒。"[14]

（并非仅仅封建王朝的中国体现了这一点。扼杀外在的动力，鼓励人们弄虚

---

* 古伯察（Evariste Huc，1813—1860），法国天主教传教士，1839—1851年在华传教。——译注

作假,是大的官僚机构的典型弱点,不管是公共的官僚机构还是私有的商业公司官僚机构,均是如此。大家名义上是同僚,似乎应该同心同德,但实际上却是对手。他们在组织内部争名夺利,不是在一个思想的自由市场上,而是在一个勾心斗角的小圈子里竞争。身居高位的人占优势。)

中国拒绝外国技术之所以后果更加严重,是因为它自己早已滑入技术和科学的蛰伏状态,只靠往昔的成就慢慢行进,而且随着才华屈从于身份地位,越走越慢。中国毕竟是一个自我主宰的世界。为什么它没能产生自己的科学革命和工业革命?一千年以前,中国人在世界上遥遥领先——当然也领先于欧洲。有些人会说在其后的几个世纪里中国一直保持着这种优越性。为什么中国后来"失败"了呢?

有些研究中国的学者可能通过委婉的措词减轻内心的痛苦:"中国社会,尽管稳定,但绝非静滞的、不变的……步伐变慢了……变化的幅度小了"⑮(不错。但问题仍然存在)。还有一些学者认为这个问题无法回答,或者本来就不该提出这一问题。无法回答是因为据说人不可能解释一个反面问题(这在逻辑上当然是不正确的;解释大范围的成功和失败,不可避免是很复杂的,但这就是历史所研究的全部内容)。这个问题不该问,是因为哪里出现了失败?用"失败"这个词本身就是把非中国的标准和期望强加给中国(但为什么不可以呢?为什么不该期望中国对自然感到好奇并且想了解自然?期望中国积累起知识并且从一个发现走向另一个发现?期望中国追求经济增长和发展?期望中国用更少的劳动力完成更多的活?中国原先在这些方面取得的成功使这些问题更有相关性)。⑯

科学与技术的关系是怎样的呢?是否一方对另一方来说很重要?毕竟,科学最初并没有为欧洲工业革命作出重大贡献,因为工业革命主要建立在实践者的经验性成果之上。那么,如果说到 17 世纪,科学在中国已缓慢到如同蜗牛爬动,科学对中国的技术又有什么影响呢?

我认为,问题的答案是:无论在中国还是在欧洲,科学和技术过去是(现在也是)同一枚硬币的正反两面。对二者中任何一种新知识的反应都是相通的,一个社会对来自其中之一的新鲜事物视而不见,就是已经把自己同来自另一面的新鲜事物封闭开来。

此外,中国缺少发现和学习的机制——学校、学会、学术团体,挑战和竞争。诸如平等交换,站在巨人的肩膀上以及进步意识——这些思想都很淡漠或根本不存在。这里又存在一个自相矛盾的现象：一方面，中国人形式上崇拜自己的知识祖先。1734 年，皇帝下诏要求宫廷御医举行仪式，拜祭他们已作古的同行先人。⑰另一方面，他们听任每一代的新发现被世人不知不觉地遗忘，让后人大概再通过文物和考古研究重新予以发现。*

可见，中国前进的历史，是由亮点组成的历史。这些亮点在时间、空间上是相互分离的，没有通过复制和试验而相互联系，由于语言上使用隐喻和故弄玄虚，而变得黯淡，并且光线散布范围也很有限（印刷技术远不如欧洲）——实际上只是短暂的闪亮。很多词汇是应时而造，很快便废而不用，以至于今天的学者要花费大量精力破译这些本来曾很熟悉的汉字符号。许多思想如同陷入形而上的怀疑论和主观推测的泥潭，仍然模糊一片。儒家学说，用一种自然而然流露出的对科学研究不屑一顾的语气说那些都是肤浅之举，有人居然说显微镜"徒见其表……而不究其里"。**

这种缺乏交流和挑战，以及这种主观臆断，说明了为什么中国的学术成果不易得到确认，而且容易丧失动力。当时的中国专家和学者无法确知自己的研究成果是正确的。这往往要靠后人的研究，主要是西方人的研究，来发现那些较有灵感的成就，追授以应有的荣誉。难怪，中国对从欧洲引进的东西如此反感。欧洲的知识不仅奇异，而且无形中使中国人自愧不如，其所蕴含的热烈奔放激动的情感，其迫切性和竞争性，其对真理和效率的毫不留情、义不容辞的追求（耶稣会教士例外），都与中国人当时的气质格格不入。

就这样一年又一年、几十年、几个世纪过去了。欧洲把中国远远甩在后边。中国人一开始对此感到难以置信且不屑一顾，但逐渐开始焦虑不安，灰心失望。西方人的态度则是从请求和乞求变得不肯罢休，也不耐烦了。英国人获悉自己先

---

* 尽管中国人当时已作了可观的努力通过百科全书的形式搜集知识，情况仍如此。有项百科工程实际上是著作汇编，很有可能是曾创造出的同类书中规模最大的：共 80 万页。——见 Spence, *Search for Modern China*, 第 86 页。但百科全书泛滥也是一个不好的标记：像静止的照片一样，它们的目的是把知识定格在一个时间点上。作为工具书，尤其是历史学家的工具书，它们是有用的。但它们也可能阻碍自由的探究。

** 引自 19 世纪早期一位内阁总理之子的一首诗。该人自身也是权高位重。塔顿（Taton）主编 *General History* 一书第二卷 593 页上引用了该诗。当然，合适的时候，人们还会在孔子学说中找到支持其他观点的话。人们可以为各自的目的引经据典。这并不阻碍人们为了一些不好的目的而引经据典。

后派出的两名使节都被轻蔑地打发出了中国。第三次,即在1839年,他们带着炮舰来了,轰开了中国的国门。其他西方国家也纷纷效仿,接着是明治维新(1868)后自称要称霸世界的日本人,和英国、法国、德国、俄国一道争夺地盘。

即使如此,外人只不过是碰到了这个陶瓷王国的表皮:几个港口贸易城市;在内陆并不明确的势力范围;以及向中国出口鸦片、煤油和工业品的权利。这些只代表了中国市场的一小部分,而这一市场的潜在规模——人口如此众多——使中国成为19和20世纪富有传奇色彩的想象中的黄金国。

透过这层脆弱的表皮,可以看见大清帝国动荡不安,人民过着悲惨的生活,官吏们拉帮结派,统治者的位子岌岌可危。请记住清朝(1644—1912)最初是由满族人建立的。大约只有100万人口的这个小小的游牧民族,夺取了亿万人的泱泱大国的政权,并且统治了他们两个半世纪。当然,清王朝已采纳汉族文化并被汉族文化同化了,但在风俗、血统和特权方面的差别依然存在。特殊的标记(男性必须留长辫子)把统治者与被统治者区别开来——也是中国人的肉中刺。尽管大部分行政官员必然是汉人,而且这些官员也不乏勤勉和忠诚,但由于血统上低人一等,说话分量不可避免地受到削弱;为满族人效劳,也不可避免地玷污了自己的名声。

新王朝建立的头几年,情况有改善。天下重新太平,一切井然有序,粮食供应跟得上需求。粮食产量的增长是欧洲对这个自以为万事不缺的民族最了不起的礼物:新的作物(土豆、甘薯、花生)能种植在本来土壤贫瘠的山岭地区。但此时中国人口也急剧增长——这恰恰符合传统的马尔萨斯理论——当粮食供应难以再升高时,饥荒、内乱便又出现了。康熙大帝(在位1662—1722)尸骨未寒,动乱就开始了,最初很容易就被镇压下去,但后来的动乱又如同积聚的暴风雨,越来越严重。

中国人的思想很容易地发展成了排外症。洋人成为恐惧与憎恨的目标,成为艰难、压迫和屈辱的想当然的根源。这种指控很大一部分是有道理的:高人一等的强权不会显出人身上最优秀的东西。但从对本民族的问题转嫁责任来看,这种做法是一种自食其果的逃避主义。这些国内爆发的运动中,声势最浩大和代价最惨重的是太平天国起义(1850—1864),这是一次由宗教信仰引发的起义,尽管它仍奉行排外主义,它部分地带有基督教至福千禧的性质。这次运动历经10余年才得以平息,死亡了2000万人。

所有这些愤怒的情绪都阻碍了经济的现代化。例如,所有权与经营权归外国人，使铁路引进极大地复杂化。轮船被等同于炮舰——入侵和压迫的工具。由于有充足的廉价劳动力以及妇女不愿走出家门工作，机械化不受欢迎，被认为与别的洋货是一丘之貉。[18]结果，到19世纪末，工厂工业才勉强立足，爬进了外国享有治外法权的通商口岸租界，而那些租界被视为大清帝国的皮肤之上的毒瘤。因为中国无法通过关税抵制洋货——外国人强加给中国的不平等条约禁止这样做——这些"殖民地"企业对中国的民族经济几乎没有什么示范性影响。中国仍主要是一个农业国家，零零散散分布着手工业。

中国还是一个穷国。1839年至1851年到中国各地传教的古伯察的记录证实了当时中国人的悲惨生活：

> 老百姓生活在穷困、悲惨的深渊中，其深重程度除了在这个天朝帝国，别的国家无一能找到。年复一年，在中国的这一或那一地区总有惊人数量的人死于饥荒。那些只是苟延残喘的人就不计其数了。如果某一个省份的庄稼因为干旱、洪水或其他天灾人祸而歉收，那么2/3的人口马上就得挨饿。你会看见他们排成无数长队——真正称得上是乞丐大军——走在一起，男人、女人、孩子，去小镇和村庄乞讨点东西填肚子……很多人晕倒在路旁，还没等到达他们指望得到帮助的地方便咽气了。你会看见田野里和路旁的尸骨，走过去也会不介意——这种触目惊心的景象已经让人熟视无睹。[19]

"现代世界科学，对；西方科学，不对！"

没有什么事物能比往昔的累累伤痕更使历史学家心灵不安了。当研究那些遭受命运虐待的国家和民族时，这种感受尤其深刻。他们曾经富裕过，但现在变穷了；他们曾经强大过，但现在衰弱了。这些失败者和受害者仍然怀念过去的好日子，同时也怀着苦涩的经历所滋生出的悲愤。一个试图理解他们并让别人了解他们经历的历史学家，一个渴望了解并热爱他们的历史学家，发现自己卷入一场战斗，为的是解释他们的过去，维护他们的尊严，抚慰他们的创伤。

这是一项有价值的使命。然而，这也会阻碍科学。这一点在中国史学研究中最明显。中国在1000年以前是世界的中心，是地球上最富庶、人口最多的帝国，约300年前仍是人们赞叹的目标，此后却没落到受人讥笑与怜悯的境地。汉学家想保护中国不受残暴的外国人耻笑,他们的这一愿望引出了一批为中国辩护的学者,他们通常知识渊博,并且就事实本身来说声势威严。他们意图美化中国当时的表现,纠正西方的批评。

在讨论中国科学和技术的所谓失败,尤其是在中国人与欧洲接触的大背景下的所谓失败这一问题上,这种牵强附会地维持脸面表现得最为突出、最声嘶力竭。很多研究中国的专家不乐意提及这种失败,主要有两个原因。首先,西方人经常把这种失败看成是一种弱小的标志,是西方人高人一等的证明。在17、18世纪,甚至那些总的说来高度评价中国,尤其称赞中国的政治体制、哲学、建有城墙的城市、其方方正正的街道布局、其产品、以及其他诸多方面的访华者,通常也责备和嘲笑中国的科学。这让中国人面子上很过不去。

其次,对新中国的人民和政府来说,没有什么比西方人这种居高临下的态度更让他们痛心的了。在过去,中国人认为自己的国土是"人类文明真正的中心"。[20]他们会怎样看待现在的境况——欧洲列车末尾的挂车呢?如何解决追求西方科学与崇高的自尊心这一遗产之间的矛盾呢?答案是:强调科学研究与技术进步的世界性特征——如同一条长河——并且突出中国人对这一事业的贡献。"中国古代科学和技术的成就证明:中华民族有能力屹立于世界民族之林。"[21]

西方的汉学家已努力为中国辩护。一个策略是尽可能减少对比的重要性。有什么大惊小怪的?为什么对东西方接触和冲突的问题像着了魔似的?这些学者争论说,中国有自己的历史,如果像欧洲驱动的挑战应战的木偶那样,单单从对抗的角度来看这一历史,那就是贬低这一历史,使它完全失去其实质意义。要更多地朝里看,而不是朝外看。

那些已作古的皇帝们可能会赞成这一观点。但这种论点对我们的理解几乎毫无裨益,因为它与中国为何倒退这一问题简直毫不相关。你不能假装说一个重大的历史问题不存在,叫人们另找问题,就使这个问题得以解决。

另一有点近似的、主张对此问题不予考虑的观点认为:凭我们对中国科学了解的程度,不足以提出这一问题。提这一问题会是"纯粹浪费时间,而且使人分神……直到人们已从内部充分理解了中国传统的时候"[22](直到何时?要对自己研究的题目作更多了解,这种想法是正确的,但也不能以搁置重要的、该回答的问题为代价。实际上,提出这番告诫的人,就是与李约瑟合作探索中国科学史的内森·席文;他有时也对自己的建议置若罔闻,在其他文章中又探讨这一问题)。

有些学者努力强调积极的方面,勾画出一幅世界科学的大背景下中国科学成就的令人高兴的图画，这种做法较有道理。我们可以称之为多元文化的角度：知识是由许多大厦组成的大殿堂，各种不同的文明经由自己的道路到达自己的真理。至少在科学中，所有这些真理汇聚成共同的产品。席文就此评论道：

> 过去二三十年来的历史发现使那些旧的流行说法失去了根据。那些流行说法认为：现代科学的祖先只源于欧洲；在现代之前，除非在欧洲影响之下，否则没有其他文明能够产生科学。我们已经逐渐理解到，在伊斯兰世界、印度和中国，以及较小的文明国家，曾存在着在一些根本方面——技术、制度背景、自然观以及人与自然的关系——与欧洲传统不同的科学传统。很明显，这些传统和西方的传统，绝不是相互隔开的河流，而是从一开始便在不同程度上连续不断地相互作用，直到它们都被自己参与创造的现代科学的本地形式所替代。㉓

这就是新的流行说法，作为一种既定的道理而提出的。像其他流行说法一样，它的目的是按更高目标来形成真理，依据某种别的理由形成观点。在这种情况下，这种说法正确地指出：现代科学在其发展过程中，也吸收了其他文明所发现的知识；现代科学吸收并把这些知识和技能与欧洲的发现融合起来。然而，它暗示不同文明之间连续的、对称的相互作用，这却是错误的。

起初，当中国和别的国家领先于世界时，几乎所有的知识传播都是单向的，即从欧洲之外传到欧洲。这是欧洲了不起的优点：与中国不同，欧洲是学习者，并且的确从早期中国的发明和发现中受益匪浅。当然，后来，情况就变了：一旦欧洲创立了现代科学，知识之流掉头回流，但不是没遇到抵抗。在这一点上，上一种新说法暗示各种文明对共同财富所做的一种平等的、无差别的贡献，这也是误导。现代科学的绝大部分，尤其是17、18世纪人们所称的科学革命所带来的突破，是欧洲创造的。非西方科学不仅几乎毫无贡献（尽管欧洲人知道的东西并非全部），而且在当时没有能力参与进来，远远落后或转错了弯。这根本不是共同的河流。

所有这些都没有使宣传上述新流行说法的人泄气，因为在这种问题上，学者们往往是自己的理想和需要的仆人。在这方面，从下面一段话可看出额外的意识形态和政治的动因：

世界各地有文化的人，现在都愿意倾听有关中国科学传统的新揭示……这种增高了的兴趣表明：世人对中国的敬重有所增加，增加幅度虽小但仍足以让人感受到。更恰当地说，它意味着世界各地的科学家日益致力于彼此之间的交流，这有助于中国科学家充分地加入国际科学大家庭。㉔

仿佛直到现在他们还需要鼓励似的。㉕

注释

1. 引自 Welsh, *A Borrowed Place*，第 16 页，他的引文未注明出处。

2. 关于早朝仪式，见 Landes, *Revolution in Time*，第 51—52 页，以及 Huang, *1587, a Year of No Significance*。

3. 内森·席文（Nathan Sivin）谈到了"当传统的价值观和形式背后的创造性由于知识的正统观念而失去活力时，相当程度的社会稳定性和文化同质性使这些传统价值观和形式几乎没受到挑战"——"Science and Medicine"，发表于罗普（Ropp）主编的 *Heritage of China* 一书第 166 页。

4. 这是一封致法国大臣柯尔贝尔的信，写于 1675 年但无具体日期——见 Landes, *Revolution in Time*，第 45 页。

5. 关于详细情况，请参见 Cipolla, *Clocks and Culture* 一书；以及 Landes, *Revolution in Time*，第 45 页。

6. Spence, *Emperor of China*，第 74 页。

7. 关于这些，最好的资料来源仍是 Cipolla 的 *Guns, Sails, and Empires*，尤其是第 116—119 页。Cipolla 不是个汉学家，因此只能依据欧洲的参考资料，包括基督教传教士和旅游者的见证；但他的"全球眼界"使他具备了关键的见解，这在专家文献中是没有的。

8. Mu, *The Wilting of the Hundred Flowers* (New York, 1963)，第 76—77 页，Cipolla 在 *Guns, Sails, and Empires* 一书第 120 页引用了这段话。

9. Taton 主编，*General History*，第二部，第 592 页。

10. 同上，第 590 页。

11. 同上，第 589 页注释 1。

12. 这一见解是 Alain Peyrefitte 的书 *L'empire immobile* 一书的主要贡献之一。因为佩雷菲特能接触到中国档案，包括皇帝批阅的文件，所以他能刻画出官僚模棱两可的措词微妙的内在含义。

13. Cipolla, *Guns, Sails and Empires*，第 120 页脚注。

14. Peyrefitte, *L'empire immobile*，第 286 页。斯当东的话引自其游记 *Voyage en Chine et en Tartarie*（6 卷本，1804 年巴黎出版）的法文版第 6 卷。古伯察的话引自其 *Souvenirs d'un voyage* 第 4 卷 81 页。埃克里·琼斯（Eric Jones）在其 "The Real Question" 一文第 12—13 页上对这些关于停滞的个人回忆很不以为然，斥之为 "快镜头印象"。我以为他错了。确实有这些目睹的情况；他们记录了一种心态，他们的见证同我们所知的中国技术变化是符合的。琼斯回忆战后英国出现的 "类似的" 保守现象（工人拒斥美国技术），他说 "英国很快接受了很多美国的做法"。这是个很不恰当的例子。

15. 费正清（Fairbank）和赖肖尔（Reischauer），*East Asia*，第 291 页。他们引用了 Oshima 所著 *Economic Growth* 一书第 34 页上的内容。费正清和赖肖尔认为中国 "稳定" 的原因是中国文化和社会结构到 13 世纪达到的完美。这与处处动荡着不完美的欧洲的对照最为明显。试比较 Crone, *Pre-Industrial Societies*，第 172—173 页内容："中国是成功文明的明星般的例子……中国达到了在前工业条件下可能的经济发展水平，然后停滞不前了；没有证据显示有推动它朝不同方向前进的力量……"

16. 参阅 Jones，"The Real Question"，第 8—9 页。他对这种探究思路所遭到的反对也大感不解："我不明白为什么。（汉学家）并未受责备，就一个曾取得如此多成就而后许多个世纪辉煌不再的社会来说，这一问题似乎并不是有倾向性的。"

17. Taton 主编，*General History* II，第 590 页。

18. 参阅 Goldstone，"Gender，Work and Culture" 一文。他认为朝廷支持这些限制，朝廷认为其主要功能是 "实现各安其分"（第 25 页）。中国在这一方面与欧洲和日本很不相同。

19. Lippit 在 "Development of Underdevelopment" 一文第 266—267 页上引用了这段话。我为了纯粹的文体原因稍微修改了译文。

20. Silvin，*Science and Medicine*，第 195 页。

21. 引自中国科学院致青少年读者的一篇文章——出处同上。有意思的是，该文译成英文时这番激励性的话被略去了，也许因为译者认为，非中国人对意识形态这一套不关心。

22. Spence 在 *Chinese Roundabout* 一书第 148 页引用了内森·席文这段话。斯彭斯对李约瑟学派为中国辩护的观点持怀疑态度。另一方面，他欢迎对李约瑟学派首倡的探究思路作进一步研究。

23. Silvin，*Science and Technology*，第 164 页。参阅李约瑟的 "Poverties and Triumphs" 一文，发表于 Crombie 主编的 *Scientific Change* 一书第 149 页："现代世界科学，对；西方科学，不对！"

24. 同上，第 196 页。

25. 这种伸出援助之手的政策，与某些学者——诚然，人数要少得多——以及所谓的教育家倡导和维护新的非洲中心论的做法是相似的，这种理论认为西方文明是起源于非洲。请参阅 Bernal，*Black Athena* 一书以及众多的有关评论。

国富国穷

第 22 章

THE WEALTH AND POVERTY OF NATIONS

日本：
后来者应居上

> 我们从来不认为，日本能成为一个富庶的国家：除气候条件之外，其自然资源及环境以及整个的好逸恶劳的本性，都使之难以实现。日本人是一个乐天派的民族，比较容易满足，成不了大事。
>
> ——《日本先驱报》1881年4月9日

Why Some Are So Rich and Some So Poor

David S. Landes

欧洲人一旦来到中国，就一定会探访充满传奇色彩的 Cipangu（即日本，为马可·波罗及中世纪地理学家所用。事实上，早在 1543 年，第一批欧洲人就因为遭风暴袭击而踏上日本国土）。他们听说过许多有关这些岛屿的令人惊叹的信息：有"取之不竭"的黄金，宫殿的篷壁由金子制成，桌子是由"相当厚"的纯金制成……金子，金子，金子。* 根本就不会提到节俭之类的名词。

但他们所见到的日本，却与传说中的情况大相径庭。这里是有黄金，但却不足以引发人们那么高昂的激情。像中国一样，日本人民处于皇帝的统治之下，但实际上却是处于分裂状态，整个日本国土被划分为多个较小的邦国或属地（日本称之为"藩"），这些藩的领主们对他们的臣属享有绝对权力。各个藩领之间总是进行着断断续续的战争。的确，整个日本在 16 世纪下半叶一直就处于残酷的战争之中。

对于天性崇拜武力的欧洲人来说，日本赢得了他们的赞赏。如同一位葡萄牙耶稣会教士所说，了解日本的人"将它列为东方国家的首位，而且从国土面积、城市数量以及民族的好战和文化等方面，将它与西方国家相比拟"。② 这种印象曾长久不散，甚至持续到日本人已停止互斗之后：

---

* 这是马可·波罗《游记》第三卷中描述的情景。马可·波罗本人从未到过日本。

与那些亚洲国家相比,日本的民族特征显著。尤其是与它的近邻——中国相比较,二者差别甚大。与导致中国人成为专制暴政的牺牲品的那种温顺、驯良、循规蹈矩的性格不同,日本民族精力充沛,有着强烈的独立精神和荣誉感。③

欧洲人习惯于接受陌生的外来人;而日本人却不:

最初,日本人惊讶于那些长着红胡子、蓝眼睛的怪人,但随后便被他们的洋枪与火药的魔力所惊呆了。通过从遥远的热带岛屿以及中国所运来的珍禽异兽,华丽的丝绸与锦缎,日本人开始了解世界到底有多大……通过一定的认识和总结……日本人相信,在海的遥远那一边,一定存在着一个崭新的天地,他们非常渴望了解那个世界的文明。因为在他们看来,这种文明完全不同于孔夫子的那温和的儒家思想,而是能够产生实际效用的文明。那些从另外一个世界来的人们提高了商品的价值,对于充满好奇心的日本人来说,就像是被染上了毒品,陷入了无止境的需求,甚至是一片玻璃或一棵树都具有市场价值……日本人不明白为什么外国贸易能给他们带来收益。在那个时代,他们的主旨便是,向葡萄牙人学习其富庶和强大,及其文明……④

在这样的环境下,欧洲人在日本所受到的接待要比在中国热情得多。中国人就像躲避瘟疫一样排斥他们。而日本人,一旦认识到那些陌生人的强大力量——例如,他们能射下飞翔中的鸟——就立即张开双臂欢迎他们,竞相窥探他们的秘密。日本人也试着与欧洲人进行贸易,因为这些贸易收获颇丰。而以欧洲人来说,他们则看到了这个好客的国家所提供的机会,能使他们定居下来并获得更多的财富,都尽力发挥自己的积极性。这些不可思议的日本人有着自己的可贸易的好东西,他们将欧洲的舶来商品定价很高,却愚蠢地压低自己商品的价格。两个世界彼此欣然接受,而且二者都认为自己幸运而另一方慷慨。

日本人好学是因为他们有无止境的野心与欲望。在日本的神话传说中,他们的统治者是太阳神的后代,他们的国土位于世界的中心。他们认为自己是精选出来的优等民族，武士领主对于整个东亚的占领是理所当然的。* 长期以来，他们曾在文化上依附于中国，是获取而不是给予，是学生而不是先生。他们的书写符号、书写工具以及很大一部分词语都源自中国。** 他们在丝绸、瓷器和印刷方面的知识，他们的家具和绘画风格，他们对佛教的信仰，他们的儒家思想——无一不来自中国。但是他们并不因为向人学习就觉得矮人一头；相反，他们认为自己生来就高中国人一等。⑤

同样，当他们遇见欧洲人时，他们又继续学习别人的先进文明。他们复制欧洲人的武器；他们仿造欧洲人的钟表；他们中的很多人都皈依了基督教。而即便这样，仍旧是自以为优越。

信奉基督教的时尚几乎风行了整个日本。这种新的信仰在当地的统治者那里很受欢迎，而对于那些挣扎在生命线上的贫苦大众来说，则更具诱惑力了。这是一个阶级转化的战略：可以让领导者们从善再影响他们的属下；或是给予那些需要精神和物质帮助的人们以爱和所需营养。一些大名（藩的首领）和武士（武士贵族阶层的成员）都成了基督教徒。基督教提供了传统礼仪中所缺乏的安慰和脱俗境界。另一些人入教则是为了实际的目的：在冷峻的政治舞台上，基督教为日本人开展对欧贸易和获取技术援助提供了一个渠道。就连日本的最高统治者织田信长（在位1568—1582）以及后来的丰臣秀吉（在位1586—1598）也一度利用这一方式。

但这一状况不会持续太久。老的宗教团体不满于这种对异教的宽容，极力对这些外来者的动机散布怀疑的种子。一些与信奉天主教的西班牙和葡萄牙相竞争的欧洲非天主教徒——当然是荷兰人——也把罗马天主教会传教活动描绘成是在为西葡两国政治和商业野心作准备，这就进一步加重了日本当局的疑心。老实

---

* 丰臣秀吉，这位"太政大臣"，日本1586年至1598年的实际统治者，曾设想不仅要征服朝鲜和中国，还要征服印度，认为这是理所当然的。显然，日本人当时对这些地方的面积和人口没有一个明确的概念。但是谁知道呢？几个世纪之后，一些日本人仍然认为征服这些地方是天经地义。1930年，*Economic Aspects of the History of the Civilization of Japan* 一书的作者竹腰与三郎在第一卷482页中的描述就表达了他的失望："最初是日本在西班牙之先占领了那些岛屿，因此也就有了优先居住权，按理说日本就应该拥有其主权，但最后却让西班牙夺走了。"难怪欧洲人喜欢日本人呢，想法相近哩。

** 日本文字大都有两种表示方法，一种是日本本国的，另一种则源自中国的汉字；因此有 hara－kiri（腹切）和 seppuku（切腹）之分。还有一些只有"汉字"的表达方式。中国汉字大量充斥在日本语言中，那些比较抽象的词汇尤其如此。

说，从葡萄牙，尤其是从西班牙来的那些船长和商人，在美洲、菲律宾和印度尼西亚群岛厮混时就养成了恶劣习惯和刻薄语言，他们自吹自擂和动辄恶语伤人的行动，更加剧了日本人的疑惧。

一个例子：1597年，一艘满载着商品的西班牙大商船在日本沿海搁浅。日本人想扣留下他们的货物。船长拜见了"太阁"丰臣秀吉（战国领主中的最高首领），试图以腓力国王的威名对他进行威胁。他拿出随身带来的地球仪，指着西班牙所占领的范围，包括从美洲到菲律宾群岛的大片大片领土。为什么这么小的一个国家能扩张到那么大？丰臣秀吉问道。哦，这位毫无戒备之心的船长回答道，他尊敬的国王陛下总是先派出天主教传教士，以所宣扬的教义去同化那里的人民，这种同化的方式是对西班牙武力征服手段的极大的帮助。正是因为这一提醒，丰臣秀吉当即拒绝交还货物，并且下令处死了26名天主教徒，其中包括17名日本人，剩下的则是来自欧洲的耶稣会教士和方济各会修士。*

除此之外，在这些可怕的冲突和阴谋中，基督教徒所难以通过的一个考验就是那种绝对的忠诚。对于日本的统治者们来说，没有哪项义务会高于个人对于领主的忠诚；没有哪个命令会比领主所发布的更具权威性——甚至是要他自己的命。有时一个自杀的暗示也都代表着死刑的判决。还有什么比接受这一暗示更能证实一个人的忠诚呢？日本的上级对部下的强大的支配力以及他们对这种权力的运用简直令人目瞪口呆。当战国"大名"德川家康和织田信长联盟时，织田信长得知德川家康的妻子和儿子（也是织田的女婿）阴谋策划反叛。他就要求德川家康将两人处死。后来德川家康果真就将他的妻子处死并令他儿子自杀。对于织田信长的要求或是德川家康的忠诚，很难说哪个行为更为残酷。但如果一个人产生这样的质疑，那就意味着他不具有武士道精神。

对于日本基督教徒们来说，他们所最忠诚的对象则应是上帝。他们的思想已不再是原来的那样忠诚驯良。所以，当满腹狐疑的统治者考验这些基督教徒时，他们没能通过考验。而佛教徒、儒教信徒和恐外者们则又有了正当地位。这对于日本经济和政治稳定构成了威胁。1612年，德川家康宣布禁止基督教。很难说清那时有多少日本人皈依了基督教。估计大约有30万信徒。有些估计数字则高

---

* 此事系据当时担任日本主教的马丁内斯神父的报道。马丁内斯在1602年的一封信中哀叹了西班牙人的好战和野心，指出他们"传教只是作为一种征服他人的工具……教会如今所遭受的种种灾难均起源于那些从吕宋岛来的传教士"。——见Elisseeff的《丰臣秀吉》一书，第229页。

达 70 万，而当时全国总人口是 1800 万。

日本用很残忍的手段对基督教进行斩草除根。其手段之残忍，就是连暴虐的罗马皇帝尼禄也自愧不如。基督教徒们被迫公开放弃信仰。那些拒绝放弃信仰或故态复萌的人受到惨无人道的折磨，甚至被烧死或是砍头。那些曾帮助过传教士的人也是同样的下场。德川幕府的第三代将军德川家光继续执行他祖父和父亲的政策，还经常亲自加入这种残酷的游戏中去。那些抵抗者斩尽杀绝，甚至连怀抱中的婴儿也逃脱不了厄运。1637—1638 年间，在九州岛原地区爆发了基督教徒起义。幕府出动 10 万之多的军队对付 37000 名基督教徒，其中包括妇女和儿童，进行残酷镇压。大约 13000 名武士死于激烈战斗中。基督教徒无一求饶，也无一幸免。到 1671 年，德川幕府为保证不会再有基督教徒，规定从南部的九州岛到北部的北海道，必须对所有的新生儿都注册登记，而且还要在佛教徒或神道教徒的确认之下。⑥这种程序持续了 100 多年。这是对西班牙中世纪宗教裁判的重演，只不过这次是针对基督教徒。

起初，这种斩草除根式的宗教迫害还未与贸易有太多联系，贸易所得还是很丰厚的。但时间一久，二者联系就紧密起来，所造成的结果，就是日本经济和文化的封闭孤立。再没有别的有效途径能制止基督教传教士及其教义的传播。1616 年，日本下令除中国以外的所有外国商船只能在长崎和平户两个港口停泊。外国人的居住地仅限于江户（后改名为东京）、京都和堺三处。到 1624 年，西班牙人被禁止入内；1639 年，葡萄牙人也受到同等遭遇。英国人也断绝了来往。最后只剩下荷兰人。

自 1633 年起，日本商船要想离开本国就必须要有官方的批准；3 年后，所有的日本船只都被限制在本国领海内。日本自 1637 年就没再允许任何人以任何方式离开本国。出去了就回不来，回来的判死刑。那些去海外做生意的数以万计的日本人纷纷流落于菲律宾和东南亚各地。至 1639 年，在对岛原的基督教徒起义（日本历史上称之为岛原起义）的镇压之后，除了允许朝鲜人在本州岛以外的一个小岛上、荷兰人和中国人在长崎附近的出鸟人工岛屿上进行贸易之外，禁止其他外国人入境和经商。荷兰人除了应召以外，不得出户，形同软禁。他们的库房和办公室仅限于两条街道。他们的食物、饮料、仆人和泄欲用的女人，均由日本本州运过来。他们只知道酗酒、抽烟、玩扑克牌，整天昏昏沉沉而无所事事。日子不好过，而日本人所需要的恰恰就是这样。

所有这些，只是整个民族自我僵化的一小部分。日本已厌烦了什么发现和发明，受够了血与火。日本政府的目的就是：冻结社会秩序，巩固社会和政治的森严等级制度，防止民众的不满和冲突。人们的社会地位有严格的界限，而且世袭不变。就像欧洲中世纪的模式一样，各阶层都有自己的社会地位和作用。武士阶层不再拥有自己的土地以及附属的居民。他们从前是庄园领主，如今成了受薪俸者，变成为领主服务的附属贵族；但不再打仗，因为日本国内不该再有战事了。这使武士们失去其存在的理由，但却助长了他们的嚣张气焰。武士们腰上佩带着一长一短的两把剑（其他人是不允许佩剑的），可以在平民百姓中耀武扬威。虽然他们中的大多数都只是靠薪俸过着百无聊赖的日子，但却很自负地严格遵守着武士道精神，这种艰难的自律也许最后会带来好运。有一小部分效忠于藩领，也许某一天他们的武士道精神会让他们转而将自己的忠心报效于祖国。有些较穷的武士甚至还拿起了锄头农耕劳作；因为武士也要吃饭，同那些欧洲骑士一样，对于在田间劳作，并不感到难为情。

在农民种植庄稼生产粮食的同时，商人们进行贸易和赢利；手工业者们则制造出各种各样实用而有价值的商品。社会各阶层之间的通婚是不允许的，就连武士阶层中的上等和下等武士之间也不能通婚。总之，社会等级秩序保持不变："一般说来，祖先之法是不可违背的。新的措施是该禁止的。"这种保守主义态度在儒家思想中得到充分体现，因为儒家认为祖宗之法不可变，遵从祖宗之法而不变，则国永安，而违背祖宗之法标新立异，国必乱而亡。⑦

制订规章制度是一回事，而要它们切实运作起来则是另一回事。经过了几十年的内战，日本的新朝廷决定扑灭一切起义的火花。当织田信长命令德川家康处死他的妻子和儿子时，他屈从了；而一旦德川家康在1600年的关原之战获胜并于1603年当上幕府将军后，他对自己的对手同样使用残忍的手段。丰臣家族几乎被斩尽杀绝，仅留下两个年幼的孩子。丰臣家族数以千计的同盟者被抓获处死，并且将他们的头颅挑在长矛上以示对他人的警戒。

这是一个报复的时代。曾与德川家族作对的家族都失去了领地和俸禄。幸免于死的人被流放到穷乡僻壤，靠小小封地苟延残喘。各地都流浪着失去了主人的武士（浪人），他们性格暴躁而好斗，总是惹是生非。这些武士中有许多人很令德川幕府伤脑筋。但是他们这样找麻烦，就等于表了态，而遭到捕杀。* 当"大

---

* 失去了主人的武士当中，有的人比较谨慎，当了剑术和武术教师，或儒学教师。还有一些人成为务农武士。也有不少人为主人殉葬，殉葬之风日盛，当局遂于1663年明令禁止。

名"死后无嗣时,又再出现一批浪人。德川幕府曾一度利用这种机会没收无嗣"大名"的领地,把它转封给自己的同盟者和亲信,借以巩固自己的权力。但浪人问题日益恶化,幕府只好在1651年决定承认领主临终收养嗣子为合法,让那些领地由家族世袭。*

德川幕府为了保持帝国的安定,设计出一套人质抵押制度,即所谓的"参觐交代制度",于1634—1635年实施。它要求所有大名除在各自领地以外,还都要在江户设定居点,将他们的妻子和孩子留在幕府的眼目之下以便监视。尽管领主们必须要在自己的领地内居住或办事,但他们每年不得不在领地和江户的住所各住半年。同样,领主们在来往于江户和领地之间时总是随身带领大批的家臣扈从,因为把他们带在身边可以让人放心一些,而不至于留在领地里捣乱。如有紧急情况,领主们是可以向幕府请假返回自己的领地的。幕府还在交通要道设置关卡,检查来往行人,以确认他们旅行是否合法。那些领主要两地居住,来来往往,倒是要耗费不少的资财。幕府的目的就是,不仅要密切监视这些潜在的隐患,而且还要使他们的资产耗费殆尽。**

除了这种人身限制外,还对外来事物与科学技术知识一律排斥。欧洲的书籍当然也不例外,就连对日本文明产生过巨大影响的中国书籍也必须要经过严密审查。因为经常会有人将基督教教义夹在中国书籍的封面内以便携带入境。

甚至连那些可能会很有用的物品也受到日本的排斥。欧洲精美的制品曾令日本人惊叹不已。这其中最引人注目也最具诱惑力的莫过于枪炮了;但这也在被排斥之列。火枪曾帮助日本人结束了国内战争,所以日本人就潜心学习制造火枪,并且还在欧洲火枪的基础上有所改进。事实上,日本在16世纪末期所制造出的火枪总数可能多过任何一个欧洲国家。⑧但是,随着国内战争的偃旗息鼓,整个日本统一完成,火枪不再是那么有用的东西。相反,它们变成了惹是生非的工

---

* 见 Oishi, "The Bakuhan System" 一文,第23页。这些浪人决心为主人申冤,如同定时炸弹,随时可能拼命报仇。最出名的是"四十七浪人"。他们巧用计谋报仇雪恨的故事(1702年)至今仍在流传。最后他们被政府以扰乱治安触犯刑律的罪名勒令切腹自尽,但仍被民间视为英雄。他们的墓地在东京,常受后人凭吊,日本人为他们的事迹摄制了几百部影片。

** 在大多数情况下,这些消费要花去一个藩总收入的一半。还有一种额外的消费就是火灾(木头和纸结构房屋的潜在的巨大威胁)过后重建家园。甚至有人对自己的房屋进行过16次修复。他们缺乏安全保险意识,本来应该汲取经验教训而采用其他建筑方式。参阅 Nakamura and Shimbo, "Why Was Economic Achievement……?" 一文,第8页。

具。而更麻烦的是火枪在某种意义上成了社会的平衡器，有了它，即使一位再平庸不过的人也可以杀死最出色的佩剑武士。这样一来，幕府自然就下令禁止枪支的输入了。*（但枪炮的制造技术对整个机械制造业和金属工业起到了巨大的推动作用：诸如螺丝、机械钟以至后来的黄包车和自行车的制造均是如此。一位日本学者曾说过这样一句话："枪炮的制造是明治时代工业发展的根本。"⑨）

欧洲的进口商品中还有另外两种重要的东西，就是眼镜和钟表。关于眼镜，我们除了知道日本人曾学习制造眼镜外，其余的相关情况就知之甚少。但对于钟表的情况了解的较多，因为许多钟表都保存下来了。在这一方面，日本人证明了他们有能力掌握外国的东西再自己来制造。与中国人不同，他们大规模制造钟表，不仅供王公贵人享用，而且供应给更多的顾客，同时使钟表外观带有鲜明的日本特色。在任何别的国家都找不到像这样的钟表；在欧洲之外，也再没有任何一个别的国家曾做到过如此成功地将欧洲发明的这种东西加以本地化。⑩日本继而又制造出了可以随身携带的表，但中国却没能做到这一点。没过多久，欧洲的手表在日本就没有了市场。日本人也不像中国人那样成双成对地买钟，以期望其中能有一个准时；当然也不会同时戴两只手表以保证准时（谁知道哪一只是准的？）。日本人还尽量地缩小表的体积以易于携带和佩戴（几乎到了表的体积的极限）。他们的这一工作完成得还不错。

我说"还不错"，是因为日本制造的钟表并不能真正地保证准时。原因是日本的计时方式不同于机械钟的原理，而他们又不愿改变自己的方式。日本的时辰制是不平衡的——不平衡主要体现在白天和夜晚之间，以及季节之间。昼夜小时的长短只是在春分和秋分时能一致；这样一来，白昼的小时在夏季自然是要比冬季长一些了，夜间的小时则是冬长夏短。

而作为机械钟来说，就要保持一致的节奏——无论是白天黑夜，也不分冬夏；不管是否真能做到，起码它的基本原理是这样的。日本人试图通过发明一种能在白天和夜晚以不同节奏摆动的钟表来解决这个难题，或者是通过改变钟表的刻度以显示不同长短的小时，但这些都只是权宜之计。这些动机就不对。如此一来，钟表就每天都要校对，但这也太麻烦了；所以就每两周校对一次——如果记得住的话。那么不可避免，最后的结果就是，钟表所能提供的时间只是个近似

---

* 一小部分枪炮封存在军火库里，还有少数大炮架设在港口以防御外敌入侵。有关这方面的事情，参见 Perrin, *Giving Up the Gun* 一书。

值。

不过可以肯定，这种近似的时间已可以满足社会的需要。即使在今天有着可以精确到秒的石英表的情况下，我们也会给自己的生活时间安排留有一定的余地——不论是出于对他人的礼节还是为了自己的方便。然而，日本人计时不精确，妨碍了他们将钟表用于科技探索。当日本在19世纪末期决定走向现代化时，首要步骤就是放弃了他们自己的计时法而采用一致的计时制（这方面倒有欧洲人做榜样——将教堂的计时法改成世俗的计时法）。

日本所实行的"闭关锁国"政策将自己完全与外界隔绝，它试图回到那种传统的社会，生活在一个虚幻的环境中，这一点与中国的排外政策没有什么区别。如果说有什么区别的话，那就是日本的政策更为强硬和严密。但二者最后的结果却完全不同！对于中国来说，虽然经过了很多细节改革以及政治上的风云变幻，但它的本质却保持不变；而日本尽管想守旧，却在明治维新以前，在没有西洋工业挑战的情况下，打开了走向工业现代化的局面。

我们可以从两方面认识这种似乎自相矛盾的现象：（1）日本国内要求变革的力量；（2）与外界接触所产生的影响。

先了解一下第一个方面，我们可以将日本的德川时代大体上比作一个缩小了的欧洲中世纪。它有一个统一的政府，即幕府——从某种意义上说像是皇室或罗马教廷，但有更大的势力——又有很多藩邑。这些藩很像一个个单独的国家——只是没有自己的主权，但它们却在管理自己领地的社会经济秩序时，拥有很大的自治权力，而且还可以制订自己的法规。德川幕府时代实行严格的封建等级制度：上层是一些没有土地的武士家臣，他们有固定的以实物禄米支付的薪俸；下层则是"新生的"商人阶层。在二者之间有以种植粮食为生的农民阶层，有以技术糊口的手工业者。社会的最底层则是一些从奈良时期就一直存在着的世代沿袭的"不可接触者"，尤其是贱民和部落民，因为他们的工作总是与动物和人的尸体打交道（颇具讽刺意味的是，武士们却以他们的屠宰工作为荣）。

中世纪欧洲的封建领主们拥有自己的封邑，他们收入的大部分都表现为实物或劳役（种植谷物以创收）。但是，随着大批新城市的出现以及展现在眼前的新鲜事物的诱惑，庄园主和他们的家人产生了新的欲望和奢求。为实现这些欲望，庄园主们越来越多地将他们的实物收入变换成货币，以满足消费需求和享乐；这就在西欧形成了一种趋势——将庄园租改为货币租金（这是农奴摆脱领主束缚的关键)。

　　日本的情况也与之类似。财政是以实物(稻米)来算的,换句话说,以最主要的粮食来换算,这种方式是为了确保统治阶级的地位。藩领的收入占全部领地稻米收成的30%左右,其中大部分归自己留作家用,剩下的则作为薪俸发给他的武士侍从。与欧洲封建领主的家臣不同,这些侍从没有自己的田产。

　　这种制度使人们只注重自己的社会等级,好像再没有什么更多的需求。但是自从认识到生活不仅仅只限于吃饭,同时对食品以外的消费胃口也随着社会地位而日益上升,领主和他的家臣们不得不卖掉他们的很大一部分年贡米或禄米以换得货币,以便能更好地享受五彩缤纷的生活。他们为此而将目光转向那些曾备受歧视的商人,这些商人在当时本应保持平静而实际上却在冒发欲望气泡的经济中,起着越来越活跃的作用。人的追求享乐的天性加上社会政治地位,以及"参觐交代"制度所造成的两地居住和江户的社会环境,刺激并造成了贪图享乐和挥霍的风气。①

　　这转而又促使佩剑武士们更多地搜刮农民。就像一位财政官员说过的,"农民就像是芝麻籽,你挤得越狠,榨的就越多。"这句话概括得非常精辟。但压榨得太狠,农民就会起来反抗,或者逃亡到城镇或别的藩邑(像中世纪欧洲的农奴一样,摆脱苛重赋税的压迫的最好的反抗形式就是逃亡)。历史学家估计,在1590年至1867年间,发生过将近3000次农民骚动,在这一时期的后半期以及在较富裕的地区,骚动更为频繁。骚动者最经常冲击的目标,是那些富裕农户、商人及高利贷者的宅第和仓库。经济上巨大的变化动摇了原来稳定的封建统治秩序,也破坏了社会的稳定性。

　　借钱总是要比强取豪夺省事一些。大名和武士们知道那些商人中的许多人不仅在谷物贸易中非常活跃,而且已与政治挂上了钩。商人们也对他们的顾客有很直接的认识,知道拒绝他们借钱的请求是不可能的。* 简直可以肯定,这对贷款者来说是再冒险不过了:他的债务人的势力要远大于自己,是很有可能拒还欠款的。更有甚者,那些赖账者还经常得到更高当局的支持,而当权者自有他们的理

---

*　这种借贷一开始往往采取禄米收入的预支的形式,转换为年利率10%至20%的长期贷款——见 Miyamotio, "Emergence of National Market", 第300—301页。

由来谴责金钱的势力,还颁布一些普遍减债和取消债务的法令。*

但是这样一来,不只是苦了债权人,也苦了借债的人:习惯性的借贷者和赊欠者总是需要再借钱(这就是为什么如今的债务国喜欢签订一系列的协约;因为他们总是需要更多的钱)。他们可以拒绝还债,并不等于他们可以不再借债。可是赖债的消息一经传出,马上就不会有人再愿意贷款给赖债者。所以那些大名和武士们可以在商人不在场时骂娘,当着商人的面时却又笑脸相迎。在日本,无论是礼节或语言,都可以体现出人与人之间的高低差别,那些挥霍无度的大名和武士们学会了卑躬屈膝,学会了温和地说话,学会了送礼,商人被准许佩剑(但仅能佩戴一把剑),还批准他们拥有一些商业上的特权(这要比鞠躬、微笑和礼物实惠多了)。

于是商人还得给予借贷。许多商人富起来了。但也有大批的商人因为借出去的钱都收不回来而陷于破产。武士们甘心为主子献出生命,可是他们对别人说的话却一文不值,而且不只是对商人说话不算数。商人常常被逼到无路可走的地步,给贷款或不给贷款都得到霉。淀屋家族的故事就是家喻户晓的典型:这个家族很能干而发大财,业绩之一是承包大阪的公共工程。大阪能成为日本商业中心,可以说淀屋家族出力最多。到了第五代淀屋辰五郎,已经富得太冒尖了。欠他的债的大名太多了,以至于当局认定出于国家利益和儒家道德观,该收拾他了。1705年,幕府没收了他的家产,取消了他的债权,其借口就是他的财富与社会地位不符。⑫这就是对他的报答。

(这要比尼古拉·富凯幸运一点。富凯自1653年开始出任法国路易十四时代的财政总监。他以金融投机发财,利用侵吞公款致富,简直到了穷奢极欲的地步。富凯邀请路易十四光临他新建的别墅,而且又给国王陛下以奢侈到几乎可以与皇室相媲美的隆重欢迎,这使路易十四从心底里感到嫉妒和不快。国王觉得,一名官吏除非是欺君罔上,否则是摆不起这样的阔气的。富凯被捕,经过一番走过场的审判和痛苦讯问,于1661年被判处终身监禁。)

长期来看,日本的商人阶级虽然面临着各种各样的限制和经受着一次次的挫

---

* 18世纪中前期,德川幕府第八代将军德川吉宗数次颁布法令:如果稻米的价格跌,就解除那些以禄米抵债的武士们的债务,并且禁止有关债务方面的起诉。商人们就私下里到武士们的家里或在大街上拦截他们的坐轿或坐骑讨还债务。有的商人还在欠债者屋前或门上插纸旗以示抗议,幕府1729年的法令指出这种做法"极其可恶",予以禁止。见 Takekoshi, *Economic Aspects*,第二卷,第362—366页。

折，但仍日益富裕，受到有权势者追求，并且逐步摆脱了专制政府的许多束缚。这些商人形成了自己独特的意识形态，懂得了自己的功能和重要性，还养成了一套谨慎为人处世的规则和灵巧的策略，以躲避那些佩着两把剑的武士们的骚扰。他们有专心致志的精神、天生的对他人所持的戒备心理、经济上的节俭等特点。而其中最重要的则是节俭和聚财。"武士求名轻利，而商人则是趋利避义。他们敛金聚银。这就是他们的生活方式和目的。"⑬

这就是他们的生活方式，在这方面不许有丝毫分心。三井家族的第三代当家人三井高房（1684—1748）即是一例（这个家族在300年之后的今天仍是日本豪门巨贾），请看他的名言：

> 千万不要把精力浪费在与工作无关的事情上。为商者若模仿武士，或以为神道、儒教或佛教可净心，而沉溺过深，则只会自毁家业。其他艺术和消遣之事更是如此！切记祖业不得有片刻懈怠。⑭

在这一点上，日本又与欧洲有着惊人的相似之处。日本当时并未有加尔文主义流传，但日本商人的职业道德观却与加尔文主义相近。关键在于献身工作，而非献身财富。日本禅宗名僧铃木正三（1579—1655）曾指出贪财之心有如精神中毒，而做工作则有所不同："行行皆事佛；做事则可达佛境（超度）。"⑮看来人们不一定要信奉韦伯的学说，就可以在行动上表现得如同一个韦伯派新教徒。

（日本学者指出过，这种职业道德观并不是始终如一或处处如一，然而江户时代后半期明显表现出高强度的劳动，宣扬勤奋工作的习惯，而一俟日本迈向现代工业，这种观念和习惯对经济大有好处。用他们的话来说，正是"勤奋革命"为工业革命铺平了道路。）*

同时，日本的统治者们与西欧的统治者们一样，都懂得商业的兴旺繁荣就意味着收入的增多，而收入的提高又可以让人有更强大的势力和过上更奢侈的生活。多国则多竞争，分布在日本全国各地的250多个藩邦，实际上可以说是一个在经济上充满竞争的社会，他们的欲望总是在不断增加着，其中有许多统治者想要钱想得要命。

世界上好像没有什么像攫取金钱的欲望这样更能令人焦心了。为了在实物薪

---

* 此语最早出于速水融教授，在日本学术界流行甚广。

俸（年贡米）之外有更多的收入，大名们着手采取了一系列发展措施（修筑公路、开凿运河、开垦荒地、改善灌溉设施、种植新的以及品种优良的植物），或是倡导可贸易商品的生产专业化，其中包括乡村工业产品的销售。⑯由于上面因素的支持以及个人的积极主动，无论是耕地面积还是收获量都有显著的增加。从1598年到1716—1736年间，耕地面积翻了一番；而谷物的实际产量也在1598年到1834年间增长了65％。⑰另一个统计数字是，从1600年到1867年间农业劳动生产率提高了30％到50％。⑱这些统计数字都是以稻米的收获量来代算的，但还有另一个重要来源，那就是其他农业作物和专业生产：养蚕，各种非主食粮食作物，以及新品种，例如甘蔗和甘薯。随着城市化的发展，各方面消费需求也增加了。正像16世纪到17世纪之间英国伦敦周围一样，日本城镇附近的农村都变成了它们的蔬菜花卉供应基地。⑲一些藩领为满足消费，也纷纷开采幕府所未索取的矿产品——先是铜矿，随后就是煤矿。*

社会经济发展的这种状况所产生的唯一不良影响就是，给那些当权者创造了对某些产品进行垄断或恣意定价的机会。通常情况下，其他各藩的竞争在某种意义上可以有助于恢复市场秩序。在欧洲，市场为政治、风俗习惯及高运输费用所分割；日本则不同，市场紧凑，商贸一体，这使得人们难以实行贸易保护措施。然而还有别的因素使某些地区在竞争中处于有利地位，例如萨摩的气候使它在食糖生产方面得天独厚，使其他大多数藩邑无法与它竞争。⑳直到江户（德川）时代末期仍约有32个地区的"领域垄断"在起作用。这种垄断无疑让相关藩领、商人、农户或制造商得利。为此付出代价的则是消费者。

日本此时的一个重大变革是农村棉花加工业的兴起。同欧洲一样，棉花很晚才进入日本，直到16世纪末17世纪初才真正开始在日本传播，但它由于价格低廉、方便舒适而迅速赢得了市场，取代了麻类植物的地位。日本的棉加工业有好几种形式：一类是城市的手工业行会经营的工场；一类是由独立的工场主（由农民转变过来的工业企业家）所经营的农村作坊，雇用集中的和分散接活的纺织工；再一类是向农村发包，商人们给乡村的农民提供原材料以及工具，然后再买回成品和半成品。与中世纪的英国情况相同，日本城市的制造业在相当长一段时间内竞争不过乡村工业。因为农村有廉价的劳动力，而且城镇的问屋（行会）又有那么多阻碍经济发展的规章制度。许多原来以农业为主的乡村都转变成了以加

---

* 德川幕府已将那些原本归各藩领控制的金矿和银矿没收归公。

工棉制品为主的集体作坊。耕种已成为一种副业或被完全弃之于不顾，这种情况倒是令当地的统治者和贵族们大伤脑筋。㉑

这种工业作坊的超前发展到19世纪中叶，在日本门户开放后，面对西方的机械工业产品的挑战时，竟有所成功。纺纱业崩溃了，但织布业利用进口的棉纱还是抵住了进口布匹的竞争。与英国一样，棉纺织工业不久就成了日本工业革命的生力军，充分利用了先前存在的机械作坊网络和熟练技工。㉒

依旧同英国一样，地区工业的专业化也是依赖于形成全国统一市场——在农村和城镇之间及各领地之间。商人们到农村寻找劳动力和产品；那些成功的乡村企业家在城镇找到了落脚点；而很多町人（城市里的商人）又到农村居住。在这里我们可以看到"参觐交代制"所产生的意料之外的后果（两地居住）。数百位大名率领大批的家臣和家属在自己的藩邑和江户两地之间来回转移，对经济的发展是个不小的刺激，每到一个陌生的地方都需要购买许多新的商品，带动了旅馆业的蓬勃发展，大笔资金的流动促进了银行业的发展，同时还推动了手工业、商业及服务业的发展。

江户，从16世纪的一个小渔村发展起来，到18世纪已成为当时世界上最大的城市，拥有全国2600万人口中的100万。就像英国的伦敦，江户已是日本全国的心脏，不停地输送和更新着经济命脉的血液，带动人们的流入流出，促进劳动分工的进一步发展以及需求、知识、技能的广泛扩散。㉓江户是一个巨大的市场，武士们在这里的挥霍无度的消费恰恰使一大批手工业者和商人富了起来。这简直称得上是商人的天堂，它造就了世界上第一批百货商店。但提到这一点的同时也不能忽视那更古老的贸易中心，即最初比江户还大的大阪—京都双城区，那里曾是天皇及其皇宫的所在地，也曾是日本的工业、金融业及贸易的中心。㉔

江户和大阪—京都这两个主要的社会中心与它们周围的省市的联系网络，刺激了新方式的购买（包括期货贸易）、销售（其中大部分商品都是由专用船舶沿海运输）和汇兑（使用汇票、可过户的栈单及票据转换）。颇像欧洲中世纪及近代早期的商业革命的情形，只是更进一步，㉕也发展得更快。

这个岛国的经济随着生产专业化、劳动分工的深化、社会需求的增长而不断地发展，与亚当·斯密的理论相符。但与欧洲相比，它有几个明显的优势：(1) 在250多年间没有发生战争或是革命；(2) 更廉价而又便利的水上运输；(3) 统一的语言和文化；(4) 取消了旧的贸易壁垒，又禁止了新的贸易壁垒；(5) 形成

了共同的商业道德规范。㉖

　　劳动的分工和专业化拉近了城乡之间的联系，乡村的这种超前的"城镇化"现象只有在欧洲的英国才能看到，此外荷兰也有类似的初步发展。在日本那些最边远的乡村地区也印上了商贩们的足迹，他们做着现金或是赊销交易。例如，所谓的富山药商们就把货先留给农民，然后过一段时间再来看农民已用了哪些，收取相应的货款。这就与日本人精明与守信不无密切关系了。㉗而在那些居住密集的地区，则有利于建立固定的销售点。早在 1813 年，乡村就出现了"杂货商店"。商品种类之多令人惊奇。从当时尚处于工业化之前的阶段的经济来看，有些商品是很独特的。例如，有许多五金制品、服装等商品，这些东西原先都是农户自家制作的；在文盲尚不易扫除的乡村，也有文具纸张出售。㉘在那个年代，像这样的商店除了可能在瑞士的钟表制造地区找到以外，在欧洲大陆的农村是不可能找到的。

　　在如此繁忙、运动和变化的社会，知识是禁锢不了的。尽管当局竭力限制和控制，欧洲的知识仍然渗透进来，其主要途径是日本人与长崎出岛上的荷兰人的个人之间的交往。日本人原先把这种知识称"蛮学"（bangaku），即"蛮族学问"，而到了 18 世纪中叶，已改称"兰学"（rangaku），意思是"荷兰学问"（日本人称 Holland 为 Oranda，rangaku 中的 ran 即由此演变而来）㉙。这一变化表明了一种新的态度。

　　这一觉醒的结果之一就是日本人开始对外邦文化中的精华和糟粕加以区分，能够做到取长补短。基督教及其教义仍属于禁绝之列。但有些日本人心中已明白，日本的确应向西方学习那些非宗教性的、世俗的科学文化知识，会大有好处。

　　于是，1720 年，第一个缺口打开了：幕府同意进口非基督教的书籍。尽管开的这个口子时松时紧，但少量日本人研究西学和发表有关西学的论著，毕竟是路子打开了。这一事态发展导致了西学与占统治地位的儒学之间的冲突；新观念向正统观念挑战，总是如此。所谓的"兰学专家"最初都小心谨慎地避免激起冲突以保护他们的成果；大槻玄泽，《通向荷兰文化的阶梯》（1783 年）一书的作者这样说："荷兰的文化并不完美，但是如果我们能做到取其精华，那它怎么会有害于我们呢？最可悲而可笑的莫过于拒绝汲取异邦文化的优点而墨守成规，不思进取。"㉚

这种温和的言辞并不能熄灭儒学派的愤怒。日本的文化一向是从中国学来的，西学是对它的一个挑战（中国是唯一一个不被日本人称为蛮族的国家）*。这在很大程度上取决于政治事态。例如，到18世纪末期，政府下令只能讲授儒家哲学，而且是仅限于儒学的一派。在随后几十年间，对西学的限制更趋严厉，达到公然迫害的地步。19世纪30年代，一名汉学家被任命为江户府尹，这是一个信号，表明对荷兰学者的追查和搜捕加剧，甚至有人被投入监狱和被迫自杀。一时间，日本在摧残其学界精英。[31]

但是，在与传统文化发生冲突的过程中，许多"兰学"知识使那些旧学者自惭形秽；而"羞愧"在日本文化中是让人不可忍受的。例如欧洲的医学，有解剖学的证实——眼见为实——是对中国传统医学的极大的嘲讽。[32]同样，在东亚这样一个孤立而又骄傲自大的世界里，地理位置的确起着破坏作用。大槻玄泽还说过这么一句话："思想偏狭顽固的儒教徒和围着磨药石转的医生们的脑袋对于外面的大千世界根本就没有概念。他们使自己沉浸在中国的传统思想里，模仿中国的做法，对中国的一切都大加赞赏。这种观点是不对的；世界是一个巨大的球体……"[33]不幸的是，中国人仍旧固执己见。而日本人却不同，他们有了新的见解："日月同辉。"

要提示一句：说到日本人开始学习欧洲的一些科学技术，并不是意味着他们已追赶上来。他们在某些方面接触了欧洲的知识，但这些内容还是零散的，并且其中大都已处于落后地位。在这样的环境中，虽然德川时代的经济和工业发展速度有了显著提高，使日本人在接受欧洲科学革命和工业革命的经验教训方面，比任何别的非西方民族都处于更有准备的地位，但他们仍然远未理解和取得这样的进展。

要说当时日本与欧洲之间差距到底有多大，这谁也难说清楚，因为欧洲人的到来打破了日本孤立的外壳，有先发制人的机会。新的历史学不承认世界历史上的欧洲中心论的观点。它强调了非西方国家人民的主动性和能动性，并不赞成过去那种把一切成果和进步都归功于帝国主义的挑战上的看法。对于日本，我同情这一观点，因为我相信——虽然没法得到证实——即使没有欧洲的工业革命的影响，日本迟早也会靠自身力量发展到这一步的。

* * *

---

* 看来中国人也曾经被称为蛮族，所以在荷兰学派与儒学派辩论时，前者颇乐于指出这一点以贬低儒学。他们的目的不只是说中国人不比别人强，而是要说中国人更差。

藩

日本曾是一个由半独立的一些单位（藩）组成的集合体，这一形象可由萨摩藩的经历得到印证。萨摩藩位于日本西南端，远离江户和幕府的控制。1825 年，萨摩藩政府破产。藩领大名的家臣们的薪俸被拖欠了一年多；大名在江户的宅院内杂草丛生，无人照看；大阪的银行家们拒绝给他们再借一分钱。1831 年，该藩的领导人断然拒绝清偿藩政府对当地商人的全部债务，并且将它对江户和大阪商人的债款偿还期推迟 250 年之久，实际上是赖掉了债务。[34]然而 20 年之后，萨摩藩又财源茂盛，商人们随即都争先恐后地给它贷款。

在这期间到底发生了什么事情？归根结底是蔗糖。温和湿润的海洋性气候使萨摩非常适宜于种植甘蔗。这个藩一认识到糖的价值，就立即下令在沿海地区禁止种植其他农作物，而大面积种植甘蔗。甘蔗的种植受到了严格的控制，农民交售的甘蔗质量不合格者都会受到严厉的惩罚。由藩制定糖的价格，然后再以 2—5 倍的价格在大阪售出。没有哪个人敢冒着被判死刑的危险贩私糖。萨摩再也不需要向别人伸手借钱了。没用多久，萨摩的糖产量就占全国总产量的一半以上。[35]

同时，萨摩在国际贸易中也占据特殊有利地位。原则上说，只有中国或荷兰的船舶才可以抵达日本的长崎进行贸易。但是萨摩实际上控制着名义上属于中国的琉球群岛，这就为它躲避幕府的控制而进行走私活动提供了捷径。这样，又不再需要赊欠，商人们都踊跃地用现金购进物美价廉的进口商品。

不幸的是，恰恰又是这些进口货打击了日本国内的工业，其中包括萨摩自己的棉纺织业。"在西方的所有货物中，你最怕的是什么？"萨摩的大名岛津齐彬问他的幕僚。得到的回答是："欧洲的枪炮和舰船。""不对，"大名说，"是棉布，如果再不做准备的话，不久我们的穿衣就会完全依赖于西方了。"[36]为对付西方的挑战，藩内开始广泛散播优良的棉花种子，购买先进的纺具和织布机（还不是机械化的），在鹿儿岛附近建筑厂房，并派许多无业武士到那里工作。这些措施的结果是：棉制品的价格降至了先前的一半。

随着经济的发展，萨摩开始致力于军备和现代化。萨摩藩武士的比例失调，三人中就有一个是武士，而全国的比例平均只是 17∶1。武士们无所事事，可以用于增强实力，也可以用于管理，还可以制造麻烦。岛津齐彬选择了前二者。他建立了一支军队，从国外购买军火和舰船，同时还采取一系列的经济发展措施：建立了一座研究中心，建立了配备有反射炉的钢铁厂（日本的首家），军工厂，还有造船厂。1855 年，萨摩制造出的蒸汽船下水首航。1867 年，第一家机械化的棉纺织厂建成。有路可走了！

　　这里面却又隐藏了极大的讽刺。萨摩积极进取，不但促进了自己的发展，而且也带动了整个日本的发展。但在后来它又转过来反对新的日本。正是萨摩的技术人才——大都选拔自武士的最低层（因而是真正的天才）——在明治维新的全国政府中担当了重任。然而也正是萨摩在 1870 年之后变成一个反动的据点，带头反对新秩序。那些武士们忍受不了平民出头露脸盖过自己，不甘心放弃老的服饰和派头，受不了 1872 年实行的普遍征兵制剥夺他们对军力的垄断。所以，到 1878 年，萨摩的武士们身穿华丽的战袍和威风凛凛的甲胄，挥舞着可以一刀将人劈成两半或将飘动的薄绸劈成两片的锋利刀剑，来到那些穿着制服、装备火枪、纪律严明而面无表情、冷酷严峻的农民军队伍面前，趾高气扬，耀武扬威。待到硝烟散尽，日本武士之花也就凋谢了。

注释

　　1. 引自 Wilkinson，*Japan Versus the West*，第 121 页。关于日本当时的劳动生产率，一位澳大利亚学者在 1915 年也曾有过类似的轻蔑性言辞："'……看到你们的工人干活，让人感觉你们是一个把时间看得一钱不值的充满惰性的民族。'当我向那些工厂主提到这些时，他们告诉我说，要改变一个国家悠久的传统习惯是不可能的。"——Jagdish Bhaguati，引自 Meier 和 Seers 主编的 *Pioneers in Development*，第 53 页。

　　2. Gaspare Gonsalves，1585 年，见 Fisher，"The Britain of the East?"，第 345—346 页，引自 Lach，Asia in the Making of Europe，第一卷，第 696 页。

　　3. Hugh Murray，*An Encyclopaedia of Geography*（伦敦 1834 年版）第 1102 页，引自 Fisher，"The Britain of the East?"，第 346 页。

　　4. Takekoshi，*Economic Aspect*，第一卷，第 291 页。

　　5. 参阅 Wilkinson，*Japan versus the West*，第 108 页，引用的 1812 年时任爪哇总督的 Stamford Raffles 的报告。

　　6. Oishi，"The Bakuhan System"，第 28 页，这些记载至今仍保存在日本一些档案馆内。

　　7. Hane，*Premodern Japan*，第 142—143 页。

　　8. Sakaiya，*What Is Japan?*，第 128—129 页。其中提到日本在 1600 年拥有 10 万支枪，而当时法国军队只有 1 万支左右。日本的军火产量超过所有欧洲国家。亦见于 Samuels，

"Rich Nation, Strong Army", 第 79—80 页。

9. 引自 Samuels, "Rich Nation, Strong Army", 第 80 页和 358 页注 6。

10. 关于日本的钟表制造, 参见 Robertson, *Evolution of Clockwork*, 第 190—287 页。

11. 关于禄米制度及其所造成的出乎意料的后果, 见 Keisuke, "The VOC and Japanese Rice"。

12. Sakudo, "Management Practices", 第 150—151 页, 154 页。

13. 出自 Monzaemon Chikamatsu（1653—1724）于 1718 年所发表的一部戏剧。引自 Yamamoto, "Capitalist Logic of the Samurai", 第 2 页。

14. Hane, *Premodern Japan*, 第 150 页。

15. 引自 Yamamoto, "A Protestant Ethic", 第 2 页。

16. 关于运河和垦荒, 参见 Takekoshi, *Economic Aspects*, 第三卷, 第 409—416 页。

17. Hane, *Premodern Japan*, 第 194 页; 亦见 Miyamoto, "Emergence of National Market", 第 297 页, 这上面的日期与 Hane 书中的日期有出入。这些数字表明日本人在那些较贫瘠的土地上耕种, 一部分原因在于人口数量增长, 但还有一个重要的原因是对于新开发的土地的赋税要低于原来的那些地方。关于税收所产生的影响及劳力的招募, 参见 Takekoshi, *Economic Aspects*, 第三卷, 第 413—414 页。

18. 引自 Nakamura and Shimbo, "Why Was Economic Achievement?", 第 9 页。

19. Fisher, "Development of the London Food Market"。

20. Nakamura and Shimbo, "Why Was Economic Achievement?", 第 18 页。

21. 见 Satoru Nakamura 的一篇很有价值的论文, "The Development of Rural Industry", 载于 Nakane 和 Oishi 所编 *Tokugawa Japan*, 第 81—90 页。

22. 同上, 第 96 页。Cho, "The Evolution of Entrepreneurs", 第 15 页, 谈到从国外引进的新的工业生产形式之所以成功, 离不开国内原有的辅助网络, 否则"外国公司就不得不将它们的供应零件的分包商也带进来"。

23. 见 Rozman, "Edo's Importance"。关于伦敦对于英国发展所做的贡献, 见 E. A. Wrigley, "A Simple Mode"。但二者有很大差异, 伦敦几乎与 18 世纪末期的东京差不多大, 而英国当时全国人口约 900 万人, 仅相当于日本人口总数的 1/3。

24. Nakamura and Shimbo, "Why Was Economic Achievement?", 第 7 页。

25. 同上, 第 14 页, "日本这类机构的职能成熟程度在当时即使不是高于欧洲, 也是水平相当。"参见 Hauser, *Economic Institutional Change*。

26. 这些数据大都摘自 Nakamura 和 Shimbo 的文章, 第 14—15 页。

27. 同上, 第 19 页。类似于 18 世纪英国的流动商贩以及后来美国的小商人, 他们在农村以分期收款的方式出售钟表。

28. 关于完整的所售商品的清单, 见 Crawcour, "Tokugawa Heritage", 第 41 页。

29. Keene,*Japanese Discovery of Europe*,第 25 页。

30. 同上,第 25 页。

31. 关于这次迫害,见 Takekoshi,*Economic Aspects*,第三卷,第 233—235 页。

32. 见 Keene,*Japanese Discovery*,第 21—22 页。

33. 同上,第 26—27 页。

34. Totman,*Early Modern Japan*,第 519 页。

35. Craig,*Choshu in the Meiji Restoration*,第 71 页。

36. Tsuru Shigeto,"Development of Capitalism and Business Cycles in Japan"(MS,哈佛大学),引自 Brown,"Okubo Toshimichi",第 186 页。

国 富 国 穷

第 23 章

THE WEALTH AND POVERTY OF NATIONS

明治维新

穷则思变,日本在19世纪经历了一场变革,从而搭上工业化的列车,日本也成为除西方国家之外第一个实现工业现代化的国家。但由于日本的工业化带有强烈的民族主义色彩,故而对它的评价有所降低。

Why Some Are So Rich and Some So Poor

David S. Landes

日本在1867—1868年间发生了一场革命。幕府被推翻——实际上是崩溃——政权又回到居住在京都的天皇手中。这样就结束了德川幕府的长达265年的统治。但是，日本人却不将这场运动称作革命，而宁愿把它称为维新，因为他们把这场运动看做是回归到国家的正常状态。此外，革命是中国的事，因为中国经历了许多朝代。日本始终只有一个皇族。

早在12世纪80年代，日本就开始由称作幕府将军（征夷大将军）的武士领袖取代天皇的统治权。虽然中间也曾有过间隔和空位期，但还是形成了这种由势力最强大者来统治国家的格局。君主世袭的朝代总有这样的弱点：尽管有神授君权的祖宗的庇佑，一个朝代总是难以无限期地保持统治能力。而握有实权的强人，不论出身如何卑贱，却早晚会罢黜合法的君主而自己登位当政。

中世纪的法国就是这样，卡洛林王朝取代了墨洛温王朝，后又被篡权，由卡佩家族取而代之。但日本的做法却与之不同，天皇并没有被推翻或罢黜，只是被禁闭。天皇和皇室成员及侍臣都被禁锢在京都的宫殿和寺庙里——处在德川幕府的密切监视之下。日本的天皇整天只是吟诗作赋，象征性地做一些有宗教意义的工作（诸如主持每年的稻谷开播仪式），享受一点娱乐和侍候。被别人客客气气地加以隔离，神圣而又不幸，这就是当时日本虚拟皇权的处境。

然而，天皇毕竟是合法的统治者，理当位于实际的统治者之上。他的存在就让那些反对德川幕府的人有可能找到一个体面的出路。日本社会最看重的莫过于个人的忠心，而那些对幕府心怀不满的人把天皇抬出来作为代表国家的最高权威，使之高于自己的领主和领主头上的幕府将军，不可谓曰不忠。他们可以掀起一场革命，而自己又可免去革命者的称号。

同时，革命就像国内战争一样，会打乱整个国家的社会秩序和安定发展。明治维新期间也出现过不满和不同政见，往往还有暴力行动。旧体制的最后几年和新体制的最初几年沾染过暗杀、农民暴动和反动势力叛乱的血迹。尽管如此，日本的过渡仍比法国和俄国的政治变革顺利得多。原因有二：新政权在道义上站得很稳；而反对维新的人虽然感到失落和权益受侵犯，也还是有所顾忌，怕给外敌入侵提供由头和机会。外国帝国主义者蠢蠢欲动，国内分裂就会招致他们的干涉。不妨参看一下帝国主义在其他地方的行径：印度正是因为国内的阴谋诡计和冲突，才真正地将欧洲势力引了进去。

早在19世纪中期以前，德川幕府的统治就在崩溃了。旧的有关社会地位和级别的制度受到公开嘲弄。贫困的武士与商人的继承者联姻。富农成为当地的显要人物，与豪门乡绅平起平坐。那种盲目顺从的年代已过去了。较富裕的藩（如本州岛的西部地区和九州岛的南部地区）采取他们自己的对外政策，认为与那些粗野且傲慢无礼的蛮夷之族交往要比与幕府打交道好多了。他们雇佣外国的技术人员和幕僚，从国外购置军火，建立军工厂和造船场。有些藩甚至还从农民中征召士兵服军役，随后幕府也仿效这一征兵制。在这样一个本来禁止农民携带武器、而武士以其佩剑压制普通百姓的国度里，这一政策的实施对社会产生了不可估量的后果。但不这样做又怎么打仗呢？武士们痛恨用火枪打仗，他们认为那简直是有辱自己的人格，是不光彩的。

此时，德川幕府的一代又一代将军在位时间短而且无能，继位问题常引起阴谋，形成一批批密谋小集团，向京都方面发出颠覆性的呼吁。同时，外界的压力使幕府一次又一次陷于难堪境地。日本这个社会原本是从来不接纳外人的，西方人留驻日本，引起了不少麻烦。日本的强横的年轻人不止一次地向那些狂妄自大的外国人挑战，袭击他们，这都是为了能让他们清楚谁才是真正的主人。谁是主人？当然不是幕府。面对西方国家所提出的惩办凶徒和赔偿损失的要求，幕府当局只能闪烁其词，敷衍了事，这不论在外国人还是在爱国者的心目中，都大大降低了自己的威信。

那该怎么办呢？外国的势力知道自己更有实力，他们不会向暴力屈服。1862年9月，一队萨摩武士袭击了一些英国商人，其中还包括一名欧洲妇女；当证实了幕府不愿也不能让萨摩大名做出赔偿后，英国于1863年8月派出一队军舰，炮击了鹿儿岛城堡。这一课起了作用，萨摩从实际出发，与英国建立了直接的贸易和外交关系，这就直接嘲弄了幕府对外交事务的传统垄断地位。长州藩的情况也是如此。1863年6月25日，是京都的帝国法庭宣布对外夷的"驱逐令"的日子，那些急不可待的长州爱国者们炮轰了驶经下关的美国船只。美日双方交涉了一年仍毫无结果；随后，英、美、法、荷四国为了报复而组成一支由17艘舰船和配备有305门大炮的舰队，于1864年9月驶进下关港，摧毁了所有的防御设施。长州藩屈服了，与萨摩藩一样，向对方求和，并与西方国家建立了直接的友好关系。长州藩和萨摩藩曾一向彼此为敌，这时却联合起来摆脱幕府的统治。①

幕府的软弱无能使它声誉扫地。它1854年与美国代表汤森·哈里斯签约，1858年又与欧洲列强签约，这使它完全失去了信用和合法地位。在当时，日本人的信用不等于西方人的信用。他们的道德准则是不同的。一个人所说的话在另一个人那里就是谎言。闪烁其词，幕府也能做到这一点。它可以派下属出去谈判，下属会推托说需要上级的批准。它可以签署协议，但接着就会说这一协议没有得到天皇的认可。简而言之，就是它只是做出承诺却不保证实施；嘴巴上说是但却意指不。这很容易激化冲突。幕府最后只能是屈从于西方的压力，同时还在说：你们西方人有枪，好的，总有一天我们也会有。

（在这里不妨比较一下日本人和美国人对偷袭珍珠港事件的看法：美国人认为那是一个"耻辱永远难消"的日子；而日本人却认为那只是时间安排上的不幸错误。据说日本本来应在袭击开始之前半个小时，通知美国说日本"断绝谈判"，可是美国人却是在袭击后才接到通知。直到今天，日本人仍认为这是问题的关键：若是事先发出了警告——不论它是多么简短和间接〔外交官们应能领会字里行间的意思〕——那么发动一场经过长期准备的突然袭击就是有理的。美国人则认为这样的通知即使事先发出过，也丝毫不会减轻突然袭击的卑鄙无耻。）

面对外邦人的无礼要求，日本人喊出"尊王攘夷"的口号。这一运动的领导者们来自日本的最南端和最西部，即萨摩藩和长州藩，它们由原来的相互敌对转而联合起来共同反抗幕府。他们的胜利同时也是失败。这就是这场革命——维新运动自相矛盾的一方面。这些领导人以为他们应该复古。但是结果却是发现自己被拖进了明天，卷入了现代化的潮流中，因为这是通向击败蛮夷唯一之路。

第二十三章 明治维新 >> 407

这时，真正的革命者取得了主导地位，他们是那些"兰学派"、技术专家以及能够朝前看的官吏。1868年日本首先开放了许多重要港口以进行外贸。4月6日，新天皇颁布"宪章誓文"，许诺要实行代议制和建立新的民主文明社会（最后证明，这说起来容易，做起来难，这一姿态可能主要是摆给外国人看的，而不是针对日本国民）。更重要的是中央政府权力的转移产生了以下后果：封建制度被取消，废藩置县，由中央政府任命各县的知事，中央收回原先由各藩收取的赋税收入。这时又是萨摩藩和长州藩牵头：这两个藩的大名在1869年3月主动"奉还版籍"于天皇，也就是交还给国家。其他藩的大名也都紧随其后，因为这一举动是正确的，也是效忠的表现（这一行动让人想起了法国封建贵族在1789年8月4日那个生死攸关的晚上主动放弃封地税收的情景）。这样一来，日本的农民就不再给他们的大名交税，而是直接向帝国政府交税。

日本是以特有的强度和体制着手实行现代化。他们对此有所准备——治理有效的传统，百姓的高识字率，紧密的家庭结构，职业道德和自律精神，民族同一感和固有的优越感。

这是核心之所在：日本人知道自己的优越性，也就是因为他们了解到这一点，他们才能够认识到他人的优越性。日本人在沿用德川幕府的做法招纳西方的专家和技术人员的同时，向国外派遣日本专业人员，以带回他们在欧洲和美国的所见所闻。这样积累起来的知识为选择国外各方面精粹打下了坚实的基础。第一个要学习的军事模型是法国军队，但是自法国在1870—1871年战争中被普鲁士军队打败后，日本就相信从德国那里可以学到更有用的经验。在有关法规的制订和实施方面，日本也做了类似的目标转移。

日本没放过任何学习机会。1871年10月，日本派遣了以岩仓具视为团长、包括有大久保利通和伊藤博文等革新派人物在内的一个使团，前往美国和欧洲，要求废除19世纪50年代强加于日本的那些不平等条约。日本最主要的要求是重新获得控制关税的大权，以能更好地保护他们的"新兴"工业。他们碰了壁，西方国家根本就不愿放弃好不容易才赢得的进入日本市场的权利。尽管如此，使团仍旧不耻下问，参观工厂和炼铁厂、造船厂、兵工厂、铁路和运河，直到两年以后，使团才于1873年9月满载着丰富知识以及要求改革的激情回到日本。

日本这些领导人的亲身经历把一切都改变了。坐在疾驶的英国火车上，看着外面的工业化景象，大久保利通悲哀地吐露道，在离开日本之前，本以为他已完成了自己的工作：天皇收回了帝国权力、中央政府取代了封建旧制度。现在他才明白，前面并不是坦途，还有更为艰巨的工作。日本跟"世界上更先进的强国"无法相比。尤其是英国给他上了自强的一课，它曾经与日本一样是个小的岛国，但是它系统地实施了自强的政策。在英国商船队逐渐壮大而称霸全球方面，航海法起了关键的作用。英国曾坚决维护贸易保护政策，直到它取得工业领先地位以后才放弃这一做法而主张贸易自由（分析得不坏。亚当·斯密是不会不赞同的）。

日本没有17世纪的英国所享有的控制关税和商业贸易的自主权。更令人苦恼的则是欧洲拒绝有关不平等条约的重新谈判。可是在这一点上，德国起到了模范作用。德国，和日本一样，不久前才艰难地完成了国家的统一。德国也像日本一样，从那样一个经济劣势的起点发展起来，看它走得有多远！大久保利通见到的德国人给他留下了极为深刻的印象，使他感触极深。他发现德国人是那么的勤劳，节俭，"朴实"——就像日本的老百姓。他还发现，德国的领导人都是现实主义者和实用主义者。他们全神贯注于壮大国家的实力，他们是19世纪的重商主义者。大久保利通返回日本，就把德国的经验作为日本政府办事的指针。②

政府从一些日常的任务着手：建立邮政，实行新历法和时制，* 普及义务教育（先是男生，随后也包括女生），** 实施义务兵役制。*** 后两项措施尤其成为新社会的标志。普及教育就普及了知识，这正是教育的使命。但与此同时它也灌输了纪律、服从、守时，以及对天皇的顶礼膜拜（忠君）。③这是一个关键，要超越狭隘地方观念和社会等级，养成全体日本国民有别于外国人的民族特性。日历仍用天皇年号，也是要培养对天皇的崇拜。每个学校都有天皇的画像，每到节日来临，全国各地在同一时间举行同样的对这一偶像的参拜仪式。

军队（包括海军）则完成这一使命。在统一的着装和纪律之下，普遍征兵制的实行消除了社会各阶级之间的界限。这增强了国民的荣誉感，也使男子的暴烈

---

* 即开始采用统一时差的小时制和格列高利历（公历）。即使如此，日本仍旧保持着以天皇在位的年号来计年的传统，这一传统在一个世纪后的今天依然存在。对于外国人来说，这就需要突击学习一下日本的政治史。

** 起初最短的义务教育期限是4年，从1907年起增为6年。由于日本文字比较难学，所以通常需要3—4年的时间才能扫除文盲。

*** 最初曾规定免服兵役的对象包括结了婚的男人和家中的独生子。这样所造成的结果就是早婚盛行。

阳刚之气大众化。在日本，这意味着参与战争的权利的普遍化与大众化，结束了武士垄断军队的特权（并不是所有的原来的平民都赞赏这一变革。战争和暴力冲突一直都是上层人物的事情，他们为此而享受薪俸。许多由于年龄较大而未能上新平民学校受训的人都问，为什么现在要让他们做这一蠢事。但是他们不会去打仗的）。

在维新元老的心目中，实行征兵制，建立新式常备军是富国强兵的前提，而富国强兵则是明治维新的首要目的，有了实力才可以自由，才可以反击欧洲列强的欺凌，才可以用欧洲人对自己的方式去欺负他人。1871年9月，维新后的日本新政府与中国谈判签约。这个条约没有像中国对待西方列强那样给予日本治外法权和商业特权；而是以彼此平等的形式签署的。有了这具有历史重要意义的"第一次"，不平等条约的签署就会接踵而来。紧接着，日本于1874年入侵"福摩萨"（台湾），这一行动的后果就是确立了日本对琉球群岛的主权，也为后来侵占台湾打下了基础。然后又于1876年，派海军到朝鲜，并迫使中国承认朝鲜的独立。这一带毒的礼物使朝鲜在后来遭受日本侵略时再也得不到中国的保护，而且使日本获得在朝鲜的治外法权和商业特权，这又刺激了它更进一步的欲望和野心。新兴的日本发展壮大起来，走上了对外侵略的道路。大中国则满目疮痍，而它原先的那种妄自尊大却成为日本的进攻方向。

早在1873年11月，日本帝国内阁就有了分化，一部分和平的"鸽派"主张集中精力推进国内的建设和现代化，而一批"鹰派"却主张对朝鲜宣战。这场争论导致新寡头统治集团中的五名成员辞职，其中为首者是萨摩藩的西乡隆盛，他曾是推翻幕府统治的领导人之一。事情还没有结束，那些旧武士们把他们的私愤泄到国际舞台上，抗议签署于1876年的日中朝三国协议，虽然协议也是有利日本的。他们更愿意留驻朝鲜，这样可以做征服大陆的美梦。

在新政府对武士阶层利益进行的两次攻击后，武士们感到更加气愤。首先就是传统的薪俸改成了补助金，由中央政府统一拨款，政府所发给武士的不再是传统的禄米，取而代之的是公债券，公债券的价值则是与政府的货币政策和日元的币值紧密相关。不久以后发生了通货膨胀，那些入不敷出的武士们不得不出去做工以求维持生计。其中一些人做得很好，另外一些人却陷入了苦难而不能自拔。还另有一些人通过转变自己的观念和社会地位以获得较好的工作，或与新贵联姻，这就是世界各地的地位低落的旧贵族们所要做的：将贵族血统、形象以及高贵的礼仪转化为金钱。

日本政府对武士们所采取的第二个措施更使他们难以忍受，那就是取消了武士们携带双剑上街的特权。这些武器使平民们不寒而栗。大多数平民出于习惯仍旧害怕武士，但此时就连农民也可能会拥有枪支了。与此同时，许多官员开始追逐西洋化。他们身着正式的欧洲西装，这种服装更适于参加巴黎的婚宴，而不是料理在东京的日常事务。他们头顶滑稽可笑的高帽，无论是在雨中还是太阳下面，都撑着华丽的洋伞；他们出门以车代步；使用桌椅；在新建成的石头结构的房屋，而不是以纸和木头构成的传统的日本建筑里聚会。*

武士们的不满激化而导致了政治暗杀。其中最引人注目的，是 1878 年 5 月，日本新政府的主要建设者之一内务大臣大久保利通，在他身着西式盛装乘坐外国式马车去参加东京赤阪宫国务会议的路上，遭人暗杀。** 在 6 名暗杀者中有 5 名是旧武士；他们为自己辩护说，这一举动完全是为了表示自己对国家在武士们极度贫困的时候却把宝贵的资金浪费在一些经济琐事之上的愤怒。这也与象征主义有关。许多年之后，当时曾居住在大久保家的比利时牧师的夫人在她的日记中写道："我曾听说过关于大久保不受欢迎以及导致后来被谋杀的原因之一就是……他那极欧式化的房屋建筑。"④

无论是这些暗杀者们，还是一些造反斗争，所起的作用都微乎其微。新旧相撞，总是旧的输。

在此期间，政府和社会大兴"殖产兴业"：怎样动用机器进行生产；怎样在没有机器的情况下提高产量；怎样进行货物运输；怎样与外国厂商竞争。这一切做起来很难。欧洲的工业国家已发展了一个世纪。而日本才刚刚起步，必须加速前进。

最初，日本着重把力量放在那些早在明治维新之前就已有所发展的产业部门上，尤其是丝和棉纺织工业，还有不会被外国模仿的一些食品加工业，诸如日本清酒、日本豆面酱、酱油等产品。从 1877 年到 1900 年——日本工业化的第一代——工业产值的增长额中，食品业占 40%，纺织业占 35%。⑤ 简而言之，日本

---

* 这些象征性的事物对日本那样一个在伦理道德方面颇具特殊性的国家引起很大冲击。因此也就有了 1875 年萨摩藩的原藩主岛津久光向天皇所递的请愿书，请求天皇下令禁止日本人穿戴西式服装。这一请求被拒绝后，岛津久光从东京愤而离去。见 Brown, "Okubo Toshimichi"，第 189 页，注释 2。

** 当时的日本内务省不仅负责警察和公安事务，还通过它下辖的工业促进局，主管经济的发展。

人充分地运用了自己的比较优势，而不是不切实际地把目光集中在重工业上。它的工厂规模都不大，例如拥有两千纱锭的棉纺厂（西欧的棉纺织厂却拥有数以万计的纱锭）；木制水车的使用远远落后于欧洲的技术水平；* 与日本那些崎岖蜿蜒的矿井和人工铲斗开采的煤矿相比，在英国早期的煤矿里行走简直像是在散步兜风。⑥

人们常说后来者有优势，可采用最新式技术，而日本这一后来者一开始却出现了倒退。对此，经济学家们通常的解释是资金匮乏：私人财力单薄，又没有投资银行。其实，当时有些日本商人已经积累了巨额财富，国家也愿意建设工厂并给予补贴。它也这样做了。但是后来者追上先行者的长途跋涉最需要的还不是钱，而是人才——这些人才要富有想象力和首创精神，懂得规模经济，不仅知道生产方法和机器，而且还通晓生产的组织以及我们如今所说的软件知识。有了这些，资本就会跟上来，发展壮大。

在摸索中行进的前期也有不少失败之处。19世纪80年代，政府把它的官营企业出售给私人资本家们。这一决定使政府声望大增：要知道官吏们是很难得承认错误或放弃权力的。官营工厂是低价转让，通常是卖给有交情和有关系的人——虽然不能算是最好的解决办法，但这一措施的确扶持了资本家们，使他们走上了一个更高的起点。大约就是在这期间，棉纺织工业从手工纺织发展到机器生产。** 在1886—1894年间，共新建了33家棉纺厂，其中一半以上都位于大阪地区；棉纱的总产值在1886—1897年间增加约14倍，从1200万日元猛增至17600万日元。在1899年，日本的棉纺厂总产量大约是35500万磅棉纱；而到1913年就增至67200万磅。这一结果就是日本从棉纺的进口国一跃而成为一个

---

* 这些水车还是非常精巧的。但日本人不得不遵守特殊的限制用水制度，尤其是不能侵犯农民的河岸权（指沿岸土地所有人利用河水或湖水灌溉田地的权利）。最后这些工厂主们找到的解决办法就是在水流中间设一个抛锚的船，利用水车的力量转动船上的纺织机——实际上是一个小型的漂浮工厂——见 Minami, *Power Revolution*。

** 但日本手工纺织要比其他地方持续得更久。其中一个原因在于日本妇女的勤劳和忍耐力（下文中还要谈到这一点）。另一个原因则是1876年由一位和尚辰致卧云所发明的管式纺纱技术。这一技术是指将棉花填进直径为1英寸、长6英寸的锡皮管内，然后转动管子，将棉花缠到纺轴上。这一技术将一个妇女的日产量提高15倍之多。虽然如此，手工纺织毕竟还是竞争不过水车，许多水车安装在纺织船上工作。手工纺纱的原始生产方式持续增长到20世纪30年代，部分是因为它的低成本和低工资，部分是因为织地毯、法兰绒和日本式厚底短袜等都需要粗糙的棉纱。

棉纱出口国。在1886年，日本所需棉纱的62%都来自进口；1902年停止了棉纱进口，而到1913年，世界棉纱的出口量有1/4都出产于日本，日本在第三市场上已构成对英国的一大威胁，在这一点上类似于印度而更甚于印度。⑦

棉花的纺织是一件重要的事，但要制造出能完成这一工作的机器，则完全是另一回事情。相对来说，发展棉纺业是工业呈现现代面貌的一个捷径，卡塔卢尼亚、埃及和巴西有类似的经历。只需要买来机器，往往都是从英国制造商那里购买，他们就会派出技师来协助安装工作，需要的话，还会由技师们来操作机器的运转。这样一来，棉纺厂可以为家庭手工织布作坊提供大量棉纱。这同时也产生了工业革命的假象。

然而日本人早就决心超出只生产消费品的经济模式。要建立自己的现代化经济，就不能不做好费力的工作，即制造机械设备，造船和造机车，修建铁路、港口和船坞。政府在这方面起了支柱性作用，资助出国考察人员，聘请外国专家，建设厂房设施，补贴商业企业；但更重要的是日本爱国志士的才干和决心，他们为了国家的事业不惜放弃原先的行当而弃旧图新；还有日本工人的素质，尤其是那些工匠们早就在手工作坊中经受了紧密协作和严格监督的磨炼，炼出了一身技能和敬业精神。

这些素质在迅速学习的过程中很见效。直到德川幕府末期，日本才在纺织工业上运用了水力。但是水力却从来没有起到像在英国和美国工业中所起的那种重要作用，因为日本人这时已在不断前进。先是蒸汽机，随之则是电力。电力尤其适合于轻工业以及那些规模较小的分散的工房；再没有其他的能量可以按所需量的多少传输了。我们知道，电需要有大规模的发电和输电设施。这在城镇地区不成问题。而在那些远离电网的边远地区，则可以用内燃机来发电。

日本轻松地进入了第二次工业革命，这掩饰了它在工业上的稚嫩和经验不足，它几乎在还没有完全习惯蒸汽机时就开始了发电和电的利用。* 日本于1878年就首次点燃了弧光灯。参与这一试验的有藤冈市助，他是日本工部大学的教师。工部大学是一所创建于1877年的工科学校，后来并入东京大学。通过多年的钻研和实践，藤冈发觉有必要建立一个中央发电站，并寻求私营企业家的支

---

* 有一个例外：化工业还没有被看做是国家的支柱产业。但我们不能指望日本当时的经济政策有那么完善。关于对日本政策的典型的过分乐观的评价，见 Okimoto, *Between MITI and the Market*。

持。在他拜会的第一位企业家拒绝了他的请求后，他转而寻找一位当大官的同乡的支持。那位官员让他与一位敢冒风险的资本家合作，于是这二人就筹建起一个财团，它有 64 名投资者，其中包括旧贵族、与官方有密切关系的资本家以及财大气粗的外省的商人们。就这样，东京电灯公司诞生了。最初它只为工厂、商行或造船厂制造发电和照明设备。从 1887 年开始，它为普通民众供电。也就在同一年内，大阪、京都以及神户都成立了这样的公司；两年后，在名古屋和横滨也相继建立——到 1896 年已成立了 33 家公司。到 1920 年，电动机已占日本工业动力设施的 52.3%。美国这一数字在 1919 年是 31.6%，1929 年才达到 53%。英国则更慢一些，在 1924 年也只占 28.3%。[8]在能源和动力方面，日本已做到了后来居上。

对于日本成功的迅速的工业化，一般评价都很高；使这一评价有所降低的因素，只是人们不喜欢日本伴随着工业化而迸发出来的严峻、强烈的民族主义激情——那种无情的追求使得工业化的进程具有了意义和紧迫性。日本是除西方国家之外第一个实现工业现代化的国家，它至今也为那些较落后的发展中国家起着一个榜样作用。别的国家向国外派遣留学生以期学习国外的先进经验，但却不见他们回返；而日本的学成人员都回国效力。别的国家进口外国机器设备并倾尽全力来运作它；日本人则是对之进行仿制，改进，以造出自己的更先进机器。有许多国家也许会因为历史上的种种原因而讨厌日本人（有几个拉丁美洲人喜欢外国佬？）；但是他们的确羡慕和称赞日本的经济发展。

这是一个好的，颇具教育意义的故事。但是导致日本获得一系列成功的另一个方面，却没有吸引到那些著名历史学家们的注意力：是劳动者的苦难才使之成为了可能。早期工业化发展的记录，不可避免地与艰苦的工作和菲薄的报酬相关联，更不用说还有剥削。我用"剥削"这个词，并不是马克思主义意义上的那种工资低于产值的意思（要不然资本怎能得到它的回报？），而是出于另一种意思，即压迫那些不能说不的人们，其中有妇女和儿童，奴隶以及准奴隶（被迫订了契约的劳工）。* 举个例子，英国有关工业革命的文学作品中就充斥着这种对人进行摧残的故事，尤其是描写那些为还清债务而被送进纺织厂的学徒们的故事。但不仅仅是在纺织厂，煤矿也是一个让人备受煎熬的地方，还有许多小规模的铁匠

---

* 在社会科学的词汇中，马克思主义的这一术语是最容易导致误解和滥用的词汇之一。

铺和乡间作坊。"当我才 5 岁的时候,我的妈妈就把我送进了花边学校(所有的事情都可以被称为学校)并给了教师一个先令。她在教我的半小时内,打了我的头 7 次;还用支杆刮我的鼻子。"监工和父母们却纵容这种奴役方式:"6 岁是最好的年龄段,你可以把他们教训出来。如果迟了,他们在街头混过,就会满脑子尽是街头的玩意儿。"对他们越严厉越好,在一首制花边工人的歌谣中唱道:

今天我只做了三支花边,
你知道我妈会怎么说,
当她知道我做这么少,
她会把我赶出门外,
永远不再让我入内。⑨

　　这些不幸少女最常见的疾病就是饿出了神经性胃炎。难怪有那么多女工最后沦为性的牺牲品,流落为娼妓。这倒似乎成为一种解脱。
　　英国的工业化付出了沉重的社会代价,这反映出这场不期而来的社会变更带来了冲击,还反映出一种奇怪的观念,即以为工资和劳动条件是经双方的自由代理人自愿达成了协议。直到英国人先是对童工、然后对女工的苦境从这种幻觉苏醒过来以后,他们才开始介入工厂的经营活动,开展劳动保护的立法工作。每做一件事,他们就将之记录在案,所以社会历史学家们就拥有了一大批记录和证据在手。英国的情况是像记载中所说的那样差吗?或者我们所拥有的记录全面吗?
　　在实现工业现代化的道路上,紧随英国之后,欧洲其他国家也有它们自己的劳工问题和矛盾,虽然不是那么严峻,那大都是因为他们受到了告诫,能够按人们所期望的那样颁布劳动保护法。相形之下,日本则是匆忙奔入原始的、毫无节制的资本主义。他们的乡村工业已经呈现可耻的剥削景象,像英国一样,但又较之更甚。为什么我要说"更甚"?因为日本的家庭工能够而且也愿意夜以继日地辛苦工作,那样单调乏味的艰苦劳动会让即使是很温顺的英国纺织工人和花边工人也起来反抗。举个例子,日本人就没有休息日,没有安息日。他们为什么需要休息?动物就没有什么休息日。由于工人视休闲重于收入而在劳动力供应曲线上造成的下降,在日本不曾是一个严重问题。
　　为什么没有?其中一部分原因是日本人的集团精神:一个好逸恶劳、吊儿郎当的工人不仅会伤害自己,也会造成对家人的伤害。还有国家——不要忘了国家。大多数日本农民和工人最初都没有国家的概念；在德川幕府的统治之下，他们很少会有国家意识。这就是维新后的日本帝国所要做的首件大事：向日本国民灌输"忠君爱国"思想，并将这种精神贯彻进工作中去。学校教育的一大部分时间用于培养学生的伦理道德；在一个没有正规的宗教教育和礼俗的国家里，学校就是进行道德品质和伦理教育的殿堂。1930年的教科书中写道："体现爱国主义精神的最便捷的途径就是，在日常生活中有严格的纪律来约束自己，保持家庭良好的秩序，尽心尽力做好自己的工作。"[10] 当然，还有勤俭节约这一条。

这简直是韦伯的新教伦理的翻版，而且更具影响力，因为它完全符合了旧时农民的价值准则。典型的旧时农民是尽一切可能节约，并且相应地安排生活和劳作。他们活着就是为了工作，通过工作来增加自己的积蓄；这就是他们做人的目的（英国的家庭工过早地从土地和农业劳作中脱离出来，对于工业发展来说是一个促进，但就某些方面来说，在人们思想上则造成了负面影响。那些失去土地的工人认为，工作就是为了生活。当拥有足够的财产后，他就放弃工作而去追求享乐）。

日本人则将这种农民的心态推到了极限。在过去，社会贫穷，百姓节衣缩食。人们以稻米为生，在较寒冷地区则以黍米和大麦为生。1649年的鸡庵敕令禁止农民吃他们自己耕种的稻米，而命令他们以"黍、蔬菜及其他粗粮为生"。可以有一点动物蛋白——一些鸡肉或海产品。可以吃鱼的一部分（包括头、皮、骨头和尾巴），还有海洋里的藻类植物、浮游生物等。甚至到现在，日本人所体现出来的广泛口味，也可以证实旧时岁月食物的匮乏和穷凑合。

所有的事情都被算在计划上了。你要放松一下自己吗？那就回家去在自己的土地上倒空自己的饭碗。劳动的分工？时间和工作太宝贵了，当母亲的人也不能把时间浪费在对婴儿的照料和对自己的保养上（甚至是刚生完孩子之后）。大一些的孩子可以照顾年幼的孩子；小孩们可以尽早地学会一门手艺。一小段丝线，甚至是一小块棉布，都可以拾回来以卖给收废品的人，可以换得几钱（1日元＝100钱）。那些老得不能再劳动只留一张嘴吃饭的老人，最好是早些归天。这种家庭形式，其实是棉纺织厂的缩影，是那些野心勃勃的商人们榨取利益的来源。

这里有一则有关这种劳苦人的纪实故事：*

一个孤儿，嫁给了一个想娶妻以逃避军役的农民。她没有任何嫁妆，只带来了军役豁免权，还有能够从 86 英尺深的井里取水的力量，具有非同寻常的劳作的机敏，以及在凶恶的婆婆面前所持的圣人般的谦恭和忍耐力。她公公的生活就是干活："我没有东张西望的欲望，也没有任何癖好娱乐。能让土地有更多的收成是我生命中唯一的乐趣。"**

刚一嫁进门，婆婆就告诉她，要自食其力。"我可不想让自己辛苦地干活，而让你这个年轻的妇人轻松地生活。既然你已进了我们这个家门，我希望你能拼命地干活并和我一同勤俭节约。"这家人让她日夜在织布机前干活，织布卖给商人，她和她的三个小姑让织布梭从早到晚，甚至到深夜不停地飞舞。就这样一天天地干，无论严寒酷暑，没有安息日，没有休息天。甚至连打扫卫生的时间也没有，"这不是宫殿，也不是诊所，"脾气暴躁的老妇人常厉声申斥，"如果有时间打扫屋子，那就出去干活"，她们就再接着干。每天可以织成 3 匹普通棉布。没有哪个英国织工能做到这一点。有时当她们给其他农户织布时，她们可以把布拉长，多挤出一段布留给自己——大家都是这么做的。婆婆就连这样的"外快"也卖给商人，对少妇没有一点宽容。周围的邻居称这些年轻的纺织女工为家庭的聚宝盆。婆婆则掌握财政大权。

儿媳是家里手艺最高的织工，也是村里最出色的。虽然婆婆总是对她挑三拣四，指手画脚，但也不得不承认这一点。媳妇生孩子时没人照顾，只在床上躺了不到三天，每顿只是吃一点米饭。从来也没人对她说，她这样有多了不起，那好像就是做母亲的天职。年轻的妈妈每天只吃一顿饭，而当她照顾自己的小孩时，婆婆就会埋怨那是在浪费时间："我讨厌看到年轻的妈妈们把时间耗费在喂养孩子上。她应该在织机前工作挣钱。"

媳妇干得越辛苦，越好，他们就越发变本加厉地压榨她，也就更加不让她自

---

* 这个故事出自日本女作家山代巴以半虚构形式写作的散文诗《泥塘大黄芽》。山代是左翼人士，主张土地改革，她的丈夫是马克思主义工会活动家。1940—1945 年期间，山代因"怀有危险思想"而被投入监狱，她显然是狱中得悉她诗中所描述的那个苦命的老妇人的故事。此处则系转引自 Hane 的 *Peasants, Rebels, and Outcasts* 一书，第 85 页及其以后多页。这是一本很重要的书，研究日本经济史的学者都不可忽视它。

** 鸡庵敕令规定："农夫必须早起，先割草，再种田。晚上要搓草绳，做草袋……男耕女织。而且他们晚上还要不停地工作。"——见 Leupp, *Servants, Shophands* 一书，第 7 页。

已有一点闲空。这样一来，也很自然，因为她创造的边际效益就越发增加了。"我们的小母亲在厕所里呆的时间太长了"；或者，"她浪费太多的时间喂孩子"；或者，"她这个蠢货，她又在洗了"。他们充分地让她利用时间干活，根本不在乎她是否洗澡或是洗自己的衣服。日本人向来以喜欢清洁而著称，但对金钱的贪婪却让他们忘记了这一点。*那么，要是她的内衣脏了怎么办？她的丈夫现在远离家乡，在朝鲜北部做守关士兵以挣得那一点菲薄的薪金，这可是穷苦农家所向往的事情。所以她也就没必要那么讲究清洁了。（丈夫从未告诉过她，要在外面呆多长时间。而这一走就是 24 年。）

就这样，农家攒小钱，商人包买主赚大钱，日本的棉纺工业迅速发展壮大起来。终于有一天，这家人积攒了足够的钱以建造一幢大瓦房。还有什么比房子更重要的呢？"在这个世界上，房子占据着重要地位，房子可以代表这家人的社会地位。"当你请医生时，医生给病人号脉，他会先看看你的房屋。当你为葬礼雇请和尚道士时，他会先看看房子然后再相应地给死者在阴间安排住处。这家人一向为房子发愁。他们总是被人瞧不起，周围的人们也不友善。好了，这下他们可以炫耀一番了。儿媳妇依旧织下去，现在已是孤军奋战了，因为她的几个小姑子都已出嫁；因为要干四个人的活而且又没时间吃饭，她变得越发消瘦。她那在朝鲜的丈夫早已忘记了他这个妻子，好在儿子已长大了，这对她来说倒是一个很好的慰藉。

可是不久男孩就要上学了，而做母亲的却从未能有时间看他参加体育运动或做其他游戏，因为那要让她离开织布机；当老师做家访时，婆婆会告诫她，让她躲在后面的屋子里，因为除了怎样织布外，她一无所知，如果让她与教师交谈，会扫了孩子的面子。直到孩子从学校毕业与其他小孩共唱"我们无比幸福！"时，她才第一次进学校，春天的校园里桃花盛开；自那以后，每当她再见到桃花盛开时就会想起孩子们唱的毕业歌，就会不由自主地暗自抽泣。

当妈妈的纺织，作商人的购买，当婆婆的攒钱，棉纺织业繁荣昌盛起来。当儿子的则按照他那在朝鲜当上警官的父亲的愿望，离家升入了中学。做母亲的送他离家，儿子走后，她走出大门，把头俯在铁轨上倾听那逐渐消失的火车的声

---

* 关于清洁在日本人生活中的重要性以及访问日本的欧洲人了解这种习惯的必要性，见耶稣会教士 Alessandro Valignano 1583 年给他的传教士弟兄所提的建议——Valignano, *Les Jesuites au Japon*，第 200 页。

音。

　　丈夫仍旧未见回来。所以他们就先行一步盖起了新居，亲戚们都带来了贺礼，婆婆乐得合不拢嘴，拼命地奉承讨好那些带来很多贺礼的人，而对别人，即使对自己的晚辈，连一句话也没有。当她的妹夫，一个富裕的牛贩子回来时带给她许多礼物，他找了个机会斥责家里的老祖母："老太婆，你怎么还不死？""你从来就没做过什么，"他对她说，"用你儿媳妇挣的钱买来稻田，盖了房子。"老妇人笑着点点头，牛贩子又说道，"好在她是个聋子！"随后老太太把整个事情告诉了当织工的孙媳妇（还能说给谁听呢？）："你听见他说什么了？这让我太受不了了。"孙媳妇就安慰她道："奶奶，不要为这些烦心，没哪个人能比你再辛苦了。我之所以能不离开织机而不停地织布，全都是因为你帮我往纺锤上绕线。挣来的钱都用于盖新房了。你应该知道这些。千万不要为此而难过。"然后她握着老奶奶的手抽泣。老妇人说，"你的话让我好受多了。"不久以后，老奶奶就死了，她看上去像棵枯死的树。

　　终于，那穿着笔挺制服，架着金边眼镜，留着翘胡子的丈夫宇一回家了。他又增建了几间厢房。随后他就开始离家去城里住——谣传是与另外一个女人——而且离开的时间越来越久。传言是真的。做妻子的却不敢问，因为丈夫脾气暴躁、易怒。但那样的事情在小乡镇里早晚都会传开的。

　　丈夫宇一也不想隐瞒什么。他早在朝鲜就认识了那个女人。她是日本人，被送到朝鲜做"服务员"工作的。在那里，她给一个地位显赫的政府官员做情妇，所以就富了起来，同时也让她的家里富起来。而现在，她则成了宇一的情人，她那更换不迭、令人眼花缭乱的丝质和服，真丝床单，村里没哪个人能比得上。宇一对他的妻子一点也没有耐心，经常动手打她，而他的父母则冷眼旁观，从来不去劝阻，他的父亲甚至以儿子的残暴为荣："一个人要是没有那样的脾气，他就不可能在社会上有立足之地。"做母亲的也随声附和："他就是那样才吓住了朝鲜人，难怪他们怕他呢，他还真是很厉害的。"

　　后来有一天，宇一把他那身着奢侈华丽衣裙的情妇带回家，他母亲知道了他的打算后，就命令儿媳去收拾隔壁的新厢房。但当她刚开始打扫新榻榻米上的垫子时，宇一冲上前去把她踢出门外："你这个畜生！你怎敢让你那生了冻疮的臭脚踩在我的榻榻米上！"当眩晕的妇人踽蹒着走出门时，她大声呼唤她那远征中国的儿子："御井！御井！你在哪儿呀？"婆婆把她赶出家门："滚开，你这个疯女人，你现在对我们一点用也没有了。"没有用：他们不再需要靠织布机挣钱了。

邻居的妇女们都很明白："他是在朝鲜为非作歹才升了官，发了财。"她们说这个人不会有好下场。但是，她们看到宇一的妻子伤心哭泣呻吟时，谁也没有表示同情和安慰。到了晚上，宇一的情妇带着她的仆人坐黄包车来到这个家。她穿着日本出产的真丝白袜。在那以后，宇一的妻子记得的一切，只是那紧闭的大门，以及从屋里传出来的笑声。

她点着了房子——日本的房屋燃烧得很快，火焰冲天。那情妇的箱子、梳妆台以及真丝和服都化为灰烬。有多少纸币随之而去呀？宇一的妻子接着就投了井，以期从这个世界上消失，但是众人发现后又把她救了上来。她被以纵火罪起诉，又因火焰的光亮破坏了战时的灯火管制，而加重了她的罪行。最后她被判入狱 10 年，后又因情有可原的具体情况而改为 8 年监禁。

没有人去监狱里探望她。她蜷缩在寒风中，哼唱着有关穿雪而出的大黄的嫩芽的歌来安慰自己——当她还是一个小孩的时候，曾采来大黄的嫩芽安慰病中的妈妈。她的儿子御井只给她写过一封信：在那样一个对女人残酷无情的家庭里，是不会培养出有人情味的男人的。是她的狱友，山代，听了她的诉说后写下了这篇故事。那时，这个孤儿出身的妈妈和妻子已成了 55 岁的老妇了。

落后的手工作坊已是过时的生产方式，新的机器化大生产的纺织厂当然要取而代之。日本工业革命的首要对象就是提高棉、丝的纺织水平，而要想提高产量，就必须要有新的劳动力。像在英国一样，早期的纺织厂工人大都是妇女。但二者也有不同的地方：英国早期的劳动大军中有许多儿童，他们大都从备受煎熬的学徒生涯开始做起。而在日本却不完全是这样，自明治维新后，日本政府就开始实行普及的义务教育制度。原则上来说，儿童是不可能在工厂干活的。我说"原则上"，是因为实际情况通常与之不符。日本有很多儿童都被虚报了年龄，也就是说，学生的入学率并没有达到所要求的标准。⑪他们的父母们迫切地需要钱用，而上学不但不挣钱反而还要花钱。

说句公道话，农村的生活更艰苦，工厂的生活相形之下还是颇具吸引力的。农村里从水井打上来的水冰凉刺骨；而从工厂宿舍的水龙头里流出来的有热水也有冷水。农庄里的只是粗糙、清淡无味而又不够充足的食物，简直与猪食没什么两样；而工厂里却每日三餐都是大米饭——无疑是外国大米，而不是日本人所喜欢的那种黏米。不过，别的国家的人喜欢这种米，可怜的日本女工们也发现这种米营养充分，适合自己的口味，从而也就养成了吃这种米的习惯——如果今天日本向国外开放大米市场，无疑还会发现这种状况。

这些纺织厂支付给女工们的工资少得可怜；扣除食宿费用后（住处通常只是机器间搁放着的一块木板，或是在拥挤的宿舍里只能有一点睡觉地方的榻榻米），女孩要用好几年的时间，才能还清她父亲在送她进厂时拿走的那笔预付金。1898年对62家棉纺厂的调查表明，女工们的月平均工资只是4.05元，男工则是6.83元——男女平均为4.67日元。即使是印度工人也比他们挣得多一些，几乎有他们的一倍：对印度7家纺织厂的调查显示他们工人的工资一般相当于8.07到9.18日元。⑫

主要问题还不在于工人工资微薄，而是在他们所创造的边际产值：日本的劳动力干得很出色。有人曾说，在新兴工业或是处在工业化前期的国家中，低工资代表着低生产率，但这在日本却不可能得到证实。只要有不断的农村人手涌向工业，工厂主们就会有更大的收益：既廉价而又勤劳肯干的劳动力，他们对自己的工作、群体和家庭尽心尽力。一位妇女回忆道：

> 每天早晨，天还没亮，我们就开始在点了灯的工厂里干活，一直干到夜里10点钟。下工后，累得站都站不住。有时，当我们加夜班时，他们偶尔会给我们一块山药吃。每天晚上，等到我们梳洗完后已是深夜11点了。冬天里没有火炉，所以我们不得不拥在一块儿挤着睡觉以御寒。有几个女孩子跑回家乡去了。据说，以前的女工更苦。第一年，我们领不到钱。第二年，我得到了35元，第三年是50元……女人的生活真是难以忍受、太可怕了。⑬

这一段引文很能说明当时的情况：工资低，生活条件恶劣，人们喜好洁净，工资逐渐增长。还应该补充一点，即工作环境有害于健康：潮湿（防止静电），弥漫着絮花的空气（这导致了极高的结核病发病率），令人震耳欲聋的嘈杂和喧闹声。擅长描写资本主义社会现实的巴尔扎克这样写道：没有哪个诞生到这个世界上的孩子没用过肮脏的尿布。工业化国家也不例外。一些年轻的妇女因不堪劳苦而逃跑；但大都会被追捕的人抓回来，并在重新干活之前饱受这些爪牙们的凌辱和折磨。另外一些顺利逃跑的人最终也会返回来——因为她们的家人要她们回来，或者是因为她们在乡下的日子更苦，还不如工厂。

关键在于农村的活计和生活更苦，至少是在体力上。对家庭的忠诚也是一个因素。那些当年在诹访湖周围（该地如今是一个电子工业中心）的缫丝厂和棉纺厂做工的可怜的年轻女工们竭尽全力地积攒以奉养她们的父母。她们沿着危险的山路，踏着深以没膝的积雪步行回家，为防止掉进深渊，她们彼此之间都用绳索绑在一起。当多年之后再回顾这些可怕的岁月，她们中的大部分都只回忆好的方面。这是幸存者们的很自然的反应——我们想忘掉那些痛苦；我们只想"强调肯定的方面"。埃涅阿斯*对他绝望而沮丧的战友说道：总有一天你会快乐地回忆起这些事情的。

男人们的境况则相对要好一些。他们的工资高一些；而且他们与工厂主讨价还价的能力也大一些。在这方面，工业化时期的日本与欧洲的工人们没什么区别——也许境况还差些，至少是在最初阶段。工厂的工人们大都能吃苦耐劳，他们被看成是与部落民一样的天生的低等动物，实际上很可能就是部落民。** 他们被隔离开来，"最底层"，"低等"，"卑贱"，"浪荡者"。那些做母亲的都把工厂工人当做怪物来吓唬自己的孩子，告诫自己的孩子千万要在学校用功读书，否则就会与这些社会渣滓为伍。

工人们为赢得应有的社会地位和尊严（没有什么能比尊严更重要了）而抗争。"不要轻视矿工"，这就是他们所打出的标语；"煤可不是种出来的。"[13] 当日本政府不再能让日本国民到矿井里干活时，尤其是在战争期间，日本就征用中国人和朝鲜人来做苦力。这可不是偶然现象，据历史记载，矿工常常被当做奴隶。随着1945年日本侵略战争的溃败，这些奴隶才得以从苦役中逃脱出来，而煤的月产量，即日本的最重要的能源，从先前的300—400万吨降至100万吨。不用说，它已很难再动员起日本人来做这种苦役了，日本人已习惯了更好的生活和工作，他们更喜欢自由。与其他先进工业国家一样，通过把能源由煤转向石油才解决了这个矛盾。***

---

* 特洛伊战争中的英雄，特洛伊陷落后，背父携子逃出火城，经长期流浪，到达意大利，据说其后代就在那儿建立了罗马。——译注

** 部落民与其他日本人没有可以区分的明显特征，所以他们就尽力地流往大城市，当然，许多人仍继续居住在贫民窟以及犯罪活动滋生的街区。直到今天，一些日本人还雇用侦探和基因学者查究其未婚夫或未婚妻是否出身于部落民。为阻止这种做法，当局已封闭了某些官方档案。见 N. D. Kristor, "Japan's Invisible Minority"一文，载于《纽约时报》，1995年11月30日，A—18版。

*** 见 Reading, *Japan* 一书，第51页。日本没有油，但它有钱去买。俄国有油，但它又没有钱去安装燃油炉，也无法付给矿工工资。到1996年12月，工资就拖欠了7个月之久。

在日本政府所提出的实现现代化的指导方针下，正是日本人的这种工作精神，以及个人的人生价值准则，才使所谓的日本经济奇迹的实现成为了可能。好像全体国民都以昔日的武士价值观——陈腐的"武士道"精神为道德准则。当然，认为这种信念已完全普及是不对的，但是要真正理解日本人的表现，就必须对这种由文化决定的人力资本价值有所认识。正是靠了这样的国民性格，日本才得以卓有成效地采用西方技术，使经济由小到大，从民众身上索取到非凡的产值，而倘若是在别的社会，民众早就会忍受不了而出现大规模的怠工和逃亡。有些人不理解日本军人为什么在第二次世界大战最后几个月还表现出那样的顽抗，将这一行径归因于军人的狂热和一时的自杀冲动，这没有说到正点上。这是一个崇尚"仁义忠孝"集体义务精神的国家，这在许多方面都与西方的个人主义格格不入。在工业革命之前的几个世纪里，个人主义非常有利于财富的积累，不仅仅是在欧洲，像我们所看到的，日本的德川幕府时期也是如此。但是一旦日本人找到了他们所想走的路，他们的集体价值观就起到了难以置信的巨大的推动作用（也是一种巨大的诱惑）。

自以为科学的史学界有一个常见的错误，就是以为今天的优点一定也会是明天的优点，一度发挥了积极作用的因素也会永远起积极的作用。历史并不是这样发展过来的。处于起跑和突破阶段的经济，在需要具备的条件方面，不同于那些已处于领先和疾驰地位的经济。日本经济的成功在于，它在德川幕府时期成功地反对了僵化和怀旧，而在明治维新及其以后时期做到了举国上下全力以赴。在不同的情况下要有不同的战略。

注释

1. 关于那些年间所发生的一连串历史事件，见 Miyoshi, *As We Saw Them*，第 4 章 "Lives"。

2. Brown, "Okubo Toshimichi"，第 190 页。

3. 关于这些，见 Shimada, "Social Time and Modernity in Japan"。

4. 见 Brown, "Okubo Toshimichi"，第 191 页，注 27。大久保的敌人们利用他的住宅做文章来攻击他。他们甚至还拿一些新建公共设施的照片给萨摩藩领主看，说那就是大久保的遭人非议的豪宅；据说就是因为这些照片，西乡隆盛和大久保的关系破裂。

5. Minami, *Economic Development*，第 99 页。

6. 参见 Samuels, *Business of the Japanese State*，第 3 章，第 76—79 页。

7. Hischmeier, *Origins of Entrepreneurship*，第 99 页；Hane, *Peasants, Rebels, and*

Outcasts，第173页；Ohkawa and Kohama, *Lectures on Developing Economies*，第35页。

8. Minami, *Power Revolution*，第6章。

9. Landes, "What Do Bosses Really Do?"，第593页。

10. Fukui, "Japanese State"，第205页。

11. 同上，第204页；到20世纪初，几乎所有的小孩都入学登记了，但是正常上课的却不超过3/4。

12. Hane, *Peasants, Rebels, and Outcasts*，第177—178页。

13. 同上，第182页。

14. 以上是基于Thomas Smith, "The Right to Benevolence：Dignity and Japanese Workers, 1890—1920"一文，载于Smith, *Native Sources*，第236—270页。

国 富 国 穷
第 24 章
THE WEALTH AND POVERTY OF NATIONS

历史出错了？

阿拉伯男人有一腔傲气，但也有非常脆弱的一面。
——简·古德曼《荣誉的代价》

Why Some Are So Rich and Some So Poor
David S. Landes

如果不深入了解伊斯兰教的宗教信仰和文化传统，是不可能理解伊斯兰国家的经济运行状况的。"伊斯兰"的意思是"顺从"（真主），它属于世界三大宗教之一。与比它更早出现的两个一神教（犹太教和基督教）一样，伊斯兰教也起源于沙漠地区。它具有非同寻常的鼓动性，使小群游牧部落通过战争迅速地扩张领地。在先知穆罕默德于公元662年（后来这一年被定为伊斯兰教历元年）从麦加出奔至麦地那之后100年内，以阿拉伯人为主的接受伊斯兰教这一新信仰的战士摧毁了中东地区的各个国家和帝国，并且向西横扫，跨过直布罗陀海峡到达大西洋，穿过西班牙直入法兰西腹地。稍作休息和整顿之后紧接着就向东进发，直抵印度及其以东。当欧洲人于1498年通过水路进入印度洋时，伊斯兰教的传播已东到中国部分地区和菲律宾群岛，南至非洲东海岸，北至欧洲东南部的多瑙河流域，以及中亚地区的主要商道。后来只有西班牙和葡萄牙收复了被占领的土地，扭转了似乎是上天安排的征服过程。

　　从西罗马帝国衰亡（传统上定为公元476年）到基督教的欧洲向海外扩张，在这中间的1000年间，伊斯兰教激情和献身精神的爆发，是欧亚大陆历史上的最重要事件。从这种意义上讲，它预示了后来的欧洲帝国主义的巨大潜力，只是后者发展得更广更深入，并将它的历法通行全世界，从"耶稣纪元"发展到"公元"。

这两次实力迸发的关键区别在于技术的地位有所不同。前者，即穆斯林，依靠的是老技术，然而他们是新战士，靠着急速奔驰的骑兵的战斗激情，这些人相信上帝和历史是在他们那一边。他们全凭自己的气势压倒了那些专制帝国的坐享俸禄的官僚和不关心国事的百姓，只是偶尔停下来消化一下征服的果实和战利品。后者，即欧洲人的扩张，则是依靠优势的火力，受利润驱动：战利品也是要的，但最重要的是可持续获取的利润。（当我还是个中学生时，我们就知道三个G：God〔上帝〕、Gold〔金子〕以及Glory〔荣誉〕。三者都很重要，但其中最重要的莫过于金子了，因为金子可以用来付账，可以装备舰队，可以诱惑和抚慰人的肉体）。

欧洲势力的潜力要更大一些，因为它有强大的物质基础。处在巅峰期的欧洲人简直无敌。他们唯一真正的对手是其他欧洲人。但穆斯林的推进更加毫不妥协和不知满足。他们的英勇无畏再加上对宗教的虔诚预示着它天启式的两个方面的发展结果——胜利以及失望。

欧洲的扩张（帝国主义）不是天启的。它实质上是力量的显示。它用心计算力量的对比和机会而采取对策，富有成本意识，因而其进退都是机会主义的。的确，精神对于欧洲人来说作用很大，而在一些国家要比另一些国家显得更重要些——就像对天主教徒所起的作用高于对新教徒一样（我们可以在亚洲的荷兰人身上看到这一点）。但是精神很难与利益和得失连在一起。威望也很重要，但威望和其他东西一样，有自己的代价。这就是为什么欧洲帝国在其威势降低之后就消失的原因。当欧洲列强的势力遇上殖民地人民的抵抗，留驻当地所耗费用升高时，他们就收拾铺盖撤退（印度就是一则典型的例子），通常给当地新独立的人民造成沉重的损失。*

伊斯兰教则不是这样。在他们的心目中，穆斯林战士所做的是真主的工作，他们的失败就是整个人类的挫折。所以，当基督教徒骑士从11世纪开始，先后在西班牙和地中海东部黎凡特将穆斯林战士们打退而占领一度属于伊斯兰教的领土时，穆斯林们将这一失败看做是魔鬼的胜利。而当穆斯林军队在地中海东部地区把十字军骑士们驱逐到海里时，他们就认为这不是一个单纯意义上的胜利，而

---

* 一些读者可能举出反证，即法国人很不情愿离开越南和阿尔及利亚。的确是的，法国人要比其他欧洲人具有更强烈的荣誉感。可是一旦大势已去，法国人和其他欧洲殖民者们就以尽可能快的速度撤离了阿尔及利亚。

是真主安拉的胜利，是恢复了秩序和纠正了历史的偏差。他们把基督教十字军建立的王国都赶出了黎凡特地区，这被看做是一个范例，被当做是历久不衰的一个象征。差不多在千年之后，当伊拉克的萨达姆·侯赛因攻占科威特、跟西方列强及其穆斯林随从者的联盟作一较量时，他还宣称他这样做是追随当年率领穆斯林大军从异教徒手中收复了耶路撒冷的库尔德首领萨拉丁的榜样，是为了纪念萨拉丁。*

自萨拉丁那一辉煌顶峰（1187年）之后，伊斯兰事业大体上呈现下降趋势。不是因为伊斯兰教变得无力，它依旧有所得，尤其是在那些信仰万物有灵论的人们之中。伊斯兰教的信息简明；皈依的过程也很容易。在三大一神教的信仰中，它对于新入教者所要求的最少，至少是在最初阶段。** 但是由于伊斯兰教将其信仰与力量和领土联系在一起，它相对于异教徒社会而言的势力减弱是一件很让穆斯林失望和难过的事情。在相当长一段时期内，这种下滑趋势所带来的问题，曾由于伊斯兰国家的继续独立、欧洲势力向世界其他地区的分散、伊斯兰力量的若干局部胜利（尤其是奥斯曼土耳其帝国的领土扩张）以及伊斯兰世界看来仍巍然屹立等情况，而被掩盖。可是从17世纪以来，凡是环顾四周的人都不会看不见世界力量对比的变化。伊斯兰世界在经济上和科技知识上都落后了，历史出了毛病。

从较广的历史进程来看，不同的宗教信仰和帝国的上述冲突，在两个地方尤为关键：一是印度的莫卧儿帝国，英国正是在那里开始了对土地、财富以及国家主权的攫夺。二是在土耳其奥斯曼帝国，在那里，苏丹的敕令不被放在眼里，他的土地被那些自命不凡的基督徒邻邦以及民族主义高涨的基督徒臣民所侵蚀。这两者都是典型的君主专制国家：社会分成两极，一极是少数的贵族阶层上等人物，另一极则是可以任意欺骗和压榨的劳苦大众。贵族和官僚们掌握着几乎无限的特权。他们握有暴力，只是偶尔因为最高统治者的心血来潮而受到一点限制。这些社会不是没有正义感，一位历史学家甚至说道"在一个充满同情心的社会里，坚定不移的道德信念的存在不言自明"。① （读了一些当代人，包括从欧洲来的旅游者所写的见闻，我发现这一观点是乐观得出奇）。

---

* 参见 Charnay, *Traumatismes Musulmans*, 第314页。海湾战争中基督教军队的行动被看做是当年十字军对伊斯兰教徒的仇恨的历史重演。

** 我作这一对比，没有将强迫入教的现象包括在内。强迫入教显然对入教者的信仰和教养无所要求。

在统治者之下，民众没有任何权利，也没有任何安全感；有的只是责任和义务以及对统治者的屈从。反抗是几乎不可能的。唯一能够摆脱残酷剥削和压榨的途径就是像鸟一样飞走或藏匿——到那些荒无人烟的地方。据说巴格达的一代哈里发说过："生活最美好的人，就是他有一幢宽敞的房子，一位美丽的妻子以及丰足的财产，他不知道我们，我们也不知道他。"②这话说对了。在这样的社会，被权势认识或认识权势无疑都是招惹麻烦。当一位苏非派圣徒被要求接待国王时说过这样一句话："我的房子有两扇门；如果苏丹从其中一个门进来，那我就从另一扇门逃走。"当然只有一个圣徒才可以那么说，也只有圣徒才能被问及。那么大众怎样才能被国王或国家所确认呢？充军入伍仅仅是一种束缚的形式，战士往往只是缺乏宗教激情和效忠精神的奴隶或者雇佣军。

当欧洲人来到印度时，莫卧儿帝国已呈现一幅支离破碎的状态；灭亡的趋势已成定局而不可能扭转。这个印度次大陆在宗教政体上似乎注定要成为一体，但实际上却从未联合起来。接连不断的入侵者从西北侵入，占领印度河和恒河流域；但是南方却一直游离在外，各地区在语言上和文化上顽强地保持着自己的地方特色，像是压紧的弹簧。所以，国家没有统一："国家看上去像一触即碎。"③

但为什么没有出现像欧洲那样的独立自主的民族国家体系呢？为什么，"既然有了与欧洲相类似的彼此竞争的政治群体，却没有出现一批国家"？④我认为这是因为这些贵族专制政体，不论大小，都未能形成自己的能赢得人心的特性，从而足以将民众维系在一起，使他们感到自己与众不同，甚至高人一等。宗教本来有可能起这一作用——穆斯林对印度教徒——不过直到20世纪，这才被作为划分国家的界线。如果欧洲人在17世纪没有侵入的话，印度就会长期陷于内部分裂和自相残杀，如同它以往1000年那样。

是英国人改变了这一切。他们所带来的行政管理经验以及先进的技术，使得一小部分人就能统治比他们多成千上万倍的驯顺的民众。除了1857—1858年遭到无情镇压的印度兵变以及偶尔发生的一些宗教纠纷以外，穆斯林和印度教徒都没有反抗。英国人的到来，还带来了贸易上的巨大好处。如同先前的葡萄牙人和荷兰人一样，英国人在东西方贸易的这一接合中充当了积极的合伙者。是他们的船在往来穿梭，进进出出，是他们的商人驶入了亚洲的水域。（这一点与北大西洋的贸易交往和竞争的对称格局，形成了对照。）原有的亚洲商业网络尽管拥有财力和经验，仍然把利润最丰厚的交易让给了外国商行。从18世纪末起，影响印度经济发展的主要因素，就是大英帝国的政策，而不是印度本地的积极性。

英国的统治招来了愤怒谴责。白人老爷和太太们都认为自己比当地人文明得多——衣冠楚楚，风流潇洒，干净整洁，并受过良好的教育。印度人则直言不讳地对英国人进行反击和鄙视。孟加拉的一个民间神话中说，英国人是由魔鬼和母猴子结合而产生的后代。比较有涵养的印度人则不谈那样一个颇具想象力的家谱，但却宣称早在英国人还在丛林中穿梭的时候，印度人的祖先就已开始写诗，并且已知道了零的存在。亨利·梅恩爵士，19世纪英国社会人类学家，为印度人的这种妄自尊大的怀旧情绪感到悲哀和遗憾，"印度人从我们欧洲人这里学会了现代构思技巧，通过一番捏造与虚构，从现实想象出一个过去……"接着又说："对于受过教育的印度人来说，过去留下了太可怕的印记而使人难以将之搪塞或敷衍过去。"*

今天，当然我们都这么做。我们认为这样很好，我们称之为文化的多元性。

奥斯曼土耳其帝国的存在倒是比较长久的。它本身就是一个神话，因为在它历经250年扩张（1300—1550年）之后，它的下滑趋势本应导致帝国在几十年内四分五裂直至灭亡。可是到19世纪，土耳其帝国依然存在，只是被公认为"欧洲病夫"，而实际上它的死亡过程早就从300年前开始了。这样一个全身腐烂的活着的尸体，其最终断气怎么需要那么长的时间？

奥斯曼帝国的历史始于13世纪末，当时一个突厥人氏族或部落，即奥斯曼土耳其人，远离他们祖先所在的平原和草地，渗入了安纳托利亚西北部，很接近拜占庭帝国（希腊）的势力中心。这一尚武氏族行动敏捷，酷爱掠夺，非常危险。希腊人本应该明白这一点，将他们视为潜在的、不可避免的敌人。可是这些以古希腊人子孙自居的希腊人却聪明得过了头，以为他们可以把奥斯曼土耳其人当做工具和盟友。

所以，到了14世纪中叶，当拜占庭帝国陷入内战而不能自拔时，交战双方开始引入土耳其人和塞尔维亚人（后者也是入侵者）以求支援。与蛮人合作，让他们为自己助战，而不是与自己作战，这种做法几百年前就有过。然而引狼入室

---

* 引自 N. Chaudhuri, *Thy Hand*, 第674—676页，其中提到这种荣誉感大多数都是由那些浪漫的东方主义者所激励的。但是这样的鼓励是不需要的：傲慢自大的欧洲人面对历史悠久但却衰落的古老文明时，这种反应是很正常的。Tewfik王子，埃及赫迪夫（1867—1914年间土耳其苏丹授予埃及执政者的称号）伊斯梅尔的儿子，他在19世纪60年代被教导说，西方的科学技术——蒸汽机，火车铁路等——都是起源于伊斯兰和阿拉伯人。——见 Landes, *Bankers and Pashas*, 第325页。

是很危险的。蛮人进来以后可能就舍不得走了。当塞尔维亚人野心勃勃地要取代希腊王朝之时，希腊人就再一次向土耳其人寻求援助，土耳其人给予了帮助。但在打败了塞尔维亚人之后，土耳其人于1354年占领加利波利，然后是色雷斯，并于1356年夺取阿德里安堡（为纪念罗马皇帝哈德良而命名的城市）* 作为他们的新首都，这里距君士坦丁堡只有一天的路程。

这时奥斯曼土耳其人已牢固地将自己一只脚踏在欧洲，另一只脚踏在小亚细亚的土地上。拜占庭"帝国"已呈现四分五裂的状态，基督教领地与穆斯林相比，只不过是海洋里的一些小岛；奥斯曼帝国与其他先前的亚洲入侵者一样，开始以自己的方式模仿希腊宫廷的浮华和奢侈。

1453年，奥斯曼帝国攻克君士坦丁堡，彻底摧毁罗马帝国。这时候几千英里以外的宫廷和教堂中都敲响了丧钟、念起了祭文。在那一时刻，土耳其奥斯曼帝国在欧洲占领了与在亚洲一样多的领土，它被看做是伊斯兰刺向基督教之剑的持剑者。土耳其人成了人们心目中的新恶魔，总是与"残忍"或"野蛮"联系在一起，是带着包头巾留着大胡子的一帮狂野之徒，被称作"tetes de Turc。"** 学校里学生们所做的数学题是怎样才能最有效地处理沉船里的土耳其乘客。

这样的敌意（恐惧）和断断续续的侵略造成了不得安宁的、不断变动的冲突的边疆。君士坦丁堡（后来改名为伊斯坦布尔）这座伟大城市的陷落，构成了历史上影响巨大的事件之一，在许多方面改变了历史发展的方向，在500多年后的今天，仍起着作用。我们可以在今天的波斯尼亚看到这种充满血腥和暴力的所谓民族清洗的惨象。

奥斯曼帝国是典型的封建君主专制国家，只不过是更加好战一些。统治者们收取各行各业的盈余，尽管最初他们对民众的压榨似乎比印度的莫卧儿帝国轻一些，或者说效率低一些。*** 也许这是因为奥斯曼帝国的统治者们整天忙于战争，奥斯曼土耳其人每年都会掀起战争，对邻国进行突袭。只要这些袭击成功，他们

---

* 阿德里安堡（Adrianople），为纪念哈德良（Hadrian）而命名。现名埃迪尔内，在土耳其欧洲部分西北部。——译注

** 这一措辞是个隐喻：a tete de Turc 现在具有嘲讽的意味。

*** 并不是所有的人都对这一比较持赞同意见。例如 Eric Jones 的 *European Miracle* 一书就认为印度莫卧儿帝国的统治者对待民众是比较温和宽容的。他的根据主要是人口（寿命）记载资料。但这些资料并不完整。也许，奥斯曼帝国的臣民不像莫卧儿帝国百姓那样顺从，那样好压榨。无论如何，要说二者的压迫孰重孰轻是很难的。我认为较恶劣的是莫卧儿帝国，但也很可能是奥斯曼帝国。

就可能将这些非穆斯林百姓视作牲畜,置于宽松的控制之下。除此之外,土耳其人极力鼓励那些由少数民族群体——基督教徒(希腊人和亚美尼亚人,以及越来越多的黎凡特人)以及犹太人所经营的商业及工业企业的发展。实际上他们将社会建立在以民族不同来分工的基础上,这显示了他们自己对商业和手工业的鄙视以及所具有的优越感。这种社会分割使企业有一点发展,但又阻碍了它的扩大。在封建专制制度之下,有钱而没有势力是非常危险的事情。所以说,资本积累在土耳其是一件颇具吸引力的麻烦事。它只能勾起统治者们贪婪的占有欲并刺激他们采取没收、查封的措施。

在一段时间内,奥斯曼帝国的疆域横跨了整个中东穆斯林地区(其中包括叙利亚和伊拉克),整个北非(包括埃及、突尼斯以及阿尔及尔),欧洲东南部的很大一块,再加上黑海周围的土地。对这些通过一次次战争所获得的领土,是不可能进行统一的管辖和治理的。一些严密统治地区按期上交税收;另一些则向统治者宣誓效忠和进贡。还有另外一些地方则是随战争和外交的进退而进入和退出奥斯曼帝国的控制范围。主权往往就是宗主权,权力既有真实的一面也有虚拟的一面。这就是说,奥斯曼宫廷的统治既有实在的一面,也有在受到挑战时尽力而为和相机行事的一面。

最初,这样的控制方式可能还比较有效,因为在那时奥斯曼帝国有一些能干的领导人。但长久下来,它的贵族体制就与所有的君主专制体制一样,或是更严重地在其本质上具有两个突出的弱点:遗传中所发生的偶然事件以及继位的问题;而且这两者紧密相连。第一个缺点是无法逃避的;即使是一个辉煌的家族总有一天也会倒退成平庸而普通的家庭。继位是由社会和政治的习俗和惯例来约定的。在伊斯兰国家,继位者一般都是家族中最年长的男性公民,可以是叔辈、侄子或长子。土耳其的皇位继承起初是由最出色的儿子继位,后来则改成长子继位了。

在这两种体制下,统治者的配偶以及成群的嫔妃和无数的子孙(一个无聊的君主还能做什么呢?还有什么比这更能证明自己的能力呢?)产生了一大堆的法律问题。奥斯曼帝国解决这一问题的方式就是勒死所有潜在的竞争者,确切地说,是用一根丝线。这导致了一系列的预防性的谋杀,不光是谋杀竞争对手本人,而且也包括对方的母亲(被装进麻袋扔进博斯普鲁斯海峡),或是将皇位的当然继承人小心地关在后宫以防止他人的袭击和伤害。这种徒劳而且荒谬可笑的隔离的结果,导致了皇位继承人在知识上苍白,在政治上无能。自17世纪以来,苏丹继承人就是没有受过教育的无足轻重的象征——一个供他人操纵的工具。

在这一傀儡周围，是一些廷臣勾心斗角，操纵着国家大权。随着奥斯曼帝国官僚机构日益增大，文牍增多与法规多样化，帝国开始逐渐依赖于那些非土耳其人的官员，这些人甚至还登上了最高级别。其中许多人是用名副其实的人头税来招募：奥斯曼帝国中的基督徒被勒令将自己的儿子献给国家，让他们接受穆斯林教育，然后再给予他们高低官位以在战争或和平年代为国家效力。⑤这一体制在旧的官僚贵族中掀起了轩然大波，令他们嫉妒——"为什么那些掌权的高官显贵都是一些阿尔巴尼亚人和波斯尼亚人？"——但这的确体现了奥斯曼帝国能够接纳饱学之士，其中包括改信伊斯兰教的基督徒叛教者，* 这已不再是土耳其人的帝国——实际上"土耳其"这个词曾隐含着一种无知和粗鲁的贬义——但这的确是一个多元文化的混合体。但它并不是熔炉，土耳其人始终未能创造出一种奥斯曼的共性而享有它各个不同民族的忠诚。**

与此同时，老的土耳其战士们失去了战斗激情，也找不到什么真正的爱国者了。国家越来越明显地依赖于奴隶士兵，尤其是土耳其禁卫军士兵。*** 这些士兵最初是作为苏丹的侍从，充当他的右臂以及他的精兵队伍，但是给予了他们杀人的权力也就等于给了全权。在君士坦丁堡（穆斯林称之为伊斯坦布尔），禁卫军团成了一个国中之国，这一支御林军多次发动宫廷政变，直到1826年苏丹征得宗教领袖的同意，决心消除这一窝麻烦制造者。苏丹首先建立了一支新军，并通知禁卫军说欢迎他们也加入新军——就是用合并的办法来消灭他们。他们拒绝了，发动叛乱。忠于苏丹的军队调来了火炮，炮轰禁卫军兵营，然后收拾了禁卫军。结果是打死了6000到10000人，禁卫军不复存在，成为历史。

埃及也有过一个类似的军团，被称为马穆鲁克军团，他们实际上作为贵族统治埃及，时间长达260年之久（1254—1517年），这改变了"马穆鲁克"一词的原意（阿拉伯语中的马穆鲁克就是奴隶）。甚至在被奥斯曼帝国征服之后，他们

---

* "叛教者"这个词出自 Jones 的 *European Miracle* 一书，第180页。这是基督教徒的看法。对于穆斯林来说，皈依伊斯兰教是虔诚的标志。

** 这与普鲁士官僚机构从德意志各邦公开招贤纳士大不相同。德意志的民族共性源于其共同文化和荣誉感。政治上的壁垒则是次要的。奥斯曼帝国却是各种不同文化的聚合体，其中的分歧绝不是表面性的或次要的。

*** 土耳其禁卫军士兵的来源最初是按照抽丁的方式从非土耳其民族的青年中征集，把他们教育成穆斯林。其中也包括一些年轻的战俘。后来，土耳其人也被允许加入队伍。在没有战争的期间，他们可以从事贸易活动或以警察身份来维护社会治安。

仍统治着埃及，一直到拿破仑率领下的法国入侵（1789年）以及随后的英国的入侵。继欧洲人入侵之后，来了一位阿尔巴尼亚冒险家。他自立为奥斯曼帝国驻埃及总督和新的帕夏。这个时来运转的军人名叫穆罕默德·阿里，他再也忍受不了马穆鲁克寄生虫，决心消灭他们以树立自己的权威。所以，他在1811年邀请了马穆鲁克首领参加他举办的宴会。这些马穆鲁克贵族一个个身着华丽盛装，兴高采烈而且诚心诚意地坐在筵席上，他们中的绝大多数就再也没能站起来。大门是紧闭的，居高临下的枪手们就像对付池塘里的鸭子一样射杀了他们。这样就结束了一段长达550余年的历史。*

现在言归正传。自奥斯曼帝国第一次围攻维也纳（1529年）失败之后，随着粗具规模的欧洲基督教国家实体日益组建就绪，奥斯曼帝国在欧洲的战争中接连受挫。其他的许多变化也扩大了二者之间的差距。欧洲的军事工业技术日益增强，奥斯曼帝国试图跟上，但它只是模仿而不是改革更新。他们非常明白火炮尤其是攻城炮的价值，但他们又不得不依赖于基督教技师们去制造大炮。随着基督徒和穆斯林之间枪炮差距的增大，土耳其士兵甚至都不知如何使用战斗中缴获来的枪支。⑥

海上的情况也一样：奥斯曼帝国更换的战舰依然是老样子，而基督教国家的海军装备却有了改进。听一听奥斯曼帝国一位历史学家西拉尼基·穆斯塔法·埃芬迪于1593年将第二任英国大使载送到奥斯曼帝国首都的那艘英国军舰的描述："像这样奇特的船还从来没有在伊斯坦布尔港口见到过。它驶过3700海里的海路，装有83门炮，还有另一些武器。火炮的外形就像一头猪。"⑦这一联想无意中证实了他的无知：这些猪（这是一个意味深长的比喻：猪是基督徒的美食、穆斯林的禁忌）就是海军的钢炮，制造于英国；其总量无人能比。那只船再加上几艘与它差不多的船，可以在奥斯曼帝国舰队靠近之前就将它们击沉。奥斯曼帝国试图通过进口大批的军用物资以跟上基督徒的步伐，这些舶来品中包括：火枪、火药、硝石、钢铁和刀剑。虽然教皇禁止向穆斯林销售武器，英国人仍然顶着教会的强烈谴责和被开除教籍的危险，向奥斯曼帝国卖出了大量的武器，同时也卖给西班牙。但是，从这些没有良心的异教徒身上还能指望些什么呢？

而且还不仅仅是武器，欧洲和黎凡特之间的贸易关系也发生了逆转。从前，

---

* 阿尔及尔的总督利用类似的方式铲除了他的敌人。伊拉克的萨达姆·侯赛因也是如此。正是因为被邀请赴宴的人感到情面难却，所以这种手腕得以奏效。

东方的手工艺者曾向欧洲提供精美的布料、毛毯、织锦以及彩陶器等等，以交换欧洲的金属（铜和锡）、奴隶和货币。自16世纪以来，欧洲就开始用自己的工业制品换取东方的干果、调味品、棉花和谷物。真丝也是这样：在中世纪时，是欧洲从拜占庭帝国购买丝织品；现在它则已开始进口生丝，土耳其的生产商们在生丝进口方面是难以与欧洲人竞争的。还有纸：这种写字材料的制作工艺是中东地区在8世纪从中国学来的；但是造纸用的植物纤维供不应求，兽皮稀缺，羊皮纸也不例外。新的造纸技术在欧洲扎根较慢，因为当地羊皮纸已够用了；可是一旦欧洲的制造商人掌握了纸的生产技术，他们很快就以更加精湛的技术远远超过了黎凡特人，而且随即就开始向东方销售大批的纸张。⑧即使是诸如咖啡、糖之类最初是从东方流入欧洲的商品，现在也改变了流动方向——比如经过一系列提纯和加工之后的砂糖。⑨

伊斯兰最大的失误是禁止印刷出版，印刷被看做是潜在的亵渎神灵和宣扬异端邪说的工具。还有什么比这更严重地切断了穆斯林与外界知识主流的联系呢？

这种对文化知识的隔离，科学技术上的落后，以及工业上的依赖性所造成的结果就是，经济力量之间不再平衡，优势日益倒向了另一方。同时，奥斯曼帝国的一系列军事上的失败打消了他们盲目的优越感，也使他们丧失了反应的能力。少数有远见卓识的人曾试图告诫统治集团，极力倡导改革，但收效甚微。欧洲那些"魔鬼"的形象已经在宗教信条的基础之上固定化，而且在习惯势力的影响下灌输到人们的心中。国家的官僚衙门真是拜占庭式的错综复杂，繁琐的规章条例和文牍主义叫人头晕眼花，办事更加困难。腐败——能够解决问题的唯一途径——就是在这样的土壤里孕育成长。

这种自身所具有的缺点搞垮了帝国。"奥斯曼帝国是一台劫掠机器，它总是需要丰厚的战利品和广袤的土地来作为燃料、来为它铺平道路以及付给官僚薪俸。"⑩奥斯曼帝国最初占领了大片领土，一路掠夺，曾经是那么强大，而今却虚弱不堪。现在他们已没有能力从外面掠得什么了，本来应该设法从国内创造财富，鼓励有效益的产业投资。他们没有这样做，相反却沿袭旧习，掠夺国内资财，压榨自己的臣民。没有什么东西，甚至是高级官员的财富能够逃脱这一厄运。没有什么比这样更能加速自我毁灭了。在当时使帝国免于解体的唯一原因就是它的官僚体制的低效率，官员的贪污腐化，以及列强对自己利益的保护。

在这种形势下，欧洲工业技术的突飞猛进，尤其是它的工业革命，就给奥斯曼帝国产业的棺材钉上了钉子。除了一些地方特产外，没有什么能与进口的由机器加工的廉价丝棉制品相抗衡。在19世纪,英国保护奥斯曼帝国以防止其敌人侵占其领土,同时也很轻快地扼杀了它的制造业。但从英国的角度来看,这正是理当如此:英国的商品比较便宜,奥斯曼人是不可能与之竞争的。他们所知寥寥;他们没有资本;他们也没有安定的政局可以依靠。

但是,穿过地中海,奥斯曼帝国的另一部分却另有想法。那就是埃及。马穆鲁克对埃及的腐朽统治曾使埃及陷入长期昏睡状态,人们甚至忘记了使用车轮——想当初,在法老统治下,埃及的弓箭手曾何等威风地驾驭战车,驱赶过努比亚人和出逃的希伯来人。* 土耳其人的统治并没有给这个国家带来多大变化,但拿破仑率领的法国远征军的入侵,真正地动摇了整个埃及。马穆鲁克军团只是被搁置一边,而波拿巴对公众所宣读的法国革命的口号却让老百姓不知所云。法国之后便是英国——令埃及在工业技术上更加惭愧——再随后就是一批新的土耳其人侵者,试图提醒埃及对伊斯坦布尔的效忠。其中一支军队的指挥官就是我们在上文中已提到过的穆罕默德·阿里。他利用马穆鲁克的力量推翻了奥斯曼帝国的埃及总督,并自命为开罗的首脑。面对这一现实,伊斯坦布尔的苏丹不得不任命阿里为埃及的总督。作为回报,穆罕默德·阿里后来向土耳其发动了战争,这也符合土耳其人的悠久传统。

穆罕默德·阿里是一个很有魄力和野心的领导者。但他与传统的军阀不同,他有很开阔的眼界以及更多的期望。他从来不把自己封闭在宫中。阿里从普通民众那里了解到奥斯曼帝国落后了多远,还有多少东西需要去学习和掌握。因此,没有哪个有身份的参观埃及的人没被阿里召见过。阿里没有把埃及看做是一项被指派的职位陈设,而把它看做是一个等待开发的私人土地和资产。通常奥斯曼帝国总是不停地调动官员的职位,以防止他们打下太深的根基。阿里却在埃及实行了世袭的封建采邑制。

穆罕默德·阿里还将埃及的发展看做是一个全面的过程,努力促进工农业的生产水平,新科技的应用,教育体制上的改革(经济学家会称之为人力资源的优化);也不幸地进行了军事方面的改革以及向人们灌输好战尚武精神。为了能完成这些目标,他从外国引进技师,其中有一些人还脱离了基督教,转而皈依伊斯

---

* 在上文中谈论中国时,对于中国人怎么会忘记他们早先的优越技术,我表示过惊讶和怀疑。可是,这样的倒退显然是可能的。问题只在于倒退是怎样发生的,以及为什么会发生。

兰教。虽然当时领导世界制造业的是英国，但他所聘请的大部分专家都是法国人，可能是因为拿破仑帝国的崩溃释放了这些能人智士，可能是因为法国的失败使法国显得不那么可畏，也可能是因为穆罕默德·阿里理智地将英国看成是埃及工业发展的对手。

在所有的外国专家中，最突出的可能莫过于路易-亚历克西·尤梅尔，一位法国的擅长棉织机器的技师，后来成为一个农艺家。1822年，尤梅尔将他在波旁岛（后更名为留尼汪岛）发现的一种灌木移植到埃及，这种植物就是后来以他名字命名的著名的埃及棉。[11]这个品种的棉绒很长，很细又很结实，适于用来纺绒以及织出最优质的布料。* 在这个棉花加工已机械化的新时代里，尤梅尔棉自始就稳操胜券。穆罕默德·阿里占有了埃及大片最肥沃的良田，把这种棉花种植在自己的属地上。他的下属们也纷纷效仿。到1824年，埃及棉花出口量达1100万公斤，而到了1845年，这个数字上升到了1550万公斤。[12]尤梅尔长绒棉带来了巨大的经济效益，政府的商业机构以不合理的低价收购农民的产品，然后通过由国家垄断的市场把它高价卖出（在1835年约占埃及总出口值的一半），这些收入被用于实施阿里的经济和军事改革计划，其中很大一部分投入了苏伊士运河的修建工程。国家的其他收入来自同样由官方机构垄断销售的其他农作物。这的确是一条捷径，国家无需劳神征税，就为国库创收。这一套制度曾让外国商人无所适从。

从19世纪20年代起，国家这些收入中的很大一部分都投入到教育和工业改革计划的实施当中，投入到了工业专科学校和军事学校，以及各种类型的工厂中。这些工厂的产品包括纺织品、金属、金属制品、化学品、绳索、武器、舰船等等——所有这些东西都有助于替代进口以及给这个日益壮大的战争机器加油。穆罕默德·阿里这位埃及总督甚至还试图通过购进欧洲机器并在埃及对它进行模仿制造的途径，来争取埃及更坚定的独立。

不顾英国的出口禁令，埃及人在1826年得到准许，从曼彻斯特的盖勒韦公司进口了500台动力织布机。英国贸易委员会主席威廉·赫斯基森以鄙视的口吻

---

* 在那个时候，仅有的较好的棉花是来自于北美佐治亚和卡罗来纳附近的几个小岛，即所谓的海岛棉。这种棉花产量不多（在1835年，埃及棉的产量相当于它的3倍），而且随着时间的推移，棉花的种植已几乎绝迹了，取而代之的是旅馆、海滨度假村等旅游业的开发。埃及棉花在质量上居于当今世界首位。关于尤梅尔早期历史，见Levy-Leboyer, *Les banques europeennes*, 第199页。

说，这不会有什么伤害的，6个月之内，"这些设备将被（埃及人）踢得粉碎"。⑬

有人说穆罕默德·阿里是在企图制造一部战争机器；而另一些人则认为他的目标是在这样一个远远落后于欧洲国家的土地上掀起一场工业革命。* 这是一个堂吉诃德式的大胆的设想，他敢于向欧洲的先进工业和贸易利益集团挑战；这是非西方的落后的社会要建立现代工业经济的第一次尝试，其方式是自上而下发指令。⑭

穆罕默德·阿里在执政期间所获得的成功的程度以及他最终的失败，一向都是引起人们激烈争论的焦点。一方面，埃及的棉纺业有了显著的提高。1834年机器纺锭达40万个，这在世界占第九位，位居比利时之前，人均纱锭数在世界占第五或第六位。⑮到19世纪30年代末，埃及年产印花棉布达120万匹。另一方面，到埃及的参观者们都惊讶于机械的粗劣，机器的年久失修和加工出来的产品的质量低劣。尤梅尔长绒棉本来是该制成高质量产品的，但是埃及的棉纱实在是太粗糙了，而且又不结实。然而，有些外国观察家却发表了赞扬的看法，我们甚至见到有些报道说埃及的棉纺织品在当时出口到了印度这一古老棉纺织业的发源地。**

应该相信哪一种说法呢？乐观的一派认为埃及的最后失败应归咎于西方人的阴谋。西方认为穆罕默德·阿里的长远规划是对欧洲工业霸权地位的一个威胁。埃及应该把重点放在棉花的种植业上，而让洋人们去纺纱织布（这样还可以占比较优势）。以英国打头阵的欧洲人抓住了第一个机会（1838年）剥夺了埃及在这方面的关税壁垒，使它失去了有利于维护新兴工业的市场限制。最后的结论就是，资本主义冷酷而又阴险狡诈地扼杀了这个潜在的颇具危险性的竞争者。

悲观主义者则认为埃及从来就不具有竞争实力。穆罕默德·阿里的整个改革措施都是败笔，它之所以能持续那么久，是因为有国家所投入的大笔资金为支柱。即便在当时，如果没有外国技师和机器的帮助是什么事也做不成的。还有，埃及的原料和产品的价格都由国家制订，而不是由市场来调节。出口物资的贫乏证明了这一制度的失败。

怀疑论者（唯实证者）说，埃及最大的问题在于它的社会和文化上的低能。

---

* Issawi, "Economic Development"，第362页，谈到了这两种看法，但又将经济发展目标看做是也许无意识的，或是可能经斟酌而形成的。

** 但是Levy-Leboyer在 Les banques europeennes 一书第189页和注31中，根据英国外交部的报告，说埃及的棉花只能在埃及境内销售，以及在被埃及征服的叙利亚一带销售。

本国的企业家很少，大部分企业家来自科普特人、犹太人以及希腊人等少数民族，这些人很懂得自己的处境，只能谨慎小心。当地的制造业靠一些车间和乡镇作坊，厂主缺乏知识和资金，也缺乏转变为机械化生产的意愿。外国投资者不想费力办工厂，他们赚钱有更快更省劲的办法，贷款即是一例。总督自己可以想象埃及建工厂，他的办法是下命令。但是他能从哪里得到能源呢？埃及既没有木材也没有煤炭等燃料，而要想利用水力资源来产生动力，还必须先把它输到高处。所以，穆罕默德·阿里就开始使用畜力——用1000头牛来牵引25万个纱锭。英国人早在工业革命开始之前就用过这种办法，但这的确是一个得不偿失的方法，尤其是在酷热的气候下。利用牲畜来间歇性地做农活或是搞运输是一回事，而用它们来驱动机器永无休止地转动，则完全是另一回事了。

还有，穆罕默德·阿里能从哪里找来工厂的经营管理者呢？他用高薪聘请了许多欧洲的专家技师，但他想从他们身上获得的仅仅是知识和技术，而不想让他们发号施令。对于领导者的人选，考虑到这会关系到工人们的情绪以及新兴工业的既得利益，穆罕默德·阿里选择了穆斯林，即由土耳其人或埃及人作主管。这些官员得到了荣誉、勋章以及丰厚的薪俸，但在他们中间却充斥着腐败现象。"他们被赋予对工厂开支的统筹规划、以及决定工人工资的权力，这样，他们就收受那些技术平庸的工匠的贿赂，然后再从政府的开支中照顾这些人，他们还有许多其他的令人难以察觉的欺诈行为。"⑯在这样的情况之下，当局就指派巡视员，检查工厂的账目并制定一些严格的规章制度，以防止浪费和偷窃。可是这样一来，工厂的时间、产品质量和设备维修又让位于形式和秩序。

穆罕默德·阿里又从哪里觅得工人呢？以埃及的优良传统，他最先是使用奴隶（记着，在英格兰，最初是役使那些无法说"不"的妇女和儿童）。但是这些奴隶大批大批地死去，这在某种程度上说明了工作条件恶劣。＊于是，他转而强迫征集各家各户的劳力。这些工人吃不饱睡不暖，还备受监工们的残酷折磨（鞭挞算是家常便饭）。一些人甚至通过自残的方式来逃避征用。但是，大部分的工

＊"最初在工厂里做工的只有从达尔福尔和科尔多凡贩卖过来的黑奴，他们头脑灵活，很快地就掌握了劳动技术，但因为长期生活在肮脏恶劣的环境中，他们逐渐死亡而队伍日益稀疏，因此帕夏不得不转而征用农工。"——Saint-John, *Egypt of Mohammed Ali*，第410—411页。

人都认为这样既痛苦又会危及生命;所以他们就转而摧残机器,使它不能正常运行。* 他们有时还使用纵火的手段。** 机器设备长期缺乏维修和保养,工厂里关于反盗窃措施之类的繁文缛节使得即使是简单地给机器上一下润滑油都成了一个多么艰巨的任务。在埃及这样风沙很大的气候条件下,不对机器进行维修保养简直就等于是灾难。*** 越来越多的机器因此而报废。标准的维修就只是拆取尚可利用的零件。"工厂里所拥有的机器寥寥无几,厂房空空荡荡。"⑰这样一来,产量自然而然地就降低了。

换句话说,英国没有理由害怕埃及制造业的竞争。尽管埃及的工资低得荒唐,埃及工厂的成本却很高,虽然它有最棒的原材料,但最终生产出来的产品质量却令人不敢恭维。但英国却被埃及困扰了一番,因为阿里实行对棉花出口的垄断,并设置层层关卡阻止外国棉制品进入埃及。所以,恰恰就是靠了总督自己的决策失误和过高的政治野心的帮助,英国终于打开了埃及的自由贸易市场。

"进步"学者们倾向于认为就是这一步扼杀了埃及的工业革命,或者说至少是将埃及的工业化往后拖延了一个世纪。这一看法是认为工业化必须具有"关税保护、免税制、廉价的能源、运输费用的补贴、教育政策等等,而所有这些只有那种能在政治和财政上有很大独立性的政府才能提供"。⑱

我自己则认为所有这一切都只是一种无法实现的愿望。穆罕默德·阿里的埃及准备好了进行工业革命吗?没有。当新的贸易协定付诸实施时,他的宏大计划已经搁浅而且奄奄一息了。我们知道,这位老帕夏一直继续往工厂里投资,直到1848 年去世,但是那种战斗激情已一去不返了。他只是用大把的金钱换来一些得不偿失的东西。关税政策也不能起到太大作用。日本自 19 世纪 50 年代起到 20 世纪一直就没有保护性关税。他们也不愿意这样。但他们总归还是繁荣昌盛起来(反对帝国主义的历史学家们想以两种方式声明自己的观点:他们一会儿抱怨埃及不能保护自己的新生工业;一会儿又鼓吹埃及的工业当时发展得有多好,可以把他们的产品远销海外,以至让那些欧洲的竞争者们汗颜)。

---

  * 还有些人不顾当局封闭边境的规定而逃到国外。伊萨维在《埃及的经济发展》一文中将这种逃亡归因于国内生活困难和人们躲避兵役。但躲避当劳工大概是更重要的原因。

  ** "在埃及的 23 或 24 家棉纺厂中,没有哪家没有起过火,其中有意外的,但也有预谋的。"——Saint-John, *Egypt* 一书,第 413 页。

  *** Saint-John, *Egypt*,第 145 页,讲到"灰尘中含有硅微粒,就是最严密的建筑以及装上玻璃的窗户都不能阻止住它的大量入侵"。

所有这些都是一种想象出来的历史。其中一部分再现了早些时候的热情：穆罕默德·阿里在他同时代的许多人眼中，是一个开明而且颇有远见卓识的统治者（专制君主），是他将埃及从沉睡中唤醒。这一历史中的有些地方体现了反对资本主义、反对帝国主义以及反对欧洲的意识倾向。然而，虽然资本主义和帝国主义犯下了种种滔天罪行，虽然欧洲的殖民强盗们做下那么多的虚假伪善的事情，但是埃及自己的问题却更深重得多，甚至像阿里那样一个外来的神通广大的阿尔巴尼亚人也解决不了。

即使是现在，埃及的工业发展也不是很顺畅，其中的原因并非不同于阿里时代的问题。现今技术在不断转变，新的在经济上跟进的国家的范例告诉我们，发展晚的国家应该把握住一切机会，要有学习和借鉴的强烈动机，才可能迎头赶上。但是，从那些对于人们的就业观念和劲头起决定作用的根本因素来看，埃及的社会和文化依然没有很大的改变。埃及在当年没有做好准备。它现在准备好了吗？

其他中东国家的境况也不比这好多少。在阿拉伯伊斯兰世界，收入最高的当然非那些石油生产和出口国莫属了。其他国家则"不见起色"。就是在石油输出国组织的成员中，财富的注入并未产生经济转变的效果。世界银行在对这些国家进行调查研究后指出，1960年，阿拉伯国家中的前7个经济巨头的人均国民收入是1526美元，高于东亚的前7名——中国台湾、中国香港、韩国、新加坡、泰国、马来西亚和印度尼西亚——的1456美元。而到1991年，这些阿拉伯国家就远远地落在了后面，只有3342美元，而东亚前7名则达到8000美元。今天，阿拉伯中东地区吸纳了全球外商直接投资的3％；东亚则占58％。[19]

但是这些中东国家的确是需要外国投资吗？最好的比较对象就是16及17世纪的西班牙，它被唾手即得的财富所迷惑而过上一种奢侈无度、纸醉金迷的生活。富产油国也是如此。他们用石油换来货币，然后又将货币一一付还那些国家。他们购买发达国家的大大小小企业的股票。他们修建豪华住宅、饭店和宫殿，购买庞大的耗油量极大的轿车（但燃油很便宜，就像煤矿里买煤一样），还在国外购置房地产，从而可以遮掩一下自己的财产，同时还可以做一些为自己国家的习俗所不能接受的事情，诸如在服饰打扮以及其他一些行为举止上。沙特阿拉伯拥有那么广袤的沙漠地带，但却以一笔相当可观的数额从澳大利亚进口海滩的沙子。浪费最大、副作用极大的则是军火上的巨额投资，估计这一投资的很大一部分是购买了出口这些可怕玩具的国家的"友谊"。

这些国家并没有建起自己的发达经济。像昔日的西班牙一样，它们花钱购买别人的技巧和服务，却没有学会自己来做这些事情。"什么才是富有？"波斯湾的一位商业银行家问："富有就是教育……专长……技术。富有就是知识。我们有钱，是的，但是我们并不富有。我们就像是一个从他未曾认识的父亲那里继承了一大笔遗产的小孩。他没有接受过怎样花钱的教育。他手里握着钱；但他却又不知道该怎样去利用它。如果你不知道该怎样花钱，你就不算是富有的人。我们都不是富有的。没有这样的知识，没有这样的认识，我们就是一无所有。我们无所不进口。建造房屋的砖瓦，我们进口。建造房屋的工匠，我们进口。到市场上走一圈，看到有什么是阿拉伯制造的？没有。有中国制造、法国制造、美国制造……就是没有阿拉伯制造。一个连砖瓦、汽车或是一本书都不能生产出来的国家称得上富有吗？我认为它不是富有的。"[20]

的确如此，但为什么？对一些阿拉伯国家的人均收支情况进行调查，所得到的统计数据表明他们的生活水准非常高——有些年代甚至高过发达工业国家的水平。但是这种石油所带来的丰厚利润不能持久，长远看来，它是会消失的。一方面，石油是一种消耗性资产（它不可能永远存在）；另一方面，这种财富的脆弱性吸引了许多投机商和掠夺者，其中有私人的，也有国有企业。这样一来，石油卡特尔协议常遭破坏，石油价格也就随之下跌；[21]还有一些贪婪的人，特别是那些统治者家族的成员，聚集起来吸吮石油贸易的油水，把它浪费到奢华的生活上；* 再就是赤裸裸地掠夺土地，伊拉克入侵科威特即是一例**（当然，科威特只是一块踏脚石，从那里可以跳到海湾各酋长国，然后再进到沙特阿拉伯的巨大石油库）。

而且，不是每一个国家都有石油。中东地区伊斯兰国家的贫穷和富裕取决于它们是否有石油以及人口的多少。最富的国家油多人少（沙特阿拉伯，科威特）；最穷的则是人多油少（埃及）；介于二者之间则是那些有石油，但人口过多的国家（伊拉克，伊朗）。穷国号召团结一致，但富国有更迫切的担心。他们感到不安全，因为富有的背后有那么多贫困。因此他们就试图贿赂那些潜在的反抗者和敌人以换得安宁；或是从发达工业国家购买价值连城的军火，以期望得到这些国家的保护②（人们会愿意保护自己的主顾的）。与此同时，穷国（例如巴基斯坦）就是生孩子再尽可能把他们向外输出；或是把他们卖给那些富有的有共同宗教信仰的人家当佣人，做苦力，或是当做富人寻欢作乐的工具和对象。

这里没有解决办法，只能搞一些急救和修修补补。这些国家无论贫穷还是富有，无一例外都实行专制统治。统治者不负责任，他的一举一动令人难以预料，对统治者的忠诚只是一种表面现象，而且所有事物，包括经济在内，都是政治的附属物，可以因为一个事件而颠倒过来。阿拉伯领导人不是用改善人民物质生活的办法来增强自己的合法地位，而且吹嘘要打败殖民主义和犹太复国主义，挥动圣战者的血衣，许愿说要纠正历史的偏差。③我回想起 1968 年在安曼的一次谈话。一位著名的美国科学家（犹太人）试图说服当地的一批显贵，让他们相信和

---

* 欧洲和美国的大学城是中东地区豪门子弟心目中的麦加。名义上，他们是去上大学，还有什么更好的？实际上，他们的光顾极大地促进了当地的俱乐部、赌场、夜总会生意的兴旺。见 Michele McPhee, "The Euro—Brats of Boston" 一文，载于《波士顿环球报》，1995 年 9 月 20 日，第 77 版。从内容来看，该文标题中的"欧洲顽童"当属用词不当，但它"政治上正确"。

** 并不是所有人都认为伊拉克入侵科威特是掠夺性的。一些学者，包括一些阿拉伯和西方人士，为伊拉克申辩，认为萨达姆·侯赛因是被引诱进去的（Samir Amin），或"几乎是被邀请进的"（Edward Said）；或是认为对这一行为，应该站在阿拉伯统一的高度去看，或者说是对犹太复国主义的打击（萨达姆被看做俾斯麦或萨拉丁）；或是含蓄地说，为了把国际分歧的问题提出来，那也并不是一种毫无道理的做法（Noam Chomsky）。诸如此类的论点充分说明了暴力在阿拉伯世界的吸引力和无所不在（即使没有以色列，他们也会彼此掐对方的脖子）——下文中还会再谈到这一点。它们也说明，出于民族主义以及反西方（反美）的目的，人们可以歪曲事实到何等田地。有关情况，见 Makiya, *Cruelty and Silence* 一书，第 8 章 "New Nationalist Myths"。

平会带来好处，他极力说明，知识与合作能使沙漠繁荣起来（这一直是开明犹太复国主义者谈论的一个主题）。然而他的说服工作是徒劳的；阿拉伯的与会者告诉他，还有更迫切、更重要的事情——首先就是打败以色列。那样国家的繁荣昌盛才会随即而来。

他们的经济至今仍未见起色，即使是"和平进程"成功了，经济也未必能发展起来，只有某些地区例外。因为他们真正的病症要远比阿以之间的冲突严重得多。

我认为，这主要在于文化传统，（1）它不能产生有知识和训练有素的劳动力；（2）仍旧不信任或拒绝从西方敌国（基督教世界）传播过来的新的技术与思想；（3）无论是留学在外的还是留在国内拥有万贯家产的人，都没把这种知识看做是自己所要追求的目标。从最基本的方面看，文盲所占比例高得令人瞠目结舌，而且女性文盲的比例要远远大于男性。这无疑表明了妇女在这个社会的地位低下。很明显，这与伊斯兰社会，尤其是阿拉伯国家伊斯兰社会中的态度是有关系的。

这里要说明一个情况：许多中东专家都极力反对西方对伊斯兰教的诋毁和鄙视，强调说穆斯林异性之间的关系虽然与宗教教义有关，却又有很大的独立性。他们的论据有以下几点：那些陈规陋俗的产生可以追溯到伊斯兰教产生之前，或是从一些非阿拉伯民族那里学过来的，或是与收入及社会地位有关（富人的妻子可以不用工作或去商店采购），或是作为对城市生活所带来的威胁的反应，可以防止妇女遭受他人对其人身及家庭荣誉的攻击。他们的看法是有道理的：假若伊斯兰教翌日就会消失，阿拉伯男人仍旧还会一如既往地这么看待女人。另外一些学者，有时还是原先这些人，强调西方学者们的不怀好意的举动："东方学派"一词是鄙视和恶意，"本质主义者"是无知和愚蠢。使用这样的贬义词是为了表明他们对西方学者的论调是摒弃而不仅是驳斥。这倒是挺便利的。

这些习俗确实是源远流长，而且一旦经过神圣的特权的认可，它们就具有了权威性和严格性。然而即使是圣经也不是一成不变的："在穆斯林史中，《古兰经》中的训诫有过多次变动。"㉒而且实际上，阿拉伯国家的妇女社会地位的确是不时地变来变去——一会儿较开明，一会儿又倒退回去。人们描写过一些杰出的人物：历史上有过曾经在位甚至治国有方的女性君主（还有当代的女政治家，例如巴基斯坦的贝娜齐尔·布托，孟加拉国的卡莉达·齐亚，土耳其的坦苏·奇莱尔等）；或者写过一些"解放了"的女性，她们在西方生活过，然后把一些新的态度带回国,往往在她们那些比较守旧的同胞中间引起震动。甚至有人描写过一些王公老爷在自己后宫的隐私中如何受到女眷们的嘲弄(否则还要隐私做什么?);人们还能买到一种畅销的自传体的新式秘史,描述男人统治妇女的种种劣迹(可以听到女性的呼救,看到男性的丑恶)。㉖

历史学家伯纳德·刘易斯告诉我们,"穆斯林妇女们以坚定的步伐迈进公共社会,在经济中扮演着重要角色,并且在政坛中也颇有所作为,这是……不可逆转的,具有极大的重要意义"。㉗在土耳其、埃及以及伊朗,妇女都拥有了选举权,即使是阿亚图拉·霍梅尼,这样一位原教旨主义者,也从来没有提出要取消妇女的选举权。㉗

我是抱怀疑态度的。我不知道怎样才能构成"重要角色"。我也无法预见到男尊女卑的社会结构会有很快的转变。阿拉伯社会学家兼小说家哈利姆·巴拉卡尔承认妇女仍处于从属地位,他告诉我们,"要解放妇女,就必须首先转变现有的社会经济结构,消除一切形式的剥削和支配"㉘(果真如此,那恐怕就得上千年)。我对选举权也不寄予多大期望:对于阿拉伯政治家,尤其是比较保守的政治家来说,妇女的选票不过是选举中可以利用的一张牌。投票,可以;权力,不行。

在我看来,阿拉伯穆斯林男人,大都不为这些小变革和零星的抵制行动所动。一方面,许多(大部分?)妇女甘愿承受旧的社会生活方式,这种态度模糊了人们的认识。* 另一方面,性别上的特权是不会被取代的;要男人愿意放弃这些特权才行。是男人的思想和行为起作用(男人出尽风头),女权主义者偶然发起的挑战很难影响到男人们近乎全体一致的那种性别上的优越感。男人们是不会被贝鲁特的超短裙们所恐吓住的,那只是能使他们对女人的可怕的看法和她们魔

---

* 见《泰晤士报文学副刊》1993 年 10 月 1 日第 28 版刊登的对 Arlene E. MacLeod 的 *Working Women, the New Veiling, and Change in Cairo* (纽约:哥伦比亚 1993 年版) 这本书的简介,其中提到,面纱既是象征也是解决进退两难的办法:它对妇女丧失个性和身份表示抗议,同时又表明"妇女默认一种看法,即认为妇女是性可疑对象因而生来只适合呆在家里"。也就是说,它是抗议兼默认,是"通融性抗议"。如果开罗妇女果真有这样似是而非、模棱两可的想法和说法,那就真让人感到没有什么希望了。

鬼般的欲望感到更加愤慨和得到进一步证实。*

社会的性别歧视给经济的发展造成非常严重的影响。拒绝女性就等于减少了劳动力和人才，** 但是——更严重的是——这样一来，男孩子和成年男子争取成就的动力将会减弱。*** 如果在培养年轻人的时候，就让其中的一半自以为在生理上优越于另一半，那么他们的抱负心和成就感就不可能不有所降低。把男孩子尊称为"帕夏"，或是像在伊朗那样，告诉他们生来拥有一根金阴茎，就必定会使他们感到自己并不那样迫切需要去学习和干工作。㉙ 当然，不论什么样的社会，只要有行业的分工和收入高低的不同，就都会有一些人事业有成。可是只依靠男人的社会，是无法与充分发掘人口中全部人才资源的社会相竞争的。

总的说来，了解一个国家进步与发展潜力的最好线索，就是妇女在社会中的地位与作用。这对于今天的穆斯林中东社会来说，是一个最大的障碍，社会这一不利条件阻碍了它们走向现代化。毫无疑问，其他社会也都有重男轻女的现象。可以说无一例外。想一想拉丁美洲的大男子主义，或是日本的男性至尊以及没有父亲的家庭的惨景。㉚ 即使是所谓的西方发达国家在这方面的表现也好不到哪儿去。可是如果我们将各国的性别之间的关系从男女完全不平等到完全平等按顺序排列的话，伊斯兰国家，尤其是阿拉伯伊斯兰国家，那肯定是排在最末的。女性自诞生之日起就开始受歧视。人们这样说：她们的存在就是灾难，她们的身体就是罪孽。㉛ 男孩们都知道他们可以任意打骂自己的同胞姐妹，而不受任何惩罚。我曾在一个公共场合见过这样的情景，并且就在男孩那毫不表态的母亲面前，他

---

* 他们也不会被另一些较开明穆斯林地区的女权主义政治宣传所吓倒。关于伊斯兰社会这方面的重新定义的活动，见 Barbara Crossette 的 "Muslim Women's Movement Is Gaining Strength" 一文，载于《纽约时报》，1996 年 5 月 12 日，第 A—3 版。关于伊斯兰内部的态度对比，见 Ash Devare, "For Indonesian Families, Smaller Is Now Better" 一文，载于《波士顿环球报》，1996 年 7 月 23 日，第 69 版。

** 并不是人人都同意这一点。《纽约时报》1995 年 7 月 26 日登载了一封信，作者署名为斯克兰顿大学的政治学教授威廉·帕伦特，其中驳斥阿拉伯国家的"妇女解放"，说她们"将会冲击阿拉伯的劳动力市场和造成进一步的工资下降"。

*** 在人口结构上的后果也是严重的。妇女能上班挣钱，才能在家中有地位，在生育计划方面有发言权。否则，人口繁殖方面就会出现不利的影响。参见 Dasgupta, "Population Problem" 一文。因此，如果一个穆斯林的妻子（往往为非穆斯林血统）决定外出工作（甚或在未经丈夫同意的情况下外出），就会被认为是对婚姻和睦以及对丈夫的尊严和名誉构成了威胁，并受到相应的对待。这种现象绝非偶然。参见 Goodwin, *Price of Honor* 一书中的多处，以及 Barakat, *Arab World* 一书第 101 页。

的妹妹根本就没做任何反抗。这对女孩来说是悲惨的,而对男孩来说也是可悲的。

这种弱点是伊斯兰教所固有的吗?不。伊斯兰教是由多种因素形成的宗教。它遍及世界各地,囊括多种形式的社会和文化。它也有许多经文教义,其中有一些是自相矛盾的,几乎可以拿来为任何目的做解释。政治学家福阿德·阿雅米在他的书中谈到,当穆斯林兄弟会谴责埃及跟以色列签订和约时,埃及政府马上就请开罗的权威的爱资哈尔大学出面,宣布这一条约与伊斯兰法律是相符的。㉜解释是可以随时间、地点和对象而变的。

尽管如此,人们也不应轻视或排除普通化的因素。每当某些律法和制度被人们认为是并不"进步"时,感到难堪的穆斯林辩护士总是旁征博引,迅速引用种种例外和变异的事例。可是各地的穆斯林社会毕竟有着建立在共同信仰基础之上的共同特征。中东国家的当权派和反对派为自己的立场寻找理由和寻求支持时,都会仰仗伊斯兰教义,这就充分说明了宗教信仰的权威性。论据都得出自伊斯兰教,或前进或后退,概莫能外。

有人提出一种论点来否认伊斯兰教的负面影响,这就是指出,穆斯林社会在从前的黄金时代,在经济上、精神上和知识上都是对外开放的。这一论点就是说,既然从前他们能够这样做,那么现在他们也可以这样做。* 对此不妨认可,但要指出两点:第一,如今的竞争规模及其所要求的表现水准,已大大超过往昔。"现代"一词的意义已大有变化,比伊斯兰教的变化大得多(其实这一论点就像是说,因为英国出过网球冠军,所以他们今天也应出现网球冠军)。**

第二,未能跟上现代发展水平之后,这种状态就会产生它自己的免疫反应。在这方面,石油带来的巨额意外之财成为很大的不幸。㉝它使得统治者及其亲信和官员们陷于沉醉,在成堆的金钱上睡大觉,把钱浪费在大多毫无价值的项目

---

* 历史学家、前突尼斯大学校长穆罕默德·塔尔比说,他们不但可以这样做,而且现在会这样做。他提醒我们说,尽管穆斯林曾在种种事情上表现过缺乏容忍,但是伊斯兰世界从来没有对异教徒干过"系统地强迫改变信仰,或任意加以隔离,或不分青红皂白地加以大规模驱逐,或加以种族灭绝,或者还干过什么大屠杀"。见《费加罗报》,1997年3月27日B—27版。他的话说得有点太客气了,不过他把伊斯兰教和基督教对少数教派(指的是犹太教徒)的迫害作如此对比,是正确的。

** 英国网球冠军中的最后一个是弗雷德·珀里,他是20世纪30年代的冠军,人们为纪念他,特地在伦敦温布尔登体育场的入口处设置了他的雕像,表示对于那一美好时光的怀念和敬意。

上，开销之快居然超过了他们那看来是无限（实际并非无限）的资源的开发速度。甚至连沙特阿拉伯都不能保持收支平衡。在这一过程之中，这些挥霍者激怒了穆斯林穷人，反过来，这些穷人就通过原教旨主义来发泄他们的愤恨。

这是整个故事最可悲的地方。伊斯兰教与所有其他宗教一样，有其单纯而坚固的精髓和本质，在这样一个极度大男子主义的社会，这些因素的结合就会导致冲突。这样一来，就迅速地诉诸暴力，因为暴力是男性资格的完美体现。因此也就有了在叙利亚发生的对不同教派的屠杀；伊朗的革命和镇压；伊拉克和苏丹的独裁专制；伊拉克对库尔德人的毒气战；苏丹南部黑人的种族灭绝；以及发生在巴基斯坦、埃及和阿尔及利亚的一系列滥杀无辜以及有目标的谋杀活动。* 阿尔及利亚的暴力充分说明问题：那里所进行的，不是内战，而是对公民的战争。杀人者们最欣赏的方式是：割断对方的喉咙。那样既可以节省子弹，又可以让杀人者更接近天主。㉝持枪者因为年青女性拒绝"嫁"给革命英雄而杀掉她们。这些暴徒们将他们自己首先看做是男人，然后才是士兵。

阿尔及利亚的原教旨主义运动中最令人吃惊的方面就是它的迅速——在那么短的时间内把时钟拨回了几个世纪。

"我就是奥齐曼迪亚斯，王中之王：
瞧瞧我的业绩，众神，你们就会绝望！"
周围一切均已荡然无存……空空荡荡
只有孤寂而平坦的沙漠伸展向远方。

* * * *

东方学派和本质主义者

中东问题上的学术辩论情绪激昂。读者和听众预先就能知道答案。辩论往往是愤怒和阴郁的，叫它什么都行，就是谈不上是辩论。谁也没有准备在门口检查自己的枪；它也许是用得着的。交战的理由包括：阿以冲突；正式和非正式的欧

---

* Jean—Paul Mari 的一篇文章 "Enquete sur le massacre d'un peuple；Algerie；au Dela de l'horreur"（载于法国《新观察家》周刊 1995 年 3 月 23—29 日一期第 58 页）指出："阿尔及利亚人一向认为唯有通过暴力才能有所收获。"其他更多的相关内容，见 Miller, *God Has Ninety—nine Names* 一书，第 168 页。亦见 Fisk, "Sept journees" 一文。

洲经济帝国主义；西方对阿拉伯文化或伊斯兰文化，尤其是对妇女所受到的待遇的批判（因而也就是诽谤）。

在这种形势之下，辩论在很大程度上表现为给人起名称，贴标签，其目的（或效果）就是让对手变得无足轻重或被排除在外。他是一个……（作相应归类）。再就用不着多说什么了。

在这些表示鄙视的攻击之中，最具影响力的一招就是"Orientalism"（东方学）一词的发明。它是用来指这样一种罪恶：从外界，也就是从那种摆出一副屈尊俯就的架子、心怀敌意和剥削成性的西方人的观点出发，来著书立说论述亚洲尤其是中东的事情。西方人着迷于东方事情，曾经是受到尊敬的，可是后来却受到攻击，这种攻击最迟始于20世纪60年代。然而正是1978年爱德华·赛义德出版了以"东方学"为书名的一本书，才使这一名词流行开来，并且使得西方人有关中东的大部分论著都受到质疑。⑤控诉书如下：

1. 外界学者歪曲研究的主题，将人变成物。既然是物，就适于操纵和支配。赛义德认为，东方学这种体系就是"权力的说教，意识形态上的虚构——禁锢思想的镣铐"。

2. 这些伪学者往往在时间和空间概念上一成不变。"东方"这一概念就是欧洲中心论者强加于人的。他们认为"东方人"千百年来都是同一个样子，这种本质上的同一性是源于"永远不变"的伊斯兰教。因此，在学术界出现了同属一类的疾病，即"本质主义"。从事"东方学"的人不容许探讨细节、细微差别和特征。

3. 一成不变的看法导致种族主义和偏见。它使群体相隔离，促成一方的傲慢和另一方的愤恨。如果我们能摆脱"东方"、"东方人"的概念，那么我们就会看到，"学者、评论家、知识分子和广大民众将认识到，种族、民族和国籍上的差别并不如促进人类共同体这一共同事业那么重要"。⑥

对于崇高的感情，是很难提出异议的，可是光有感情还不够。要清除"东方学派"、"本质主义"这些人为的疾病的努力，已成为对知识的攻击。首先，反"东方学派"的方法会排除学术探讨上必不可少的工具。任何一位好的比较法研究的学者都知道，差别正是理解的素材。反"东方学派"的人既反对探索特征上的差别，谴责那是"本质主义"，而同时又号召理解群体之间的不同，可是这二者是不可兼得的。只有理解了差别，才能将多样性转化为共同的人类感。

颇具讽刺意味的是，受到如此严厉谴责的那些"东方学派"——那些历史和比较语文学家，考古学家，旅行家，那些身着中东服装、在沙漠中艰难跋涉而风尘满面的西方人——本来是热爱阿拉伯伊斯兰世界的人。其中有些人曾竭力寻找那失去的天堂。请看不久前出版的一本书的卷首按语："阿拉伯半岛的吸引力，或者像人们常说的，阿拉伯半岛的魔力，能让人染上想象症。"㉚今天，这些东方学者却被谴责为装腔作势的、种族主义的帝国主义分子。他们的浪漫史就到此为止吧：没有任何一种善良的感情能不受惩罚。他们是真诚的吗？那又怎样？真诚不过是最廉价的品德。

其次，事物千差万别的现实并不排除对它们加以概括的普遍化的必要性。当然，任何事物都比它表面的样子更复杂。每一个人，每一件事，都有其特殊性。尽管如此，仍然需要作出一定的努力将事物加以简化，找出共同的模式。否则，我们手中就只会有一麻袋互无关联的数据。

第三，坏消息不一定是错误的消息。大量实际的观察可能会看出不好的一面，可是对于这类材料应按照其本身的是非曲直来加以评价，而不应预先就一概斥之为谬误。那种做法等于是自我书刊检查和放弃职责。对东方学派提出的批评，有许多都像是律师为被告作的辩护状。律师原本就是让人花钱请来做这种事的。学者则应承担起更高的义务。

在这方面，必须拒绝一种说法，即外界人就没有资格说话，似乎只有穆斯林才能理解伊斯兰世界，只有黑人才能理解黑人的历史，只有妇女才能理解妇女的话题，如此等等。那种说法只会导致内外相隔绝，如同聋子对话。它还会排斥外界人的真知灼见，它本身就导致种族主义。我认识的一位波士顿上流人士一次说，他不明白为什么一名出身于意大利人家庭的学生要研究克里斯托弗·哥伦布（"我觉得哥伦布是意大利人嘛"，就是那个学生的回答）。另一位这样的上流人士见到一名非洲裔美国人研究罗马史，就感到惊讶——仿佛他谈论罗马的资格要比那另　个人多一点似的。*

此外，本着这种排斥规则而实行的歧视，还招来一种忠诚检验：某位学者是

---

* 在有关"东方学派"的议论中，我认为这种内外两分法是最不幸的，最违反学术的要求的。有意思的是，赛义德在为《东方学》一书的新版本所写的作为后记的一篇文章中，就若干问题作了自我解释，但对内外之分仍未置一词。相反，他集中谈到有人指责他的书有所谓的反西方主义，歪曲他的观点，硬说他认为东方学派对整个西方有象征意义，认为对伊斯兰教和阿拉伯世界的责难是对一个"完美"制度的攻击，这样的指责是错误的。这真是有力的辩护，只可惜他选择的目标是稻草人。见 Said, "East Isn't East" 一文。

否站在正确的一面？这既适用于局外人也适用于局内人，局外人若思想正确则可以"赢得"认可，而局内人则要看是否表里一致。例如，一位非洲裔美国黑人历史学家或政治家如果不符合政治上正确的标准，就只能是一块黑皮白心的"奥丽奥"——裹着巧克力的奶酪夹心饼。

在中东反"东方学"阵营中，考验的关键在于是否反对犹太复国主义。对以色列的任何宽容都是错误或不能接受的，如果说不是更坏的话。因此，爱德华·赛义德及其追随者竭力排斥和贬责著名的中东问题权威学者伯纳德·刘易斯，把他列为"东方学派"和"本质主义者"，而且指责他"太接近以色列的主张，因而不可能在看法上做到不偏不倚"。诚然，"刘易斯毫不示弱作了反驳。然而，赛义德的批评不仅得到伊斯兰学者和中东其他人的欣赏和响应，而且在西方学术界也得到一批人的支持"。㊳

另一方面，有些外界学者在政治上与那些政治把关者意见一致，因而得到认可。所以赛义德在《东方学》一书中把少数西方学者列为例外，这些学者在观点上亲巴勒斯坦，亲阿拉伯，亲穆斯林，观点可能正确也可能不正确，但赛义德认为他们是站在正确的一边。动机胜过真理和事实。㊴

这就是通过排斥和冷漠而实施的书报检查。失败的是学术和研究。

* * * *

日本妇女用男高音说话㊵

日本的情况似乎是一个很能说明问题的例外（人人都知道日本男人是多么大男子主义），为伊斯兰国家中妇女所受到的待遇，或者更准确地说，为阿拉伯穆斯林文化辩护的人，总少不了拿日本的例子作辩解。这些人说，既然日本人在男尊女卑的情况下可以发展得那么好，为什么要把穆斯林社会的男尊女卑说成是一个障碍呢？的确，日本妇女在传统上就一向接受较低下的地位，并带来直接的经济后果。她们在结婚后就放弃工作，极少有人升到能管辖男人的职位。她们的传统服装下摆狭小，使她们只能小步行走，据说那是为了保持她们的谦逊和突出她们的女性。她们的言辞另有讲究，添加一些音节以表示恭敬。她们的嗓门受到训练和调教，用短促清脆的女高音说话。她们的仪态被训练成漫画式的腼腆，谦卑谨慎（难怪日本男人要在浴室和别的地方寻找更"自然"一些的伙伴，以求得安慰）。

这种矫揉造作的女性谦卑,在日本的文学、舞台和武士电影中留下了难忘的印记,然而它主要是上层阶级的习俗,而远非国民的实践。这是贵族和地主士绅的生活方式,他们有钱雇用仆役来侍候他们,自己可以四体不勤。而对于几乎所有别的人,包括富有的商人家庭来说,妇女都有持家的责任。这不仅包括操持内务和养育儿女,还要负责勤俭持家,参与农工劳动,聚财致富。当然,这一基本任务涉及全家每一个人,从丈夫(可能还有丈夫的母亲)直到小孩。这一任务的具体内容自然随社会地位和家庭收入的高低不同而有所不同,然而持家兴家的这一共同事业与国家富强相联系,它使得妇女有相当大的影响力,远远超出人们根据那种简单化的礼仪观念所能想到的范围。

因此,尽管存在着男尊女卑的习俗,一般人还是以更大的实际利益为重。在明治时代(从19世纪70年代起),尽管存在着性别歧视,教育当局还是颁令实施不分男女的普及基础教育,女童的学习时间初为4年,后增至6年,扫盲绰绰有余。为什么女孩要上学?因为当时的目标是实现现代化,争取与西方平等。这就要求妇女也能读、写、算,还能辅导孩子功课。由于工业的发展,当父亲的人往往到外地工作,政府和军队也把男子派出去做工和服役。他们留下的空白只能由当母亲的人填补。强迫女孩上学,最初曾遭到许多穷人家庭反对,因为他们的女孩不能再挣钱了,而上学还得花钱。有些人甚至造反放火烧学校。然而人们逐渐明白要发家致富、使家庭构成国家富强的积木的道理,思想落后的人也转变过来了。在1890年,适龄女童的入学率只有30%;20年以后,这一数字上升到了97.4%。[41]

与此同时,妇女的活动也发生变化,以适应新的经济的需要。越来越多的妇女走出家庭在外就业,主要是在纺织厂等轻工业部门,其工人中60%至90%为女性。这些部门的产值在19世纪末占国民总产值的40%,占外汇收入的60%。[42]这些女工怎样生儿育女呢?答案是:结婚后就辞去工作,集中操持家务。当然,只有那些需要挣钱的人是例外(人数也不少)。关键在于孰先孰后:国事和家事是第一位,男女之别则在其次。由此可见,妇女的作用已不再是简单地充当传宗接代的工具。她不再只是一件器皿。她已是劳动者,消费者,储蓄者和管理者。而且她有权利和有必要出入于公共场所(这一点就与阿拉伯穆斯林社会形成一个显著的和关键性的对照)。

日本妇女当时还没有的东西,是政治权利。她们没有选举权,也不能担任公职。日本男人振振有词地声称,政治天生就是男人的权利和义务,军事就更不用说了（然而，日本军队却又乐于接受妇女当护士，因为这样可以腾出更多的男子去冲锋杀敌）。直到第二次世界大战结束以后，日本妇女才有了选举权——在这一点上，与法国妇女没有区别，比瑞士妇女还早一点。即使如此，日本妇女在政府部门所起的作用仍微乎其微，可是别的国家在这方面也跟日本没有太大的差别。

这种讲求实用的、局部性的性别歧视，对男人影响如何呢？答案是好坏兼有。日本男子依然享有性特权和性优越感。这在人挤人的地铁列车上有时就流露出来，那里谁也不认识谁，欺负女人也没关系。[43]另一方面，在传统上属于妇女责任的事务上，日本男人会帮帮忙。下面是德川幕府早期（1610年）一位商人给他儿子的家训：

> 早炊晚炊，汝应亲手点燃炉火，炊后以水浇灭余烬……常至房后收拾大小杂物，小段绳索应剪碎挽入灰泥……零碎木竹即使长仅半寸者，亦应收拾干净，以备用于营火……首次购物……应自己出门购买。买最廉价者，并细心记下其价钱。如此……汝方知仆役购回之物是否价钱过高……治家之事即可谓为柴米油盐……男子不论其行业如何，皆应亲自料理此般杂务，否则绝不可能持家有方。[44]

"不论其行业如何……"这是一般商人话语，表达出古老的基本品德。换句话说，日本男孩受到娇宠，但还没宠坏。

经济发展和政治演变已改变了生活的细节，但这种价值观依旧。学校教育如今富有高度竞争性；考场如战场。城市增大，上下班需长时间奔波。当父亲的人在家和照顾子女的时间更少了，这只会加大妇女的作用和责任。许多妇女对婚姻和家庭的所谓乐趣也降低了。现在女人和男人一样上大学，争取高等学位，谋求管理层的职业。她们仍然会碰到无形的社会压力的层层障碍，她们在男人面前仍然腼腆羞赧，甚至沉默寡言。但许多女性甘愿放弃家庭生活而投身于事业。在这个社会里，男性上班族没有什么时间照顾妻子和儿女，单身女性却不乏照顾。穆斯林会说，我早告诉过你会是这样。

我在1991年访问日本时，曾应邀到日本人家中进餐，女主人若是上了年岁的老太太，会拒绝与男人一同就餐，但会端菜送饭。女主人若是年轻一些的，就会跟我们一起吃饭，孩子们也在一起。而早几年在一位阿拉伯人家中进餐时，女主人做了烹饪，却不端菜，甚至不露面；接待客人和端菜上饭的全是男主人。这是两个世界。

这二者之间还是有一线相通：日本社会也有它的男性蛮劲以及对暴力的嗜好。在侵略和压迫的战争方面，日本有一部漫长的历史，凡此种种暴力行径都是以国家民族的需要作为理由。推动日本前进者，莫过于此。使日本倒退者，亦莫过于此。

注释

1. Chaudhuri, *Asia before Europe*，第 71 页。

2. 同上，第 73 页。

3. 这一生动的阐述出自 Eric Jones, *European Miracle*，第 194 页。该书的第九章 "Islam and the Ottoman Empire（伊斯兰与奥斯曼帝国）" 可能是关于这方面最佳而又最简洁的文章了。

4. 同上，第 194 页。

5. Lewis, *Muslim Discovery of Europe*，第 190—191 页。

6. Jones, *European Miracle*，第 185 页，摘引 Brauder：*La Mediterranee*。

7. Lewis, *Muslim Discovery*，第 161 页。

8. Jones, *European Miracle*，第 177 页；Lewis, *Muslim Discovery*，第 199 页。

9. Lewis, *Muslim Discovery*，第 195—196 页。

10. Jones, *European Miracle*，第 185 页。

11. 有关尤梅尔的详细情况，见 Batout, *Cent ans de resistance*，第 96 页。与许多他那种的人一样，他是到埃及发财去的，他为此倾注了所有的心血。

12. Issawi, "Economic Development"，第 362 页。所给出的数字分别是 "20 万 qantars 以上" 和 34.5 万 qantars。但他在 518 页说，qantar 这一计量单位在 1835 年有所改变。我相应地把它们换算成公斤。

13. Levy—Leboyer, *Les banques europeennes*，第 189 页。

14. 最便于参阅的英文评论可能就是在 Batou 的 "Muhammad Ali's Egypt" 一文。Batou 认为埃及的工业发展计划被低估和忽视了。说它的失败都是欧洲那些对手们，尤其是英国人，一手造成的。

15. Batou, "Muhammad Ali's Egypt"，第 185 页。

16. Saint—John, *Egypt*，第 412 页。

17. 同上，第 417 页。

18. Issawi, "Economic Development"，第 363 页。

19. Friedman, "Egypt Runs for the Train"。

20. Mohammed Mannei, 波斯湾的商业银行家, 引自 Jonathan Raban, *Arabia: A Journey Through the Labyrinth*, 第 63 页。

21. 关于资源短缺和卡特尔市场的局限性二者之间的区别, 见 Dasgupta, "Natural Resources", 第 112 页。

22. 有关极端分子的赎金, 见 Goodwin, *Price of Honour*, 第 15—17 页。

23. 参阅 Friedman, "Egypt Runs for the Train" 一文。

24. Keddie, 节选自 Keddie 和 Baron 主编的 *Women in Middle Eastern History*, 第 5 页。

25. 这种新的、传播丑闻的文学作品, 在伊斯兰国家只能作为地下出版物出版, 见 Amy Dockser Morris, "These Potboilers Stir Widespread Interest in 'Islamic Affairs'", *Wall Street Journal*, 1995 年 12 月 22 日, 第 1 版。

26. 见 Francis Hamilton 评 Lewis 的 *The Middle East* 一书的文章,《泰晤士报文学副刊》1995 年 12 月 8 日, 第 4 页。还有 Roy Mottahedeh, "The Islamic Movement", 第 123 页。后者提到了女性政治家在伊斯兰(但不包括阿拉伯)国家所起的影响和作用, 还宣称"妇女政治权利的拥有是伊斯兰政治文化发展的一个令人信服的证据。"这话说得对, 也不对。什么是"令人信服"? 在这些国家, 甚至是在政教分开的土耳其, 妇女的地位仍然受到伊斯兰教规和习俗的约束, 所以我们在评价政治权利的解放力量时, 仍需有所保留。我们还必须考虑到这些社会中的地区分隔, 城乡发展各不相同。例如在土耳其, 伊斯坦布尔处于一个世界和时代, 安纳托利亚则是生活在另一个世界和时代, 安纳托利亚的人使劲要挤进伊斯坦布尔。在文化上和时间上, 土耳其城乡就是这样不一致。因此, 在 1995 年末的选举中, 伊斯兰党又赢得了相对多数席位。

27. Mottahedeh, "Clash of Civilization", 第 11 页。

28. Barakat, *Arab World*, 第 105 页。

29. Mosteshar, *Unveiled*, 第 353 页。

30. 关于拉丁美洲人, 见 Calvin Sims, "Justice in Peru: Rape Victim Is Pressed to Marry Attacker", *N. Y. Times*, 1997 年 12 月 3 日, 第 A1 版。

31. Makiya, *Cruelty and Silence*, 第 298 页。Goodwin, *Price of Honor*, 第 4 页。

32. Ajami, *Arab Predicament*, 第 233 页。

33. 关于石油被看做是不幸的东西, 见 Ajami, *Arab Predicament*。

34. Fisk, "Sept journees", 第 7 页, 一篇重要的文章。

35. 见 Landes, "Passionate Pilgrims"。

36. Said, *Orientalism*, 第 327 页。

37. 出自 Tidrick, *Heart Beguiling Araby* 一书, Albert Hourani 所写的前言。

38. 引自 Francis Robinson, "Through the Minefield", 第 3—4 页。Robinson 是伦敦大学

教授，他总的说来赞同刘易斯的观点并敬仰他所作出的学术成就。他对学术界气氛的观察格外说明问题。

39. 赛义德在评论西方学者研究伊斯兰教和阿拉伯社会的作品时，也表现出强调动机。他并不核对数据和命题，而是谴责这整个研究工作的动机在于"对抗和敌意"和"文化上的反感"。有关内容见他在法兰西学院所做的报告"Comment l'Occident voit les Arabes"，载于《世界报》1996年12月3日，第16版。

40. 见 Nicholas D. Kristof，"Japan's Femine Falsetto Falls Right Out of Favor"，*N. Y. Times*，1995年12月13日，第A—1版。

41. Nolte 和 Hastings 合著的"Meiji State's Policy"，第157页。

42. 同上。

43. 见 Sheryl WuDunn：" On Tokyo's Packed Trains, Molesters Are Brazen"，*N. Y. Times*，1995年12月17日，第A—3版。

44. Shimai Soshitsu，引自 Uno，"Women and Changes"，第33页。

国 富 国 穷

第 25 章

THE WEALTH AND POVERTY OF NATIONS

帝国与帝国之后

　　500年来殖民主义的统治造就我们面前这个世界，一方面是繁荣发达和"光荣"，另一方面则是屈辱的血泪史——所有这些都已成为过去，但它却不会被忘记。记忆是奋进的动力，失去的会有补偿，得到的可望保护，任务和机会就在面前。

Why Some Are So Rich and Some So Poor

David S. Landes

早在 15 世纪，欧洲的海外殖民帝国就兴起于大西洋诸岛（加那利群岛、马德拉群岛）和北非部分地区，直到大约 20 世纪后半期，这些帝国才大体结束殖民统治。500 多年的统治，漫长的岁月。但尽管殖民主义带来无可计数的后果，这只是漫漫世界历史长河中的一个瞬间。一方面是繁荣发达和光荣，另一方面则是屈辱的血泪史——所有这些都已成为过去，但它却不会被忘记，这般记忆将永远留存下来。失去的可以得到补偿；得到的可以予以保护；任务和机会就在面前。

帝国，帝国主义；殖民地，殖民主义；这些词语需要定义。* **帝国主义**就是帝国（一个国家对他国进行统治）所实行的体制（"制度或精神"）。帝国随着国家的崛起而崛起，一国强于另一国。考虑到这一漫长的起源与发展，将帝国和武力征服、外交、商业贸易、地位、权力以及财富联系起来看，"帝国"和"帝国主义"就是（曾经是）令人骄傲的字眼了。也就是源于此，英王乔治五世在 1936 年 1 月临终前的最后一句话就是："帝国怎样了?"

帝国的起源可追溯到历史的开端，这也许会被认为是不言而喻的自明之理，但事实上这并不是一个很随意的断言。举个例子，有些人坚信，在 19

---

* Klor de Alva 在 "Postcolonization" 一文中对这些名词以及它们由于时间、空间和意识形态而出现的不同涵义，作了很好的论述。他比我更精细，尤其是对 imperialism 和 colonialism 两个词的使用，以及对 postcolonialism 和 postcoloniality 的区分，十分严谨。他的做法有其长处，而我则宁可粗一点，但求简明。

世纪末左右处于巅峰的帝国主义在某种意义上是现代资本主义的一个产物或副产品——以列宁的话说，是"资本主义的最高阶段"。基于这些，他们认为帝国主义对于现代资本主义的繁荣和生存发展所起的作用是必需的（不可替代的）。这一看法的坚定性可以从无数著作中看得出，其中有人断言说帝国主义的首要目标就是物质利益，即使为此而付出高昂代价和得而复失，其实质依然如此。[①]

历史证明，这种将帝国主义必然与资本主义相联系的说法是站不住脚的。试想想那些古老的帝国，如埃及、中国、亚述、波斯、罗马等；或是现代的，最近解体而不被人怀念的苏联帝国。一些人在这方面花费了那么多的笔墨，无疑应了一个需要，那就是用鼓动抵抗和革命的方式，来败坏帝国主义和资本主义的名声。搞帝国主义和资本主义的人就是为了钱，还能有比这更坏的吗？与此同时，坏的定义和解释自然导致坏的结论。

殖民主义是抹黑了的帝国主义："对于许多人来说，殖民主义代表着社会不平等，对人性的摧残、精神上的奴役，这些都会引发抵抗运动，以及要求实现社会公正和争取解放的斗争。"[②]"殖民地"这个词最初的定义没有什么坏的意思：在古代，它是指远方的定居地，例如腓尼基人的迦太基殖民地和希腊人在意大利建立的几处殖民地。可是我们现在知道，移民建定居地，意味着在某种程度上挤走当地原有的居民（空旷无人的土地太罕见了），因此也不可能是好事或善事，至少对于受害者而言不是好事。所以，建定居地形成一种制度（殖民主义）显然是坏。在近年来的某些著述中，殖民主义的概念扩大到"任何经济上或政治上的依附状态"，而不论这是否导致当地居民受排挤。[③]由于殖民主义一词转为如此贬义，当今对外国（西方）的支配地位持批判态度的人往往愿用"殖民主义"取代老词"帝国主义"。"殖民主义"更难听一些。

欧洲帝国主义（殖民主义）——我在下文中会交替着用这两个词——可以追溯到中世纪条顿骑士执行向东方扩张的政策，征服斯拉夫人的土地，再到古斯堪的纳维亚人入侵英格兰和诺曼底，然后是英国人入侵爱尔兰，直到西班牙的收复失地。[④]上述的扩张有许多都表现为吸收和同化。征服者融入当地的居民之中，直到失去他们自己的本色，或者是征服者吞没了被征服者（关键在于通婚，语言以及姓名）。* 例如，诺曼人在 1066 年及其随后的几年打败了盎格鲁－撒克逊

---

* 请参阅 9 世纪初巴黎郊外圣杰曼修道院所辖庄园的一次人口统计结果。有些人为法兰克人姓名，有些人为高卢－罗马人姓名。

人，而在这之前是盎格鲁－撒克逊人把古罗马人赶出了不列颠岛，并征服了当地的布立吞人（即更古之时征服了岛上土人的凯尔特民族），把那些操凯尔特语的人大量驱赶到了威尔士以及海峡南面的现今法国北部的布列塔尼地区。直到如今，操布列塔尼方言的人还大体上听得懂威尔士语的广播。*

换句话说，整个不列颠岛是经过了多次成功的入侵和攫夺所形成的一个淀积层，其大部分已形成了一个统一的社会整体，虽然在那些被征服的威尔士人和苏格兰人中间仍有一部分人在梦想能获得先前那种自身的独立性。在西班牙北部的巴斯克人地区（但是巴斯克人在法国要少一些），在卡塔卢尼亚和科西嘉，在哈布斯堡王朝和罗曼诺夫王朝昔日帝国的废墟上，都可以看到相似的想法。波斯尼亚现在的苦难告诉我们，对于失败和征服的记忆依旧持续存在，或者可能会被重新唤醒和加以操纵；生命短暂，但复仇之心却可以一代代传递下去。土耳其曾于1389年在科索沃地区打败塞尔维亚人；土耳其早已将此事忘却，可是塞尔维亚人却总在重复这次战败的记忆，并将之当做激励他们民族精神的手段。

这样的事例还可以环绕着世界各地接着讲下去。千百年间，中国的汉人向南方推进，征服并同化了那里的非汉族人民。日本人从阿伊努人手中征服了他们的"本"岛，并将残余的阿伊努人驱逐到遥远的北部地区。缅甸人从他们的蒙古老家迁入，并将其占领地冠以自己民族的名字，同时也同化了当地大部分土著居民，但也遗留了不少人，直到今天还在与他们进行着斗争。阿拉伯人冲出沙漠进入新月沃地（指西亚伊拉克两河流域连接叙利亚一带地中海东岸的一片弧形地区，因土地肥沃，形似新月，故名；为上古文明发源地之一），然后横扫北非，使大部分地区的居民都皈依了伊斯兰教。他们创建了伊斯兰国家，而且他们的语言也成了这些民族的统一的特征（到1998年，在曾经讲法语的阿尔及利亚，唯一的官方语言就是阿拉伯语）。这样产生的结果就是，我们欧洲中心论意义上的"中东"扩展至非洲的大西洋沿岸。

显而易见，那种普遍地将帝国主义看做是西方的发明创造以及是对非欧洲人

---

* 丹麦人曾蚕食不列颠岛，于9世纪占领东英吉利很大一片地区，称为"丹麦法地区"。但这些丹麦人与当地人通婚，半个世纪之后，该地区被重新吸收入英格兰王国。

的垄断统治的观点是错误的。* 然而，确有大部分人是这么看的。在欧洲人漂洋过海或驰骋全球、利用先进的武器和科学技术征服异邦民族的时候，情况的确有所不同。那些遥远的国度里的人们无论是在文化上、地理上还是生理特征上都与欧洲人相差甚远。欧洲范围之内的早期的征服近在咫尺，意味着吸收和同化，然而远方的这些陌生的土地却被看做是一笔意外之财、战利品，被看做是充满机遇的地方——但是没有把它看成是自己组成中的一分子，而只看做是附加的辖区。土生土长的本地人呢？被看做是次等人种——有利用价值，也可以有所发展，但不可能趋同于欧洲人。殖民地的母国没有设想新旧之间的交融，虽然这有可能，而且的确也发生了，就像在西班牙的美洲殖民地和葡萄牙在新旧大陆的那些殖民地里发生的一样。** 体育运动就反映了这一方面的情况。在 1898 年，一位英国总督在西非建立了两个板球训练场，一个是对欧洲人开放，另一个则供当地人使用。当这两个队开展比赛时，这一运动就成了种族间的较量；当非洲这一方开始有夺胜的趋势时，比赛就不得不被中断。⑤我们自那之后已走过一段漫长的旅程：殖民主义已不再是那么盲目自大，而多了一分担忧和苦恼。

殖民主义者对那些遥远国度的吞并和剥削采取了多种形式。对于西班牙来说，问题的实质在于财富。殖民地对于他们，就是一条条矿源，加上当地的劳动力、食物以及工业品供应线，还有返回欧洲的海运线，彼此相连接。另一方面，在亚洲的葡萄牙人，是在那些比他们大得多，而且对于他们来说是不可征服的民族的土地上工作生存。他们不得不建立像果阿那样的一些规模小的、便于防御的据点，然后再以此为中心四处活动，做买卖交易，以及从当地商人那里强行勒索

---

* 人们常说的帝国主义，除了欧洲以外，有时还包括近代的日本。然而，殖民地时期以前的非洲又怎样呢？那些谴责欧洲殖民主义的"进步"思想家居然又对祖鲁人和阿散蒂人的扩张感到骄傲。关于这种将恶魔般的白人与受害的有色人种相对立的世界历史二元论观点，请参阅 Bruckner，*Tears of the White Man* 一书。

** 虽然西班牙政府最初想方设法将西班牙人和印第安人隔离开来，但是入侵者与当地人（castas）的通婚不可避免，因而产生了人数众多的混血儿，加上病魔的侵袭使印第安人减少，混血儿几乎与纯印第安人的数量相等了。这些混血儿（mestizo and criollo）有意将自己与纯印第安人相区分，他们领导了反对西班牙统治的战争，并最后取得了胜利——参见 Klor de Alva, "Postcolonization" 一文。

保护款。* 荷兰人和英国人所追求的是商业贸易中的利润,但商贸也常常导致干预当地的争斗和对土地的掠夺。对这些地方的行政管理和维持治安,需要保持一批能战斗的武装人员,这是要花钱的。然而殖民者可以对这些地区享有特权和垄断,治理的费用则可以转嫁到宗主国和殖民地民众的头上。此外,派驻殖民地的总督们也各有需完成的日程;并不是只有西班牙人才是征服者。

一旦安定下来,荷兰和英国殖民者的目标就放在种植业上。殖民地有着良好的自然条件。殖民帝国就像是植物公司,将农作物传播到具有更适宜其生长的土壤和气候条件下:起源于印度洋的甘蔗绕地球一周来到加勒比海诸岛;茶叶从中国移植至印度和锡兰;从巴西走私出来的橡胶籽种植到了马来亚;金鸡纳树(从中可以提取奎宁作药物)从南美移植到圣赫勒拿岛,再到爪哇岛;油橄榄从新大陆种到了西非;咖啡种在这里,可可种在那里。在伦敦泰晤士河沿岸有一处皇家植物园,最初是出于公主的嗜好而兴建的,后来则起到了一个先锋作用——是科学与商业相结合的模范。所有这些都要比掠夺和剥削更有益和更持久得多,尽管很显然,没有人会拒绝对财富的强取豪夺——几个世纪的掠夺,包括印度和南非的钻石,澳大利亚和非洲的金子,缅甸和东印度群岛的石油。

私人企业为获取利益所采取的方式都是比较理智和深谋远虑的。商人们一心追求的是商业贸易,而并不是领土。如果能有利润,他们甚至可以同魔鬼做交易。但是,他们不想让那些将外国商人看做是囊中猎物的当地商人和官员们敲诈勒索和欺侮。所以每当欧洲人遇上麻烦时,他们就会向自己的母国政府寻求帮助。殖民帝国政府通常都会插入进来。而他们的那些拘谨刻板、能力有限的代表们大多都是根据家庭的社会政治地位,而不是以业绩为标准而选择出来的,他们大都是安逸享乐且拘泥礼节**(读了这些妄自尊大的先生们的传记,会让人感觉奇怪,英帝国到底是怎样建立并且巩固起来的。但是只要有几位才华出众的官员

---

* 葡萄牙人在亚洲的殖民地,与他们在南美洲的殖民地(巴西)和非洲的殖民地(安哥拉和莫桑比克)大不一样。在南美洲和非洲,他们碰到的地方人烟稀少,缺乏政治组织来发动像样的抵抗。所以他们占领了大片土地,其边界过了很久才定下来。

** 例如,英国驻广州商务总监乔治·罗宾逊在伦敦时奴颜媚骨地向外交大臣帕麦斯顿(巴麦尊)讨好说:"我将以最崇敬的态度,毫不含糊地服从和贯彻执行我将荣幸地在每一事务上奉接的每项指示,对此,我想已毋庸再加任何保证。严格地毫不含糊地遵从我将接到的命令和指示……是我赖以立身处世的根本……"此后刚刚两年,这个马屁精就被提前免职了。他依然忍气吞声,表现得完全符合英国人彬彬有礼的传统。这与威廉·皮特对英王乔治三世大发雷霆的态度恰成鲜明对比。——见 Cook, *The Long Fuse* 一书,第 111 页。

就可以弥补一大批身居高位的禄虫的庸庸碌碌,更何况那些上流社会的宠臣巴不得把具体工作交给他们的部属去做)。那些出身高贵的官员们经常埋怨商人们粗俗和愚钝,贪婪和胡搅蛮缠,认为他们是一群不可救药的人。商人们则宁愿绕过这些官员,"走外线"直接向伦敦或巴黎求助,到了那里有钱就能办事。

除此之外,官员们有他们自己的生财之道和升官之术。帝国吸引了这样的一些男人:他们不甘于将他们的生命耗费在做某些田园式的乡村的地方行政官上,认为男子汉所需要的是权力和光荣。从当时的一些报道来看,他们有时是沉醉在道德沦丧、种族杂处的自由的世界里,过着荒淫无耻的生活。这不是健康的气候,许多殖民官都过早死亡;他们拼命地酗酒,而酒精是会叫人中毒的。但是一些精力旺盛、天生无畏的先生们自以为他们是长生不老的。同时,他们也宣扬"责任"和"发展进步"——"呼唤"更高层次的事物。⑥

高层次的事物包括征服,"统治棕榈和松柏之乡"。帝国首都主管殖民事务的贤哲们有时也想约束一下派驻海外的代理人,可是他们的指示要几个月的时间才能送达,在这么长的时间内,外面的那些人完全可以造成既成事实。1842年,查尔斯·内皮尔将军派驻印度时,违令攻占了信德。事后向伦敦的上司写报告,说了一句"我有罪"就敷衍了事。就这样,二三百年下来,以英国为例,经过日积月累,最后发现自己已占有了无数块大大小小的殖民地:整个印度,大部分的缅甸,从大西洋岸一直到太平洋岸的加拿大,澳大利亚和新西兰,再加上占领着主要商业线路上和大交易市场周围地区的水源和加煤加油站,战略要点以及避难所(诸如直布罗陀、马耳他、圣赫勒拿、开普敦、孟买、新加坡、香港、亚丁)。这些地方为此付出了巨大的代价,它们被大英帝国像珍珠一样绕地球串在了一起。它们中的某一些是对帝国野心实现的奖赏;另一些则是商业上的利益。而最根本的是,所有这些都是优势国力的回报。*

在过去,学习世界(或欧洲)历史的学生都知道有"新""旧"帝国之分。旧帝国是指在1500—1800年间掠夺的领土:西班牙在美洲的占领地,英国和法

---

* 边境线是强者和弱者相交接的地方,因此也就是较量和冲突的地方。卡那封伯爵在1879年说到"边境的困难":"一个挑衅,无论是真的还是假设的……就是一个抢占领土的动机",这是殖民帝国的普遍特征——见 Hyam, *Britain's Imperial Century* 一书第283页。有关内容还见 Landes 的 "Some Thoughts on the Nature of Economic Imperialism" 和 "An Equilibrium Model of Imperialism" 二文。

国在北美的殖民地，葡萄牙、荷兰以及英国在印度洋的属地。后来到18世纪末、19世纪初，几乎"旧帝国"所占的所有美洲部分都与殖民帝国脱离出来。对于欧洲一些国家来说，这些损失证明了整个殖民计划的愚蠢：有那么一点收益而耗费巨大。我们从历史书了解到，结果就是人们对殖民地的胃口减退了。自1763年（英法之间签署巴黎和约）之后的一个世纪，帝国主义被说成是在原地踏步。

英国的国内政治为这种编年史的说法提供了实例：奉行实用主义的辉格党声称，整个殖民行径就是一个错误，把金钱浪费在一些不开化的、忘恩负义的、不忠诚的臣民（乔治·华盛顿和他的同伙）——"一帮狡猾、诡诈而不忠的家伙"的身上。⑦一些人甚至主张让那些并没有提出独立要求的殖民地获得自由。

当然这是不可能的。很明显，权力的实施是不会停止的，因为工业革命的实现更增加了欧洲人的实力，并提高了他们在那些曾经无法生存的环境中生存下去的能力。帝国主义不但没有原地踏步，而且相反，在这几十年中忙碌得很，例如法国占领阿尔及利亚（1830），英国占领印度并入侵缅甸，俄国征服西伯利亚和高加索，还有美国的向西扩张，等等，都是证明。可是历史学家对此视而不见，却教条地声称，帝国不得不等待着一个成熟（衰败？）的资本主义的召唤。

这个召唤，我们被告知说，就说明了为什么会出现"新帝国主义"。从19世纪60年代后期开始，由于国内的无产阶级越来越不听话，欧洲列强就把它们的贪婪的目光投向海外可剥削的工人的身上。尤其是非洲最为显著，同时还有亚洲和太平洋诸群岛的部分地区，都成了所有欧洲主要国家的猎取目标。在这些国家当中，德国也为时已晚地认定，如果一个国家没有海外殖民地，那就不可能成为一个世界强权国家。尘埃落定过后，几乎整个非洲都陷入了欧洲各国政府魔掌之中。仅有的例外就是利比里亚，因为美国计划把黑人遣回他们自己的这一家园；还有埃塞俄比亚，意大利曾企图攫取但却惨遭失败。

这个"新帝国主义"不同于"老帝国主义"。虽然它也是以理性和物质利益为出发点，但是在那些后期占取的土地中，物质利益真正能得到实现的却很少。当然，其中一些殖民地的确蕴藏有大量的珍贵资源，但这些资源在被吞并时期大都还没有发掘出来。大多数对土地的掠夺都是出于战略上的考虑（试比较开罗和好望角），或只是想先发制人（归我总比归你强）。后来的一系列发现令人惊喜，并且有时会急剧改变人们的动机，以至于激发起新的争夺控制权的战斗。例如，南非的金矿招致一批鲁莽但尚干练的淘金者涌向德兰士瓦省，在引起与南非白人当局的争执后，英国政府也卷了进来，最终就导致了布尔战争（1899—1902）。

激进的怀疑观察家们指责这后期的土地掠夺行径是，第一，资本家贪婪的产物，其次，这也是出于他们的需求——保证欧洲繁荣昌盛的首要条件。第一点有一部分是正确的。贪婪这时发挥得淋漓尽致——不一定只是资本家的贪婪，而是单纯的人的贪婪。感谢那些能够连续发射的来福枪和机枪，让劫掠和杀人变得如此简单——简单到欧洲列强可以将屠杀土著居民看做是猎鸟游戏，并且还把这些受害者称作"鸟兽"（对于那些所谓的绅士来说，打猎是消除懦弱、强化残忍性格的学校，至今也是如此）。在预测即将来临的为在喀土穆战役中牺牲的戈登将军报仇而掀起的恩图曼战役时，年轻的温斯顿·丘吉尔写道："……一个非常值得经历的时刻。当然，我们注定会赢。当然，我们会将他们铲平。"又写道："像恩图曼之役这样的战事不会再有了。这是长期以来那些蔚为壮观的战争的最后的尾声，在那些战争中，那种激烈而庄重的残酷场面给战争平添了一份魅力。"然而土著人民很快就学会了怎样令征服者失望，那就是尽可能快地投降。这样一来，没有杀戮，也就没有了勋章，没有了升迁的机会。⑧

第二点看法，即那种将欧洲的殖民掠夺看做是为了资本主义的生存的看法，则完全是无稽之谈。的确有一部分商人在遥远而陌生的殖民地上获取了丰厚利润，但更多的却一无所获。如果说欧洲各国经济曾经从那些异域外乡获利，那也是微乎其微的。好的企业家懂得这一点。惟利是图的比利时国王利奥波尔德曾邀请德国银行家布莱希罗德帮助他治理刚果那片广袤的殖民地，布莱希罗德婉言谢绝了。同其他优秀金融家一样，他对于能有这样的合作伙伴很感兴趣，但他却能预感到未来发展过程中的波折。几年以后（19 世纪 80 年代初），俾斯麦想在遥远的非洲和太平洋岛屿之中占领一些土地。布莱希罗德会帮忙吗？这次这位金融家不得不坦率一些了，因为俾斯麦可是他私人的老主顾和庇护人；即便如此，他也要求保证有最低限度的回报。

公众则完全就是两回事了。你可以偶尔地蒙骗一些商人；经常地蒙骗政客们；而对于选民，则可以不计时间和地点地进行欺骗了。听一听保罗·勒鲁瓦－博利厄对法国选民们的关于为什么资本主义是个好事物的解释："殖民地所起的最有用的功能……是可以供给母国一个现成的市场和促进贸易的发展，加速本国工业的发展，还可以满足殖民帝国居民的各种需求——无论是工业家、工人还是消费者——都会因此而得到更多的利润、工资或商品。"这样一来，殖民地扩张一事就成了选民们日常闲谈的主题。在那些年代，人们对于政治的正确与否没有完全明显的概念，也不大注意是否准确。今天的历史学家和政治经济学家们应该更懂得如何严肃地对待竞选诺言。

一定要占领一个国家才能把它当做市场吗？学者们在这方面也作了新的解释。历史学家们曾经描写过（正式的）帝国，而如今他们开始把目光转向非正式的统治。⑨拿欧洲在中东的势力和影响为例。这一地区曾有过奥斯曼帝国，它名义上独立自主，但在19世纪已日益屈从于欧洲列强的要求。埃及当时是奥斯曼帝国的藩属，实际上却已是欧洲的势力范围。埃及19世纪的经济和政治发展史若不论及欧洲非正式的、实际上的控制，就会是毫无意义。⑩波斯也像奥斯曼帝国一样，尽管从来不是殖民地，但它此时的独立也更多是存在于记忆之中，而非存在于现实。

欧洲在拉丁美洲领地的情况也是如此。整个拉丁美洲大陆曾大体上被西班牙和葡萄牙瓜分，但是到19世纪20年代时，除了几个小块地区和加勒比海一些岛屿以外，拉美各国均已先后正式宣布独立。此外，欧洲列强之所以未能在西半球攫取更多土地，还有一个重要因素，就是门罗主义。* 门罗摆出美洲共和国总统架势而单方面发表的宣言并没有把欧洲列强完全吓唬住。它们也许还能利用拉美头面人物作挡箭牌而避开它，法国人曾企图在墨西哥利用马克西米连，即是一例。** 然而它们这时毕竟要掂量美国干涉的威胁，帝国主义野心受到了遏制。这也没有什么，还可以通过做生意再赚钱：获取公共工程特许权、贷款合同和有利的市场安排。大多数关于附属国的文章都是拉丁美洲经济学家和政治学家的作品，这并不是偶然现象。他们感到属于自己的世界的这一部分虽然名义上是自由的，但实际上却受到那些势力更强大的伙伴们的欺压和剥削，这有一些道理。

正式的帝国现在已很少见了。这里很大成分取决于其定义（波多黎各算是美国的殖民地吗？），但的确能发现一些零散的地方（如关岛、萨摩亚群岛、百慕大

---

* 正式的门罗宣言是由门罗总统于1823年提出的，但事实上这个宣言是由J. Q. 亚当斯撰写，并且有前总统乔治·华盛顿和托马斯·杰弗逊早先发表过的言论作指针。推动门罗宣言的直接动力在于那些前西班牙殖民地已造反成功，这时人们担心欧洲的干涉会导致社会又回到原来的状况；也担心俄国可能会在北美太平洋沿岸扩张领土。宣言从未经过国会的正式认可，但它却从颁布之日起就作为美国的国策。

** 法国人和马克西米连之所以得逞——尽管很短暂——其唯一原因就在于美国当时忙于自己的内战而无暇顾及。但是一俟美国人把注意力转向这些干涉者而援助墨西哥本国的抵抗运动，马克西米连就在劫难逃了。他的欧洲支持者撒手而去，让他面临被枪毙的命运——卖国者活该。

以及法国的"海外省"和"海外领地")处于某某统治之下。百慕大、新喀里多尼亚或是波多黎各有时还喜欢这种方式，因为这种附属地位是可以有所收获的。* 巴拿马，像一首老歌曾唱过的那样，经过多年"为美元而工作"之后，也在反复考虑是否让美国离开巴拿马运河区的问题。但是大多数曾作为殖民地、附属国、保护国、自治领、宗主国的分支或是海外分部的土地，现在都重获自由。由于殖民地附属国民众所受到的欺压凌辱和对所受屈辱的愤怒，单纯物质上的好处是很难抵得住分裂趋势的。

第二次世界大战后的解放浪潮使世界上的国家增加了两倍多。这些新出现的国家不论多么小和多么不自然，都享有主权，并且在联合国占有一席之地。原先受剥削的国家如今自由了，应当有经济增长和繁荣。而在事情的另一面，原先靠压迫别人而致富、如今不得不自食其力的资本主义国家，经济理当萎缩。正义该得到伸张。

事情并不像人们所预料的那样发展。那些曾是帝国的国家的经济现在空前兴旺发达。而大多数原殖民地国家却发现自己很难走上发展经济的正轨。他们的殖民统治者们当初因为害怕他们刚开始形成的民族主义以及蔑视他们的能力，不曾教给他们多少本领——仅仅够得上完成政府的低级任务。白人统治者害怕受过教育的当地人：他们是一些已脱离了部落的、充满与自己地位"不相称"的欲望的人，以一位英国官员（1886）的话说，"是［非洲］西海岸的灾祸。"⑪英国完全依靠当地的上层人物，却排斥这些 deracines（完全脱离了家乡环境的人），而不让他们在政府或贸易活动中承担重要责任。

因此，尽管殖民者们身后留下公路、港口、铁路以及厂房建筑等基础设施，但这些却没有得到必要的修护和管理。新独立的前殖民国家对于他们所拥有的物质遗产的忽视和破坏能力简直令人瞠目结舌，这一点可以从旅游者那里得到证实（在那些东欧和中欧的行政系统不完善不称职的社会主义国家也可以看到此类景象）。⑫原殖民地臣民大都就读于殖民者开设的大中学校，这些学校教授的主要是政治学和社会学，而不是实用的科学技术知识——促进的是革命而不是生产。也许这就是何者优先的问题：自由第一，经济次之，因为自由是经济发展的一个必

---

* 法国坚持在全球范围拥有领土，主要是出于威信和自尊心。维持这种虚荣是要付出代价的，如今欧盟敦促法国削减其预算赤字，在这一压力下，据说法国人正在重新考虑这一问题——见《华尔街日报》，1996 年 1 月 25 日头版。但别指望它。

要条件，尽管仅仅有这个条件还不够。

自由后所显示的最初人均产值和收入的数字令人振奋，但可能有所误导。它们反映的只是表面现象而不是实质。例如，随着越来越多的交换趋向于商业化，产品更多地投向市场，而不是像以前那样自给自足，这样一来，所产生的结果就显示在统计数据上，这是以前所不曾有过的。经济学界权威人士预测一些前殖民地国家会有光明远大的前程，像尼日利亚（石油），象牙海岸，即科特迪瓦（可可），阿尔及利亚（石油和天然气），都是如此。

随即到来的却是失望，没有几个前殖民地国家能保持住稳定的人均产值增长，*他们对于那些变幻莫测的贸易（农产品交换工业品）的依赖性极大地影响了国民收入。坦桑尼亚总统朱利叶斯·尼雷尔在1976年曾抱怨道，为什么他的国家要用两倍于前一年的剑麻才能购得同样数量的拖拉机？当然，他在早些年（1970—1974年）是不会有这样的满腹怨气的，当时剑麻的价格在4年之内就涨了4倍。⑬商品价格变化的反复无常已不是一个新鲜事了。在1925年到1928年期间，世界市场上橡胶的价格从每磅75美分降至22美分，后来的经济大萧条又使之降到了1932年的不到3美分一磅。⑭东南亚（马来亚，东印度群岛，印度支那半岛）的种植业受到了巨大打击。但从那以后，橡胶的价格就一直呈上升趋势，及至战争期间，战争又急需大量的橡胶轮胎，这极大地刺激了橡胶交易。

面对自由之后的失望，那种长久不衰的怪罪于人的方式又占了上风。那些习惯于将物质利益上的失败归罪于外国的人现在认定，外国的剥削只不过是改换了外表。原殖民地拥有的只是名义上的自由，事实上，他们仍因为无形的不平等贸易和附属性而被剥削者所束缚；同时剥削者还通过给补贴和贿赂的方式换取政治上的忠诚和效忠。这就是失败的原因。

有些批评这一新殖民主义的人甚至说道，发达工业国家和落后的"第三世界"国家之间的所有交易从本质上说都是不公平的。这样的必然结论就是，穷国应该断绝一切与富国的商业往来。⑮恐怕再也找不出比这更妙的守穷法子了。幸好，第三世界多数国家的政府还聪明，知道不该切断外贸和知识交流，还有借

---

* 例如，科特迪瓦在20世纪60年代和70年代有过顺利发展，但在随后10来年出现了负增长，从1980年到1992年平均每年人均产值增长率为—4.7%——见世界银行《1994年世界发展报告》表1。阿尔及利亚和尼日利亚状况与此相似，只是下降幅度小一些，从1980年到1992年的年均增长率分别为—0.5%和—0.4%。在这后两个国家，内战对经济有灾难性影响，尼日利亚内战是在1967—1970年，阿尔及利亚则是现今正陷于战乱。

债、送礼和补贴等等。有一个例外，就是缅甸，它自我强加的禁运使国内供应奇缺，人们要修车用的零件就得拆卸别的车；街上跑的车烧的油太低级，尽喷有毒的黑烟。幸亏车辆稀少，行人的肺才得以免于遭殃。

前殖民地国家多种多样，成分混杂，被我们统称为南方，或第三世界（有时还将穷国和极穷国再区分为第三世界和第四世界），它们自从独立以来，成就有高有低，大相径庭。东亚有几处成绩突出，拉丁美洲高低兼有，在缅甸和非洲许多地方则是全然倒退。这一结果的多样性表明，殖民化本身，甚至是受奴役，也并不预定着失败。* 在漫漫历史长河中，失败并不等于崩溃，这是事物的本质。一些国家利用了殖民地的遗产；利用了遗留的社会管理资本、教育、思想；甚至是有效利用了他们对殖民帝国的愤怒、抵抗和自豪感。** 另一些国家则完全摧毁了殖民者所遗留的一切，同时又没有学会何以代替之。有一些国家里并没有留下什么东西，通常是因为殖民势力看不出在那里投资会有什么收益。还有一些国家因为太穷了，甚至都勾不起列强的贪婪欲望。

尽管有少数几处前殖民地经济繁荣，遭受失败的大多数并不能得到安慰。对于他们来说，整个的经历是令人感到屈辱和愤怒的，而接下来的失望只是加重了他们的怨恨。他们的怨恨是有道理的。然而在吮吸怨恨滋味以后，他们最好是把它吐出去。这一切本来都与人们的善意或恶意无关。它是形势变化的必然结果，大家都会发自内心地争辩说，他们曾是尽力而为，照顾别人的利益。

以法国人为例。他们自诩为天下理智和美德的旗手，更不用说他们在文学方面的最高成就了。他们很少教育自己殖民地的属民，所提供的一点教育则是出于一种使命感和无穷的对尽善尽美的追求——你也可以成为法国人。学校教育都是

---

* 两个历史上的例子：从埃及出逃后的古以色列人又创造了璀璨的文化，阿兹特克人为逃避奴役而躲进沼泽地，然后又出来征服了周围的人们，于13世纪在现今墨西哥境内建立了他们的帝国。

** 抵抗运动和自豪感，是许多研究帝国主义史的新著作的主题——这就是 Michael Adas 在"High Imperialism and the 'New' History"一文中所说的"热带地区白人英雄的结束"。原先的著述主要谈论欧洲征服者、总督们和企业家们如何如何，对比欧洲的先进与当地的落后以及进步与停滞，而近年来强调的却是抵抗运动的形式和结果，不仅仅是反抗、暴乱和"叛乱"，同时还包括一般的破坏怠工活动和不合作态度。有关这些，见 Scott, *Weapons of the Weak* 一书。这种新的做法就是要说明那些消极的受害者也起了自觉的作用，说明当地的文化是动力和灵感的源泉。

采用法语，这样就教出一批脱离了父母及祖国文化的知识分子———一位教师称之为"异化机器"。教学的内容是法国历史的陈词滥调——"Nos ancetres les Gaulois（我们的祖先高卢人）如何如何……"还有诸如拉辛的《安德罗马克》和高乃依的《熙德》等古典文学。⑯成绩卓越的学生可以赢得奖学金到法国上大学，学习法国共和精神的财富，这样只能令他们厌恶自己的身份地位并将他们转变为造反的领袖。越南的胡志明和柬埔寨的波尔布特就是典型的例证。

资产负债表，即最后的得失，究竟怎样？帝国主义对于殖民地人民是好还是坏？不妨让我试着列出以下若干见解：

（1）帝国主义的主要目的是要以低于自由市场价格的代价牟取财富和劳动力。结果并不是都能如愿。另一方面，从统治者和被统治者、强者和弱者两边来看，几乎总是有少数一些人——精明强悍的商人、特许权获得者、官吏、中间人（买办）和当地的精英——发财致富。

（2）几乎所有的帝国主义者都在物质上和心理上给殖民地人民造成伤害；但也在有意无意中给殖民地带来一些直接或间接的物质上的收益。其中一些收益是来自门户开放和对外贸易。约翰·斯图尔特·穆勒在19世纪中叶就从英国和亚当·斯密学说的角度指出，"……市场每一次扩展所引起的趋势，就是改善生产过程。"⑰

贸易所产生的所有这些影响都取决于当地的殖民统治的性质。一些殖民统治者较富有，同时又有更高的欲望。他们通常在殖民地修建一些有用的基础设施——公路、铁路、港口设施、厂房、供水设施、废物处理设施等等。他们让当地人民以出劳力和纳税的方式支付这些改善的费用，但他们自己并不出钱。当地人民能从这方面得到的收益只是捎带性的，因为那些设施的改善主要是为了统治阶层的权威及其商业利益；他们总归是要把这些遥远的地方治理得好一些，以适于居住并有利可图，并且能在边界设防和维护社会秩序。不管怎么样，这也算是一种收益。那些医疗设施的建设也是一样，最初是为统治者们服务的（但是要知道，公路和环境的清除也可能加快疾病的传播）。然而更重要的是最后的结果而不是最初的动机。没有谁能独占这些措施带来的好处。同样，建筑师和医生们对社会也都有自己的责任感。

假设这些地方不曾沦为殖民地而在当年享有自由，会不会建起更多的这类设施呢？在当地原有的政治体制之下，恐怕不可能。即使在现在，尽管发展已成为全球性的信念而且商界也乐于响应，那些摆脱了殖民统治的国家在公共工程方面却往往依然无大起色，令人失望。更糟的是，有些现政权还听任殖民地时代遗留下来的设施损坏下去。只有东亚和东南亚的几处曾是殖民地的社会——如韩国、中国台湾和新加坡——是重大的例外。当然，一些新的技术，例如机场和航空，还是带来了不可阻挡的进步。

但是在前殖民地，这样一些项目通常都是统治者们的炫耀性消费，他们宁愿把钱（别人的钱）浪费在新设施上，而不去维护旧有设施。前一代给我们留下了成堆的垃圾和废墟。考古学家发现的历代文明通常是一代建在另一代废墟之上的情景，正重现在未准备好的20世纪的社会里，并且将来可能会成为未来考古发掘者的乐事。在未来的废墟中有奢华的酒店，它们早已取代了老式旅馆以及那种在探险小说和电影里出现的客栈的位置。现今的商人和官员们希望在世界各地都能享受同等待遇，其中也包括到处都可看到美国有线电视新闻公司和英国天空电视新闻公司的节目。

(3) 殖民世界的地图是由欧洲人绘制的。他们划定的边界线并不能反映地方和居民的实况。非洲尤其是这样的（但还有印度和缅甸），一些部族硬是被切开，又有一些不同的部族（其中包括白人定居者和移民构成的新部族）又硬是被捏到一起，这为后来所掀起的领土收复主义和一系列冲突埋下了导火索。当自由来临时，这些不同的部族还没有做好共同生活在一起的准备。可是新的国家把这些人为的疆界看做是神圣不可侵犯的，因为他们害怕重新划界会更糟。这种担心完全正确：前殖民地区域的领土纠纷向来会闹得鸡犬不宁，最后不论谁输谁赢，大家都受到沉重惩罚。⑱

(4) 这些从殖民地解放出来的国家的能量、资源以及潜在的善心都在自我界定的过程中消耗殆尽。只有很少几个国家（韩国是最明显的例子）在殖民统治到来时就已有一定的民族特性，可以在此基础上开展抵抗，并在殖民者离开之后，可以再加以发扬。* 其他的国家则因缺乏明确的民族特性和合法性，而苦于不稳

---

* 在一些情况下，被征服的人们早在白人到来之前曾建立过他们自己的帝国：墨西哥的阿兹特克人和南美洲的印加人当然包括在其中；但还有印度支那的安南人；缅甸的缅甸人；非洲的祖鲁人；等等。自由并不一定就能带来平等。平等是从来就不曾有过的，新的国家结构是建立在旧有的等级制度之上。

定和暴力，跌跌撞撞，从政变到政变，从爆炸到爆炸。[19]与此同时，那些先进工业国装腔作势地表示怜悯，救援受难者，扶植暴政，制造新的受难者，绞尽脑汁地插手，通常是以拙劣的手法进行干涉，起好作用也起坏作用，好坏兼有，而用来安慰自己的说法则是声称自己动机高尚，目标宏大，同时自认为道义上优越而感到满足（这正是这一套把戏的道理之所在）。那些饥饿的、满身苍蝇屎斑点的儿童的照片充斥着报刊和电视的画面。慈善事业名目繁多，超过了救济的款项。除了急救之外，实际上也没有提供什么。

（5）让我们试着看看违反事实的一种假设：假如那些经济水平落后的国家从来没接触过殖民主义的话，它们会发展和（在工业技术和生产率方面）进步得更快。赞成这种看法的论点是建立在假想的基础上的：是假定这些地方的人们会摆脱国内及国外的欺诈和剥削，同样也能够学习，并改造自己的国家。反对这种看法的论点则是以历史为根据：帝国主义并不曾阻止某一些殖民地发展成为自治的中心，并且学习和自己创造工业经济的技术。[20]英国的北美殖民地、俄罗斯帝国辖下的芬兰、瑞典统治下的挪威以及英国统治下的香港，均是例证。如此发展起来的非西方国家的第一个例子是日本，它当时虽然保持了独立（这一点并非不重要），但却受到非正式帝国主义强加的关税限制。不过大家都知道，日本属于一个特别的情况。

历史表明，托管制度可以是一个学校。当然，其中起决定性作用的是教师的水平。一些帝国主义国家的统治者比另一些国家的高明一些，它们的殖民地在独立后所取得的成绩也相对显著一些。如按照这一标准来评价的话，那么西班牙和葡萄牙就可以说是最差的，荷兰和法国较次，而英国则比较好，因为他们向殖民地投入很大的精力和资本（例如印度的铁路），同时他们委托当地的行政官员以他们的名义来进行管理。在1900年，印度所拥有的铁路线长度是名义上独立的中国的35倍之多——这也是对英国统治权和所尽的责任的一个褒奖。[21]（挑剔的人也许会说，殖民帝国修这些铁路的原意是将棉花及其他原材料运往港口，或是将士兵运到不安宁的内地。然而，在印度这样一个容易在局部地区闹饥荒的国家，各地市场的铁路联系毕竟有利于粮食的运送。而且有时正是因为一场饥荒而修建了一条铁路)。*

按照这一标准,历史上最好的殖民统治者莫过于日本了,因为没有哪个前殖民地能做到像韩国和台湾那样,从1950年到1973年的人均年增长率甚至超过了那些发达工业国家(日本除外)。在我看来,这一成就也反映了这两处社会的文化,即家庭结构、工作价值观和使命感(尽管许多经济学家并不重视文化的作用,认为它的作用无法加以衡量,而且只会阻碍一些好点子的实施,我还是坚持我以上的观点)。这些价值观在日本统治时期就已存在,部分地说来是作为对日本统治的反应,每当日本统治者让当地的人有一定的工作余地时,当地人就会抓住机会牟利。[22]然而,在殖民地时期结束以后所取得的成功,仍证明殖民时期留下了有用的遗产,即日本行政管理所注重的经济合理性,当年日本人在这些殖民地就曾着手实行"非常成功的现代化努力,即日本自己已实行了的那种努力"。[23]

诚然,韩国人和台湾人不会同意这一看法。他们记得日本人的暴政、酷刑和横行,他们的记忆还由于日本人公然拒绝认罪或悔恨,而变得更加苦涩。[24]悔恨什么呢? 当年的制度是起了作用的。[25]此外,

> (日本)在对待其殖民地人民的政策方面应当负责……正如同比利时在刚果、法国在印度支那、荷兰在东印度群岛或者德国、意大利、西班牙和葡萄牙在非洲应当负责一样。平心而论,如果不是以某种理论上的乌托邦作衡量,而是与上述的其他那些殖民地相比较,那就可以说,日本在殖民地所作的努力是应当得到评价的。[26]

世界属于问心无愧的人,而日本人几乎一致认为他们是问心无愧的。

韩国和中国台湾会说他们的成功完全与日本无关。日本当年曾迫使他们从事农业而脱离工业,驱使他们成为政治上和社会上的附庸。以朝鲜为例,日本人迫使他们改名换姓并将之视为二等公民,把他们送到日本人认为太危险而不愿去的地方出苦力(比如在日本本岛上采矿)。当获得自由时,朝鲜人都已将这些苦难牢记心中。但他们没有让这些记忆干涉经济发展的进程。"不要生气,要冷静。"

---

* 应指出,印度的铁路的技术程度很低,又是由印度的纳税人非自愿地承担很大一部分费用,其形式为付给英国投资者以有保障的回报。(尽管有的印度人也有钱,但印度人本来没有兴趣把资本投入到这些项目上)。有关这些复杂的事情,见 Headrick, *Tentacles of Progress* 一书第三章。

韩国和台湾是例外。大多数战后出现的新国家和地区由于记忆太深刻而走上了歧路。他们以前的殖民统治者的经济制度成为受诅咒的对象：资本主义被看做是与腐败和不公正紧密相连的无能的事物。它们看到苏联在第二次世界大战中获得胜利，就以为社会主义加专政可以保证生产水平的提高和最终目标的实现。他们这一步真是迈错了。

现在回顾一下，从帝国主义的经历来看，我们可以看出理论和现实之间一直是有冲突的。在 19 世纪的大部分时期内，占统治地位的正统理论不单纯是反殖民主义，而且还将反殖民主义置入经济史的更大的背景（解释）：殖民地是垂死的资本主义赖以维持生存的支柱。按照这一理论模式的解释，帝国像是吸血鬼，靠殖民地供血，给帝国主义国家的经济增长提供营养，或是将财富从穷国转移到富国。如果没有殖民地，资产阶级的统治就会崩溃，换句话说，欧洲是无法放弃殖民地的。从相反方面来说，一旦被奴役民族得到解放，他们就会迅速地繁荣昌盛。

无法放弃……完全不是。在 20 世纪期间，帝国统治者遇到的反抗逐渐增长。事实说明，欧洲的自由和人权理想是有感染力的，殖民地人民从殖民地统治者那里学会了怎样反抗。与此同时，原先曾热情支持帝国的舆论，也变得对帝国深表遗憾。一些重大丑闻——比利时国王利奥波德二世统治下的刚果传出了种种酷刑和残害黑人的消息，1899—1902 年的南非布尔战争中发生了种种暴行（包括集中营）——使那些自由派和激进派的作家及政治家有了反对帝国主义的论据。帝国曾是强者的骄傲，小国的安慰，因为它使小国变大，使大国变成巨人，可是到了这时却失去了它的合法性。*

第二次世界大战给了最后的一击。西方国家丧失了不可战胜的声誉，不仅如此，它们的参战目的也使得它们对外国的统治站不住脚。此时，统治殖民地的负

---

* 在强有力的反帝著述中，有一篇是约瑟夫·康拉德 1902 年发表的短篇小说《黑暗之心》。它是康拉德根据他在非洲心脏地带的亲身经历写成的，以流畅而雄辩的文字揭露了帝国主义的劣迹和西方的虚伪。有一句是"溯河而上，仿佛是重返混沌初开时的景象……"可是这篇小说后来却被谴责为种族主义、"东方学派"的作品，被排除出经典文学名单。有人说康拉德把非洲本地人描写得原始落后（把非洲写成黑暗之心），令人无法忍受。这篇小说本来被认为是表达同情心和人性的杰作，如今竟受到如此的攻击，造成了当今行话中所谓的一个"争斗场"。请参阅 David Denby 所写的文章："Jungle Fever"。

担也日益加重而使它们难以忍受。有的国家自尊心较强，仍勉强坚持（法国在印度支那是如此，在阿尔及利亚更是如此）。另一些国家（英国在印度和巴勒斯坦，荷兰在印度尼西亚）则是迫不及待地放手。它们做对了。这些前殖民帝国在失去这些殖民地以后，可以说是毫发无损。这真是叫那些反殖民主义理论家大失所望。

事实证明第二个论点也是错误的。1961年，一位名叫苏伦德拉·帕特尔的印度经济学家发表了一篇文章，以无可辩驳的数学计算结论宣称，摆脱了英国殖民统治的印度将会在大约30年之内在人均收入上超过法国，随后便会赶超美国。他并不是独树一帜；还可以看到其他一些罗曼蒂克式的预测。这反映了他们良好的愿望和顽强的信念；还有祖国的自豪感和一种报仇雪耻的心理。

* * *

记住容易忘却难

殖民主义所造成的最不好的影响之一，就是人们对前统治者和他们的代表的敌视——这种敌意主要是存在于人与人之间，而在需要用货币做交易的政府之间倒没有那么多的敌对。有些殖民地，其中包括一些最重要的殖民地，当年曾是欧洲人向海外移居的地方，为那些希望重新安排自己的生活或摆脱旧生活的西方人提供了机会。在这些迁居者中间，有些人对他们的新的家园渐渐产生热爱之情，热爱那里的土地、山川、风光、城镇、市场和集市；而且也爱那里的人，爱他们的依附，或者他们的神秘，爱他们的奇风异俗，或是他们的天真单纯。许多移居者觉得他们是发现了新的天堂，是在创建一个新的种族——不是通过种族的混合，而是通过新环境下的共处。大家不妨读读阿尔伯特·加缪在他的《第一个人》这部自传体小说中对于他在阿尔及利亚度过的童年时光的回忆。他并不是有那种感情的唯一欧洲人，只不过是他比别人写得更好而已。

因此，使他们感到震惊的是，许多当地的人并没有回报以爱心，而是憎恨这些陌生人的入侵，恨他们霸占最好的土地，恨他们享受政治和社会特权，恨他们摆出那么一副不可避免又无可抗拒的以高等人自居的架子。

并不是所有的当地人都这么看。但是随着民族独立运动逐渐激化和沸腾，随着民族意识觉醒，是很难保持中立的（"你站在哪一边？"）。于是，当独立来临时，殖民者撤离了。多数人忍受不了丧失特权和不再受人尊敬的滋味；有些人尽管本来愿意留下来或想要留下来，但却受到辱骂和威胁，面对着暴力，他们当初夺来的产业又被夺走了，只好赶紧一走了之。

阿尔及利亚是一个典型的例子。那里曾有100多万欧洲人，生活在10倍于己的当地人中间。这些移居殖民地的人不希望阿尔及利亚独立，他们要求法国留下来；的确，许多人还准备为继续保持法属阿尔及利亚而战（法国人自己意见分歧，几乎爆发一场内战）。戴高乐的新政府最初曾打算作出让步以换取阿尔及利亚独立运动同意继续与法国保持联合，但徒劳无功。最后法国政府认定这场游戏不会有好结果，就大事已定了。那些移居者被告知，他们只能靠自己了，法国要承认阿尔及利亚独立。有些死硬派还想斗下去，可是在这个已保证要让殖民主义完结的世界上，还有谁来帮助他们呢？两三年之内，所有的"黑脚"* 就都撤走了。这些欧洲人并不全是有钱人；有些人当初到那里时是穷人，而且往往一直是穷的。但有些是成功者，拥有最好的土地，种植供大宗出口的葡萄和小麦，掌管航运，经营银行，操纵经济的运行。

他们的离去并没有让阿尔及利亚一贫如洗。阿尔及利亚人收回了自己的土地；走的是基督徒（及犹太人）（他们还保持了撒哈拉大沙漠中的石油）。然而，那些人力资源的损失却是一个沉重的打击。随后多年期间，阿尔及利亚经济发展缓慢，就连石油和天然气也未能扭转形势。阿尔及利亚开始向法国出口人，因为法国经济增长，需要更多的劳动力。所谓资本主义离不开殖民帝国，原来如此。

注释

1. 近些年来，有许多人多次试图检验那些曾有争议的正统观念：其中包括Davis和Huttenback所著的 *Mammon and the Pursuit of Empire*；或是个别事例，见Kimura，"The Economics of Japanese Imperialism in Korea"，主要是在第568—570页。Michael Adas，"'High'Imperialism"，第327—328页，指出这些想算最后总账的企图是"过分简单化和最终徒劳"。这意思就是说，最后的总账并不符合那些坚持从物质利益的角度解释帝国主义的学者们的愿望，因为利润不够多。

2. 见Klor de Alva，"Postcolonization"，第242页。

3. 同上，第267页，参见Prakash，*After Colonialism*，第3页。

4. 有关这方面，参阅Bartlett，*Making of Europe*。

5. 见Hopkins，*Economic History*，第256页。

---

* "黑脚"（pieds—noirs）指阿尔及利亚的欧洲移民，系相对于当地人赤脚而言。

6. 见 Hyam, *Britain's Imperial Century*, 第 290 页, 引用 "酒瓶、子弹和圣经" 三方面的安慰（未标明出处）并提供了酒的消费量, 不仅是文武官员的消费量, 还有士兵、下级雇员的消费量。关于性生活, 他在第 291 页引用驻南非代理领事阿尔弗雷德·米尔纳（1854—1925）的话："性生活包括在国家大事之中, 向来如此, 永远如此。对它从来不作记载, 因此历史将永远说不清楚。" 但历史学家可以有把握地断定, 在这种私生活问题上, 我们所知道的零零星星的性关系不过是冰山一角。参见 Hyam, *Empire and Sexuality* 一书。

7. Cook, *The Long Fuse*, 第 227 页, 引自 Charles Stuart 于 1775 年在与北美反叛者进行邦克山战役后写给他的父亲比特伯爵的一封信。

8. 关于把殖民帝国看做是嗜血者, 见 Lindqvist, *Exterminate All the Brutes*, 第 52 页, 我认为他的这一形容一点也不夸张。

9. Gallagher 和 Robinson, "The Imperialism of Free Trade" 一文。

10. 关于非正式帝国主义的行径和利润, 见 Landes, *Bankers and Pashas*, 第 3 章。

11. 见 Hyam, *Britain's Imperial Century*, 第 164 页。

12. 参阅 S. Erlanger, "Retired People Are Struggling in the New Russia", *N. Y. Times*, 1995 年 8 月 8 日, 第 A—3 版。

13. Harrison, *Inside the Third World*, 第 336 页。

14. Murray, *The Development of Capitalism in Colonial Indochina*。

15. 关于 "新殖民主义" 一词的使用, 见 Stavrianos, *Global Rift*, 第 177—178 页。

16. Harrison, *Inside the Third World*, 第 17 章: "The Alienation Machine: The Uneducated and the Miseducated"。第 325 页: "法国小孩不得不把他们的脑力浪费在这些不切实际的和呆板的学业上, 这的确是够坏的了。但拿这些教非洲小孩子, 简直就称得上犯罪。"（我自己不知道。拉辛的《安德罗玛克》曾使我深受感动。）

17. Mill, *Principles of Political Economy*, 引自 Meire, "Theoretical Issues", 第 42—43 页。

18. 有关拉丁美洲的 "损耗巨大而又没有任何益处的战争", 见 Harrison, *Inside the Third World*, 第 384 页。在他所列举的历次战争之外, 还应补充墨西哥和美国之间的冲突, 以及美国到英属加拿大的失败的入侵。至今在墨西哥许多地图上仍将得克萨斯和美国的西南部标为自己的领土, 期待有朝一日能将之收回。

19. Harrison 在 *Inside the Third World* 一书第 388 页引用了 S. E. 芬纳所统计的 1962 年至 1975 年间的 104 次政变, 其中绝大部分发生在第三世界国家。1975 年, 联合国成员国 1/4 的统治者是通过政变上台的。

20. Alan, "Colonialism, Decolonisation and Growth Rates" 第 325 页及注释 2 表示不同意这个观点。他说, 在 19 世纪那些发展现代化制造业的地区都是 "主权国家或自治国家", 并由此推论出 "国家自己对经济政策的调控是实现工业现代化的必要环节。"

21. 印度 23627 英里；中国 665 英里——Kerr，"Colonialism and Technological Choice"，第 93—94 页。关于英国对印度钢铁工业的为时已晚的援助，见 Bahl，"Emergence" 以及她的 *Making of the Indian Working Class*。

22. 日本在第一次世界大战期间向殖民地出口的工业品减少，朝鲜人和台湾人趁机发展自己的制造业。见 Ho，"Colonialism and Development"，载于 Myers 和 Peattie 主编的 *Japanese Colonial Empire* 一书，第 365 页。

23. 引自 Myers 和 Peattie 主编的 *Japanese Colonial Empire* 一书，Peattie 的文章。关于朝鲜和台湾的发展数据和特殊原因，以及日本的政策是出于它的军事战略和急需廉价粮食等情况来制定的这一情况，见 Alan，"Colonialism"，第 250—253 页；以及 Hayami 和 Ruttan 的 "Korean Rice, Taiwan Rice"。

24. 关于日本人在朝鲜问题上不认罪反而自鸣得意，见 *N. Y. Times*，1995 年 10 月 12 日，第 A—5 版；及 1995 年 11 月 14 日，第 A—14 版。关于朝鲜人对此的记忆和愤怒，见 Yoichi Serikawa，"Deux peuples empetres dans leur passe"，载于《国际信使》周刊第 211 期（1994 年 11 月 17—25 日），第 32 页，附有韩国独立纪念馆的蜡像展品照片，展示出日本军队对朝鲜爱国志士所施的酷刑。关于在第二次世界大战之前和战争期间日本所进行的更大规模的侵略，见 Buruma，*The Wages of Guilt* 一书。最近一轮风波的起因，是日本一名官员宣称"日本的确做了一些好事。日本在朝鲜各镇建立了学校，提高了教育水平，还修建了铁路和港口"。

25. 一名西方人表达了亲日观点，说日本建立了"现代的和高效率的警察力量，同时还聪明地利用了当地的社区控制体系"。见 Myers 和 Peattie 主编的 *The Japanese Colonial Empire* 一书，第 27 页。

26. 同上，第 47 页。

27. Patel，"Rates of Industrial Crowth"。

国 富 国 穷

第 26 章

THE WEALTH AND POVERTY OF NATIONS

失去领先地位

在国际经济竞争中,总有一些国家领先,又让位于新来者,再又被别的新来者超过。落后者是不愉快的,而领先者却十分自豪;落后者不会是绝对的贫穷,领先者也不会绝对的衰落;历史的变迁就是这样。

Why Some Are So Rich and Some So Poor

David S. Landes

  市场被视为平坦的战场，战斗通常以和平方式进行。并不是市场上的角色们希望它如此：倘若他们能为所欲为，他们会把一切好处占尽，而让后来者一无所获。集团、行业和一国经济也是一样，都想有得无失。幸好市场上存在着竞争者，使得人人都有奋斗的责任；从长远看，不奋斗就什么也没有。

  国际经济竞争亦复如此。总有一些城市和国家领先，又让位于新来者，再又被别的新来者超过。对于失败者来说，这一过程当然不是愉快的。不过人们的痛苦会由于有意的近视而大大减轻，更何况领先地位的丧失通常不至于带来绝对的衰落*。相反，早先的成就常常会转化为财富而让拥有它的人们得到安慰；也会转化为人力和物力资本而继续引来收入和经济增长。然而，领先地位是会形成习惯和自豪的。谁也不喜欢失去这一地位。

  妒忌标志着野心。当 17 世纪后期英国"政治算术家"将荷兰视为榜样和对手时，当 18 世纪法国作家注意到英国的商业和金融成就而发感叹时，他们都是在一个立国和激烈民族竞争的时代流露出他们的羡慕、希望及不满足。这正是当年欧洲的形势，它大不同于天下一统的中国，也大不同于一盘散沙的印度和伊斯兰世界。当时，欧洲包括一些大

---

 * "衰落"（decline）一词在许多文献中均默指相对的落后，而不是绝对的衰弱。这一点应讲明白。

国和小国，各国均以其统治者的自尊心和利益为行动指针，但人们自我意识到的民族主义起着越来越大的作用。大家都在竞争。大家都知道金钱对于地位和权力的重要性。

金钱为国力服务的至上意义，在经济思想上得到了表现。重商主义应运而生，它并不是一门学说，也不是一套规则。它只是普遍采用的政治经济管理的处方。连亚当·斯密也有过重商主义的看法：他曾指出，航海法*也许有损于英国消费者的利益，但却为挫败荷兰的制海权起了奇妙的作用。

到亚当·斯密在世之日，荷兰称霸的时代已经完结。荷兰称霸，是百年之久的一个奇迹：这么一个小国竟然控制了海洋，拥有成千上万的船舶往返全球各地以运输大宗货物和珍稀商品，敢于跟一些人口比它众多的国家抗争而且打败它们，从而为一切理性思维和使命感树立了一个楷模。最能说明这一点的，莫过于1688年荷兰联合省都统，即奥伦治的威廉，率兵一举征服了英格兰。那是外国人对英格兰的最后一次成功的入侵，也是另一个威廉，即法国诺曼底公爵，1066年征服英格兰以后，英格兰所受到的第一次入侵。诚然，英国人自己并不是这样写历史。辉格党人把英王詹姆斯二世之被推翻解释为一次"光荣的革命"，从而模糊了事件的性质。但事实上那是一次入侵，其目的在于接管英格兰的王位，并阻止英格兰联合法兰西反对荷兰。奥伦治的威廉在那一年9月集结起来的荷兰舰队，在规模上比西班牙的无敌舰队还要大3倍，它运载了荷兰陆军的最精锐部队，再加上一批外籍志愿兵、牲畜、装备和一支庞大的炮兵辎重队。"权衡种种因素——包括兵力、舰船、财政、后勤、外交、内政等等……可以说，这是早期的近代国家政府在组织人力物力方面所曾实现的最为壮观的业绩之一。"①

迟至1776年，亚当·斯密仍然认为荷兰比英格兰富裕。他怎样得知这一点呢？原来，他是对比了两国的利率，看到荷兰公债利率为2％，私人贷款利率为3％。英格兰的这两种利率都高出大约一个百分点；苏格兰的利率更高出两个百分点。他指出，这表明荷兰的资本更雄厚，利息较低。诚然，当时的荷兰企业家还叫穷，但亚当·斯密认为低利息是"繁荣的自然后果"，荷兰商人哭穷没有道理。后来的马克思主义者会说那只是错觉。②

亚当·斯密还指出"据说荷兰工资高于英格兰"，这也表明荷兰更富。也许

---

* 指英国17—18世纪旨在促进本国航海业和海外贸易的一系列法律。——译注

是这样,但他还认为这表明荷兰经济增长也比英格兰快,这就不对了。* 我们不妨回忆一下亚当·斯密在对比英国及其北美殖民地时,也谈到过高工资与经济增长之间的联系。他写道,"北美还不如英格兰富裕,然而它更加兴旺得多,正在以更加快得多的速度去获取更多的财富。"③

亚当·斯密本应将他对比英国和北美的标准也运用于英荷两国的对比,也就是说,将财富与增长区分开,将富裕与兴旺区分开。那样,他也就会注意到荷兰经济减速的迹象。** 可是,他没有注意到这一点,而是把注意力集中到荷兰资本横溢,寻求向国外投资的出路。情况确实如此。在18世纪初,荷兰人就把大笔的钱投入英国和法国的基金,以及投入英格兰银行、东印度群岛和南海股票。他们自然会这样做,因为把钱投到英国和法国,收益较高;可是要害在于,收益较高,是因为英法两国国内需求较大,而供应较短缺,这一切又是因为经济增长得较快,至少在英国是如此。***

此时,荷兰工业已于艰难时期下跌(亚当·斯密若去当地访问,就会看见这种情景)。莱顿的细布产量1700年是25000匹,到18世纪30年代末,年产量降到了8000匹。莱顿羽纱的年产量由1700年的37000件降到1750年的12600件,到1770年仅产3600件。哈勒姆的亚麻布漂染业在18世纪30年代和40年代萎缩了。赞恩河一带著名的风车产业,包括由风车驱动的木材加工、制帆布、制绳和造船业,到18世纪50年代已急剧衰落,许多风车停止了转动。阿姆斯特丹的棉布印染业和烟草加工业在18世纪中叶以前就已经衰落。以1584年的工业产值指数为100,这一指数于1664年达到545的高峰,至1795年则下降到108。④ 与此同时,佛兰德、德意志莱茵河流域、萨克森和西里西亚的庭院工业却增长迅速,成为荷兰工业最激烈的竞争对手。⑤ 荷兰的商业也未得幸免:通往地中海东部黎凡特地区和西属美洲的"富庶通商"逐渐缩小,欧洲内河的鲱鱼、盐、酒的大宗交易亦是如此。只有很小的几个产业部门,主要是糖、咖啡、烟草、茶叶和可可这样一些殖民地产品的进口、加工和再出口,尚能维持。然而即使在这方

---

* 他这里说得很简练,我们觉得他的对比不论是否准确,可能是指名义工资,而不是以购买力为基础的实际工资。

** "有些人声称,荷兰的贸易正在衰退,也许,某些特定部门的贸易真是如此。"

*** 收益较高,也可能是因为英国实业不景气,风险较大,而且像1994年的墨西哥一样,盼望外来资金挽救危局。但当时的情况当然并不是这样。价格取决于供求两个方面。在这里,斯密只看到荷兰的供应一面,而忽视了需求一面。

面,荷兰也相对衰落,尤其是落后于英国和法国。⑥

经济上的萎缩影响到社会结构。随着有技术的工匠和小企业家不断迁移到别的地方去寻求更好的机会,大城市人口减少了。这一衰落不算很严重,但是另一些国家正出现持续不断的甚至是迅速的城市化,二者形成了明显的反差。⑦荷兰城镇萎缩不很严重,是因为城镇地租和食品价格下降了,而且穷人能得到一些救济;它与其说是慈善事业,不如说是为了维持治安。此外,荷兰的工资仍高于周围各国,一个重要原因是行会抵制削减工资。工资高,就吸引来国外的廉价劳动力,与当地失业者相竞争。人们之间的敌意和冲突不断加剧,就爆发罢工,直到无工可罢为止。

这种情形有点像是20世纪最后二三十年的美国。美国一些制造业部门由于外国的竞争而萎缩,企业纷纷裁员,或者搬迁到工资较低的地区。雇用新工人花的钱,低于留用老工人,航空公司就很懂得这一点。国外的穷人不断移民而来。工会举行罢工,罢工的结果有时只是加速工厂倒闭,或者促使定货单转移到要价较低的供货厂家(顺带说一句,现今在西欧也出现类似的情形)。

两百年前的荷兰就是如此。当时的联省共和国拆东墙补西墙以应付竞争,但它充其量也只能是原地踏步。许多实业家放弃战斗,退居乡村,靠消极投资为生。收入两极分化,一头是为数不多的富人,一头是大量的穷人,中间阶层日益缩小。税收资料表明,到18世纪末,最有钱的荷兰人是那些大地主、高级官吏或食利者。"黄金时代"的企业繁荣一去不复返,这时的雇主已仅限于中下阶层。

在这一过程之中,荷兰在商贸和制造业方面丧失了世界领先地位,进入后工业化态势。在那之前,意大利也走过同样的路。例如,在威尼斯,羊毛业在重税压力之下萎缩,一些重要的产业搬迁到别的成本较低的地区,实业家们把自己的钱转到了大陆上的农业。⑧在热那亚,活跃的商人变成了向哈布斯堡王朝的西班牙放贷的银行家。威尼斯和佛罗伦萨都改换了角色,变成旅游胜地,靠古人留下的财富过日子。而荷兰总的说来,正如亚当·斯密的印象所表明的那样,当时仍然是富裕的,然而1750—1870年间的收入或人均产值的估计数字证明,它已今非昔比。它正被另一些更有活力的国家所超过。⑨**自然不是绝对的衰落,而是一个漫长的停顿和渐衰过程。**

为什么会是这样?这是一个困难的但重要的历史问题。有些学者认为荷兰在战略上犯了错误,只停留于印度尼西亚和香料生意,而英国人,随后还有法国人,却把赌注押在印度和纺织品;或者说,荷兰人对他们与中国的商贸关系处理不当，因而在有利可图的茶叶生意中被斗败了；或者说，荷兰人由于这样或那样的原因，而在亚洲各地之间的商贸中失去了地盘。比较有说服力的解释，则是赶超与趋同：纺织品和另一些工业制品本来是荷兰的出口和航运业的支柱，可是别的地方享有低工资的有利条件，学习了这些产品的制造，一旦学会了，就关闭了大门不再进口。在重商主义的相互竞争的世界，航海法和保护主义扼杀了老的工场和掮客。荷兰人转而出口资本，就不奇怪了，因为这些资本投到国外比投在国内更有利。

在19世纪，已经有了一些更成功的工业化国家的榜样，这首先是英国，但也包括荷兰南部（从1815年起是荷兰王国的一部分，从1831年起才独立，成为比利时），可是这些榜样当初并没有促使荷兰人改弦易辙。这也许是因为工资一直较高而使得投资者不愿再从事制造业，至少在沿海各省是这样。⑩或者，也可能是因为荷兰人难以放弃根深蒂固的习惯而重新探寻机会。⑪

在这一点上，有些学者指出过荷兰人不喜欢现代化的东西，对风险很反感。一位历史学家写道：

> 在我国几乎所有的市镇里，人们都看到那些工厂主和商人宁愿放弃斗争而不再跟一个更有活力的邻邦竞争，也不愿采用新式机器动力以改变祖先遗留下来的老式生产工具。的确有许多人认为蒸汽机冒的烟是从地狱深处冒出的可怕烟气。⑫

另一位学者写道：

> 荷兰商人似乎是在原先积累的财富的软垫上睡大觉，而这个时期的工业领先者打到我们身上，仿佛我们是属于那个尊贵的大腹便便、动作缓慢的富商阶级，头脑患了精神松垂症，不敢冒险跳出传统的办事方式。⑬

这评语很尖刻，类似的评论还有不少。这种态度是否重要？有些经济学家和"新经济史学家"有怀疑，认为企业家精神的有无未必能说明问题，因为这种精神并不具体，无法衡量，也无法根据它预测未来。有些工商业者也许是满不在乎或者懒惰，但他们会被别的人取而代之。可是说到底，如果说农人会对庄稼收成的多少迅速作出反应，那么，商人和工厂主本来应该对新技术作出何等更快得多的反应！（另一方面，工业上的利害得失通常更大，收益较慢，而错误的惩罚更重。）

这就是革新和首创精神的重要性：只有具备了它们，它们才起作用。人们要问，为什么那么久才具备它们，为什么在某些地方会比别的地方拖得更久？"后工业化"的荷兰当时并不缺乏资本，也不缺乏廉价劳动力或工业经验。它缺少的东西，也可以从国外进口。交通运输可能比别人好，那本来也可为企业所用。我们甚至看到有一些敢于冒险的人，他们的财富不是商业本领，而是技术知识以及与政府的关系。例如，有一个人名叫杰拉德·莫里茨·伦琴，当过海军军官，在一次印度尼西亚远征失败后回国，受荷兰海军委托，寻找造船和冶铁的新技术。他作了努力，1825 年在鹿特丹协助创建了荷兰的第一座汽船制造厂。⑭

然而，不同寻常的个人并未形成一个总的能自我持续的运动。有些冒险家到印度尼西亚去闯了，荷兰本身却在原地踏步，甘心于长期的停顿。这就是文化在起作用：文化决定了如何对待就业，如何对待机会，以及从何处得到满足。

诚然，文化是可以变的。在 19 世纪后期，荷兰回过头来，在国际竞争的基础上发展现代工业。一个有利的因素是它拥有印度尼西亚这个受保护的市场。最初的进展是在纺织业，它是在内陆的较偏僻的特文特地区发展起来的，这决非偶然。但真正的起飞则有赖于电、内燃机、化工和人造纤维所带来的"第二次工业革命"，还有科学农业和园艺。荷兰人的收入本来就落后得不远，这时很快就与欧洲领先国家的水平趋同了。⑮

英国接替了荷兰。在 17 世纪时，英格兰抓住每一个机会跟荷兰斗，因而对粗纺呢绒的出口征税，并兴办奥尔德曼·科克因工程（1614—1617），企图把值钱的呢绒染色和精加工业从荷兰人手里夺回来（但未成功）;* 制定了两项航海法，以损害荷兰人作为首要航运国和中介商的地位（这一点得逞了）；还打了两场海战，而取代荷兰人称霸于海洋，把荷兰人排挤出北美洲，并间接地导致荷兰人在印度受遏制。后来，荷兰人让奥伦治的威廉登上英格兰王位（1688 年），从

---

* 据 1614 年的一项估算，呢绒染色和整理可使出口值增加 50% 至 100%——见 Supple, *Crisis and Change* 一书，第 33—51 页。英格兰此计划失败，是因为粗呢绒出口商（商业冒险家公司）神通广大，资金雄厚。同时，荷兰人自然也反对进口精加工呢绒。

那以后,英荷两国在平时和战时都结为伙伴,但荷兰人充当的是小伙伴。尤其重要的一点,是英国利用荷兰作为一道屏障,阻止法国在大陆扩张领土的野心。荷兰这一作用对英国来说很重要,因此,在大革命和拿破仑的法国对荷兰的占领被打垮以后,英国于1815年把荷兰失去了的殖民地交还给新成立的荷兰王国,其中包括印度尼西亚这一大片殖民地(但有一重大例外:南非的开普殖民地未交还)。这一交易还包括把现今为比利时的这一片土地——在当时包括奥属尼德兰以及一些杂七杂八的主教区和公国——也并入了荷兰王国。

道理在于,英国这时已不再害怕荷兰的经济竞争:凡是荷兰人做到过的事情,这时英国人都做得更大,更好。乔赛亚·柴尔德——伦敦商人,英国议员,政治算术家,后来当了东印度公司总督——早在他的《贸易新论》(1668年和1690年)一书中,把这个问题说得很明白:

> 荷兰的国内和对外贸易、财富以及航运量的惊人增长,在现今令人羡慕,在将来世世代代的人看来也可能是奇迹。然而他们取得如此成就的方法却是……其他多数国家都可仿效的,我们英格兰王国仿效就更容易。⑯

他说得完全正确。到柴尔德在世时,荷兰已是向英国输出资本,而英国则一路领先建立现代工业,并取代荷兰而成为世界首要商业与金融中心。

1815年以后,英国人已确信自己的霸权,开始废除原先本着重商主义精神而实行的一些限制,例如禁止出口机器和禁止工匠外迁的规定,以及某些重大关税壁垒和航海法。与此同时,他们以无可指责的国际分工和贸易互惠的理由,力图说服别的国家也照样做。他们取得了某些进展,但可惜的是,多数其他国家权衡利弊得失和考虑到经典学说,认为英国人这种做法是一种手段,企图让它们继续充当农业国。自由贸易成为英国的理论与实践,而多数其他国家对此是浅尝辄止,发觉它于己不利。或者是认为它是英国的圈套:既然不讲信义的英国佬要这样做,那就不会是什么好东西。⑰

可是在缺乏低廉制造业的世界上,英国的工业兴旺起来了。假如欧洲国家不买这些产品,那么在世界其他各大洲也可以找到买主,更何况运输工具不断得到改进,降低了货运的成本。1851年,英国人举办了第一次万国技术与工业成就博览会,想以此庆祝自己的称雄于世。诚然,他们也给别的实力不如英国的国家提供了展台和奖赏，但博览会的主题是：英国是世界的工场。而且还是通向未来的工场：试看那座水晶宫，即展览大厅，标志着建筑业告别砖石，迎来钢铁与玻璃的新时代，明亮宽敞，采用标准构件和机械化涂刷。这一变化相当于中世纪由笨重的罗马式建筑向穹顶哥特式建筑的转变。（这种大胆的变化也带来一些意料之外的现象。水晶宫又高又大，里面能种树；树木招引来鸟雀；鸟雀给下面的人群撒点小礼品。怎么办？开枪打鸟？打碎玻璃墙和玻璃房顶又怎么办？当年，威灵顿公爵曾向维多利亚女王解释说："麻雀咳嗽啦，陛下。"）

尽管英国称雄于世，但也出现了一些小片乌云。有些潜在的竞争者展出的产品在品质和口味上都无可比拟，例如法国的丝绸，萨克森的瓷器或佳酿葡萄酒，就是如此。不过这些东西是早已如此，得益于祖祖辈辈传下来的技巧或有利的自然条件，完全可以理解。更叫人心忧的是，在英国人自认为领先的领域，即机器制造业和机器制作的产品方面，也有些非英国展品显示出技术高超。最早的麻烦迹象，是美国的钟表和枪械，它们是批量生产，零件几乎都可以互换。[18]英国政府在1854年派了一个使团到美国去考察这一"美国制度"。考察的结论是，不错，英国人需要再学习。[19]

到临近19世纪末时，出现了真正令人不安的形势。它在于政治上起了变化，标志着力量对比要改变：德国突然在欧洲大陆崛起；1870年打败了法国，建立了德意志帝国；它在非洲和太平洋表现出殖民野心；它大修铁路，而且与奥斯曼帝国通商，使英国人感到印度生命线受到威胁；谨慎睿智的俾斯麦下了台，沙文主义强烈的皇帝威廉二世当政，他威吓自己的政治顾问们，而且对他的英国表亲态度恶劣（家庭联系也不过如此而已）；最后，德国决定建立一支海军，明摆着就是要向大不列颠的天赐海洋霸权挑战。不但如此，所有这一切还是立足于巨大的经济成就：重工业（钢铁、化工）发展迅速；新技术（电力，有机化学，内燃机，油、气发动机）格外强劲；金融部门特别有力地支持工商业；教育系统培养出大批的技术员、工程师和应用科学家。这真叫英国担忧了。

对于研究经济成败的学者来说，这种日益增长的担心提出了一些有趣的问题。英国是在失败吗？英国是在衰落吗？如果是这样，那么这是谁的过错？有什么补救的办法？这一辩论——信不信由你——已经进行了一个多世纪，现在还在进行着。1993年4月，剑桥大学的巴里·萨普尔教授以会长身份向英国经济史学会致词，就谈了所谓英国"失败"的问题，他的看法是：那些忧愁的人们言过其实。[20]1995年9月，在法国的蒙彼利埃举行了一次国际学术讨论会，谈了同一问题，结论亦相似。1997年5月，另一批人在英国温莎宫附近开会，讨论国家"霸权"——有多少国家的学者与会，"霸权"这个词就有多少种不同的读法。特别注意的话题是：19世纪的英国；20世纪的美国。这块老骨头要我们操心到何时？

要操心到永远。有各种理由：

一、这场争论使用的词汇暴露出词义混淆或者对争论之点的误解——这就产生出没完没了的分歧。人们在言谈中和文字中都提到"衰落"。* 可是从物质意义上说，英国显然没有衰落。它在今天比100年前更富裕。诚然，有一些部门整个萎缩了。它也受到**相对**的衰落：另一些本来较穷的国家已超过它，比它更富。可是，**相对衰落**这样的名词显得咬文嚼字，需要解释，用起来不带劲。所以人们谈论衰落和更糟的字眼。主张用这一名词的人，是利用它来攻击政府或企业家阶级，或同时攻击二者，有时是着眼于政治目的。批评这一名词的人把这一名词的使用谴责为"衰落主义"——显然是一个**坏东西**。这样做，他们就拆毁了一个稻草人，使辩论变得没有意义。[21]

二、经济与政治合流。相对经济实力的衰落（丧失市场份额，丧失某些产业部门）意味着政治力量减弱，这至少是因为武装力量是要花钱的。今日的英国已远非1914—1918年的"大英帝国"，甚至也不如1939—1945年的英国。英国现今的力量来自它拥有核武器，以及它与美国的特殊关系，且不论这一关系有多大价值。现在，失去相对的富强是叫人难受的，但这并不是软弱无力的痛苦。[22]民族主义是个性的表现，而且通过个性表现出尊严和自尊。当自己的国家变小了时，自己的自我也会变小。一个人经历和享受过大不列颠的伟大，就难以接受退潮。

感受在起作用。有些学者要求把这种失落感看做一种错觉——就像是一趟停住的列车的乘客见到另一趟列车从身边驶过时，会以为自己的列车是向相反的方向移动一样。[23]此外，这种失落感难道不是必然来自别的强国的成长吗？世界不

---

* "衰落"一词反复出现。略举数例：伊特维尔《不论发生了什么……衰落经济学》；波拉德《巩固的全盛时期和英国的衰落》；鲁宾斯坦《资本主义，文化及衰落》；埃尔鲍姆和拉佐尼克主编《英国经济的衰落》；科茨和希拉德主编《经济衰落》。洛伦兹《英国的经济衰落》论述了一特定领域。

是静止不动的。技术和产业的扩散必定会引起新的、往往是更大的对手的崛起。㉔英国不能不在地位上有所失落。但是,这一点并不会使失落感变得好受一些。感受是主观的,学者的客观冷静就像是一般人眼中的高雅鱼子酱:好看不好吃。

有人告诫我们说,呼唤民族虚荣心,是政客们干的事,"而政客们总是误导我们。"说到底,只能有一个第一名。所以,"如果说不居首位就是失败,那么英国就算是败在与许多富国为伍……"可是,**丧失**第一名的地位,也是一样吗?我们被告知,那些记得昔日好时光的人,尤其是当他们回忆从前长期居人之上的往事时,会感到最尖锐的痛苦。见到美国更富更强了,是一回事。可是还有法国,意大利!英国足球迷从英格兰西北部和中部到意大利的米兰看球赛,却发现意大利人比他们生活得更好,更现代化,他们会有什么样的感受?自然,这种痛苦会随着时间的推移而减轻。过不了多久,还记得往事的人就不会在人世了。此外,这世界上充满着更穷得多的人们。在先进工业俱乐部里,英国的排名也许是靠后了,但是跟墨西哥或印度比一比,还不是强得多。㉕

三、这问题还有宗教式信仰的一面,而信仰问题是最有争议不过的。在这里,我们说的是经济上的信仰,即对于自由贸易的信仰。自由贸易当初是从哪里来的?可是,英国一感到竞争的热度,英国国内的生产厂商就要求恢复贸易保护了。他们说,当英国充当世界工场的时候,自由贸易也许不错,可是如今别的国家生产的东西即使质量不那么好,价钱却更便宜。而且这些国家不是公平竞争。它们对外国货的进口设置关税及其他壁垒,而英国却向所有的人敞开大门。它们给自己的产业提供补贴,以低于国内市场的价格向外推销(倾销)产品,为提高市场份额而运用种种"不公平"经营手法。结果,英国制造业的一个又一个部门发现自己被逼入困境,被迫削减投资,关闭工厂。

然而,自由贸易已成为一种信仰——不但信仰贸易带来的收益,而且信仰物质进步和国际交流所具有的创造和平与爱的力量。这逻辑是经济上的,是相对利益的理性。而这感情却是道义上的。不妨听听那位为英国商业利益四处奔走的约翰·鲍令*在回忆他对圣地(再好不过的地方)的一次访问,以及大谈贸易、和平及爱的时候,说了什么:

---

* 约翰·鲍令(1792—1872),英国作家,外交官,鼓吹自由贸易,曾任香港总督(1854—1859)。——译注

一个人从西方到东方，发现一位古老德鲁兹教派的穆斯林身上穿的衣服是由我们勤劳的同胞织造的，心中该感到多大的欣慰。当你到圣城，在拿撒勒跟一个旅行车队停留在一起，看到那里有4000人，却几乎找不出一个人的身上没有我们祖国提供的舒适生活用品或装饰品，你会多么高兴！和平及工业做到了这一点，而且远不止这些；因为可以确信，我们的国家在传播祝福的时候，她也引起人们的兴趣，在她所服务的那些人的心中激起了对她的情感，而商业则是好事物的传递，是祝福的施与，这些是以前从未享有过的。㉖

一种学说会不会因为它自称为科学，就不那么带有信仰的味道呢？请看威廉·杰文斯，英国政治经济学所崇拜的偶像之一，在19世纪80年代中期商业危机期间，狠狠敲打异端邪说时，讲过的一番话：

贸易自由可以被看做是政治经济学的基本原理……我们可以欢迎认真地调查贸易状况以及我们现时萧条的原因，但是我们不能让这样的调查改变我们对自由贸易的看法，正如同数学学会不会让一个复杂问题的调查导致欧几里得原理被否定一样。㉗

因此，许多人——包括许多经济学家——都反对为英国失去工业领先地位而担心，因为这样的担心可能被用来，而且也确实被用来对他们奉为神圣的原则提出异议。

四、立足于出口的经济在当时正失掉某些出口市场。在工会和政界的压力之下，英国政府对英国的钢铁、棉纺、煤炭等保留产业提供补贴和实行社会化。可是仍不见增长。人们见到的只是就业不足，经营方式墨守成规，以及令人痛苦的衰落。

至于新技术和新制造产业，开创的就业岗位没有那么多。剑桥经济史学家J. H. 克拉彭指出，这样的转变是正常的：既然一些产业部门关闭，人们就只好离开它们，转到"某些正在扩展的行业，例如制造巧克力或参加合唱团"。他说这话是在1942年，倘若他能预见未来，他就会再添上披头士乐队。麻烦在于，有些这类行业受特定文化的限制，走不远，至少不能传遍全球。比方说，有些人不喜欢英国的巧克力，嫌它奶味太浓，太甜。但是它适合英国人的口味，孩子们喜欢它，在美国超级市场也有销售。众口难调嘛……

更重要的是，这些新的行业在社会和经济价值上可能不如老的产业。这正是张伯伦的论据之所在。但是，巴里·萨普尔认为，不见得。他问道："香烟或坦克的生产就必定比护士或小提琴手的供应更有用吗？"这里是故意挑选这一对比，让人回答"否"。若作别样的对比——例如汽车或电脑对比电影或萨克斯管吹奏者——也许就会引出"是"的答案，尽管不是所有的人都这样看。㉟许多这类新产品在技能、知识及高工资就业机会方面，其效益都不如高技术产品。这就引出一个带根本性的问题：是否某些活动比别的活动更有效？在这一点上，经济学家们的看法有尖锐分歧。但新经典学派会坚持说，一个美元的汉堡包与一个美元的电脑芯片相等；用李嘉图的话说，就是价值一英镑的波尔图葡萄酒等于价值一英镑的机纺棉布。持不同意见的人则显得奇怪地胆小，在逻辑和本能二者之间挣扎，低声地说不。

五、"维多利亚时代的英国是否失败了？"——一个引人上钩的问题。有一篇文章以此为标题，它给失败下的定义是：实际做到的，不如理性的行为本来所许可的那么好。㊱英国企业家是否由于性格、知识或理性的不足，而失去了赚更多钱的机会？这位历史经济学家（"新经济史学家"）的答案是：否。如果说英国在煤炭、钢铁或棉纺等产业上做得不如某些别的国家，那只是因为它不可能做得更好。煤层不够厚；在原有的较贫的铁矿砂采尽之前，富矿的开采可以靠后；快速纺机对英国优质棉纱不适用。要对比，就该考虑到方方面面。

不错，外国竞争对手采用了更快、更好的机器，而且越来越多。但是新的东西不见得更便宜，至少对于先采用者来说是如此。不要低估老设备的经久耐用和灵巧，手工技巧起作用，而一旦自动化就用不上了。即使英国有些设备陈旧了，把它们换掉也不一定合算。老机器早已收回成本，如今是产生纯利，利润率也许高于新机器。新设备也许效率更高，可是还得逐渐收回成本。

此外，有些事不是企业家所能掌握的。例如，英国产品的外在成本（关系成本）较高，因为英国铁路是窄轨，货车较小，桥梁较矮，公路较窄而且弯弯曲曲。当年货运量小，建造它们是合算的。如今它们有碍于规模经济，妨碍大批量生产。同样的，英国原已在制造厂家和潜在顾客之间建立了一套经纪人和多级经销人的制度。㊲这种安排当初有利于分工，后来则有碍于大交易。有些英国企业想方设法绕开了这类瓶颈，但这样的企业太少了。

具有讽刺意味的是，有许多生产上的改变在 1914 年以前还被认为是不必要和无利可图，而在第一次世界大战之后却逐一实行了。但来得太晚了。* 人们还看到第二次世界大战之后英国采取了一些为时已晚的补救措施，会不禁认为英国病就在于行动迟缓，企业便秘。

那些为英国的表现作辩护的人——不妨将他们称为乐观派——却认为，"市场份额、经营规模、资本密集度、资本收益及平均劳动生产率下降"的迹象并不表明"企业落后"。㉛迟缓也不能说明这一点。他们说，为什么要那么重视棉纺、钢铁、化工之类的老产业？这些产业生产的是中间产品。那么消费工业呢？重要吗？经济的使命是让人们幸福，而不是创造"统计业绩"。㉜

所以，乐观派不注重棉花消费量、钢铁产量、硫酸产量等数字。它们太叫人心烦了。相反，他们重视总产值和生产率这些统计概念，认为它们"无疑远远优于"杂七杂八"挑选出来的某些产业的数据"。㉝总产值和生产率方面的数字首先给经济史学家，其次也给所有认为应该承认其表面价值的一般历史学家，留下深刻的印象。这些数字似乎非常精确（带小数点后一两位数），而且，据某些计量史学家说，是毋庸置疑的。

尽管如此这般，那些较老的各个产业的数据是以各自的直接计量单位为基础的，要比综合统计概念准确得多，可靠得多。上述的那些计量史学家在他们自己的统计数字变得对他们不利以后，也承认这一点。这是因为从维多利亚时代和爱德华时代到第一次世界大战后的时期，英国之失去领先地位，已经更加明显。然后，从 20 世纪来看，生产率的比较也像产业数据一样，都说明英国地位进一步下降。这时，乐观派突然告诫读者说，宏观经济估算数字是不可靠的——"计算有任意性"，"衡量有误差和欠精确"，"误差幅度很大"；他们告诫说，国家综合数据是一个"脆弱的基础"，不要根据它来评价英国经济的强弱。㉞一位著名的乐观派学者干脆不承认别的国家（如美国）生产率高于英国的计算结果，认为它无价值或不可信：这样大的差距怎么会存在和持续存在？㉟

可是，这差距当然存在。它们只是不会持续保持原样而已。竞争的逐年记载表明，英国有些产业是整个地落后和萎缩——不是指这个或那个企业，而是说整

---

* 例如，克拉彭谈到钢铁冶炼技术的改进时说："很难相信，1925 和 1913 年广泛采用的工艺若在 1901 年或更早时采用不会带来更大效益"（见 Clapham, *Economic History*, 第 3 卷, 第 148 页）。

个的产业。* 有时，这些产业的最后一些企业搬迁到别的地方，通常是劳动力较便宜的地方，这做法聪明而又简单，是出于理性，而不是出于企业精神。有时，英国有些企业家也像从前的荷兰企业家一样，转变为过轻松日子，靠利息、股息和房地租为生。这也是出于理性，而不是出于企业精神。这种选择是可以理解的：办企业既费劲又冒风险，何苦呢？

六、企业精神重要吗？有些人会认为它重要，但有赖于经济增长。按照这种推理，英国的企业精神就吃亏于缺乏机会和扩张余地。"由于英国已经有庞大的工业设施，许多部门的设备都足以满足80年代和90年代的需求，因此，安装新设备的诱因和试用新方法的机会都受到了限制。"㉘所以我们的改变迟缓：既然已经有出色的瓦斯照明供应，又为什么要急于架设供电线路呢（答案：电更好更安全，即使不那样罗曼蒂克；而且电的功能也更多）？如果市政当局已经把大笔资金投入瓦斯的生产和分配，就更是如此了㉙（牵涉到更多的关系成本和既得利益）。

但是英国并不是英国工业的唯一市场。正像我们看到的那样，英国工业的很大一部分产品是出口到国外，而国外伴随经济增长而来的需求，要由动作更快和更机灵的供应者来满足，总之人人都行。有一位学者研究英国在亚洲的退却后指出："在1960年和1980年之间，英国在香港和新加坡的进口额中所占的份额，分别由11.3%降到4.9%以及由8.9%降到3.0%，而日本在这两地所占的份额则由16.1%升到23%以及由7.3%升到18.8%，这种现象其实根本不是不可避免。问题在于日本企业提供了这两地迅速增长的经济所需要的东西，英国企业却没有这样做。"㉚

"根本不是不可避免的"，但还是可以想象，企业像人一样，患了动脉硬化。这在一定程度上是因为人会老化。管理权的交接是一个困难而又容易引起怨恨的过程，使局内人与局外人斗，局内人彼此斗，有血缘关系者与有才干者斗，有血

---

* 第二次世界大战结束后，英国造船业的1950年造船总吨位为130万吨，占全世界造船量一半以上。大家承认那是例外情况，因为几乎所有潜在竞争对手的造船厂都毁于战火。在随后1/4个世纪中，出现了新型船舶（如巨型油轮），世界造船量迅速上升，英国造船量却原地踏步，而且在随后12年中（1975—1987年）猛跌96%。等于全军覆没。E. 洛伦兹的《英国的经济衰落》第四章指出外国实行了保护主义和补贴，但也指出"英国造船业未能利用……高效率的技术"和较好的劳动组织方法，后者是由于"劳资双方缺乏信任"（该书第90—91页。亦参见 D. 托马斯《造船业》一文，载于 Williams, *et al.*, *Why Are the British Bad?* 一书，第179—216页）。

缘关系者彼此斗，有才干者互相斗。谁掌权，关系到如何选择产品和生产方法。英国人在探索新领域和新方式这一方面动作迟迟，相反总是强调在现有设备和职位上边干边学。这种在职实习有它的长处，但最稳妥的做法往往是墨守成规而错过创新的机会。

历史学家和实干家都指出过，这种技术上和科学上的缺陷是英国丧失领先地位的一个重要原因。"计量历史学家"的乐观派则加以反驳，为英国在棉纺和钢铁等老产业方面的表现辩护。这些老产业曾使英国成为世界的工场。可是新的制造业、第二次工业革命带来的新产业又如何呢？早在1965年，一位剑桥经济史学家就要求学者们把目光放到"生铁和棉袜"之外，更多地注意肥皂、专卖药品、批量生产的食品以及轻工程设计，注意"那些与前辈一样充满活力和独创精神的企业家的生产"。[39]

可是徒然。英国企业的捍卫者们并未重视这些成功企业家的故事，因为事实上这样的企业既少又小。第二次工业革命被错过了。最令人惊讶的失败，是有机化工（染料、塑料、药品）这一前景广阔的产业的流产。在这方面，英国本来是先驱和领头人，而且得天独厚，有着丰富的关键原材料（煤焦油），需求强劲（纺织业雄厚），然而，由于知识不够和缺乏想象力及企业精神，竟然败给了德国和瑞士，甚至不如法国。[40]管理当局没有致力于系统研究。19和20世纪之交的一位实干的化学工业家R.J.弗里斯维尔在1905年就曾遗憾地指出，那些主管化学工业的人"把种种科学发现看做是孤立的、彼此毫无联系的事件……认为它们只是偶然侥幸的发现"。起过关键作用的只是一些外来移民和为寻找机会而迁移的企业，这就毫不奇怪了。1886年，伊凡·莱文斯坦，一位犹太移民，因而是一位局外人，曾悲叹当局忽视非主流的新产业，"不够重视化学工业……科学家和制造厂家之间缺乏密切的联系或交往"。[41]

在这里，人们可以看出英国退出领先地位的程度。各工业国是一起开始办这些新产业，这些新发明的科学含量高，确保了知识和技术的快速发展。英国的机遇不亚于别国，或者比别国更好。英国在科学方面也不落后——不比18世纪时的法国更落后。但是，像18世纪的法国一样，19世纪末和20世纪的英国更多注重的是纯科学，而不是科学的应用。[42]困难的一部分在于英国的教育制度：欧洲大陆国家是从政策上着眼兴办科技院校，而英国却是让这种教育如野草一般自生自长，把它们当做是"正规"学校和大学的穷亲戚来予以对待。*

有些人用外在因素，主要是文化因素，来解释这一缺陷。他们试图说明英国由称霸地位退下来，是因为反企业、反物质主义的态度占了上风，而且对就业观念产生了不利后果。㊸教师、诗人、作家和知识分子——那些为价值观定调子和吹吹唱唱的人——养成了人们对车间和写字楼的蔑视。其要害是超脱于物质层面之上。在那些发现自己被庸俗的新来者推推挤挤的老精英分子中间，当然也在那些想要摆脱自己庸俗面相的庸俗新来者中间，这种傲气尤其流行。㊹势利眼是对傲慢者的报复，是有野心者的矫揉掩饰。

另一些人反对这一说法，指出别的国家也有类似的态度。德国肯定有过反布尔乔亚的偏见。欧洲各地都有过。英国受这些陈腐偏见的影响少于周围国家。然而，人们可以争辩说，英国在工业落后的情况下，变得更容易受影响，由于失望，对这些偏见的抵抗力也减弱了。

20世纪的英国要与别国并驾齐驱，真正需要来一场新的工业革命，在电子器材、化学药品、光学仪器和玻璃以及发动机等方面来一番革新，奋发图强。有若干企业在这些方面已开始作出成就。例如，帝国化学公司（ICI）、皮尔金顿公司、格拉克索公司、考陶尔德公司和邓禄普公司，都证明了创新的商业威力。可是这些榜样的经验并未得到推广，在第二次世界大战之后的30多年中，英国（还有美国）在先进工业国俱乐部中处于落后的地位（见表26.1）。

这种差别从长远来看意味着什么？2.8％的年增长率意味着100年增长16倍，而8％的年增长率会在100年增长2200倍。这就是复利的力量。当然，任何国家也不能把8％的增长率一直保持100年，总会遇到相关的限制、意外的逆转、周期性的下降、政体的变化、外国的竞争以及对成就起催眠作用的腐化。即使是日本也在房地产和金融业方面遇到挫折，而日元汇率的升高则减低了国外对日本工业制品的需求。相比之下，英国工业受到北海石油的支撑，改善了吸引外国投资的环境，加上撒切尔政府挫败了工会头目的气焰，情况自80年代以来已

---

* 英国这种半自发的、多元的科技教育的一个例子是夜校的出现，许多夜校学员是希望增长知识和提高技能的工人。这类学习班最早起源于18世纪的扫盲班，其目的在于弥补正规教育制度的缺陷。有些人认为这些夜校尽管补偿不足，仍然具有重大意义。我不同意这种看法，因为它们是由劳累的工人业余自愿参加的，它们代替不了全日制的、专业的、聚精会神的、有考试监督的系统的科技教学课程。

有所好转。*

表 26.1 日、德、英、美四国年平均增长率

(1950—1987 年)

	国内生产总值年均增长率	制造业劳动生产率年均增长率
日 本	7.9%	8.0%
德 国	4.6%	4.3%
英 国	2.5%	2.8%
美 国	3.2%	2.6%

资料来源：Porter，*Competitive Advantage*，第 279—280 页。

最后再说说美国。第二次世界大战结束时，几乎所有工业国都是一片废墟，在当时的世界工业总产值中，美国占了一大半。在德国和日本作了几年清理并且有一个新的开始以后，1950 年，美国的劳动生产率比当时世界其他最先进国家的水平高出一倍以上；到 1960 年仍高出一倍。⑮

任何国家都不可能无限期地保持这样悬殊的领先地位。那些在后面跟进的国家直接跳到最新技术，超比例地取得进展（这就是追赶）。从 1950 年起，这些模仿者的平均劳动生产率增长速度一直高于美国：1950—1973 年期间高出 1.82 个百分点，1973—1987 年期间高出 1.31 个百分点。⑯

这些数字说明什么呢？国际对比有任意性而且常常自相矛盾，所以到 1990 年左右已看不清楚，美国的人均收入是第一位还是第三位，它的较低的劳动生产率增长率是否还会持续存在，其他的增长更快的国家的经济，加上若干新来者，究竟是在与美国趋同，还是将会超过它。** 这些问题在 90 年代初变得更加模糊，

---

* 按照某些计算方式，好转甚至开始得更早。1950—1990 年制造业平均每小时增加值的年增长率估算数字为日本 7.4%，法国 4.9%，德国 4.5%，英国 4.1%，美国 2.6%（见 Eaton and Kortum，"Engines of Growth"，第 6 页）。即使考虑到统计的误差，我们也显然不是在衰落，而是在趋同。

** 1960—1973 年期间，美国总要素生产率增长率（即扣除资本和劳工增长因素之后的生产率增长率）为年均 1.5%，日本为 6.3%。1973 年石油危机的冲击使日本 1973—1979 年间的这一数字降到 1.5%，到 1979—1988 年期间回升到 2%，而美国在 1973—1979 年间为负数，到 1979—1988 年回升到不足 0.5%——见 Hart，"Comparative Analysis"，第 207 页。

因为日本陷入减速的阵痛,而美国经济仍继续增长。也许日本人已走到他们的"奇迹"的尽头。*

不要担忧。美国的统计数据类似于当年荷兰和英国的退却:制造业份额减少;某些制造业部门整个地荒废;服务业有新就业机会,但工资通常较低;收入两极分化。⑰然而在另一方面,美国失业率仍较低(低于欧洲国家,但不比日本低),而且继续在新产业,包括与电脑相联系的高技术产业(软件和硬件)方面居主导地位,这都使人有理由保持信心(希望)。一份新报告提出的看法是:美国人虽然储蓄率较低(占收入的15%,而在日本占33%),但储蓄金得到较好的利用;德国和日本的资本生产率据统计只及美国水平的2/3。所以"我们能够把较多的经常收入用于投资,而又不损害未来的生活标准"。⑱同样地,日本虽然在制造业方面表现出色,但总的生产率远远低于美国(只及美国水平的55%),因为日本农业受溺爱;服务业人浮于事,高度分割,缺乏竞争力;整个体制是致力于制造和维护既得利益,对消费者很不利。同时日元定值过高,以汇率为基础的国际比较就严重地偏向日本一边。现实却很不一样,日本人的住宅很不结实,而且面积狭小,所以拆旧房盖新房往往比寻找较好的住房更容易,除非是愿意搬到远郊区,每天经受上下班长途跋涉的磨难。

由此可见,情况是喜忧参半。经济学家,更不用说那些自封的学者、新闻工作者和政客,众说纷纭,莫衷一是。意见如此分歧,我们就该冷静下来好好想一想,因为这种分歧使我们回想起英国人已吵了100年的辩论。这种落潮是否会带来遭摒弃?证据是不是太多,因而每一派都可以找到自己所要的东西?或者,是不是整个领先地位问题如今已变得无关紧要?我们现今是否已进入一个新的全球企业时代,以至于国别已不再有意义?

恐怕未必。

* * *

---

* 根据上一年度(或上一季度)的情况作预测,是最冒险不过的。日本1996年似乎情况较好,但《华尔街日报》1996年6月20日 A—13版标题是:"尽管急剧增长,日本仍未驶入快车道。"

英国汽车工业的兴衰

汽车的发明本来应该有力推动英国的工业。它的机器制造和工程设计传统比任何一国都长，它当时拥有的金属加工技术工人比任何一国都多，潜在的需求曾经良好。英国人的收入水平当时居全欧洲之首，而且帝国的版图和领地还提供了受保护的海外市场。可是英国汽车工业上得很慢，先是坐视法国领先，然后看着美国领头。1913年，在美英两国10大汽车厂家中，英国只有一家，即马克斯韦尔，排名第六，年产17000辆，而福特的年产量是202667辆。[49]

英国公路窄，弯弯曲曲，汽车厂家本来可以集中生产小车。有些人这样做了，但是英国汽车工业很早就偏重于制造既大又贵的轿车，它们适合富人的口味（许多富人雇有司机），每辆车带来较大的利润。结果，英国这一产业以车型繁多而著称（1913年有198个型号），每一型号产量少，造价高，还需要作大量调整和装配。有些观察家认为汽车制造商对需求估计不足。《泰晤士报》在1912年指出过："没有一家公司……有足够的企业家眼光，来建造一个足够大的工厂，制造足够多的小汽车，从而大大降低汽车的生产成本。"[50]

在第一次世界大战以及美国福特公司采用装配线技术的推动之下，英国汽车工业开始有变化。一些英国公司买来了能用于批量生产的机器设备，开始使自己生产的型号标准化，尽管只是试探性地这样做，仿佛把脚伸到水里试试水温似的。换生产设备倒是不难。可是他们发现很难学美国人的样子，普遍提高工资以买得工人的合作。但是工作节奏加快，新技术又带来工作岗位减少，这痛苦不花钱是减轻不了的。英国奥斯汀汽车公司的老板赫伯特·奥斯汀在第一次世界大战之后参观福特公司的工厂，他印象最深的就是工人们忙忙碌碌，干劲十足。他认为这是因为福特公司"雇佣了多种族的工人"（种族之间竞争？），而且装配线的不停转动迫使工人非快干不可。"我看了著名的福特车间……我感到兴趣和惊讶的是，那里的每一个人似乎都在拼命干活。"[51]

英国的资方不愿全面提高工资，他们宁愿仅仅有选择地奖励生产效率较高的工人。所以他们墨守成规，实行计件工资。这起了一些作用，但有一个严重的不利之处：它把工作节奏交给工人掌握。照道理说，计件工资会使工人们最大限度提高生产效率。有些人无疑这样做了。但它也让另一些人自己定进度，只要一个班组感到既能拿奖励而又轻松舒服就行,整个班组随最慢的工人的速度干活。

这真是一种讽刺!在18世纪,英国人发明了工厂监工制度,以对付享有独立身份的农村工人。而到了这时,他们实行的制度却又让工人享有相似的独立性。

就这样,英国人不愿改变习惯和强调个性,因而牺牲了生产率,他们还自以为美。一个英国人嘲笑美国的做法是"赶牛群的办法"。英国的汽车制造厂在生产方法和工资安排上当然不尽相同,但总的说来,他们认为奖金制度是资方最省劲的办法(决不要低估老板们也爱悠闲安逸,这脾气丝毫不比工人差)。从长远看,可省不了劲。第二次世界大战以后,外国造的汽车入侵英国市场,这时资方指责工人不勤快和精力不集中,工人则指责老板不能干和精力不集中。他们说得都对。㉒

在一份劳动效率对比表上,英国的制度最差,美国和德国的制度强得多,日本的制度差不多是最佳。在当今不断迅速革新和尖锐竞争的世界上,计件工资和奖金制度招惹了冲突。每一次改变工序和进度都会引起意见分歧;每一次商定一个解决办法都会引起失望;每一次得益都会变成既得权利不可侵犯;每一次吃亏都得想办法弥补;斤斤计较,谁也饶不了谁。正式罢工的统计数字并不惊人,但这些数字没有包括那些日常的怠工和工作间断、发怒以及劳资间的怨恨。

所有这一切使得英国的汽车工业最终走向衰落。全国登记的小汽车1951年是250万辆,1966年是950多万辆,1980年是1500多万辆,但其中的大赢家却是外国厂商,他们在英国市场占有的份额是:1965年为5%,1970年为14%,1978年为49%,1982年为58%。㉓有些跨国公司——通用汽车、福特和克莱斯勒——在英国设有子公司,但它们并未设法利用这些子公司的出口潜力,它们从别处出口更省事。㉔相反,他们利用欧洲共同市场的方便,从别处向英国进口零部件。通用汽车公司在英国出产的汽车,其零部件在英国当地制造者所占的比例,从1973年的98%下降到1983年的22%;同一期间福特车的这一比例则是从88%降到22%。如果把进口的零部件折合为整车,这就等于进口了15万辆。再加上整车的进口,英国1984年汽车市场销售量的2/3都是进口货。

英国人自己办的汽车公司在国外没有子公司,较少进口国外的零部件(1945年,莫里斯,即后来的纳菲尔德勋爵,本来有机会收购德国的大众汽车公司从而在欧洲大陆建立一个重要的桥头堡,可是他未予考虑,这一事例是意味深长的)。㉕英国人的办法是在国内搞合并,目的在于提倡合理分工,但仍徒劳。一些工厂关闭了，解雇了工人。在英国银行停止向失败的汽车工业贷款以后，情况更惨。没有新的现金怎么设计新的型号，没有新的型号又怎么卖车呢？这时国家作干预，从 1975 年到 1984 年共拨款 24 亿英镑作为补贴。到保守党政府推行的自由放任政策达到高潮时，则是让汽车制造厂商自力更生，自谋出路。⑯毫无办法。

到 1989 年，英国汽车工业经过一代人时间（1936—1968 年）的兼并还剩下的一家大企业，即英国雷兰汽车公司（改名为 ROVER 集团），尽管它已经吞并几乎所有的厂家，但在国内汽车销量中所占的份额仅为 13.6％。倘若不是外国公司在英国设立子公司，其中包括把英国当做通往欧洲共同市场的跳板的那些日本公司在英国设厂，那么英国的汽车制造业当时就已是走向没落。实际上，它已是依赖于美国、法国尤其是日本的跨国公司的"资金、设计和生产技术、管理办法、工作习惯以及对待劳资关系的态度"。⑰

对于这一可悲历程的原因，像通常一样，有着多种多样的说法。西德尼·波拉德是这样说的："〔除了政府的政策以外〕衰落的其他因素有：管理不善，自满自足，劳资关系不良，产业结构过于零碎，金融机构不肯帮忙，以及国内市场相对停滞。"⑱首先的一条，就是管理不善——这也就是企业家精神不足的另一个说法。

注释

1. 见 Israel, *The Dutch Republic* 一书，第 850 页。像日本人爱用"神风"解释日本历史一样，荷兰人和英格兰人把这次入侵的成功归因于"新教之风"——当时的强劲东风，它使得荷兰舰队加速驶过北海，而英格兰舰队则困在泰晤士河内出不来。——见同书第 851 页。

2. 见 Adam Smith, *Wealth of Nations*, Book Ⅰ, ch. Ⅸ：《股利》。

3. 同上，Book Ⅰ, ch. Ⅷ：《工资》。

4. 引自 Wallerstein, "Dutch Hegemony"，第 98 页。这些数字看似精确，不一定完全可靠，但总的趋势是肯定无疑的。

5. Vandenbroebe, "Regional Economy"，第 170 页指出，这些低工资产业向英国提出了严重挑战，英国人为机械化付出了代价。但这一点也反过来说明荷兰人为何失败：未实行机械化。

6. 上述情形主要见 Israel, *The Dutch Republic*，第 998—1003 页。亦见 Wallerstein, "Dutch Hegemony"。

7. 见 Israel, *The Dutch Republic*，第 1011 页。

8. 关于威尼斯毛纺业的衰落，见 Rapp, *Industry and Economic Decline*，第 140—141

页，148页及注释24；亦见 Sella,"Rise and Fall"。贸易政策看来起了很坏的作用。关于资本流向大陆，见 Woolf,"Venice and Terraferma"；亦见 Ciriacono,"Venetian Economy"和"Venise et la Venetie"。

9. 参见 van Zanden,"The Dutch economy in the Very Long run"一文。

10. 参见 Mokyr, *Industrialization in the Low Countries*，其中有荷兰和比利时工资对比。但荷兰的工资只在沿海地区高于比利时，而在内地则同样低，而且总的说来低于英格兰。Griffiths 在 *Industrial Retardation* 一书第3页和62—65页指出，荷兰工业落后另有原因，而比利时当时已有强大工业基础，现代化较容易。它煤炭资源丰富，有超前机械化的棉纺业和毛纺业，冶金业传统虽老但有活力，在列日地区已有机器制造业的发端。荷兰工业一度强大，但在一个世纪的衰落之后，难以开动。

11. Mokyr, *Lever of Riches* 一书，第260页，谈到卢德派一直反对在荷兰采用棉纺机器。

12. 见 H. J. Koenen, *Voorlezingen over de geschiedenis der nijverheid in Nederland* (Haarlem, 1956,) 第140页，引用于 Griffiths, *Industrial Retardation*，第41页。

13. 见 Peter W. Klein, *Traditionele ondernemers en economische groei in Nederland*, 1850—1914 (Haarlem, 1996)，第3页，引用于 Griffiths, *Industrial Retardation*，第42页。

14. 见 Griffiths, *Industrial Retardation*，第121页。

15. 关于这后一时期，参看 Pollard, *Peaceful Conquest* 一书，第237—238页。荷兰悄悄进入现代工业世界一事，在经济史中一般很少提及。

16. 见 Chaudhuri, *Trading World of Asia*，第5页，引自1693年一版本。

17. 关于法国人的敏感性，参看 Ratcliffe,"Great Britain and Tariff Reform"一文，第102页。

18. 关于钟表和美国制造业，见 Landes, *Revolution in Time*，第310—313页。关于枪械，见 Smith, *Harpers Ferry Armory and the New Technology*；Uselding,"Technical Progress at the Springfield Armory"。

19. 关于这一醒觉呼吁，见 Rosenberg, *American System of Manufactures*。

20. 见 Supple,"Fear of Failing"。他那篇讲话大体上是复述 Clapham 在 *Economic History of Modern Britain* 第3卷（1938年版）第3章中所表达的看法。

21. 参看 Tomlinson,"Inventing 'Decline'"；亦参看 Supple,"Fear of Failing"，第442—443页。

22. 萨普尔该文第444页谈到"令人不安的心理与政治影响"。

23. 萨普尔该文第444页，注释9，引用 W. A. P. Manser, *Britain in the Balance*（1971年版）第179页谈到的看法。

24. 参看 Clapham, *Economic History of Modern Britain*，第2卷，第113页，他在阴郁的1932年论及1885年贸易危机时写道："机械与工业运动已一劳永逸地成为国际的运动，在前进中已没有什么梯次……发动机对所有的人都不留情面。机械上或科学上的产业垄断都是短命的。"在当时，克拉彭还不知道"趋同"一词，但他理解这一现象。他在该书第3卷第112页写道："半个大陆很可能过不了多久就会比一个小岛产出更多的煤炭和钢……"强国就这样倒下去！

25. 关于英国幸运跻身于富国之列，见同上书，第3卷，第554页；McCloskey, *If You're so smart*，第48页；Supple, "Fear of Failing"，第443页："……英国与其他先进社会之间的差别，远小于先进国家与欠发达国家之间的差别（也远远没有那样重要）"。麦克洛斯基还怒斥一些人身在福中不知福。麻烦在于人们往往首先想到谁是第一位，觉得当第一名优于第二名或第十四名。

26. 转引自Burn, *Age of Equipoise*，第64页。

27. 见W. S. Jevons, Methods of Social Reform（伦敦：麦克米伦出版公司1883年版），第181—182页。

28. 麦克洛斯基给同胞们如下清凉安慰："当日本人在汽车制造方面'打败'美国人时，美国人的日子更好过，因为他们可以做他们更擅长的事情——例如办金融，或种大豆——而让日本人去造汽车或电子消费用品。"见McCloskey, "1066 and a Wave of Gadgets", in McCloskey and Dormois, eds., *British Industrial "Decline"*，第21页。

29. 见McCloskey, *Economic History Review*，第2卷，第3页（1970年版）。

30. 参看Wilson, *British Business History*，第90—93页。人们本来会期待这些暧昧的销售商把事情整理出头绪，将注意力集中于利润较高的品牌，或期待制造厂家建立他们自己的销售和服务网，如同美国人及稍后日本人的做法一样。

31. 见Peter H. Lindert and Keith Trace in McCloskey, ed., *Essays on a Mature Economy*，第242页。

32. 见Wilson, "Economy and Society"，第185页和130页。

33. 引文见Dintenfass, "Converging Accounts"，第22页。乐观派同样无视于企业界关于表现不佳的陈述。见Edgerton, "Science and Technology in British Business History"和*Science, Technology*，第11页。工商史方面的悲观派看法，见Coleman and MacLeod, "Attitudes to New Techniques"。

34. 见Floud, "Britain", in Floud and McCloskey, eds., *Economic History*，第1版，卷2，第23页。

35. 见McCloskey, "International Differences in Productivity", in McCloskey, ed., *Essays on a Mature Economy*，第286—287页。

36. 见Habakkuk, *American and British Technology*，第212页。

37. 参看Clapham, *Economic History*，第3卷，第131页。

38. 见Davenport—Hines and Jones, eds., *British Business in Asia*，第21页。关于英国

钢铁业，情况亦相似。在印度市场上，英国钢铁业占有天时地利，但销售份额却日益下降：1885/86 年度英国销售额为 98000 英镑，比利时销售额仅 8000 英镑，而到 1895/96 年度，比利时销售额升至 28 万英镑，超过英国的 274000 英镑。见 Saul, *Studies in British Overseas Trade*, 第 199 页。

39. 见 Charles Wilson, "Economy and Society", 和 Payne, "Industrial Entrepreneurship"。

40. 詹姆斯·福尔曼—佩克认为英国失去这一领先地位无关紧要，"不过是另一种国际专业化模式"。见 Foreman—Peck, "The Balance of Technological Transfers 1870—1914" in McCloskey and Dormois, eds., *British Industrial "Decline"*, 第 11 页。Pollard, *Britain's Prime* 第 3 章中说染料不过是小玩意。

41. 弗里斯维尔和莱文斯坦的话，引自 Haber, *Chemical Industry*, 第 168 页。（乐观派不喜欢这些实干家的意见，因而斥之为自私自利言论。）英国化工界最著名的犹太人是布鲁纳和蒙德，他们合伙办的公司是制碱业第一家，引进了索尔维氨碱法工艺，但未能带动该行业其他厂家改革其陈旧技术，仅促使他们联合起来实行贸易限制。布鲁纳和蒙德公司则获取了垄断收益。

42. Rubinstein, *Capitalism, Culture and Decline*, 第 94—96 页大谈英国在纯科学方面的贡献之大，及所获诺贝尔奖异常之多，但几乎不谈应用科学，只承认大部分科学成果在别国得到利用。电力工业中，工程技术至关重要，而 Byatt 在 *British Electrical Industry* 一书第 188—190 页指出英国企业家不善于发挥工程师的作用。

43. 见 Landes, *The Unbound Prometheus*, 第 5 章；Wiener, *English Culture and the Decline of the Industrial Spirit*。Habakkuk, *American and British Technology*, 第 212 页谈到："英国人对职业的选择在很大程度上受传统、习惯和惰性影响，这无疑地使英国许多有才干的人不去经商，而是从事别的事业。"另一方面，见 Dintenfass, *Decline*, 第 61—64 页。

44. 参看 Livingston, "Gentlemen, Theory of the"。崇尚超越于物质之上的精神，也反映在许多英国人到美国旅行后所写的回忆录之中。

45. 见 Abramovitz and David, "Convergence and Deferred Catch—up", 第 26—27 页。作比较的 16 个先进工业国是欧洲 12 国：奥地利，比利时，丹麦，芬兰，法国，德国，意大利，荷兰，挪威，瑞典，瑞士和英国，外加澳大利亚，加拿大，日本和美国。

46. 同上，第 27 页，表 1。

47. 见 Steven A. Holmes, "Income Disparity between Poorest and Richest Rises", *N.Y. Times*, 1996 年 6 月 20 日，A—1 版；Keith Bradsher, "More Evidence：Rich Get Richer", *N.Y. Times*, 1996 年 6 月 22 日，A—31 版。Krugman 在 *Pop Internationalism* 一书中强调他反对那种将美国的后退与国际竞争对手的前进相联系的看法。但我认为这与过去一些国家之丧失领先地位，有相似之处。

48. 见 Robert Samuelson, "Is There a Savings Gap?", *Newsweek*, 1996年6月17日, 第56页。其中引述了麦肯锡全球研究所一项研究报告。

49. 见 Lewchuk, *American Technology*, 第117页。

50. 同上, 第117页。在战前三个主要汽车生产国中, 只有英国满足不了国内需求。当时法国汽车产量中一多半供出口, 是世界首要汽车出口国。

51. 同上, 第171—172页。

52. 关于两次大战之间的岁月中管理不善的事例研究, 见 Church, "Deconstructing Nuffield"。关于贪图安逸的现象, 丘奇提到（第572页）, 纳菲尔德每年都乘坐自己舒适的游轮, 到澳大利亚, 来回逛一个月, 船速慢, 在甲板上好玩掷环套桩游戏。

53. 见 Pollard, *Development of the British Economy*, 第242—243页。

54. Channon, *Strategy and Structure*, 第109页指出: "他们的战略无助于英国汽车工业的长期发展。"

55. 见 Church, "Deconstructing Nuffield", 第578页, 注释127。

56. 见 Pollard, *Development of the British Economy*, 第400页。

57. 见 Church, *Rise and Decline*, 第77、104、115等页, 及 "Effects of American Multinationals"。

58. 见 Pollard, *Development of the British Economy*, 第401页。

国 富 国 穷
第 27 章
THE WEALTH AND POVERTY OF NATIONS

赢家和……

殖民时代的竞争最终导致世界战争,战争实现了财富的重新分配,战争促进了经济结构的升级换代。在20世纪的后半叶,日本、德国的崛起标志着又一轮竞争开始。

Why Some Are So Rich and Some So Poor
David S. Landes

20世纪有两个明显的转折点：1914年和1945年。第一个年份标志着所谓的大战——人类历史上最荒唐的冲突之一——的开始。那一场为期4年的战争造成了1000万人丧生，还有更多的人伤残或者发育不良。它还使一个繁荣向上的欧洲变得衰弱不堪。那场悲剧源于那些愚蠢的国王、政客和将军们，他们想要打仗又打得一塌糊涂；同时也是源于人们容易上当受骗的虚荣心，他们曾以为战争是一场聚会，可以展示五颜六色的漂亮军装、男人的勇敢、女人的赞美、盛大的阅兵式以及不朽青春的豪迈情怀。*

殖民战争本来应该提供过警告，可是白人用自动的和能反复装弹的武器扫射"野蛮人"，使这些白人心满意足。英国人在南非打了一场布尔战争，自己也伤亡累累，本来应该让人们对战争小心谨慎一些。可是丝毫也没有。10年之后，当机关枪在西欧佛兰德战场上扫射时，人们才似乎大吃一惊。感觉迟钝的指挥官们推断说，哪一支军队能有人挺到最后继续射击，它就会胜利，这真是毫无瑕疵的逻辑。通常都是骑在马背上的将军们得到了提升，荣誉和地位一应俱全。他们的士兵则倒毙在泥泞之中。

战争的损害因为和平的谬误而进一步加重了。

---

* 关于将军们的傲慢愚蠢，请参看 Len Deighton，*Blood，Tears，and Folly* 一书中的评述。戴顿以写冒险小说和间谍故事而著称，但他也写纪实作品，而且写得真实可信。

这样说也许不公平，政治家和外交官们身上背着仇恨和复仇心的包袱，没有什么理智思考的余地。法国能对德国慷慨大度吗？1870年，德国入侵法国，自己没有死多少人，自己国土也没有受到损失，却利用它的胜利从法国勒索了一大笔赔偿。这一次又是德国入侵法国，杀死了一百好几十万法国人，蹂躏了法国最富庶的工业区，只是到了盟军快要攻入德国本土时才匆忙撤出。法国能忍气吞声，善罢甘休吗？这笔损失账怎么算？恶人能没有恶报吗？倘若又是德国打赢了，那又会是怎样？

国内形势呢？德国人在1918年并不是投降，而是签了一项停战协定。他们打败了，但并未承认失败。心怀不满和沙文主义十足的德国人（以及奥国人）叫喊自己被叛卖了，是背后被人捅了一刀。坏蛋就在国内，首先是犹太人，还有社会主义者，甚至是二者狼狈为奸。与此同时，沙皇俄国崩溃了，先是打内战，然后是布尔什维克当权，这一政权在各国都挑起了是要革命还是要维持现状的日渐恶化的冲突。苏联统治者可能是暂时安于"一国革命"，但是在国外的代理人却与当地的社会主义政党合作，到处对财产、等级和秩序构成内在的威胁。

由此而出现的极端反应，就是法西斯主义，它包含多样的内容，主张建立一个独裁统治下的工团主义的、有地位意识的社会。当时的政界人士认为社会主义及共产主义代表极左，法西斯主义代表极右，强调二者的区别。事实上，两个极端走到了一起，在蔑视民主、憎恶资产阶级价值观、自认为代表美德、强调国家指导经济而不是市场引导经济等方面，二者是彼此相似的。它们双方都否认彼此有任何相似之处，但是有不少人由一个极端滑到了另一个极端，这证明它们有兼容性。

1945年对于当时的人们来说，是胜利和失败、天启和毁灭、宽慰和绝望、欢乐和苦恼兼而有之的一年。在几年战争期间，人类经历了闻所未闻的残忍凶暴：5500万人阵亡了，3500万人负伤，300万人失踪，死亡的平民约达3000万人，其中包括600万欧洲犹太人。有些幸存者希望战争从此变成了不可设想的事情，以此安慰自己。另一些人怀有不可治愈的心灵创伤和怨愤。还有一些人决心为建立一个较美好的世界而奋斗。

这些反应往往是融合在同一个人的心中，引发出各种不同的目标和手段。有一些大目标是相同的：经济恢复和修补，物质生活改善，和平与幸福。它们如同母爱一样，人人都赞成。尽管有这样的理想主义的共识，1945年以后的世界却受到一种对立驱动,它以布尔乔亚的、资本主义的国家为一方,以社会主义和共产主义国家为另一方。这一冲突在战争期间沉寂了,因为大家需要合作,来对付那个为追求种族"纯洁"和统治世界而发了狂的德国。

当初,人们对德国威胁的反应既迟缓,又不是心甘情愿。歌德和贝多芬的故乡怎么会变成兽性的渊薮而威胁所有的人?* 而且,在经历了一次愚蠢的大战之后,还能有什么理由再打一场大战?疲惫和恐惧造成了人们对邪恶的无条件容忍;只要受害的是别人,是远方的人,就容忍。只是到了人们已经看清德国的胃口越吃越大,而且苏德条约让德国再无后顾之忧而放手侵略西方时,民主国家的政府才面对现实而宣战。

它们干得不好;德国控制了几乎整个西欧大陆,然后又掉转头向东进攻苏联。苏联本来跟魔鬼睡觉,如今尝到魔鬼毒牙的厉害。这时,民主的(资本主义的)国家和社会主义国家联合起来,反对共同的敌人。西方向苏联倾注大量物资,播放俄国歌曲,美化"约瑟夫大叔"斯大林和红军的形象,在大西洋和太平洋进行两条战线的战争。来自殖民地的士兵们竭力帮助他们的主人。苏联人伤亡最重:在将近两亿的人口之中,死伤者超过 1/4(德国人也损失惨重,但那是他们企图统治世界的代价)。在此期间,西方盟国不自觉地为苏联间谍——包括隐藏在内部的和从外部打进来的间谍——提供了掩护。军事合作并未消除根本的分歧,共产党政府决心利用同盟关系为战后的成功奠定基础。甚至在第二次世界大战结束之前,两种制度之间的冷战就开始了,更准确地说,是又恢复了。

在随后的几十年中,西方的市场经济把大萧条和战时的损失甩到了身后,进入了空前大增长的时期。这在很大程度上是由于被耽误已久的技术革新终于来临。以法国为例,在经过多年的经济停顿以后,又遭到战争和沦陷的浩劫,到 1948 年,经济尚相当于 1900 年的水平,而且疲惫不堪。巴黎空荡荡的,没有多少车辆,不需要交通信号灯,也不需要单行线;汽车夜间都得锁在车库里;加油站用手柄泵油。许多人家的供电都低到 3 安培,只够用于一个电灯泡,一台收音机,或一把电熨斗;若负荷再大一点,保险丝就会烧断(没有现成的保险丝接头,人们要自己买一定电阻的保险丝,回家来自己把它绕到接头上去)。巴黎有些民宅没有电,公寓楼内通常只有公用厕所,幸运者(有钱者)的厕所在室内,

---

* 其实,在纳粹分子掌权之前几十年,德国已有相当多的种族主义和集团仇恨事例,表明社会很有毛病。见 Weiss, *Ideology of Death* 一书。

其余的人要到天井去上厕所（试设想一下：每次急于大小便时，都得上上下下爬五段或六段楼梯。法国人说那对锻炼腿力有好处）。富人家里常常是一间室内厕所供自己用，仆人们用另一个室外的厕所；供热水的水龙头也是自己用，厨房里只供冷水。在洛泽尔省——一个公认的贫困地区——全省当时只有3个浴缸，据说一个在省长官邸，一个在"现代饭店"，第三个在哪儿，谁也说不清。许多地方有浴缸却不是用于洗澡，而是用来存放柴火或炉灰。电冰箱鲜为人知，人们一般只用放置冰块的食品柜或冷藏室。人们若不是一次采购几天用的食品，就用不着电冰箱，而要一次采购那么多食品，就需要有一个食品齐全的商场，而且要有自己的小汽车把东西运回家，要在楼内有电梯把大包小包和瓶瓶罐罐送上楼。膝盖骨连着胫骨，胫骨连着踝骨，踝骨连着脚骨，缺了哪一截都不行。当时的法国实际上还没有进入20世纪。

在那以后的30年——从1945到1975这30年在法国叫做光辉的30年——法国大踏步进入了20世纪。新的建设，新的工业设施，新的道路网——一切都是新的，这就有机会采用最新式的设备，实行电气化，机械化，摩托化。汽车和电话最说明问题。它们原先被看做是富人的奢侈品，如今成了大家的必需品。1953年，仅8％的法国工人拥有汽车；14年后，这一比例升到了50％。从1954年到1970年，拥有汽车的家庭由22.5％增加到56.8％。街道日日夜夜都塞满了汽车。直到战后仍然依靠马车运货的农庄，现在都用上了汽车。高峰时间的交通堵塞令人痛苦不堪；像巴黎这样的一些城市开始测量空气污染，警告市民们提防不可避免的有毒物质。可是谁也不在乎，汽车带来的行动自由压倒了一切。此外，能够吸高卢牌香烟的民族，吸什么都不在话下。

从前，人们要打长途电话，需要坐在咖啡店里排队等候几个钟头（同时还得喝点什么和玩玩牌，因为咖啡店老板也得挣钱过日子），而如今在自己家里就打电话了。可是装电话机曾经要等上一两年，巴黎等城市的电话交换站的线路全被挤满了，而兼管电话服务的邮电局对装电话之难没有什么同情心。租房给外国人用的人家若有一部电话，都会大事张扬一番。然而，爱用电话的不只是外国人，打电话是会上瘾的，而法国人又最能侃。最后，邮电局把电话业务分出来，政府成立了法国电信公司专管此事，为这一行业的自主性、首创性以及对市场作为反应的灵活性迈出了必要的一步。

在这整个期间，法国经济的发展和变化都接受政府的指导和计划，其程度高于欧洲其他各国。这符合法国的传统：早在路易十四时期就实行过柯尔贝尔的办法*，而且优秀人才都出自官办的综合工科大学、矿冶大学、师范大学等名牌学校。战后又兴办了国立行政学校，其历届毕业生成为羽毛渐丰的行政官员和未来的当权派，因此由该校缩写 ENA 演化出一个名词 énarques（国立行政学校出身而身居高位的官员）。

政府的官员和工程技术人员推行了基础设施的现代化，其中有一部分还得到私营企业的合作。这涉及公路、铁路等交通运输和邮电以及住房和机器设备。结果比预期的还要好，在高速铁路等领域，法国成了世界的领头人。这些举措是否全部赢利，并不清楚，因为国家明里暗里的补贴模糊了市场的现实。但是享受优惠的铁路旅客，尤其是有资格买减价票的旅客（例如国家雇员），乘坐着世界上最快的列车在最平展的铁路上旅行，是何等惬意！法国从来不是标准化的工业产品的大规模生产者。法国人通常在德国或意大利购买家用机器，在收入提高以后，较富裕的法国人往往从德国购买小汽车。可是法国货依然以品质取胜，在品位或口味以及美观方面出类拔萃。法国乡间依然是属于世界最美的地方，有天然美和人工美的结合，是旅游的天堂。到 20 世纪 90 年代，法国成为世界上生活水平最高的地方之一，收入水平比它的老对手英国高出 1/4。老的大宗产品的产量下降了；法国也没有学会批量生产电脑时代的高技术产品。然而在酒和奶酪以及纺织品和时装方面，它仍然领先。

有一点既是法国人的长处又是他们的弱点，那就是他们的自豪感。他们总按自己的方式做事，而且他们不像英国人，不甘心于失去权势。这一点妨碍了他们向外国人学习。他们坚持自己的做法。今天，法国工人享有国家慷慨提供的社会安全网以及极优厚的医疗补助和儿童补助，还有另一些有利的既得特权（长长的领工资休假，早早的退休年龄）。这一切，加上文化上的优良传统，使法国成为老年人安享天年的极佳国度。但是这一切也使得雇主们不愿多招工，因为每雇用一个人就添一份相关费用和潜在的义务。结果是失业率高，年轻人尤其吃亏。国家为社会安宁操心（卡车司机动不动就封住公路，跟他们还能怎样和平地讲理呢？），宁愿保持这些社会福利安排，不敢把它们降低，可是又希望让更多的人就业。相信自由市场价值和坚信适者生存原则的美国和另一些国家，向法国人提过

---

* 柯尔贝尔（1619—1683），法国政治家，曾任财政大臣等要职，主张国家兴办工业。——译注

大量建议。法国人的回答是：走开；我们不需要你们的任何教训。尤其不要你们美国人的教训，瞧瞧你们自己的犯罪、种族对抗和不成功的同化吧。

德国的东山再起比法国更惊人。战争使德国满目疮痍，剩下的一点东西也大多被俄国人拿走了——俄国人满有理由让德国人赔偿他们在俄国造成的破坏和掠夺，只不过是拿走了德国机器和材料以后，有时不知道怎样用它们。德国公路旁堆了不少废旧钢铁，任它锈烂。别国的废料也比德国废料强。在1945年，德国人缺少热水和肥皂，只好不再洗澡。年轻妇女为了一包香烟就跟占领军的大兵睡觉。可以看见身穿西装扎着领带的绅士们捡马粪，搬回去作燃料。

德国人的日子如此艰难屈辱，却没有人同情他们。同盟国有些专家主张把德国田园化，不再让它有工业。另一些专家争辩说，要德国赔偿，就总得让它有点工业，可以限定为1938年产值水平的一半。然而，在冷战的需要面前，这类报复性计划都告吹了。西方需要德国。因此，这一次不同于第一次世界大战之后的那种强制性的（往往是徒劳的）索赔，相反，战胜国向战败国提供了大量援助。苏联侵略的威胁压倒了一切。

但是，功劳应该首先归于德国人的干劲和勤劳。1945年，他们的货币分文不值。唯一管用的钱是美元，或是香烟，所以美国兵不论是否吸烟，都每人每星期发一条香烟*（我本人就曾经用5条香烟买了一辆哈利牌小汽缸摩托车——那做法严格讲是犯规的）。在随后的几年，冬季寒冷，食品和燃料短缺，还得没完没了地清除瓦砾，还有政治上的收拾，即使不算是政治报复也罢。1948年，发行了新货币，1个德意志马克兑换旧币10个帝国马克。物价管制放开了，囤积的东西拿出来卖了。随之经济起飞。[①] 20年后，德意志马克就像瑞士法郎一样，成为欧洲最强劲的货币。新工厂四处崛起，德国产品销售到世界各地，享有经久耐用和设计完美的无上信誉。

德国的"经济奇迹"蔚为壮观，而日本的"经济奇迹"就更了不起。战时美军的轰炸造成了可怕的破坏和伤亡，这在很大程度上是由于日本人的民房容易燃烧。同时，从未战败过的日本民族当时倔强地拒绝承认他们大势已去。到战争末期，美军掌握了制空权，能任意轰炸。尽管这样，还是等到原子弹扔下去，才说服了天皇及其军政幕僚宣布投降（但直到最后仍有一些人不肯投降）。[②]

---

* 可以当货币用的商品还有咖啡以及丝绸或尼龙袜，但它们显然不如香烟方便。参看 Kindleberger, *Financial History* 一书，第403页。

日本人像德国人一样，也是靠辛劳、教育和决心得以恢复。他们也得到美国的财政援助，其目的如同在欧洲一样，是抵御想象中的俄国威胁。日本经济是在丧失帝国种种优势之后迅速发展，这一点尤其引人注目。战前，日本一直相信原料的控制权是国力与财富的必备先决条件，正是为了这一控制权而开战。战后，这一控制权丧失得干干净净，可是日本人惊奇地发现了经济学家早就讲过的一条道理：只要有钱，就可以在世界任何地方以具有竞争力的条件买到原料。日本在战前很难跟西方国家做生意，那是因为日本当时奉行军国主义政策，引起别国的戒心和报复。而到了战后，日本人懂得了，买东西要比掠夺东西好得多。

日本人动作之快，令许多竞争对手惊讶。有些技术知识被他们掌握，是因为外国厂商让日本人承担来料加工，制造一些东西（如手表和汽车零件），再交回去贴上外国商标当外国货出售。日本人把西方的东西拆开，以反向设计的办法加以仿造，而且力争做得更好。他们还派代表团出访西方各国，谦卑地请教，观察，提问，照相和录音录像。"谦卑"是个关键字眼：日本人本来极其骄傲，但正是他们的自豪感把谦恭上升为一门艺术和一种美德。那些鞠躬弯腰、低声下气的使团，往往吃惊地发现他们的东道主坦率开放，在美国尤其是如此。可是为什么不开放呢？美国人当时以为他们用不着担心这些被打败了的小日本人。③

日本人由模仿走向创新的本领，格外令人惊叹。参观日本商品陈列室是开眼界的：东西看上去面熟，但的确有创新。他们最大的成功在于汽车制造，这门产业对于原材料和零部件的要求五花八门，变化多端，它上去了，可以带动制造业的大部分其他产业。此外，日本人还注意最先进和最苛求的高技术产品，例如光学器材，精密仪器和精密机床，机器人以及电子产品。战前，高品质照相机几乎是由德国人垄断的，莱卡和蔡司是人们梦寐以求的名牌。到 20 世纪末期，莱卡还在，但价钱比品质相当的日本照相机贵两倍。对于有钱的人来说，贵不贵无所谓。但是大多数的顾客，包括职业摄影师在内，都会在莱卡面前望而却步。于是日本人占领了市场，别人只能有一小份。

所有这些成就还得力于一件事：世界上最有效的质量监督。战前，日本货被人瞧不起，蹩脚，华而不实，不可靠，只能交给廉价店去卖。当时经济萧条，需求受严格限制，这也是日本货卖不动的一个原因。战后，经济增长，百业兴旺，后来居上，日本造的小汽车、照相机、电视机和微计算器都成为高质量货。他们怎样做到这一点？部分地说来，他们是受启发于美国的榜样，尤其是遵从 W. 爱德华兹·戴明的质量监督理论，所以戴明在日本的名气很大。但仅有理论还不够。日本人是靠了集体负责的精神——谁都不让同事的努力白费——而造就了有效率的团结协作，劳资之间彼此沟通思想，一丝不苟以消灭差错（零误差）。

与日本竞争的老工业国迟迟才醒过来，人们开始找原因，指责别人，就是不责备自己。他们的第一个借口是，日本人不是公平竞争，进入了外国市场，自己的市场却不向外国人开放。这话不无道理，可是日本人也不过是学欧美国家早先的做法：保护自己，直到自己成长壮大不必再担心竞争为止。在德川和明治时期（自19世纪50年代到1900年），日本受条约限制而不得征收关税，那时对外国货的抵制，首先来自消费者根深蒂固的爱用国货的文化观念。另一方面，行政部门制定了一些规章条例来折磨进口商，门户开放时期让他们学会了贸易方面的非关税壁垒。一旦日本可以征税了，他们把关税率定得高高的，以保护本国工业。

第二次世界大战以后，世界贸易政策的风向变了。战前的30年代，各工业国关门闭户以邻为壑，结果都吃尽苦头，这一教训让大多数经济学家和政治家承认了自由贸易的好处，它不但有利于经济繁荣，还有利于国际和睦。这种看法自然远非大家一致，但在美国带头推动下，外交界和专家们敦促人人开放。在这一点上，美国是追随百年之前的英国先例：它已经拥有世界上最富、最强大的经济，就放弃了自己原有的保护主义习性，尽管由于频繁的选举和政治交易，要完全消除不同的声音亦非易事（有些既得利益集团的举止几近荒唐。战争期间，美国人学会了制造一种苦艾酒以替代法国货和意大利货。战后，外国正宗货又来了，美国这一幼稚产业发现难以竞争，就以国家安全为借口要求保护，差一点得逞）。

日本跟从了这一放宽贸易限制的趋势，但树立了种种非关税壁垒，其高明无人能比。* 日本人别出心裁，无理刁难，成为奇谈。外国棒球拍运到时，要钻眼检查是否全为木制。新式高技术医疗设备通常允许进口，但是它们的使用被排除在报销范围之外（到日本人自己造出同样设备才解除禁令）。汽车来了，要拆卸里外检查，然后才能出售。有一次，日本人对法国滑雪板进口日增感到头痛，企图借口日本的雪有所不同而加以排除。法国人针锋相对，扬言法国的公路有所不同而要取消日本摩托车的进口。日本人无奈，只好放弃原计划。

这种种烦人的做法都表现出狡猾奸诈，无休无止的拖延、规避和多变，而且还总是显出彬彬有礼一本正经的样子。从长远看，更严重的是它们妨碍商业联

---

* 关于这些做法，可参看 Lincoln, *Japan's Unequal Trade* 一书。

系，妨碍采购较便宜的进口货。日本人并不认为市场是开阔的空间，而是把它分隔成一块一块，谁要是越界买了进口货，就会被警告说，一旦进口货无以为继，就别指望任何日本供应商来帮忙。

什么样的进口货能进呢？主要是外国特产的名牌，例如苏格兰威士忌，法国白兰地，比利时和瑞士巧克力，富伊顿行李箱，帕特克和劳力士手表，意大利设计师的服装，等等。这些东西不论是用来送礼还是用以炫耀自己，都是响当当的。日本所有的大百货商店都有专门的柜台出售这些东西。愿意花100美元买一个系缎带的超级西瓜的人，摆得起这个阔气。可是，柯达胶卷进不来，日本人有自己的富士胶卷——而且日本的光线有所不同。

这种重商主义政策引起了贸易"伙伴"的愤怒，而且使一些经济学家迷惑不解。难道日本人不懂得这种政策是蓄意让自己的老百姓受穷，不让人们少花钱买东西？日本人尽管有时也犯错误，但绝非傻瓜。那么，他们不懂得权衡利弊得失吗？他们不知道自由贸易可促进经济增长和增添财富吗？

对于这一类争论性问题，日本人的答复是：经济政策的目的不在于低物价和折扣推销，而在于扩大市场份额，提高生产能力，增强工业和军事实力。* 生产者比消费者更重要。任何人都会买，但不是每个人都会造。如果人们现在少花费，就会多储蓄（约占收入的1/3）。他们的孩子会更富，日本会更强。

按照某些尺度衡量，日本人现在也许是世界上的首富，而在他们的后面，又出现了"四小虎"（或称"四小龙"）。其中的两个原是日本的殖民地，即韩国和台湾。另外两个，新加坡和香港，可视为与中世纪后期意大利那些工商业中心相似的城邦。④过去35年来，它们的经济增长之快及其持续之久，均属世所罕见。它们的首要财富都是勤劳，以低工资造出高产值；而且跟日本一样，它们都有格外灵巧的手工，那是由于用筷子吃饭而练就的本事，它在微装配作业中特别有用（我的同事们觉得我这一说法好笑，但是我坚持。现代装配作业有许多都靠小镊

---

* 关于日本人怎样看待工业发展与军事实力二者的联系，请参看 Samuels, *Rich Nation, Strong Army* 一书。他的分析很值得参考，我只想补充一点：以出口为导向的制造业，有助于扩大本国的工业生产能力。日本人从未忘记他们在第二次世界大战中因工业相对薄弱而在战略上吃亏的教训。

子完成，而从小用筷子吃饭，最能锻炼这一技巧)*。

这四个地方都有高技巧、低工资的劳动力，因此，它们——加上尾随它们的马来西亚、泰国和印尼——对外国先进企业，尤其是其本国货币定值过高的国家的企业，具有吸引力。** 日本人之所以愿意在国外制造产品，最重要的因素就是日元定值过高。资本的流动性之高，已达到空前的水平。在20世纪80年代，工业国对外直接投资的增长率，为世界贸易额增长率的5倍，世界产值增长率的10倍。资本流动在90年代有所放慢，但发展中国家接受的外国直接投资仍保持增长。[5]

就这样，资金和技术不断从一国流往另一国，各地工资也相应上涨。韩国迈入了汽车制造业，是靠了美国公司的订货和技术援助，那些美国公司这样做，是为了应付日本竞争的沉重压力。瑞士人和日本人都在香港、然后还在马来西亚委托加工手表及其零件。日本电气公司和索尼公司、欧洲的菲利浦公司和罗莱公司、美国的通用电气公司和海门技术公司等跨国公司使新加坡成为世界的一个电子器材和摄影器材生产中心。香港过去有难民劳工，他们满足于低工资，夜里在机器之间铺个垫子就可以睡觉，而现在香港商人却忙于在内地建工厂和租借工程。新加坡已经在马来西亚和菲律宾订购电话。

没有任何一国的经济先进到能免受渗透的程度。没有任何一道墙高到能挡住外资。到1996年末，已有30多家韩国公司在英国制造产品。由于外资，主要是亚洲的投资，威尔士庆幸自己经济得到"振兴"。当第一家韩国公司在威尔士设厂招工时，300个职位，申请者多达5000余人。别的欧洲国家欢迎外资的热情低一些。在法国，韩国的大宇电器公司曾同意接管汤姆森多媒体公司的消费电器分部。该部生产的RCA商标电视机是名牌货。大宇若接管成功，就会超过索尼

---

* 几乎所有论及亚洲这四地经济成就的著述都谈到工人的素质，但同样都把它视为理所当然。Manuel Castells，"Four Asian Tigers"一文在第55页等处说它们最重要的共同特点在于国家（政府）发挥作用，连香港也是这样。对这一点，我的唯一疑问是，所有的地方都会有国家干预，它有时聪明，有时愚蠢。国家可以帮助经济发展，但要说国家作用就是好，恐不大容易。

** 世界银行将它们称为"高性能的亚洲经济"，看来有理，但世界银行又提供了另一些国家的经济增长数据，使得它列出的名单变得很成问题。在1960—1985年期间年均人均增长率头20名的名单中，怎么会列有埃及、希腊、叙利亚和葡萄牙，而且把博茨瓦纳（产钻石）列在首位？——见 World Bank, *East Asian Miracle*, 第3页。

而成为世界最大的电视机生产者。可是，这笔交易半途夭折。韩国人对此很气愤。*

在选择投资目标地区时，工资高低显然是决定性因素，但也会考虑到别的因素，如打破市场壁垒，以及当地民众情绪。美国人对外投资时，发现在韩国找伙伴比在日本花钱少得多，而且也容易合作得多。日本人在韩国投资办厂时，则很快发现工资上涨，就撤走另找花钱少的地方，而韩国人大概也乐于见到日本人走开。

（马来西亚的情况呢？它人口仅 1900 万，劳动力，至少是非熟练工人，不易招募。但它有企业家，他们像磁铁一样能吸引四面八方的劳工。尽管政府大力防止非法移民，可是非法移民依然大量涌入，主要来自印尼〔人口为 19000 万〕和孟加拉国〔人口为 11500 万〕。像别处一样，那里的人口贩运业很兴旺，偷运人口收入奇高。这些外来者从外表看来与当地人似乎无大差别，但当然有差别。当地人头疼的倒不是竞争就业，而是性混乱。马来西亚总理谈到过乡村领导人的诉苦：姑娘们逃出去交外国男朋友，有些没结婚就生了孩子的姑娘被人抛弃，有些已婚妇女弃家私奔，因为跟外国人也许日子过得更好。⑥真叫人受不了。）

民族关系也起作用，海外华人之间尤其如此。这些华人在当地是少数民族，却是出类拔萃的经商者，是东南亚贸易的酵母和润滑剂，而且从东南亚遍及世界各地。他们的勤劳美德令信奉韦伯学说的加尔文派教徒也自叹弗如，而且这一美德还代代相传，贫富都一样。

（我还记得 20 多年前我头一次到香港时的一件事。一天晚上，我从旅馆外出，路过一家挤在楼梯底下的小照相器材店。我只是随便瞅了一眼，那店主马上问我要点什么。我原本不想买什么，经他一问，我想起我可能要用一个特殊的镜头。他失望地说店里没有，但又热心地说，如果我过一会儿回来，他会弄到一个给我。我告诉他，我是去参加一个晚宴，最早也要到午夜以后才能回来。"别担

---

* 关于威尔士，见《泰晤士报》，1997 年 1 月 6 日，第 40 版。关于大宇，见《国际先驱论坛报》，1996 年 10 月 18 日，第 20 版；同年同月 19—20 日，第 15 版。大宇这笔交易是以象征性的一法郎硬币接管汤姆森的家用电器分部，但需清偿其债务（法国政府急于减少赤字，以便加入欧洲货币联盟）。但交易于 1996 年 12 月告吹，因为许多法国人反对，大喊大叫。韩国人谴责法国人是"种族主义"——如果是美国人来做这笔交易，准没问题。韩国政府说"法国不可信"，法国人仇外心理"令人担忧"。见《国际先驱论坛报》，1996 年 12 月 6 日，头版；同年同月 9 日，第 13 版；1997 年 1 月 15 日，第 11 版。

心，"他说，"你回来。我拿镜头等你。"过了半夜，我回到旅馆房间，想起镜头的事，但是我又困又累，心想那人也不会等了，何必再浪费时间。然而我又一转念不能说话不算话，就再去那个小店，果然发现店门还开着，那个人还在，把镜头交给了我。倘若店主是美国人或欧洲人，谁会这样做?)

从荷兰人统治印尼和西班牙人统治菲律宾，以及后来法国人统治印度支那的时候起，华人就在当地经济成就方面发挥了重要作用。在那些国家独立以后，华人在当地的生意继续兴旺。⑦各国的华人之间建立了跨国伙伴关系。他们从中国香港、中国台湾和新加坡伸展到泰国。泰国的华人为了更好地适应当地社会，许多人起了泰人的姓名。* 他们也延伸到马来西亚，成为那里的商贸骨干，但出于民族和睦的考虑，他们也得接纳马来人作伙伴。** 泰国自豪地声称它能超越民族区别，其措施之一是强烈反对单独的华文教育。华人彬彬有礼地微笑，公开表示赞成，然而往往在接受泰文教育之外，又出国补习华文。在这个社会里，"两三种人玩一个无形的跷跷板"，保持平衡。⑧在经济事务中，这意味着华人知道自己是谁，也能与人合作。

在马来西亚，民族区别要尖锐一些，怨气较大。那里也有暴力和种族骚乱，当然绝非像印尼那样糟糕，但也构成一个问题。因此大家都尽量压低民族分歧。在西北沿海的槟榔屿，那里出产世界上 40% 以上的磁盘驱动器，大部分的经理和工程师职务都是由华人担任。一位经理形容说，"他们更像是美国人，他们生活就是为了工作。"⑨这样，就像是一个贵族阶层，因为多数人是工作为了生活。

迎着经济增长的浪潮，世界各地的华人商人和企业家结成的网络日益壮大。由于这一大批海外华人的成就，人们就有理由把所谓的东亚和东南亚奇迹称之为民族的胜利，即文化的胜利。在印尼，华人占人口的 4%，而在 20 世纪初***全国最大的 25 家实业集团中，有 17 家是掌握在华人手中。在泰国，华人占人口的 10%，而 90% 以上的最富家庭是华人，他们在全国工商业财富中也占有同样的比例。他们没有把所有财富占尽，与其说是由于本地人的竞争，不如说是由于华人内部的政治家不希望把事情弄成那样子；他们已经建立了享有特权的企业，希望别人也多多少少得一份好处。

---

* 我听说泰国华人虽用泰人姓名，但当地明眼人仍看得出哪些姓名的人是华人。

** 泰国人觉得他们比马来西亚人更能欢迎当地的华人少数民族在工商界起作用。见 Kaplan, *Ends of the Earth* 一书，第 377 页。

*** 原文如此（"in the early 1900s"），疑为"20 世纪 90 年代初"之误。——译注

如果把中国包括在内，但是把印尼、泰国、马来西亚和菲律宾排除在外，华人控制的实业总产值有多少呢？据说在1990年为2.5万亿美元，超过日本（2.1万亿美元），相当于美国的一半，而增长速度比日本和美国都更加快。⑩有些人觉得日本领先的势头已成过去。⑪日本人的长处和短处二者皆在于他们的民族特殊感和优越感。这一点促使他们出色工作，但也使得他们难以与别人平等共事。*不过，我个人的感觉是，日本人还会学习，一如既往。

怎样看待东亚的成就，还需注意两点。第一点涉及从种植园产业到自主企业的晋升。使用现代技术比发明现代技术容易得多。在浩瀚如海的工业专利权之中占有一席之地的，只有为数极少的几个国家。如今汹涌而来的新来者，其工业朝气勃勃但尚幼稚，还没有达到独立自主的水平。还有一些最艰苦的工作在前头。

第二，经济增长愈快，带来的负面作用愈大，包括物质方面的和心理方面的（欲速则不达）。要采取补救措施，就必须有相应的社会与政治机制，能掌握问题和找出解决办法。而这样的机制可能尚不具备。时间在前进，补救措施总是跟不上。这里往往还有一个轻重缓急问题：赚钱是重要的；人口在增长；相关的补救开销可以等一等。

以泰国为例。曼谷市区既向外爆炸也向内爆炸。工商企业蜂拥而来，大批求职者尾随而至，家庭**名义**收入在20年内增加10倍。⑫高兴的建筑商填满了每一块空地和能够扩建的空间。连原先作为生命线大动脉的运河，如今也浇盖上水泥，作建筑工地。人们收入提高了，小汽车随之增多，商用车和私家车都多，引起了严重交通堵塞。我在1979年访问曼谷时，美国大使馆给我派了一辆车和一名司机。车上配有移动电话（老实说，当时我是头一次见到那东西），让我们堵车时好与使馆联系；使馆还告诉我每天只能外出两次，上午一次，下午一次。现在曼谷人口已达1000万（为1900年的20倍），而许多人又爱用宽大的小汽车。每天，从四面郊区和乡间都有大量汽车涌入。司机不但要配移动电话，还得携带一个尿盆。有权有势者出门就摆出车队，甚至他们的老婆和孩子也摆车队的阵势，使成百上千的车辆更加堵塞得难以动弹。1979年，我很快就感觉到不能在白天上街行走，那空气坏得没法呼吸。今天，曼谷市交通警察一半人患有呼吸道

---

* 另一方面，华人习惯于自己抱成团，又比当地占人口多数的民众富有，因而在某些地方成为当地人犯罪活动的目标。这使得他们不愿在当地投资——谁知道哪一天会被撵走呢？——参见 Seth Mydas, "Kidnapping of Ethnic Chinese Rises in Philippines" 一文，载于《纽约时报》1996年3月17日，第3版。

疾病，1990年一项调查报告表明，那里的空气含铅量为欧美水平的3倍，其恶果是孩子到7岁时智商降低7分。⑬

总之，泰国城市居民变富了，又更穷了。不是收入少，而是生活质量变差了。*曼谷居民只有2％的人能享用像样的下水设施。地下水位逐渐下降。市区位于空旷无树的湄南河三角洲，渐渐下沉，易受海潮倒灌。恶劣的生活条件已在妨碍进一步的发展。泰国在廉价劳动力的基础上已差不多发展到了头，边界那一边还有更廉价的劳动力，可是泰国现在需要的是高技术、知识密集型产业，这就需要有外国投资者和外籍技术人员，然而那些人不愿意来这里呼吸有毒的空气。目前，泰国正在努力消除这些痼疾，用于反污染措施和装置、垃圾处理、医疗卫生等方面的开支正在促使宏观经济统计数字上升，产值和收入均在增长。

* * *

"他们想要什么颜色就涂什么颜色"
美国和日本的汽车工业

亨利·福特有过一句古怪的名言：买他的车的人想要什么颜色就涂什么颜色好了，反正他的车是黑色。他说那话是在他的T型车正处于最兴旺的时候。实际上，T型车在不同时期也有过不同的颜色，但每一时期都只用一种颜色。这是福特的批量生产哲学的实质：造的车全一个样，而且是一次造很多。售价低廉，让人人愿买。谁想要车型时髦和显示个性，就找别人买去，或是买一个T型车底盘，再单独订做车身。⑭

福特原则成为美国汽车制造业和另一些制造业的基础。美国汽车制造业则成为世界领头羊：产量最大，出口最多，开创时髦风尚和新口味，大量生产自由与爱之车。**

在日本，登记的汽车总数在1917年为3856辆，到1923年也只增加到

---

* 1995年，曼谷市民平均每户年收入，为全国平均水平的2.5倍。见Achavanuntakul, "Effects of Government Policies"一文，第9页。

** 装配线原则在当时适用于各种生产方法。亨利·福特强调长期运转，有的技术即便早已过时，他也不改。当他的看法正确时，他十分成功。当他失误时，别人就抢夺市场份额。Flink, "Unplanned Obsolescence"一文指出T型车从一开始就有些过时。但它售价低廉，1908年为825美元一辆，到1927年为260美元一辆。1927年5月最后一批T型车驶下装配线，前后累计生产了1500万辆。

13000 辆，而且全是进口货。当时的主要交通工具仍是黄包车和马车，再加上电车和远程火车。* 可是像别处一样，日本人从战争中体会到汽车重要，军部开始筹建军用卡车制造厂。他们找三井、三菱、住友等财阀谈过此事，财阀均不感兴趣，所以他们只好找较小的厂家，因此日本的汽车工业大体上落入一批"新人"手中。

这时，福特公司和通用汽车公司打入了日本这片待开垦的沃土，分别于 1925 年在横滨和 1927 年在大阪建汽车装配厂。对于这一情况，日本人看到的不是日本消费者得到的好处，而是日本自己的汽车工业受到威胁，因为他们尚不熟悉批量生产技术。尽管他们工资低，但日本造的汽车，其成本比美国厂装配的或进口的车要贵 50％。在 1926—1935 年期间，日本登记的新车总数中，美国厂装配的和进口的车占到 95％以上。⑮

在此期间，日本政府正蓄谋侵略他国，将精力集中于军用汽车的生产，因此在 1918 年制定了军用汽车补助法，为特定规格汽车的生产提供大量补贴。** 民用汽车则暂缓。但能缓到什么时候？10 年之后，当私营企业仍不感兴趣时，有些政府官员开始发愁。1929 年，通商产业省发表了一份研究报告，题为《建立汽车工业的政策》，接着，政府再次劝说大企业集团发展汽车工业。

为了作出榜样和激励私营企业，政府设计并于 1931 年开始制造一种 45 马力的小汽车，车速每小时 40 公里。这种慢车不受欢迎。1936 年，在日本国内汽车产量中，两家美国公司仍占 3/4 左右。这时，日本军方建议干脆驱逐外国公司。战争就是战争，贸易也是战争嘛。但是政客们觉得这样做有点不策略，于是国会通过了由军方起草的一项法律，规定向日本汽车生产厂商提供巨额补贴，并要求大部分汽车公司须由日本公民拥有和管理。同时，政府对整车和装配用部件的进口征收重税。重税这一手奏效了：到 1938 年，日产、丰田和五十铃三家公司的产量上升到全国总产量的 57％。美国人还想坚持下去，试图与日本公司合并。

---

* 人们很容易低估黄包车的贡献，但当年它曾是日本城市中的关键交通工具，1888 年仅东京一地就有 38000 辆。Morris—Suzuki, *Technological Transformation* 一书第 97 页指出，"黄包车对日本近代经济发展的重要性不亚于铁路。"她还指出，黄包车是日本对外出口的第一种车辆，它们打开的市场后来由自行车和汽车所接替。黄包车的生产还有一个特点，即零部件由一批小供应商组成的网络提供，这种方法早于汽车工业和其他装配产业。

** 当时日本尚无敌国，这一举措只能看做是为帝国扩张作准备。关于 1918 年该法律，见 Morris—Suzuki, *Technological Transformation* 一书，第 124 页。

可是没有用：一切合并的计划或试图绕过歧视的计划都必须经过政府审批。1939年，美国公司只好放弃其努力，撤走了。对于日本人来说，这是一次成功的重商主义演习，为日后的贸易战作了准备。

我们可以猜测，凡此种种措施会导致什么局面。然而战争改变了一切，包括最周密的计划在内。1945年，厂房和设备变成废墟，美国占领当局认为日本没有理由再为汽车工业操心。日本银行和运输省一些官员也同意这种看法。可是通商产业省认为汽车是整整一系列相关产业的焦点，为此而制订了一套刺激措施，包括低息贷款，减免税优惠，防范外国竞争。在税收方面，出口销售额不计入收入，工具和设备的进口免征关税[16]（在随后的60年代，关税贸易总协定禁止这样的一些歧视做法，可是没有用。日本人的手腕比消除贸易保护主义的努力更高明。每一位经济学家都知道，要骗过国际官僚，是不患无术的）。

这一回，以丰田和日产两家公司为首的日本汽车工业真干起来了。1950年，日本生产汽车32000辆，大约仅相当于美国一天半的产量。朝鲜战争这一年爆发，引来了火爆的订货，日本汽车工业为之一振；而美军的占领于1952年结束，让日本自由掌握其工业命运以后，汽车工业就更来劲了。它是一大出口产业，销售量愈大，则单位成本愈低，利润愈高。不仅如此。**生产能力的扩大还增强了国力。** 日本头一次战败，备尝恶果。日本人明白，他们打败了，不是因为美国兵更高明或更勇敢，而是因为美国工业实力更强。

到1960年，汽车产量上升到482000辆，其中约8%，即39000辆是出口。再过10年，日本产车530万辆，其中110万辆卖到国外。而到1974年，日本进一步取代西德，成为世界最大汽车出口国。1980年，它出口汽车约600万辆，占总产量54%，而且超过美国，成为世界最大的小汽车生产国。[17]尤其重要的是，日本小汽车赢得市场份额，并不是靠廉价。实际上，日本车更贵，售价往往高于标价，而美国车售价通常低于标价。那么，靠的是什么呢？原来日本车毛病较少，更耐用，因而在旧车市场上能卖高价。

面对着富裕和地位牢固的竞争者，日本汽车工业竟能达到年均30—40%的增长率，这真给后人上了干劲、精明和企业精神的一课。亨利·福特在九泉之下一定坐卧不宁。

美国人在寻找原因（口实）时，说日本人有国家补贴和保护主义。这两点是有作用，但它们造不起一个产业。造车的是人——工人，工程师，企业家。另一方面，美国的汽车制造者有惰性。他们曾经从胜利走向胜利，将自己的企业等同于国家，自以为美国消费者欠了他们的恩情，他们付给自己的薪水和奖金高得与利润不成比例。⑱在他们看来，日本人的上升真是全球规模的大逆不道。

日本人是怎样做到这一点呢？首先，他们变困难为有利条件。他们的国内市场太小，不能像美国汽车工业的批量生产方法那样让机器长期运转，于是他们让产品多样化，以满足各种特别的需要和口味，并且随需求的变化而改变车型。为此，他们学会了以较快速度完成新车型设计和试验，其周期为46个月，而在美国为60个月（170万人时：310万人时）；在采用新车型后，只需1.4个月即可回到正常质量，而在美国需要11个月。⑲这后一点很关键，质量起决定作用。美国车常常可以让顾客省钱，但随后却要把更多的钱用于修理。*

日本掌握了快变的技术，就能先行一步，**并迅速借鉴别人的成功经验，纠正自己的错误。这就是灵活生产，有人认为这技术应是未来的方向。⑳它并不是像某些人所说的那样，是转向小规模生产；相反，大公司才有足够的人力财力运用这一技术，支付变化的费用，取得更好的效果。然而，这与亨利·福特的"反正是黑色"原则相比，肯定是一大改变。㉑

多样化需要相应多能的技术。战后，日本人需要新设备，因而有机会考虑怎样把新颖的工具和机器结合到一起。具有讽刺意味的是，其中的大部分是在美国订做的。日本人还因此而有机会把自动化、机器人技术和电脑化等最新成就应用于生产。这一重大改变使日本人由采用单用途机器改为采用多用途机器，这就需要培训工人，使他们掌握多种技能，能迅速从一种作业转到另一种作业。日本人成功地采用了新设备和训练了工人。在70年代，举例来说，日本人更换冲压机模具只需用5分钟，而在美国工厂里要花8—24个小时。㉒这一战略对劳资关系也有深远影响。美国人强调单用途机器和工人硬性分工，结果是使工人非技术化，而且工会坚持职位分割，资方也接受它。

型号多样化，自然会使库存多样化，而库存会积压资金，增加仓储费用，引起延误。美国汽车厂商强调长线运转，很少转换，而且害怕生产中断（例如发生

---

* 艾柯卡担任克莱斯勒公司董事长时谈过，Aspen牌汽车经防锈处理，每辆节省8美元，但随后的修理费共1亿美元，更严重的是丧失了消费者的信心。——见 Holusha，"Detroit's Push"一文。

** 1983年春季，日本推出了三种新型小汽车（丰田的 Camry，本田的 Prelude 和马自达的 626），使得美国最新型的小汽车也显得过时。Nag 和 Simison 发表于《华尔街日报》1983年3月17日第37版的"With Three New Cars"一文论及此事。

罢工），因而积存一批备用部件；日本人则是运用我们所知道的"刚好及时"的原则，把库存压缩到最低限度。* 他们告诉我们，这一原则其实是从美国学来的，但不是从美国汽车制造厂，而是从美国的超级市场。他们访问美国时留心观察，看到家庭主妇都是精打细算，要用多少就采购多少，而商品繁多的超级市场也是精打细算，能卖多少就进货多少。商品川流不息经过商场，而不需要费劲推销。为什么汽车不可以照样做呢（美国汽车厂也是这样做，但是日本人的做法大有改进）？日本人是靠了好奇心、观察力和联想而受到启发，总之，这证明了人的作用重要。㉓

  日本人还努力消除误差，他们的目标是零次品，尽管实际上达不到。他们不是让汽车川流不息地驶下装配线，而是力图在一发生误差时就予以排除，必要时让装配线暂停。这可能要付出重大代价，但可以防止出次品，而不是事后修理次品。一个美国人参观日本汽车厂时问道："质量检查员在哪儿？"他听到的回答是："我们没有质量检查员，工人们都检查质量。"

  日本人这种种创新，使日本汽车厂商的名声为之一变：日本造的汽车战前被看做不值钱的蹩脚货，如今却成为质量领先者。美国汽车厂商接受不了这一新的现实，仍然墨守成规，死不回头。他们嘲笑小车，连 Toyota（丰田）这个名字也受到他们讥讽。他们认为美国人爱的是大轿车，不爱也让你爱。在克莱斯勒公司，曾有人设计了一种低车身型号，他的上司讥笑说："克莱斯勒造的车是让人坐的，不是让人朝它撒尿。"㉔

  当日本小车在美国市场销量日增时，美国外贸部门给日本车进口数量规定了限额，这时日本人就提高汽车档次，先是中档车，然后是高档车，从而挫败了美国当局的限制。他们这样做还培养了顾客的忠诚，让顾客在收入和社会地位上升时用车档次也上升。㉕当日本人宣布他们要跟德国豪华轿车竞争时，人们觉得那是说笑话。过了一两年，奔驰公司和宝马公司不再笑了。它们作为高价车成功象征的地位已岌岌可危。

  如果以为日本人的这些成就只是可以照搬照套的技术，那就错了。关键在于人。访问过日本的人都受过交通堵塞的苦罪，一想起那些汽车拥挤不堪的成片市

---

  * 劳资冲突及其引起的生产中断很有影响。福特公司在 20 世纪头 20 多年的 5 美元工资及家长式管理的兴盛时期，曾做到了将库存周期由 1903 年的 204 天压缩到 1922 年的 17 天。Abernathy and Clark, "Notes on a Trip"，第 36 页指出，日本人在工序合理化方面的做法总的说来，与当年福特公司的做法相去不远。

区和工业区都头疼,他们会感到纳闷:在这种情况下,日本人怎么能实现"刚好及时"的供货原则呢?怎么可能一叫就到?答案是:夙夜待命。送货的司机会把车停在厂门附近,在驾驶室内熬夜打盹。天一亮,货就到。

但是这就引出另一个问题:一头合适不等于另一头也合适。实行"刚好及时"原则的母厂是节约了时间。很聪明。但供货者却得花费时间。日本的整个厂外订货制度是靠施压,母厂压供货商,供货商压他们的职工。可见日本产业天堂并非尽善尽美。然而,母厂并非不讲情理,它施加压力,但是也在设备、技术和经费方面给供货商帮忙。日本人向来等级森严,强硬,有韧性,但上下之间也相互保持强烈的义务感。

在汽车制造业中,这一切都是依赖于一种团结协作的态度,它把劳资双方联合在一起,不但力求有效完成任务,还要力求不断有所改进。工人不会反对革新,连节省劳工的革新也不会遭反对。⑱在大公司内,每名员工都感到有义务提出革新建议,而且是被推动提建议,或者节约工时,或是节约成本(即便是仅节约几个日元),建议成千上万(这样大量的建议,经理人员怎么处理得了,倒令人纳闷)。此外,生产线上的每个人都受过多种技能训练,一项工作中断时,工人不是乘机休息,而是再去做另一样工作(没有工作的生硬分割),没有人说"这不是我的工作",所以能把不同行当的技能结合到一起。* 在日本,工人感到自己有责任随时都做有益的工作。**

这一切听起来都不错,但做起来不容易,对于个人或集体来说也不轻松。它意味着个人严格服从于上级和团体。公司会有千种办法来奖励抱合作态度的工人,和惩罚不服从者。如果一个集体制造麻烦,结果就会是他们的任务被转交给另外一家供应商。像丰田这样的公司可以说是完全占有他们的雇员,公司有自己

---

* 情况本来也可能是另一个样子。在战后年代,日本出现过好斗的工会,往往是在好斗的共产党人领导之下,它们与公司工会,即公司内部组织的工会,发生了几次激烈冲突,才被迫放弃了好斗态度。美军占领当局起了作用:最初使工会合法化,为好斗者打开了大门,后来则驯服工会,削弱苏联的影响。

** 经济学家哈维·利本斯坦在《日本管理制度》(Leibenstein, "Japanese Management System")第 9 页作过总的对比:"在西方,人们对于自己与公司的关系是采取一种短期的合同观念,而不是长期的归属观念。西方人的态度表现为一系列的合同……仅致力于某一特定技能或职业(甚至还有该职业的"产权"),而没有对公司的总的忠诚。"第 11 页有 1976 年一次调查结果:日本 49% 的工人说自己任务完成时应帮助他人;在美国工人中仅 16% 作此表示。

的日历，与国家规定的节假日和周末无关（多数日本人不过宗教安息日）。把加班加点和上下班路上的时间算上，工人每天离家在外的时间往往有11—12个小时，但干部和老板也一样。因此，日本人的妻子重担在身，要抚育子女，天天要先哄孩子睡觉，然后当父亲的才回家。该下班休息的时间仍可能在上班，制造业40％的雇员每月都加班一天以上，30％的人加班加点每月多达5天。他们大多数人每月至少有一个节假日参加公司举办的休闲活动，约1/3的人参加得更多。公司通常都是利用专有的娱乐设施组织活动，轻松愉快，组织者很热心。你要问一个日本工人是干什么工作，他总会说出他所在公司的名称。[27]

观察家们理所当然地指出，日本人这种团结协作精神，这种个人为团体作出牺牲及超强劳动的精神，与西方体现和维护劳工自尊的劳资对立关系，形成了鲜明的对比。美国的公司是多元的：老板、工人和股东们各有各的目的。从理论上说，大家都忠于企业而联合在一起，但对这一忠诚的理解各不相同，得服从于彼此相竞争的利益。因此，关系总是隐隐约约地紧张，还不时地爆发冲突和摊牌。

日本人的做法不一样。日本的公司工会提出的工资要求几乎总是得到满足，因为它们是预先与资方谈判过的。这种情况下，罢工往往是象征性的，一天而已。只是为了表明工人态度是认真的。* 对比一下美国：美国劳资谈判是走形式，真正解决问题的，是实力的较量。有时由于估计错误，斗争的结果是公司或工厂倒闭，谁都吃亏。最常见的情况是一轮斗争结束时，双方伤了感情，留下怨气，再走向下一轮斗争。双方都宣称自己胜利了，但都要等到下一次再见分晓。[28]

日本的这种无库存积压的生产、质量监督及劳资伙伴关系，能够出口吗？美国人能学习这些新的做法吗？我们从日本的本田、丰田、三菱等公司在美国——以及在英国——办的分厂，可以开始看到答案。日本人是为了突破贸易壁垒，而将工厂办在壁垒之内。这些工厂支付的工资水平与美国公司相当，但它们将工会拒之于厂门之外，不搞业务分割，不允许分权。它们大量采用进口的零部件，以至于人们怀疑它们的产品究竟算是哪国的货。可是全球性产业都是如此，哪里东西最便宜就从哪里采购。与美国人自己办的工厂相比，由日本移植来的这些工厂

---

* 日本这样的劳资关系一直使专家们迷惑不解。没有冲突，是否表明劳工已发展到不再成其为劳工？抑或是反映出日本根深蒂固的社会价值观和传统？许多日本人倾向于后一种解释，但Galenson和Odaka在"The Japanese Labor Market"一文中认为此说"陈腐"不一定可信。"陈腐"就不可信吗？

似乎显示出较高的劳动生产率，产品质量也较高，但还不及在日本的日本工厂。㉙

这些结果告诉我们，美国工人可以从头开始学点东西。把工会排除在厂外的这些工厂，摆脱了美国联合汽车工人工会世世代代的斗争所遗留下来的猜疑和积怨。然而，美国工人与日本工人的有些区别，是从小养成的。不论有没有工会，人与人还是不同。美国联合汽车工人工会主席道格拉斯·弗雷泽，一位通情达理的人，在回答美国工人是否应该采取日本价值观和态度这一问题时，说他认为不行，首先是因为性情不一样："美国工人是有个性的，愿持不同的见解，不会向独裁式的指令俯首帖耳。"㉚ "独裁"？这一个词就表明了差距有多大。

人们到处在埋怨。美国汽车工业在一个强劲对手竞争的面前已开始失势，这在很大程度上要怨它自己——部分原因在劳工，他们从本性上不愿改变，也不肯让步。但资方责任更大。人们列出了长长的罪过清单：一，自满自足，自以为最优秀，向来是最优秀；二，不能设身处地为别人着想（难道他们真以为在公路多半狭窄、汽车靠左边行驶的日本，人们会买他们推销的驾驶盘设在左边的大轿车？）；三，后遗症式地、两面派地依靠政府扶植（我们完全主张自由企业，可是日本汽车工业得到政府种种好处，叫我们怎么对付？）＊；四，近视自私，当日本人的竞争出现暂缓时，美国汽车工业的资方就乘机提高车价和股息，而不是投资于改进技术。

可是美国人已经在学习，有所改进。汽车厂家渐渐地在这里或那里采用日本人的做法，只不过是他们自我赞叹和自我庆贺，仿佛是他们发现了新大陆。举一个例子：福特公司决定在它的路易斯维尔卡车厂连接车身和底盘时，让装配线停一会儿，便于工人操作。这其实很简单，暂停一下，就可以连接得更准确，减少损坏，"把两个连接锁摆齐，往下一放就行了。"这个主意来自生产线上的工人。倘若在从前，资方对工人的建议会根本不予理睬。如今却能听意见了。㉛

所以，美国汽车工业现今是处于新老时光之间。大汽车厂正在比从前较多地依靠厂外的零部件供应商，包括本企业所属的和本企业之外的供应商，来完成汽车部件的许多装配工序，实际上是按照日本人的做法加快进度，又降低自身的工资开支。为减少库存，它们要求供应商送货"刚好及时"，有些间隔时间为20分

＊ 克莱斯勒公司曾对政府紧急财政援助感激不尽，但情况好转时，却又声称政府参股不应分享股利。公平何在？

钟。有些本企业所属的零件制造厂既为母公司装配厂供货，也为本企业之外的装配厂供货，从而最大限度地提高利用率。倘若母公司发生罢工，零件厂还继续生产给别人供货吗？这是一个难题。守旧派说不行，但另一些人说不能不面对痛苦的现实。他们警告说，假如劳工太难办事，汽车装配厂就会找别的比较好合作的人供货，在墨西哥就有这样的供应商（北美自由贸易协定万岁）。大厂绝不会让一个零件供应厂拖住自己的后腿。这一派看法已经占上风（事实上，由于厂家有可能转向别处，工会的讨价还价力量削弱了）。工会理论家们不高兴，骂"你们是想尝尝劳资勾结的滋味"。劳资同床。[⑫]这能是爱吗？

与此同时，日本汽车工业还开始感觉到韩国等亚洲竞争对手在咬他们的脚后跟。在这样一种战争中是不能休息，也不会有尽头的。

注释

1. 见 Kindleberger, *Financial History*，第 407 页："我认为德国 1948 年的货币改革是古往今来的伟大社会工程业绩之一。"

2. 关于当时的情况，见 Toland, *The Rising Sun*。

3. 关于这些讲礼仪的交往，参看 Halberstam, *The Reckoning*，第 310 页。

4. "城邦"一词取自 Murray and Perera, *Singapore* 一书。

5. 见 "A Survey of Multinationals", *Economist*，1995 年 6 月 24 日一期，第 4 页。

6. 见 Richardson, "Malaysia Readies a Crackdown on Illegal Workers", *Int. Herald-Tribune*，1996 年 10 月 7 日，第 4 版。

7. 关于印度支那，参看 Murray, *Development of Capitalism*，第 619 页，注 345。默里引用了法国 1910 年出版的杜布鲁埃尔《印度支那华人状况及其经济作用》一书第 71 页的话："当法国管治交趾支那时，发现华人对我们推行殖民化的帮助无比珍贵……为了让越南人改变他们的习惯和敌意，教育他们经商，让他们从自己瓦罐中掏出钱来维持我们的行政费用，我们需要中间人，这中间人是跟越南人生活在一起，会讲他们的语言，而且跟他们通婚。这中间人就是华人。华人灵活，能干，没有偏见，而且爱财。"

8. 见 Pan, *Sons of the Yellow Emperor*，第 247 页。该书第 13 章论述甚详。

9. 见 Ohmae, *End of the Nation State*，第 179 页。关于印尼重新出现的麻烦，见 *Int. Herald-Tribune*，1997 年 1 月 11—12 日，第 1 版。

10. 此处及上文中的数字，见 Rohwer, *Asia Rising*，第 228—229 页。

11. 例如，Naisbitt 在 *Megatrends Asia* 第 19 页称："中国人正在来到。亚洲和世界不少地方今天正在由日本主宰转变为中国驱动。"如果奈斯比特说得对，那么日本的领先地位将是历史上为期最短者之一。但随后会怎样？在全球企业的世界中，领导何在？

12. 见 Achavanuntakul, "Effects of Government Policies", 第 9 页。据世界银行数字，1970—1980 年通货膨胀率为 9.2%, 1980—1992 年则为 4.2%。

13. 凡此种种，见 Thomas L. Friedman, "Bangkok Bog Down", 见 *N. Y. Times*, 1996 年 3 月 20 日，A—19 版；及 Kaplan, *Ends of the Earth* 一书，第 380—382 页。因越来越多的人烧煤，而且大量烧褐煤，污染更加严重。关于用车队摆排场，见 *Int. Herald—Tribune*, 1997 年 1 月 9 日，第 2 版。

14. 关于 T 型车的多样性，见 Flink, "Unplanned Obsolescence" 一文。

15. 见 Cusumano, *Japanese Automobile Industry*, 第 7 页。

16. 同上，第 18—19 页。楠间野（Cusumano）指出，不论某些人有何保留意见，在 40 年代后期，日本银行、日本开发银行和日本兴业银行给日产、丰田和五十铃三家公司提供了大笔贷款，使它们免于破产。倘若当时不是通产省意见占上风，"战后日本（及世界）历史就会大不一样。"（第 19 页）

17. 同上，第 4—5 页。

18. 这方面最佳和最可读的书，是 Halberstam 的 *The Reckoning* 一书，而不是经济学家和经济史学家们的著作。哈伯斯塔姆了解这一产业，更了解这一行业中的人。亦可参看 Lacey, *Ford* 一书。

19. 见 Womack et al., *The Machine That Changed the World*, 第 118 页。

20. 见 Friedman, "Beyond the Age of Ford"。参看 Piore and Sabel, *The Second Industrial Divide*。

21. 关于规模与灵活性二者的区别，见 Landes, "Piccolo e bello. Ma e bello davvéro?"

22. 见 Dertouzos et al., *Made in America*, 第 180 页。日本各公司的技术战略并非一律。例如，日产公司的战略与美国较相近，丰田公司则更强调生产灵活性。亦可参看 Cusumano, *Japanese Automobile Industry*。

23. Abernathy 和 Clark, "Notes on a Trip to Japan", 第 36 页谈到日、美做法"惊人相似但最终又形成尖锐对照"。亦可参看楠间野（Cusumano）一书第 5 章关于丰田公司生产制度的评述。

24. 见 Halberstam, *The Reckoning*, 第 43 页，第 50 页。

25. 参看 Womack et al., *The Machine That Changed the World*, 第 109 页关于本田公司 Accord 轿车的评述。

26. 见 Johnson, *Japan*, 第 31 页。

27. 见 Tabb, *The Postwar Japanese System*, 第 160 页。

28. 参看 Keith Bradsher, "Cost—Cutting Strategy" 一文，*N. Y. Times*, 1996 年 3 月 17 日，A—1 版。

29. 参看 Stopford 和 Strange，*Rival States*，第 84—85 页。

30. 见 *N.Y. Times*，1983 年 5 月 13 日，D—3 版。

31. 见 Holusha，"Detroit's New Labor Strategy"。

32. 见 Keith Bradsher，"New Union Tactics"，*N.Y. Times*，1996 年 3 月 10 日，A—16 版。

国 富 国 穷
第 28 章
THE WEALTH AND POVERTY OF NATIONS

输 家

地理大发现借助印刷机的威力得以迅速传播。世界打开了一叶窗,欧洲人的自我意识随之改变。我们是谁?他们又是谁?新大陆刺激着冒险行动,探险者变成了殖民者,土著开始了帝国时代。

Why Some Are So Rich and Some So Poor

David S. Landes

在领先者以及紧随其后或急急追赶的追随者的背后，是排成长队的世界上大多数国家。

与东亚相比，其余的国家仿佛是在研究慢动作，甚或是进一步，退两步。中东本来很有些有利条件，尤其是拥有巨额石油收入（1973年之后的20年中约达20000亿美元），可是那里的政治、社会和文化体制不能确保企业安全或促进自主的技术发展。此外，文化态度，首先是对妇女的歧视，也妨碍实业的兴办。结果是失业率高，就业不足率也高，而教育进一步加重了民情愤懑，因为上过学的人就有更高的期待。[1]

诚然，中东地区也有过一些本来用心良好的政府尝试过官办企业。例如，在第二次世界大战以后，埃及政府想起100年前穆罕默德·阿里办工业的先例，决定投资办棉纺厂。这想法似乎不会有错。埃及出产着世界上最优质的长纤维棉花，为什么不可以再作加工以获取增加值？可是糟糕的是，他们那些幼稚的纺纱厂纺不出符合国际质量标准的棉纱，而与此同时，外国的植棉者竭力提高他们的原棉等级，织布者也想方设法用较次的棉花织出高质量的棉布。决不要低估别国优秀技术人员的智慧。埃及人还是没有翻过身来，就只好将次布用于国内市场，而且丧失了一部分原棉出口市场。不幸的是，工业流产的事例不止限于埃及。兴办企业而结果失望的情形，在非洲比比皆是。

失败使心肠变硬，眼睛变昏。直到今天，中东的输家企图从宗教上的原教旨主义和军事上的侵略寻找补偿。在民众方面，祷告和信仰可以让虚弱者得到安慰，并怀有报应的希望。因此，不少穆斯林布道都采用先知的口气，预言末日将带来矫正。与此同时，强有力者则诉诸武力。他们觉得抢夺别人的东西比自己制造东西来得容易。所以，伊拉克觉得与其费劲制造能卖得出去的商品，还不如到科威特攫取石油和劫掠财产，可以富得更快一些。买武器，不就是为了使用它们吗？

这样一些产生反效果的趋势会过去吗？简直没法说。一些国际专家拿钱就是为了教训人，头头是道地开出种种中庸的改善现状的处方。例如，世界银行就大谈"调整"，告诉我们说只要政策对头就会见效。什么政策对头呢？要有现实的、具有竞争力的汇率，要做到预算低赤字或无赤字，要降低或消灭贸易壁垒，要靠市场，市场，市场。

这样的"宏观经济框架的改善"当然会有帮助，它们能消除重大的扭曲和障碍，但它们不会轻易来到。当全国半数劳动力是效率低下地受雇于国家，而政治稳定又是与低效率联系在一起时，试问有什么办法来消灭预算赤字呢？（这种问题甚至也影响到富国。请看看欧洲，以及马斯特里赫条约为欧洲货币规定的那些标准。）

而这一点还仅仅是开始。建立相应结构和体制的真正工作还在后头。此外，当石油采完时，又会发生什么情况呢？*

拉丁美洲在政治独立以后，已用了将近 200 年的时间来争取经济独立。然而，它在经济上依然是一个喜忧参半的地区，当地的首创性和企业精神不足，技术残缺不全。这一经济受阻滞的局面，反映了老的生活方式和既得利益集团的顽强阻力。尤其是人们看来似乎合理地强调农业和畜牧业（比较优势万岁！），社会与政治特权进一步加强了这一趋势，这就孕育了对工业世界感到不自在和抱敌对态度的、强大而反动的社会精英。这样的社会断裂，与穷人太多的社会不满结合到一起，招致了尽管具有民粹主义色彩但却是反民主的解决办法（专制独裁制度），它愈持久就愈可怕，而愈脆弱则愈具有破坏性。

---

* Field, *Inside the Arab World* 一书第 21 页指出，按照 90 年代初的采掘速率计算，海湾石油尚可采 130 年（这自然是据已知储油量计算。人们还在寻找油藏）。但这是海湾，中东其余产油区及北美采尽的时间更近。同时，日益加大的耗油量还促使人们探寻以新的技术开发新的能源。最终，石油可能像现今的煤炭一样，会大量留在地下而不再开采。

因此，工业姗姗来迟。这不一定是坏事，晚一点也有它的有利之处。但一切有赖于企业的质量和社会的技术能力。在拉丁美洲大部分地区，办工业都是以替代进口作掩护，因而实行了高关税、排外的法律规章以及排斥进口的非关税壁垒。我们从19世纪美国和20世纪日本的经历得知，这样的措施可以奏效，但条件是有模仿赶超的活力，有严格的、世界水平的（出口能力的）标准以及国内的竞争。拉丁美洲却大体上不具备这样的条件。不是任何地方都不具备，某些产业很有生气，然而多数产业却相当落后，躺在保护墙后面慢慢地爬行。

人们为这种保护作辩解，其理由是国家利益，或反殖民主义的理论，那种理论若推进到它的逻辑结论，将意味着停止与较先进工业国的一切交流（拉丁美洲流行着非此即彼的看法：不是中心就是周边，不是新殖民主义者就是受害者，不是好人就是坏人）。幸好，这种极端推理没有出现。这类纯理性（或非理性）的论断较适用于学者的书斋，而不适用于政府办公厅。巴西的卡多佐总统——他曾经是反依附论学派的旗手——在从政以后就发现了这一点。

我们切不可低估这一发现的重要性，因为人们不一定愿意看见明白的事理，或者说，人们不愿牺牲信念而尊重现实。拉丁美洲的多数国家都一直企图既安抚老的利益集团又鼓励新的利益集团，既让外国人进来又不放外国人进来，其办法就是操纵贸易和货币：对进口设置壁垒和规定限额，对货币规定差别汇率，作出一整套被某些人称之为"内向模式"的限制——当然，还少不了从国外借款。②

这些措施可以提供暂时的缓解，但代价高昂：经济需不断调整，货币出现黑市，通货膨胀扶摇直上，交易成本升高，外国投资畏缩不前。尽管如此，某些拉美国家依然能够从世界银行、国际货币基金组织以及一些私营商业银行获取贷款，其数额之大达到荒唐的地步。那些银行敢于贷款，是因为得到本国政府的鼓励，而且无疑有一个默契，即有一个安全网在一旦出事时担任救援。这些贷出的钱当中，有很大一部分又转弯抹角回到美国、瑞士及其他安全可靠之处的秘密私人银行账户。

就这样，管理不善、挥霍浪费、贪污腐化及无休无止的借贷结合在一起，这种没有效率因素加以制约的局面，是不可能持久的。这样的结构具有内在的脆弱性，因为人人都把心弦绷紧到极限，事事都相互纠缠到一起。或早或晚，会有人担心起来；资产负债表失去平衡；国外贷款人不敢再贷款；借新债还旧债变得不再可能。一片恐慌！

在1994—1995年的墨西哥比索危机中，就发生过这样的事情。它的时机是再糟不过了（有人则会说那时机是再好不过了），因为在那之前，美国政府刚刚动用了一切政治筹码，并作出了成山的反经济优惠的承诺，好说歹说地让北美自由贸易协定得以成立。所以，美国政府不得不设法找出几百亿美元，来恢复市场信心，让投资者和货币盟友们有时间从火中取出他们的栗子。但这一次，它无法让一个不听话的、心胸狭隘的国会支持它迅速采取行动。莫慌：以经济学家劳伦斯·萨默斯为首的一批金融专家发现在一个账号上还悄悄躺有 200 亿左右的美元，那是半个世纪前在 30 年代因废弃黄金债务而实现的利润。这笔不义之财在当时是为了保护美元而搁置于一边……现在有理由动用它，因为人们可以说，倘若比索崩溃，美国人在墨西哥的股权和债券受清理，那么北美自由贸易协定和美元都会遭到可怕的损失……这 200 亿美元，加上从国际贷款组织拼凑的 300 亿美元，挽救了局面。此后，美国政府大肆宣扬墨西哥如何迅速还钱，而报界则有意少提或者根本不提如下事实：那钱是墨西哥借来的。新债顶旧债而已。

问题的核心就在于，拉丁美洲需要不停地借钱，即便是仅仅为了支付旧债的利息，也不能不借钱。有一次，一位拉美学者向我诉苦，谈到旧债包袱沉重，而气量小的外国贷款者又总是烦人地坚持讨债。我告诉他："你们可以不还，一个主权国家总可以废弃外债。"他回答说："不错。可是那样一来，我们还能再从哪儿借钱呢？"问题就在这里。然而，如今银行都小心了，国际贷款组织则要求受援国必须实行金融和贸易改革，扩大开放。其代名词就是"调整"——这肯定是一件好事。更加开放的市场会形成一股力量来促进理性和效率，促进各国向着取长补短的方向重新安排经济活动，而且会制约腐败和偏袒。提供援助的前景还会促进有关各国加强合作，来反对毒品交易——这一交易已达到何等规模，人们如今就只能猜测了。③事情究竟会怎样发展，谁也不能担保。但是，向正确的方向推动，总会比恢复原样要好一些。

在当今破纪录的经济增长和技术进步时期，最惨的输家行列中，包括了苏欧集团各国：最差的是苏联，罗马尼亚和朝鲜也差不多一样糟，其他的一批卫星国则是竭力奋斗避免陷入泥沼。局面最好的大概是捷克斯洛伐克和匈牙利，其次是东德和波兰。这些国家实行的指令经济的最显著特点，就是制度和抱负是一回事，而实际表现却是另一回事，二者彼此相矛盾。逻辑是无懈可击的：专家们制订计划，热心的人们会热情地竞赛，技术会驯服自然，劳动会带来自由，利益将归于大家。各尽所能；按劳分配；最终将按需分配。*

这一梦想，对于批判资本主义的人及资本主义受害者来说，是有吸引力的。它显得是一种完善的制度，总比别的制度好得多。因此，这种马克思主义的经济在很长一段时间内，曾在先进工业国的激进派、自由派和进步派人士中间享有当然的声誉；而在世界穷国好斗的"反帝"领导人心目中，这种经济更是备受称赞，其热情几近宗教。许多殖民地一旦获得独立，就如饥似渴地转向社会主义模式，其热情使他们无视于现实。④

这些偏爱的感情曾长期掩盖了指令经济的弱点。事实上，尽管国家能动员人力物力去完成一些特定的项目，但总的说来技术落后，表现拙劣。那些看来很了不起的生产统计数字本身就是有意夸大了的，其中有大量的宣传水分，还要考虑到商品质量低劣和库存积压（卖不出去）的因素（除了鱼子酱、伏特加酒和民间工艺品以外，俄国造的东西没有一样能在世界市场具有竞争力）。公寓楼房在楼的周围挂上安全网，防止砖瓦掉下来砸伤行人。勤俭过日子的消费者把自己积蓄的一点钱交出来买汽车，汽车既小又结构原始，而且交钱以后还得等几年才拿到货。有了车，又找不到维修备用零件。人们把车停在户外时，通常都把挡风玻璃上的雨刷卸下带回家，以防被盗走。居民供电时断时续，家用电器也就时转时停。国民收入统计数据不包括服务业，因为他们的经济理论要求只统计实在的产品。但事实上，服务业不谈倒是更好：处处都难有方便的服务。一个好的水管工是最受欢迎的朋友。而享有特权的高级干部，则有他们专用的商店和俱乐部，能享用进口的外国货，大体上用不着为那些低劣商品发愁。

有人认为，这种流行病似的糟糕局面是他们那种体制的一个肮脏的秘密：统治者有意保持物资匮乏，以便于他们奖赏受宠信者，让有野心者有所追求，让其余的人没完没了地排长队而意志消沉。资本主义经济实行物质刺激，"你有钱就能买到你想要的东西"。共产主义经济则是提供"美好的明天"。可是等待明天也是要花钱的，而明天总也等不来。排长队的人什么时候工作呢？有笑话说：他们

---

* 苏联有些做法是在德国之前，大概当了德国人的老师。30 年代初，苏联利用劳改犯人挖掘白海—波罗的海运河，让他们用镐、锹和手推车在冰天雪地劳动，忍饥挨饿，死者成千上万——这种做法的理由，就是据说劳动可以改造人，使人民公敌变成好的社会主义者。口号是："我们将改造自然，得到自由。"而纳粹死亡营大门口的标语则是："Arbeit macht frei"（"劳动使人自由"）。关于苏联的无情巨人狂，见 Josephson，"'Projects of the Century'"一书。

是假装劳动过了，而国家则假装是付过酬了。

然而，这个制度最坏的一个方面，是无人留心当家理财，蔑视人的尊敬。繁荣不再，就够糟的了。那里的人们曾经创造过而且至今还保存了某些美丽的东西，可是新制度却是批量生产丑陋的货色：建筑物的墙壁和门窗歪歪斜斜；外表的水泥板不但脏，而且凸凹不平；设备老出故障，机器生锈，四处乱堆着破铜烂铁——总之，一副败家子景象。

这一制度对物如此，对人自然也一样。在布满垃圾的荒芜之地，在照例蔑视人性的这个世界，叫人怎么生活？他们用拥挤不堪、臭气熏天的货车，把人们运去从事无益的劳动，把这些人叫做"白煤"，任其湮没于荒野（在死亡列车和死亡行军方面，苏联比纳粹德国先走了一步）。幸免于难或未曾遭殃的一些人，在自己家里的小小房间内英雄般地保持了温馨文化的点点绿洲。更多的人则是将自己的失望和忧伤淹没于伏特加酒之中。

然而，还有大自然的恩赐。由于原先的经济发展得迟，革命政权继承下来的最巨大资产就是大片大片未受糟蹋的自然财富。可是它以草率莽撞的态度消耗这些财富，还将这种态度自封为美德。

有一个**地方**和一个**事件**很有代表性。这个地方就是咸海，它曾经是地球上第四个最大的淡水湖，* 如今成了一潭死水——面积缩小了一半，水量减少了2/3，因化学物注入而恶臭，鱼虾不存，空气热而且有毒。周围的儿童早夭，其中1/10活不到一周岁。苏联在那里实行鲁莽的计划，几十年下来，无滤毒设施的灌溉渠道让多少吨的除虫剂、除莠剂和化肥注入湖中，成果是生产了大量棉花（"白金"），代价则是人的寿命缩短，环境恶化。⑤

咸海是最恶劣的事例，但绝非唯一的。一般说来，苏联在实施引水和改水工程以及在原先清洁的地方兴建工厂时，都不考虑环境后果。优先考虑的只是想当然的就业安排和经济增长，工程越大和代价越高，就越是受崇敬。西伯利亚更是被看做天赐的白板一块，苔原辽阔、广袤无垠，在那里干什么都行，于是河流被扭转倒流，北方的雪被融化成水浇灌南方的沙漠。造化得纠正：共产党人认为自己是反宗教和讲科学的，但却想变人为神。他们这些自大狂的计划中，有一些最宏伟的项目若是完成了，就会改变全球气候，但它们却被迫半途而废。幸好，普罗米修斯又被缚住了。

---

* 原文如此。——译注

一个地方是咸海。一个事件则是1986年乌克兰境内的切尔诺贝利核电站事故。原子反应堆熔塌,大火失控烧了5天,散布了50吨以上的放射性物质,其波及地域包括白俄罗斯、波罗的海沿岸国家以及斯堪的纳维亚半岛的部分地区,面积远远超过广岛和长崎两次原子弹爆炸的总和。当时盛行风的风向是西北风,但在别的方向上,后来有些土耳其人死于血液病,从芬兰到亚得里亚海滨还有成千的孕妇发生了先兆流产,这些人是不是切尔诺贝利事故的受害者,谁也不敢下定论。而那些奉命去灭火和清理现场的勇敢的人们则肯定是受害者。当局答应给他们发特殊补偿金,但不是所有的人都领到了钱。救济费在经过层层地方官员的手时逐渐消失了。那些工人受放射性沾染的程度被有意低估,因此,他们执行任务所付出的代价是慢性死亡(他们当时能说不吗?)。然而,任务显然完成得很马虎,原子反应堆的堆芯并未完全封死,局面没有完全恢复稳定。*

　　那座核电站周围成了恐怖地区。恐惧有理吗?明确的答案也许要等到几十年以后,因为低度辐射是慢慢起作用的。有些科学家说要50年。到那时,所有的受害者都不在人世了。当地的居民选择了恐怖和谨慎小心,大多数人迁走了不再回来。可是也有些人始终没有离开,还有些人走了又返回,因为有空地好利用。有一位胆大的65岁的妇女相信自己依然健康。她有一套经验法则:种苹果树要把种子深埋于地下;吃蘑菇不要超过10公斤;"如果觉得辐射太多,就喝点伏特加"。她的邻居相信眼见为实:"瞧这个地方。哪儿看得见辐射呢?要说不一样,就是这地方更好了,人少了。"有的人拿自己的苦境取乐,讲的一个笑话是:一个农夫卖苹果,插一块牌子,写上"切尔诺贝利的苹果"。旁人见了,说:"你准是疯了,谁也不会买切尔诺贝利的苹果。"那农夫说:"才会买哩!有的人买去送给丈母娘,有的人买去送给自己老婆。"⑥(大概还有人是买去送给自己丈夫吧。)

　　虽然别的事故和自然灾害可能使更多的人死亡——1984年印度博帕尔化工厂泄漏大概就是一次——但是从国家声誉和威信所受的损失来看,切尔诺贝利事故当是首屈一指了。** 苏联官方竭力否认事实和说法自相矛盾的劲头,恰好与他

---

　　* 这些情况不同于苏联当局公布的说法,而且也不是国际原子能机构所愿承认的。可参看 Alexander R. Rich, "10 Years Later, Chernobyl's True Story Is Hard to Nail Down", *Boston Globe*, 1996年4月26日,第21版。

　　** 切尔诺贝利事故的生命损失可能永远说不清。官员,包括医务人员,都受到巨大压力而尽量缩小损失。Feshback 和 Friendly, *Ecocide in the USSR* 一书第152页指出,当地医生走光了,因为害怕公众愤怒。大概更怕辐射。

们兴办工程时的技术傲慢和巨人狂成正比。⑦他们的指令经济蒙上的耻辱包括无能、轻信、愚蠢，以及不关心公众福祉，越是笨拙地企图掩盖真相，就越是如此。"现在可以看出，切尔诺贝利事故的政治反响加速了苏联帝国的崩溃。"⑧

与切尔诺贝利同属一个类型的核电站，还有十来座仍在运行之中。

装模作样和许愿，是经不住事实和经历的考验的。一旦幻梦消散，一旦人们知道了制度与制度之间有何不同，苏联的共产主义就站不住了。墙倒了，苏联瓦解了，不是由于革命，而是由于被抛弃。

关于非洲，巴兹尔·戴维森写道："……从继承下来的生态环境看，处境是再困难不过的了。千百年来，世世代代居住在这里的各族人民'驯服'这片土地时，面临着在其他各大洲并非常见的艰难困苦：土地贫瘠，降水量不匀，害虫和热病滋蔓，如此等等，人们难以生存。"⑨

拉丁美洲和中东地区存在的种种弊病，在撒哈拉以南的非洲都是成倍地更加严重，其中包括：治理不善，主权准备不足，技术和教育落后，气候恶劣，别人给他们出的主意即使并非居心不善也是笨拙低能，贫穷，饥饿，疫病，人口过多等等——真是灾难如山。在世界上所有的所谓发展中地区之中，非洲最差：人均国内生产总值的年增长率大概还不到1％，统计表上分布着许多负号，许多国家的收入现在比独立前还低。若与别的地方两相对比，景象之惨更令人心酸：在1965年，尼日利亚（石油出口国）的人均国内生产总值高于印尼（另一个石油出口国）；而在25年之后，尼日利亚的水平已仅及印尼水平的1/3。⑩

在经历了独立的最初欢欣之后，痛苦的现实伤人更甚。独立了，外国剥削的重担甩掉了，该是收获的时候了。最初的某些统计数字似乎证实了这一点："有些地区，例如南北罗得西亚、比属刚果、摩洛哥、加蓬和肯尼亚，显示出6％至11％的年增长率，属于世界最高水平。"⑪当时几乎没有人想到这些估计数字该除掉水分，因为刚向城市化迈进的国家总有上升趋势，货币化交易比重上升，因而可统计的交易额上升。当时也没有人停下来思索一下为什么殖民列强那么急于离开。人们希望非洲过上好日子。一位西方观察家在1962年写道：

> 非洲人总的说来是世上最有现代头脑的人……非洲领导人几乎无例外地……都有一种热情的愿望，就是要获取西方文明两千年来所创造的一切好东西。他们尤其希望掌握美国文明的技术成就，尽快予以实现。

非洲人缺乏历史意识,这就使非洲领导人享有一大优势,有利于迅速奔向现代化的目标。⑫

然而……巴兹尔·戴维森,这位毫无疑问对非洲怀有同情心和善意的非洲问题专家,却在他的书中伤心地写到人们的幻灭,谈到非洲各地的人们逐渐认识到,自由并不会自然而然地通向幸福和繁荣。⑬

专家们谈到非洲食品供应无保障,或者食品不能自给自足。事实上,非洲在这两个方面都不足。有大量的而且不断增多的人口——尤其是妇女和儿童——食不果腹,营养不良。他们缺乏购买力,或是分布在缺粮地区。城乡之间彼此为敌,其情景颇似罗马帝国末期的无政府状态。城里的新官吏企图压榨农村,压价收罗农产品。农民则拒售或放弃种植。城里人还养成了当地农业无法满足的洋口味。因此,即使是在太平年景,农村也生产不出足够的食品,或者是生产出的食品不合城里人口味,因而还必须从国外进口,耗费越来越多的钱,日益影响国际收支。生存如此受制于人,这是世界上任何别的地区所不及的。⑭

此外,非洲还有一点与其他贫困地区不同:食品供应不足的受害者不是城市中的购买者,而是苦苦种田和饲养牲畜的小农。自然因素——土质贫瘠和气候多变——起着恶劣的作用,丰年和歉收年摇摆不定,而且长远趋势是日益不利。从1960年到1984年这25年当中,食品产量跟不上人口增长的速度,只是靠了迅速增加进口,才避免了普遍的饥饿。市场力量也鼓励进口,例如,从美国进口的粮食,其价格1983年在拉戈斯只等于本地粮价的1/4。⑮从卡路里摄入量计算,进口食品在1969—1971年占6%,在1979—1981年占13%,对进口的这种依赖导致口味的改变,有钱人不吃本地粮食而改吃新品种,而且养成吃肉习惯。于是,越来越多的非洲粮食被用作牲畜饲料。非洲人口的自然增长率高居世界首位(年增长3%以上),这就迫使农民垦荒种田,田力迅速耗尽。有些农民被迫离乡,搬进城市中的贫民窟。⑯在那些政治机构脆弱低能的国家,治理不良的伤痕很难愈合,社会弊端丛生。

人们不应该因此而责怪非洲小农无知或无能。如同世界任何地方一样,非洲人的务农方法和再生殖行为也是既反映出老的价值观和习俗,又反映出人们适应物质环境的合理反应。非洲农民并不傻。由于缺水缺柴火,孩子们早早就得参加劳动,担水打柴。结果,人们为了添劳力而自然愿意多养孩子。大家庭还是男子生殖力壮的证明,可引以为自豪。⑰一般说来,妇女只能俯首听命,在盛行一夫多妻制的地方更是如此。男人常常外出打工，回家就为所欲为，而且带来传染病的危险。艾滋病？别提安全套了，男人不喜欢那东西。妇女呢？"她们眼前就有操不完的心，哪里还能想到10年后才会要命的那个麻烦？"[18]

在殖民统治后期，有些政府和外国谋士曾企图弥补上述种种不足，尽管他们往往是出于利己的动机。以农业为例，某些殖民统治者曾试图纠正以往的错误和漠不关心的态度，引进"现代"方法。这类计划之"母"是英国人于1946—1954年期间在坦噶尼喀推广种植花生，"其目的在于显示……运用西方现代技术和专业知识，能取得何等业绩。"[19]这一想法最初来自联合非洲公司的董事长，而该公司是在利用花生油方面驰名于世的联合利华公司（Unilever）的一个子公司。该计划在英国内阁一级得到审议和批准。当前目的是：利用殖民地产花生，就可以不花美元而缓解英国战后的油脂短缺。当时的食品大臣约翰·斯特拉奇说："烦恼的英国主妇们能不能在不远的未来得到更多的人造黄油、烹调油和肥皂，首先就在此一举。"[20]

这项计划的最终目的，是"提高非洲农民的生活水平"，办法是展示现代技术的潜力。花生当然不是供饥饿的非洲人消费，但非洲农民会目睹大规模机械化农业的优越性，从而加以仿效。计划是全用机械：推土机，拖拉机，拔根机，播种机，以及联合收割机。

当时的英国工党政府推行这项计划，还有一个目的，是要显示英国式的社会主义优越于苏联的意识形态，所以还派了官员去教非洲雇员如何罢工以争取提高工资。这一利他主义举措的成果超乎意料之外。非洲人拿起长矛，拆坏拖拉机，设置路障切断公路铁路交通。当局只好派警察去镇压，逮捕当地工会头目。罢工失败了，可是当地人毕竟学到一点东西。[21]

那些计划工作者竟然毫无计划。他们见到一大片土地是空闲的就选择了它，却不知道它之所以空闲是因为无水。代表团的成员们承认自己"根本没有机械化农业的经验"，谁也不曾干过。关于当地降水量及其对农作物的影响，还有土壤，都缺乏资料。他们估计清除这片土地上的灌木丛的费用，是根据战时修建简易机场的经验。食品供应，是靠远从菲律宾运来的剩余军用物资，有的能吃，有的毫无用处，而且因保管不善而变质。代表团中没有工程专家。该团的一位会计说："全是凭猜想。我们猜想得对不对，就跟任何别人的猜想一样。"

英国主妇和非洲农民都只好久久等待。其实，非洲有些地方的农民也种花生，他们——实际上通常是妇女——全靠手工，一步一个坑地艰难劳作。尽管如此，却依然比英国这些机器干得好一点。在非洲气候条件下，这些机器老出故障，没有修理厂，没有替用零件，机器还能有什么用处？第一步，即清除灌木和拔树根，就成为一场噩梦。它的费用超过了预算10倍。等清理完毕，土地干旱得像砖头一般硬。* 不久，这项计划只好缩小规模，部分地改种向日葵。仍不见效。老天拒绝合作，产量远远低于原先的估计。

这项计划对当地经济和社会的影响是可悲的。英国雇主有钱雇用当地的人，当地人受雇就不再种粮食。于是粮食产量下降，不得不大量进口。饮料也进口了；还有娼妓，"其收费惊人，在5先令以上"；㉒还有盗贼——总之，由于意外之财而滋生的弊病和腐败现象样样俱全。同时，英国人还企图教当地人懂得工人阶级团结平等的重大意义，当地人则认为这是要颠覆秩序与道德。

到1950年，失败已不可避免，悔恨和清算的时候到了。花生不适于这样批量种植，而是需要精耕细作，才有合算的收获。在3万英亩巨大面积上机械化种花生，根本不切实际。处理遗留的机械和设施，又花了4年。英国人尽可能把它们移交给新独立的坦噶尼喀，而坦噶尼喀则感到这些倒霉的剩余物资与其说是资产，还不如说是麻烦。观察家们都不难看到，把钱用到别处会更有益一些。

不用说，这场闹剧损害了英国的威信，而且让别的"富有想象力的经济开发计划"泄气。那么，别的计划是否好一些呢？纪录并不令人鼓舞，只有那些不断更新的计划工作人员和技术人员觉得它们有意思。最终，英国人甩手走了。他们有别的事要操心，不再想非洲的花生了。

英国的花生计划并不是例外事件。殖民政府都容易动这类念头，觉得只要干好了就有利可图。从20世纪初到40年代，法国人在尼日尔河上游廷巴克图以上地区（在现今马里境内）试验过种植棉花。那也是为了利用非洲满足欧洲的需要，因为法国的棉纺厂当时不得不用珍贵的美元进口美国棉花。为了保证原棉的供应以便能在世界市场竞争，法国殖民当局费尽心机来保护他们的非洲臣民。他们也要维护企业的自由。因此，按照完美无缺的法国式逻辑，他们想出了一个折中方案：当地农民有从早到晚种棉花的"严格义务"，但也有出售棉花的完全自由。㉓然后，法国人让农民背井离乡，重新安置到指定的地区专门种棉花。如果农民制造麻烦，或交来的棉花不合格，就把他们送进监狱。有人会想那是一个宽松的监狱，但也要达到惩戒的目的。

---

* 关于砖红壤，请参看第一章。

人们也许以为，非洲国家独立以后，情况就大变了。但是新政府也有它们的经济开发和社会工程计划，因为又有了新的一代爱活动的热心的专家和技术人员，他们热心于花钱，热心于做好事，热心于行使权力。这些干将发挥想象力订计划，自然没有麻烦，计划越大越好。可是计划失败了，又怎样呢？

> 这都是西方的过错。西方告诉我们要建电站，修桥梁，办工厂、钢铁厂和磷矿。因为你们这么说，我们才造它们，办法也是你们告诉的。可是现在它们不能用，你们说我们必须付钱，付出我们的钱。这不公平。是你们告诉我们造它们的，该是你们付钱。我们当初并不曾要它们。[24]

愿望与实际结果之间的差距，在很大程度上是由于准备不足。刚结束殖民地时代之后的非洲人没有自治的经验，他们的统治者所享有的合法性，是靠了家族关系网和仆从们的忠心。突然之间，这些新国家被硬塞进代议制政府的紧身衣，他们自己的传统跟这种政体格格不入，原先的殖民者家长制的统治也不曾为这种政体作准备。在某些国家，过渡之前先有一段解放战争，它动员了民族激情和认同感。但结果是强人统治，民众意志体现为专制，民主遭到扼杀。政局的稳定有赖于一人的活力，当他衰弱或死亡（或被暗算）时，随之而来的是短命的军事政变所造成的无政府状态。

这种强人统治所产生的政府，实际上都是无能的，只在一点上例外，即掠夺财富。在非洲，最富的人是国家元首及其部长们。[25] 政府机构膨胀，以便为亲信安排职位。经济则受到挤压，以榨取剩余价值。外援的很大一部分（大部分？）流入了国外银行的私人账户。[26] 这些盗窃国家财富的人到瑞士去住，靠近自己存钱的银行，可以享福。不过，仅仅有钱也许还不够。

巴兹尔·戴维森给我们提供了两个互不连贯的事例。第一个是扎伊尔（原比属刚果），它只有一个国家的架子。蒙博托·塞塞·塞科这位暴君在位时只统治了首都金沙萨和另外几个城市，以及外国公司采矿的几个地区。所有这些地方都向他进贡，他在瑞士的存款据说有几十亿美元。他实际控制的这些地点彼此之间的交通工具是飞机，因为地上的道路不是不能通行就是行车不安全。在比利时统治下，那里的通车公路在1960年有88000英里；到1985年，通车里程降到12000英里，其中仅1400英里铺有路面。然而，由于缺乏保养，铺有路面的公路坑坑洼洼，反而不如泥泞的土路。

几乎全国各地和整个社会都实际上不在这个虚假国度之内。在东部，外国入侵者经常追赶外国难民，把难民往死路上逼，而且支持反对金沙萨的叛军。在首都，在野党谴责叛军的计划，警告说要防止一个新的专制政体："我们要甩掉一个强人，并不是为了让另一个强人取而代之。"叛军回答说，倘若在野党领袖想要"驾驶一艘下沉的船"，他最好先学会游泳。⑰西方代理人试图劝说蒙博托下野（或者保留他在职），同时想方设法对可能的随后上台者施加影响。西方关心的首要大事是继续把矿石运出来。法国人还希望让扎伊尔留在法语区轨道上，似乎这关系到法国的尊严（比利时人早已撒手不管了）。美国人呢？美国利益在哪里，都不清楚，也许只有跟法国人作对这一点例外。

在这一片无政府状态之中，国际救济机构力图帮助难民活下去，可是每一次入侵的强盗逼近时，救济难民的活动都只好中断。有一些救济物资运进去了，但给了谁？1997年4月，叛军攻占了扎伊尔的钻石都城，这预示着政权将会改变。蒙博托已无力发军饷，军队只好抢劫（当兵的也得过日子）；他也无法再博取大国的欢心，尽管他讲法语。在世界银行的国家名单上，扎伊尔此时业已消失。这倒有先见之明。叛军在6月把蒙博托赶出扎伊尔之后，又把国名改回为刚果（共和国）。

第二个事例是贝宁，原名达荷美。自1960年到1989年，这个国家的最大产品是马列主义宣传和政变。官方统计数字显示出生产和贸易几乎都不存在。可是贝宁人种植和收获棕榈油及花生，只不过是不将自己的产品交给当局或官方市场。差不多一切的交易都是通过非官方渠道进行，农民因此可以多赚点钱，对付庞大官僚机构的办法则是行贿。所以贝宁从官方纪录看是一个空壳，经济是负增长，国际收支是赤字，可是实际上它是一部走私机器。

从这两个以及其他类似的事例可以看出，非洲并不是像它表面看来那般的糟糕，只是更加恶劣。你瞧瞧照片或电视屏幕，看看那些儿童一个个无精打采，满身苍蝇屎，瘦骨嶙峋，皮肤松垂，眼球和腹部鼓凸，这时怜悯之心会油然而生。你明白，当你看到这些可怜孩子的时候，他们该已经不在人世了。可是，你再瞧瞧另一种场面，特别是欣赏一下《全国地理》杂志的彩页，那种充满异国情调的风光，那些满脸欢笑和活力充沛的舞女和商人，又会令你诧异不已。非洲既显出绝望和毫无希望，又显出希望和勇气。境遇是可悲的，可是人们仍然有办法去对付，去生存、死亡和繁殖。

与此同时，那些国际机构中的禄虫和专家们唱着无辜和无经验的小调，时髦的字眼是"调整"：这儿来一点自由，那儿来一点市场和汇率现实主义，局面就会改观，甚至从此好运来临。经济学家们玩弄的游戏之一，可以叫做"统计数字错杂推论"。把不同国家多多少少可比较的数字加以比较，引出过去和未来的结论。拿非洲来说，我们在上文中已看到尼日利亚和印尼的对比。东亚国家起点比非洲还低，如今却比非洲强（在土耳其和韩国之间也可以作类似的令人反感的对比）。可是为什么不转过来说呢？既然印尼能做得这样好，尼日利亚又为什么不能呢？同一份世界银行的报告在悲叹非洲1965—1990年的状况时，又引用亚洲1965年的数字（"与非洲1990年状况相似"），来预测非洲下一个25年的增长前景。这些专家把不同时代的相等水平说成是状况相似。啊，不错，亚洲儿童就学率高一些，但非洲这一点不难弥补。除此之外，没有问题。文化和体制上的区别，算不了什么。

新闻：联合国在世界银行和国际货币基金组织的合作下，宣布了一项计划，要在今后10年内募集250亿美元（这超过这两个国际金融机构的能力，所以还得要大量私人款项），将这笔钱投资于非洲的改善。[⑧] 当今世界上25个最穷国家中，有22个在非洲；非洲54％的人口生活在联合国贫困线以下；非洲还是预计今后10年内贫困会加剧的唯一地区。可是，250亿美元能有多大用场呢？非洲国家的外债1994年已达3130亿美元，所以250亿美元可以支付一年的利息。而在1995年第三世界得到的总共2310亿美元外商直接投资中，投在非洲的只有大约20亿美元，还不到1％。商人知道该把钱用到哪里。

不要紧：请多看积极一面。形势愈坏，改善的潜力也愈大。较好的政策（结构性调整）可以而且将会使非洲回到经济增长的轨道。但是还有许多事情要做。非洲的问题远远不只是政策不好，而政策不好也绝非偶然。好的政府不是一请就到的。欧洲花了几百年才得到它，为什么非洲应该在几十年内就做到这一点，更何况是在经受了殖民主义扭曲之后？没有政府又如何呢？比方说，索马里如今就是一片政治真空。即使人们想寄点援助，也不知道该寄到什么地址。"我们甚至不知道怎样寄封信给他们。"[⑳]

在一个脆弱的世界上，好的政策也会随时受命运摆布的。在非洲，如同在世界许多地方一样，时钟既向前走，也向后走。

* * *

被打断的国度：阿尔及利亚

经济史上，最能教训人的事情之一，是回想昨日的专家预言，再看它们有多么虚妄。

在 70 年代，阿尔及利亚因石油收益突然膨胀而得意洋洋，而且它的工业基础在非洲除了南非之外就数第一，所以它的工业部长高兴地预言，阿尔及利亚将是"非洲的第一个、世界上的第二个日本"。预言从他嘴里飞进了上帝的耳朵。有了工厂和设备不一定就有产品，有了产品也不一定就有用和可销售。可是像过去一些发展中国家，其中包括 19 世纪欧洲一些国家一样，阿尔及利亚着手兴建现代工业基础设施。它尤其着重于发展重工业，因为好的社会主义学说认为那是唯一可走的路。什么发挥比较优势，那是资产阶级理论，见鬼去吧。

这一套代价高昂的国有企业带来了人浮于事，效率低下，非市场形成的价格，以及弄虚作假的账簿。几乎没有一样工业产品能出口；即使是在受控制的国内市场，许多东西也卖不出去，或者很快就损坏变质。工厂的生产很快走下坡路，开工不足，或者因缺乏维修保养而闲置起来。方便的办法是拆卸旧机器的零件修补别的机器，使设备提前报废。从 1980 年到 1992 年，制造业产值平均每年下降 1.9%；它在国内生产总值中所占的比重在 1970 年为 15%，1992 年时降到 10%。⑳

全国人口在独立之后的 30 年里增加了近两倍（1960 年为 1000 万人，1993 年为 2700 万人），大批人移居欧洲，还不计在内。野心勃勃的革命政府鼓励多生孩子，以为人多就军力强，国际威望高。人口的繁殖成为唯一的高效率产业。可惜，孩子们要长大了才能干活，而现在一下子增加这么多——15 岁以下者占人口将近一半——就至少在眼下成为沉重的负担。鼓励多生孩子，就该多投资于教育，可是 1990 年人口的文盲率达 43%，妇女中的文盲占 55%。还应该有充足的食品供应，可是全国耕地没有增多（与 1910 年时一样，仍只占全国面积的 2.9%），集体农业又弄得一团糟，现在粮食不够自给。进口食品（粮、奶、糖、香蕉、烹调油）越来越多，国家给补贴后卖给百姓。

除此之外，政府也进口耐用消费品，再以优惠价卖给受宠的官员。这类商品的供货合同是外国供应商激烈竞争的对象。投标反投标的竞争应该使价格降低吧，可是没有，仅仅是使贿赂越来越高。然而这些贿赂钱只是化公肥私的庞大金额之中的很小一个部分。阿尔及利亚人说，国外银行秘密账户上的金额有 260 亿美元之多。[31]

出口额抵偿进口额的比例，在 90 年代初为 3% 至 10%，出口收入几乎完全来自石油和天然气。这看来很小了，可是还要记住，石油和其他出口收入有 2/3 是用于支付外债利息（换而言之，石油被抵押了，而储量正在迅速减少）。[32] 还是一句老话：阿尔及利亚像任何主权国家一样，可以把外债一笔勾销。但是它需要借更多的债。即使仅仅为了吃饭也必须借债。国际货币基金组织照例建议它作"结构性调整"：我们给你钱，你得改变做法。阿尔及利亚政府欣然同意：我们会改变做法。此外，我们已经欠了这么多，再多一点也不要紧。

受过法语教育的阿尔及利亚观察家把他们的国家比作拉封丹寓言中的那只蟋蟀：

当天气还暖和的时候你都干什么啦？
……
我唱啦，我希望你别在意。[33]

幸好，国际货币基金组织不是像拉封丹寓言中的那只蚂蚁那般严厉和苛求，没有对阿尔及利亚说："你唱啦，啊？我喜欢那个。好吧，现在跳舞吧。"

阿尔及利亚要变也难。国家社会主义不只是一种生产模式；它还是革命的象征和遗产，是写进了最初宪法的一项"坚定不移的承诺"，是平等主义的理想，是一面旗帜，阿尔及利亚还是在这面旗帜之下在第三世界政治运动中起了重要的作用。

最近几年，这个国家已摇摇晃晃，形势恶化。17 岁到 23 岁的青年当中，有将近 3/4 的人失业。他们被叫做"墙人"，因为他们整天无事可做，尽靠着墙观看街上来往行人。他们对社会不满，孕育着愚昧幻想，充当炮灰。内战已使 6 万多人丧生。早死从来是叫人伤心的，而阿尔及利亚的叛军更是残酷得出奇，总是尽可能用割喉咙的办法置人于死地。这办法可节省子弹，据说还会让死者更靠近于上帝。[34]

许多人是被胡乱杀死的，他们常常是无辜的行人，很多死者是妇女和儿童。伊斯兰恐怖分子尤其爱杀害"不知羞耻的女人"以及法官律师、行政官员、外国技术人员和知识界的头面人物。他们这样做，是要扭转任何走向思想自由和男女平等的进步。外国人格外危险，恐怖分子认为杀害几个外国人就可以把其余的外国人吓跑（不妨对照一下外国旅游者在埃及遇害所产生的影响）。国家当局的对策也是使用暴力：酷刑逼供，奸淫烧杀。大概不久就会有一个结局吧，但结局是好是歹，谁也没法说。与此同时，不信教的、会说法语的人纷纷逃往法国。法国人不欢迎，原因之一是这些阿尔及利亚人把他们的斗争也带到了法国。法国已经发生过几次预示着阿尔及利亚恐怖的爆炸事件。

* * *

从左翼学者到巴西总统：
现实主义的优越性

费尔南多·恩里克·卡多佐，曾多年是拉丁美洲依附论学派的领头人物，反资本主义反殖民主义的意识形态旗手。这一学派的理论最初是由阿根廷的劳尔·普雷维什提出来的，他根据中心与周边的理论，认为欧美剥削着海外较弱国家的经济。在那些因贫富差距日益扩大而愤愤不平的国家里，这派学说引起了强有力的共鸣。在60年代和70年代，卡多佐作为社会学家，就这一课题写作和主编了20来本书，其中有些书成为造就一代学者的标准读本。最有名的一本也许就是《拉丁美洲的依附与发展》。在该书的英文版本中，结束语是一句冗长的、并不那样带鼓动性的格言：

> 实际的战斗……是展开于技术官僚治国论与大众工业社会形成过程的理想之间，这一理想能提供具有特定民族性的得人心的内容，能成功地将人们对于较发达的经济以及对于民主社会的需求转化为这样一种状态：它能表达真正民众力量的活力，能寻求社会主义的未来社会组织形式。⑤

1993年，卡多佐出任巴西财政部长。他看到自己的国家翻滚于高达7000％的年通货膨胀率之中。当时，政府对通货膨胀这一通货麻醉剂已经习以为常，老百姓也纷纷采取别出心裁的对策（例如出租车的计费器可以按照物价指数作调整，也许还可以因人而异），所以，连一些严肃的经济学家都愿意对这种动荡局面加以轻描淡写，居然说通货膨胀的肯定性是稳定性的一种形式。

对于能采取预防措施的巴西人来说，这种说法也许有道理，可是通货膨胀有害于巴西的国际信誉，而巴西是需要借外债的。它还需要与别的国家做生意，尤其要跟那些被视为敌人的资本主义富国打交道。因此，卡多佐开始从不同的角度看问题，以至于观察家们终于称赞他是一位务实派，"没有强烈意识形态成见"。㉛反殖民主义激情消失了，也不再敌视外国与巴西的联系及其包含的依附意味。卡多佐说，巴西没有别的选择。假如巴西不愿成为全球经济的一部分，那就"无法竞争"。"这不是外界强加于我们。这是我们自己的需要。"㉜

善有善报。两年之后，卡多佐当选为巴西总统，一个重要的原因是他使巴西多年来头一次有了自己坚挺的货币：雷亚尔，其币值略高于1美元。雷亚尔站住了，比美元还值钱，这对民族自豪心是多大的鼓舞！

尾声：稳定的货币还不能包治百病。时至1996年年中，公共财政出现较大赤字；出口增速减慢；一季度实际产值下降；实际利率虽比原先低，但仍然高得让人不敢借贷；制造业的一些重要部门，如冶金、机械和纺织业，1995年出现生产率负增长。㉝

注释

1. 参看阿拉伯国家、伊朗及土耳其经济研究论坛通讯 *Forum*，1995年7—8月一期，第1—5页，Ishac Diwan, "Hard Time for More Labor Economics" 及 N. Fergany, "Unemployment in Arab Countries" 二文。

2. 见 Bulmer—Thomas, *Economic History of Latin America*，第278页。

3. *Financial Times* 1997年6月26日第4版报道，联合国国际毒品控制计划发表的第一份世界毒品报告估计，金球非法毒品贸易额达4000亿美元，约占世界贸易总额的8%。据统计，毒品贸易收入约占玻利维亚出口收入的28—53%，占哥伦比亚国内生产总值的6%左右。

4. 关于社会主义国家（以德意志民主共和国为例）童话般经济的内幕，见 Merkel 和 Mühlberg, eds., *Wunderwirtschaft* 一书。

5. 见 Feshbach 和 Friendly, *Ecocide in the USSR*，第4章；Kaplan, *Ends of the Earth*，第277页；David Filipov, "A Sea Dies, Mile by Mile"，*Boston Globe*，1997年3月23日，A—1版。

6. 见 Filipov, "In Chernobyl Soil, Fatalism Thrives"，载于 *Boston Globe*，1996年4月21日，第17版。

7. 参看 Josephson，"Projects of the Century"，第 546 页等处。

8. 见 Shcherbak，"Ten Years of the Chernobyl Era"，第 44 页。亦见 Marples，*Social Impact*；Medvedev，*Truth about Chernobyl*；Michael Specter，"Ten Years Later, Through Fear, Chernobyl Still Kills in Belarus"，*N. Y. Times*，1996 年 3 月 31 日，A—1 版。

9. 见 Davidson，*Black Man's Burden*，第 216 页。

10. 见 World Bank，*Adjustment in Africa*，第 17 页；该银行 *World Development Report 1997*。对于这些数字，一个困难之处在于它们的误差幅度很大。一方面，非洲一些国家的当局编造所需的数字。另一方面，非官方的平行经济活动状况完全得不到统计。这两种偏向能相互拉平吗？

11. 见 Kamarck，*Economics of African Development*，第 17 页。

12. 见 H. J. Spiro，*Politics in Africa*，引用于卡马克上述一书第 48 页。

13. 见 Davidson，*Black Man's Burden*，第 197 页。

14. 关于这种种情形，见 Platteau，"Food Crisis in Africa"。

15. 同上，第 451 页。

16. 有些人欢迎这种早熟的城市化，认为它是现代化、民主化和企业的温床。见 *Le monde* 1996 年 11 月 10—11 日所载 A. Frachon，"L'Afrique n'est plus rurale" 一文。

17. 参看 Dasgupta，"Population, Poverty, and the Local Government"。

18. 见 J. C. McKinley, Jr.，"Anguish of Rwanda Echoed in a Baby's Cry"，*N. Y. Times*，1996 年 2 月 21 日，A—8 版。

19. 见 Havinden and Meredith, eds.，*Colonialism and Development*，第 276 页。

20. 同上，第 278 页。

21. Evelyn Waugh，*Tourist in Africa* 一书第 98 页叙及此事。

22. 同上，第 99 页。

23. 见 Roberts，"The Coercion of Free Markets"，第 224 页；Davidson，*Black Man's Burden*，第 217 页。

24. 这是马里的一位受过教育、见多识广的警官的话，引用于 Biddlecombe，*French Lessons*，第 247 页。

25. 见 George B. N. Ayittey，"The UN's Shameful Record in Africa"，*Wall Street Journal* 1996 年 7 月 26 日，A—12 版。

26. 艾蒂在上述文中写道，联合国估计仅在 1991 年就有大约 2000 亿美元从非洲转入外国银行，相当于撒哈拉以南整个国内生产总值的 90%。

27. 见 H. W. French，"Personal Rivals Fight to Finish in War in Zaire"，*N. Y. Times*，1997 年 4 月 6 日。

28. 见 Barbara Crossette，"UN, World Bank and IMF Join $25 Billion Drive for Africa"，

载于 *N. Y. Times*，1996 年 3 月 17 日，A—6 版。在纽约发行的《非洲观察家》谴责这一计划是布特罗斯·布特罗斯－加利为争取连任联合国秘书长而炮制的一场把戏。(若真如此，则目的没有达到。)

29. 见 *N. Y. Times*，1996 年 3 月 17 日，A—6 版。

30. 这些数字摘自 World Bank，*World Development Report 1994*。

31. 系 1993 年数字。Field，*Inside the Arab World*，第 135 页指出这一数字相当于阿尔及利亚当时的外债额，所以人们可以梦想，假如他们能掌握那笔钱的话，就会一分钱外债都不欠。

32. 这方面的情形，见 Abdelaziz，"Une économic paralysée"。

33. 见 Field，*Inside the Arab World*，第 134 页。

34. 见 Fisk，"Sept journées ordinaires"，第 7 页。

35. 见 Cardoso and Faletto，*Dependency and Development*，第 216 页。

36. 见 Mat Moffett，"Foreign Investors Help Brazil's Leader Tame Its Raging Inflation"，*Wall Street Journal*，1995 年 12 月 15 日，A—1 版。

37. 同上。

38. 见 Sebastian Edwards，"Why Brazil Is Not Mexico—Yet"，载于 *Wall Street Journal*，1996 年 7 月 26 日，A—13 版。

国 富 国 穷

第 29 章

THE WEALTH AND POVERTY OF NATIONS

我们是怎样来到这里?
我们正走向何方?

全球化和趋同是否标志着国家奋斗的终结？国际经济竞争力是否不再有意义？经济学家保罗·克鲁格曼会说"是"，因为他认为那些主张建立国家经济的人"其观点是建立在这样一个基础上，即他们不能理解甚至最简单的事实和理念"。

Why Some Are So Rich and Some So Poor

David S. Landes

千年的纪录似乎相当简单。原先的世界上分布着一些大大小小的帝国和王国，它们在财富上和实力上多多少少大体相等，而如今的世界是由民族国家组成，其中的一些要比另一些富裕得多和强大得多。原先人口只有几亿，如今达到60亿，还在不断增添。原先是使用虽然精巧但却俭朴的工具和技巧，如今我们成为大机器和看不见的力量的主人。撇开魔术和迷信不谈，原先人们只是笨拙地以及聪明地进行观察，如今我们掌握了大量的而且不断增长的科学知识，这些知识产生出源源不尽的有益的用途。*

　　这些知识大多是有好处的，然而智力和物质力也往往被滥用于邪恶和破坏性的目的，或者无意之中在运用的时候造成罪恶后果。①我们吃亏于我们对大自然的知识与我们对人的知识二者不相对称，外在意识与自我无知二者不相对应。可是仍然不会有什么人愿意返回到原先的时代。有的人逃避富裕物质世界，隐居大自然以求精神更新。但是他们还得带上书本、眼镜和制成的衣被，有的还有光碟机，而且他们还知道有病求医。

　　请注意，我对科学知识和技术能力的终极优势和利益所持有的看法，现今受到尖锐的攻击，甚至

---

* 有人提醒我说，迷信和魔术并未消亡，还有人认为宗教信仰也是其中的一个部分。无疑，我们还是软弱的生灵，会在需要安慰的场合寻求安慰。连科学家和技术人员也不例外，因为科学和理性是很强硬的伴侣。尽管如此，各种幻觉、错觉和宗教信仰仍应在原则上和实践上排除于探寻和发现之外。

在学术界也受到攻击。这种反应往往表现为将"感"置于"知"之上,其理由则各种各样,从那种未见天堂的失望,直到凡人对不可知之知识的恐惧和愤怒,不一而足。②有些持反对意见的人,认为一场天启式的革命就可以纠正谬误和实现大家幸福,达到千禧理想社会。信奉马克思主义的社会主义者和共产主义者虽然口头上说尊重科学,实际上却属于这一类。另一些人是怀旧派,希望回到没有国家、过公社生活的原始社会那种神秘安详的日子。第一类人表现出人的良好愿望的极限。第二类人是空想空谈。世界并不是走向那方。*

直到最近为止,在一千余年的被多数人视为进步的这一过程之中,关键的因素——推动力——是西方文明及其传播,其中包括知识、技术以及政治和社会意识形态,其中好坏都有。这一传播部分地来自西方的支配地位,因为知识等于力量;部分地来自西方的传授;部分地来自模仿。散布是不均衡的,而且西方许多榜样遭到拒绝,被视为侵略。

今天,即使只讲一讲这一段故事,也会被某些人视为侵略。在谈论相对价值观和道义平等的世界,只要一提到以西方为中心(欧洲中心论)的全球史的想法,就会被谴责为傲慢和压迫性的言论。有人告诉我们,这种说法是企图"强调欧洲优越性从而为西方统治东方作辩护"。③而我们应有的东西该是一部多文化的、全球主义的、讲平等的历史,它对每个人都谈点事情(最好是好的事情)。欧洲的贡献不过是发明和界定了现代事物,它应当被看做是偶然的,或者,用时髦的话说,是因一定条件而发生的。

近来在有关环球航海和发现的讨论中,就有这种恐欧症的例子。有人说发现美洲的可能是(应该是)中国人。或者是日本人或非洲人。也许是那样。欧洲不过是有运气罢了。或者用一种愤怒的方式来说,欧洲人并不是幸运,而是可恶和狠毒。他们偷走了新大陆的银子,用这些银子在亚洲扩张帝国和进行贸易,打败更有教养的民族,然后自己夸耀自己的财富、技术成就、传播文明的使命和崇高精神。

这些全球主义者说,首先,我们不应当将欧洲的领先"实质化",即不应将它与欧洲的体制和文明联系在一起,用欧洲人的"有"对比非欧洲人的"没有"

---

* 持这一怀旧态度的人有如人类学家处理其标本时所遇到的难题:要么用凝胶之类的东西把标本珍藏起来,要么对标本作研究,而在研究过程中促使标本变样和消失。关于原始社会美德,见 Diamond, *In Search of the Primitive* 一书和 Jordan, "Flight from Modernity" 一文。

而加以解释。因此,有些辩护士在不知不觉之间证实,欧洲一贯对别人的文明和文化抱有好奇心,而那些"别人"相对说来却对自己以外的文明和文化不大关心,但这些辩护士们否认这一对比值得重视。④某些全球主义者说,问题在于没有东西是要解释的。不论是欧洲历史或非欧洲历史,如果硬要将不曾发生过什么也包括进去,那都一样会成问题。不能说做成了的事和未成之事都是历史的一部分。⑤当然,把注意力放到未成之事上面,可以被指责为有偏见的否定论:谁说非欧洲人必须追求与欧洲人相同的目标。

反欧洲中心论的这种想法是根本反理智的,而且也违背事实。可是它却很流行,尤其流行于那些据说是沙文主义的西方人中间。这些新全球主义者不喜欢一个信息,就想把送信人也杀掉——仿佛历史不曾发生过似的。然而,西方技术领先的事实是明摆着的。我们大家都应当问一个为什么,因为了解这一个为什么,也许有助于我们理解今天和预见明天。⑥

历史学家们喜欢向后看,而不是向前看。他们力图理解和解释历史的记载。经济学家也要了解过去,但认为他们对过去的了解只能达到符合于理论和逻辑的程度;同时,由于他们有基本原理作保证,他们也不那么反对预言由理性决定的未来。诚然,经济学家们也承认偶然事件和非理性的可能性,但这些因素从长远来看只能是把逻辑上必然的事推迟一些而已。理性终将胜利,因为理性有报偿。多多益善,而在选择目标时,物质成就是最好的依据。

所以,历史学家是未来不可知论者,因而实际上是悲观论者,而经济学家和生意人往往是乐观主义者。⑦乐观主义必须首先着眼于财富的增加,即亚当·斯密所说的"财富的自然进步"。甚至对于穷人来说:"几乎用你愿意采用的任何尺度来衡量,发展中国家人民的生活也都在改善。"⑧他们也活得更久,预期寿命的统计资料就能说明问题。同样,穷人平均说来比过去富一些,日子好过一些。经济学家们现在的看法是:世界将继续变富,穷人将赶上富人,经济增长的星星点点岛屿将连成大陆,知识将能够解决问题和克服一路上的物质困难和社会困难。* 今后也会是这样。

---

* 并不是人人都乐观。保罗·肯尼迪在《为21世纪作准备》一书中问道:"在贫穷的海洋中拥有繁华的岛屿,多惬意?"里夫金在《工作的终结》一书中对贫富悬殊亦感愤怒,认为长此以往,我们就会进到一个"后市场社会"。现在流行说后这个,后那个,也许不久就该说"后后"和"后后后"了。

但是，经济学家并不是一向持这种看法。* 亚当·斯密之后的经济学家曾预言过停滞：马尔萨斯强调的是人口对食品供应的无情压力；李嘉图谈过土地和地租吸收剩余价值而导致的"停止状态"；杰文斯担忧的则是燃料耗尽。在那个时代，经济学曾经有一个绰号，叫"阴郁科学"。后来的进步减轻了人们的这些忧虑，不过有些人认为马尔萨斯预言的末日只不过是推迟了而已。** 与此同时，天启论骑士队又添了一个新的骑手：环境灾难。我们不再担心这一种或那一种资源耗尽，技术会找到替用品。⑨ 但是我们给环境造成严重的、日益加剧的、可能是无法弥补的损害，对此不能不引起注意。这一威胁是与经济发展直接相联系，因为财富和产品的增加带来更多的废弃物和污染，给环境造成更大的损害。在其他条件相等的情况下，**是富人在毒化地球。**

诚然，富人，至少是某些富人，看到了这一危险，而他们的财富允许他们花钱去作清扫以及将废弃物卸到别处。*** 他们还给新的工业化国家提出大量的好建议。但后者马上指出今天的富国在它们当初的发展时期造成了污染，为什么今天的后来者就该小心？而且多数发展中国家情愿付出环境代价：现在先要工资和财富，疾病和死亡是以后的事。当然，不曾有人作过民意测验，但这种态度看来是有的。发展中国家充满年轻人，而年轻人总以为他们会永远活下去。再说，谁又限制得住污染和疾病？尽管穷人不在乎，富人却吓坏了。富人会失去的东西多得多。

如果说我们能从经济发展史学到什么东西，那就是文化会使局面完全不一样

---

* 亚当·斯密也相信财富的增长会有限度。在《国富论》第 1 卷第 9 章《论股利》中谈到，当一国已完全实现其土地和气候的性质及其与他国相对而言的形势所能允许的财富限度时，它可能就不会再往前进了。但是他认为这是一种遥远的前景，"也许"还从来无人经历过，而且他注意到，若有更好的"法律和体制"，就有超越这些限度的机会。

** 多谢植物学界研究创造出"奇迹稻"，世界稻米产量在 1967—1992 年间几乎翻了一番。印度有了"绿色革命"。国际水稻研究所许诺说，一种"超级稻"将使产量提高 20—25％。见 Seth Mydans, "Scientists Developing 'Super Rice' to Feed Asia", 载于《纽约时报》，1997 年 4 月 6 日，A—9 版。那够吃吧？非洲又怎么办呢？

*** 但有的行不通，因为谁都不要那些东西。1996 年 5 月 7 日，德国爆发骚乱，愤怒的人群抗议德国放射性废料运往法国处理之后又运回德国贮存。政府花了大笔资金才让事态平息下去。因此，近来有一位经济学家建议富国把它们不要的废料运到非洲之类的穷地方，埋在沙漠里，而非洲人也需要钱。但这一建议从象征意义上说是不可接受的。

（在这一点上，马克斯·韦伯是正确的）。不妨看看那些移居在外的少数民族的企业精神——东亚和东南亚的华人，东非的印度人，西非的黎巴嫩人，散布于欧洲各地的犹太人和加尔文派教徒，等等。文化具有的内在价值观和态度能引导民众，从这个意义上说，它令学者们害怕。它带有种族和继承的刺鼻气味，带有免疫力的味道。在沉思的时刻，经济学家和社会科学家们承认事实并非如此，而且欢迎文化向好的方向变化，叹息它向坏的一面变化。但是欢迎也好，叹息也好，都表明观察者处于被动地位，无法运用他们的知识去左右人及事物。做技术工作的人却宁愿实干：改变利率和汇率，放开贸易限制，修改政治体制，实施管理。此处，对文化的批评是会得罪人的，会伤人感情和自尊心。外界的人提批评意见，不论多么策略和间接，也都带有教训别人的味道。善心的改良派已学会绕道而行。

再说，假若文化起这么大的作用，那么它的作用为什么不是始终如一？经济学家，还有另一些人，提出过问题：为什么有的民族，譬如华人，在海外很会办企业，在自己国内却长期效率低下。如果说文化起作用，为什么它没有使中国变化？（如今它是在变化。）一位经济学界的朋友，是主张政治经济学疗法的大师，他解答这一问题的办法，是否认文化与经济发展有任何联系。他说，文化并不能使他预测经济结果。我不同意。如果考虑到文化，本应能够预见日本和德国的战后经济成就。韩国与土耳其相比，印尼与尼日利亚相比，也是如此。

另一方面，文化并不是孤立的。经济分析喜欢维持一种假象，似乎一条好的理由就足够了，可是复杂过程的决定因素必然是多方面的，而且它们彼此相联系。单条理由的解释行不通。同样的价值观，也许在国内因"坏政府"而受阻，在别处却得到施展。所以，移居国外的人小企业特别成功。古希腊人就把外来的人称作 metics，说他们在瞧不起手艺和金钱的社会是急功近利的酵母（因而出现了贬义词：banausic——实利主义者）。外来的人于是经起商赚了钱。

同时，正由于文化和经济发展是相连的，一方面的变化就会反过来影响另一方面。在泰国，所有正经的年轻男子从前都要用几年时间出家当和尚，修身养性。这对精神和灵魂有益，与当时经济活动慢吞吞的节奏也是相适应的。现今不同了，生活节奏加快了，商贸兴旺，企业要人。因此，年轻人修身养性缩短成几个星期，只够学会若干祷告文和礼仪，然后就返回现实物质世界。人人都说时间就是金钱，但是它的相对价值是会变的。除了革命以外，这一变化是无法强加于人的。泰国人是自觉自愿调整了他们的轻重缓急。

泰国的例子表明了文化对经济增长作出反应。相反，文化阻碍经济发展也是可能的。以俄国为例，那里的人们受了75年的反市场、反利润的教育，只有权贵能享受特权，于是形成了反企业的态度。甚至在那一政权垮台以后，人们还是担心市场变化无常，怀念原先受国家雇用的那种冗长乏味但却保险的日子。或是怀念贫穷中的平等。俄国人有一个笑话说，农民伊凡妒忌邻居鲍里斯，因为鲍里斯有一头山羊。一天，一位仙女飞来，表示要帮助伊凡满足一条希望。伊凡希望得到的是什么呢？原来是赶快让鲍里斯的羊死掉。

幸好，不是所有的俄国人都这样想。取消了马克思主义清规戒律以后，经商活动蜂拥而起，高明的人搞知情人交易，也有的人搞犯罪，许多经商者是非俄罗斯的少数民族（亚美尼亚人，格鲁吉亚人，等等）。酵母有了，这往往就足够了：形形色色的人有了经营的积极性。与此同时，老的习惯依然存在，腐败和犯罪活动猖獗，文化战激烈进行着，选举受这些问题左右，这种局面会是什么结果，还不清楚。*

趋同是当今的时髦字眼，它的意思是说大家最终都会平等，繁荣、健康和幸福终将普及。这至少是经济理论的说法，其依据是生产要素的动力。

经验却是另一回事。一小批先进工业国的统计数字似乎是在趋同，可是各个国家不可能总是合群。日本会继续向前冒吗？英国会不会继续落后，或者，它最近10年的好消息预示着美好的明天？21世纪会是东亚的世纪吗？美国又会怎样呢？美国人应该记住英国人的教训，不要不正视自己的麻烦而让自己被乐观的预言所陶醉。未来学家们是不会站出来为自己的错误负责任的。即使他们那样做，到那时也不会再有人注意他们，而他们自己则总是只记得自己猜对了什么（此外，别忘了还有一条基本法则：我说这话的当时是正确的）。

眼下，先进者与落后者、富国和穷国似乎并不是在靠近。乐观的数字咀嚼者列出了笼统的微型趋同，但他们是以亚洲作穷国一方，即使是东亚也只有特别的事例能产生这种微型趋同的光学幻景。非洲和中东仍然不见起色。拉丁美洲从时间上和空间上来说都是喜忧参半。前社会主义集团各国尚在过渡之中，有些国家

---

* 俄罗斯不是一个安全的做生意的地方。参看 Remnick, *Lenin's Tomb* 和 *Resurrection* 二书。乌克兰可能更糟。参看 R. Bonner, "Ukraine Staggers on Path to the Free Market"，载于《纽约时报》，1997年4月9日，A—3版。

干得不坏,另一些国家,尤其是前苏联,则还在摇摆于高度不确定性之中。

出现突发事件和混乱局面,又会怎样呢?许多事情都可能发生——战争,革命,天灾,坏政府,犯罪,反生产的意识形态,等等。而许多成功的事例也显得脆弱,有赖于保持政治现状。每天的报纸都带来若干令人产生希望的消息:印度正在起变化,开始鼓励外商投资了;和平与秩序在塞拉里昂"生根";阿根廷经过多年的内斗之后开始好转;俄罗斯爆出新企业气象,百事可乐公司计划在那里增加投资。可是,能够把这些令人高兴的消息当做肯定无疑的转变吗?到第二天,同样的报纸又会警告说会有麻烦和逆转。

英国统治过的香港也许是最能说明情况摇摆不定的一个例子。它在1997年7月1日回归到中国。后果尚未显明。中国也许会珍惜它,但也可能迫使它纳入大陆经济的轨道。中国看来不大可能拿掉这一只会下这么多金蛋的鹅。可是香港的蛋对于整个中国又有多大的重要性呢?此外,历史上有过类似的不理智行为的先例,而中国历史上更是多次为维护帝国的原则而牺牲贸易。眼下,香港商界人士采取了预防措施,作好留和走两手准备。许多人为寻找安全港而办理了外国国籍(持有外国护照者约60万人)。[10]同时,他们除了原先的广东话之外,也学习中国普通话,并且用中国人替换外籍经理人员。[11]这是合理的"极大极小"策略:将潜在的极大损失减少到极小的限度。

全球化和趋同是否标志着国家奋斗的终结?国际经济竞争力的概念是否不再有意义?经济学家保罗·克鲁格曼会说"是",因为他认为那些主张建立国家经济的人,"其观点是建立在这样一个基础之上,即他们不能理解甚至最简单的事实和理念"。[12]

这话真是说得不容置辩和盛气凌人。然而主张国家干预的人并没有投降。这里涉及两个目标,即国力和财富;还涉及两个理想,即分配公平和非个人所能左右的效能。它们都是联在一起。每一个人又各有自己的道理、号召力和支持者。

甚至在经济学专业领域内部,意见也有分歧。新经典学派说不:在他们看来,没有任何信号能比市场信号更可靠了。在这一点上,他们是步亚当·斯密大师的后尘:"大国从来不会被私人的花费弄穷。但有时会因公共浪费和管理不善而变穷。在多数国家,全部的或几乎全部的公共收入都是用于供养非生产性的人手。"[13]亚当·斯密担心那些食俸禄者可能会把维持社会生产性成员所必需的产品也给耗费掉了(是有那样的国家)。

然而亚当·斯密也懂得，有些事情——防务，公安——政府可以（会）比私营企业做得更好。在奥斯曼帝国时期的土耳其，消防工作由一些私营公司掌握。火警一响，它们都跑来，彼此竞争，在现场与失火房屋的主人谈判灭火的价钱。若讨价还价没有个完，火就烧大了，要救的东西也消失了。或者是火势蔓延，所以邻居也该出一份钱。若吝啬和贪婪彼此计较，一栋房子失火就往往变成大片的火灾。

在缺乏企业经验的国家，时不待人。世界在迅速变化，国际竞争日益激烈，这时，社会还能等待私人办企业吗？在韩国和中国台湾，甚至在日本，都是政府出面激活、保护和引导名义上为自由市场的企业。对于政府发挥这种作用，主张维护自由市场的人会称之为珍珠港式的袭击。

由此可见，政府干预所起的作用是好坏兼有。就像是前额正中间有一绺鬈发的小女孩：当她好的时候，她是非常非常之好；当她坏的时候，她就坏透了。

此外，在为企业服务方面，政府也可能是很有用的。官员们总是容易受到诱惑（贿赂），这是人的本性。在经济不断壮大的形势下，私营企业的薪俸和奖金日益提高，这就进一步加剧和加速了政府和行政管理部门的腐化。有钱的人可以收买有权的人。总统们和总理、首相们常充当巡回推销员，按照达成的交易和签订的合同的大小多少来判断出访的成就。英国人正谈论要用一艘更大的远洋游轮来代替现有的皇家游轮，供女王及其丈夫携宾客享用。这艘新船的造价将达数亿英镑，而且根据以往的经验可以想见，它的保养维修费将比造价更高，这尤其是因为既然有了这么一个豪华的玩具，就迫使人们去享用它（皇室是不会懂得什么叫旁置成本的）。没关系。主张造这艘船的人向英国纳税人保证说，它将会带来贸易。与此同时，理想常让位于利益。中国表现不好？最好的纠正办法是什么也别说，只做生意。这似乎显得有点犬儒主义，但在医治专制行为方面，这会跟任何疗法一样有效。

选择的过程仍在继续。今天人们寻求廉价劳动力，使就业机会由富国转向穷国，或者更准确地说，是转向某些穷国。[13]某些人高兴，某些人吃亏。这种喜忧参半，正是经济变化的特色。经济学家和道德主义者认为这种转移是合乎理性的，反映了比较优势，因而是合理和可取的。为什么马来西亚人和墨西哥人的就业就该不如美国人和德国人的就业呢？克鲁格曼又有高见："人们也许会期待每个人都欢迎全球风景的这一变化，看到原先贫穷不堪的成亿人的生活水平得到改善，把这看做是进步——而且也是史无前例的生意机遇。"⑮

没有理由不欢迎，只是那些失去就业机会的人不高兴和生气，而在先进工业国，失业者也有选举权。他们还会游行示威和引起骚乱。有些观察家担心"战略"贸易政策失误，可能将注意力集中于风险和冲突带来的损失。但是冷静的经济学家会争辩说，各国之间并不是像各公司之间一样彼此竞争；对于像美国这样的富国来说，失去一些出口市场和就业机会不会造成多么大的影响；⑯阻挡进口并不会促进国内的生产率或提高国内的生活水平；有些不再享有"优势"的产业部门失掉就业机会，将会由于另一些领域创造另一些就业机会，而得到补偿。这样的道理和聪明见解却不会有助于那些因就业机会外流而受到威胁的工人和工会。有的人失业后不得不改行从事条件较差或工资较低的工作，还有的人已到了相当年纪，想要改行也不切实际，他们都不会从上述理论得到任何安慰。⑰还有一些粗暴简单的说法更加令人烦恼，例如告诉公众说，看到进口的小汽车和电视机更便宜，应该高兴，可是公众却再也买不起这些东西；或者建议人们改行去种大豆或者当银行办事员。请记住，这是重复英国人约翰·鲍令1840年给德意志联邦关税同盟各成员邦提过的建议：请种小麦吧！再卖出小麦以购买英国的工业品。这听起来是堂而皇之的道理，但是德意志诸邦若采纳了这一建议，就会更穷了，今天的比较优势到明天就不一定是优势。难道只有幼稚的新兴产业才该受保护？富国是否在道义上就有义务要避免发展中国家照例都采用的做法？反对穷国依附于富国的理论家们长期以来都强调说强国与弱国之间的贸易不平等，不公平。但不对称的贸易可以是双向的。

这些问题不会有简单的、明确的答案。鼓吹积极的政府政策是一回事；采取正确的措施并付诸实施则完全是另一回事。然而，我觉得有一点是明显的：现今的全球工业扩散的趋势对于较富的国家来说，会带来工资水平降低，贫富差距增大，和（或）高水平的（过渡性的？）失业。没有任何人废除供求法则。许多的——即使不是多数的——经济学家会表示不同意。他们坚信贸易会让人人受益。他们告诉我们说，国际竞争是一场正和游戏；人人皆有所得。

从长远说是这样吧。在这个问题上，存在着各种各样不同的意见，议论在继续增多，会构成一座图书馆，因此想在这里用几页篇幅加以探讨，是不现实的。⑱我在这里只想指出，从历史记载看：

——贸易带来的收益是不平等的。正如历史所表明的那样，一些国家会比另一些国家获益大得多。主要原因在于，各国的比较优势并不一样，而且有些活动比另一些活动效率更高，获利更丰（一个美元不等于一个美元又不等于一个美元）。在知识和技能方面，这些活动里里外外要求更高，产生的成果也更大。

——就业机会的出口和进口与商品贸易不是一回事。在理论上，这二者也许可以互相替换，但对人的影响却是很不相同。

——比较优势不是固定的，它可以增强，也可以减弱。

——关注市场并作出反应，总是有益的。然而，市场发出信号，并不意味着人们就会及时地或恰当地作出反应。有些人会比另一些人作得更好，而文化的不同会使局面大不一样。

——有些人觉得拿东西比制造东西更容易和更轻松。所有的社会都存在这种倾向，只有道义上的教育和警惕能使它受到遏制。

然而，我不想提出任何特定的国家政策，这尤其是因为积极主动的干预既可能使局势有所改善，同样地也可能使局势变得更糟。对每一个情况都必须具体加以判断，而政府跟那些企图影响和利用市场的企业家一样，可能犯很多错误，而且比企业家的错误更大（也可能相反。这在很大程度上取决于最大限度追求的目标——是财富，还是平等，或是安全，拯救，或是自己发财）。[19]我只想说，现今的技术扩散和你追我赶的经济发展格局，对于富国，尤其是经济重新组合中受害的个别富国，会有很沉重的压力，同时给某些穷国带来"好东西"和希望，给许多的另一些穷国带来失望、绝望和愤怒。

当然，富国、工业国可以保护自己（减轻痛苦，但不是消除痛苦），其办法是保持科研领先地位，转入新的、正在增长中的产业（创造新的就业机会），善于向别人学习，找到自己合适的位置，提高能力和知识并加以运用。它们在调控航速和利用安全网方面还大有作为，可以帮助失业者学习新技能，从事新职业，或者干脆退休。许多事情将有赖于它们的进取心，自我意识和自尊，致力于公共福利的决心，以及将这些品质代代相传的能力。

那么，穷国，落后和失利的国家，又将如何呢？富国尽管受到新的竞争的巨大压力，毕竟日子好过得多，难以引起人们的关切和同情。它们虽然有自己的麻烦，但仍然对穷国负有义务，为自身利益着想是如此，道义上更是如此。它们会为了援助而援助吗？或是只是在能得到回报时才援助？或是像银行家一样，宁愿把援助给予那些不需要帮助的人？是硬心肠的爱，还是软心肠的爱，抑或是二者兼有？我提这些问题，不是因为我知道答案（只有忠实信徒才声称自己知道答案），而是因为有必要看到动机会各不相同，效果也会彼此矛盾，情形极其错综复杂。要通过这些急流险滩，就必须不断调整航速和纠正航向。由于政策受制于国内政局，要做到这一点就更加困难。

　　穷国自己又怎样呢？历史告诉我们，最有效的治贫疗法只能来自自身。外援可以有帮助，但它像意外之财一样，也会有害处。它可能降低自身努力的动力，造成一种有害的无能感。非洲人有句谚语说："接人东西的手总是在给人东西的手的下方。"⑳这不行，还得靠自己工作，节俭，诚实，耐心，顽强。贫困潦倒的人也许会觉得这些要求做不到，而自暴自弃。可是，归根结底，真正有效的办法只能是自强。

　　这些话听起来也许像一堆老生常谈，像是我们小时候在家里听父母、在学校内听老师讲过的那一番道理。现今人们不爱听这些话，认为这是陈词滥调。可是，明智之言怎么会过时呢？诚然，我们是生活在一个蜜饯时代，希望件件东西都是甜的。我们之中，太多的人是工作为了生活，生活则要幸福。这倒是不错，只是不会催人提高效率。你想要高效率吗？那就应该是生活为了工作，而幸福则是随之而来的副产品。

　　不容易。生活为了工作的人是少数，但却是幸运的精华。凡是自己下决心、积极肯干的人，都可以加入到这精华的行列之中。在这世界上，能办成事情的人是乐观者，这不是因为他们一贯正确，而是因为他们积极肯干。甚至在犯错误的时候，他们仍坚持实干，从而纠正错误，不断改进，直至胜利。明达事理、视野开阔的乐观主义会有成就；悲观主义只能说自己不犯错误而提供空洞无物的安慰。

　　由此而来的唯一教训，是必须不断努力。没有奇迹。没有尽善尽美。没有千禧。没有天启。我们必须养成一种持怀疑态度的信仰，避免教条，善于听和善于观察，努力明确目的并使之逐渐完善，选择更好的手段以促其实现。

　　……我在你面前摆着生与死，福与祸；因此该选择生。

——《圣经·申命记》，30：19

注释

1. 关于技术被滥用和技术的负面影响，见 Salomon, *Le destin technologique*。

2. 见 Holton, *Einstein*, *History*。

3. 见 Islamoǧlu—Inan, "Introduction", 第222页。

4. 见 Tavakoli—Targhi, "Orientalism's Genesis Amnesia"。

5. 见 Islamoǧlu—Inan, "Introduction", 第229页。

6. 参看 Hall, "A Theory of the Rise of the West", 第231页。

7. 参看 Ferdinand Mount, "No End in Sight", 载于《泰晤士报文学副刊》, 1996年5月3日, 第30版。

8. 摩根·斯坦利资产管理公司董事长比格斯的话。引用于 Kaplan, *Ends of the Earth*, 第297页。

9. 参看 Dasgupta, "Natural Resources"。这里谈的是经济发展的一个新阶段: 几乎所有的有用的物资都可以有替代品, 用之不竭。

10. 参看 Edward A. Gargan, "A Year from Chinese Rule, Dread Grows in Hong Kong", *N. Y. Times*, 1996年7月1日, A—1版; Peter Stein, "China Is Slow to Handle Issues on Hong Kong", 载于同一日 *Wall Street Journal*, B7D版。

11. 试对比一些俄国公司的预防措施: 它们把总部设在塞浦路斯, 以远离自己国内的犯罪活动和潜在的混乱。见 Mark Nelson, "Economic Fugitives", *Wall Street Journal*, 1996年5月9日, 第1版。

12. 见 Krugman, *Pop Internationalism*, 第70页。

13. 见 Adam Smith, *Wealth of Nations*, 第2卷, 第3章。

14. *N. Y. Times*1996年6月19日D—5版报道, 法国家用电器制造商 Moulinex 公司将部分生产转移到墨西哥, 搬迁了11家工厂中的4家, 带走了公司11300个就业岗位中的2600个。该公司在1995年4月1日至1996年3月31日的一年中曾亏损7.02亿法郎, 在那之前的一年中亏损了2.13亿法郎。

15. 见 Krugman, *Pop Internationalism*, 第50页。

16. 克鲁格曼上述一书第112—113页说, 即使"战略性贸易政策"成功, 它给美国国民收入增添的份额也不会高于1‰的1/15。这种政策所起的作用仅相当于联邦土地上牧场和矿山的价格政策。我不同意这种看法。既然政府能够促进竞争力, 它就应该这样做, 因为知识的增长和竞争力的提高是有感染力的。而政府出租联邦土地的价格低于市场地租, 它就应该停止这样做, 因为压低地租是坏习惯, 也是有感染力的。反对政府干预的唯一真正理由, 是政府往往把事情弄糟。它也是有感染力的。

17. 参看 Uchitelle, "Like Oil and Water", *N. Y. Times*, 1997年2月16日, 第3版。该文从内容上和调门上对比了莱斯特·瑟罗和保罗·克鲁格曼两位经济学家的主张。

18. 这方面的最近论述包括克鲁格曼《大众国际主义》一书中谴责贸易保护主义和其他贸易管理措施的文章。克鲁格曼对于他在学术争论中的对手特别严厉, 指责"大众国际主义"

是"那些不肯严肃思考却想表现自己是深思熟虑的人所喜爱的花言巧语"。查尔斯·沃尔弗在 *Wall Street Journal* 1996年6月1日A—12版的书评中曾引用此语。

19. 关于市场效能及政府干预的有利之处的扼要论述，见 Kuttner, *Everything for Sale* 一书。

20. 见 le Masson, *Faut—il encore aider* 一书，第145页。

译后记

世界上邦国林立，为什么富的那么富，穷的那么穷？五六百年前，地球上为什么只有欧洲和中国两个最发达的经济文化中心，而在随后的历史发展过程中，为什么这二者之间又拉开了越来越大的差距？为什么葡萄牙、西班牙、英国能够先后称霸于全球，而它们的帝国为什么又逐一衰落？美国、日本、德国为什么后来居上？时至20世纪后期，为什么又有东亚等地的一批国家能够急起直追，而另一些却陷于"穷者愈穷"的境地？强弱盛衰为什么变幻无常，人们能从中吸取的教训又是什么？这些就是本书探讨的主题。

作者兰德斯是国际知名的历史学家和经济学家，从教于哈佛大学。他以历史学者的眼光，本着理性的态度，避开单纯的经济分析和经济理论框架，把地理、科技、哲学、宗教、国际政治、传统文化等因素糅和在一起，通过几百年来的大量实例，对世界各国的贫富兴衰作了多层次的论述，探讨"富国"与"穷国"形成和发展的原因。从书中可以看出，大自然是不平等的，福与祸有些是天然的；财富积累的规律是无情的；过去的600年乃至今天欧洲基本上是最富裕的地区，美国和日本是后来者，这些国家或地区差不多都处于温带而且属海洋性气候，有良好的自然条件，非洲、拉美地区贫困图景与热带气候有关。葡萄牙在地理大发现之后，较早地拥有富裕的殖民地，但是由于葡萄牙人对宗教的虔诚和对贸易的忽视，终使其不久就衰落了；而英国在工业革命的推动下，生产力极大提高，本着重商主义，建立了日不落帝国；随即美国开始崛起，开放的文化、无所顾忌的历史、优越的地理环境和战争机遇，美国居于领先地位。天朝大国——中国，曾陶醉在自己灿烂的文化和迷人的历史里，对外来事物排斥，怠于学习，最终失败了；日本明治维新之后，成为富国俱乐部的一员。历史就是这样演进的，能搭上时代的列车，就可能分享财富，而落后者就需要付出高昂的代价。

国家的贫富是由多种因素决定的。文化、政治是以经济为基础的，政治是经济的集中表现，文化反应往往是滞后的，它对经济的作用一般是"制约—适应—制约"的。国家贫富取决于深层次的文化因素，也受制于经济结构的调整、管理水平的提高。客观条件是现实的，但人们必须努力，趋利避害，走"人—自然—社会"可持续发展之路。

此书的基本观点师承亚当·斯密的《国富论》，但又有所批判和发展。有人将此书誉为"新国富论"，不无道理。当然，作者有其身份、社会地位和文化背景的局限性，他主张"欧洲中心论"，对待事物的态度难免有时失之偏颇。对此，相信读者自会有所判断鉴识。

由于此书涉及范围遍及五大洲，上下五百年，作者又旁征博引，理性思辨，增加了翻译的难度。我们虽作了努力，但译文中错讹之处仍在所难免，恳请读者批评指正。

新华国际政治精品文库

	大博弈—— 全球政治觉醒对美国的挑战	［美］兹比格涅夫·布热津斯基等	32.00	2009.11	16K
	本书主要解析了美国现在在全球范围内所面临的最重要的外交政策挑战，两位作者都是美国最具权威的外交政策专家，都曾担任过美国国家安全事务顾问。他们认为，美国的外交政策已经出现了问题，唯有改革才能将美国这艘大船带入最佳航道。				
	军事经济学—— 力量与金钱的相互作用	［英］劳恩·史密斯	45.00	2010.09	16K
	本书是您了解国家安全、军事开支、军备工业、军事行动以及国防开支的经济影响的指南。它讨论了国防预算的最优规模，检视了怎样用国防预算来获得武装力量、军队和武器。本书同时检视了怎样用这些武装力量来达到最大的军事能力和在战争中占有优势地位的潜力。				
	文明的冲突与世界秩序的重建 （修订版）	［美］塞缪尔·亨廷顿	39.80	2010.01	16K
	本书是时政类超级畅销书。作者是国际政治研究领域的著名学者，曾任美国哈佛国际和地区问题研究所所长。作者认为，冷战后，世界格局的决定因素表现为七大或八大文明，冷战后的世界，冲突的基本根源不再是意识形态，而是文化方面的差异，主宰全球的将是"文明的冲突"。				
	硬球——政治是这样玩的	［美］克里斯·马修斯	35.00	2010.07	16K
	"硬球"是本书独创的一个寓意深刻的概念，既指政界人物为了胜出、权力和成就而展开的讲求实际、大胆出击、不畏艰难、"过关斩将"的竞争游戏，也指他们进行这种"硬碰硬"或者说"打硬仗"的激烈游戏时，所使用的各种巧妙有力的手段与技巧。				
	大国悲剧—— 苏联解体的前因后果	［俄］雷日科夫	49.00	2010.03	16K
	本书穿越时空的迷雾，生动、全面地叙述了苏联解体和苏共垮台这一震撼世界的历史性事件的全过程，以独特的视角深刻分析了事件的整体内在逻辑，揭示了与其相关联的各种事件之间的前因后果，展现了苏联各加盟共和国千百万人民由此所经历的困窘和悲惨后果。本书所披露内容的权威性绝非其他人物撰写的回忆录所能比拟。				
	文化的重要作用—— 价值观如何影响人类进步（修订版）	［美］塞缪尔·亨廷顿 劳伦斯·哈里森	42.80	2010.01	16K
	作者是世界各个领域的著名学者。主编亨廷顿和哈里森是国际政治领域的著名专家。本书从文化与经济发展、文化与政治发展、文化与性别、文化与美国少数民族、亚洲危机和促进变革等几个方面入手探讨文化的重要作用，具有很高的学术水平和参考价值。				

新华国际政治精品文库

	华盛顿规则—— 美国通向永久战争之路	[美] 安德鲁·巴塞维奇	35.00	2011.01	16K
	本书用批判性的眼光审视了有关美国国家安全政策的"华盛顿共识",以及美国改变国家安全政策的必要性。当今美国的全球力量变得摇摇欲坠,现在就是改变这些共识的时刻。用一种新的共识来取代这种"华盛顿共识"对美国的未来至关重要,也是美国免于灾难的关键。				
	中国预言—— 2020年及以后的中央王国	[美] 埃里克·安德森	35.00	2011.01	16K
	本书作者认为,2020年的中国既不会推行霸权主义,也不会是排外主义的。2020年的中国仍将会专注于经济发展,成为亚洲的主导力量,同时也成为国际社会中备受尊敬的成员。				
	大国政治的回归—— 俄罗斯的外交政策	[美] 杰弗里·曼科夫	45.00	2011.01	16K
	本书作者仔细分析了俄罗斯与全球主要参与者美国、欧洲、中国的相互关系与作用,探讨了如何应对后苏联时代邻国(独联体)等问题,并认为当今的俄罗斯更加关注于恢复自己在世界大国博弈中的合适位置,而不是去直接挑战西方世界。				
	兰德公司与美国的崛起	[美] 亚历克斯·阿贝拉	35.00	2011.01	16K
	本书以时间为线索详述了这个隐藏在美国政府背后的神秘智囊的创立与发展。无论是美国的对苏核战略、五角大楼重组、越南战争,还是当今的伊拉克战争、恐怖主义研究,兰德和它的理性选择理论都深深地影响了美国的政治决策。				
	中国的全球战略—— 走向一个多极世界	[英] 珍妮·克莱格	38.00	2010.08	16K
	本书探讨了中国在变动的国际局势中,旨在遏制美国"单极霸权"的多边外交战略,以及中国为建立更加公正的国际政治经济新秩序所作出的努力。本书着重强调了中国在世界走向多极化的过程中所起到的关键作用。				
	情感地缘政治学——恐惧、羞辱与希望的文化如何重塑着我们的世界	[法] 多米尼克·莫伊西	32.00	2010.05	16K
	第一本剖析全球化给世界不同地区在情感方面带来深远影响的书。本书的作者莫伊西认为,9·11事件之后的世界,已经不再是只被国家和文明之间的文化差别这条界限所分割。莫伊西向我们展示了,当今世界的地缘政治格局怎样表现出"情感的冲突"的特征,以及恐惧、羞辱与希望的文化如何重塑着我们的世界。				

新华国际政治精品文库					
	谁是美国人	[美] 塞缪尔·亨廷顿	38.00	2010.01	16K
	本书是作者最后一部力作。作者将关注的视角转向美国国内，用"文明的冲突"的思维框架分析了全球化时代美国人的身份认同危机。				
	中国力量的三面——军力、财力和智力（修订版）	[美] 戴维·蓝普顿	29.00	2010.01	16K
	作者是奥巴马的外交政策顾问，著名中国问题专家。本书从军事、经济和文化三个视角分析了中国快速发展所取得的成就以及所面临的困难和问题，客观地分析了中国的发展给周边国家和世界带来的机遇。本书出版后多次加印，此版为第二版第三次印刷。				
	国富国穷（修订版）	[美] 戴维·S·兰德斯	62.00	2010.01	16K
	作者是哈佛大学历史和经济学教授。本书从经济、文化、制度、自然资源、历史传统等方面对国家的兴衰贫富演变作了精湛而深刻的分析，堪与亚当·斯密的经典名著《国富论》相媲美。				
	苏联真相——对101个重要问题的回答（全三册）	陆南泉等	246.00	2010.10	16K
	本书是国内苏联问题专家对第一个社会主义国家苏联方方面面的重大问题进行的全景式分析，告诉了读者一个真实的苏联。对斯大林模式的社会主义的形成发展是本书的研究重点，通过大量史实证明，这一模式不符合马克思主义，必然失败。本书同时披露了很多鲜为人知的内幕。原中共中央书记处书记，现任中华慈善总会荣誉会长阎明复和中国驻俄罗斯联邦前大使，现任国务院发展研究中心欧亚社会发展研究所所长李凤林作序推荐。				